AF276797

Código Penal y Legislación Complementaria

Lefebvre

Lefebvre

Decimocuarta Edición: Julio de 2025

ISBN: 979-13-87732-06-6
Depósito legal: M-14774-2025
PVP: 11,34 € (IVA incluido)
Imprime: Printing'94

© Lefebvre-El Derecho, S.A.
CIF: A79216651
Monasterios de Suso y Yuso, 34.28049 Madrid. Tfno.: 91 210 80 00
clientes@lefebvre.es
www.efl.es

Accede gratis a este Código Básico en nuestras aplicaciones móviles

1. Apunta y escanea

Abre la cámara de tu smartphone y apúntala al código QR que encontrarás en esta página.

2. Descarga nuestra app (si aún no la tienes)

- Si es la primera vez que escaneas nuestro QR, te llevaremos directamente a la tienda de aplicaciones de tu dispositivo (Google Play o App Store).
- Descarga nuestra app gratuita Códigos Lefebvre con un solo clic.
- Una vez instalada, ábrela y tendrás acceso inmediato al contenido actualizado del Código que acabas de escanear.

3. Para usuarios que ya tienen la app

- Si ya tienes nuestra app instalada pero nunca la has usado, simplemente escanea el código QR desde la pantalla de inicio de sesión.
- ¿Ya has utilizado nuestra app antes? Abre el menú lateral y selecciona "Escanear código QR" para acceder al nuevo Código

Este acceso estará disponible hasta el 1 de septiembre de 2026, fecha en que se publicarán las nuevas ediciones en formato papel.

Todos los ejemplares se entregarán retractilados. No se admitirá ninguna devolución de Códigos sin esta protección.

ÍNDICE

2. NORMATIVA COMPLEMENTARIA

RELACIÓN DE REFORMAS DE LAS NORMAS PUBLICADAS

Ley Orgánica 2/1998, de 15 de junio, por la que se modifican el Código Penal y la Ley de Enjuiciamiento Criminal.

Ley Orgánica 7/1998, de 5 de octubre, de modificación de la Ley Orgánica 10/1995, de 23 de noviembre, del Código Penal, por la que se suprimen las penas de prisión y multa para los supuestos de no cumplimiento del servicio militar obligatorio y prestación social sustitutoria y se rebajan las penas de inhabilitación para dichos supuestos.

Ley Orgánica 11/1999, de 30 de abril, de modificación del Título VIII del Libro II del Código Penal, aprobado por Ley Orgánica 10/1995, de 23 de noviembre.

Ley Orgánica 14/1999, de 9 de junio, de modificación del Código Penal de 1995, en materia de protección a las víctimas de malos tratos y de la Ley de Enjuiciamiento Criminal.

Ley Orgánica 2/2000, de 7 de enero, de modificación de la Ley Orgánica 10/1995, de 23 de noviembre, del Código Penal, en materia de prohibición del desarrollo y el empleo de armas químicas.

Ley Orgánica 3/2000, de 11 de enero, de modificación de la Ley Orgánica 10/1995, de 23 de noviembre, del Código Penal, en materia de lucha contra la corrupción de agentes públicos extranjeros en las transacciones comerciales internacionales.

Ley Orgánica 4/2000, de 11 de enero, sobre derechos y libertades de los extranjeros en España y su integración social.

Ley Orgánica 5/2000, de 12 de enero, reguladora de la responsabilidad penal de los menores.

Ley Orgánica 7/2000, de 22 de diciembre, de modificación de la Ley Orgánica 10/1995, de 23 de noviembre, del Código Penal, y de la Ley Orgánica 5/2000, de 12 de enero, reguladora de la Responsabilidad Penal de los Menores, en relación con los delitos de terrorismo.

Ley Orgánica 8/2000, de 22 de diciembre, de reforma de la Ley Orgánica 4/2000, de 11 de enero, sobre derechos y libertades de los extranjeros en España y su integración social.

Ley Orgánica 9/2000, de 22 de diciembre, sobre medidas urgentes para la agilización de la Administración de Justicia, por la que se modifica la Ley Orgánica 6/1985, de 1 de julio, del Poder Judicial.

Ley Orgánica 3/2002, de 22 de mayo, por la que se modifican la Ley Orgánica 10/1995, de 23 de noviembre, del Código Penal, y la Ley Orgánica 13/1985, de 9 de diciembre, del Código Penal Militar, en materia de delitos relativos al servicio militar y a la prestación social sustitutoria.

Ley Orgánica 9/2002, de 10 de diciembre, de modificación de la Ley Orgánica 10/1995, de 23 de noviembre, del Código Penal, y del Código Civil, sobre sustracción de menores.

Ley Orgánica 1/2003, de 10 de marzo, para la garantía de la democracia en los Ayuntamientos y la seguridad de los Concejales.

Ley Orgánica 7/2003, de 30 de junio, de medidas de reforma para el cumplimiento íntegro y efectivo de las penas.

Ley Orgánica 11/2003, de 29 de septiembre, de medidas concretas en materia de seguridad ciudadana, violencia doméstica e integración social de los extranjeros.

Ley Orgánica 15/2003, de 25 de noviembre, por la que se modifica la Ley Orgánica 10/1995, de 23 de noviembre, del Código Penal.

Ley Orgánica 20/2003, de 23 de diciembre, de modificación de la Ley Orgánica del Poder Judicial y del Código Penal.

Ley Orgánica 1/2004, de 28 de diciembre, de Medidas de Protección Integral contra la Violencia de Género.

Ley Orgánica 2/2005, de 22 de junio, de modificación del Código Penal.

Ley Orgánica 4/2005, de 10 de octubre, por la que se modifica la Ley Orgánica 10/1995, de 23 de noviembre, del Código Penal, en materia de delitos de riesgo provocados por explosivos.

Ley Orgánica 7/2006, de 21 de noviembre, de protección de la salud y de lucha contra el dopaje en el deporte.

Ley Orgánica 8/2006, de 4 de diciembre, por la que se modifica la Ley Orgánica 5/2000, de 12 de enero, reguladora de la responsabilidad penal de los menores.

Sentencia 235/2007, de 7 de noviembre de 2007. Cuestión de inconstitucionalidad 5152-2000. Planteada por la Sección Tercera de la Audiencia Provincial de Barcelona respecto al art. 607.2 del Código penal.

Ley Orgánica 13/2007, de 19 de noviembre, para la persecución extraterritorial del tráfico ilegal o la inmigración clandestina de personas.

Ley Orgánica 15/2007, de 30 de noviembre, por la que se modifica la Ley Orgánica 10/1995, de 23 de noviembre, del Código Penal en materia de seguridad vial.

Ley 40/2007, de 4 de diciembre, de medidas en materia de Seguridad Social.

Ley Orgánica 2/2010, de 3 de marzo, de salud sexual y reproductiva y de la interrupción voluntaria del embarazo.

Ley Orgánica 5/2010, de 22 de junio, por la que se modifica la Ley Orgánica 10/1995, de 23 de noviembre, del Código Penal.

Ley Orgánica 3/2011, de 28 de enero, por la que se modifica la Ley Orgánica 5/1985, de 19 de junio, del Régimen Electoral General.

Ley Orgánica 7/2012, de 27 de diciembre, por la que se modifica la Ley Orgánica 10/1995, de 23 de noviembre, del Código Penal en materia de transparencia y lucha contra el fraude fiscal y en la Seguridad Social.

Ley Orgánica 8/2012, de 27 de diciembre, de medidas de eficiencia presupuestaria en la Administración de Justicia, por la que se modifica la Ley Orgánica 6/1985, de 1 de julio, del Poder Judicial.

Ley Orgánica 1/2015, de 30 de marzo, por la que se modifica la Ley Orgánica 10/1995, de 23 de noviembre, del Código Penal.

Ley Orgánica 2/2015, de 30 de marzo, por la que se modifica la Ley Orgánica 10/1995, de 23 de noviembre, del Código Penal, en materia de delitos de terrorismo.

Ley 4/2015, de 27 de abril, del Estatuto de la víctima del delito.

Ley Orgánica 8/2015, de 22 de julio, de modificación del sistema de protección a la infancia y a la adolescencia.

Ley Orgánica 11/2015, de 21 de septiembre, para reforzar la protección de las menores y mujeres con capacidad modificada judicialmente en la interrupción voluntaria del embarazo.

Ley 42/2015, de 5 de octubre, de reforma de la Ley 1/2000, de 7 de enero, de Enjuiciamiento Civil.

Real Decreto-ley 9/2018, de 3 de agosto, de medidas urgentes para el desarrollo del Pacto de Estado contra la violencia de género.

Ley Orgánica 1/2019, de 20 de febrero, por la que se modifica la Ley Orgánica 10/1995, de 23 de noviembre, del Código Penal, para transponer Directivas de la Unión Europea en los ámbitos financiero y de terrorismo, y abordar cuestiones de índole internacional.

Ley Orgánica 2/2019, de 1 de marzo, de modificación de la Ley Orgánica 10/1995, de 23 de noviembre, del Código Penal, en materia de imprudencia en la conducción de vehículos a motor o ciclomotor y sanción del abandono del lugar del accidente.

Ley Orgánica 2/2020, de 16 de diciembre, de modificación del Código Penal para la erradicación de la esterilización forzada o no consentida de personas con discapacidad incapacitadas judicialmente.

Ley Orgánica 3/2021, de 24 de marzo, de regulación de la eutanasia.

Ley Orgánica 5/2021, de 22 de abril, de derogación del artículo 315 apartado 3 del Código Penal.

Ley Orgánica 6/2021, de 28 de abril, complementaria de la Ley 6/2021, de 28 de abril, por la que se modifica la Ley 20/2011, de 21 de julio, del Registro Civil, de modificación de la Ley Orgánica 6/1985, de 1 de julio, del Poder Judicial y de modificación de la Ley Orgánica 10/1995, de 23 de noviembre, del Código Penal.

Ley 8/2021, de 2 de junio, por la que se reforma la legislación civil y procesal para el apoyo a las personas con discapacidad en el ejercicio de su capacidad jurídica.

Ley Orgánica 8/2021, de 4 de junio, de protección integral a la infancia y la adolescencia frente a la violencia.

Ley Orgánica 9/2021, de 1 de julio, de aplicación del Reglamento (UE) 2017/1939 del Consejo, de 12 de octubre de 2017, por el que se establece una cooperación reforzada para la creación de la Fiscalía Europea.

Ley Orgánica 4/2022, de 12 de abril, por la que se modifica la Ley Orgánica 10/1995, de 23 de noviembre, del Código Penal, para penalizar el acoso a las mujeres que acuden a clínicas para la interrupción voluntaria del embarazo.

Ley Orgánica 6/2022, de 12 de julio, complementaria de la Ley 15/2022, de 12 de julio, integral para la igualdad de trato y la no discriminación, de modificación de la Ley Orgánica 10/1995, de 23 de noviembre, del Código Penal.

Ley Orgánica 9/2022, de 28 de julio, por la que se establecen normas que faciliten el uso de información financiera y de otro tipo para la prevención, detección, investigación o enjuiciamiento de infracciones penales, de modificación de la Ley Orgánica 8/1980, de 22 de septiembre, de Financiación de las Comunidades Autónomas y otras disposiciones conexas y de modificación de la Ley Orgánica 10/1995, de 23 de noviembre, del Código Penal.

Ley Orgánica 10/2022, de 6 de septiembre, de garantía integral de la libertad sexual.

Ley Orgánica 11/2022, de 13 de septiembre, de modificación del Código Penal en materia de imprudencia en la conducción de vehículos a motor o ciclomotor.

Ley Orgánica 13/2022, de 20 de diciembre, por la que se modifica la Ley Orgánica 10/1995, de 23 de noviembre, del Código Penal, para agravar las penas previstas para los delitos de trata de seres humanos desplazados por un conflicto armado o una catástrofe humanitaria.

Ley Orgánica 14/2022, de 22 de diciembre, de transposición de directivas europeas y otras disposiciones para la adaptación de la legislación penal al ordenamiento de la Unión Europea, y reforma de los delitos contra la integridad moral, desórdenes públicos y contrabando de armas de doble uso.

Ley Orgánica 1/2023, de 28 de febrero, por la que se modifica la Ley Orgánica 2/2010, de 3 de marzo, de salud sexual y reproductiva y de la interrupción voluntaria del embarazo.

Ley Orgánica 3/2023, de 28 de marzo, de modificación de la Ley Orgánica 10/1995, de 23 de noviembre, del Código Penal, en materia de maltrato animal.

Ley Orgánica 4/2023, de 27 de abril, para la modificación de la Ley Orgánica 10/1995, de 23 de noviembre, del Código Penal, en los delitos contra la libertad sexual, la Ley de Enjuiciamiento Criminal y la Ley Orgánica 5/2000, de 12 de enero, reguladora de la responsabilidad penal de los menores.

Ley Orgánica 1/2024, de 10 de junio, de amnistía para la normalización institucional, política y social en Cataluña.

Ley Orgánica 4/2024, de 18 de octubre, por la que se modifica la Ley Orgánica 7/2014, de 12 de noviembre, sobre intercambio de información de antecedentes penales y consideración de resoluciones judiciales penales en la Unión Europea, para su adecuación a la normativa de la Unión Europea sobre el Sistema Europeo de Información de Antecedentes Penales (ECRIS).

Ley Orgánica 1/2025, de 2 de enero, de medidas en materia de eficiencia del Servicio Público de Justicia.

INDICE DE PRECEPTOS AFECTADOS POR LAS REFORMAS

Art. 516. Derogado por Ley Orgánica 5/2010, de 22 de junio

Art. 517 y 518. . . . . Ley Orgánica 4/2000, de 11 de enero

Art. 521 bis. . . . . Derogado por Ley Orgánica 2/2005, de 22 de junio

Art. 524 y 526. . . . . Ley Orgánica 15/2003, de 25 de noviembre

Art. 527. Derogado por Ley Orgánica 3/2002, de 22 de mayo

Art. 528. Derogado por Ley Orgánica 7/1998, de 5 de octubre

Art. 544 a 549. . . . . Ley Orgánica 14/2022, de 22 de diciembre

Art. 550 y 551. . . . . Ley Orgánica 1/2015, de 30 de marzo

Art. 552. Derogado por Ley Orgánica 1/2015, de 30 de marzo

Art. 554. Ley Orgánica 1/2015, de 30 de marzo

Art. 555. Derogado por Ley Orgánica 1/2015, de 30 de marzo

Art. 556. Ley Orgánica 1/2015, de 30 de marzo

Art. 557 y 557 bis. . . . . Ley Orgánica 14/2022, de 22 de diciembre

Art. 557 ter. . . . . Derogado por Ley Orgánica 14/2022, de 22 de diciembre

Art. 558. Ley Orgánica 15/2003, de 25 de noviembre

Art. 559. Derogado por Ley Orgánica 14/2022, de 22 de diciembre

Art. 561, 566 y 567. . . . . Ley Orgánica 1/2015, de 30 de marzo

Art. 570. Ley Orgánica 15/2003, de 25 de noviembre

Art. 570 bis y 570 ter. . . . . Ley Orgánica 1/2015, de 30 de marzo

1. CÓDIGO PENAL

I. Ley Orgánica 10/1995, de 23 de noviembre, del Código Penal.

Última reforma de la presente disposición realizada por LO 1/2024, de 10 de junio, de amnistía para la normalización institucional, política y social en Cataluña
Téngase en cuenta que, desde el 1 de octubre de 2015, todas las referencias a «Secretarios judiciales» deberán entenderse hechas a «Letrados de la Administración de Justicia», conforme a la disp. adic. 1.ª LO 7/2015 de 21 julio

EXPOSICIÓN DE MOTIVOS

Si se ha llegado a definir el ordenamiento jurídico como conjunto de normas que regulan el uso de la fuerza, puede entenderse fácilmente la importancia del Código Penal en cualquier sociedad civilizada. El Código Penal define los delitos y faltas que constituyen los presupuestos de la aplicación de la forma suprema que puede revestir el poder coactivo del Estado: la pena criminal. En consecuencia, ocupa un lugar preeminente en el conjunto del ordenamiento, hasta el punto de que, no sin razón, se ha considerado como una especie de «Constitución negativa». El Código Penal ha de tutelar los valores y principios básicos de la convivencia social. Cuando esos valores y principios cambian, debe también cambiar. En nuestro país, sin embargo, pese a las profundas modificaciones de orden social, económico y político, el texto vigente data, en lo que pudiera considerarse su núcleo básico, del pasado siglo. La necesidad de su reforma no puede, pues, discutirse.

A partir de los distintos intentos de reforma llevados a cabo desde la instauración del régimen democrático, el Gobierno ha elaborado el proyecto que somete a la discusión y aprobación de las Cámaras. Debe, por ello, exponer, siquiera sea de modo sucinto, los criterios en que se inspira, aunque éstos puedan deducirse con facilidad de la lectura de su texto.

El eje de dichos criterios ha sido, como es lógico, el de la adaptación positiva del nuevo Código Penal a los valores constitucionales. Los cambios que introduce en esa dirección el presente proyecto son innumerables, pero merece la pena destacar algunos.

En primer lugar, se propone una reforma total del actual sistema de penas, de modo que permita alcanzar, en lo posible, los objetivos de resocialización que la Constitución le asigna. El sistema que se propone simplifica, de una parte, la regulación de las penas privativas de libertad, ampliando, a la vez, las posibilidades de sustituirlas por otras que afecten a bienes jurídicos menos básicos, y, de otra, introduce cambios en las penas pecuniarias, adoptando el sistema de días-multa y añade los trabajos en beneficio de la comunidad.

En segundo lugar, se ha afrontado la antinomia existente entre el principio de intervención mínima y las crecientes necesidades de tutela en una sociedad cada vez más compleja, dando prudente acogida a nuevas formas de delincuencia, pero eliminando, a la vez, figuras delictivas que han perdido su razón de ser. En el primer sentido, merece destacarse la introducción de los delitos contra el orden socioeconómico o la nueva regulación de los delitos relativos a la ordenación del territorio y de los recursos naturales; en el segundo, la desaparición de las figuras complejas de robo con violencia e intimidación en las personas que, surgidas en el marco de la lucha contra el bandolerismo, deben desaparecer dejando paso a la aplicación de las reglas generales.

En tercer lugar, se ha dado especial relieve a la tutela de los derechos fundamentales y se ha procurado diseñar con especial mesura el recurso al instrumento punitivo allí donde está en juego el ejercicio de cualquiera de ellos: sirva de ejemplo, de una parte, la tutela específica de la integridad moral y, de otra, la nueva regulación de los delitos contra el honor. Al tutelar específicamente la integridad moral, se otorga al ciudadano una protección más fuerte frente a la tortura y al configurar los delitos contra el honor del modo en que se propone, se otorga a la libertad de expresión toda la relevancia que puede y debe reconocerle un régimen democrático.

En cuarto lugar, y en consonancia con el objetivo de tutela y respeto a los derechos fundamentales, se ha eliminado el régimen de privilegio de que hasta ahora han venido gozando las injerencias ilegítimas de los funcionarios públicos en el ámbito de los derechos y libertades de los ciudadanos. Por tanto, se propone que las detenciones, entradas y registros en el domicilio llevadas a cabo por autoridad o funcionario fuera de los casos permitidos por la Ley, sean tratadas como formas agravadas de los correspondientes delitos comunes, y no como hasta ahora lo han venido siendo, esto es, como delitos especiales incomprensible e injustificadamente atenuados.

En quinto lugar, se ha procurado avanzar en el camino de la igualdad real y efectiva, tratando de cumplir la tarea que, en ese sentido, impone la Constitución a los poderes públicos. Cierto que no es el Código Penal el instrumento más importante para llevar a cabo esa tarea; sin embargo, puede contribuir a ella, eliminando regulaciones que son un obstáculo para su realización o introduciendo medidas de tutela frente a situaciones discriminatorias. Además de las normas que otorgan una protección específica frente a las actividades tendentes a la discriminación, ha de mencionarse aquí la nueva regulación de los delitos contra la libertad sexual. Se pretende con ella adecuar los tipos penales al bien jurídico protegido, que no es ya, como fuera históricamente, la honestidad de la mujer, sino la libertad sexual de todos. Bajo la tutela de la honestidad de la mujer se escondía una intolerable situación de agravio, que la regulación que se propone elimina totalmente. Podrá sorprender la novedad de las técnicas punitivas utilizadas; pero, en este caso, alejarse de la tradición parece un acierto.

Dejando el ámbito de los principios y descendiendo al de las técnicas de elaboración, el presente proyecto difiere de los anteriores en la pretensión de universalidad. Se venía operando con la idea de que el Código Penal constituyese una regulación completa del poder punitivo del Estado. La realización de esa idea partía ya de un déficit, dada la importancia que en nuestro país reviste la potestad sancionadora de la Administración; pero, además, resultaba innecesaria y perturbadora.

Innecesaria, porque la opción decimonónica a favor del Código Penal y en contra de las leyes especiales se basaba en el hecho innegable de que el legislador, al elaborar un Código, se hallaba constreñido, por razones externas de trascendencia social, a respetar los principios constitucionales, cosa que no ocurría, u ocurría en menor medida, en el caso de una ley particular. En el marco de un constitucionalismo flexible, era ese un argumento de especial importancia para fundamentar la pretensión de universalidad absoluta del Código. Hoy, sin embargo, tanto el Código Penal como las leyes especiales se hallan jerárquicamente subordinados a la Constitución y obligados a someterse a ella, no sólo por esa jerarquía, sino también por la existencia de un control jurisdiccional de la constitucionalidad. Consiguientemente, las leyes especiales no pueden suscitar la prevención que históricamente provocaban.

Perturbadora, porque, aunque es innegable que un Código no merecería ese nombre si no contuviese la mayor parte de las normas penales y, desde luego los principios básicos informadores de toda la regulación, lo cierto es que hay materias que difícilmente pueden introducirse en él. Pues, si una pretensión relativa de universalidad es inherente a la idea de Código, también lo son las de estabilidad y fijeza, y existen ámbitos en que, por la especial situación del resto del ordenamiento, o por la naturaleza misma de las cosas, esa estabilidad y fijeza son imposibles. Tal es, por ejemplo, el caso de los delitos relativos al control de cambios. En ellos, la modificación constante de las condiciones económicas y del contexto normativo, en el que, quiérase o no, se integran tales delitos, aconseja situar las normas penales en dicho contexto y dejarlas fuera del Código; por lo demás, ésa es nuestra tradición, y no faltan, en los países de nuestro entorno, ejemplos caracterizados de un proceder semejante.

Así pues, en ese y en otros parecidos, se ha optado por remitir a las correspondientes leyes especiales la regulación penal de las respectivas materias. La misma técnica se ha utilizado para las normas reguladoras de la despenalización de la interrupción voluntaria del embarazo. En este caso, junto a razones semejantes a las anteriormente expuestas, podría argüirse que no se trata de normas incriminadoras, sino de normas que regulan supuestos de no incriminación. El Tribunal Constitucional exigió que, en la configuración de dichos supuestos, se adoptasen garantías que no parecen propias de un Código Penal, sino más bien de otro tipo de norma.

En la elaboración del proyecto se han tenido muy presentes las discusiones parlamentarias del de 1992, el dictamen del Consejo General del Poder Judicial, el estado de la jurisprudencia y las opiniones de la doctrina científica. Se ha llevado a cabo desde la idea, profundamente sentida, de que el Código Penal ha de ser de todos y de que, por consiguiente, han de escucharse todas las opiniones y optar por las soluciones que parezcan más razonables, esto es, por aquéllas que todo el mundo debería poder aceptar.

No se pretende haber realizado una obra perfecta, sino, simplemente, una obra útil. El Gobierno no tiene aquí la última palabra, sino solamente la primera. Se limita, pues, con este proyecto, a pronunciarla, invitando a todas las fuerzas políticas y a todos los ciudadanos a colaborar en la tarea de su perfeccionamiento. Solamente si todos deseamos tener un Código Penal mejor y contribuimos a conseguirlo podrá lograrse un objetivo cuya importancia para la convivencia y el pacífico disfrute de los derechos y libertades que la Constitución proclama difícilmente podría exagerarse.

TÍTULO PRELIMINAR
De las garantías penales y de la aplicación de la Ley penal

1. 1. No será castigada ninguna acción ni omisión que no esté prevista como delito por Ley anterior a su perpetración [1] . [2]

2. Las medidas de seguridad sólo podrán aplicarse cuando concurran los presupuestos establecidos previamente por la Ley [3] .

2. 1. No será castigado ningún delito con pena que no se halle prevista por Ley anterior a su perpetración. Carecerán, igualmente, de efecto retroactivo las Leyes que establezcan medidas de seguridad. [4]

2. No obstante, tendrán efecto retroactivo aquellas leyes penales que favorezcan al reo, aunque al entrar en vigor hubiera recaído sentencia firme y el sujeto estuviese cumpliendo condena. En caso de duda sobre la determinación de la Ley más favorable, será oído el reo. Los hechos cometidos bajo la vigencia de una Ley temporal serán juzgados, sin embargo, conforme a ella, salvo que se disponga expresamente lo contrario [5] .

3. 1. No podrá ejecutarse pena ni medida de seguridad sino en virtud de sentencia firme dictada por el Juez o Tribunal competente, de acuerdo con las leyes procesales.

---

[1] Véase art. 25.1 CE

[2] Dada nueva redacción apartado 1 por art. único apartado 1 de Ley Orgánica 1/2015 de 30 de marzo de 2015, con vigencia desde 01/07/2015

[3] Véanse arts. 6 y 95 de la presente Ley

[4] Dada nueva redacción apartado 1 por art. único apartado 2 de Ley Orgánica 1/2015 de 30 de marzo de 2015, con vigencia desde 01/07/2015

[5] Véanse art. 9.3 CE; arts. 2.3 y 4.2 CC; art. 1 LECrim y art. 11 de la presente Ley

2. Tampoco podrá ejecutarse pena ni medida de seguridad en otra forma que la prescrita por la Ley y reglamentos que la desarrollan, ni con otras circunstancias o accidentes que los expresados en su texto. La ejecución de la pena o de la medida de seguridad se realizará bajo el control de los Jueces y Tribunales competentes [6].

4. 1. Las leyes penales no se aplicarán a casos distintos de los comprendidos expresamente en ellas.

2. En el caso de que un Juez o Tribunal, en el ejercicio de su jurisdicción, tenga conocimiento de alguna acción u omisión que, sin estar penada por la Ley, estime digna de represión, se abstendrá de todo procedimiento sobre ella y expondrá al Gobierno las razones que le asistan para creer que debiera ser objeto de sanción penal.

3. Del mismo modo acudirá al Gobierno exponiendo lo conveniente sobre la derogación o modificación del precepto o la concesión de indulto, sin perjuicio de ejecutar desde luego la sentencia, cuando de la rigurosa aplicación de las disposiciones de la Ley resulte penada una acción u omisión que, a juicio del Juez o Tribunal, no debiera serlo, o cuando la pena sea notablemente excesiva, atendidos el mal causado por la infracción y las circunstancias personales del reo [7].

4. Si mediara petición de indulto, y el Juez o Tribunal hubiere apreciado en resolución fundada que por el cumplimiento de la pena puede resultar vulnerado el derecho a un proceso sin dilaciones indebidas, suspenderá la ejecución de la misma en tanto no se resuelva sobre la petición formulada.

También podrá el Juez o Tribunal suspender la ejecución de la pena, mientras no se resuelva sobre el indulto cuando, de ser ejecutada la sentencia, la finalidad de éste pudiera resultar ilusoria [8].

5. No hay pena sin dolo o imprudencia.

---

[6] Véanse arts. 1, 145.5 y 983 LECrim; arts. 94 y 95 LOPJ; arts. 2, 9, 72 y 76 LOGP; art. 3 RP

[7] Véanse art. 6.2 i) CE; art. 208 RP y art. 130.4 de la presente Ley

[8] Véanse art. 24,2 CE y art. 902 LECrim

6. 1. Las medidas de seguridad se fundamentan en la peligrosidad criminal del sujeto al que se impongan, exteriorizada en la comisión de un hecho previsto como delito.

2. Las medidas de seguridad no pueden resultar ni más gravosas ni de mayor duración que la pena abstractamente aplicable al hecho cometido, ni exceder el límite de lo necesario para prevenir la peligrosidad del autor [9].

7. [10] A los efectos de determinar la Ley penal aplicable en el tiempo, los delitos se consideran cometidos en el momento en que el sujeto ejecuta la acción u omite el acto que estaba obligado a realizar [11].

8. Los hechos susceptibles de ser calificados con arreglo a dos o más preceptos de este Código, y no comprendidos en los arts. 73 a 77, se castigarán observando las siguientes reglas:

1ª) El precepto especial se aplicará con preferencia al general.

2ª) El precepto subsidiario se aplicará sólo en defecto del principal, ya se declare expresamente dicha subsidiariedad, ya sea ésta tácitamente deducible.

3ª) El precepto penal más amplio o complejo absorberá a los que castiguen las infracciones consumidas en aquél.

4ª) En defecto de los criterios anteriores, el precepto penal más grave excluirá los que castiguen el hecho con pena menor.

9. [12] Las disposiciones de este Título se aplicarán a los delitos que se hallen penados por leyes especiales. Las restantes disposiciones de este Código se aplicarán como supletorias en lo no previsto expresamente por aquéllas [13].

---

[9] Véanse arts. 95 a 100 de la presente Ley

[10] Dada nueva redacción por art. único apartado 3 de Ley Orgánica 1/2015 de 30 de marzo de 2015, con vigencia desde 01/07/2015

[11] Véanse disposición transitoria 1 y 2 de la presente Ley y disposición transitoria 1 RP

[12] Dada nueva redacción por art. único apartado 4 de Ley Orgánica 1/2015 de 30 de marzo de 2015, con vigencia desde 01/07/2015

[13] Véase disposición transitoria 11 de la presente Ley

LIBRO PRIMERO
DISPOSICIONES GENERALES SOBRE LOS DELITOS, LAS PERSONAS RESPONSABLES, LAS PENAS, MEDIDAS DE SEGURIDAD Y DEMÁS CONSECUENCIAS DE LA INFRACCIÓN PENAL [14]

TÍTULO PRIMERO
De la infracción penal

CAPÍTULO PRIMERO
De los delitos [15]

10. [16] Son delitos las acciones y omisiones dolosas o imprudentes penadas por la Ley [17].

11. [18] Los delitos que consistan en la producción de un resultado sólo se entenderán cometidos por omisión cuando la no evitación del mismo, al infringir un especial deber jurídico del autor, equivalga, según el sentido del texto de la Ley, a su causación. A tal efecto se equiparará la omisión a la acción:

a) Cuando exista una específica obligación legal o contractual de actuar.

b) Cuando el omitente haya creado una ocasión de riesgo para el bien jurídicamente protegido mediante una acción u omisión precedente.

---

[14] Dada nueva redacción por art. único apartado 5 de Ley Orgánica 1/2015 de 30 de marzo de 2015, con vigencia desde 01/07/2015

[15] Dada nueva redacción por art. único apartado 6 de Ley Orgánica 1/2015 de 30 de marzo de 2015, con vigencia desde 01/07/2015

[16] Dada nueva redacción por art. único apartado 7 de Ley Orgánica 1/2015 de 30 de marzo de 2015, con vigencia desde 01/07/2015

[17] Véanse arts. 9.3 y 25.1 CE; art. 1 LECrim; arts. 2.3 y 4.2 CC y arts. 6, 11 y 95 de la presente Ley

[18] Dada nueva redacción por art. único apartado 8 de Ley Orgánica 1/2015 de 30 de marzo de 2015, con vigencia desde 01/07/2015

12. Las acciones u omisiones imprudentes sólo se castigarán cuando expresamente lo disponga la Ley [19] .

13. 1. Son delitos graves las infracciones que la Ley castiga con pena grave.

2. Son delitos menos graves las infracciones que la Ley castiga con pena menos grave.

3. Son delitos leves las infracciones que la Ley castiga con pena leve. [20]

4. Cuando la pena, por su extensión, pueda incluirse a la vez entre las mencionadas en los dos primeros números de este artículo, el delito se considerará, en todo caso, como grave. Cuando la pena, por su extensión, pueda considerarse como leve y como menos grave, el delito se considerará, en todo caso, como leve [21] . [22]

14. 1. El error invencible sobre un hecho constitutivo de la infracción penal excluye la responsabilidad criminal. Si el error, atendidas las circunstancias del hecho y las personales del autor, fuera vencible, la infracción será castigada, en su caso, como imprudente.

2. El error sobre un hecho que cualifique la infracción o sobre una circunstancia agravante, impedirá su apreciación.

3. El error invencible sobre la ilicitud del hecho constitutivo de la infracción penal excluye la responsabilidad criminal. Si el error fuera vencible, se aplicará la pena inferior en uno o dos grados [23] .

---

[19] Véanse arts. 142, 146, 152, 158, 159.2, 220.5, 267, 301.3, 317, 324, 331, 344, 347, 358, 367, 391, 447, 467.2, 532, 601, 621 de la presente Ley

[20] Dada nueva redacción apartado 3 por art. único apartado 9 de Ley Orgánica 1/2015 de 30 de marzo de 2015, con vigencia desde 01/07/2015

[21] Véanse arts. 14 y 757 LECrim y arts. 32, 33 y 71 de la presente Ley

[22] Dada nueva redacción apartado 4 por art. único apartado 9 de Ley Orgánica 1/2015 de 30 de marzo de 2015, con vigencia desde 01/07/2015

[23] Véase art. 6.1 CC

15. [24] Son punibles el delito consumado y la tentativa de delito [25].

16. 1. Hay tentativa cuando el sujeto da principio a la ejecución del delito directamente por hechos exteriores, practicando todos o parte de los actos que objetivamente deberían producir el resultado, y sin embargo éste no se produce por causas independientes de la voluntad del autor.

2. Quedará exento de responsabilidad penal por el delito intentado quien evite voluntariamente la consumación del delito, bien desistiendo de la ejecución ya iniciada, bien impidiendo la producción del resultado, sin perjuicio de la responsabilidad en que pudiera haber incurrido por los actos ejecutados, si éstos fueren ya constitutivos de otro delito. [26]

3. Cuando en un hecho intervengan varios sujetos, quedarán exentos de responsabilidad penal aquél o aquéllos que desistan de la ejecución ya iniciada, e impidan o intenten impedir, seria, firme y decididamente, la consumación, sin perjuicio de la responsabilidad en que pudieran haber incurrido por los actos ejecutados, si éstos fueren ya constitutivos de otro delito [27]. [28]

17. [29] 1. La conspiración existe cuando dos o más personas se conciertan para la ejecución de un delito y resuelven ejecutarlo.

2. La proposición existe cuando el que ha resuelto cometer un delito invita a otra u otras personas a participar en él.

---

[24] Dada nueva redacción por art. único apartado 10 de Ley Orgánica 1/2015 de 30 de marzo de 2015, con vigencia desde 01/07/2015

[25] Véanse arts. 16, 61, 62 y 64 de la presente Ley

[26] Dada nueva redacción apartado 2 por art. único apartado 11 de Ley Orgánica 1/2015 de 30 de marzo de 2015, con vigencia desde 01/07/2015

[27] Véanse arts. 15, 61, 62 y 64 de la presente Ley

[28] Dada nueva redacción apartado 3 por art. único apartado 11 de Ley Orgánica 1/2015 de 30 de marzo de 2015, con vigencia desde 01/07/2015

[29] Dada nueva redacción por art. único apartado 12 de Ley Orgánica 1/2015 de 30 de marzo de 2015, con vigencia desde 01/07/2015

3. La conspiración y la proposición para delinquir sólo se castigarán en los casos especialmente previstos en la Ley [30].

18. 1. La provocación existe cuando directamente se incita por medio de la imprenta, la radiodifusión o cualquier otro medio de eficacia semejante, que facilite la publicidad, o ante una concurrencia de personas, a la perpetración de un delito.

Es apología, a los efectos de este Código, la exposición, ante una concurrencia de personas o por cualquier medio de difusión, de ideas o doctrinas que ensalcen el crimen o enaltezcan a su autor. La apología sólo será delictiva como forma de provocación y si por su naturaleza y circunstancias constituye una incitación directa a cometer un delito.

2. La provocación se castigará exclusivamente en los casos en que la Ley así lo prevea.

Si a la provocación hubiese seguido la perpetración del delito, se castigará como inducción [31].

CAPÍTULO II
De las causas que eximen de la responsabilidad criminal

19. Los menores de dieciocho años no serán responsables criminalmente con arreglo a este Código [32].

Cuando un menor de dicha edad cometa un hecho delictivo podrá ser responsable con arreglo a lo dispuesto en la Ley que regule la responsabilidad penal del menor [33].

20. Están exentos de responsabilidad criminal:

1º) El que al tiempo de cometer la infracción penal, a causa de cualquier anomalía o alteración psíquica, no pueda comprender la ilicitud del hecho o actuar conforme a esa comprensión.

---

[30] Véanse arts. 141, 151, 168, 177 bis.8, 269, 285 quater, 304, 373, 445, 477, 488, 519, 548, 553, 579, 585 y 615 de la presente Ley

[31] Véase art. 28 a) de la presente Ley

[32] Véanse arts. 375, 376 y 380 LECrim

[33] Precepto en vigor desde el 13 enero 2001, conforme a la disposición final 7.1 LO 5/2000 de 12 enero

El trastorno mental transitorio no eximirá de pena cuando hubiese sido provocado por el sujeto con el propósito de cometer el delito o hubiera previsto o debido prever su comisión [34].

2º) El que al tiempo de cometer la infracción penal se halle en estado de intoxicación plena por el consumo de bebidas alcohólicas, drogas tóxicas, estupefacientes, sustancias psicotrópicas u otras que produzcan efectos análogos, siempre que no haya sido buscado con el propósito de cometerla o no se hubiese previsto o debido prever su comisión, o se halle bajo la influencia de un síndrome de abstinencia, a causa de su dependencia de tales sustancias, que le impida comprender la ilicitud del hecho o actuar conforme a esa comprensión [35].

3º) El que, por sufrir alteraciones en la percepción desde el nacimiento o desde la infancia, tenga alterada gravemente la conciencia de la realidad [36].

4º) El que obre en defensa de la persona o derechos propios o ajenos, siempre que concurran los requisitos siguientes:

Primero.- Agresión ilegítima. En caso de defensa de los bienes se reputará agresión ilegítima el ataque a los mismos que constituya delito y los ponga en grave peligro de deterioro o pérdida inminentes. En caso de defensa de la morada o sus dependencias, se reputará agresión ilegítima la entrada indebida en aquélla o éstas. [37]

Segundo.- Necesidad racional del medio empleado para impedirla o repelerla.

Tercero.- Falta de provocación suficiente por parte del defensor.

5º) El que, en estado de necesidad, para evitar un mal propio o ajeno lesione un bien jurídico de otra persona o infrinja un deber, siempre que concurran los siguientes requisitos:

Primero.- Que el mal causado no sea mayor que el que se trate de evitar.

Segundo.- Que la situación de necesidad no haya sido provocada intencionadamente por el sujeto.

---

[34] Véanse arts. 101, 104 a 107, 118,1, 119 y disposición adicional 1 de la presente Ley y arts. 381 a 383, 392 y 991 a 994 LECrim

[35] Véanse arts. 87, 102, 104 a 107, 118.1 y 119 de la presente Ley

[36] Véanse art. 392 LECrim y arts. 103 a 107, 118,1, 119 y disposición adicional 1 de la presente Ley

[37] Dada nueva redacción apartado 4 número 1 por art. único apartado 13 de Ley Orgánica 1/2015 de 30 de marzo de 2015, con vigencia desde 01/07/2015

Tercero.- Que el necesitado no tenga, por su oficio o cargo, obligación de sacrificarse [38].

6°) El que obre impulsado por miedo insuperable.

7°) El que obre en cumplimiento de un deber o en el ejercicio legítimo de un derecho, oficio o cargo [39].

En los supuestos de los tres primeros números se aplicarán, en su caso, las medidas de seguridad previstas en este Código.

CAPÍTULO III
De las circunstancias que atenúan la responsabilidad criminal

21. Son circunstancias atenuantes:

1ª) Las causas expresadas en el Capítulo anterior, cuando no concurrieren todos los requisitos necesarios para eximir de responsabilidad en sus respectivos casos [40].

2ª) La de actuar el culpable a causa de su grave adicción a las sustancias mencionadas en el número 2° del artículo anterior.

3ª) La de obrar por causas o estímulos tan poderosos que hayan producido arrebato, obcecación u otro estado pasional de entidad semejante.

4ª) La de haber procedido el culpable, antes de conocer que el procedimiento judicial se dirige contra él, a confesar la infracción a las autoridades.

5ª) La de haber procedido el culpable a reparar el daño ocasionado a la víctima, o disminuir sus efectos, en cualquier momento del procedimiento y con anterioridad a la celebración del acto del juicio oral.

6ª) La dilación extraordinaria e indebida en la tramitación del procedimiento, siempre que no sea atribuible al propio inculpado y que no guarde proporción con la complejidad de la causa. [41]

---

[38] Véanse art. 782 LECrim y arts. 118 y 119 de la presente Ley

[39] Véase art. 616 bis de la presente Ley

[40] Véanse arts. 68 y 104 de la presente Ley

[41] Añadido apartado 6 por art. único apartado 1 de Ley Orgánica 5/2010 de 22 de junio de 2010, con vigencia desde 23/12/2010

7ª) Cualquier otra circunstancia de análoga significación que las anteriores [42]. [43]

CAPÍTULO IV
De las circunstancias que agravan la responsabilidad criminal

22. Son circunstancias agravantes:

1ª) Ejecutar el hecho con alevosía.

Hay alevosía cuando el culpable comete cualquiera de los delitos contra las personas empleando en la ejecución medios, modos o formas que tiendan directa o especialmente a asegurarla, sin el riesgo que para su persona pudiera proceder de la defensa por parte del ofendido.

2ª) Ejecutar el hecho mediante disfraz, con abuso de superioridad o aprovechando las circunstancias de lugar, tiempo o auxilio de otras personas que debiliten la defensa del ofendido o faciliten la impunidad del delincuente [44]

3ª) Ejecutar el hecho mediante precio, recompensa o promesa.

4ª) Cometer el delito por motivos racistas, antisemitas, antigitanos u otra clase de discriminación referente a la ideología, religión o creencias de la víctima, la etnia, raza o nación a la que pertenezca, su sexo, edad, orientación o identidad sexual o de género, razones de género, de aporofobia o de exclusión social, la enfermedad que padezca o su discapacidad, con independencia de que tales condiciones o circunstancias concurran efectivamente en la persona sobre la que recaiga la conducta [45]. [46]

5ª) Aumentar deliberada e inhumanamente el sufrimiento de la víctima, causando a ésta padecimientos innecesarios para la ejecución del delito.

6ª) Obrar con abuso de confianza.

---

[42] Véanse arts. 23 y 65 a 67 de la presente Ley

[43] Renumerado apartado 6 por art. único apartado 1 de Ley Orgánica 5/2010 de 22 de junio de 2010 como apartado 7, con vigencia desde 23/12/2010

[44] Véase art. 42.1 c) Ley 1/1970, de 4 de abril, de Caza

[45] Véanse arts. 510 y 607 de la presente Ley

[46] Dada nueva redacción apartado 4 por art. único apartado 1 de Ley Orgánica 6/2022 de 12 de julio de 2022, con vigencia desde 14/07/2022

7ª) Prevalerse del carácter público que tenga el culpable.

8ª) Ser reincidente.

Hay reincidencia cuando, al delinquir, el culpable haya sido condenado ejecutoriamente por un delito comprendido en el mismo título de este Código, siempre que sea de la misma naturaleza.

A los efectos de este número no se computarán los antecedentes penales cancelados o que debieran serlo, ni los que correspondan a delitos leves.

Las condenas firmes de Jueces o Tribunales impuestas en otros Estados de la Unión Europea producirán los efectos de reincidencia salvo que el antecedente penal haya sido cancelado o pudiera serlo con arreglo al Derecho español [47] . [48]

CAPÍTULO V
De la circunstancia mixta de parentesco

23. [49] Es circunstancia que puede atenuar o agravar la responsabilidad, según la naturaleza, los motivos y los efectos del delito, ser o haber sido el agraviado cónyuge o persona que esté o haya estado ligada de forma estable por análoga relación de afectividad, o ser ascendiente, descendiente o hermano por naturaleza o adopción del ofensor o de su cónyuge o conviviente. [50]

---

[47] Véanse art. 379 LECrim; arts. 87.2, 190, 375, 388, 580 y disposición transitoria 7 de la presente Ley

[48] Dada nueva redacción apartado 8 por art. único apartado 14 de Ley Orgánica 1/2015 de 30 de marzo de 2015, con vigencia desde 01/07/2015

[49] Dada nueva redacción por art. 1 apartado 1 de Ley Orgánica 11/2003 de 29 de septiembre de 2003, con vigencia desde 01/10/2003

[50] Véanse arts. 65, 153, 180.4, 182.1, 268 y 424 de la presente Ley

CAPÍTULO VI
Disposiciones generales

24. 1. A los efectos penales se reputará autoridad al que por sí solo o como miembro de alguna corporación, tribunal u órgano colegiado tenga mando o ejerza jurisdicción propia. En todo caso, tendrán la consideración de autoridad los miembros del Congreso de los Diputados, del Senado, de las Asambleas Legislativas de las Comunidades Autónomas y del Parlamento Europeo. Tendrán también la consideración de autoridad los funcionarios del Ministerio Fiscal y los Fiscales de la Fiscalía Europea. [51]

2. Se considerará funcionario público todo el que por disposición inmediata de la Ley o por elección o por nombramiento de autoridad competente participe en el ejercicio de funciones públicas [52].

25. [53] A los efectos de este Código se entiende por discapacidad aquella situación en que se encuentra una persona con deficiencias físicas, mentales, intelectuales o sensoriales de carácter permanente que, al interactuar con diversas barreras, puedan limitar o impedir su participación plena y efectiva en la sociedad, en igualdad de condiciones con las demás.

Asimismo a los efectos de este Código, se entenderá por persona con discapacidad necesitada de especial protección a aquella persona con discapacidad que, tenga o no judicialmente modificada su capacidad de obrar, requiera de asistencia o apoyo para el ejercicio de su capacidad jurídica y para la toma de decisiones respecto de su persona, de sus derechos o intereses a causa de sus deficiencias intelectuales o mentales de carácter permanente [54].

---

[51] Dada nueva redacción apartado 1 por disposición final 4 apartado 1 de Ley Orgánica 9/2021 de 1 de julio de 2021, con vigencia desde 03/07/2021

[52] Véanse arts. 2, 10, 550 y 556 de la presente Ley

[53] Dada nueva redacción por art. único apartado 15 de Ley Orgánica 1/2015 de 30 de marzo de 2015, con vigencia desde 01/07/2015

[54] Véanse arts. 148.3, 153, 155, 156, 185 a 188, 192, 197.5, 223, 224, 229, así como 232 y 618 y disposición adicional 1 y 2 de la presente Ley

26. A los efectos de este Código se considera documento todo soporte material que exprese o incorpore datos, hechos o narraciones con eficacia probatoria o cualquier otro tipo de relevancia jurídica [55].

TÍTULO II
De las personas criminalmente responsables de los delitos [56]

27. [57] Son responsables criminalmente de los delitos los autores y los cómplices.

28. Son autores quienes realizan el hecho por sí solos, conjuntamente o por medio de otro del que se sirven como instrumento.

También serán considerados autores:

a) Los que inducen directamente a otro u otros a ejecutarlo [58].

b) Los que cooperan a su ejecución con un acto sin el cual no se habría efectuado [59].

29. Son cómplices los que, no hallándose comprendidos en el artículo anterior, cooperan a la ejecución del hecho con actos anteriores o simultáneos [60].

30. 1. En los delitos que se cometan utilizando medios o soportes de difusión mecánicos no responderán criminalmente ni los cómplices ni quienes los hubieren favorecido personal o realmente. [61]

---

[55] Véanse arts. 197, 278, 390, 413, 465, 534, 600 y 603 de la presente Ley

[56] Dada nueva redacción por art. único apartado 16 de Ley Orgánica 1/2015 de 30 de marzo de 2015, con vigencia desde 01/07/2015

[57] Dada nueva redacción por art. único apartado 17 de Ley Orgánica 1/2015 de 30 de marzo de 2015, con vigencia desde 01/07/2015

[58] Véase art. 18.2 de la presente Ley

[59] Véanse arts. 61, 62 y 64 de la presente Ley

[60] Véanse arts. 63 y 64 de la presente Ley

[61] Dada nueva redacción apartado 1 por art. único apartado 18 de Ley Orgánica 1/2015 de 30 de marzo de 2015, con vigencia desde 01/07/2015

2. Los autores a los que se refiere el art. 28 responderán de forma escalonada, excluyente y subsidiaria de acuerdo con el siguiente orden:

1º) Los que realmente hayan redactado el texto o producido el signo de que se trate, y quienes les hayan inducido a realizarlo.

2º) Los directores de la publicación o programa en que se difunda.

3º) Los directores de la empresa editora, emisora o difusora.

4º) Los directores de la empresa grabadora, reproductora o impresora.

3. Cuando por cualquier motivo distinto de la extinción de la responsabilidad penal, incluso la declaración de rebeldía o la residencia fuera de España, no pueda perseguirse a ninguna de las personas comprendidas en alguno de los números del apartado anterior, se dirigirá el procedimiento contra las mencionadas en el número inmediatamente posterior [62].

31. [63] El que actúe como administrador de hecho o de derecho de una persona jurídica, o en nombre o representación legal o voluntaria de otro, responderá personalmente, aunque no concurran en él las condiciones, cualidades o relaciones que la correspondiente figura de delito requiera para poder ser sujeto activo del mismo, si tales circunstancias se dan en la entidad o persona en cuyo nombre o representación obre.

31 bis. [64] 1. En los supuestos previstos en este Código, las personas jurídicas serán penalmente responsables:

a) De los delitos cometidos en nombre o por cuenta de las mismas, y en su beneficio directo o indirecto, por sus representantes legales o por aquellos que actuando individualmente o como integrantes de un órgano de la persona jurídica, están autorizados para tomar decisiones en nombre de la persona jurídica u ostentan facultades de organización y control dentro de la misma.

b) De los delitos cometidos, en el ejercicio de actividades sociales y por cuenta y en beneficio directo o indirecto de las mismas, por

---

[62] Véanse arts. 816, 817, 818, 819, 820, 821, 822 y 823 LECrim

[63] Dada nueva redacción por art. único apartado 19 de Ley Orgánica 1/2015 de 30 de marzo de 2015, con vigencia desde 01/07/2015

[64] Dada nueva redacción por art. único apartado 20 de Ley Orgánica 1/2015 de 30 de marzo de 2015, con vigencia desde 01/07/2015

quienes, estando sometidos a la autoridad de las personas físicas mencionadas en el párrafo anterior, han podido realizar los hechos por haberse incumplido gravemente por aquéllos los deberes de supervisión, vigilancia y control de su actividad atendidas las concretas circunstancias del caso.

2. Si el delito fuere cometido por las personas indicadas en la letra a) del apartado anterior, la persona jurídica quedará exenta de responsabilidad si se cumplen las siguientes condiciones:

1ª el órgano de administración ha adoptado y ejecutado con eficacia, antes de la comisión del delito, modelos de organización y gestión que incluyen las medidas de vigilancia y control idóneas para prevenir delitos de la misma naturaleza o para reducir de forma significativa el riesgo de su comisión;

2ª la supervisión del funcionamiento y del cumplimiento del modelo de prevención implantado ha sido confiada a un órgano de la persona jurídica con poderes autónomos de iniciativa y de control o que tenga encomendada legalmente la función de supervisar la eficacia de los controles internos de la persona jurídica;

3ª los autores individuales han cometido el delito eludiendo fraudulentamente los modelos de organización y de prevención y

4ª no se ha producido una omisión o un ejercicio insuficiente de sus funciones de supervisión, vigilancia y control por parte del órgano al que se refiere la condición 2ª

En los casos en los que las anteriores circunstancias solamente puedan ser objeto de acreditación parcial, esta circunstancia será valorada a los efectos de atenuación de la pena.

3. En las personas jurídicas de pequeñas dimensiones, las funciones de supervisión a que se refiere la condición 2ª del apartado 2 podrán ser asumidas directamente por el órgano de administración. A estos efectos, son personas jurídicas de pequeñas dimensiones aquéllas que, según la legislación aplicable, estén autorizadas a presentar cuenta de pérdidas y ganancias abreviada.

4. Si el delito fuera cometido por las personas indicadas en la letra b) del apartado 1, la persona jurídica quedará exenta de responsabilidad si, antes de la comisión del delito, ha adoptado y ejecutado eficazmente un modelo de organización y gestión que resulte adecuado para prevenir delitos de la naturaleza del que fue cometido o para reducir de forma significativa el riesgo de su comisión.

En este caso resultará igualmente aplicable la atenuación prevista en el párrafo segundo del apartado 2 de este artículo.

5. Los modelos de organización y gestión a que se refieren la condición 1ª del apartado 2 y el apartado anterior deberán cumplir los siguientes requisitos:

1º Identificarán las actividades en cuyo ámbito puedan ser cometidos los delitos que deben ser prevenidos.

2º Establecerán los protocolos o procedimientos que concreten el proceso de formación de la voluntad de la persona jurídica, de adopción de decisiones y de ejecución de las mismas con relación a aquéllos.

3º Dispondrán de modelos de gestión de los recursos financieros adecuados para impedir la comisión de los delitos que deben ser prevenidos.

4º Impondrán la obligación de informar de posibles riesgos e incumplimientos al organismo encargado de vigilar el funcionamiento y observancia del modelo de prevención.

5º Establecerán un sistema disciplinario que sancione adecuadamente el incumplimiento de las medidas que establezca el modelo.

6º Realizarán una verificación periódica del modelo y de su eventual modificación cuando se pongan de manifiesto infracciones relevantes de sus disposiciones, o cuando se produzcan cambios en la organización, en la estructura de control o en la actividad desarrollada que los hagan necesarios.

31 ter. [65] 1. La responsabilidad penal de las personas jurídicas será exigible siempre que se constate la comisión de un delito que haya tenido que cometerse por quien ostente los cargos o funciones aludidas en el artículo anterior, aun cuando la concreta persona física responsable no haya sido individualizada o no haya sido posible dirigir el procedimiento contra ella. Cuando como consecuencia de los mismos hechos se impusiere a ambas la pena de multa, los Jueces o Tribunales modularán las respectivas cuantías, de modo que la suma resultante no sea desproporcionada en relación con la gravedad de aquéllos.

2. La concurrencia, en las personas que materialmente hayan realizado los hechos o en las que los hubiesen hecho posibles por no

---

[65] Añadido por art. único apartado 21 de Ley Orgánica 1/2015 de 30 de marzo de 2015, con vigencia desde 01/07/2015

haber ejercido el debido control, de circunstancias que afecten a la culpabilidad del acusado o agraven su responsabilidad, o el hecho de que dichas personas hayan fallecido o se hubieren sustraído a la acción de la justicia, no excluirá ni modificará la responsabilidad penal de las personas jurídicas, sin perjuicio de lo que se dispone en el artículo siguiente.

31 quater. [66] Sólo podrán considerarse circunstancias atenuantes de la responsabilidad penal de las personas jurídicas haber realizado, con posterioridad a la comisión del delito y a través de sus representantes legales, las siguientes actividades:

a) Haber procedido, antes de conocer que el procedimiento judicial se dirige contra ella, a confesar la infracción a las autoridades.

b) Haber colaborado en la investigación del hecho aportando pruebas, en cualquier momento del proceso, que fueran nuevas y decisivas para esclarecer las responsabilidades penales dimanantes de los hechos.

c) Haber procedido en cualquier momento del procedimiento y con anterioridad al juicio oral a reparar o disminuir el daño causado por el delito.

d) Haber establecido, antes del comienzo del juicio oral, medidas eficaces para prevenir y descubrir los delitos que en el futuro pudieran cometerse con los medios o bajo la cobertura de la persona jurídica.

31 quinquies. [67] 1. Las disposiciones relativas a la responsabilidad penal de las personas jurídicas no serán aplicables al Estado, a las Administraciones públicas territoriales e institucionales, a los Organismos Reguladores, las Agencias y Entidades públicas Empresariales, a las organizaciones internacionales de derecho público, ni a aquellas otras que ejerzan potestades públicas de soberanía o administrativas.

2. En el caso de las Sociedades mercantiles públicas que ejecuten políticas públicas o presten servicios de interés económico general, solamente les podrán ser impuestas las penas previstas en las letras a) y g) del apartado 7 del art. 33. Esta limitación no será aplicable cuando

---

[66] Añadido por art. único apartado 22 de Ley Orgánica 1/2015 de 30 de marzo de 2015, con vigencia desde 01/07/2015

[67] Añadido por art. único apartado 23 de Ley Orgánica 1/2015 de 30 de marzo de 2015, con vigencia desde 01/07/2015

el Juez o Tribunal aprecie que se trata de una forma jurídica creada por sus promotores, fundadores, administradores o representantes con el propósito de eludir una eventual responsabilidad penal.

TÍTULO III
De las penas

CAPÍTULO PRIMERO
De las penas, sus clases y efectos

SECCIÓN PRIMERA
De las penas y sus clases

32. Las penas que pueden imponerse con arreglo a este Código, bien con carácter principal bien como accesorias, son privativas de libertad, privativas de otros derechos y multa.

33. 1. En función de su naturaleza y duración, las penas se clasifican en graves, menos graves y leves.

2. Son penas graves:

a) La prisión permanente revisable.

b) La prisión superior a cinco años.

c) La inhabilitación absoluta.

d) Las inhabilitaciones especiales por tiempo superior a cinco años.

e) La suspensión de empleo o cargo público por tiempo superior a cinco años.

f) La privación del derecho a conducir vehículos a motor y ciclomotores por tiempo superior a ocho años.

g) La privación del derecho a la tenencia y porte de armas por tiempo superior a ocho años.

h) La privación del derecho a residir en determinados lugares o acudir a ellos, por tiempo superior a cinco años.

i) La prohibición de aproximarse a la víctima o a aquellos de sus familiares u otras personas que determine el Juez o Tribunal, por tiempo superior a cinco años.

j) La prohibición de comunicarse con la víctima o con aquellos de sus familiares u otras personas que determine el Juez o Tribunal, por tiempo superior a cinco años.

k) La privación de la patria potestad. [68]

3. Son penas menos graves:

a) La prisión de tres meses hasta cinco años.

b) Las inhabilitaciones especiales hasta cinco años.

c) La suspensión de empleo o cargo público hasta cinco años.

d) La privación del derecho a conducir vehículos a motor y ciclomotores de un año y un día a ocho años.

e) La privación del derecho a la tenencia y porte de armas de un año y un día a ocho años.

f) Inhabilitación especial para el ejercicio de profesión, oficio o comercio que tenga relación con los animales y para la tenencia de animales de un año y un día a cinco años.

g) La privación del derecho a residir en determinados lugares o acudir a ellos, por tiempo de seis meses a cinco años.

h) La prohibición de aproximarse a la víctima o a aquellos de sus familiares u otras personas que determine el Juez o Tribunal, por tiempo de seis meses a cinco años.

i) La prohibición de comunicarse con la víctima o con aquellos de sus familiares u otras personas que determine el Juez o Tribunal, por tiempo de seis meses a cinco años.

j) La multa de más de tres meses.

k) La multa proporcional, cualquiera que fuese su cuantía, salvo lo dispuesto en el apartado 7 de este artículo.

l) Los trabajos en beneficio de la comunidad de treinta y un días a un año. [69]

4. Son penas leves:

a) La privación del derecho a conducir vehículos a motor y ciclomotores de tres meses a un año.

b) La privación del derecho a la tenencia y porte de armas de tres meses a un año.

---

[68] Dada nueva redacción apartado 2 por art. único apartado 24 de Ley Orgánica 1/2015 de 30 de marzo de 2015, con vigencia desde 01/07/2015

[69] Dada nueva redacción apartado 3 por art. único apartado 24 de Ley Orgánica 1/2015 de 30 de marzo de 2015, con vigencia desde 01/07/2015

c) Inhabilitación especial para el ejercicio de profesión, oficio o comercio que tenga relación con los animales y para la tenencia de animales de tres meses a un año.

d) La privación del derecho a residir en determinados lugares o acudir a ellos, por tiempo inferior a seis meses.

e) La prohibición de aproximarse a la víctima o a aquellos de sus familiares u otras personas que determine el Juez o Tribunal, por tiempo de un mes a menos de seis meses.

f) La prohibición de comunicarse con la víctima o con aquellos de sus familiares u otras personas que determine el Juez o Tribunal, por tiempo de un mes a menos de seis meses.

g) La multa de hasta tres meses.

h) La localización permanente de un día a tres meses.

i) Los trabajos en beneficio de la comunidad de uno a treinta días. [70]

5. La responsabilidad personal subsidiaria por impago de multa tendrá naturaleza menos grave o leve, según la que corresponda a la pena que sustituya.

6. Las penas accesorias tendrán la duración que respectivamente tenga la pena principal, excepto lo que dispongan expresamente otros preceptos de este Código. [71]

7. Las penas aplicables a las personas jurídicas, que tienen todas la consideración de graves, son las siguientes:

a) Multa por cuotas o proporcional.

b) Disolución de la persona jurídica. La disolución producirá la pérdida definitiva de su personalidad jurídica, así como la de su capacidad de actuar de cualquier modo en el tráfico jurídico, o llevar a cabo cualquier clase de actividad, aunque sea lícita.

c) Suspensión de sus actividades por un plazo que no podrá exceder de cinco años.

d) Clausura de sus locales y establecimientos por un plazo que no podrá exceder de cinco años.

e) Prohibición de realizar en el futuro las actividades en cuyo ejercicio se haya cometido, favorecido o encubierto el delito. Esta prohibi-

---

[70] Dada nueva redacción apartado 4 por art. único apartado 24 de Ley Orgánica 1/2015 de 30 de marzo de 2015, con vigencia desde 01/07/2015

[71] Dada nueva redacción apartado 6 por art. único apartado 2 de Ley Orgánica 15/2003 de 25 de noviembre de 2003, con vigencia desde 01/10/2004

ción podrá ser temporal o definitiva. Si fuere temporal, el plazo no podrá exceder de quince años.

f) Inhabilitación para obtener subvenciones y ayudas públicas, para contratar con el sector público y para gozar de beneficios e incentivos fiscales o de la Seguridad Social, por un plazo que no podrá exceder de quince años.

g) Intervención judicial para salvaguardar los derechos de los trabajadores o de los acreedores por el tiempo que se estime necesario, que no podrá exceder de cinco años.

La intervención podrá afectar a la totalidad de la organización o limitarse a alguna de sus instalaciones, secciones o unidades de negocio. El Juez o Tribunal, en la sentencia o, posteriormente, mediante auto, determinará exactamente el contenido de la intervención y determinará quién se hará cargo de la intervención y en qué plazos deberá realizar informes de seguimiento para el órgano judicial. La intervención se podrá modificar o suspender en todo momento previo informe del interventor y del Ministerio Fiscal. El interventor tendrá derecho a acceder a todas las instalaciones y locales de la empresa o persona jurídica y a recibir cuanta información estime necesaria para el ejercicio de sus funciones. Reglamentariamente se determinarán los aspectos relacionados con el ejercicio de la función de interventor, como la retribución o la cualificación necesaria.

La clausura temporal de los locales o establecimientos, la suspensión de las actividades sociales y la intervención judicial podrán ser acordadas también por el Juez Instructor como medida cautelar durante la instrucción de la causa. [72]

34. No se reputarán penas:

1. La detención y prisión preventiva y las demás medidas cautelares de naturaleza penal [73].

2. Las multas y demás correcciones que, en uso de atribuciones gubernativas o disciplinarias, se impongan a los subordinados o administrados.

---

[72] Añadido apartado 7 por art. único apartado 5 de Ley Orgánica 5/2010 de 22 de junio de 2010, con vigencia desde 23/12/2010

[73] Véanse arts. 489, 502, 529 bis y 785.8 LECrim

3. Las privaciones de derechos y las sanciones reparadoras que establezcan las leyes civiles o administrativas.

SECCIÓN SEGUNDA
De las penas privativas de libertad

35. [74] Son penas privativas de libertad la prisión permanente revisable, la prisión, la localización permanente y la responsabilidad personal subsidiaria por impago de multa. Su cumplimiento, así como los beneficios penitenciarios que supongan acortamiento de la condena, se ajustarán a lo dispuesto en las leyes y en este Código.

36. [75] 1. La pena de prisión permanente será revisada de conformidad con lo dispuesto en el art. 92 .

La clasificación del condenado en el tercer grado deberá ser autorizada por el Tribunal previo pronóstico individualizado y favorable de reinserción social, oídos el Ministerio Fiscal e Instituciones Penitenciarias, y no podrá efectuarse:

a) Hasta el cumplimiento de veinte años de prisión efectiva, en el caso de que el penado lo hubiera sido por un delito del Capítulo VII del Título XXII del Libro II de este Código.

b) Hasta el cumplimiento de quince años de prisión efectiva, en el resto de los casos.

En estos supuestos, el penado no podrá disfrutar de permisos de salida hasta que haya cumplido un mínimo de doce años de prisión, en el caso previsto en la letra a), y ocho años de prisión, en el previsto en la letra b). [76]

2. La pena de prisión tendrá una duración mínima de tres meses y máxima de veinte años, salvo lo que excepcionalmente dispongan otros preceptos del presente Código.

---

[74] Dada nueva redacción por art. único apartado 25 de Ley Orgánica 1/2015 de 30 de marzo de 2015, con vigencia desde 01/07/2015

[75] Dada nueva redacción por art. 1 apartado 1 de Ley Orgánica 7/2003 de 30 de junio de 2003, con vigencia desde 02/07/2003

[76] Dada nueva redacción apartado 1 por art. único apartado 26 de Ley Orgánica 1/2015 de 30 de marzo de 2015, con vigencia desde 01/07/2015

Cuando la duración de la pena de prisión impuesta sea superior a cinco años, el juez o tribunal podrá ordenar que la clasificación del condenado en el tercer grado de tratamiento penitenciario no se efectúe hasta el cumplimiento de la mitad de la pena impuesta.

En cualquier caso, cuando la duración de la pena de prisión impuesta sea superior a cinco años y se trate de los delitos enumerados a continuación, la clasificación del condenado en el tercer grado de tratamiento penitenciario no podrá efectuarse hasta el cumplimiento de la mitad de la misma:

a) Delitos referentes a organizaciones y grupos terroristas y delitos de terrorismo del Capítulo VII del Título XXII del Libro II de este Código.

b) Delitos cometidos en el seno de una organización o grupo criminal.

c) Delitos del Título VII bis del Libro II de este Código, cuando la víctima sea una persona menor de edad o persona con discapacidad necesitada de especial protección.

d) Delitos del artículo 181.

e) Delitos del Capítulo V del Título VIII del Libro II de este Código, cuando la víctima sea menor de dieciséis años.

En los supuestos de las letras c), d) y e), si la condena fuera superior a cinco años de prisión la clasificación del condenado en el tercer grado de tratamiento penitenciario no podrá efectuarse sin valoración e informe específico acerca del aprovechamiento por el reo del programa de tratamiento para condenados por agresión sexual. [77]

3. La autoridad judicial de vigilancia penitenciaria, previo pronóstico individualizado y favorable de reinserción social y valorando, en su caso, las circunstancias personales de la persona condenada y la evolución del tratamiento reeducador, podrá acordar razonadamente, oídos el Ministerio Fiscal, Instituciones Penitenciarias y las demás partes, la aplicación del régimen general de cumplimiento, salvo en los supuestos contenidos en el apartado anterior. [78]

4. En todo caso, la autoridad judicial de vigilancia penitenciaria, según corresponda, podrá acordar, previo informe del Ministerio Fiscal,

---

[77] Dada nueva redacción apartado 2 por disposición final 4 apartado 1 de Ley Orgánica 10/2022 de 6 de septiembre de 2022, con vigencia desde 07/10/2022

[78] Dada nueva redacción apartado 3 por disposición final 4 apartado 1 de Ley Orgánica 10/2022 de 6 de septiembre de 2022, con vigencia desde 07/10/2022

Instituciones Penitenciarias y las demás partes, la progresión a tercer grado por motivos humanitarios y de dignidad personal de las personas condenadas enfermas muy graves con padecimientos incurables y de las personas septuagenarias, valorando, especialmente, su escasa peligrosidad. [79]

37. [80] 1. La localización permanente tendrá una duración de hasta seis meses. Su cumplimiento obliga al penado a permanecer en su domicilio o en lugar determinado fijado por el Juez en sentencia o posteriormente en auto motivado.

No obstante, en los casos en los que la localización permanente esté prevista como pena principal, atendiendo a la reiteración en la comisión de la infracción y siempre que así lo disponga expresamente el concreto precepto aplicable, el Juez podrá acordar en sentencia que la pena de localización permanente se cumpla los sábados, domingos y días festivos en el centro penitenciario más próximo al domicilio del penado. [81]

2. Si el reo lo solicitare y las circunstancias lo aconsejaren, oído el Ministerio Fiscal, el Juez o Tribunal sentenciador podrá acordar que la condena se cumpla durante los sábados y domingos o de forma no continuada.

3. Si el condenado incumpliera la pena, el Juez o Tribunal sentenciador deducirá testimonio para proceder de conformidad con lo que dispone el art. 468 .

4. Para garantizar el cumplimiento efectivo, el Juez o Tribunal podrá acordar la utilización de medios mecánicos o electrónicos que permitan la localización del reo. [82]

---

[79] Añadido apartado 4 por disposición final 4 apartado 1 de Ley Orgánica 10/2022 de 6 de septiembre de 2022, con vigencia desde 07/10/2022

[80] Dada nueva redacción por art. único apartado 5 de Ley Orgánica 15/2003 de 25 de noviembre de 2003, con vigencia desde 01/10/2004

[81] Dada nueva redacción apartado 1 por art. único apartado 7 de Ley Orgánica 5/2010 de 22 de junio de 2010, con vigencia desde 23/12/2010

[82] Añadido apartado 4 por art. único apartado 7 de Ley Orgánica 5/2010 de 22 de junio de 2010, con vigencia desde 23/12/2010

38. 1. Cuando el reo estuviere preso, la duración de las penas empezará a computarse desde el día en que la sentencia condenatoria haya quedado firme.

2. Cuando el reo no estuviere preso, la duración de las penas empezará a contarse desde que ingrese en el establecimiento adecuado para su cumplimiento.

SECCIÓN TERCERA
De las penas privativas de derechos

39. [83] Son penas privativas de derechos:

a) La inhabilitación absoluta.

b) Las de inhabilitación especial para empleo o cargo público, profesión, oficio, industria o comercio, u otras actividades, sean o no retribuidas, o de los derechos de patria potestad, tutela, guarda o curatela, tenencia de animales, derecho de sufragio pasivo o de cualquier otro derecho. [84]

c) La suspensión de empleo o cargo público.

d) La privación del derecho a conducir vehículos a motor y ciclomotores.

e) La privación del derecho a la tenencia y porte de armas.

f) La privación del derecho a residir en determinados lugares o acudir a ellos.

g) La prohibición de aproximarse a la víctima o a aquellos de sus familiares u otras personas que determine el juez o el Tribunal.

h) La prohibición de comunicarse con la víctima o con aquellos de sus familiares u otras personas que determine el Juez o Tribunal.

i) Los trabajos en beneficio de la comunidad.

j) La privación de la patria potestad.

---

[83] Dada nueva redacción por art. único apartado 27 de Ley Orgánica 1/2015 de 30 de marzo de 2015, con vigencia desde 01/07/2015

[84] Dada nueva redacción letra b por disposición final 6 apartado 2 de Ley Orgánica 8/2021 de 4 de junio de 2021, con vigencia desde 25/06/2021

40. [85] 1. La pena de inhabilitación absoluta tendrá una duración de seis a 20 años; las de inhabilitación especial, de tres meses a 20 años, y la de suspensión de empleo o cargo público, de tres meses a seis años.

2. La pena de privación del derecho a conducir vehículos a motor y ciclomotores, y la de privación del derecho a la tenencia y porte de armas, tendrán una duración de tres meses a 10 años.

3. La pena de privación del derecho a residir en determinados lugares o acudir a ellos tendrá una duración de hasta 10 años. La prohibición de aproximarse a la víctima o a aquellos de sus familiares u otras personas, o de comunicarse con ellas, tendrá una duración de un mes a 10 años.

4. La pena de trabajos en beneficio de la comunidad tendrá una duración de un día a un año.

5. La duración de cada una de estas penas será la prevista en los apartados anteriores, salvo lo que excepcionalmente dispongan otros preceptos de este Código.

41. La pena de inhabilitación absoluta produce la privación definitiva de todos los honores, empleos y cargos públicos que tenga el penado, aunque sean electivos. Produce, además, la incapacidad para obtener los mismos o cualesquiera otros honores, cargos o empleos públicos, y la de ser elegido para cargo público, durante el tiempo de la condena [86].

42. [87] La pena de inhabilitación especial para empleo o cargo público produce la privación definitiva del empleo o cargo sobre el que recayere, aunque sea electivo, y de los honores que le sean anejos. Produce, además, la incapacidad para obtener el mismo u otros análogos, durante el tiempo de la condena. En la sentencia habrán

[85] Dada nueva redacción por art. único apartado 7 de Ley Orgánica 15/2003 de 25 de noviembre de 2003, con vigencia desde 01/10/2004

[86] Véase RD 2669/1998, de 11 de diciembre, por el que se aprueba el procedimiento a seguir en materia de rehabilitación de los funcionarios públicos en el ámbito de la Administración General del Estado

[87] Dada nueva redacción por art. único apartado 8 de Ley Orgánica 15/2003 de 25 de noviembre de 2003, con vigencia desde 01/10/2004

de especificarse los empleos, cargos y honores sobre los que recae la inhabilitación.

43. La suspensión de empleo o cargo público priva de su ejercicio al penado durante el tiempo de la condena.

44. La inhabilitación especial para el derecho de sufragio pasivo priva al penado, durante el tiempo de la condena, del derecho a ser elegido para cargos públicos.

45. [88] La inhabilitación especial para profesión, oficio, industria o comercio u otras actividades, sean o no retribuidas, o cualquier otro derecho, que ha de concretarse expresa y motivadamente en la sentencia, priva a la persona penada de la facultad de ejercerlos durante el tiempo de la condena. La autoridad judicial podrá restringir la inhabilitación a determinadas actividades o funciones de la profesión u oficio, retribuido o no, permitiendo, si ello fuera posible, el ejercicio de aquellas funciones no directamente relacionadas con el delito cometido [89].

46. [90] La inhabilitación especial para el ejercicio de la patria potestad, tutela, curatela, guarda o acogimiento, priva a la persona condenada de los derechos inherentes a la primera, y supone la extinción de las demás, así como la incapacidad para obtener nombramiento para dichos cargos durante el tiempo de la condena. La pena de privación de la patria potestad implica la pérdida de la titularidad de la misma, subsistiendo aquellos derechos de los que sea titular el hijo o la hija respecto de la persona condenada que se determinen judicialmente. La autoridad judicial podrá acordar estas penas respecto de todas o algunas de las personas menores de edad o personas con discapacidad necesitadas de especial protección que estén a cargo de la persona condenada.

---

[88] Dada nueva redacción por disposición final 6 apartado 3 de Ley Orgánica 8/2021 de 4 de junio de 2021, con vigencia desde 25/06/2021

[89] Véanse arts. 37 y 137 LOREG

[90] Dada nueva redacción por disposición final 6 apartado 4 de Ley Orgánica 8/2021 de 4 de junio de 2021, con vigencia desde 25/06/2021

Para concretar qué derechos de las personas menores de edad o personas con discapacidad han de subsistir en caso de privación de la patria potestad y para determinar respecto de qué personas se acuerda la pena, la autoridad judicial valorará el interés superior de la persona menor de edad o con discapacidad, en relación a las circunstancias del caso concreto.

A los efectos de este artículo, la patria potestad comprende tanto la regulada en el Código Civil, incluida la prorrogada y la rehabilitada, como las instituciones análogas previstas en la legislación civil de las comunidades autónomas.

47. La imposición de la pena de privación del derecho a conducir vehículos a motor y ciclomotores inhabilitará al penado para el ejercicio de ambos derechos durante el tiempo fijado en la sentencia.

La imposición de la pena de privación del derecho a la tenencia y porte de armas inhabilitará al penado para el ejercicio de este derecho por el tiempo fijado en la sentencia.

Cuando la pena impuesta lo fuere por un tiempo superior a dos años comportará la pérdida de vigencia del permiso o licencia que habilite para la conducción o la tenencia y porte, respectivamente [91] . [92]

48. [93] 1. La privación del derecho a residir en determinados lugares o acudir a ellos impide al penado residir o acudir al lugar en que haya cometido el delito, o a aquel en que resida la víctima o su familia, si fueren distintos. En los casos en que exista declarada una discapacidad intelectual o una discapacidad que tenga su origen en un trastorno mental, se estudiará el caso concreto a fin de resolver teniendo presentes los bienes jurídicos a proteger y el interés superior de la persona con discapacidad que, en su caso, habrá de contar con los

---

[91] Véanse disposición adicional 3 Texto Articulado sobre tráfico y arts. 379 a 385 de la presente Ley

[92] Añadido párrafo 3 por art. único apartado 1 de Ley Orgánica 15/2007 de 30 de noviembre de 2007, con vigencia desde 02/12/2007

[93] Dada nueva redacción por art. único apartado 10 de Ley Orgánica 15/2003 de 25 de noviembre de 2003, con vigencia desde 01/10/2004

medios de acompañamiento y apoyo precisos para el cumplimiento de la medida. [94]

2. La prohibición de aproximarse a la víctima, o a aquellos de sus familiares u otras personas que determine el Juez o Tribunal, impide al penado acercarse a ellos, en cualquier lugar donde se encuentren, así como acercarse a su domicilio, a sus lugares de trabajo y a cualquier otro que sea frecuentado por ellos, quedando en suspenso, respecto de los hijos, el régimen de visitas, comunicación y estancia que, en su caso, se hubiere reconocido en sentencia civil hasta el total cumplimiento de esta pena.

3. La prohibición de comunicarse con la víctima, o con aquellos de sus familiares u otras personas que determine el Juez o Tribunal, impide al penado establecer con ellas, por cualquier medio de comunicación o medio informático o telemático, contacto escrito, verbal o visual.

4. El Juez o Tribunal podrá acordar que el control de estas medidas se realice a través de aquellos medios electrónicos que lo permitan.

49. [95] Los trabajos en beneficio de la comunidad, que no podrán imponerse sin el consentimiento de la persona condenada, le obligan a prestar su cooperación no retribuida en determinadas actividades de utilidad pública, que podrán consistir, en relación con delitos de similar naturaleza al cometido por la persona condenada, en labores de reparación de los daños causados o de apoyo o asistencia a las víctimas, así como en la participación de la persona condenada en talleres o programas formativos de reeducación, laborales, culturales, de educación vial, sexual, resolución pacífica de conflictos, parentalidad positiva y otros similares. Su duración diaria no podrá exceder de ocho horas y sus condiciones serán las siguientes: [96]

1ª) La ejecución se desarrollará bajo el control del Juez de Vigilancia Penitenciaria, que, a tal efecto, requerirá los informes sobre el desem-

---

[94] Dada nueva redacción apartado 1 por art. único apartado 28 de Ley Orgánica 1/2015 de 30 de marzo de 2015, con vigencia desde 01/07/2015

[95] Dada nueva redacción por art. único apartado 11 de Ley Orgánica 15/2003 de 25 de noviembre de 2003, con vigencia desde 01/10/2004

[96] Dada nueva redacción párrafo 1 por disposición final 6 apartado 5 de Ley Orgánica 8/2021 de 4 de junio de 2021, con vigencia desde 25/06/2021

peño del trabajo a la Administración, entidad pública o asociación de interés general en que se presten los servicios.

2ª) No atentará a la dignidad del penado.

3ª) El trabajo en beneficio de la comunidad será facilitado por la Administración, la cual podrá establecer los convenios oportunos a tal fin.

4ª) Gozará de la protección dispensada a los penados por la legislación penitenciaria en materia de Seguridad Social.

5ª) No se supeditará al logro de intereses económicos.

6ª) Los servicios sociales penitenciarios, hechas las verificaciones necesarias, comunicarán al Juez de Vigilancia Penitenciaria las incidencias relevantes de la ejecución de la pena y, en todo caso, si el penado:

a) Se ausenta del trabajo durante al menos dos jornadas laborales, siempre que ello suponga un rechazo voluntario por su parte al cumplimiento de la pena.

b) A pesar de los requerimientos del responsable del centro de trabajo, su rendimiento fuera sensiblemente inferior al mínimo exigible.

c) Se opusiera o incumpliera de forma reiterada y manifiesta las instrucciones que se le dieren por el responsable de la ocupación referidas al desarrollo de la misma.

d) Por cualquier otra razón, su conducta fuere tal que el responsable del trabajo se negase a seguir manteniéndolo en el centro.

Una vez valorado el informe, el Juez de Vigilancia Penitenciaria podrá acordar su ejecución en el mismo centro, enviar al penado para que finalice la ejecución de la misma en otro centro o entender que el penado ha incumplido la pena.

En caso de incumplimiento, se deducirá testimonio para proceder de conformidad con el art. 468 .

7ª) Si el penado faltara del trabajo por causa justificada no se entenderá como abandono de la actividad. No obstante, el trabajo perdido no se le computará en la liquidación de la condena, en la que se deberán hacer constar los días o jornadas que efectivamente hubiese trabajado del total que se le hubiera impuesto.

SECCIÓN CUARTA
De la pena de multa

50. 1. La pena de multa consistirá en la imposición al condenado de una sanción pecuniaria.

2. La pena de multa se impondrá, salvo que la Ley disponga otra cosa, por el sistema de días-multa.

3. Su extensión mínima será de diez días y la máxima de dos años. Las penas de multa imponibles a personas jurídicas tendrán una extensión máxima de cinco años. [97]

4. La cuota diaria tendrá un mínimo de dos y un máximo de 400 euros, excepto en el caso de las multas imponibles a las personas jurídicas, en las que la cuota diaria tendrá un mínimo de 30 y un máximo de 5.000 euros. A efectos de cómputo, cuando se fije la duración por meses o por años, se entenderá que los meses son de treinta días y los años de trescientos sesenta. [98]

5. Los Jueces o Tribunales determinarán motivadamente la extensión de la pena dentro de los límites establecidos para cada delito y según las reglas del Capítulo II de este Título. Igualmente, fijarán en la sentencia, el importe de estas cuotas, teniendo en cuenta para ello exclusivamente la situación económica del reo, deducida de su patrimonio, ingresos, obligaciones y cargas familiares y demás circunstancias personales del mismo.

6. El Tribunal, por causa justificada, podrá autorizar el pago de la multa dentro de un plazo que no exceda de dos años desde la firmeza de la sentencia, bien de una vez o en los plazos que se determinen. En este caso, el impago de dos de ellos determinará el vencimiento de los restantes. [99]

---

[97] Dada nueva redacción apartado 3 por art. único apartado 12 de Ley Orgánica 5/2010 de 22 de junio de 2010, con vigencia desde 23/12/2010

[98] Dada nueva redacción apartado 4 por art. único apartado 12 de Ley Orgánica 5/2010 de 22 de junio de 2010, con vigencia desde 23/12/2010

[99] Dada nueva redacción apartado 6 por art. único apartado 12 de Ley Orgánica 15/2003 de 25 de noviembre de 2003, con vigencia desde 01/10/2004

51. [100] Si, después de la sentencia, variase la situación económica del penado, el Juez o Tribunal, excepcionalmente y tras la debida indagación de dicha situación, podrá modificar tanto el importe de las cuotas periódicas como los plazos para su pago.

52. [101] 1. No obstante lo dispuesto en los artículos anteriores y cuando el Código así lo determine, la multa se establecerá en proporción al daño causado, el valor del objeto del delito o el beneficio reportado por el mismo.

2. En estos casos, los Jueces y Tribunales impondrán la multa dentro de los límites fijados para cada delito, considerando para determinar en cada caso su cuantía, no sólo las circunstancias atenuantes y agravantes del hecho, sino principalmente la situación económica del culpable.

3. Si, después de la sentencia, empeorase la situación económica del penado, el Juez o Tribunal, excepcionalmente y tras la debida indagación de dicha situación, podrá reducir el importe de la multa dentro de los límites señalados por la Ley para el delito de que se trate, o autorizar su pago en los plazos que se determinen.

4. En los casos en los que este Código prevé una pena de multa para las personas jurídicas en proporción al beneficio obtenido o facilitado, al perjuicio causado, al valor del objeto, o a la cantidad defraudada o indebidamente obtenida, de no ser posible el cálculo en base a tales conceptos, el Juez o Tribunal motivará la imposibilidad de proceder a tal cálculo y las multas previstas se sustituirán por las siguientes:

a) Multa de dos a cinco años, si el delito cometido por la persona física tiene prevista una pena de prisión de más de cinco años.

b) Multa de uno a tres años, si el delito cometido por la persona física tiene prevista una pena de prisión de más de dos años no incluida en el inciso anterior.

c) Multa de seis meses a dos años, en el resto de los casos. [102]

---

[100] Dada nueva redacción por art. único apartado 13 de Ley Orgánica 15/2003 de 25 de noviembre de 2003, con vigencia desde 01/10/2004

[101] Dada nueva redacción por art. único apartado 14 de Ley Orgánica 15/2003 de 25 de noviembre de 2003, con vigencia desde 01/10/2004

[102] Añadido apartado 4 por art. único apartado 13 de Ley Orgánica 5/2010 de 22 de junio de 2010, con vigencia desde 23/12/2010

53. 1. Si el condenado no satisficiere, voluntariamente o por vía de apremio, la multa impuesta, quedará sujeto a una responsabilidad personal subsidiaria de un día de privación de libertad por cada dos cuotas diarias no satisfechas, que, tratándose de delitos leves, podrá cumplirse mediante localización permanente. En este caso, no regirá la limitación que en su duración establece el apartado 1 del art. 37.

También podrá el Juez o Tribunal, previa conformidad del penado, acordar que la responsabilidad subsidiaria se cumpla mediante trabajos en beneficio de la comunidad. En este caso, cada día de privación de libertad equivaldrá a una jornada de trabajo. [103]

2. En los supuestos de multa proporcional los Jueces y Tribunales establecerán, según su prudente arbitrio, la responsabilidad personal subsidiaria que proceda, que no podrá exceder, en ningún caso, de un año de duración. También podrá el Juez o Tribunal acordar, previa conformidad del penado, que se cumpla mediante trabajos en beneficio de la comunidad.

3. Esta responsabilidad subsidiaria no se impondrá a los condenados a pena privativa de libertad superior a cinco años. [104]

4. El cumplimiento de la responsabilidad subsidiaria extingue la obligación de pago de la multa, aunque mejore la situación económica del penado. [105]

5. Podrá ser fraccionado el pago de la multa impuesta a una persona jurídica, durante un período de hasta cinco años, cuando su cuantía ponga probadamente en peligro la supervivencia de aquélla o el mantenimiento de los puestos de trabajo existentes en la misma, o cuando lo aconseje el interés general. Si la persona jurídica condenada no satisficiere, voluntariamente o por vía de apremio, la multa impuesta en el plazo que se hubiere señalado, el Tribunal podrá acordar su intervención hasta el pago total de la misma. [106]

---

[103] Dada nueva redacción apartado 1 por art. único apartado 29 de Ley Orgánica 1/2015 de 30 de marzo de 2015, con vigencia desde 01/07/2015

[104] Dada nueva redacción apartado 3 por art. único apartado 15 de Ley Orgánica 15/2003 de 25 de noviembre de 2003, con vigencia desde 01/10/2004

[105] Dada nueva redacción apartado 4 por art. único apartado 15 de Ley Orgánica 15/2003 de 25 de noviembre de 2003, con vigencia desde 01/10/2004

[106] Añadido apartado 5 por art. único apartado 14 de Ley Orgánica 5/2010 de 22 de junio de 2010, con vigencia desde 23/12/2010

SECCIÓN QUINTA
De las penas accesorias

54. Las penas de inhabilitación son accesorias en los casos en que, no imponiéndolas especialmente, la Ley declare que otras penas las llevan consigo [107].

55. [108] La pena de prisión igual o superior a diez años llevará consigo la inhabilitación absoluta durante el tiempo de la condena, salvo que ésta ya estuviere prevista como pena principal para el supuesto de que se trate. El Juez podrá además disponer la inhabilitación especial para el ejercicio de la patria potestad, tutela, curatela, guarda o acogimiento, o bien la privación de la patria potestad, cuando estos derechos hubieren tenido relación directa con el delito cometido. Esta vinculación deberá determinarse expresamente en la sentencia [109].

56. [110] 1. En las penas de prisión inferiores a diez años, los Jueces o Tribunales impondrán, atendiendo a la gravedad del delito, como penas accesorias, alguna o algunas de las siguientes:
    1º) Suspensión de empleo o cargo público.
    2º) Inhabilitación especial para el derecho de sufragio pasivo durante el tiempo de la condena.
    3º) Inhabilitación especial para empleo o cargo público, profesión, oficio, industria, comercio, ejercicio de la patria potestad, tutela, curatela, guarda o acogimiento o cualquier otro derecho, la privación de la patria potestad, si estos derechos hubieran tenido relación directa con el delito cometido, debiendo determinarse expresamente en la

---

[107] Véanse arts. 55, 56 y 79 de la presente Ley

[108] Dada nueva redacción por art. único apartado 15 de Ley Orgánica 5/2010 de 22 de junio de 2010, con vigencia desde 23/12/2010

[109] Véase art. 79 de la presente Ley

[110] Dada nueva redacción por art. único apartado 16 de Ley Orgánica 15/2003 de 25 de noviembre de 2003, con vigencia desde 01/10/2004

sentencia esta vinculación, sin perjuicio de la aplicación de lo previsto en el art. 579 de este Código. [111]

2. Lo previsto en este artículo se entiende sin perjuicio de la aplicación de lo dispuesto en otros preceptos de este Código respecto de la imposición de estas penas.

57. [112] 1. Las autoridades judiciales, en los delitos de homicidio, aborto, lesiones, contra la libertad, de torturas y contra la integridad moral, trata de seres humanos, contra la libertad e indemnidad sexuales, la intimidad, el derecho a la propia imagen y la inviolabilidad del domicilio, el honor, el patrimonio, el orden socioeconómico y las relaciones familiares, atendiendo a la gravedad de los hechos o al peligro que el delincuente represente, podrán acordar en sus sentencias la imposición de una o varias de las prohibiciones contempladas en el artículo 48, por un tiempo que no excederá de diez años si el delito fuera grave, o de cinco si fuera menos grave.

No obstante lo anterior, si la persona condenada lo fuera a pena de prisión y el Juez o Tribunal acordara la imposición de una o varias de dichas prohibiciones, lo hará por un tiempo superior entre uno y diez años al de la duración de la pena de prisión impuesta en la sentencia, si el delito fuera grave, y entre uno y cinco años, si fuera menos grave. En este supuesto, la pena de prisión y las prohibiciones antes citadas se cumplirán necesariamente por la persona condenada de forma simultánea. [113]

2. En los supuestos de los delitos mencionados en el primer párrafo del apartado 1 de este artículo cometidos contra quien sea o haya sido el cónyuge, o sobre persona que esté o haya estado ligada al condenado por una análoga relación de afectividad aun sin convivencia, o sobre los descendientes, ascendientes o hermanos por naturaleza, adopción o afinidad, propios o del cónyuge o conviviente, o sobre los menores o personas con discapacidad necesitadas de especial protección que con él convivan o que se hallen sujetos a la potestad, tutela, curatela,

---

[111] Dada nueva redacción apartado 1 número 3 por art. único apartado 16 de Ley Orgánica 5/2010 de 22 de junio de 2010, con vigencia desde 23/12/2010

[112] Dada nueva redacción por art. único apartado 30 de Ley Orgánica 1/2015 de 30 de marzo de 2015, con vigencia desde 01/07/2015

[113] Dada nueva redacción apartado 1 por disposición final 6 apartado 6 de Ley Orgánica 8/2021 de 4 de junio de 2021, con vigencia desde 25/06/2021

acogimiento o guarda de hecho del cónyuge o conviviente, o sobre persona amparada en cualquier otra relación por la que se encuentre integrada en el núcleo de su convivencia familiar, así como sobre las personas que por su especial vulnerabilidad se encuentran sometidas a su custodia o guarda en centros públicos o privados se acordará, en todo caso, la aplicación de la pena prevista en el apartado 2 del art. 48 por un tiempo que no excederá de diez años si el delito fuera grave, o de cinco si fuera menos grave, sin perjuicio de lo dispuesto en el párrafo segundo del apartado anterior.

3. También podrán imponerse las prohibiciones establecidas en el art. 48, por un periodo de tiempo que no excederá de seis meses, por la comisión de los delitos mencionados en el primer párrafo del apartado 1 de este artículo que tengan la consideración de delitos leves.

SECCIÓN SEXTA
Disposiciones comunes

58. [114] 1. El tiempo de privación de libertad sufrido provisional-mente será abonado en su totalidad por el Juez o Tribunal sentenciador para el cumplimiento de la pena o penas impuestas en la causa en que dicha privación fue acordada, salvo en cuanto haya coincidido con cualquier privación de libertad impuesta al penado en otra causa, que le haya sido abonada o le sea abonable en ella. En ningún caso un mismo periodo de privación de libertad podrá ser abonado en más de una causa. [115]

2. El abono de prisión provisional en causa distinta de la que se decretó será acordado de oficio o a petición del penado y previa comprobación de que no ha sido abonada en otra causa, por el Juez de Vigilancia Penitenciaria de la jurisdicción de la que dependa el centro penitenciario en que se encuentre el penado, previa audiencia del Ministerio Fiscal.

---

[114] Dada nueva redacción por art. único apartado 18 de Ley Orgánica 15/2003 de 25 de noviembre de 2003, con vigencia desde 01/10/2004

[115] Dada nueva redacción apartado 1 por art. único apartado 17 de Ley Orgánica 5/2010 de 22 de junio de 2010, con vigencia desde 23/12/2010

3. Sólo procederá el abono de prisión provisional sufrida en otra causa cuando dicha medida cautelar sea posterior a los hechos delictivos que motivaron la pena a la que se pretende abonar.

4. Las reglas anteriores se aplicarán también respecto de las privaciones de derechos acordadas cautelarmente [116].

59. Cuando las medidas cautelares sufridas y la pena impuesta sean de distinta naturaleza, el Juez o Tribunal ordenará que se tenga por ejecutada la pena impuesta en aquella parte que estime compensada.

60. 1. Cuando, después de pronunciada sentencia firme, se aprecie en el penado una situación duradera de trastorno mental grave que le impida conocer el sentido de la pena, el Juez de Vigilancia Penitenciaria suspenderá la ejecución de la pena privativa de libertad que se le hubiera impuesto, garantizando que reciba la asistencia médica precisa, para lo cual podrá decretar la imposición de una medida de seguridad privativa de libertad de las previstas en este Código que no podrá ser, en ningún caso, más gravosa que la pena sustituida. Si se tratase de una pena de distinta naturaleza, el Juez de Vigilancia Penitenciaria apreciará si la situación del penado le permite conocer el sentido de la pena y, en su caso, suspenderá la ejecución imponiendo las medidas de seguridad que estime necesarias.

El Juez de Vigilancia comunicará al Ministerio Fiscal, con suficiente antelación, la próxima extinción de la pena o medida de seguridad impuesta, a efectos de lo previsto por la disposición adicional primera de este Código. [117]

2. Restablecida la salud mental del penado, éste cumplirá la sentencia si la pena no hubiere prescrito, sin perjuicio de que el Juez o Tribunal, por razones de equidad, pueda dar por extinguida la condena o reducir su duración, en la medida en que el cumplimiento de la pena resulte innecesario o contraproducente.

---

[116] Véase art. 17.4 CE y arts. 502 a 519, 785.8, 802.3 y 986 LECrim

[117] Dada nueva redacción apartado 1 por art. único apartado 19 de Ley Orgánica 15/2003 de 25 de noviembre de 2003, con vigencia desde 01/10/2004

CAPÍTULO II
De la aplicación de las penas

SECCIÓN PRIMERA
Reglas generales para la aplicación de las penas

61. Cuando la Ley establece una pena, se entiende que la impone a los autores de la infracción consumada [118].

62. A los autores de tentativa de delito se les impondrá la pena inferior en uno o dos grados a la señalada por la Ley para el delito consumado, en la extensión que se estime adecuada, atendiendo al peligro inherente al intento y al grado de ejecución alcanzado [119].

63. A los cómplices de un delito consumado o intentado se les impondrá la pena inferior en grado a la fijada por la Ley para los autores del mismo delito [120].

64. Las reglas anteriores no serán de aplicación en los casos en que la tentativa y la complicidad se hallen especialmente penadas por la Ley [121].

65. 1. Las circunstancias agravantes o atenuantes que consistan en cualquier causa de naturaleza personal agravarán o atenuarán la responsabilidad sólo de aquéllos en quienes concurran. [122]

2. Las que consistan en la ejecución material del hecho o en los medios empleados para realizarla, servirán únicamente para agravar o

---

[118] Véanse arts. 15 y 28 de la presente Ley

[119] Véanse arts. 16, 28 y 64 de la presente Ley

[120] Véanse arts. 15, 16, 29 y 64 de la presente Ley

[121] Véanse arts. 16, 28 y 64 de la presente Ley

[122] Dada nueva redacción apartado 1 por art. único apartado 20 de Ley Orgánica 15/2003 de 25 de noviembre de 2003, con vigencia desde 01/10/2004

atenuar la responsabilidad de los que hayan tenido conocimiento de ellas en el momento de la acción o de su cooperación para el delito.

3. Cuando en el inductor o en el cooperador necesario no concurran las condiciones, cualidades o relaciones personales que fundamentan la culpabilidad del autor, los Jueces o Tribunales podrán imponer la pena inferior en grado a la señalada por la Ley para la infracción de que se trate. [123]

66. [124] 1. En la aplicación de la pena, tratándose de delitos dolosos, los Jueces o Tribunales observarán, según haya o no circunstancias atenuantes o agravantes, las siguientes reglas:

1ª) Cuando concurra sólo una circunstancia atenuante, aplicarán la pena en la mitad inferior de la que fije la Ley para el delito.

2ª) Cuando concurran dos o más circunstancias atenuantes, o una o varias muy cualificadas, y no concurra agravante alguna, aplicarán la pena inferior en uno o dos grados a la establecida por la Ley, atendidos el número y la entidad de dichas circunstancias atenuantes.

3ª) Cuando concurra sólo una o dos circunstancias agravantes, aplicarán la pena en la mitad superior de la que fije la Ley para el delito.

4ª) Cuando concurran más de dos circunstancias agravantes y no concurra atenuante alguna, podrán aplicar la pena superior en grado a la establecida por la Ley, en su mitad inferior.

5ª) Cuando concurra la circunstancia agravante de reincidencia con la cualificación de que el culpable al delinquir hubiera sido condenado ejecutoriamente, al menos, por tres delitos comprendidos en el mismo Título de este Código, siempre que sean de la misma naturaleza, podrán aplicar la pena superior en grado a la prevista por la Ley para el delito de que se trate, teniendo en cuenta las condenas precedentes, así como la gravedad del nuevo delito cometido.

A los efectos de esta regla no se computarán los antecedentes penales cancelados o que debieran serlo.

6ª) Cuando no concurran atenuantes ni agravantes aplicarán la pena establecida por la Ley para el delito cometido, en la extensión

---

[123] Añadido apartado 3 por art. único apartado 20 de Ley Orgánica 15/2003 de 25 de noviembre de 2003, con vigencia desde 01/10/2004

[124] Dada nueva redacción por art. 1 apartado 2 de Ley Orgánica 11/2003 de 29 de septiembre de 2003, con vigencia desde 01/10/2003

que estimen adecuada, en atención a las circunstancias personales del delincuente y a la mayor o menor gravedad del hecho.

7ª) Cuando concurran atenuantes y agravantes, las valorarán y compensarán racionalmente para la individualización de la pena. En el caso de persistir un fundamento cualificado de atenuación aplicarán la pena inferior en grado. Si se mantiene un fundamento cualificado de agravación, aplicarán la pena en su mitad superior.

8ª) Cuando los Jueces o Tribunales apliquen la pena inferior en más de un grado podrán hacerlo en toda su extensión.

2. En los delitos leves y en los delitos imprudentes, los Jueces o Tribunales aplicarán las penas a su prudente arbitrio, sin sujetarse a las reglas prescritas en el apartado anterior [125] . [126]

66 bis. [127] En la aplicación de las penas impuestas a las personas jurídicas se estará a lo dispuesto en las reglas 1ª a 4ª y 6ª a 8ª del primer número del art. 66, así como a las siguientes:

1ª En los supuestos en los que vengan establecidas por las disposiciones del Libro II, para decidir sobre la imposición y la extensión de las penas previstas en las letras b) a g) del apartado 7 del art. 33 habrá de tenerse en cuenta:

a) Su necesidad para prevenir la continuidad de la actividad delictiva o de sus efectos.

b) Sus consecuencias económicas y sociales, y especialmente los efectos para los trabajadores.

c) El puesto que en la estructura de la persona jurídica ocupa la persona física u órgano que incumplió el deber de control.

2ª Cuando las penas previstas en las letras c) a g) del apartado 7 del art. 33 se impongan con una duración limitada, ésta no podrá exceder la duración máxima de la pena privativa de libertad prevista para el caso de que el delito fuera cometido por persona física.

Para la imposición de las sanciones previstas en las letras c) a g) por un plazo superior a dos años será necesario que se dé alguna de las dos circunstancias siguientes:

---

[125] Véanse arts. 21 a 23 y 70 a 72 de la presente Ley

[126] Dada nueva redacción apartado 2 por art. único apartado 31 de Ley Orgánica 1/2015 de 30 de marzo de 2015, con vigencia desde 01/07/2015

[127] Añadido por art. único apartado 18 de Ley Orgánica 5/2010 de 22 de junio de 2010, con vigencia desde 23/12/2010

a) Que la persona jurídica sea reincidente.

b) Que la persona jurídica se utilice instrumentalmente para la comisión de ilícitos penales. Se entenderá que se está ante este último supuesto siempre que la actividad legal de la persona jurídica sea menos relevante que su actividad ilegal.

Cuando la responsabilidad de la persona jurídica, en los casos previstos en la letra b) del apartado 1 del art. 31 bis, derive de un incumplimiento de los deberes de supervisión, vigilancia y control que no tenga carácter grave, estas penas tendrán en todo caso una duración máxima de dos años.

Para la imposición con carácter permanente de las sanciones previstas en las letras b) y e), y para la imposición por un plazo superior a cinco años de las previstas en las letras e) y f) del apartado 7 del art. 33, será necesario que se dé alguna de las dos circunstancias siguientes:

a) Que se esté ante el supuesto de hecho previsto en la regla 5ª del apartado 1 del art. 66.

b) Que la persona jurídica se utilice instrumentalmente para la comisión de ilícitos penales. Se entenderá que se está ante este último supuesto siempre que la actividad legal de la persona jurídica sea menos relevante que su actividad ilegal. [128]

67. Las reglas del artículo anterior no se aplicarán a las circunstancias agravantes o atenuantes que la Ley haya tenido en cuenta al describir o sancionar una infracción, ni a las que sean de tal manera inherentes al delito que sin la concurrencia de ellas no podría cometerse.

68. [129] En los casos previstos en la circunstancia primera del art. 21 , los Jueces o Tribunales impondrán la pena inferior en uno o dos grados a la señalada por la Ley, atendidos el número y la entidad de los requisitos que falten o concurran, y las circunstancias personales

---

[128] Dada nueva redacción apartado 2 por art. único apartado 32 de Ley Orgánica 1/2015 de 30 de marzo de 2015, con vigencia desde 01/07/2015

[129] Dada nueva redacción por art. único apartado 21 de Ley Orgánica 15/2003 de 25 de noviembre de 2003, con vigencia desde 01/10/2004

de su autor, sin perjuicio de la aplicación del art. 66 del presente Código [130].

69. Al mayor de dieciocho años y menor de veintiuno que cometa un hecho delictivo, podrán aplicársele las disposiciones de la Ley que regule la responsabilidad penal del menor en los casos y con los requisitos que ésta disponga [131].

70. [132] 1. La pena superior e inferior en grado a la prevista por la Ley para cualquier delito tendrá la extensión resultante de la aplicación de las siguientes reglas:

1ª La pena superior en grado se formará partiendo de la cifra máxima señalada por la Ley para el delito de que se trate y aumentando a ésta la mitad de su cuantía, constituyendo la suma resultante su límite máximo. El límite mínimo de la pena superior en grado será el máximo de la pena señalada por la Ley para el delito de que se trate, incrementado en un día o en un día multa según la naturaleza de la pena a imponer.

2ª La pena inferior en grado se formará partiendo de la cifra mínima señalada para el delito de que se trate y deduciendo de ésta la mitad de su cuantía, constituyendo el resultado de tal deducción su límite mínimo. El límite máximo de la pena inferior en grado será el mínimo de la pena señalada por la Ley para el delito de que se trate, reducido en un día o en un día multa según la naturaleza de la pena a imponer.

2. A los efectos de determinar la mitad superior o inferior de la pena o de concretar la pena inferior o superior en grado, el día o el día multa se considerarán indivisibles y actuarán como unidades penológicas de más o menos, según los casos.

3. Cuando, en la aplicación de la regla 1ª del apartado 1 de este artículo, la pena superior en grado exceda de los límites máximos fijados a cada pena en este Código, se considerarán como inmediatamente superiores:

---

[130] Véanse arts. 70 a 72 y 101 a 104 de la presente Ley

[131] Precepto en vigor desde el 13 enero 2001, conforme a la disposición final 7.1 LO 5/2000 de 12 enero

[132] Dada nueva redacción por art. único apartado 22 de Ley Orgánica 15/2003 de 25 de noviembre de 2003, con vigencia desde 01/10/2004

1º) Si la pena determinada fuera la de prisión, la misma pena, con la cláusula de que su duración máxima será de 30 años.

2º) Si fuera de inhabilitación absoluta o especial, la misma pena, con la cláusula de que su duración máxima será de 30 años.

3º) Si fuera de suspensión de empleo o cargo público, la misma pena, con la cláusula de que su duración máxima será de ocho años.

4º) Tratándose de privación del derecho a conducir vehículos a motor y ciclomotores, la misma pena, con la cláusula de que su duración máxima será de 15 años.

5º) Tratándose de privación del derecho a la tenencia y porte de armas, la misma pena, con la cláusula de que su duración máxima será de 20 años.

6º) Tratándose de privación del derecho a residir en determinados lugares o acudir a ellos, la misma pena, con la cláusula de que su duración máxima será de 20 años.

7º) Tratándose de prohibición de aproximarse a la víctima o a aquellos de sus familiares u otras personas que determine el Juez o Tribunal, la misma pena, con la cláusula de que su duración máxima será de 20 años.

8º) Tratándose de prohibición de comunicarse con la víctima o con aquellos de sus familiares u otras personas que determine el Juez o Tribunal, la misma pena, con la cláusula de que su duración máxima será de 20 años.

9º) Si fuera de multa, la misma pena, con la cláusula de que su duración máxima será de 30 meses.

4. La pena inferior en grado a la de prisión permanente es la pena de prisión de veinte a treinta años. [133]

71. [134] 1. En la determinación de la pena inferior en grado, los Jueces o Tribunales no quedarán limitados por las cuantías mínimas señaladas en la ley a cada clase de pena, sino que podrán reducirlas en la forma que resulte de la aplicación de la regla correspondiente.

---

[133] Añadido apartado 4 por art. único apartado 33 de Ley Orgánica 1/2015 de 30 de marzo de 2015, con vigencia desde 01/07/2015

[134] Dada nueva redacción por art. único apartado 34 de Ley Orgánica 1/2015 de 30 de marzo de 2015, con vigencia desde 01/07/2015

2. No obstante, cuando por aplicación de las reglas anteriores proceda imponer una pena de prisión inferior a tres meses, ésta será en todo caso sustituida por multa, trabajos en beneficio de la comunidad, o localización permanente, aunque la ley no prevea estas penas para el delito de que se trate, sustituyéndose cada día de prisión por dos cuotas de multa o por una jornada de trabajo o por un día de localización permanente [135].

72. [136] Los Jueces o Tribunales, en la aplicación de la pena, con arreglo a las normas contenidas en este Capítulo, razonarán en la sentencia el grado y extensión concreta de la impuesta.

SECCIÓN SEGUNDA
Reglas especiales para la aplicación de las penas

73. Al responsable de dos o más delitos o faltas se le impondrán todas las penas correspondientes a las diversas infracciones para su cumplimiento simultáneo, si fuera posible, por la naturaleza y efectos de las mismas.

74. 1. No obstante lo dispuesto en el artículo anterior, el que, en ejecución de un plan preconcebido o aprovechando idéntica ocasión, realice una pluralidad de acciones u omisiones que ofendan a uno o varios sujetos e infrinjan el mismo precepto penal o preceptos de igual o semejante naturaleza, será castigado como autor de un delito o falta continuados con la pena señalada para la infracción más grave, que se impondrá en su mitad superior, pudiendo llegar hasta la mitad inferior de la pena superior en grado. [137]

2. Si se tratare de infracciones contra el patrimonio, se impondrá la pena teniendo en cuenta el perjuicio total causado. En estas infraccio-

---

[135] Véanse arts. 80 a 88 de la presente Ley

[136] Dada nueva redacción por art. único apartado 24 de Ley Orgánica 15/2003 de 25 de noviembre de 2003, con vigencia desde 01/10/2004

[137] Dada nueva redacción apartado 1 por art. único apartado 25 de Ley Orgánica 15/2003 de 25 de noviembre de 2003, con vigencia desde 01/10/2004

nes el Juez o Tribunal impondrá, motivadamente, la pena superior en uno o dos grados, en la extensión que estime conveniente, si el hecho revistiere notoria gravedad y hubiere perjudicado a una generalidad de personas.

3. Quedan exceptuadas de lo establecido en los apartados anteriores las ofensas a bienes eminentemente personales, salvo las constitutivas de infracciones contra el honor y la libertad e indemnidad sexuales que afecten al mismo sujeto pasivo. En estos casos, se atenderá a la naturaleza del hecho y del precepto infringido para aplicar o no la continuidad delictiva. [138]

75. Cuando todas o algunas de las penas correspondientes a las diversas infracciones no puedan ser cumplidas simultáneamente por el condenado, se seguirá el orden de su respectiva gravedad para su cumplimiento sucesivo, en cuanto sea posible.

76. [139] 1. No obstante lo dispuesto en el artículo anterior, el máximo de cumplimiento efectivo de la condena del culpable no podrá exceder del triple del tiempo por el que se le imponga la más grave de las penas en que haya incurrido, declarando extinguidas las que procedan desde que las ya impuestas cubran dicho máximo, que no podrá exceder de 20 años. Excepcionalmente, este límite máximo será:

a) De 25 años, cuando el sujeto haya sido condenado por dos o más delitos y alguno de ellos esté castigado por la Ley con pena de prisión de hasta 20 años.

b) De 30 años, cuando el sujeto haya sido condenado por dos o más delitos y alguno de ellos esté castigado por la Ley con pena de prisión superior a 20 años.

c) De 40 años, cuando el sujeto haya sido condenado por dos o más delitos y, al menos, dos de ellos estén castigados por la Ley con pena de prisión superior a 20 años.

d) De 40 años, cuando el sujeto haya sido condenado por dos o más delitos referentes a organizaciones y grupos terroristas y delitos de

---

[138] Dada nueva redacción apartado 3 por art. único apartado 25 de Ley Orgánica 15/2003 de 25 de noviembre de 2003, con vigencia desde 01/10/2004

[139] Dada nueva redacción por art. 1 apartado 2 de Ley Orgánica 7/2003 de 30 de junio de 2003, con vigencia desde 02/07/2003

terrorismo del Capítulo VII del Título XXII del Libro II de este Código y alguno de ellos esté castigado por la Ley con pena de prisión superior a 20 años. [140]

e) Cuando el sujeto haya sido condenado por dos o más delitos y, al menos, uno de ellos esté castigado por la ley con pena de prisión permanente revisable, se estará a lo dispuesto en los arts. 92 y 78 bis. [141]

2. La limitación se aplicará aunque las penas se hayan impuesto en distintos procesos cuando lo hayan sido por hechos cometidos antes de la fecha en que fueron enjuiciados los que, siendo objeto de acumulación, lo hubieran sido en primer lugar [142] . [143]

77. [144] 1. Lo dispuesto en los dos artículos anteriores no es aplicable en el caso de que un solo hecho constituya dos o más delitos, o cuando uno de ellos sea medio necesario para cometer el otro.

2. En el primer caso, se aplicará en su mitad superior la pena prevista para la infracción más grave, sin que pueda exceder de la que represente la suma de las que correspondería aplicar si se penaran separadamente las infracciones. Cuando la pena así computada exceda de este límite, se sancionarán las infracciones por separado.

3. En el segundo, se impondrá una pena superior a la que habría correspondido, en el caso concreto, por la infracción más grave, y que no podrá exceder de la suma de las penas concretas que hubieran sido impuestas separadamente por cada uno de los delitos. Dentro de estos límites, el Juez o Tribunal individualizará la pena conforme a los criterios expresados en el art. 66 . En todo caso, la pena impuesta no podrá exceder del límite de duración previsto en el artículo anterior.

---

[140] Dada nueva redacción apartado 1 letra d por disposición adicional 1 de Ley Orgánica 5/2010 de 22 de junio de 2010, con vigencia desde 23/12/2010

[141] Añadida apartado 1 letra e por art. único apartado 35 de Ley Orgánica 1/2015 de 30 de marzo de 2015 , con vigencia desde 01/07/2015

[142] Véanse arts. 77 y 78 de la presente Ley y arts. 17, 18, 142, 300 y 988 LECrim

[143] Dada nueva redacción apartado 2 por art. único apartado 35 de Ley Orgánica 1/2015 de 30 de marzo de 2015, con vigencia desde 01/07/2015

[144] Dada nueva redacción por art. único apartado 36 de Ley Orgánica 1/2015 de 30 de marzo de 2015, con vigencia desde 01/07/2015

78. [145] 1. Si a consecuencia de las limitaciones establecidas en el apartado 1 del art. 76 la pena a cumplir resultase inferior a la mitad de la suma total de las impuestas, el Juez o Tribunal sentenciador podrá acordar que los beneficios penitenciarios, los permisos de salida, la clasificación en tercer grado y el cómputo de tiempo para la libertad condicional se refieran a la totalidad de las penas impuestas en las sentencias.

2. En estos casos, el Juez de Vigilancia, previo pronóstico individualizado y favorable de reinserción social y valorando, en su caso, las circunstancias personales del reo y la evolución del tratamiento reeducador, podrá acordar razonadamente, oídos el Ministerio Fiscal, Instituciones Penitenciarias y las demás partes, la aplicación del régimen general de cumplimiento.

Si se tratase de delitos referentes a organizaciones y grupos terroristas y delitos de terrorismo del Capítulo VII del Título XXII del Libro II de este Código, o cometidos en el seno de organizaciones criminales, y atendiendo a la suma total de las penas impuestas, la anterior posibilidad sólo será aplicable:

a) Al tercer grado penitenciario, cuando quede por cumplir una quinta parte del límite máximo de cumplimiento de la condena.

b) A la libertad condicional, cuando quede por cumplir una octava parte del límite máximo de cumplimiento de la condena [146] . [147]

Apartado 3 (Derogado) [148]

78 bis. [149] 1. Cuando el sujeto haya sido condenado por dos o más delitos y, al menos, uno de ellos esté castigado por la ley con pena de prisión permanente revisable, la progresión a tercer grado requerirá del cumplimiento:

---

[145] Dada nueva redacción por art. 1 apartado 3 de Ley Orgánica 7/2003 de 30 de junio de 2003, con vigencia desde 02/07/2003

[146] Véanse arts. 90 a 94 de la presente Ley; arts. 46, 67, 72.1 y 3, y 76,2 LOGP; y arts. 4, 133 y 192 a 206 RP

[147] Dada nueva redacción apartado 2 por art. único apartado 37 de Ley Orgánica 1/2015 de 30 de marzo de 2015, con vigencia desde 01/07/2015

[148] Derogado apartado 3 por art. único apartado 37 de Ley Orgánica 1/2015 de 30 de marzo de 2015, con vigencia desde 01/07/2015

[149] Añadido por art. único apartado 38 de Ley Orgánica 1/2015 de 30 de marzo de 2015, con vigencia desde 01/07/2015

a) de un mínimo de dieciocho años de prisión, cuando el penado lo haya sido por varios delitos, uno de ellos esté castigado con pena de prisión permanente revisable y el resto de las penas impuestas sumen un total que exceda de cinco años.

b) de un mínimo de veinte años de prisión, cuando el penado lo haya sido por varios delitos, uno de ellos esté castigado con una pena de prisión permanente revisable y el resto de las penas impuestas sumen un total que exceda de quince años.

c) de un mínimo de veintidós años de prisión, cuando el penado lo haya sido por varios delitos y dos o más de ellos estén castigados con una pena de prisión permanente revisable, o bien uno de ellos esté castigado con una pena de prisión permanente revisable y el resto de penas impuestas sumen un total de veinticinco años o más.

2. En estos casos, la suspensión de la ejecución del resto de la pena requerirá que el penado haya extinguido:

a) Un mínimo de veinticinco años de prisión, en los supuestos a los que se refieren las letras a) y b) del apartado anterior.

b) Un mínimo de treinta años de prisión en el de la letra c) del apartado anterior.

3. Si se tratase de delitos referentes a organizaciones y grupos terroristas y delitos de terrorismo del Capítulo VII del Título XXII del Libro II de este Código, o cometidos en el seno de organizaciones criminales, los límites mínimos de cumplimiento para el acceso al tercer grado de clasificación serán de veinticuatro años de prisión, en los supuestos a que se refieren las letras a) y b) del apartado primero, y de treinta y dos años de prisión en el de la letra c) del apartado primero.

En estos casos, la suspensión de la ejecución del resto de la pena requerirá que el penado haya extinguido un mínimo de veintiocho años de prisión, en los supuestos a que se refieren las letras a) y b) del apartado primero, y de treinta y cinco años de prisión en el de la letra b) del apartado primero.

79. Siempre que los Jueces o Tribunales impongan una pena que lleve consigo otras accesorias condenarán también expresamente al reo a estas últimas [150].

---

[150] Véanse arts. 54 a 57 de la presente Ley

CAPÍTULO III
De las formas sustitutivas de la ejecución de las penas privativas de libertad y de la libertad condicional [151]

SECCIÓN PRIMERA
De la suspensión de la ejecución de las penas privativas de libertad

80. [152] 1. Los Jueces o Tribunales, mediante resolución motivada, podrán dejar en suspenso la ejecución de las penas privativas de libertad no superiores a dos años cuando sea razonable esperar que la ejecución de la pena no sea necesaria para evitar la comisión futura por el penado de nuevos delitos.

Para adoptar esta resolución el Juez o Tribunal valorará las circunstancias del delito cometido, las circunstancias personales del penado, sus antecedentes, su conducta posterior al hecho, en particular su esfuerzo para reparar el daño causado, sus circunstancias familiares y sociales, y los efectos que quepa esperar de la propia suspensión de la ejecución y del cumplimiento de las medidas que fueren impuestas.

2. Serán condiciones necesarias para dejar en suspenso la ejecución de la pena, las siguientes:

1ª Que el condenado haya delinquido por primera vez. A tal efecto no se tendrán en cuenta las anteriores condenas por delitos imprudentes o por delitos leves, ni los antecedentes penales que hayan sido cancelados, o debieran serlo con arreglo a lo dispuesto en el art. 136 . Tampoco se tendrán en cuenta los antecedentes penales correspondientes a delitos que, por su naturaleza o circunstancias, carezcan de relevancia para valorar la probabilidad de comisión de delitos futuros.

2ª Que la pena o la suma de las impuestas no sea superior a dos años, sin incluir en tal cómputo la derivada del impago de la multa.

3ª Que se hayan satisfecho las responsabilidades civiles que se hubieren originado y se haya hecho efectivo el decomiso acordado en sentencia conforme al art. 127 .

---

[151] Dada nueva redacción por art. único apartado 26 de Ley Orgánica 15/2003 de 25 de noviembre de 2003, con vigencia desde 01/10/2004

[152] Dada nueva redacción por art. único apartado 39 de Ley Orgánica 1/2015 de 30 de marzo de 2015, con vigencia desde 01/07/2015

Este requisito se entenderá cumplido cuando el penado asuma el compromiso de satisfacer las responsabilidades civiles de acuerdo a su capacidad económica y de facilitar el decomiso acordado, y sea razonable esperar que el mismo será cumplido en el plazo prudencial que el Juez o Tribunal determine. El Juez o Tribunal, en atención al alcance de la responsabilidad civil y al impacto social del delito, podrá solicitar las garantías que considere convenientes para asegurar su cumplimiento.

3. Excepcionalmente, aunque no concurran las condiciones 1ª y 2ª del apartado anterior, y siempre que no se trate de reos habituales, podrá acordarse la suspensión de las penas de prisión que individualmente no excedan de dos años cuando las circunstancias personales del reo, la naturaleza del hecho, su conducta y, en particular, el esfuerzo para reparar el daño causado, así lo aconsejen.

En estos casos, la suspensión se condicionará siempre a la reparación efectiva del daño o la indemnización del perjuicio causado conforme a sus posibilidades físicas y económicas, o al cumplimiento del acuerdo a que se refiere la medida 1ª del art. 84. Asimismo, se impondrá siempre una de las medidas a que se refieren los numerales 2ª o 3ª del mismo precepto, con una extensión que no podrá ser inferior a la que resulte de aplicar los criterios de conversión fijados en el mismo sobre un quinto de la pena impuesta.

4. Los Jueces y Tribunales podrán otorgar la suspensión de cualquier pena impuesta sin sujeción a requisito alguno en el caso de que el penado esté aquejado de una enfermedad muy grave con padecimientos incurables, salvo que en el momento de la comisión del delito tuviera ya otra pena suspendida por el mismo motivo.

5. Aun cuando no concurran las condiciones 1ª y 2ª previstas en el apartado 2 de este artículo, el Juez o Tribunal podrá acordar la suspensión de la ejecución de las penas privativas de libertad no superiores a cinco años de los penados que hubiesen cometido el hecho delictivo a causa de su dependencia de las sustancias señaladas en el numeral 2º del art. 20 , siempre que se certifique suficientemente, por centro o servicio público o privado debidamente acreditado u homologado, que el condenado se encuentra deshabituado o sometido a tratamiento para tal fin en el momento de decidir sobre la suspensión.

El Juez o Tribunal podrá ordenar la realización de las comprobaciones necesarias para verificar el cumplimiento de los anteriores requisitos.

En el caso de que el condenado se halle sometido a tratamiento de deshabituación, también se condicionará la suspensión de la ejecución de la pena a que no abandone el tratamiento hasta su finalización. No se entenderán abandono las recaídas en el tratamiento si estas no evidencian un abandono definitivo del tratamiento de deshabituación.

6. En los delitos que sólo pueden ser perseguidos previa denuncia o querella del ofendido, los Jueces y Tribunales oirán a éste y, en su caso, a quien le represente, antes de conceder los beneficios de la suspensión de la ejecución de la pena [153].

81. [154] El plazo de suspensión será de dos a cinco años para las penas privativas de libertad no superiores a dos años, y de tres meses a un año para las penas leves, y se fijará por el Juez o Tribunal, atendidos los criterios expresados en el párrafo segundo del apartado 1 del art. 80.

En el caso de que la suspensión hubiera sido acordada de conformidad con lo dispuesto en el apartado 5 del artículo anterior, el plazo de suspensión será de tres a cinco años.

82. [155] 1. El Juez o Tribunal resolverá en sentencia sobre la suspensión de la ejecución de la pena siempre que ello resulte posible. En los demás casos, una vez declarada la firmeza de la sentencia, se pronunciará con la mayor urgencia, previa audiencia a las partes, sobre la concesión o no de la suspensión de la ejecución de la pena.

2. El plazo de suspensión se computará desde la fecha de la resolución que la acuerda. Si la suspensión hubiera sido acordada en sentencia, el plazo de la suspensión se computará desde la fecha en que aquélla hubiere devenido firme.

No se computará como plazo de suspensión aquél en el que el penado se hubiera mantenido en situación de rebeldía.

---

[153] Véase art. 22 CPM y arts. 104 y 196 RP

[154] Dada nueva redacción por art. único apartado 40 de Ley Orgánica 1/2015 de 30 de marzo de 2015, con vigencia desde 01/07/2015

[155] Dada nueva redacción por art. único apartado 41 de Ley Orgánica 1/2015 de 30 de marzo de 2015, con vigencia desde 01/07/2015

83. [156] 1. El Juez o Tribunal podrá condicionar la suspensión al cumplimiento de las siguientes prohibiciones y deberes cuando ello resulte necesario para evitar el peligro de comisión de nuevos delitos, sin que puedan imponerse deberes y obligaciones que resulten excesivos y desproporcionados:

1ª Prohibición de aproximarse a la víctima o a aquéllos de sus familiares u otras personas que se determine por el Juez o Tribunal, a sus domicilios, a sus lugares de trabajo o a otros lugares habitualmente frecuentados por ellos, o de comunicar con los mismos por cualquier medio. La imposición de esta prohibición será siempre comunicada a las personas con relación a las cuales sea acordada.

2ª Prohibición de establecer contacto con personas determinadas o con miembros de un grupo determinado, cuando existan indicios que permitan suponer fundadamente que tales sujetos pueden facilitarle la ocasión para cometer nuevos delitos o incitarle a hacerlo.

3ª Mantener su lugar de residencia en un lugar determinado con prohibición de abandonarlo o ausentarse temporalmente sin autorización del Juez o Tribunal.

4ª Prohibición de residir en un lugar determinado o de acudir al mismo, cuando en ellos pueda encontrar la ocasión o motivo para cometer nuevos delitos.

5ª Comparecer personalmente con la periodicidad que se determine ante el Juez o Tribunal, dependencias policiales o servicio de la administración que se determine, para informar de sus actividades y justificarlas.

6ª Participar en programas formativos, laborales, culturales, de educación vial, sexual, de defensa del medio ambiente, de protección de los animales, de igualdad de trato y no discriminación, resolución pacífica de conflictos, parentalidad positiva y otros similares. [157]

7ª Participar en programas de deshabituación al consumo de alcohol, drogas tóxicas o sustancias estupefacientes, o de tratamiento de otros comportamientos adictivos.

8ª Prohibición de conducir vehículos de motor que no dispongan de dispositivos tecnológicos que condicionen su encendido o funcio-

---

[156] Dada nueva redacción por art. único apartado 42 de Ley Orgánica 1/2015 de 30 de marzo de 2015, con vigencia desde 01/07/2015

[157] Dada nueva redacción apartado 1 número 6 por disposición final 6 apartado 7 de Ley Orgánica 8/2021 de 4 de junio de 2021, con vigencia desde 25/06/2021

namiento a la comprobación previa de las condiciones físicas del conductor, cuando el sujeto haya sido condenado por un delito contra la seguridad vial y la medida resulte necesaria para prevenir la posible comisión de nuevos delitos.

9ª Cumplir los demás deberes que el Juez o Tribunal estime convenientes para la rehabilitación social del penado, previa conformidad de éste, siempre que no atenten contra su dignidad como persona.

2. Cuando se trate de delitos cometidos sobre la mujer por quien sea o haya sido su cónyuge, o por quien esté o haya estado ligado a ella por una relación similar de afectividad, aun sin convivencia, se impondrán siempre las prohibiciones y deberes indicados en las reglas 1ª, 4ª y 6ª del apartado anterior.

Las anteriores prohibiciones y deberes se impondrán asimismo cuando se trate de delitos contra la libertad sexual, matrimonio forzado, mutilación genital femenina y trata de seres humanos. [158]

3. La imposición de cualquiera de las prohibiciones o deberes de las reglas 1ª, 2ª, 3ª, o 4ª del apartado 1 de este artículo será comunicada a las Fuerzas y Cuerpos de Seguridad del Estado, que velarán por su cumplimiento. Cualquier posible quebrantamiento o circunstancia relevante para valorar la peligrosidad del penado y la posibilidad de comisión futura de nuevos delitos, será inmediatamente comunicada al Ministerio Fiscal y al Juez o Tribunal de ejecución.

4. El control del cumplimiento de los deberes a que se refieren las reglas 6ª, 7ª y 8ª del apartado 1 de este artículo corresponderá a los servicios de gestión de penas y medidas alternativas de la Administración penitenciaria. Estos servicios informarán al Juez o Tribunal de ejecución sobre el cumplimiento con una periodicidad al menos trimestral, en el caso de las reglas 6ª y 8ª, y semestral, en el caso de la 7ª y, en todo caso, a su conclusión.

Asimismo, informarán inmediatamente de cualquier circunstancia relevante para valorar la peligrosidad del penado y la posibilidad de comisión futura de nuevos delitos, así como de los incumplimientos de la obligación impuesta o de su cumplimiento efectivo.

---

[158] Añadido apartado 2 párrafo 2 por disposición final 4 apartado 2 de Ley Orgánica 10/2022 de 6 de septiembre de 2022, con vigencia desde 07/10/2022

84. [159] 1. El Juez o Tribunal también podrá condicionar la suspensión de la ejecución de la pena al cumplimiento de alguna o algunas de las siguientes prestaciones o medidas:

1ª El cumplimiento del acuerdo alcanzado por las partes en virtud de mediación.

2ª El pago de una multa, cuya extensión determinarán el Juez o Tribunal en atención a las circunstancias del caso, que no podrá ser superior a la que resultase de aplicar dos cuotas de multa por cada día de prisión sobre un límite máximo de dos tercios de su duración.

3ª La realización de trabajos en beneficio de la comunidad, especialmente cuando resulte adecuado como forma de reparación simbólica a la vista de las circunstancias del hecho y del autor. La duración de esta prestación de trabajos se determinará por el Juez o Tribunal en atención a las circunstancias del caso, sin que pueda exceder de la que resulte de computar un día de trabajos por cada día de prisión sobre un límite máximo de dos tercios de su duración.

2. Si se hubiera tratado de un delito cometido sobre la mujer por quien sea o haya sido su cónyuge, o por quien esté o haya estado ligado a ella por una relación similar de afectividad, aun sin convivencia, o sobre los descendientes, ascendientes o hermanos por naturaleza, adopción o afinidad propios o del cónyuge o conviviente, o sobre los menores o personas con discapacidad necesitadas de especial protección que con él convivan o que se hallen sujetos a la potestad, tutela, curatela, acogimiento o guarda de hecho del cónyuge o conviviente, el pago de la multa a que se refiere la medida 2ª del apartado anterior solamente podrá imponerse cuando conste acreditado que entre ellos no existen relaciones económicas derivadas de una relación conyugal, de convivencia o filiación, o de la existencia de una descendencia común [160].

85. [161] Durante el tiempo de suspensión de la pena, y a la vista de la posible modificación de las circunstancias valoradas, el Juez o

---

[159] Dada nueva redacción por art. único apartado 43 de Ley Orgánica 1/2015 de 30 de marzo de 2015, con vigencia desde 01/07/2015

[160] Véanse arts. 80 a 83 y 85 a 87 de la presente Ley

[161] Dada nueva redacción por art. único apartado 44 de Ley Orgánica 1/2015 de 30 de marzo de 2015, con vigencia desde 01/07/2015

Tribunal podrá modificar la decisión que anteriormente hubiera adoptado conforme a los arts. 83 y 84, y acordar el alzamiento de todas o alguna de las prohibiciones, deberes o prestaciones que hubieran sido acordadas, su modificación o sustitución por otras que resulten menos gravosas [162].

86. [163] 1. El Juez o Tribunal revocará la suspensión y ordenará la ejecución de la pena cuando el penado:

a) Sea condenado por un delito cometido durante el período de suspensión y ello ponga de manifiesto que la expectativa en la que se fundaba la decisión de suspensión adoptada ya no puede ser mantenida.

b) Incumpla de forma grave o reiterada las prohibiciones y deberes que le hubieran sido impuestos conforme al art. 83, o se sustraiga al control de los servicios de gestión de penas y medidas alternativas de la Administración penitenciaria.

c) Incumpla de forma grave o reiterada las condiciones que, para la suspensión, hubieran sido impuestas conforme al art. 84.

d) Facilite información inexacta o insuficiente sobre el paradero de bienes u objetos cuyo decomiso hubiera sido acordado; no dé cumplimiento al compromiso de pago de las responsabilidades civiles a que hubiera sido condenado, salvo que careciera de capacidad económica para ello; o facilite información inexacta o insuficiente sobre su patrimonio, incumpliendo la obligación impuesta en el art. 589 de la Ley de Enjuiciamiento Civil.

2. Si el incumplimiento de las prohibiciones, deberes o condiciones no hubiera tenido carácter grave o reiterado, el Juez o Tribunal podrá:

a) Imponer al penado nuevas prohibiciones, deberes o condiciones, o modificar las ya impuestas.

b) Prorrogar el plazo de suspensión, sin que en ningún caso pueda exceder de la mitad de la duración del que hubiera sido inicialmente fijado.

3. En el caso de revocación de la suspensión, los gastos que hubiera realizado el penado para reparar el daño causado por el delito conforme al apartado 1 del art. 84 no serán restituidos. Sin embargo, el Juez

[162] Véase art. 118 de la presente Ley

[163] Dada nueva redacción por art. único apartado 45 de Ley Orgánica 1/2015 de 30 de marzo de 2015, con vigencia desde 01/07/2015

o Tribunal abonará a la pena los pagos y la prestación de trabajos que hubieran sido realizados o cumplidos conforme a las medidas 2ª y 3ª

4. En todos los casos anteriores, el Juez o Tribunal resolverá después de haber oído al Fiscal y a las demás partes. Sin embargo, podrá revocar la suspensión de la ejecución de la pena y ordenar el ingreso inmediato del penado en prisión cuando resulte imprescindible para evitar el riesgo de reiteración delictiva, el riesgo de huida del penado o asegurar la protección de la víctima.

El Juez o Tribunal podrá acordar la realización de las diligencias de comprobación que fueran necesarias y acordar la celebración de una vista oral cuando lo considere necesario para resolver.

87. [164] 1. Transcurrido el plazo de suspensión fijado sin haber cometido el sujeto un delito que ponga de manifiesto que la expectativa en la que se fundaba la decisión de suspensión adoptada ya no puede ser mantenida, y cumplidas de forma suficiente las reglas de conducta fijadas por el Juez o Tribunal, éste acordará la remisión de la pena.

2. No obstante, para acordar la remisión de la pena que hubiera sido suspendida conforme al apartado 5 del art. 80, deberá acreditarse la deshabituación del sujeto o la continuidad del tratamiento. De lo contrario, el Juez o Tribunal ordenará su cumplimiento, salvo que, oídos los informes correspondientes, estime necesaria la continuación del tratamiento; en tal caso podrá conceder razonadamente una prórroga del plazo de suspensión por tiempo no superior a dos años.

SECCIÓN SEGUNDA
De la sustitución de las penas privativas de libertad

88. [165] (Derogado)

---

[164] Dada nueva redacción por art. único apartado 46 de Ley Orgánica 1/2015 de 30 de marzo de 2015, con vigencia desde 01/07/2015

[165] Derogado por art. único apartado 47 de Ley Orgánica 1/2015 de 30 de marzo de 2015, con vigencia desde 01/07/2015

89. [166] 1. Las penas de prisión de más de un año impuestas a un ciudadano extranjero serán sustituidas por su expulsión del territorio español. Excepcionalmente, cuando resulte necesario para asegurar la defensa del orden jurídico y restablecer la confianza en la vigencia de la norma infringida por el delito, el Juez o Tribunal podrá acordar la ejecución de una parte de la pena que no podrá ser superior a dos tercios de su extensión, y la sustitución del resto por la expulsión del penado del territorio español. En todo caso, se sustituirá el resto de la pena por la expulsión del penado del territorio español cuando aquél acceda al tercer grado o le sea concedida la libertad condicional.

2. Cuando hubiera sido impuesta una pena de más de cinco años de prisión, o varias penas que excedieran de esa duración, el Juez o Tribunal acordará la ejecución de todo o parte de la pena, en la medida en que resulte necesario para asegurar la defensa del orden jurídico y restablecer la confianza en la vigencia de la norma infringida por el delito. En estos casos, se sustituirá la ejecución del resto de la pena por la expulsión del penado del territorio español, cuando el penado cumpla la parte de la pena que se hubiera determinado, acceda al tercer grado o se le conceda la libertad condicional.

3. El Juez o Tribunal resolverá en sentencia sobre la sustitución de la ejecución de la pena siempre que ello resulte posible. En los demás casos, una vez declarada la firmeza de la sentencia, se pronunciará con la mayor urgencia, previa audiencia al Fiscal y a las demás partes, sobre la concesión o no de la sustitución de la ejecución de la pena.

4. No procederá la sustitución cuando, a la vista de las circunstancias del hecho y las personales del autor, en particular su arraigo en España, la expulsión resulte desproporcionada.

La expulsión de un ciudadano de la Unión Europea solamente procederá cuando represente una amenaza grave para el orden público o la seguridad pública en atención a la naturaleza, circunstancias y gravedad del delito cometido, sus antecedentes y circunstancias personales.

Si hubiera residido en España durante los diez años anteriores procederá la expulsión cuando además:

a) Hubiera sido condenado por uno o más delitos contra la vida, libertad, integridad física y libertad e indemnidad sexuales castigados

---

[166] Dada nueva redacción por art. único apartado 48 de Ley Orgánica 1/2015 de 30 de marzo de 2015, con vigencia desde 01/07/2015

con pena máxima de prisión de más de cinco años y se aprecie fundadamente un riesgo grave de que pueda cometer delitos de la misma
naturaleza.

b) Hubiera sido condenado por uno o más delitos de terrorismo
u otros delitos cometidos en el seno de un grupo u organización
criminal.

En estos supuestos será en todo caso de aplicación lo dispuesto en el
apartado 2 de este artículo.

5. El extranjero no podrá regresar a España en un plazo de cinco
a diez años, contados desde la fecha de su expulsión, atendidas la duración de la pena sustituida y las circunstancias personales del penado.

6. La expulsión llevará consigo el archivo de cualquier procedimiento administrativo que tuviera por objeto la autorización para residir o
trabajar en España.

7. Si el extranjero expulsado regresara a España antes de transcurrir
el período de tiempo establecido judicialmente, cumplirá las penas
que fueron sustituidas, salvo que, excepcionalmente, el Juez o Tribunal, reduzca su duración cuando su cumplimiento resulte innecesario
para asegurar la defensa del orden jurídico y restablecer la confianza
en la norma jurídica infringida por el delito, en atención al tiempo
transcurrido desde la expulsión y las circunstancias en las que se haya
producido su incumplimiento.

No obstante, si fuera sorprendido en la frontera, será expulsado
directamente por la autoridad gubernativa, empezando a computarse
de nuevo el plazo de prohibición de entrada en su integridad.

8. Cuando, al acordarse la expulsión en cualquiera de los supuestos
previstos en este artículo, el extranjero no se encuentre o no quede
efectivamente privado de libertad en ejecución de la pena impuesta, el
Juez o Tribunal podrá acordar, con el fin de asegurar la expulsión, su
ingreso en un centro de internamiento de extranjeros, en los términos
y con los límites y garantías previstos en la ley para la expulsión
gubernativa.

En todo caso, si acordada la sustitución de la pena privativa de
libertad por la expulsión, ésta no pudiera llevarse a efecto, se procederá
a la ejecución de la pena originariamente impuesta o del período de
condena pendiente, o a la aplicación, en su caso, de la suspensión de la
ejecución de la misma.

9. No serán sustituidas las penas que se hubieran impuesto por la comisión de los delitos a que se refieren los arts. 177 bis, 312, 313 y 318 bis.

SECCIÓN TERCERA
De la libertad condicional [167]

90. [168] [169]

1. El Juez de Vigilancia penitenciaria acordará la suspensión de la ejecución del resto de la pena de prisión y concederá la libertad condicional al penado que cumpla los siguientes requisitos:

a) Que se encuentre clasificado en tercer grado.

b) Que haya extinguido las tres cuartas partes de la pena impuesta.

c) Que haya observado buena conducta.

Para resolver sobre la suspensión de la ejecución del resto de la pena y concesión de la libertad condicional, el Juez de Vigilancia penitenciaria valorará la personalidad del penado, sus antecedentes, las circunstancias del delito cometido, la relevancia de los bienes jurídicos que podrían verse afectados por una reiteración en el delito, su conducta durante el cumplimiento de la pena, sus circunstancias familiares y sociales y los efectos que quepa esperar de la propia suspensión de la ejecución y del cumplimiento de las medidas que fueren impuestas.

No se concederá la suspensión si el penado no hubiese satisfecho la responsabilidad civil derivada del delito en los supuestos y conforme a los criterios establecidos por los apartados 5 y 6 del art. 72 de la Ley Orgánica 1/1979, de 26 de septiembre, General Penitenciaria.

2. También podrá acordar la suspensión de la ejecución del resto de la pena y conceder la libertad condicional a los penados que cumplan los siguientes requisitos:

a) Que hayan extinguido dos terceras parte de su condena.

b) Que durante el cumplimiento de su pena hayan desarrollado actividades laborales, culturales u ocupacionales, bien de forma conti-

---

[167] Véanse arts. 67, 72 y 76.2.b LOGP y arts. 192 a 202 RP

[168] Dada nueva redacción por art. único apartado 49 de Ley Orgánica 1/2015 de 30 de marzo de 2015, con vigencia desde 01/07/2015

[169] Véase art. 205 RP

nuada, bien con un aprovechamiento del que se haya derivado una modificación relevante y favorable de aquéllas de sus circunstancias personales relacionadas con su actividad delictiva previa.

c) Que acredite el cumplimiento de los requisitos a que se refiere el apartado anterior, salvo el de haber extinguido tres cuartas partes de su condena.

A propuesta de Instituciones Penitenciarias y previo informe del Ministerio Fiscal y de las demás partes, cumplidas las circunstancias de las letras a) y c) del apartado anterior, el Juez de Vigilancia Penitenciaria podrá adelantar, una vez extinguida la mitad de la condena, la concesión de la libertad condicional en relación con el plazo previsto en el apartado anterior, hasta un máximo de noventa días por cada año transcurrido de cumplimiento efectivo de condena. Esta medida requerirá que el penado haya desarrollado continuadamente las actividades indicadas en la letra b) de este apartado y que acredite, además, la participación efectiva y favorable en programas de reparación a las víctimas o programas de tratamiento o desintoxicación, en su caso.

3. Excepcionalmente, el juez de vigilancia penitenciaria podrá acordar la suspensión de la ejecución del resto de la pena y conceder la libertad condicional a los penados en que concurran los siguientes requisitos:

a) Que se encuentren cumpliendo su primera condena de prisión y que ésta no supere los tres años de duración.

b) Que hayan extinguido la mitad de su condena.

c) Que acredite el cumplimiento de los requisitos a que se refiere al apartado 1, salvo el de haber extinguido tres cuartas partes de su condena, así como el regulado en la letra b) del apartado anterior.

Este régimen no será aplicable a los penados que lo hayan sido por la comisión de un delito contra la libertad e indemnidad sexuales.

4. El juez de vigilancia penitenciaria podrá denegar la suspensión de la ejecución del resto de la pena cuando el penado hubiera dado información inexacta o insuficiente sobre el paradero de bienes u objetos cuyo decomiso hubiera sido acordado; no dé cumplimiento conforme a su capacidad al compromiso de pago de las responsabilidades civiles a que hubiera sido condenado; o facilite información inexacta o insuficiente sobre su patrimonio, incumpliendo la obligación impuesta en el art. 589 de la Ley de Enjuiciamiento Civil.

También podrá denegar la suspensión de la ejecución del resto de la pena impuesta para alguno de los delitos previstos en el Título

XIX del Libro II de este Código, cuando el penado hubiere eludido el cumplimiento de las responsabilidades pecuniarias o la reparación del daño económico causado a la Administración a que hubiere sido condenado.

5. En los casos de suspensión de la ejecución del resto de la pena y concesión de la libertad condicional, resultarán aplicables las normas contenidas en los arts. 83, 86 y 87.

El juez de vigilancia penitenciaria, a la vista de la posible modificación de las circunstancias valoradas, podrá modificar la decisión que anteriormente hubiera adoptado conforme al art. 83, y acordar la imposición de nuevas prohibiciones, deberes o prestaciones, la modificación de las que ya hubieran sido acordadas o el alzamiento de las mismas.

Asimismo, el juez de vigilancia penitenciaria revocará la suspensión de la ejecución del resto de la pena y la libertad condicional concedida cuando se ponga de manifiesto un cambio de las circunstancias que hubieran dado lugar a la suspensión que no permita mantener ya el pronóstico de falta de peligrosidad en que se fundaba la decisión adoptada.

El plazo de suspensión de la ejecución del resto de la pena será de dos a cinco años. En todo caso, el plazo de suspensión de la ejecución y de libertad condicional no podrá ser inferior a la duración de la parte de pena pendiente de cumplimiento. El plazo de suspensión y libertad condicional se computará desde la fecha de puesta en libertad del penado.

6. La revocación de la suspensión de la ejecución del resto de la pena y libertad condicional dará lugar a la ejecución de la parte de la pena pendiente de cumplimiento. El tiempo transcurrido en libertad condicional no será computado como tiempo de cumplimiento de la condena.

7. El juez de vigilancia penitenciaria resolverá de oficio sobre la suspensión de la ejecución del resto de la pena y concesión de la libertad condicional a petición del penado. En el caso de que la petición no fuera estimada, el Juez o Tribunal podrá fijar un plazo de seis meses, que motivadamente podrá ser prolongado a un año, hasta que la pretensión pueda ser nuevamente planteada.

8. En el caso de personas condenadas por delitos cometidos en el seno de organizaciones criminales o por alguno de los delitos regulados en el Capítulo VII del Título XXII del Libro II de este Código, la

suspensión de la ejecución del resto de la pena impuesta y concesión de la libertad condicional requiere que el penado muestre signos inequívocos de haber abandonado los fines y los medios de la actividad terrorista y haya colaborado activamente con las autoridades, bien para impedir la producción de otros delitos por parte de la organización o grupo terrorista, bien para atenuar los efectos de su delito, bien para la identificación, captura y procesamiento de responsables de delitos terroristas, para obtener pruebas o para impedir la actuación o el desarrollo de las organizaciones o asociaciones a las que haya pertenecido o con las que haya colaborado, lo que podrá acreditarse mediante una declaración expresa de repudio de sus actividades delictivas y de abandono de la violencia y una petición expresa de perdón a las víctimas de su delito, así como por los informes técnicos que acrediten que el preso está realmente desvinculado de la organización terrorista y del entorno y actividades de asociaciones y colectivos ilegales que la rodean y su colaboración con las autoridades.

Los apartados 2 y 3 no serán aplicables a las personas condenadas por la comisión de alguno de los delitos regulados en el Capítulo VII del Título XXII del Libro II de este Código o por delitos cometidos en el seno de organizaciones criminales.

91. [170] 1. No obstante lo dispuesto en el artículo anterior, los penados que hubieran cumplido la edad de setenta años, o la cumplan durante la extinción de la condena, y reúnan los requisitos exigidos en el artículo anterior, excepto el de haber extinguido las tres cuartas partes de aquélla, las dos terceras partes o, en su caso, la mitad de la condena, podrán obtener la suspensión de la ejecución del resto de la pena y la concesión de la libertad condicional.

El mismo criterio se aplicará cuando se trate de enfermos muy graves con padecimientos incurables, y así quede acreditado tras la práctica de los informes médicos que, a criterio del juez de vigilancia penitenciaria, se estimen necesarios [171].

2. Constando a la Administración penitenciaria que el interno se halla en cualquiera de los casos previstos en los párrafos anteriores, elevará el expediente de libertad condicional, con la urgencia que el

---

[170] Dada nueva redacción por art. único apartado 50 de Ley Orgánica 1/2015 de 30 de marzo de 2015, con vigencia desde 01/07/2015

[171] Véase art. 196 RP

caso requiera, al Juez de Vigilancia Penitenciaria, quien, a la hora de resolverlo, valorará junto a las circunstancias personales la dificultad para delinquir y la escasa peligrosidad del sujeto.

3. Si el peligro para la vida del interno, a causa de su enfermedad o de su avanzada edad, fuera patente, por estar así acreditado por el dictamen del médico forense y de los servicios médicos del establecimiento penitenciario, el Juez o Tribunal podrá, sin necesidad de que se acredite el cumplimiento de ningún otro requisito y valorada la falta de peligrosidad relevante del penado, acordar la suspensión de la ejecución del resto de la pena y concederle la libertad condicional sin más trámite que requerir al centro penitenciario el informe de pronóstico final al objeto de poder hacer la valoración a que se refiere el apartado anterior.

En este caso, el penado estará obligado a facilitar al servicio médico penitenciario, al médico forense, o a aquel otro que se determine por el Juez o Tribunal, la información necesaria para poder valorar sobre la evolución de su enfermedad.

El incumplimiento de esta obligación podrá dar lugar a la revocación de la suspensión de la ejecución y de la libertad condicional.

4. Son aplicables al supuesto regulado en este artículo las disposiciones contenidas en los apartados 4, 5 y 6 del artículo anterior.

92. [172] 1. El Tribunal acordará la suspensión de la ejecución de la pena de prisión permanente revisable cuando se cumplan los siguientes requisitos:

a) Que el penado haya cumplido veinticinco años de su condena, sin perjuicio de lo dispuesto en el art. 78 bis para los casos regulados en el mismo.

b) Que se encuentre clasificado en tercer grado.

c) Que el Tribunal, a la vista de la personalidad del penado, sus antecedentes, las circunstancias del delito cometido, la relevancia de los bienes jurídicos que podrían verse afectados por una reiteración en el delito, su conducta durante el cumplimiento de la pena, sus circunstancias familiares y sociales, y los efectos que quepa esperar de la propia suspensión de la ejecución y del cumplimiento de las medidas que fueren impuestas, pueda fundar, previa valoración de

[172] Dada nueva redacción por art. único apartado 51 de Ley Orgánica 1/2015 de 30 de marzo de 2015, con vigencia desde 01/07/2015

los informes de evolución remitidos por el centro penitenciario y por aquellos especialistas que el propio Tribunal determine, la existencia de un pronóstico favorable de reinserción social.

En el caso de que el penado lo hubiera sido por varios delitos, el examen de los requisitos a que se refiere la letra c) se realizará valorando en su conjunto todos los delitos cometidos.

El Tribunal resolverá sobre la suspensión de la pena de prisión permanente revisable tras un procedimiento oral contradictorio en el que intervendrán el Ministerio Fiscal y el penado, asistido por su abogado.

2. Si se tratase de delitos referentes a organizaciones y grupos terroristas y delitos de terrorismo del Capítulo VII del Título XXII del Libro II de este Código, será además necesario que el penado muestre signos inequívocos de haber abandonado los fines y los medios de la actividad terrorista y haya colaborado activamente con las autoridades, bien para impedir la producción de otros delitos por parte de la organización o grupo terrorista, bien para atenuar los efectos de su delito, bien para la identificación, captura y procesamiento de responsables de delitos terroristas, para obtener pruebas o para impedir la actuación o el desarrollo de las organizaciones o asociaciones a las que haya pertenecido o con las que haya colaborado, lo que podrá acreditarse mediante una declaración expresa de repudio de sus actividades delictivas y de abandono de la violencia y una petición expresa de perdón a las víctimas de su delito, así como por los informes técnicos que acrediten que el preso está realmente desvinculado de la organización terrorista y del entorno y actividades de asociaciones y colectivos ilegales que la rodean y su colaboración con las autoridades.

3. La suspensión de la ejecución tendrá una duración de cinco a diez años. El plazo de suspensión y libertad condicional se computará desde la fecha de puesta en libertad del penado. Son aplicables las normas contenidas en el párrafo segundo del apartado 1 del art. 80 y en los arts. 83, 86, 87 y 91.

El Juez o Tribunal, a la vista de la posible modificación de las circunstancias valoradas, podrá modificar la decisión que anteriormente hubiera adoptado conforme al art. 83, y acordar la imposición de nuevas prohibiciones, deberes o prestaciones, la modificación de las que ya hubieran sido acordadas, o el alzamiento de las mismas.

Asimismo, el juez de vigilancia penitenciaria revocará la suspensión de la ejecución del resto de la pena y la libertad condicional concedida cuando se ponga de manifiesto un cambio de las circunstancias que hubieran dado lugar a la suspensión que no permita mantener ya el pronóstico de falta de peligrosidad en que se fundaba la decisión adoptada [173].

4. Extinguida la parte de la condena a que se refiere la letra a) del apartado 1 de este artículo o, en su caso, en el art. 78 bis, el Tribunal deberá verificar, al menos cada dos años, el cumplimiento del resto de requisitos de la libertad condicional. El Tribunal resolverá también las peticiones de concesión de la libertad condicional del penado, pero podrá fijar un plazo de hasta un año dentro del cual, tras haber sido rechazada una petición, no se dará curso a sus nuevas solicitudes [174].

93. [175] (Derogado)

SECCIÓN CUARTA
Disposiciones comunes

94. [176] A los efectos previstos en la sección 2ª de este Capítulo, se consideran reos habituales los que hubieren cometido tres o más delitos de los comprendidos en un mismo Capítulo, en un plazo no superior a cinco años, y hayan sido condenados por ello.

Para realizar este cómputo se considerarán, por una parte, el momento de posible suspensión o sustitución de la pena conforme al art. 88 y, por otra parte, la fecha de comisión de aquellos delitos que fundamenten la apreciación de la habitualidad.

---

[173] Párrafo 3.º del apartado 3 declarado constitucional, desde el 9 noviembre 2021, conforme a la STC Pleno de 6 de octubre 2021, interpretado en los términos de su f.j. 9.º b)

[174] Apartado 4 declarado constitucional, desde el 9 noviembre 2021, conforme a la STC Pleno de 6 de octubre 2021, interpretado en los términos de su f.j. 9.º b)

[175] Derogado por art. único apartado 52 de Ley Orgánica 1/2015 de 30 de marzo de 2015, con vigencia desde 01/07/2015

[176] Dada nueva redacción por art. único apartado 36 de Ley Orgánica 15/2003 de 25 de noviembre de 2003, con vigencia desde 01/10/2004

94 bis. [177] A los efectos previstos en este Capítulo, las condenas firmes de Jueces o Tribunales impuestas en otros Estados de la Unión Europea tendrán el mismo valor que las impuestas por los Jueces o Tribunales españoles salvo que sus antecedentes hubieran sido cancelados, o pudieran serlo con arreglo al Derecho español.

TÍTULO IV
De las medidas de seguridad

CAPÍTULO PRIMERO
De las medidas de seguridad en general

95. 1. Las medidas de seguridad se aplicarán por el Juez o Tribunal, previos los informes que estime convenientes, a las personas que se encuentren en los supuestos previstos en el Capítulo siguiente de este Código, siempre que concurran estas circunstancias:

1ª) Que el sujeto haya cometido un hecho previsto como delito.

2ª) Que del hecho y de las circunstancias personales del sujeto pueda deducirse un pronóstico de comportamiento futuro que revele la probabilidad de comisión de nuevos delitos.

2. Cuando la pena que hubiere podido imponerse por el delito cometido no fuere privativa de libertad, el Juez o Tribunal sentenciador sólo podrá acordar alguna o algunas de las medidas previstas en el art. 96.3 [178] . [179]

96. [180] 1. Las medidas de seguridad que se pueden imponer con arreglo a este Código son privativas y no privativas de libertad.

---

[177] Añadido por art. único apartado 53 de Ley Orgánica 1/2015 de 30 de marzo de 2015, con vigencia desde 01/07/2015

[178] Véase art. 6 de la presente Ley

[179] Dada nueva redacción apartado 2 por art. único apartado 37 de Ley Orgánica 15/2003 de 25 de noviembre de 2003, con vigencia desde 01/10/2004

[180] Dada nueva redacción por art. único apartado 38 de Ley Orgánica 15/2003 de 25 de noviembre de 2003, con vigencia desde 01/10/2004

2. Son medidas privativas de libertad [181] :

1ª) El internamiento en centro psiquiátrico.

2ª) El internamiento en centro de deshabituación.

3ª) El internamiento en centro educativo especial.

3. Son medidas no privativas de libertad:

1ª) La inhabilitación profesional.

2ª) La expulsión del territorio nacional de extranjeros no residentes legalmente en España [182] .

3ª) La libertad vigilada

4ª) La custodia familiar. El sometido a esta medida quedará sujeto al cuidado y vigilancia del familiar que se designe y que acepte la custodia, quien la ejercerá en relación con el Juez de Vigilancia Penitenciaria y sin menoscabo de las actividades escolares o laborales del custodiado.

5ª) La privación del derecho a conducir vehículos a motor y ciclomotores.

6ª) La privación del derecho a la tenencia y porte de armas. [183]

97. [184] Durante la ejecución de la sentencia, el Juez o Tribunal sentenciador adoptará, por el procedimiento establecido en el artículo siguiente, alguna de las siguientes decisiones:

a) Mantener la ejecución de la medida de seguridad impuesta.

b) Decretar el cese de cualquier medida de seguridad impuesta en cuanto desaparezca la peligrosidad criminal del sujeto.

c) Sustituir una medida de seguridad por otra que estime más adecuada, entre las previstas para el supuesto de que se trate. En el caso de que fuera acordada la sustitución y el sujeto evolucionara desfavorablemente, se dejará sin efecto la sustitución, volviéndose a aplicar la medida sustituida.

---

[181] Véanse arts. 20.1, 20.2, 20.3, 100 a 104 de la presente Ley; arts. 381 a 383 y 991 a 994 LECrim; arts. 7, 9 y 10 LRPM; art. 11 LOGP; art. 156 LORPM

[182] Véanse arts. 89.1 y 108 de la presente Ley y LO 4/2000, de 11 de enero, sobre Derechos y Libertades de los Extranjeros en España y su integración social

[183] Dada nueva redacción apartado 3 por art. único apartado 22 de Ley Orgánica 5/2010 de 22 de junio de 2010, con vigencia desde 23/12/2010

[184] Dada nueva redacción por art. único apartado 23 de Ley Orgánica 5/2010 de 22 de junio de 2010, con vigencia desde 23/12/2010

d) Dejar en suspenso la ejecución de la medida en atención al resultado ya obtenido con su aplicación, por un plazo no superior al que reste hasta el máximo señalado en la sentencia que la impuso. La suspensión quedará condicionada a que el sujeto no delinca durante el plazo fijado, y podrá dejarse sin efecto si nuevamente resultara acreditada cualquiera de las circunstancias previstas en el art. 95 de este Código [185].

98. [186] 1. A los efectos del artículo anterior, cuando se trate de una medida de seguridad privativa de libertad o de una medida de libertad vigilada que deba ejecutarse después del cumplimiento de una pena privativa de libertad, el Juez de Vigilancia Penitenciaria estará obligado a elevar al menos anualmente, una propuesta de mantenimiento, cese, sustitución o suspensión de la misma. Para formular dicha propuesta el Juez de Vigilancia Penitenciaria deberá valorar los informes emitidos por los facultativos y profesionales que asistan al sometido a medida de seguridad o por las Administraciones Públicas competentes y, en su caso, el resultado de las demás actuaciones que a este fin ordene.

2. Cuando se trate de cualquier otra medida no privativa de libertad, el Juez o Tribunal sentenciador recabará directamente de las Administraciones, facultativos y profesionales a que se refiere el apartado anterior, los oportunos informes acerca de la situación y la evolución del condenado, su grado de rehabilitación y el pronóstico de reincidencia o reiteración delictiva.

3. En todo caso, el Juez o Tribunal sentenciador resolverá motivadamente a la vista de la propuesta o los informes a los que respectivamente se refieren los dos apartados anteriores, oída la propia persona sometida a la medida, así como el Ministerio Fiscal y las demás partes. Se oirá asimismo a las víctimas del delito que no estuvieren personadas cuando así lo hubieran solicitado al inicio o en cualquier momento de la ejecución de la sentencia y permanezcan localizables a tal efecto.

---

[185] Véanse arts. 80 a 89, 101.2, 102.2 y 103.2 y 3 de la presente Ley

[186] Dada nueva redacción por art. único apartado 24 de Ley Orgánica 5/2010 de 22 de junio de 2010, con vigencia desde 23/12/2010

99. [187] En el caso de concurrencia de penas y medidas de seguridad privativas de libertad, el Juez o Tribunal ordenará el cumplimiento de la medida, que se abonará para el de la pena. Una vez alzada la medida de seguridad, el Juez o Tribunal podrá, si con la ejecución de la pena se pusieran en peligro los efectos conseguidos a través de aquélla, suspender el cumplimiento del resto de la pena por un plazo no superior a la duración de la misma, o aplicar alguna de las medidas previstas en el art. 96.3 [188].

100. [189] 1. El quebrantamiento de una medida de seguridad de internamiento dará lugar a que el Juez o Tribunal ordene el reingreso del sujeto en el mismo centro del que se hubiese evadido o en otro que corresponda a su estado.

2. Si se tratare de otras medidas, el Juez o Tribunal podrá acordar la sustitución de la quebrantada por la de internamiento si ésta estuviese prevista para el supuesto de que se trate y si el quebrantamiento demostrase su necesidad.

3. En ambos casos el Juez o Tribunal deducirá testimonio por el quebrantamiento. A estos efectos, no se considerará quebrantamiento de la medida la negativa del sujeto a someterse a tratamiento médico o a continuar un tratamiento médico inicialmente consentido. No obstante, el Juez o Tribunal podrá acordar la sustitución del tratamiento inicial o posteriormente rechazado por otra medida de entre las aplicables al supuesto de que se trate [190]. [191]

---

[187] Dada nueva redacción por art. único apartado 40 de Ley Orgánica 15/2003 de 25 de noviembre de 2003, con vigencia desde 01/10/2004

[188] Véase art. 104 de la presente Ley

[189] Dada nueva redacción por art. único apartado 41 de Ley Orgánica 15/2003 de 25 de noviembre de 2003, con vigencia desde 01/10/2004

[190] Véase art. 468 de la presente Ley

[191] Dada nueva redacción apartado 3 por art. único apartado 25 de Ley Orgánica 5/2010 de 22 de junio de 2010, con vigencia desde 23/12/2010

CAPÍTULO II
De la aplicación de las medidas de seguridad

SECCIÓN PRIMERA
De las medidas privativas de libertad

101. 1. Al sujeto que sea declarado exento de responsabilidad criminal conforme al número 1º del art. 20 , se le podrá aplicar, si fuere necesaria, la medida de internamiento para tratamiento médico o educación especial en un establecimiento adecuado al tipo de anomalía o alteración psíquica que se aprecie, o cualquier otra de las medidas previstas en el apartado 3 del art. 96 . El internamiento no podrá exceder del tiempo que habría durado la pena privativa de libertad, si hubiera sido declarado responsable el sujeto, y a tal efecto el Juez o Tribunal fijará en la sentencia ese límite máximo.

2. El sometido a esta medida no podrá abandonar el establecimiento sin autorización del Juez o Tribunal sentenciador, de conformidad con lo previsto en el art. 97 de este Código [192] .

102. 1. A los exentos de responsabilidad penal conforme al número 2º del art. 20 se les aplicará, si fuere necesaria, la medida de internamiento en centro de deshabituación público, o privado debidamente acreditado u homologado, o cualquiera otra de las medidas previstas en el apartado 3 del art. 96 . El internamiento no podrá exceder del tiempo que habría durado la pena privativa de libertad, si el sujeto hubiere sido declarado responsable, y a tal efecto el Juez o Tribunal fijará ese límite máximo en la sentencia.

2. El sometido a esta medida no podrá abandonar el establecimiento sin autorización del Juez o Tribunal sentenciador de conformidad con lo previsto en el art. 97 de este Código [193] .

103. 1. A los que fueren declarados exentos de responsabilidad conforme al número 3º del art. 20 , se les podrá aplicar, si fuere nece-

---

[192] Véanse art. 100 de la presente Ley y arts. 182 a 191 RP
[193] Véase art. 100 de la presente Ley y art. 182 RP

saria, la medida de internamiento en un centro educativo especial o cualquier otra de las medidas previstas en el apartado 3 del art. 96 . El internamiento no podrá exceder del tiempo que habría durado la pena privativa de libertad, si el sujeto hubiera sido declarado responsable y, a tal efecto, el Juez o Tribunal fijará en la sentencia ese límite máximo.

2. El sometido a esta medida no podrá abandonar el establecimiento sin autorización del Juez o Tribunal sentenciador de conformidad con lo previsto en el art. 97 de este Código.

3. En este supuesto, la propuesta a que se refiere el art. 98 de este Código deberá hacerse al terminar cada curso o grado de enseñanza [194] . [195]

104. 1. En los supuestos de eximente incompleta en relación con los números 1º, 2º y 3º del art. 20 , el Juez o Tribunal podrá imponer, además de la pena correspondiente, las medidas previstas en los arts. 101, 102 y 103. No obstante, la medida de internamiento sólo será aplicable cuando la pena impuesta sea privativa de libertad y su duración no podrá exceder de la pena prevista por el Código para el delito. Para su aplicación se observará lo dispuesto en el art. 99.

2. Cuando se aplique una medida de internamiento de las previstas en el apartado anterior o en los arts. 101, 102 y 103, el Juez o Tribunal sentenciador comunicará al Ministerio Fiscal, con suficiente antelación, la proximidad de su vencimiento, a efectos de lo previsto por la disposición adicional primera de este Código [196] . [197]

---

[194] Véase art. 100 de la presente Ley y art. 182 RP

[195] Dada nueva redacción apartado 3 por art. único apartado 26 de Ley Orgánica 5/2010 de 22 de junio de 2010 , con vigencia desde 23/12/2010

[196] Véase art. 6.2 de la presente Ley, arts. 756 a 763 LEC y art. 184 RP

[197] Añadido apartado 2 por art. único apartado 42 de Ley Orgánica 15/2003 de 25 de noviembre de 2003 , con vigencia desde 01/10/2004

SECCIÓN SEGUNDA
De las medidas no privativas de libertad

105. [198] En los casos previstos en los arts. 101 a 104, cuando imponga la medida privativa de libertad o durante la ejecución de la misma, el Juez o Tribunal podrá imponer razonadamente una o varias medidas que se enumeran a continuación. Deberá asimismo imponer alguna o algunas de dichas medidas en los demás casos expresamente previstos en este Código.

1. Por un tiempo no superior a cinco años:

a) Libertad vigilada.

b) Custodia familiar. El sometido a esta medida quedará sujeto al cuidado y vigilancia del familiar que se designe y que acepte la custodia, quien la ejercerá en relación con el Juez de Vigilancia y sin menoscabo de las actividades escolares o laborales del custodiado [199].

2. Por un tiempo de hasta diez años:

a) Libertad vigilada, cuando expresamente lo disponga este Código.

b) La privación del derecho a la tenencia y porte de armas [200].

c) La privación del derecho a conducir vehículos a motor y ciclomotores [201].

Para decretar la obligación de observar alguna o algunas de las medidas previstas en este artículo, así como para concretar dicha obligación cuando por Ley viene obligado a imponerlas, el Juez o Tribunal sentenciador deberá valorar los informes emitidos por los facultativos y profesionales encargados de asistir al sometido a la medida de seguridad.

El Juez de Vigilancia Penitenciaria o los servicios de la Administración correspondiente informarán al Juez o Tribunal sentenciador.

En los casos previstos en este artículo, el Juez o Tribunal sentenciador dispondrá que los servicios de asistencia social competentes

---

[198] Dada nueva redacción por art. único apartado 27 de Ley Orgánica 5/2010 de 22 de junio de 2010, con vigencia desde 23/12/2010

[199] Véase art. 96.3.6 de la presente Ley

[200] Véanse arts. 33, 39, 47 y 96 de la presente Ley

[201] Véanse arts. 33, 39, 47 y 96 de la presente Ley

presten la ayuda o atención que precise y legalmente le corresponda al sometido a medidas de seguridad no privativas de libertad [202].

106. [203] 1. La libertad vigilada consistirá en el sometimiento del condenado a control judicial a través del cumplimiento por su parte de alguna o algunas de las siguientes medidas:

a) La obligación de estar siempre localizable mediante aparatos electrónicos que permitan su seguimiento permanente.

b) La obligación de presentarse periódicamente en el lugar que el Juez o Tribunal establezca.

c) La de comunicar inmediatamente, en el plazo máximo y por el medio que el Juez o Tribunal señale a tal efecto, cada cambio del lugar de residencia o del lugar o puesto de trabajo.

d) La prohibición de ausentarse del lugar donde resida o de un determinado territorio sin autorización del Juez o Tribunal.

e) La prohibición de aproximarse a la víctima, o a aquellos de sus familiares u otras personas que determine el Juez o Tribunal.

f) La prohibición de comunicarse con la víctima, o con aquellos de sus familiares u otras personas que determine el Juez o Tribunal.

g) La prohibición de acudir a determinados territorios, lugares o establecimientos.

h) La prohibición de residir en determinados lugares.

i) La prohibición de desempeñar determinadas actividades que puedan ofrecerle o facilitarle la ocasión para cometer hechos delictivos de similar naturaleza.

j) La obligación de participar en programas formativos, laborales, culturales, de educación sexual u otros similares.

k) La obligación de seguir tratamiento médico externo, o de someterse a un control médico periódico.

2. Sin perjuicio de lo dispuesto en el art. 105, el Juez o Tribunal deberá imponer en la sentencia la medida de libertad vigilada para su cumplimiento posterior a la pena privativa de libertad impuesta siempre que así lo disponga de manera expresa este Código.

En estos casos, al menos dos meses antes de la extinción de la pena privativa de libertad, de modo que la medida de libertad vigilada

---

[202] Véanse arts. 74 y 75 LOGP y arts. 2, 62, y 227 a 229 RP

[203] Dada nueva redacción por art. único apartado 28 de Ley Orgánica 5/2010 de 22 de junio de 2010, con vigencia desde 23/12/2010

pueda iniciarse en ese mismo momento, el Juez de Vigilancia Penitenciaria, por el procedimiento previsto en el art. 98, elevará la oportuna
propuesta al Juez o Tribunal sentenciador, que, con arreglo a dicho
procedimiento, concretará, sin perjuicio de lo establecido en el art. 97 ,
el contenido de la medida fijando las obligaciones o prohibiciones
enumeradas en el apartado 1 de este artículo que habrá de observar el
condenado.

Si éste lo hubiera sido a varias penas privativas de libertad que deba
cumplir sucesivamente, lo dispuesto en el párrafo anterior se entenderá
referido al momento en que concluya el cumplimiento de todas ellas.

Asimismo, el penado a quien se hubiere impuesto por diversos
delitos otras tantas medidas de libertad vigilada que, dado el contenido
de las obligaciones o prohibiciones establecidas, no pudieran ser ejecutadas simultáneamente, las cumplirá de manera sucesiva, sin perjuicio
de que el Juez o Tribunal pueda ejercer las facultades que le atribuye el
apartado siguiente.

3. Por el mismo procedimiento del art. 98 , el Juez o Tribunal podrá:

a) Modificar en lo sucesivo las obligaciones y prohibiciones impuestas.

b) Reducir la duración de la libertad vigilada o incluso poner fin a
la misma en vista del pronóstico positivo de reinserción que considere
innecesaria o contraproducente la continuidad de las obligaciones o
prohibiciones impuestas.

c) Dejar sin efecto la medida cuando la circunstancia descrita en la
letra anterior se dé en el momento de concreción de las medidas que se
regula en el número 2 del presente artículo.

4. En caso de incumplimiento de una o varias obligaciones el Juez o
Tribunal, a la vista de las circunstancias concurrentes y por el mismo
procedimiento indicado en los números anteriores, podrá modificar
las obligaciones o prohibiciones impuestas. Si el incumplimiento fuera
reiterado o grave, revelador de la voluntad de no someterse a las
obligaciones o prohibiciones impuestas, el Juez deducirá, además, testimonio por un presunto delito del art. 468 de este Código.

107. [204] La autoridad judicial podrá decretar razonadamente la medida de inhabilitación para el ejercicio de determinado derecho, profesión, oficio, industria o comercio, cargo o empleo u otras actividades, sean o no retribuidas, por un tiempo de uno a cinco años, cuando la persona haya cometido con abuso de dicho ejercicio, o en relación con él, un hecho delictivo, y cuando de la valoración de las circunstancias concurrentes pueda deducirse el peligro de que vuelva a cometer el mismo delito u otros semejantes, siempre que no sea posible imponerle la pena correspondiente por encontrarse en alguna de las situaciones previstas en los números 1º, 2º y 3º del artículo 20.

108. [205] 1. Si el sujeto fuera extranjero no residente legalmente en España, el Juez o Tribunal acordará en la sentencia, previa audiencia de aquél, la expulsión del territorio nacional como sustitutiva de las medidas de seguridad que le sean aplicables, salvo que el Juez o Tribunal, previa audiencia del Ministerio Fiscal, excepcionalmente y de forma motivada, aprecie que la naturaleza del delito justifica el cumplimiento en España.

La expulsión así acordada llevará consigo el archivo de cualquier procedimiento administrativo que tuviera por objeto la autorización para residir o trabajar en España.

En el supuesto de que, acordada la sustitución de la medida de seguridad por la expulsión, ésta no pudiera llevarse a efecto, se procederá al cumplimiento de la medida de seguridad originariamente impuesta.

2. El extranjero no podrá regresar a España en un plazo de 10 años, contados desde la fecha de su expulsión.

3. El extranjero que intentara quebrantar una decisión judicial de expulsión y prohibición de entrada a la que se refieren los apartados anteriores será devuelto por la autoridad gubernativa, empezando a computarse de nuevo el plazo de prohibición de entrada en su integridad [206].

---

[204] Dada nueva redacción por disposición final 6 apartado 8 de Ley Orgánica 8/2021 de 4 de junio de 2021, con vigencia desde 25/06/2021

[205] Dada nueva redacción por art. 1 apartado 4 de Ley Orgánica 11/2003 de 29 de septiembre de 2003, con vigencia desde 01/10/2003

[206] Véanse arts. 89.1 y 96.3 de la presente Ley

TÍTULO V
De la responsabilidad civil derivada de los delitos y de las costas
procesales [207]

CAPÍTULO PRIMERO
De la responsabilidad civil y su extensión

109. 1. La ejecución de un hecho descrito por la Ley como delito obliga a reparar, en los términos previstos en las Leyes, los daños y perjuicios por él causados [208] . [209]

2. El perjudicado podrá optar, en todo caso, por exigir la responsabilidad civil ante la Jurisdicción Civil [210] .

110. La responsabilidad establecida en el artículo anterior comprende:

1º) La restitución.

2º) La reparación del daño.

3º) La indemnización de perjuicios materiales y morales [211] .

111. 1. Deberá restituirse, siempre que sea posible, el mismo bien, con abono de los deterioros y menoscabos que el Juez o Tribunal determinen. La restitución tendrá lugar aunque el bien se halle en poder de tercero y éste lo haya adquirido legalmente y de buena fe, dejando a

---

[207] Dada nueva redacción por art. único apartado 54 de Ley Orgánica 1/2015 de 30 de marzo de 2015, con vigencia desde 01/07/2015

[208] Véanse arts. 100, 107 a 117, 615 a 621, 635, 650, 652, 655, 688 a 700, 734 a 736 y 742 LECrim; arts. 1.089, 1.092, 1.093, 1.813, 1.902 a 1.910 y 1.956 CC; arts. 85 y 86 CCom

[209] Dada nueva redacción apartado 1 por art. único apartado 55 de Ley Orgánica 1/2015 de 30 de marzo de 2015, con vigencia desde 01/07/2015

[210] Véase RDL 19/1981, de 30 de octubre sobre pensiones extraordinarias a víctimas del terrorismo

[211] Véanse arts. 111 a 113 de la presente Ley y arts. 1.089, 1.092 y 1.813 CC

salvo su derecho de repetición contra quien corresponda y, en su caso, el de ser indemnizado por el responsable civil del delito. [212]

2. Esta disposición no es aplicable cuando el tercero haya adquirido el bien en la forma y con los requisitos establecidos por las Leyes para hacerlo irreivindicable [213].

112. La reparación del daño podrá consistir en obligaciones de dar, de hacer o de no hacer que el Juez o Tribunal establecerá atendiendo a la naturaleza de aquél y a las condiciones personales y patrimoniales del culpable, determinando si han de ser cumplidas por él mismo o pueden ser ejecutadas a su costa [214].

113. La indemnización de perjuicios materiales y morales comprenderá no sólo los que se hubieren causado al agraviado, sino también los que se hubieren irrogado a sus familiares o a terceros [215].

114. Si la víctima hubiere contribuido con su conducta a la producción del daño o perjuicio sufrido, los Jueces o Tribunales podrán moderar el importe de su reparación o indemnización [216].

115. Los Jueces y Tribunales, al declarar la existencia de responsabilidad civil, establecerán razonadamente en sus resoluciones las bases en que fundamenten la cuantía de los daños e indemnizaciones, pudiendo fijarla en la propia resolución o en el momento de su ejecución [217].

---

[212] Dada nueva redacción apartado 1 por art. único apartado 56 de Ley Orgánica 1/2015 de 30 de marzo de 2015, con vigencia desde 01/07/2015

[213] Véanse arts. 367, 619, 620, 635, 843 y 844 LECrim; arts. 85, 86, 324, 545.3, 547, 560 y 561 CCom; arts. 464 y 1940 CC y arts. 34 y ss LH

[214] Véase art. 365 LECrim

[215] Véanse arts. 1.107, 1.902 a 1.910 CC

[216] Véase art. 1.103 CC

[217] Véase art. 365 LECrim

CAPÍTULO II
De las personas civilmente responsables

116. 1. Toda persona criminalmente responsable de un delito lo es también civilmente si del hecho se derivaren daños o perjuicios. Si son dos o más los responsables de un delito los Jueces o Tribunales señalarán la cuota de que deba responder cada uno. [218]

2. Los autores y los cómplices, cada uno dentro de su respectiva clase, serán responsables solidariamente entre sí por sus cuotas, y subsidiariamente por las correspondientes a los demás responsables.

La responsabilidad subsidiaria se hará efectiva: primero, en los bienes de los autores, y después, en los de los cómplices.

Tanto en los casos en que se haga efectiva la responsabilidad solidaria como la subsidiaria, quedará a salvo la repetición del que hubiere pagado contra los demás por las cuotas correspondientes a cada uno.

3. La responsabilidad penal de una persona jurídica llevará consigo su responsabilidad civil en los términos establecidos en el art. 110 de este Código de forma solidaria con las personas físicas que fueren condenadas por los mismos hechos [219] . [220]

117. Los aseguradores que hubieren asumido el riesgo de las responsabilidades pecuniarias derivadas del uso o explotación de cualquier bien, empresa, industria o actividad, cuando, como consecuencia de un hecho previsto en este Código, se produzca el evento que determine el riesgo asegurado, serán responsables civiles directos hasta el límite de la indemnización legalmente establecida o convencionalmente pactada, sin perjuicio del derecho de repetición contra quien corresponda [221] .

---

[218] Dada nueva redacción apartado 1 por art. único apartado 57 de Ley Orgánica 1/2015 de 30 de marzo de 2015, con vigencia desde 01/07/2015

[219] Véanse arts. 1.137 a 1148 CC

[220] Añadido apartado 3 por art. único apartado 29 de Ley Orgánica 5/2010 de 22 de junio de 2010, con vigencia desde 23/12/2010

[221] Véanse art. 636 de la presente Ley y art. 7 RDLeg. 8/2004 LRCSCVM

118. 1. La exención de la responsabilidad criminal declarada en los números 1º, 2º, 3º, 5º y 6º del art. 20 , no comprende la de la responsabilidad civil, que se hará efectiva conforme a las reglas siguientes:

1ª) En los casos de los números 1.º y 3.º, son también responsables por los hechos que ejecuten los declarados exentos de responsabilidad penal, quienes ejerzan su apoyo legal o de hecho, siempre que haya mediado culpa o negligencia por su parte y sin perjuicio de la responsabilidad civil directa que pudiera corresponder a los inimputables. [222]

Los Jueces o Tribunales graduarán de forma equitativa la medida en que deba responder con sus bienes cada uno de dichos sujetos.

2ª) Son igualmente responsables el ebrio y el intoxicado en el supuesto del número 2º.

3ª) En el caso del número 5º serán responsables civiles directos las personas en cuyo favor se haya precavido el mal, en proporción al perjuicio que se les haya evitado, si fuera estimable o, en otro caso, en la que el Juez o Tribunal establezca según su prudente arbitrio.

Cuando las cuotas de que deba responder el interesado no sean equitativamente asignables por el Juez o Tribunal, ni siquiera por aproximación, o cuando la responsabilidad se extienda a las Administraciones públicas o a la mayor parte de una población y, en todo caso, siempre que el daño se haya causado con asentimiento de la autoridad o de sus agentes, se acordará, en su caso, la indemnización en la forma que establezcan las Leyes y reglamentos especiales [223] .

4ª) En el caso del número 6º, responderán principalmente los que hayan causado el miedo, y en defecto de ellos, los que hayan ejecutado el hecho.

2. En el caso del art. 14 , serán responsables civiles los autores del hecho.

119. En todos los supuestos del artículo anterior, el Juez o Tribunal que dicte sentencia absolutoria por estimar la concurrencia de alguna

---

[222] Dada nueva redacción apartado 1 número 1 párrafo 1 por disposición final 1 apartado 1 de Ley 8/2021 de 2 de junio de 2021, con vigencia desde 03/09/2021

[223] Véanse art. 106.2 CE; arts. 139 a 146 Ley 30/1992 LRJAP PAC; RD 429/1993, de 26 de marzo, por el que se aprueba el Reglamento de los procedimientos de las Administraciones Públicas en materia de Responsabilidad Patrimonial y arts. 120 a 123 LEF

de las causas de exención citadas, procederá a fijar las responsabilidades civiles salvo que se haya hecho expresa reserva de las acciones para reclamarlas en la vía que corresponda [224].

120. [225] Son también responsables civilmente, en defecto de los que lo sean criminalmente [226]:

1º) Los curadores con facultades de representación plena que convivan con la persona a quien prestan apoyo, siempre que haya por su parte culpa o negligencia. [227]

2º) Las personas naturales o jurídicas titulares de editoriales, periódicos, revistas, estaciones de radio o televisión o de cualquier otro medio de difusión escrita, hablada o visual, por los delitos cometidos utilizando los medios de los que sean titulares, dejando a salvo lo dispuesto en el art. 212 [228].

3º) Las personas naturales o jurídicas, en los casos de delitos cometidos en los establecimientos de los que sean titulares, cuando por parte de los que los dirijan o administren, o de sus dependientes o empleados, se hayan infringido los reglamentos de policía o las disposiciones de la autoridad que estén relacionados con el hecho punible cometido, de modo que éste no se hubiera producido sin dicha infracción [229].

4º) Las personas naturales o jurídicas dedicadas a cualquier género de industria o comercio, por los delitos que hayan cometido sus empleados o dependientes, representantes o gestores en el desempeño de sus obligaciones o servicios.

5º) Las personas naturales o jurídicas titulares de vehículos susceptibles de crear riesgos para terceros, por los delitos cometidos en la utilización de aquellos por sus dependientes o representantes o personas autorizadas.

---

[224] Véase art. 109.2 de la presente Ley

[225] Dada nueva redacción por art. único apartado 58 de Ley Orgánica 1/2015 de 30 de marzo de 2015, con vigencia desde 01/07/2015

[226] Véanse arts. 615 a 621 LECrim

[227] Dada nueva redacción apartado 1 por disposición final 1 apartado 2 de Ley 8/2021 de 2 de junio de 2021, con vigencia desde 03/09/2021

[228] Véanse arts. 30 y 212 de la presente Ley

[229] Véase art. 31 de la presente Ley

121. El Estado, la Comunidad Autónoma, la provincia, la isla, el municipio y demás entes públicos, según los casos, responden subsidiariamente de los daños causados por los penalmente responsables de los delitos dolosos o culposos, cuando éstos sean autoridad, agentes y contratados de la misma o funcionarios públicos en el ejercicio de sus cargos o funciones siempre que la lesión sea consecuencia directa del funcionamiento de los servicios públicos que les estuvieren confiados, sin perjuicio de la responsabilidad patrimonial derivada del funcionamiento normal o anormal de dichos servicios exigible conforme a las normas de procedimiento administrativo, y sin que, en ningún caso, pueda darse una duplicidad indemnizatoria.

Si se exigiera en el proceso penal la responsabilidad civil de la autoridad, agentes y contratados de la misma o funcionarios públicos, la pretensión deberá dirigirse simultáneamente contra la Administración o ente público presuntamente responsable civil subsidiario [230].

122. [231] El que por título lucrativo hubiere participado de los efectos de un delito, está obligado a la restitución de la cosa o al resarcimiento del daño hasta la cuantía de su participación [232].

CAPÍTULO III
De las costas procesales

123. [233] Las costas procesales se entienden impuestas por la Ley a los criminalmente responsables de todo delito [234].

---

[230] Véase art. 106.2 CE

[231] Dada nueva redacción por art. único apartado 59 de Ley Orgánica 1/2015 de 30 de marzo de 2015, con vigencia desde 01/07/2015

[232] Véanse arts. 298 a 304 y 451.2 de la presente Ley

[233] Dada nueva redacción por art. único apartado 60 de Ley Orgánica 1/2015 de 30 de marzo de 2015, con vigencia desde 01/07/2015

[234] Véase art. 240.2 LECrim

124. Las costas comprenderán los derechos e indemnizaciones ocasionados en las actuaciones judiciales e incluirán siempre los honorarios de la acusación particular en los delitos sólo perseguibles a instancia de parte [235].

CAPÍTULO IV
Del cumplimiento de la responsabilidad civil y demás responsabilidades pecuniarias

125. Cuando los bienes del responsable civil no sean bastantes para satisfacer de una vez todas las responsabilidades pecuniarias, el Juez o Tribunal, previa audiencia al perjudicado, podrá fraccionar su pago, señalando, según su prudente arbitrio y en atención a las necesidades del perjudicado y a las posibilidades económicas del responsable, el período e importe de los plazos [236].

126. 1. Los pagos que se efectúen por el penado o el responsable civil subsidiario se imputarán por el orden siguiente [237]:

1º) A la reparación del daño causado e indemnización de los perjuicios.

2º) A la indemnización al Estado por el importe de los gastos que se hubieran hecho por su cuenta en la causa.

3º) A las costas del acusador particular o privado cuando se impusiere en la sentencia su pago.

4º) A las demás costas procesales, incluso las de la defensa del procesado, sin preferencia entre los interesados.

5º) A la multa.

2. Cuando el delito hubiere sido de los que sólo pueden perseguirse a instancia de parte, se satisfarán las costas del acusador privado con preferencia a la indemnización del Estado. Tendrá la misma preferencia el pago de las costas procesales causadas a la víctima en los

---

[235] Véase art. 241 LECrim

[236] Véase art. 246 LECrim

[237] Véase art. 378 de la presente Ley

supuestos a que se refiere el art. 14 de la Ley del Estatuto de la Víctima del Delito [238] . [239]

TÍTULO VI
De las consecuencias accesorias

127. [240] 1. Toda pena que se imponga por un delito doloso llevará consigo la pérdida de los efectos que de él provengan y de los bienes, medios o instrumentos con que se haya preparado o ejecutado, así como de las ganancias provenientes del delito, cualesquiera que sean las transformaciones que hubieren podido experimentar.

2. En los casos en que la Ley prevea la imposición de una pena privativa de libertad superior a un año por la comisión de un delito imprudente, el Juez o Tribunal podrá acordar la pérdida de los efectos que provengan del mismo y de los bienes, medios o instrumentos con que se haya preparado o ejecutado, así como de las ganancias provenientes del delito, cualesquiera que sean las transformaciones que hubieran podido experimentar.

3. Si por cualquier circunstancia no fuera posible el decomiso de los bienes señalados en los apartados anteriores de este artículo, se acordará el decomiso de otros bienes por una cantidad que corresponda al valor económico de los mismos, y al de las ganancias que se hubieran obtenido de ellos. De igual modo se procederá cuando se acuerde el decomiso de bienes, efectos o ganancias determinados, pero su valor sea inferior al que tenían en el momento de su adquisición [241] .

---

[238] Véase art. 246 LECrim

[239] Dada nueva redacción apartado 2 por disposición final 2 de Ley 4/2015 de 27 de abril de 2015, con vigencia desde 28/10/2015

[240] Dada nueva redacción por art. único apartado 61 de Ley Orgánica 1/2015 de 30 de marzo de 2015, con vigencia desde 01/07/2015

[241] Véanse arts. 374.4, 381.3 y 431 de la presente Ley; arts. 282, 327, 334 a 338, 367, 567, 574, 620, 635 y 844 LECrim; y art. 5 LO 12/1995, de 12 de diciembre de Represión del Contrabando

127 bis. [242] 1. El Juez o Tribunal ordenará también el decomiso de los bienes, efectos y ganancias pertenecientes a una persona condenada por alguno de los siguientes delitos cuando resuelva, a partir de indicios objetivos fundados, que los bienes o efectos provienen de una actividad delictiva, y no se acredite su origen lícito:

a) Delitos de trata de seres humanos.

a bis) Delitos de tráfico de órganos. [243]

b) Delitos relativos a la prostitución y a la explotación sexual y corrupción de menores y delitos de abusos y agresiones sexuales a menores de dieciséis años.

c) Delitos informáticos de los apartados 2 y 3 del art. 197 y art. 264 .

d) Delitos contra el patrimonio y contra el orden socioeconómico en los supuestos de continuidad delictiva y reincidencia.

e) Delitos relativos a las insolvencias punibles.

f) Delitos contra la propiedad intelectual o industrial.

g) Delitos de corrupción en los negocios.

h) Delitos de receptación del apartado 2 del art. 298 .

i) Delitos de blanqueo de capitales.

j) Delitos contra la Hacienda pública y la Seguridad Social.

k) Delitos contra los derechos de los trabajadores de los arts. 311 a 313.

l) Delitos contra los derechos de los ciudadanos extranjeros.

m) Delitos contra la salud pública de los arts. 368 a 373.

n) Delitos de falsificación de moneda.

o) Delitos de cohecho.

p) Delitos de malversación.

q) Delitos de terrorismo.

r) Delitos cometidos en el seno de una organización o grupo criminal.

2. A los efectos de lo previsto en el apartado 1 de este artículo, se valorarán, especialmente, entre otros, los siguientes indicios:

1º La desproporción entre el valor de los bienes y efectos de que se trate y los ingresos de origen lícito de la persona condenada.

2º La ocultación de la titularidad o de cualquier poder de disposición sobre los bienes o efectos mediante la utilización de personas

---

[242] Añadido por art. único apartado 62 de Ley Orgánica 1/2015 de 30 de marzo de 2015, con vigencia desde 01/07/2015

[243] Añadida apartado 1 letra a bis por art. único apartado 1 de Ley Orgánica 1/2019 de 20 de febrero de 2019, con vigencia desde 13/03/2019

físicas o jurídicas o entes sin personalidad jurídica interpuestos, o paraísos fiscales o territorios de nula tributación que oculten o dificulten la determinación de la verdadera titularidad de los bienes.

3º La transferencia de los bienes o efectos mediante operaciones que dificulten o impidan su localización o destino y que carezcan de una justificación legal o económica válida.

3. En estos supuestos será también aplicable lo dispuesto en el apartado 3 del artículo anterior.

4. Si posteriormente el condenado lo fuera por hechos delictivos similares cometidos con anterioridad, el Juez o Tribunal valorará el alcance del decomiso anterior acordado al resolver sobre el decomiso en el nuevo procedimiento.

5. El decomiso a que se refiere este artículo no será acordado cuando las actividades delictivas de las que provengan los bienes o efectos hubieran prescrito o hubieran sido ya objeto de un proceso penal resuelto por sentencia absolutoria o resolución de sobreseimiento con efectos de cosa juzgada.

127 ter. [244] 1. El Juez o Tribunal podrá acordar el decomiso previsto en los artículos anteriores aunque no medie sentencia de condena, cuando la situación patrimonial ilícita quede acreditada en un proceso contradictorio y se trate de alguno de los siguientes supuestos:

a) Que el sujeto haya fallecido o sufra una enfermedad crónica que impida su enjuiciamiento y exista el riesgo de que puedan prescribir los hechos,

b) se encuentre en rebeldía y ello impida que los hechos puedan ser enjuiciados dentro de un plazo razonable, o

c) no se le imponga pena por estar exento de responsabilidad criminal o por haberse extinguido ésta.

2. El decomiso al que se refiere este artículo solamente podrá dirigirse contra quien haya sido formalmente acusado o contra el imputado con relación al que existan indicios racionales de criminalidad cuando las situaciones a que se refiere el apartado anterior hubieran impedido la continuación del procedimiento penal.

---

[244] Añadido por art. único apartado 63 de Ley Orgánica 1/2015 de 30 de marzo de 2015, con vigencia desde 01/07/2015

127 quater. [245] 1. Los Jueces y Tribunales podrán acordar también el decomiso de los bienes, efectos y ganancias a que se refieren los artículos anteriores que hayan sido transferidos a terceras personas, o de un valor equivalente a los mismos, en los siguientes casos:

a) En el caso de los efectos y ganancias, cuando los hubieran adquirido con conocimiento de que proceden de una actividad ilícita o cuando una persona diligente habría tenido motivos para sospechar, en las circunstancias del caso, de su origen ilícito.

b) En el caso de otros bienes, cuando los hubieran adquirido con conocimiento de que de este modo se dificultaba su decomiso o cuando una persona diligente habría tenido motivos para sospechar, en las circunstancias del caso, que de ese modo se dificultaba su decomiso.

2. Se presumirá, salvo prueba en contrario, que el tercero ha conocido o ha tenido motivos para sospechar que se trataba de bienes procedentes de una actividad ilícita o que eran transferidos para evitar su decomiso, cuando los bienes o efectos le hubieran sido transferidos a título gratuito o por un precio inferior al real de mercado.

127 quinquies. [246] 1. Los Jueces y Tribunales podrán acordar también el decomiso de bienes, efectos y ganancias provenientes de la actividad delictiva previa del condenado, cuando se cumplan, cumulativamente, los siguientes requisitos:

a) Que el sujeto sea o haya sido condenado por alguno de los delitos a que se refiere el art. 127 bis.1 del Código Penal.

b) Que el delito se haya cometido en el contexto de una actividad delictiva previa continuada.

c) Que existan indicios fundados de que una parte relevante del patrimonio del penado procede de una actividad delictiva previa.

Son indicios relevantes:

1º) La desproporción entre el valor de los bienes y efectos de que se trate y los ingresos de origen lícito de la persona condenada.

2º) La ocultación de la titularidad o de cualquier poder de disposición sobre los bienes o efectos mediante la utilización de personas físicas o jurídicas o entes sin personalidad jurídica interpuestos, o pa-

---

[245] Añadido por art. único apartado 64 de Ley Orgánica 1/2015 de 30 de marzo de 2015, con vigencia desde 01/07/2015

[246] Añadido por art. único apartado 65 de Ley Orgánica 1/2015 de 30 de marzo de 2015, con vigencia desde 01/07/2015

raísos fiscales o territorios de nula tributación que oculten o dificulten la determinación de la verdadera titularidad de los bienes.

3º) La transferencia de los bienes o efectos mediante operaciones que dificulten o impidan su localización o destino y que carezcan de una justificación legal o económica válida.

Lo dispuesto en el párrafo anterior solamente será de aplicación cuando consten indicios fundados de que el sujeto ha obtenido, a partir de su actividad delictiva, un beneficio superior a 6.000 euros.

2. A los efectos del apartado anterior, se entenderá que el delito se ha cometido en el contexto de una actividad delictiva continuada siempre que:

a) El sujeto sea condenado o haya sido condenado en el mismo procedimiento por tres o más delitos de los que se haya derivado la obtención de un beneficio económico directo o indirecto, o por un delito continuado que incluya, al menos, tres infracciones penales de las que haya derivado un beneficio económico directo o indirecto.

b) O en el período de seis años anterior al momento en que se inició el procedimiento en el que ha sido condenado por alguno de los delitos a que se refiere el art. 127 bis del Código Penal, hubiera sido condenado por dos o más delitos de los que hubiera derivado la obtención de un beneficio económico, o por un delito continuado que incluya, al menos, dos infracciones penales de las que ha derivado la obtención de un beneficio económico.

127 sexies. [247] A los efectos de lo previsto en el artículo anterior serán de aplicación las siguientes presunciones:

1º) Se presumirá que todos los bienes adquiridos por el condenado dentro del período de tiempo que se inicia seis años antes de la fecha de apertura del procedimiento penal, proceden de su actividad delictiva.

A estos efectos, se entiende que los bienes han sido adquiridos en la fecha más temprana en la que conste que el sujeto ha dispuesto de ellos.

2º) Se presumirá que todos los gastos realizados por el penado durante el período de tiempo a que se refiere el párrafo primero del

---

[247] Añadido por art. único apartado 66 de Ley Orgánica 1/2015 de 30 de marzo de 2015, con vigencia desde 01/07/2015

número anterior, se pagaron con fondos procedentes de su actividad delictiva.

3º) Se presumirá que todos los bienes a que se refiere el número 1 fueron adquiridos libres de cargas.

El Juez o Tribunal podrá acordar que las anteriores presunciones no sean aplicadas con relación a determinados bienes, efectos o ganancias, cuando, en las circunstancias concretas del caso, se revelen incorrectas o desproporcionadas.

127 septies. [248] Si la ejecución del decomiso no hubiera podido llevarse a cabo, en todo o en parte, a causa de la naturaleza o situación de los bienes, efectos o ganancias de que se trate, o por cualquier otra circunstancia, el Juez o Tribunal podrá, mediante auto, acordar el decomiso de otros bienes, incluso de origen lícito, que pertenezcan a los criminalmente responsables del hecho por un valor equivalente al de la parte no ejecutada del decomiso inicialmente acordado.

De igual modo se procederá, cuando se acuerde el decomiso de bienes, efectos o ganancias determinados, pero su valor sea inferior al que tenían en el momento de su adquisición.

127 octies. [249] 1. A fin de garantizar la efectividad del decomiso, los bienes, medios, instrumentos y ganancias podrán ser aprehendidos o embargados y puestos en depósito por la autoridad judicial desde el momento de las primeras diligencias.

2. Corresponderá al Juez o Tribunal resolver, conforme a lo dispuesto en la Ley de Enjuiciamiento Criminal, sobre la realización anticipada o utilización provisional de los bienes y efectos intervenidos.

3. Los bienes, instrumentos y ganancias decomisados por resolución firme, salvo que deban ser destinados al pago de indemnizaciones a las víctimas, serán adjudicados al Estado, que les dará el destino que se disponga legal o reglamentariamente.

128. Cuando los referidos efectos e instrumentos sean de lícito comercio y su valor no guarde proporción con la naturaleza o gra-

---

[248] Añadido por art. único apartado 67 de Ley Orgánica 1/2015 de 30 de marzo de 2015, con vigencia desde 01/07/2015

[249] Añadido por art. único apartado 68 de Ley Orgánica 1/2015 de 30 de marzo de 2015, con vigencia desde 01/07/2015

vedad de la infracción penal, o se hayan satisfecho completamente las responsabilidades civiles, podrá el Juez o Tribunal no decretar el decomiso, o decretarlo parcialmente.

129. [250] 1. En caso de delitos cometidos en el seno, con la colaboración, a través o por medio de empresas, organizaciones, grupos o cualquier otra clase de entidades o agrupaciones de personas que, por carecer de personalidad jurídica, no estén comprendidas en el art. 31 bis, el Juez o Tribunal podrá imponer motivadamente a dichas empresas, organizaciones, grupos, entidades o agrupaciones una o varias consecuencias accesorias a la pena que corresponda al autor del delito, con el contenido previsto en las letras c) a g) del apartado 7 del art. 33 . Podrá también acordar la prohibición definitiva de llevar a cabo cualquier actividad, aunque sea lícita. [251]

2. Las consecuencias accesorias a las que se refiere en el apartado anterior sólo podrán aplicarse a las empresas, organizaciones, grupos o entidades o agrupaciones en él mencionados cuando este Código lo prevea expresamente, o cuando se trate de alguno de los delitos por los que el mismo permite exigir responsabilidad penal a las personas jurídicas. [252]

3. La clausura temporal de los locales o establecimientos, la suspensión de las actividades sociales y la intervención judicial podrán ser acordadas también por el Juez Instructor como medida cautelar durante la instrucción de la causa a los efectos establecidos en este artículo y con los límites señalados en el art. 33.7 [253] .

---

[250] Dada nueva redacción por art. único apartado 31 de Ley Orgánica 5/2010 de 22 de junio de 2010, con vigencia desde 23/12/2010

[251] Dada nueva redacción apartado 1 por art. único apartado 69 de Ley Orgánica 1/2015 de 30 de marzo de 2015 , con vigencia desde 01/07/2015

[252] Dada nueva redacción apartado 2 por art. único apartado 69 de Ley Orgánica 1/2015 de 30 de marzo de 2015, con vigencia desde 01/07/2015

[253] Véanse arts. 162, 189.8, 194, 262.2, 288, 294, 302.2, 318, 318 bis.5, 327, 366, 369.2, 371.2, 386, 445.2 y 520 de la presente Ley

129 bis. [254] Si se trata de condenados por la comisión de un delito grave contra la vida, la integridad de las personas, la libertad, la libertad o indemnidad sexual, de terrorismo, o cualquier otro delito grave que conlleve un riesgo grave para la vida, la salud o la integridad física de las personas, cuando de las circunstancias del hecho, antecedentes, valoración de su personalidad, o de otra información disponible pueda valorarse que existe un peligro relevante de reiteración delictiva, el Juez o Tribunal podrá acordar la toma de muestras biológicas de su persona y la realización de análisis para la obtención de identificadores de ADN e inscripción de los mismos en la base de datos policial. Únicamente podrán llevarse a cabo los análisis necesarios para obtener los identificadores que proporcionen, exclusivamente, información genética reveladora de la identidad de la persona y de su sexo.

Si el afectado se opusiera a la recogida de las muestras, podrá imponerse su ejecución forzosa mediante el recurso a las medidas coactivas mínimas indispensables para su ejecución, que deberán ser en todo caso proporcionadas a las circunstancias del caso y respetuosas con su dignidad.

TÍTULO VII
De la extinción de la responsabilidad criminal y sus efectos

CAPÍTULO PRIMERO
De las causas que extinguen la responsabilidad criminal

130. [255] 1. La responsabilidad criminal se extingue:

1.º) Por la muerte del reo. [256]

---

[254] Añadido por art. único apartado 70 de Ley Orgánica 1/2015 de 30 de marzo de 2015, con vigencia desde 01/07/2015

[255] Dada nueva redacción por art. único apartado 46 de Ley Orgánica 15/2003 de 25 de noviembre de 2003, con vigencia desde 01/10/2004

[256] Véase art. 115 LECrim

2.º) Por el cumplimiento de la condena. [257]

3.º) Por la remisión definitiva de la pena, conforme a lo dispuesto en los apartados 1 y 2 del artículo 87.

4.º) Por la amnistía o el indulto. [258]

5.º) Por el perdón de la persona ofendida, cuando se trate de delitos leves perseguibles a instancias de la persona agraviada o la ley así lo prevea. El perdón habrá de ser otorgado de forma expresa antes de que se haya dictado sentencia, a cuyo efecto la autoridad judicial sentenciadora deberá oír a la persona ofendida por el delito antes de dictarla. [259]

En los delitos cometidos contra personas menores de edad o personas con discapacidad necesitadas de especial protección que afecten a bienes jurídicos eminentemente personales, el perdón de la persona ofendida no extingue la responsabilidad criminal. [260]

6.º) Por la prescripción del delito. [261]

7.º) Por la prescripción de la pena o de la medida de seguridad. [262] [263]

2. La transformación, fusión, absorción o escisión de una persona jurídica no extingue su responsabilidad penal, que se trasladará a la entidad o entidades en que se transforme, quede fusionada o absorbida y se extenderá a la entidad o entidades que resulten de la escisión. El Juez o Tribunal podrá moderar el traslado de la pena a la persona jurídica en función de la proporción que la persona jurídica originariamente responsable del delito guarde con ella.

No extingue la responsabilidad penal la disolución encubierta o meramente aparente de la persona jurídica. Se considerará en todo caso que existe disolución encubierta o meramente aparente de la persona jurídica cuando se continúe su actividad económica y se mantenga la

---

[257] Véanse arts. 22 a 29 RP

[258] Véase art. 62.i CE; art. 666.4 LECrim; art. 18.3 LOPJ , art. 206 RP y art. 4 LO 1/2024, de 10 de junio

[259] Véanse arts. 201.3, 215.3 y 267 de la presente Ley

[260] Véanse arts. 106 a 110 LECrim

[261] Véanse arts. 131 y 132 de la presente Ley y art. 666.3 LECrim

[262] Véanse arts. 132 y 133 de la presente Ley

[263] Dada nueva redacción apartado 1 por disposición final 2 de Ley Orgánica 1/2024 de 10 de junio de 2024, con vigencia desde 11/06/2024

identidad sustancial de clientes, proveedores y empleados, o de la parte más relevante de todos ellos. [264]

131. [265] 1. Los delitos prescriben [266] :

A los veinte años, cuando la pena máxima señalada al delito sea prisión de quince o más años.

A los quince, cuando la pena máxima señalada por la ley sea inhabilitación por más de diez años, o prisión por más de diez y menos de quince años.

A los diez, cuando la pena máxima señalada por la ley sea prisión o inhabilitación por más de cinco años y que no exceda de diez.

A los cinco, los demás delitos, excepto los delitos leves y los delitos de injurias y calumnias, que prescriben al año.

2. Cuando la pena señalada por la ley fuere compuesta, se estará, para la aplicación de las reglas comprendidas en este artículo, a la que exija mayor tiempo para la prescripción.

3. Los delitos de lesa humanidad y de genocidio y los delitos contra las personas y bienes protegidos en caso de conflicto armado, salvo los castigados en el art. 614 , no prescribirán en ningún caso.

Tampoco prescribirán los delitos de terrorismo, si hubieren causado la muerte de una persona.

4. En los supuestos de concurso de infracciones o de infracciones conexas, el plazo de prescripción será el que corresponda al delito más grave [267] .

132. [268] 1. Los términos previstos en el artículo precedente se computarán desde el día en que se haya cometido la infracción punible. En los casos de delito continuado, delito permanente, así como en las infracciones que exijan habitualidad, tales términos se computarán,

---

[264] Añadido apartado 2 por art. único apartado 32 de Ley Orgánica 5/2010 de 22 de junio de 2010, con vigencia desde 23/12/2010

[265] Dada nueva redacción por art. único apartado 72 de Ley Orgánica 1/2015 de 30 de marzo de 2015, con vigencia desde 01/07/2015

[266] Véanse el art. 666.3 LECrim

[267] Véanse arts. 133.2, 607 y 607 bis de la presente Ley

[268] Dada nueva redacción por art. único apartado 73 de Ley Orgánica 1/2015 de 30 de marzo de 2015, con vigencia desde 01/07/2015

respectivamente, desde el día en que se realizó la última infracción, desde que se eliminó la situación ilícita o desde que cesó la conducta.

En los delitos de aborto no consentido, lesiones, contra la libertad, de torturas y contra la integridad moral, contra la intimidad, el derecho a la propia imagen y la inviolabilidad del domicilio, y contra las relaciones familiares, excluidos los delitos contemplados en el párrafo siguiente, cuando la víctima fuere una persona menor de dieciocho años, los términos se computarán desde el día en que ésta haya alcanzado la mayoría de edad, y si falleciere antes de alcanzarla, a partir de la fecha del fallecimiento.

En los delitos de tentativa de homicidio, de lesiones de los artículos 149 y 150, en el delito de maltrato habitual previsto en el artículo 173.2, en los delitos contra la libertad sexual y en los delitos de trata de seres humanos, cuando la víctima fuere una persona menor de dieciocho años, los términos se computarán desde que la víctima cumpla los treinta y cinco años de edad, y si falleciere antes de alcanzar esa edad, a partir de la fecha del fallecimiento [269] . [270]

2. La prescripción se interrumpirá, quedando sin efecto el tiempo transcurrido, cuando el procedimiento se dirija contra la persona indiciariamente responsable del delito, comenzando a correr de nuevo desde que se paralice el procedimiento o termine sin condena de acuerdo con las reglas siguientes:

1ª Se entenderá dirigido el procedimiento contra una persona determinada desde el momento en que, al incoar la causa o con posterioridad, se dicte resolución judicial motivada en la que se le atribuya su presunta participación en un hecho que pueda ser constitutivo de delito.

2ª No obstante lo anterior, la presentación de querella o la denuncia formulada ante un órgano judicial, en la que se atribuya a una persona determinada su presunta participación en un hecho que pueda ser constitutivo de delito, suspenderá el cómputo de la prescripción por un plazo máximo de seis meses, a contar desde la misma fecha de presentación de la querella o de formulación de la denuncia.

Si dentro de dicho plazo se dicta contra el querellado o denunciado, o contra cualquier otra persona implicada en los hechos, alguna de las

---

[269] Véanse arts. 7 y 74 de la presente Ley
[270] Dada nueva redacción apartado 1 por art. único apartado 1 de Ley Orgánica 4/2023 de 27 de abril de 2023, con vigencia desde 29/04/2023

resoluciones judiciales mencionadas en la regla 1ª, la interrupción de la prescripción se entenderá retroactivamente producida, a todos los efectos, en la fecha de presentación de la querella o denuncia.

Por el contrario, el cómputo del término de prescripción continuará desde la fecha de presentación de la querella o denuncia si, dentro del plazo de seis meses, recae resolución judicial firme de inadmisión a trámite de la querella o denuncia o por la que se acuerde no dirigir el procedimiento contra la persona querellada o denunciada. La continuación del cómputo se producirá también si, dentro de dicho plazo, el juez de instrucción no adoptara ninguna de las resoluciones previstas en este artículo.

3. A los efectos de este artículo, la persona contra la que se dirige el procedimiento deberá quedar suficientemente determinada en la resolución judicial, ya sea mediante su identificación directa o mediante datos que permitan concretar posteriormente dicha identificación en el seno de la organización o grupo de personas a quienes se atribuya el hecho.

4. En los procedimientos cuya investigación haya sido asumida por la Fiscalía Europea, la prescripción se interrumpirá:

a) cuando se dirija la investigación contra una persona determinada, suficientemente identificada, en los términos del apartado anterior, y así quede reflejado en un Decreto motivado.

b) cuando se interponga querella o denuncia ante la Fiscalía Europea en la que se atribuya a una persona determinada su presunta participación en un hecho que pueda ser constitutivo de delito, resultando de aplicación la regla 2.ª del apartado 2 de este artículo. [271]

133. [272] 1. Las penas impuestas por sentencia firme prescriben:

A los 30 años, las de prisión por más de 20 años.

A los 25 años, las de prisión de 15 o más años sin que excedan de 20.

A los 20, las de inhabilitación por más de 10 años y las de prisión por más de 10 y menos de 15.

[271] Añadido apartado 4 por disposición final 4 apartado 2 de Ley Orgánica 9/2021 de 1 de julio de 2021, con vigencia desde 03/07/2021

[272] Dada nueva redacción por art. único apartado 49 de Ley Orgánica 15/2003 de 25 de noviembre de 2003, con vigencia desde 01/10/2004

A los 15, las de inhabilitación por más de seis años y que no excedan de 10, y las de prisión por más de cinco años y que no excedan de 10.

A los 10, las restantes penas graves.

A los cinco, las penas menos graves.

Al año, las penas leves.

2. Las penas impuestas por los delitos de lesa humanidad y de genocidio y por los delitos contra las personas y bienes protegidos en caso de conflicto armado, salvo los castigados en el art. 614 , no prescribirán en ningún caso [273] .

Tampoco prescribirán las penas impuestas por delitos de terrorismo, si éstos hubieren causado la muerte de una persona. [274]

134. 1. El tiempo de la prescripción de la pena se computará desde la fecha de la sentencia firme, o desde el quebrantamiento de la condena, si ésta hubiese comenzado a cumplirse. [275]

2. El plazo de prescripción de la pena quedará en suspenso:

a) Durante el período de suspensión de la ejecución de la pena.

b) Durante el cumplimiento de otras penas, cuando resulte aplicable lo dispuesto en el art. 75 [276] . [277]

135. 1. Las medidas de seguridad prescribirán a los diez años, si fueran privativas de libertad superiores a tres años, y a los cinco años si fueran privativas de libertad iguales o inferiores a tres años o tuvieran otro contenido.

2. El tiempo de la prescripción se computará desde el día en que haya quedado firme la resolución en la que se impuso la medida o, en caso de cumplimiento sucesivo, desde que debió empezar a cumplirse.

---

[273] Véanse arts. 131.4, 607 y 607 bis de la presente Ley

[274] Dada nueva redacción apartado 2 por art. único apartado 35 de Ley Orgánica 5/2010 de 22 de junio de 2010, con vigencia desde 23/12/2010

[275] Renumerado por art. único apartado 74 de Ley Orgánica 1/2015 de 30 de marzo de 2015 como apartado 1, con vigencia desde 01/07/2015

[276] Véanse arts. 458 a 462 de la presente Ley

[277] Añadido apartado 2 por art. único apartado 74 de Ley Orgánica 1/2015 de 30 de marzo de 2015, con vigencia desde 01/07/2015

3. Si el cumplimiento de una medida de seguridad fuere posterior al de una pena, el plazo se computará desde la extinción de ésta [278] .

CAPÍTULO II
De la cancelación de antecedentes delictivos

136. [279] 1. Los condenados que hayan extinguido su responsabilidad penal tienen derecho a obtener del Ministerio de Justicia, de oficio o a instancia de parte, la cancelación de sus antecedentes penales, cuando hayan transcurrido sin haber vuelto a delinquir los siguientes plazos:

a) Seis meses para las penas leves.

b) Dos años para las penas que no excedan de doce meses y las impuestas por delitos imprudentes.

c) Tres años para las restantes penas menos graves inferiores a tres años.

d) Cinco años para las restantes penas menos graves iguales o superiores a tres años.

e) Diez años para las penas graves.

2. Los plazos a que se refiere el apartado anterior se contarán desde el día siguiente a aquel en que quedara extinguida la pena, pero si ello ocurriese mediante la remisión condicional, el plazo, una vez obtenida la remisión definitiva, se computará retrotrayéndolo al día siguiente a aquel en que hubiere quedado cumplida la pena si no se hubiere disfrutado de este beneficio. En este caso, se tomará como fecha inicial para el cómputo de la duración de la pena el día siguiente al del otorgamiento de la suspensión.

3. Las penas impuestas a las personas jurídicas y las consecuencias accesorias del art. 129 se cancelarán en el plazo que corresponda, de acuerdo con la regla prevista en el apartado 1 de este artículo, salvo que se hubiese acordado la disolución o la prohibición definitiva de actividades. En estos casos, se cancelarán las anotaciones transcurridos cincuenta años computados desde el día siguiente a la firmeza de la sentencia.

---

[278] Véanse arts. 90 y 133 de la presente Ley

[279] Dada nueva redacción por art. único apartado 75 de Ley Orgánica 1/2015 de 30 de marzo de 2015, con vigencia desde 01/07/2015

4. Las inscripciones de antecedentes penales en las distintas secciones del Registro Central de Penados y Rebeldes no serán públicas. Durante su vigencia solo se emitirán certificaciones con las limitaciones y garantías previstas en sus normas específicas y en los casos establecidos por la Ley. En todo caso, se librarán las que soliciten los Jueces o Tribunales, se refieran o no a inscripciones canceladas, haciendo constar expresamente esta última circunstancia.

5. En los casos en que, a pesar de cumplirse los requisitos establecidos en este artículo para la cancelación, ésta no se haya producido, el Juez o Tribunal, acreditadas tales circunstancias, no tendrá en cuenta dichos antecedentes [280].

137. Las anotaciones de las medidas de seguridad impuestas conforme a lo dispuesto en este Código o en otras leyes penales serán canceladas una vez cumplida o prescrita la respectiva medida; mientras tanto, sólo figurarán en las certificaciones que el Registro expida con destino a Jueces o Tribunales o autoridades administrativas, en los casos establecidos por la Ley [281].

LIBRO II
DELITOS Y SUS PENAS

TÍTULO PRIMERO
Del homicidio y sus formas [282]

138. [283] 1. El que matare a otro será castigado, como reo de homicidio, con la pena de prisión de diez a quince años.

2. Los hechos serán castigados con la pena superior en grado en los siguientes casos:

---

[280] Véase art. 10 CPM

[281] Véase art. 136.4 de la presente Ley

[282] Véase art. 15 CE

[283] Dada nueva redacción por art. único apartado 76 de Ley Orgánica 1/2015 de 30 de marzo de 2015, con vigencia desde 01/07/2015

a) cuando concurra en su comisión alguna de las circunstancias del apartado 1 del art. 140, o

b) cuando los hechos sean además constitutivos de un delito de atentado del art. 550 [284].

139. [285] 1. Será castigado con la pena de prisión de quince a veinticinco años, como reo de asesinato, el que matare a otro concurriendo alguna de las circunstancias siguientes [286]:

1ª) Con alevosía.

2ª) Por precio, recompensa o promesa.

3ª) Con ensañamiento, aumentando deliberada e inhumanamente el dolor del ofendido.

4ª) Para facilitar la comisión de otro delito o para evitar que se descubra.

2. Cuando en un asesinato concurran más de una de las circunstancias previstas en el apartado anterior, se impondrá la pena en su mitad superior.

140. [287] 1. El asesinato será castigado con pena de prisión permanente revisable cuando concurra alguna de las siguientes circunstancias:

1ª Que la víctima sea menor de dieciséis años de edad, o se trate de una persona especialmente vulnerable por razón de su edad, enfermedad o discapacidad.

2ª Que el hecho fuera subsiguiente a un delito contra la libertad sexual que el autor hubiera cometido sobre la víctima.

3ª Que el delito se hubiera cometido por quien perteneciere a un grupo u organización criminal.

2. Al reo de asesinato que hubiera sido condenado por la muerte de más de dos personas se le impondrá una pena de prisión permanente

---

[284] Véanse arts. 139, 142, 143, 180.5, 450, 485.1, 572.1, 605.1 y 607.1 de la presente Ley y art. 10.2 LORPM

[285] Dada nueva redacción por art. único apartado 77 de Ley Orgánica 1/2015 de 30 de marzo de 2015, con vigencia desde 01/07/2015

[286] Véanse arts. 22.1, 3 y 5, 138, 142, 143, 485.3, 605.1 y 607.1 de la presente Ley y art. 10.2 LORPM

[287] Dada nueva redacción por art. único apartado 78 de Ley Orgánica 1/2015 de 30 de marzo de 2015, con vigencia desde 01/07/2015

revisable. En este caso, será de aplicación lo dispuesto en la letra b) del apartado 1 del art. 78 bis y en la letra b) del apartado 2 del mismo artículo.

140 bis. [288] 1. A las personas condenadas por la comisión de uno o más delitos comprendidos en este título se les podrá imponer además una medida de libertad vigilada.

2. Si la víctima y quien sea autor de los delitos previstos en los tres artículos precedentes tuvieran un hijo o hija en común, la autoridad judicial impondrá, respecto de este, la pena de privación de la patria potestad.

La misma pena se impondrá cuando la víctima fuere hijo o hija del autor, respecto de otros hijos e hijas, si existieren.

141. La provocación, la conspiración y la proposición para cometer los delitos previstos en los tres artículos precedentes, será castigada con la pena inferior en uno o dos grados a la señalada en su caso en los artículos anteriores [289].

142. [290] 1. El que por imprudencia grave causare la muerte de otro, será castigado, como reo de homicidio imprudente, con la pena de prisión de uno a cuatro años.

Si el homicidio imprudente se hubiera cometido utilizando un vehículo a motor o un ciclomotor, se impondrá asimismo la pena de privación del derecho a conducir vehículos a motor y ciclomotores de uno a seis años. A los efectos de este apartado, se reputará en todo caso como imprudencia grave la conducción en la que la concurrencia de alguna de las circunstancias previstas en el artículo 379 determinara la producción del hecho.

Si el homicidio imprudente se hubiera cometido utilizando un arma de fuego, se impondrá también la pena de privación del derecho al porte o tenencia de armas por tiempo de uno a seis años.

---

[288] Dada nueva redacción por disposición final 6 apartado 11 de Ley Orgánica 8/2021 de 4 de junio de 2021, con vigencia desde 25/06/2021

[289] Véanse arts. 17 y 18 de la presente Ley

[290] Dada nueva redacción por art. único apartado 1 de Ley Orgánica 2/2019 de 1 de marzo de 2019, con vigencia desde 03/03/2019

Si el homicidio se hubiera cometido por imprudencia profesional, se impondrá además la pena de inhabilitación especial para el ejercicio de la profesión, oficio o cargo por un periodo de tres a seis años.

2. El que por imprudencia menos grave causare la muerte de otro, será castigado con la pena de multa de tres meses a dieciocho meses.

Si el homicidio se hubiera cometido utilizando un vehículo a motor o un ciclomotor, se impondrá también la pena de privación del derecho a conducir vehículos a motor y ciclomotores de tres a dieciocho meses. Se reputará en todo caso como imprudencia menos grave aquella no calificada como grave en la que para la producción del hecho haya sido determinante la comisión de alguna de las infracciones graves de las normas de tráfico, circulación de vehículos a motor y seguridad vial. La valoración sobre la existencia o no de la determinación deberá apreciarse en resolución motivada. [291]

Si el homicidio se hubiera cometido utilizando un arma de fuego, se podrá imponer también la pena de privación del derecho al porte o tenencia de armas por tiempo de tres a dieciocho meses.

Salvo en los casos en que se produzca utilizando un vehículo a motor o un ciclomotor, el delito previsto en este apartado solo será perseguible mediante denuncia de la persona agraviada o de su representante legal. [292]

142 bis. [293] En los casos previstos en el número 1 del artículo anterior, el Juez o Tribunal podrá imponer motivadamente la pena superior en un grado, en la extensión que estime conveniente, si el hecho revistiere notoria gravedad, en atención a la singular entidad y relevancia del riesgo creado y del deber normativo de cuidado infringido, y hubiere provocado la muerte de dos o más personas o la muerte de una y lesiones constitutivas de delito del artículo 152.1.2.º o 3.º en las demás, y en dos grados si el número de fallecidos fuere muy elevado.

---

[291] Dada nueva redacción apartado 2 párrafo 2 por art. único apartado 1 de Ley Orgánica 11/2022 de 13 de septiembre de 2022, con vigencia desde 15/09/2022

[292] Dada nueva redacción apartado 2 párrafo 4 por art. único apartado 1 de Ley Orgánica 11/2022 de 13 de septiembre de 2022, con vigencia desde 15/09/2022

[293] Añadido por art. único apartado 2 de Ley Orgánica 2/2019 de 1 de marzo de 2019, con vigencia desde 03/03/2019

143. 1. El que induzca al suicidio de otro será castigado con la pena de prisión de cuatro a ocho años [294].

2. Se impondrá la pena de prisión de dos a cinco años al que coopere con actos necesarios al suicidio de una persona.

3. Será castigado con la pena de prisión de seis a diez años si la cooperación llegara hasta el punto de ejecutar la muerte.

4. El que causare o cooperare activamente con actos necesarios y directos a la muerte de una persona que sufriera un padecimiento grave, crónico e imposibilitante o una enfermedad grave e incurable, con sufrimientos físicos o psíquicos constantes e insoportables, por la petición expresa, seria e inequívoca de esta, será castigado con la pena inferior en uno o dos grados a las señaladas en los apartados 2 y 3. [295]

5. No obstante lo dispuesto en el apartado anterior, no incurrirá en responsabilidad penal quien causare o cooperare activamente a la muerte de otra persona cumpliendo lo establecido en la ley orgánica reguladora de la eutanasia. [296]

143 bis. [297] La distribución o difusión pública a través de Internet, del teléfono o de cualquier otra tecnología de la información o de la comunicación de contenidos específicamente destinados a promover, fomentar o incitar al suicidio de personas menores de edad o personas con discapacidad necesitadas de especial protección será castigada con la pena de prisión de uno a cuatro años.

Las autoridades judiciales ordenarán la adopción de las medidas necesarias para la retirada de los contenidos a los que se refiere el párrafo anterior, para la interrupción de los servicios que ofrezcan predominantemente dichos contenidos o para el bloqueo de unos y otros cuando radiquen en el extranjero.

---

[294] Véase art. 28 a) de la presente Ley

[295] Dada nueva redacción apartado 4 por disposición final 1 de Ley Orgánica 3/2021 de 24 de marzo de 2021, con vigencia desde 25/06/2021

[296] Añadido apartado 5 por disposición final 1 de Ley Orgánica 3/2021 de 24 de marzo de 2021, con vigencia desde 25/06/2021

[297] Añadido por disposición final 6 apartado 12 de Ley Orgánica 8/2021 de 4 de junio de 2021, con vigencia desde 25/06/2021

TÍTULO II
Del aborto

144. El que produzca el aborto de una mujer, sin su consentimiento, será castigado con la pena de prisión de cuatro a ocho años e inhabilitación especial para ejercer cualquier profesión sanitaria, o para prestar servicios de toda índole en clínicas, establecimientos o consultorios ginecológicos, públicos o privados, por tiempo de tres a diez años.

Las mismas penas se impondrán al que practique el aborto habiendo obtenido la anuencia de la mujer mediante violencia, amenaza o engaño [298].

145. [299] 1. El que produzca el aborto de una mujer, con su consentimiento, fuera de los casos permitidos por la Ley será castigado con la pena de prisión de uno a tres años e inhabilitación especial para ejercer cualquier profesión sanitaria, o para prestar servicios de toda índole en clínicas, establecimientos o consultorios ginecológicos, públicos o privados, por tiempo de uno a seis años. El Juez podrá imponer la pena en su mitad superior cuando los actos descritos en este apartado se realicen fuera de un centro o establecimiento público o privado acreditado.

2. La mujer que produjere su aborto o consintiere que otra persona se lo cause, fuera de los casos permitidos por la Ley, será castigada con la pena de multa de seis a veinticuatro meses [300].

3. En todo caso, el Juez o Tribunal impondrá las penas respectivamente previstas en este artículo en su mitad superior cuando la conducta se llevare a cabo a partir de la vigésimo segunda semana de gestación.

---

[298] Véanse arts. 57, 74.3, y 169 a 171 de la presente Ley

[299] Dada nueva redacción por disposición final 1 apartado 1 de Ley Orgánica 2/2010 de 3 de marzo de 2010, con vigencia desde 05/07/2010

[300] Véase LO 2/2010, de 3 de marzo, de salud sexual y reproductiva y de la interrupción voluntaria del embarazo

145 bis. [301] 1. Será castigado con la pena de multa de seis a doce meses e inhabilitación especial para prestar servicios de toda índole en clínicas, establecimientos o consultorios ginecológicos, públicos o privados, por tiempo de seis meses a dos años, el que dentro de los casos contemplados en la ley, practique un aborto:

a) Sin contar con los dictámenes previos preceptivos;

b) Fuera de un centro o establecimiento público o privado acreditado. En este caso, el juez podrá imponer la pena en su mitad superior.

2. En todo caso, el juez o tribunal impondrá las penas previstas en este artículo en su mitad superior cuando el aborto se haya practicado a partir de la vigésimo segunda semana de gestación.

3. La embarazada no será penada a tenor de este precepto

146. El que por imprudencia grave ocasionare un aborto será castigado con la pena de prisión de tres a cinco meses o multa de seis a 10 meses. [302]

Cuando el aborto fuere cometido por imprudencia profesional se impondrá asimismo la pena de inhabilitación especial para el ejercicio de la profesión, oficio o cargo por un período de uno a tres años.

La embarazada no será penada a tenor de este precepto.

TÍTULO III
De las lesiones

147. [303] 1. El que, por cualquier medio o procedimiento, causare a otro una lesión que menoscabe su integridad corporal o su salud física o mental, será castigado, como reo del delito de lesiones con la pena de prisión de tres meses a tres años o multa de seis a doce meses, siempre que la lesión requiera objetivamente para su sanidad, además de una primera asistencia facultativa, tratamiento médico o

[301] Dada nueva redacción por disposición final 2 apartado 1 de Ley Orgánica 1/2023 de 28 de febrero de 2023, con vigencia desde 02/03/2023

[302] Dada nueva redacción párrafo 1 por art. único apartado 51 de Ley Orgánica 15/2003 de 25 de noviembre de 2003, con vigencia desde 01/10/2004

[303] Dada nueva redacción por art. único apartado 81 de Ley Orgánica 1/2015 de 30 de marzo de 2015, con vigencia desde 01/07/2015

quirúrgico. La simple vigilancia o seguimiento facultativo del curso de la lesión no se considerará tratamiento médico [304].

2. El que, por cualquier medio o procedimiento, causare a otro una lesión no incluida en el apartado anterior, será castigado con la pena de multa de uno a tres meses.

3. El que golpeare o maltratare de obra a otro sin causarle lesión, será castigado con la pena de multa de uno a dos meses.

4. Los delitos previstos en los dos apartados anteriores sólo serán perseguibles mediante denuncia de la persona agraviada o de su representante legal.

148. [305] Las lesiones previstas en el apartado 1 del artículo anterior podrán ser castigadas con la pena de prisión de dos a cinco años, atendiendo al resultado causado o riesgo producido:

1º) Si en la agresión se hubieren utilizado armas, instrumentos, objetos, medios, métodos o formas concretamente peligrosas para la vida o salud, física o psíquica, del lesionado.

2º) Si hubiere mediado ensañamiento o alevosía [306].

3º) Si la víctima fuere menor de catorce años o persona con discapacidad necesitada de especial protección. [307]

4º) Si la víctima fuere o hubiere sido esposa, o mujer que estuviere o hubiere estado ligada al autor por una análoga relación de afectividad, aun sin convivencia.

5º) Si la víctima fuera una persona especialmente vulnerable que conviva con el autor.

149. [308] 1. El que causara a otro, por cualquier medio o procedimiento, la pérdida o la inutilidad de un órgano o miembro principal, o de un sentido, la impotencia, la esterilidad, una grave deformidad, o

---

[304] Véase art. 15 CE; arts. 57, 74.3, 155, 156, 169, 177, 180, 571, 609, 610 y 617.1 de la presente Ley y arts. 42, 46, y 77 CPM

[305] Dada nueva redacción por art. 36 de Ley Orgánica 1/2004 de 28 de diciembre de 2004, con vigencia desde 29/06/2005

[306] Véase art. 22.1 y 5 de la presente Ley

[307] Dada nueva redacción apartado 3 por disposición final 6 apartado 13 de Ley Orgánica 8/2021 de 4 de junio de 2021, con vigencia desde 25/06/2021

[308] Dada nueva redacción por art. 1 apartado 6 de Ley Orgánica 11/2003 de 29 de septiembre de 2003, con vigencia desde 01/10/2003

una grave enfermedad somática o psíquica, será castigado con la pena de prisión de seis a 12 años.

2. El que causara a otro una mutilación genital en cualquiera de sus manifestaciones será castigado con la pena de prisión de seis a 12 años. Si la víctima fuera menor o persona con discapacidad necesitada de especial protección, será aplicable la pena de inhabilitación especial para el ejercicio de la patria potestad, tutela, curatela, guarda o acogimiento por tiempo de cuatro a 10 años, si el Juez lo estima adecuado al interés del menor o de la persona con discapacidad necesitada de especial protección [309] . [310]

150. El que causare a otro la pérdida o la inutilidad de un órgano o miembro no principal, o la deformidad, será castigado con la pena de prisión de tres a seis años.

151. La provocación, la conspiración y la proposición para cometer los delitos previstos en los artículos precedentes de este Título, será castigada con la pena inferior en uno o dos grados a la del delito correspondiente [311] .

152. [312] 1. El que por imprudencia grave causare alguna de las lesiones previstas en los artículos anteriores será castigado, en atención al riesgo creado y el resultado producido:

1.º Con la pena de prisión de tres a seis meses o multa de seis a dieciocho meses, si se tratare de las lesiones del apartado 1 del artículo 147.

2.º Con la pena de prisión de uno a tres años, si se tratare de las lesiones del artículo 149.

3.º Con la pena de prisión de seis meses a dos años, si se tratare de las lesiones del artículo 150.

---

[309] Véanse arts. 180, 486.1, 572, 577, 605.2 y 607 de la presente Ley y art. 23.4 LOPJ

[310] Dada nueva redacción apartado 2 por art. único apartado 258 punto 1 de Ley Orgánica 1/2015 de 30 de marzo de 2015, con vigencia desde 01/07/2015

[311] Véanse arts. 17 y 18 de la presente Ley

[312] Dada nueva redacción por art. único apartado 3 de Ley Orgánica 2/2019 de 1 de marzo de 2019, con vigencia desde 03/03/2019

Si los hechos se hubieran cometido utilizando un vehículo a motor o un ciclomotor, se impondrá asimismo la pena de privación del derecho a conducir vehículos a motor y ciclomotores de uno a cuatro años. A los efectos de este apartado, se reputará en todo caso como imprudencia grave la conducción en la que la concurrencia de alguna de las circunstancias previstas en el artículo 379 determinara la producción del hecho.

Si las lesiones se hubieran causado utilizando un arma de fuego, se impondrá también la pena de privación del derecho al porte o tenencia de armas por tiempo de uno a cuatro años.

Si las lesiones hubieran sido cometidas por imprudencia profesional, se impondrá además la pena de inhabilitación especial para el ejercicio de la profesión, oficio o cargo por un período de seis meses a cuatro años.

2. El que por imprudencia menos grave causare alguna de las lesiones a que se refiere el artículo 147.1, será castigado con la pena de multa de uno a dos meses, y si se causaren las lesiones a que se refieren los artículos 149 y 150, será castigado con la pena de multa de tres meses a doce meses. [313]

Si los hechos se hubieran cometido utilizando un vehículo a motor o un ciclomotor, se impondrá también la pena de privación del derecho a conducir vehículos a motor y ciclomotores de tres a dieciocho meses. A los efectos de este apartado, se reputará en todo caso como imprudencia menos grave aquella no calificada como grave en la que para la producción del hecho haya sido determinante la comisión de alguna de las infracciones graves de las normas de tráfico, circulación de vehículos y seguridad vial. La valoración sobre la existencia o no de la determinación deberá apreciarse en resolución motivada. [314]

Si las lesiones se hubieran causado utilizando un arma de fuego, se podrá imponer también la pena de privación del derecho al porte o tenencia de armas por tiempo de tres meses a un año.

El delito previsto en este apartado solo será perseguible mediante denuncia de la persona agraviada o de su representante legal.

---

[313] Dada nueva redacción apartado 2 párrafo 1 por art. único apartado 2 de Ley Orgánica 11/2022 de 13 de septiembre de 2022, con vigencia desde 15/09/2022

[314] Dada nueva redacción apartado 2 párrafo 2 por art. único apartado 2 de Ley Orgánica 11/2022 de 13 de septiembre de 2022, con vigencia desde 15/09/2022

152 bis. [315] En los casos previstos en el número 1 del artículo anterior, el Juez o Tribunal podrá imponer motivadamente la pena superior en un grado, en la extensión que estime conveniente, si el hecho revistiere notoria gravedad, en atención a la singular entidad y relevancia del riesgo creado y del deber normativo de cuidado infringido, y hubiere provocado lesiones constitutivas de delito del artículo 152.1.2.º o 3.º a una pluralidad de personas, y en dos grados si el número de lesionados fuere muy elevado.

153. [316] 1. El que por cualquier medio o procedimiento causare a otro menoscabo psíquico o una lesión de menor gravedad de las previstas en el apartado 2 del art. 147, o golpeare o maltratare de obra a otro sin causarle lesión, cuando la ofendida sea o haya sido esposa, o mujer que esté o haya estado ligada a él por una análoga relación de afectividad aun sin convivencia, o persona especialmente vulnerable que conviva con el autor, será castigado con la pena de prisión de seis meses a un año o de trabajos en beneficios de la comunidad de treinta y uno a ochenta días y, en todo caso, privación del derecho a la tenencia y porte de armas de un año y un día a tres años, así como, cuando el Juez o Tribunal lo estime adecuado al interés del menor o persona con discapacidad necesitada de especial protección, inhabilitación para el ejercicio de la patria potestad, tutela, curatela, guarda o acogimiento hasta cinco años. [317]

2. Si la víctima del delito previsto en el apartado anterior fuere alguna de las personas a que se refiere el art. 173.2, exceptuadas las personas contempladas en el apartado anterior de este artículo, el autor será castigado con la pena de prisión de tres meses a un año o de trabajos en beneficio de la comunidad de treinta y uno a ochenta días y, en todo caso, privación del derecho a la tenencia y porte de armas de un año y un día a tres años, así como, cuando el Juez o Tribunal lo estime adecuado al interés del menor o persona con discapacidad

[315] Añadido por art. único apartado 4 de Ley Orgánica 2/2019 de 1 de marzo de 2019, con vigencia desde 03/03/2019

[316] Dada nueva redacción por art. 37 de Ley Orgánica 1/2004 de 28 de diciembre de 2004, con vigencia desde 29/06/2005

[317] Dada nueva redacción apartado 1 por art. único apartado 83 de Ley Orgánica 1/2015 de 30 de marzo de 2015 , con vigencia desde 01/07/2015

necesitada de especial protección, inhabilitación para el ejercicio de la patria potestad, tutela, curatela, guarda o acogimiento de seis meses a tres años. [318]

3. Las penas previstas en los apartados 1 y 2 se impondrán en su mitad superior cuando el delito se perpetre en presencia de menores, o utilizando armas, o tenga lugar en el domicilio común o en el domicilio de la víctima, o se realice quebrantando una pena de las contempladas en el art. 48 de este Código o una medida cautelar o de seguridad de la misma naturaleza.

4. No obstante lo previsto en los apartados anteriores, el Juez o Tribunal, razonándolo en sentencia, en atención a las circunstancias personales del autor y las concurrentes en la realización del hecho, podrá imponer la pena inferior en grado [319].

154. [320] Quienes riñeren entre sí, acometiéndose tumultuariamente, y utilizando medios o instrumentos que pongan en peligro la vida o integridad de las personas, serán castigados por su participación en la riña con la pena de prisión de tres meses a un año o multa de seis a 24 meses [321].

155. [322] En los delitos de lesiones, si ha mediado el consentimiento válida, libre, espontánea y expresamente emitido del ofendido, se impondrá la pena inferior en uno o dos grados.

No será válido el consentimiento otorgado por un menor de edad o una persona con discapacidad necesitada de especial protección [323].

---

[318] Dada nueva redacción apartado 2 por art. único apartado 258 punto 1 de Ley Orgánica 1/2015 de 30 de marzo de 2015, con vigencia desde 01/07/2015

[319] Véanse art. 14.1 LECrim; LO 1/2004 de 28 de diciembre de Medidas de Protección Integral contra la Violencia de Género y arts. 23, 25, y 617.1 de la presente Ley

[320] Dada nueva redacción por art. único apartado 54 de Ley Orgánica 15/2003 de 25 de noviembre de 2003, con vigencia desde 01/10/2004

[321] Véase art. 557 de la presente Ley

[322] Dada nueva redacción por art. único apartado 258 punto 1 de Ley Orgánica 1/2015 de 30 de marzo de 2015, con vigencia desde 01/07/2015

[323] Véase Ley 30/1979, de 27 de octubre sobre extracción y trasplante de órganos

156. [324] [325]

No obstante lo dispuesto en el artículo anterior, el consentimiento válida, libre, consciente y expresamente emitido exime de responsabilidad penal en los supuestos de trasplante de órganos efectuado con arreglo a lo dispuesto en la ley, esterilizaciones y cirugía transexual realizadas por facultativo, salvo que el consentimiento se haya obtenido viciadamente, o mediante precio o recompensa, o el otorgante sea menor de edad o carezca absolutamente de aptitud para prestarlo, en cuyo caso no será válido el prestado por éstos ni por sus representantes legales.

Párrafo 2 (Derogado) [326]

156 bis. [327] 1. Los que de cualquier modo promovieren, favorecieren, facilitaren, publicitaren o ejecutaren el tráfico de órganos humanos serán castigados con la pena de prisión de seis a doce años tratándose del órgano de una persona viva y de prisión de tres a seis años tratándose del órgano de una persona fallecida.

A estos efectos, se entenderá por tráfico de órganos humanos:

a) La extracción u obtención ilícita de órganos humanos ajenos. Dicha extracción u obtención será ilícita si se produce concurriendo cualquiera de las circunstancias siguientes:

1.ª que se haya realizado sin el consentimiento libre, informado y expreso del donante vivo en la forma y con los requisitos previstos legalmente;

2.ª que se haya realizado sin la necesaria autorización exigida por la ley en el caso del donante fallecido,

3.ª que, a cambio de la extracción u obtención, en provecho propio o ajeno, se solicitare o recibiere por el donante o un tercero, por sí o por persona interpuesta, dádiva o retribución de cualquier clase o se aceptare ofrecimiento o promesa. No se entenderá por dádiva o retri-

---

[324] Dada nueva redacción por art. único apartado 84 de Ley Orgánica 1/2015 de 30 de marzo de 2015, con vigencia desde 01/07/2015

[325] Véase Ley 30/1979, de 27 de octubre,sobre extracción y trasplante de órganos

[326] Derogado párrafo 2 por art. único de Ley Orgánica 2/2020 de 16 de diciembre de 2020, con vigencia desde 18/12/2020

[327] Dada nueva redacción por art. único apartado 2 de Ley Orgánica 1/2019 de 20 de febrero de 2019, con vigencia desde 13/03/2019

bución el resarcimiento de los gastos o pérdida de ingresos derivados de la donación.

b) La preparación, preservación, almacenamiento, transporte, traslado, recepción, importación o exportación de órganos ilícitamente extraídos.

c) El uso de órganos ilícitamente extraídos con la finalidad de su trasplante o para otros fines.

2. Del mismo modo se castigará a los que, en provecho propio o ajeno:

a) solicitaren o recibieren, por sí o por persona interpuesta, dádiva o retribución de cualquier clase, o aceptaren ofrecimiento o promesa por proponer o captar a un donante o a un receptor de órganos;

b) ofrecieren o entregaren, por sí o por persona interpuesta, dádiva o retribución de cualquier clase a personal facultativo, funcionario público o particular con ocasión del ejercicio de su profesión o cargo en clínicas, establecimientos o consultorios, públicos o privados, con el fin de que se lleve a cabo o se facilite la extracción u obtención ilícitas o la implantación de órganos ilícitamente extraídos.

3. Si el receptor del órgano consintiere la realización del trasplante conociendo su origen ilícito será castigado con las mismas penas previstas en el apartado 1, que podrán ser rebajadas en uno o dos grados atendiendo a las circunstancias del hecho y del culpable.

4. Se impondrán las penas superiores en grado a las previstas en el apartado 1 cuando:

a) se hubiera puesto en grave peligro la vida o la integridad física o psíquica de la víctima del delito.

b) la víctima sea menor de edad o especialmente vulnerable por razón de su edad, discapacidad, enfermedad o situación.

Si concurrieren ambas circunstancias, se impondrá la pena en su mitad superior.

5. El facultativo, funcionario público o particular que, con ocasión del ejercicio de su profesión o cargo, realizare en centros públicos o privados las conductas descritas en los apartados 1 y 2, o solicitare o recibiere la dádiva o retribución a que se refiere la letra b) de este último apartado, o aceptare el ofrecimiento o promesa de recibirla, incurrirá en la pena en ellos señalada superior en grado y, además, en la de inhabilitación especial para empleo o cargo público, profesión u oficio, para ejercer cualquier profesión sanitaria o para prestar servicios de toda índole en clínicas, establecimientos o consultorios, públi-

cos o privados, por el tiempo de la condena. Si concurriere, además, alguna de las circunstancias previstas en el apartado 4, se impondrán las penas en su mitad superior.

A los efectos de este artículo, el término facultativo comprende los médicos, personal de enfermería y cualquier otra persona que realice una actividad sanitaria o socio-sanitaria.

6. Se impondrá la pena superior en grado a la prevista en el apartado 1 e inhabilitación especial para profesión, oficio, industria o comercio por el tiempo de la condena, cuando el culpable perteneciere a una organización o grupo criminal dedicado a la realización de tales actividades. Si concurriere alguna de las circunstancias previstas en el apartado 4, se impondrán las penas en la mitad superior. Si concurriere la circunstancia prevista en el apartado 5, se impondrán las penas señaladas en este en su mitad superior.

Cuando se tratare de los jefes, administradores o encargados de dichas organizaciones o grupos, se les aplicará la pena en su mitad superior, que podrá elevarse a la inmediatamente superior en grado. En todo caso se elevará la pena a la inmediatamente superior en grado si concurriera alguna de las circunstancias previstas en el apartado 4 o la circunstancia prevista en el apartado 5.

7. Cuando de acuerdo con lo establecido en el artículo 31 bis una persona jurídica sea responsable de los delitos comprendidos en este artículo, se le impondrá la pena de multa del triple al quíntuple del beneficio obtenido.

Atendidas las reglas establecidas en el artículo 66 bis, los jueces y tribunales podrán asimismo imponer las penas recogidas en las letras b) a g) del apartado 7 del artículo 33.

8. La provocación, la conspiración y la proposición para cometer los delitos previstos en este artículo se castigarán con la pena inferior en uno a dos grados a la que corresponde, respectivamente, a los hechos previstos en los apartados anteriores.

9. En todo caso, las penas previstas en este artículo se impondrán sin perjuicio de las que correspondan, en su caso, por el delito del artículo 177 bis de este Código y demás delitos efectivamente cometidos.

10. Las condenas de jueces o tribunales extranjeros por delitos de la misma naturaleza que los previstos en este artículo producirán los efectos de reincidencia, salvo que el antecedente penal haya sido cancelado o pueda serlo con arreglo al Derecho español.

156 ter. [328] La distribución o difusión pública a través de Internet, del teléfono o de cualquier otra tecnología de la información o de la comunicación de contenidos específicamente destinados a promover, fomentar o incitar a la autolesión de personas menores de edad o personas con discapacidad necesitadas de especial protección será castigada con la pena de prisión de seis meses a tres años.

Las autoridades judiciales ordenarán la adopción de las medidas necesarias para la retirada de los contenidos a los que se refiere el párrafo anterior, para la interrupción de los servicios que ofrezcan predominantemente dichos contenidos o para el bloqueo de unos y otros cuando radiquen en el extranjero.

156 quater. [329] A las personas condenadas por la comisión de uno o más delitos comprendidos en este Título, cuando la víctima fuere alguna de las personas a que se refiere el apartado 2 del artículo 173, se les podrá imponer además una medida de libertad vigilada.

156 quinquies. [330] A las personas condenadas por la comisión de alguno de los delitos previstos en los artículos 147.1, 148, 149, 150 y 153 en los que la víctima sea una persona menor de edad se les podrá imponer, además de las penas que procedan, la pena de inhabilitación especial para cualquier profesión, oficio u otras actividades, sean o no retribuidos, que conlleve contacto regular y directo con personas menores de edad, por un tiempo superior entre tres y cinco años al de la duración de la pena de privación de libertad impuesta en la sentencia o por un tiempo de dos a cinco años cuando no se hubiere impuesto una pena de prisión, en ambos casos se atenderá proporcionalmente a la gravedad del delito, el número de los delitos cometidos y a las circunstancias que concurran en la persona condenada.

---

[328] Dada nueva redacción por disposición final 6 apartado 14 de Ley Orgánica 8/2021 de 4 de junio de 2021, con vigencia desde 25/06/2021

[329] Añadido por disposición final 6 apartado 15 de Ley Orgánica 8/2021 de 4 de junio de 2021, con vigencia desde 25/06/2021

[330] Añadido por disposición final 6 apartado 16 de Ley Orgánica 8/2021 de 4 de junio de 2021, con vigencia desde 25/06/2021

TÍTULO IV
De las lesiones al feto

157. El que, por cualquier medio o procedimiento, causare en un feto una lesión o enfermedad que perjudique gravemente su normal desarrollo, o provoque en el mismo una grave tara física o psíquica, será castigado con pena de prisión de uno a cuatro años e inhabilitación especial para ejercer cualquier profesión sanitaria, o para prestar servicios de toda índole en clínicas, establecimientos o consultorios ginecológicos, públicos o privados, por tiempo de dos a ocho años [331].

158. El que, por imprudencia grave, cometiere los hechos descritos en el artículo anterior, será castigado con la pena de prisión de tres a cinco meses o multa de seis a 10 meses. [332]

Cuando los hechos descritos en el artículo anterior fueren cometidos por imprudencia profesional se impondrá asimismo la pena de inhabilitación especial para el ejercicio de la profesión, oficio o cargo por un período de seis meses a dos años.

La embarazada no será penada a tenor de este precepto.

TÍTULO V
Delitos relativos a la manipulación genética

159. 1. Serán castigados con la pena de prisión de dos a seis años e inhabilitación especial para empleo o cargo público, profesión u oficio de siete a diez años los que, con finalidad distinta a la eliminación o disminución de taras o enfermedades graves, manipulen genes humanos de manera que se altere el genotipo.

2. Si la alteración del genotipo fuere realizada por imprudencia grave, la pena será de multa de seis a quince meses e inhabilitación especial para empleo o cargo público, profesión u oficio de uno a tres años.

---

[331] Véase Ley 14/2007, de 3 de julio, de investigación biomédica

[332] Dada nueva redacción párrafo 1 por art. único apartado 55 de Ley Orgánica 15/2003 de 25 de noviembre de 2003, con vigencia desde 01/10/2004

160. [333] 1. La utilización de la ingeniería genética para producir armas biológicas o exterminadoras de la especie humana, será castigada con la pena de prisión de tres a siete años e inhabilitación especial para empleo o cargo público, profesión u oficio por tiempo de siete a 10 años.

2. Serán castigados con la pena de prisión de uno a cinco años e inhabilitación especial para empleo o cargo público, profesión u oficio de seis a 10 años quienes fecunden óvulos humanos con cualquier fin distinto a la procreación humana.

3. Con la misma pena se castigará la creación de seres humanos idénticos por clonación u otros procedimientos dirigidos a la selección de la raza.

161. [334] 1. Quien practicare reproducción asistida en una mujer, sin su consentimiento, será castigado con la pena de prisión de dos a seis años, e inhabilitación especial para empleo o cargo público, profesión u oficio por tiempo de uno a cuatro años.

2. Para proceder por este delito será precisa denuncia de la persona agraviada o de su representante legal. Cuando aquélla sea menor de edad, persona con discapacidad necesitada de especial protección, o una persona desvalida, también podrá denunciar el Ministerio Fiscal. [335]

162. [336] En los delitos contemplados en este Título, la autoridad judicial podrá imponer alguna o algunas de las consecuencias previstas en el art. 129 de este Código cuando el culpable perteneciere a una sociedad, organización o asociación, incluso de carácter transitorio, que se dedicare a la realización de tales actividades.

---

[333] Dada nueva redacción por art. único apartado 56 de Ley Orgánica 15/2003 de 25 de noviembre de 2003, con vigencia desde 01/10/2004

[334] Renumerado por art. único apartado 57 de Ley Orgánica 15/2003 de 25 de noviembre de 2003 como artículo 161, con vigencia desde 01/10/2004

[335] Dada nueva redacción apartado 2 por art. único apartado 258 punto 1 de Ley Orgánica 1/2015 de 30 de marzo de 2015, con vigencia desde 01/07/2015

[336] Añadido por art. único apartado 58 de Ley Orgánica 15/2003 de 25 de noviembre de 2003, con vigencia desde 01/10/2004

TÍTULO VI
Delitos contra la libertad

CAPÍTULO PRIMERO
De las detenciones ilegales y secuestros

163. 1. El particular que encerrare o detuviere a otro, privándole de su libertad, será castigado con la pena de prisión de cuatro a seis años.

2. Si el culpable diera libertad al encerrado o detenido dentro de los tres primeros días de su detención, sin haber logrado el objeto que se había propuesto, se impondrá la pena inferior en grado.

3. Se impondrá la pena de prisión de cinco a ocho años si el encierro o detención ha durado más de quince días.

4. El particular que, fuera de los casos permitidos por las leyes, aprehendiere a una persona para presentarla inmediatamente a la autoridad, será castigado con la pena de multa de tres a seis meses [337].

164. El secuestro de una persona exigiendo alguna condición para ponerla en libertad, será castigado con la pena de prisión de seis a diez años. Si en el secuestro se hubiera dado la circunstancia del art. 163.3, se impondrá la pena superior en grado, y la inferior en grado si se dieren las condiciones del art. 163.2 [338].

165. [339] Las penas de los artículos anteriores se impondrán en su mitad superior, en los respectivos casos, si la detención ilegal o secuestro se ha ejecutado con simulación de autoridad o función pública, o la víctima fuere menor de edad o persona con discapacidad necesitada de especial protección o funcionario público en el ejercicio de sus funciones.

---

[337] Véanse arts. 489 a 491 y 495 y 496 LECrim

[338] Véase art. 282 bis LECrim

[339] Dada nueva redacción por art. único apartado 258 punto 1 de Ley Orgánica 1/2015 de 30 de marzo de 2015, con vigencia desde 01/07/2015

166. [340] 1. El reo de detención ilegal o secuestro que no dé razón del paradero de la persona detenida será castigado con una pena de prisión de diez a quince años, en el caso de la detención ilegal, y de quince a veinte años en el de secuestro.

2. El hecho será castigado con una pena de quince a veinte años de prisión, en el caso de detención ilegal, y de veinte a veinticinco años de prisión, en el de secuestro, cuando concurra alguna de las siguientes circunstancias:

a) Que la víctima fuera menor de edad o persona con discapacidad necesitada de especial protección.

b) Que el autor hubiera llevado a cabo la detención ilegal o secuestro con la intención de atentar contra la libertad o la indemnidad sexual de la víctima, o hubiera actuado posteriormente con esa finalidad.

167. [341] 1. La autoridad o funcionario público que, fuera de los casos permitidos por la ley, y sin mediar causa por delito, cometiere alguno de los hechos descritos en este Capítulo será castigado con las penas respectivamente previstas en éstos, en su mitad superior, pudiéndose llegar hasta la superior en grado.

2. Con las mismas penas serán castigados:

a) El funcionario público o autoridad que, mediando o no causa por delito, acordare, practicare o prolongare la privación de libertad de cualquiera y que no reconociese dicha privación de libertad o, de cualquier otro modo, ocultase la situación o paradero de esa persona privándola de sus derechos constitucionales o legales.

b) El particular que hubiera llevado a cabo los hechos con la autorización, el apoyo o la aquiescencia del Estado o de sus autoridades.

3. En todos los casos en los que los hechos a que se refiere este artículo hubieran sido cometidos por autoridad o funcionario público,

---

[340] Dada nueva redacción por art. único apartado 86 de Ley Orgánica 1/2015 de 30 de marzo de 2015, con vigencia desde 01/07/2015

[341] Dada nueva redacción por art. único apartado 87 de Ley Orgánica 1/2015 de 30 de marzo de 2015, con vigencia desde 01/07/2015

se les impondrá, además, la pena de inhabilitación absoluta por tiempo de ocho a doce años [342].

168. La provocación, la conspiración y la proposición para cometer los delitos previstos en este Capítulo se castigarán con la pena inferior en uno o dos grados a la señalada al delito de que se trate.

CAPÍTULO II
De las amenazas

169. El que amenazare a otro con causarle a él, a su familia o a otras personas con las que esté íntimamente vinculado un mal que constituya delitos de homicidio, lesiones, aborto, contra la libertad, torturas y contra la integridad moral, la libertad sexual, la intimidad, el honor, el patrimonio y el orden socioeconómico, será castigado:

1º) Con la pena de prisión de uno a cinco años, si se hubiere hecho la amenaza exigiendo una cantidad o imponiendo cualquier otra condición, aunque no sea ilícita, y el culpable hubiere conseguido su propósito. De no conseguirlo, se impondrá la pena de prisión de seis meses a tres años.

Las penas señaladas en el párrafo anterior se impondrán en su mitad superior si las amenazas se hicieren por escrito, por teléfono o por cualquier medio de comunicación o de reproducción, o en nombre de entidades o grupos reales o supuestos [343].

2º) Con la pena de prisión de seis meses a dos años, cuando la amenaza no haya sido condicional.

170. [344] 1. Si las amenazas de un mal que constituyere delito fuesen dirigidas a atemorizar a los habitantes de una población, grupo étnico, cultural o religioso, o colectivo social o profesional, o a cual-

---

[342] Véanse arts. 492 a 501 y 520 bis LECrim; arts. 55 y 116 CE y LO 2/1986, de 13 de marzo, de Fuerzas y Cuerpos de Seguridad del Estado

[343] Véase art. 1.2 LOTJ y art. 620 de la presente Ley

[344] Dada nueva redacción por art. 3 de Ley Orgánica 2/1998 de 15 de junio de 1998, con vigencia desde 17/06/1998

quier otro grupo de personas, y tuvieran la gravedad necesaria para conseguirlo, se impondrán respectivamente las penas superiores en grado a las previstas en el artículo anterior.

2. Serán castigados con la pena de prisión de seis meses a dos años, los que, con la misma finalidad y gravedad, reclamen públicamente la comisión de acciones violentas por parte de organizaciones o grupos terroristas. [345]

171. [346] 1. Las amenazas de un mal que no constituya delito serán castigadas con pena de prisión de tres meses a un año o multa de seis a 24 meses, atendidas la gravedad y circunstancia del hecho, cuando la amenaza fuere condicional y la condición no consistiere en una conducta debida. Si el culpable hubiere conseguido su propósito se le impondrá la pena en su mitad superior.

2. Si alguien exigiere de otro una cantidad o recompensa bajo la amenaza de revelar o difundir hechos referentes a su vida privada o relaciones familiares que no sean públicamente conocidos y puedan afectar a su fama, crédito o interés, será castigado con la pena de prisión de dos a cuatro años, si ha conseguido la entrega de todo o parte de lo exigido, y con la de cuatro meses a dos años, si no lo consiguiere.

3. Si el hecho descrito en el apartado anterior consistiere en la amenaza de revelar o denunciar la comisión de algún delito el Ministerio Fiscal podrá, para facilitar el castigo de la amenaza, abstenerse de acusar por el delito cuya revelación se hubiere amenazado, salvo que éste estuviere castigado con pena de prisión superior a dos años. En este último caso, el Juez o Tribunal podrá rebajar la sanción en uno o dos grados.

4. El que de modo leve amenace a quien sea o haya sido su esposa, o mujer que esté o haya estado ligada a él por una análoga relación de afectividad aun sin convivencia, será castigado con la pena de prisión de seis meses a un año o de trabajos en beneficio de la comunidad de treinta y uno a ochenta días y, en todo caso, privación del derecho

---

[345] Dada nueva redacción apartado 2 por disposición adicional 1 de Ley Orgánica 5/2010 de 22 de junio de 2010 suprimiendo la expresión "bandas armadas", con vigencia desde 23/12/2010

[346] Dada nueva redacción por art. único apartado 60 de Ley Orgánica 15/2003 de 25 de noviembre de 2003, con vigencia desde 01/10/2004

a la tenencia y porte de armas de un año y un día a tres años, así como, cuando el Juez o Tribunal lo estime adecuado al interés del menor o persona con discapacidad necesitada de especial protección, inhabilitación especial para el ejercicio de la patria potestad, tutela, curatela, guarda o acogimiento hasta cinco años.

Igual pena se impondrá al que de modo leve amenace a una persona especialmente vulnerable que conviva con el autor. [347]

5. El que de modo leve amenace con armas u otros instrumentos peligrosos a alguna de las personas a las que se refiere el art. 173.2, exceptuadas las contempladas en el apartado anterior de este artículo, será castigado con la pena de prisión de tres meses a un año o trabajos en beneficio de la comunidad de treinta y uno a ochenta días y, en todo caso, privación del derecho a la tenencia y porte de armas de uno a tres años, así como, cuando el Juez o Tribunal lo estime adecuado al interés del menor o persona con discapacidad necesitada de especial protección, inhabilitación especial para el ejercicio de la patria potestad, tutela, curatela, guarda o acogimiento por tiempo de seis meses a tres años.

Se impondrán las penas previstas en los apartados 4 y 5, en su mitad superior cuando el delito se perpetre en presencia de menores, o tenga lugar en el domicilio común o en el domicilio de la víctima, o se realice quebrantando una pena de las contempladas en el art. 48 de este Código o una medida cautelar o de seguridad de la misma naturaleza. [348]

6. No obstante lo previsto en los apartados 4 y 5, el Juez o Tribunal, razonándolo en sentencia, en atención a las circunstancias personales del autor y a las concurrentes en la realización del hecho, podrá imponer la pena inferior en grado. [349]

7. Fuera de los casos anteriores, el que de modo leve amenace a otro será castigado con la pena de multa de uno a tres meses. Este hecho sólo será perseguible mediante denuncia de la persona agraviada o de su representante legal.

---

[347] Dada nueva redacción apartado 4 por art. único apartado 258 punto 1 de Ley Orgánica 1/2015 de 30 de marzo de 2015, con vigencia desde 01/07/2015

[348] Dada nueva redacción apartado 5 por art. único apartado 258 punto 1 de Ley Orgánica 1/2015 de 30 de marzo de 2015, con vigencia desde 01/07/2015

[349] Añadido apartado 6 por art. 38 de Ley Orgánica 1/2004 de 28 de diciembre de 2004, con vigencia desde 29/06/2005

Cuando el ofendido fuere alguna de las personas a las que se refiere el apartado 2 del art. 173, la pena será la de localización permanente de cinco a treinta días, siempre en domicilio diferente y alejado del de la víctima, o trabajos en beneficio de la comunidad de cinco a treinta días, o multa de uno a cuatro meses, ésta última únicamente en los supuestos en los que concurran las circunstancias expresadas en el apartado 2 del art. 84 . En estos casos no será exigible la denuncia a que se refiere el párrafo anterior [350] . [351]

CAPÍTULO III
De las coacciones

172. [352] 1. El que, sin estar legítimamente autorizado, impidiere a otro con violencia hacer lo que la Ley no prohíbe, o le compeliere a efectuar lo que no quiere, sea justo o injusto, será castigado con la pena de prisión de seis meses a tres años o con multa de 12 a 24 meses, según la gravedad de la coacción o de los medios empleados.

Cuando la coacción ejercida tuviera como objeto impedir el ejercicio de un derecho fundamental se le impondrán las penas en su mitad superior, salvo que el hecho tuviera señalada mayor pena en otro precepto de este Código. [353]

También se impondrán las penas en su mitad superior cuando la coacción ejercida tuviera por objeto impedir el legítimo disfrute de la vivienda. [354]

2. El que de modo leve coaccione a quien sea o haya sido su esposa, o mujer que esté o haya estado ligada a él por una análoga relación de afectividad, aun sin convivencia, será castigado con la pena de prisión

---

[350] Véase art. 172 de la presente Ley

[351] Añadido apartado 7 por art. único apartado 88 de Ley Orgánica 1/2015 de 30 de marzo de 2015 , con vigencia desde 01/07/2015

[352] Dada nueva redacción por art. único apartado 61 de Ley Orgánica 15/2003 de 25 de noviembre de 2003, con vigencia desde 01/10/2004

[353] Renumerado por art. 39 de Ley Orgánica 1/2004 de 28 de diciembre de 2004 como apartado 1, con vigencia desde 29/06/2005

[354] Añadido apartado 1 párrafo 3 por art. único apartado 37 de Ley Orgánica 5/2010 de 22 de junio de 2010, con vigencia desde 23/12/2010

de seis meses a un año o de trabajos en beneficio de la comunidad de treinta y uno a ochenta días y, en todo caso, privación del derecho a la tenencia y porte de armas de un año y un día a tres años, así como, cuando el Juez o Tribunal lo estime adecuado al interés del menor o persona con discapacidad necesitada de especial protección, inhabilitación especial para el ejercicio de la patria potestad, tutela, curatela, guarda o acogimiento hasta cinco años. [355]

Igual pena se impondrá al que de modo leve coaccione a una persona especialmente vulnerable que conviva con el autor.

Se impondrá la pena en su mitad superior cuando el delito se perpetre en presencia de menores, o tenga lugar en el domicilio común o en el domicilio de la víctima, o se realice quebrantando una pena de las contempladas en el art. 48 de este Código o una medida cautelar o de seguridad de la misma naturaleza.

No obstante lo previsto en los párrafos anteriores, el Juez o Tribunal, razonándolo en sentencia, en atención a las circunstancias personales del autor y a las concurrentes en la realización del hecho, podrá imponer la pena inferior en grado. [356]

3. Fuera de los casos anteriores, el que cause a otro una coacción de carácter leve, será castigado con la pena de multa de uno a tres meses. Este hecho sólo será perseguible mediante denuncia de la persona agraviada o de su representante legal.

Cuando el ofendido fuere alguna de las personas a las que se refiere el apartado 2 del art. 173, la pena será la de localización permanente de cinco a treinta días, siempre en domicilio diferente y alejado del de la víctima, o trabajos en beneficio de la comunidad de cinco a treinta días, o multa de uno a cuatro meses, ésta última únicamente en los supuestos en los que concurran las circunstancias expresadas en el apartado 2 del art. 84 . En estos casos no será exigible la denuncia a que se refiere el párrafo anterior [357] . [358]

---

[355] Dada nueva redacción apartado 2 párrafo 1 por art. único apartado 258 punto 1 de Ley Orgánica 1/2015 de 30 de marzo de 2015, con vigencia desde 01/07/2015

[356] Añadido apartado 2 por art. 39 de Ley Orgánica 1/2004 de 28 de diciembre de 2004, con vigencia desde 29/06/2005

[357] Véase art. 15.1 CE

[358] Añadido apartado 3 por art. único apartado 89 de Ley Orgánica 1/2015 de 30 de marzo de 2015 , con vigencia desde 01/07/2015

172 bis. [359] 1. El que con intimidación grave o violencia compeliere a otra persona a contraer matrimonio será castigado con una pena de prisión de seis meses a tres años y seis meses o con multa de doce a veinticuatro meses, según la gravedad de la coacción o de los medios empleados.

2. La misma pena se impondrá a quien, con la finalidad de cometer los hechos a que se refiere el apartado anterior, utilice violencia, intimidación grave o engaño para forzar a otro a abandonar el territorio español o a no regresar al mismo.

3. Las penas se impondrán en su mitad superior cuando la víctima fuera menor de edad.

4. En las sentencias condenatorias por delito de matrimonio forzado, además del pronunciamiento correspondiente a la responsabilidad civil, se harán, en su caso, los que procedan en orden a la declaración de nulidad o disolución del matrimonio así contraído y a la filiación y fijación de alimentos. [360]

172 ter. [361] 1. Será castigado con la pena de prisión de tres meses a dos años o multa de seis a veinticuatro meses el que acose a una persona llevando a cabo de forma insistente y reiterada, y sin estar legítimamente autorizado, alguna de las conductas siguientes y, de esta forma, altere el normal desarrollo de su vida cotidiana:

1.ª La vigile, la persiga o busque su cercanía física.

2.ª Establezca o intente establecer contacto con ella a través de cualquier medio de comunicación, o por medio de terceras personas.

3.ª Mediante el uso indebido de sus datos personales, adquiera productos o mercancías, o contrate servicios, o haga que terceras personas se pongan en contacto con ella.

4.ª Atente contra su libertad o contra su patrimonio, o contra la libertad o patrimonio de otra persona próxima a ella. Cuando la víctima se halle en una situación de especial vulnerabilidad por razón de su

---

[359] Añadido por art. único apartado 90 de Ley Orgánica 1/2015 de 30 de marzo de 2015, con vigencia desde 01/07/2015

[360] Añadido apartado 4 por disposición final 4 apartado 3 de Ley Orgánica 10/2022 de 6 de septiembre de 2022, con vigencia desde 07/10/2022

[361] Añadido por art. único apartado 91 de Ley Orgánica 1/2015 de 30 de marzo de 2015, con vigencia desde 01/07/2015

edad, enfermedad, discapacidad o por cualquier otra circunstancia, se impondrá la pena de prisión de seis meses a dos años. [362]

2. Cuando el ofendido fuere alguna de las personas a las que se refiere el apartado 2 del art. 173, se impondrá una pena de prisión de uno a dos años, o trabajos en beneficio de la comunidad de sesenta a ciento veinte días. En este caso no será necesaria la denuncia a que se refiere el apartado 4 de este artículo.

3. Las penas previstas en este artículo se impondrán sin perjuicio de las que pudieran corresponder a los delitos en que se hubieran concretado los actos de acoso.

4. Los hechos descritos en este artículo sólo serán perseguibles mediante denuncia de la persona agraviada o de su representante legal.

5. El que, sin consentimiento de su titular, utilice la imagen de una persona para realizar anuncios o abrir perfiles falsos en redes sociales, páginas de contacto o cualquier medio de difusión pública, ocasionándole a la misma situación de acoso, hostigamiento o humillación, será castigado con pena de prisión de tres meses a un año o multa de seis a doce meses. Si la víctima del delito es un menor o una persona con discapacidad, se aplicará la mitad superior de la condena. [363]

172 quater. [364] 1. El que para obstaculizar el ejercicio del derecho a la interrupción voluntaria del embarazo acosare a una mujer mediante actos molestos, ofensivos, intimidatorios o coactivos que menoscaben su libertad, será castigado con la pena de prisión de tres meses a un año o de trabajos en beneficio de la comunidad de treinta y uno a ochenta días.

2. Las mismas penas se impondrán a quien, en la forma descrita en el apartado anterior, acosare a los trabajadores del ámbito sanitario en su ejercicio profesional o función pública y al personal facultativo o directivo de los centros habilitados para interrumpir el embarazo con el objetivo de obstaculizar el ejercicio de su profesión o cargo.

3. Atendidas la gravedad, las circunstancias personales del autor y las concurrentes en la realización del hecho, el tribunal podrá imponer,

---

[362] Dada nueva redacción apartado 1 por disposición final 2 apartado 1 de Ley Orgánica 1/2023 de 28 de febrero de 2023, con vigencia desde 02/03/2023

[363] Dada nueva redacción apartado 5 por disposición final 2 apartado 2 de Ley Orgánica 1/2023 de 28 de febrero de 2023, con vigencia desde 02/03/2023

[364] Añadido por art. único de Ley Orgánica 4/2022 de 12 de abril de 2022, con vigencia desde 14/04/2022

además, la prohibición de acudir a determinados lugares por tiempo de seis meses a tres años.

4. Las penas previstas en este artículo se impondrán sin perjuicio de las que pudieran corresponder a los delitos en que se hubieran concretado los actos de acoso.

5. En la persecución de los hechos descritos en este artículo no será necesaria la denuncia de la persona agraviada ni de su representación legal.

TÍTULO VII
De las torturas y otros delitos contra la integridad moral

173. [365] 1. El que infligiera a otra persona un trato degradante, menoscabando gravemente su integridad moral, será castigado con la pena de prisión de seis meses a dos años.

Igual pena se impondrá a quienes, teniendo conocimiento del paradero del cadáver de una persona, oculten de modo reiterado tal información a los familiares o allegados de la misma.

Con la misma pena serán castigados los que, en el ámbito de cualquier relación laboral o funcionarial y prevaliéndose de su relación de superioridad, realicen contra otro de forma reiterada actos hostiles o humillantes que, sin llegar a constituir trato degradante, supongan grave acoso contra la víctima.

Se impondrá también la misma pena al que de forma reiterada lleve a cabo actos hostiles o humillantes que, sin llegar a constituir trato degradante, tengan por objeto impedir el legítimo disfrute de la vivienda.

Cuando de acuerdo con lo establecido en el artículo 31 bis, una persona jurídica sea responsable de los delitos comprendidos en los párrafos anteriores, se le impondrá la pena de multa de seis meses a dos años. Atendidas las reglas establecidas en el artículo 66 bis, los

---

[365] Dada nueva redacción por art. 1 apartado 8 de Ley Orgánica 11/2003 de 29 de septiembre de 2003, con vigencia desde 01/10/2003

Jueces y Tribunales podrán asimismo imponer las penas recogidas en las letras b) a g) del apartado 7 del artículo 33. [366]

2. El que habitualmente ejerza violencia física o psíquica sobre quien sea o haya sido su cónyuge o sobre persona que esté o haya estado ligada a él por una análoga relación de afectividad aun sin convivencia, o sobre los descendientes, ascendientes o hermanos por naturaleza, adopción o afinidad, propios o del cónyuge o conviviente, o sobre los menores o personas con discapacidad necesitadas de especial protección que con él convivan o que se hallen sujetos a la potestad, tutela, curatela, acogimiento o guarda de hecho del cónyuge o conviviente, o sobre persona amparada en cualquier otra relación por la que se encuentre integrada en el núcleo de su convivencia familiar, así como sobre las personas que por su especial vulnerabilidad se encuentran sometidas a custodia o guarda en centros públicos o privados, será castigado con la pena de prisión de seis meses a tres años, privación del derecho a la tenencia y porte de armas de tres a cinco años y, en su caso, cuando el Juez o Tribunal lo estime adecuado al interés del menor o persona con discapacidad necesitada de especial protección, inhabilitación especial para el ejercicio de la patria potestad, tutela, curatela, guarda o acogimiento por tiempo de uno a cinco años, sin perjuicio de las penas que pudieran corresponder a los delitos en que se hubieran concretado los actos de violencia física o psíquica.

Se impondrán las penas en su mitad superior cuando alguno o algunos de los actos de violencia se perpetren en presencia de menores, o utilizando armas, o tengan lugar en el domicilio común o en el domicilio de la víctima, o se realicen quebrantando una pena de las contempladas en el art. 48 o una medida cautelar o de seguridad o prohibición de la misma naturaleza.

En los supuestos a que se refiere este apartado, podrá además imponerse una medida de libertad vigilada. [367]

3. Para apreciar la habitualidad a que se refiere el apartado anterior, se atenderá al número de actos de violencia que resulten acreditados, así como a la proximidad temporal de los mismos, con independencia de que dicha violencia se haya ejercido sobre la misma o diferentes víc-

---

[366] Dada nueva redacción apartado 1 por art. único apartado 2 de Ley Orgánica 4/2023 de 27 de abril de 2023, con vigencia desde 29/04/2023

[367] Dada nueva redacción apartado 2 por art. único apartado 92 de Ley Orgánica 1/2015 de 30 de marzo de 2015, con vigencia desde 01/07/2015

timas de las comprendidas en este artículo, y de que los actos violentos hayan sido o no objeto de enjuiciamiento en procesos anteriores.

4. Quien cause injuria o vejación injusta de carácter leve, cuando el ofendido fuera una de las personas a las que se refiere el apartado 2 del artículo 173, será castigado con la pena de localización permanente de cinco a treinta días, siempre en domicilio diferente y alejado del de la víctima, o trabajos en beneficio de la comunidad de cinco a treinta días, o multa de uno a cuatro meses, esta última únicamente en los supuestos en los que concurren las circunstancias expresadas en el apartado 2 del artículo 84.

Las mismas penas se impondrán a quienes se dirijan a otra persona con expresiones, comportamientos o proposiciones de carácter sexual que creen a la víctima una situación objetivamente humillante, hostil o intimidatoria, sin llegar a constituir otros delitos de mayor gravedad.

Los delitos tipificados en los dos párrafos anteriores sólo serán perseguibles mediante denuncia de la persona agraviada o su representante legal [368]. [369]

174. 1. Comete tortura la autoridad o funcionario público que, abusando de su cargo, y con el fin de obtener una confesión o información de cualquier persona o de castigarla por cualquier hecho que haya cometido o se sospeche que ha cometido, o por cualquier razón basada en algún tipo de discriminación, la sometiere a condiciones o procedimientos que por su naturaleza, duración u otras circunstancias, le supongan sufrimientos físicos o mentales, la supresión o disminución de sus facultades de conocimiento, discernimiento o decisión o que, de cualquier otro modo, atenten contra su integridad moral. El culpable de tortura será castigado con la pena de prisión de dos a seis años si el atentado fuera grave, y de prisión de uno a tres años si no lo es. Además de las penas señaladas se impondrá, en todo caso, la pena de inhabilitación absoluta de ocho a 12 años. [370]

[368] Véase art. 153 de la presente Ley

[369] Dada nueva redacción apartado 4 por disposición final 4 apartado 5 de Ley Orgánica 10/2022 de 6 de septiembre de 2022, con vigencia desde 07/10/2022

[370] Dada nueva redacción apartado 1 por art. único apartado 62 de Ley Orgánica 15/2003 de 25 de noviembre de 2003, con vigencia desde 01/10/2004

2. En las mismas penas incurrirán, respectivamente, la autoridad o funcionario de instituciones penitenciarias o de centros de protección o corrección de menores que cometiere, respecto de detenidos, internos o presos, los actos a que se refiere el apartado anterior [371].

175. La autoridad o funcionario público que, abusando de su cargo y fuera de los casos comprendidos en el artículo anterior, atentare contra la integridad moral de una persona será castigado con la pena de prisión de dos a cuatro años si el atentado fuera grave, y de prisión de seis meses a dos años si no lo es. Se impondrá, en todo caso, al autor, además de las penas señaladas, la de inhabilitación especial para empleo o cargo público de dos a cuatro años.

176. Se impondrán las penas respectivamente establecidas en los artículos precedentes a la autoridad o funcionario que, faltando a los deberes de su cargo, permitiere que otras personas ejecuten los hechos previstos en ellos.

177. [372] Si en los delitos descritos en los artículos precedentes, además del atentado a la integridad moral, se produjere lesión o daño a la vida, integridad física, salud, libertad sexual o bienes de la víctima o de un tercero, se castigarán los hechos separadamente con la pena que les corresponda por los delitos cometidos, excepto cuando aquél ya se halle especialmente castigado por la Ley.

---

[371] Véase art. 6 LOGP y art. 4 RP

[372] Dada nueva redacción por art. único apartado 93 de Ley Orgánica 1/2015 de 30 de marzo de 2015, con vigencia desde 01/07/2015

TÍTULO VII BIS
De la trata de seres humanos [373]

177 bis. [374] 1. Será castigado con la pena de cinco a ocho años de prisión como reo de trata de seres humanos el que, sea en territorio español, sea desde España, en tránsito o con destino a ella, empleando violencia, intimidación o engaño, o abusando de una situación de superioridad o de necesidad o de vulnerabilidad de la víctima nacional o extranjera, o mediante la entrega o recepción de pagos o beneficios para lograr el consentimiento de la persona que poseyera el control sobre la víctima, la captare, transportare, trasladare, acogiere, o recibiere, incluido el intercambio o transferencia de control sobre esas personas, con cualquiera de las finalidades siguientes:

a) La imposición de trabajo o de servicios forzados, la esclavitud o prácticas similares a la esclavitud, a la servidumbre o a la mendicidad.

b) La explotación sexual, incluyendo la pornografía.

c) La explotación para realizar actividades delictivas.

d) La extracción de sus órganos corporales.

e) La celebración de matrimonios forzados.

Existe una situación de necesidad o vulnerabilidad cuando la persona en cuestión no tiene otra alternativa, real o aceptable, que someterse al abuso.

Cuando la víctima de trata de seres humanos fuera una persona menor de edad se impondrá, en todo caso, la pena de inhabilitación especial para cualquier profesión, oficio o actividades, sean o no retribuidos, que conlleve contacto regular y directo con personas menores de edad, por un tiempo superior entre seis y veinte años al de la duración de la pena de privación de libertad impuesta. [375]

2. Aun cuando no se recurra a ninguno de los medios enunciados en el apartado anterior, se considerará trata de seres humanos cualquiera de las acciones indicadas en el apartado anterior cuando se llevare a cabo respecto de menores de edad con fines de explotación.

---

[373] Añadido por art. único apartado 39 de Ley Orgánica 5/2010 de 22 de junio de 2010, con vigencia desde 23/12/2010

[374] Añadido por art. único apartado 40 de Ley Orgánica 5/2010 de 22 de junio de 2010, con vigencia desde 23/12/2010

[375] Dada nueva redacción apartado 1 por disposición final 6 apartado 17 de Ley Orgánica 8/2021 de 4 de junio de 2021, con vigencia desde 25/06/2021

3. El consentimiento de una víctima de trata de seres humanos será irrelevante cuando se haya recurrido a alguno de los medios indicados en el apartado primero de este artículo.

4. Se impondrá la pena superior en grado a la prevista en el apartado primero de este artículo cuando:

a) se hubiera puesto en peligro la vida o la integridad física o psíquica de las personas objeto del delito;

b) la víctima sea especialmente vulnerable por razón de enfermedad, estado gestacional, discapacidad o situación personal, o sea menor de edad.

c) la víctima sea una persona cuya situación de vulnerabilidad haya sido originada o agravada por el desplazamiento derivado de un conflicto armado o una catástrofe humanitaria. [376]

Si concurriere más de una circunstancia se impondrá la pena en su mitad superior. [377]

5. Se impondrá la pena superior en grado a la prevista en el apartado 1 de este artículo e inhabilitación absoluta de seis a doce años a los que realicen los hechos prevaliéndose de su condición de autoridad, agente de ésta o funcionario público. Si concurriere además alguna de las circunstancias previstas en el apartado 4 de este artículo se impondrán las penas en su mitad superior.

6. Se impondrá la pena superior en grado a la prevista en el apartado 1 de este artículo e inhabilitación especial para profesión, oficio, industria o comercio por el tiempo de la condena, cuando el culpable perteneciera a una organización o asociación de más de dos personas, incluso de carácter transitorio, que se dedicase a la realización de tales actividades. Si concurriere alguna de las circunstancias previstas en el apartado 4 de este artículo se impondrán las penas en la mitad superior. Si concurriere la circunstancia prevista en el apartado 5 de este artículo se impondrán las penas señaladas en éste en su mitad superior.

Cuando se trate de los jefes, administradores o encargados de dichas organizaciones o asociaciones, se les aplicará la pena en su mitad superior, que podrá elevarse a la inmediatamente superior en grado.

---

[376] Añadida apartado 4 letra c por art. único de Ley Orgánica 13/2022 de 20 de diciembre de 2022, con vigencia desde 22/12/2022

[377] Dada nueva redacción apartado 4 por art. único apartado 94 de Ley Orgánica 1/2015 de 30 de marzo de 2015, con vigencia desde 01/07/2015

En todo caso se elevará la pena a la inmediatamente superior en grado si concurriera alguna de las circunstancias previstas en el apartado 4 o la circunstancia prevista en el apartado 5 de este artículo.

7. Cuando de acuerdo con lo establecido en el art. 31 bis una persona jurídica sea responsable de los delitos comprendidos en este artículo, se le impondrá la pena de multa del triple al quíntuple del beneficio obtenido. Atendidas las reglas establecidas en el art. 66 bis, los Jueces y Tribunales podrán asimismo imponer las penas recogidas en las letras b) a g) del apartado 7 del art. 33 .

8. La provocación, la conspiración y la proposición para cometer el delito de trata de seres humanos serán castigadas con la pena inferior en uno o dos grados a la del delito correspondiente.

9. En todo caso, las penas previstas en este artículo se impondrán sin perjuicio de las que correspondan, en su caso, por el delito del art. 318 bis de este Código y demás delitos efectivamente cometidos, incluidos los constitutivos de la correspondiente explotación.

10. Las condenas de Jueces o Tribunales extranjeros por delitos de la misma naturaleza que los previstos en este artículo producirán los efectos de reincidencia, salvo que el antecedente penal haya sido cancelado o pueda serlo con arreglo al Derecho español.

11. Sin perjuicio de la aplicación de las reglas generales de este Código, la víctima de trata de seres humanos quedará exenta de pena por las infracciones penales que haya cometido en la situación de explotación sufrida, siempre que su participación en ellas haya sido consecuencia directa de la situación de violencia, intimidación, engaño o abuso a que haya sido sometida y que exista una adecuada proporcionalidad entre dicha situación y el hecho criminal realizado.

TÍTULO VIII
Delitos contra la libertad sexual [378] [379]

CAPÍTULO PRIMERO
De las agresiones sexuales [380]

178. [381] 1. Será castigado con la pena de prisión de uno a cuatro años, como responsable de agresión sexual, el que realice cualquier acto que atente contra la libertad sexual de otra persona sin su consentimiento. Sólo se entenderá que hay consentimiento cuando se haya manifestado libremente mediante actos que, en atención a las circunstancias del caso, expresen de manera clara la voluntad de la persona [382].

2. Se consideran en todo caso agresión sexual los actos de contenido sexual que se realicen empleando violencia, intimidación o abuso de una situación de superioridad o de vulnerabilidad de la víctima, así como los que se ejecuten sobre personas que se hallen privadas de sentido o de cuya situación mental se abusare y los que se realicen cuando la víctima tenga anulada por cualquier causa su voluntad. [383]

3. Si la agresión se hubiera cometido empleando violencia o intimidación o sobre una víctima que tenga anulada por cualquier causa su voluntad, su responsable será castigado con la pena de uno a cinco años de prisión. [384]

---

[378] Véanse Ley 35/1995, de 11 de diciembre, de ayudas y asistencia a las víctimas de delitos violentos y contra la libertad sexual y arts. 13, 109 y 544 bis LECrim

[379] Dada nueva redacción por disposición final 4 apartado 6 de Ley Orgánica 10/2022 de 6 de septiembre de 2022, con vigencia desde 07/10/2022

[380] Dada nueva redacción por disposición final 4 apartado 7 de Ley Orgánica 10/2022 de 6 de septiembre de 2022, con vigencia desde 07/10/2022

[381] Dada nueva redacción por disposición final 4 apartado 7 de Ley Orgánica 10/2022 de 6 de septiembre de 2022, con vigencia desde 07/10/2022

[382] Véanse arts. 191 a 194 y 607.1 de la presente Ley

[383] Dada nueva redacción apartado 2 por art. único apartado 3 de Ley Orgánica 4/2023 de 27 de abril de 2023, con vigencia desde 29/04/2023

[384] Añadido apartado 3 por art. único apartado 3 de Ley Orgánica 4/2023 de 27 de abril de 2023, con vigencia desde 29/04/2023

4. El órgano sentenciador, razonándolo en la sentencia, y siempre que no medie violencia o intimidación o que la víctima tuviera anulada por cualquier causa su voluntad o no concurran las circunstancias del artículo 180, podrá imponer la pena de prisión en su mitad inferior o multa de dieciocho a veinticuatro meses, en atención a la menor entidad del hecho y a las circunstancias personales del culpable. [385]

179. [386] 1. Cuando la agresión sexual consista en acceso carnal por vía vaginal, anal o bucal, o introducción de miembros corporales u objetos por alguna de las dos primeras vías, el responsable será castigado como reo de violación con la pena de prisión de cuatro a doce años.

2. Si la agresión a la que se refiere el apartado anterior se cometiere empleando violencia o intimidación o cuando la víctima tuviera anulada por cualquier causa su voluntad, se impondrá la pena de prisión de seis a doce años.

180. [387] 1. Las anteriores conductas serán castigadas, respectivamente, con las penas de prisión de dos a ocho años para las agresiones del artículo 178.1, de prisión de cinco a diez años para las agresiones del artículo 178.3, de prisión de siete a quince años para las agresiones del artículo 179.1 y de prisión de doce a quince años para las del artículo 179.2, cuando concurra alguna de las siguientes circunstancias:

1.ª Cuando los hechos se cometan por la actuación conjunta de dos o más personas.

2.ª Cuando la agresión sexual vaya precedida o acompañada de una violencia de extrema gravedad o de actos que revistan un carácter particularmente degradante o vejatorio [388].

3.ª Cuando los hechos se cometan contra una persona que se halle en una situación de especial vulnerabilidad por razón de su edad,

---

[385] Renumerado apartado 3 por art. único apartado 3 de Ley Orgánica 4/2023 de 27 de abril de 2023 como apartado 4, dando nueva redacción, con vigencia desde 29/04/2023

[386] Dada nueva redacción por art. único apartado 4 de Ley Orgánica 4/2023 de 27 de abril de 2023, con vigencia desde 29/04/2023

[387] Dada nueva redacción por disposición final 4 apartado 7 de Ley Orgánica 10/2022 de 6 de septiembre de 2022, con vigencia desde 07/10/2022

[388] Véase art. 177 de la presente Ley

enfermedad, discapacidad o por cualquier otra circunstancia, salvo lo dispuesto en el artículo 181.

4.ª Cuando la víctima sea o haya sido esposa o mujer que esté o haya estado ligada por análoga relación de afectividad, aun sin convivencia.

5.ª Cuando, para la ejecución del delito, la persona responsable se hubiera prevalido de una situación o relación de convivencia o de parentesco o de una relación de superioridad con respecto a la víctima.

6.ª Cuando el responsable haga uso de armas u otros medios igualmente peligrosos, susceptibles de producir la muerte o alguna de las lesiones previstas en los artículos 149 y 150 de este Código, sin perjuicio de lo dispuesto en el artículo 194 bis.

7.ª Cuando para la comisión de estos hechos la persona responsable haya anulado la voluntad de la víctima suministrándole fármacos, drogas o cualquier otra sustancia natural o química idónea a tal efecto.

Cuando en la descripción de las modalidades típicas previstas en los artículos 178 o 179 se hubiera tenido en consideración alguna de las anteriores circunstancias el conflicto se resolverá conforme a la regla del artículo 8.4 de este Código. [389]

2. Si concurrieren dos o más de las anteriores circunstancias, las penas respectivamente previstas en el apartado 1 de este artículo se impondrán en su mitad superior [390].

3. En todos los casos previstos en este capítulo, cuando el culpable se hubiera prevalido de su condición de autoridad, agente de ésta o funcionario público, se impondrá, además, la pena de inhabilitación absoluta de seis a doce años.

---

[389] Dada nueva redacción apartado 1 por art. único apartado 5 de Ley Orgánica 4/2023 de 27 de abril de 2023, con vigencia desde 29/04/2023

[390] Véase art. 67 de la presente Ley

CAPÍTULO II
De las agresiones sexuales a menores de dieciséis años [391]

181. [392] 1. El que realizare actos de carácter sexual con un menor de dieciséis años, será castigado con la pena de prisión de dos a seis años.

A estos efectos se consideran incluidos en los actos de carácter sexual los que realice el menor con un tercero o sobre sí mismo a instancia del autor.

2. Si en las conductas del apartado anterior concurre alguna de las modalidades descritas en el artículo 178.2 y 3, se impondrá una pena de prisión de cinco a diez años.

3. El órgano sentenciador, razonándolo en sentencia, en atención a la menor entidad del hecho y valorando todas las circunstancias concurrentes, incluyendo las circunstancias personales del culpable, podrá imponer la pena de prisión inferior en grado, excepto cuando medie violencia o intimidación o se realice sobre una víctima que tenga anulada por cualquier causa su voluntad, o concurran las circunstancias mencionadas en el apartado 5 de este artículo.

4. Cuando el acto sexual consista en acceso carnal por vía vaginal, anal o bucal, o en introducción de miembros corporales u objetos por alguna de las dos primeras vías, el responsable será castigado con la pena de prisión de ocho a doce años en los casos del apartado 1, y con la pena de prisión de doce a quince años en los casos del apartado 2.

5. Las conductas previstas en los apartados anteriores serán castigadas con la pena de prisión correspondiente en su mitad superior cuando concurra alguna de las siguientes circunstancias:

a) Cuando los hechos se cometan por la actuación conjunta de dos o más personas.

b) Cuando la agresión sexual vaya precedida o acompañada de una violencia de extrema gravedad o de actos que revistan un carácter particularmente degradante o vejatorio.

---

[391] Dada nueva redacción por disposición final 4 apartado 8 de Ley Orgánica 10/2022 de 6 de septiembre de 2022, con vigencia desde 07/10/2022

[392] Dada nueva redacción por art. único apartado 6 de Ley Orgánica 4/2023 de 27 de abril de 2023, con vigencia desde 29/04/2023

c) Cuando los hechos se cometan contra una persona que se halle en una situación de especial vulnerabilidad por razón de su edad, enfermedad, discapacidad o por cualquier otra circunstancia, y, en todo caso, cuando sea menor de cuatro años [393].

d) Cuando la víctima sea o haya sido pareja del autor, aun sin convivencia.

e) Cuando, para la ejecución del delito, la persona responsable se hubiera prevalido de una situación o relación de convivencia o de parentesco o de una relación de superioridad con respecto a la víctima.

f) Cuando el responsable haga uso de armas u otros medios igualmente peligrosos, susceptibles de producir la muerte o alguna de las lesiones previstas en los artículos 149 y 150 de este Código, sin perjuicio de lo dispuesto en el artículo 194 bis.

g) Cuando para la comisión de estos hechos la persona responsable haya anulado la voluntad de la víctima suministrándole fármacos, drogas o cualquier otra sustancia natural o química idónea a tal efecto.

h) Cuando la infracción se haya cometido en el seno de una organización o de un grupo criminal que se dedicare a la realización de tales actividades.

En caso de que en la descripción de las modalidades típicas previstas en los apartados 1 a 3 de este artículo se hubiera tenido en consideración alguna de las anteriores circunstancias el conflicto se resolverá conforme a la regla del artículo 8.4 de este Código.

6. Si concurrieren dos o más de las anteriores circunstancias, las penas del apartado anterior se impondrán en su mitad superior.

7. En todos los casos previstos en este artículo, cuando el culpable se hubiera prevalido de su condición de autoridad, agente de esta o funcionario público, se impondrá, además, la pena de inhabilitación absoluta de seis a doce años.

182. [394] 1. El que, con fines sexuales, haga presenciar a un menor de dieciséis años actos de carácter sexual, aunque el autor no participe en ellos, será castigado con una pena de prisión de seis meses a dos años.

---

[393] Véase art. 67 de la presente Ley

[394] Dada nueva redacción por disposición final 4 apartado 8 de Ley Orgánica 10/2022 de 6 de septiembre de 2022, con vigencia desde 07/10/2022

2. Si los actos de carácter sexual que se hacen presenciar al menor de dieciséis años constituyeran un delito contra la libertad sexual, la pena será de prisión de uno a tres años.

CAPÍTULO II BIS
De los abusos y agresiones sexuales a menores de dieciséis años
(Derogado) [395]

183. [396] 1. El que a través de internet, del teléfono o de cualquier otra tecnología de la información y la comunicación contacte con un menor de dieciséis años y proponga concertar un encuentro con el mismo a fin de cometer cualquiera de los delitos descritos en los arts. 181 y 189, siempre que tal propuesta se acompañe de actos materiales encaminados al acercamiento, será castigado con la pena de uno a tres años de prisión o multa de doce a veinticuatro meses, sin perjuicio de las penas correspondientes a los delitos en su caso cometidos. Las penas se impondrán en su mitad superior cuando el acercamiento se obtenga mediante coacción, intimidación o engaño.

2. El que, a través de internet, del teléfono o de cualquier otra tecnología de la información y la comunicación contacte con un menor de dieciséis años y realice actos dirigidos a embaucarle para que le facilite material pornográfico o le muestre imágenes pornográficas en las que se represente o aparezca un menor, será castigado con una pena de prisión de seis meses a dos años.

183 bis. [397] Salvo en los casos en que concurra alguna de las circunstancias previstas en el apartado segundo del art. 178, el libre consentimiento del menor de dieciséis años excluirá la responsabilidad penal por los delitos previstos en este capítulo cuando el autor sea una

---

[395] Derogado por disposición final 4 apartado 9 de Ley Orgánica 10/2022 de 6 de septiembre de 2022, con vigencia desde 07/10/2022

[396] Dada nueva redacción por disposición final 4 apartado 8 de Ley Orgánica 10/2022 de 6 de septiembre de 2022, pasando a formar parte del Capítulo II, con vigencia desde 07/10/2022

[397] Dada nueva redacción por disposición final 4 apartado 8 de Ley Orgánica 10/2022 de 6 de septiembre de 2022, pasando a formar parte del Capítulo II, con vigencia desde 07/10/2022

persona próxima al menor por edad y grado de desarrollo o madurez física y psicológica.

183 ter y 183 quater. [398] (Derogados)

CAPÍTULO III
Del acoso sexual [399]

184. [400] 1. El que solicitare favores de naturaleza sexual, para sí o para un tercero, en el ámbito de una relación laboral, docente, de prestación de servicios o análoga, continuada o habitual, y con tal comportamiento provocare a la víctima una situación objetiva y gravemente intimidatoria, hostil o humillante, será castigado, como autor de acoso sexual, con la pena de prisión de seis a doce meses o multa de diez a quince meses e inhabilitación especial para el ejercicio de la profesión, oficio o actividad de doce a quince meses.

2. Si el culpable de acoso sexual hubiera cometido el hecho prevaliéndose de una situación de superioridad laboral, docente o jerárquica, o sobre persona sujeta a su guarda o custodia, o con el anuncio expreso o tácito de causar a la víctima un mal relacionado con las legítimas expectativas que aquella pueda tener en el ámbito de la indicada relación, la pena será de prisión de uno a dos años e inhabilitación especial para el ejercicio de la profesión, oficio o actividad de dieciocho a veinticuatro meses.

3. Asimismo, si el culpable de acoso sexual lo hubiera cometido en centros de protección o reforma de menores, centro de internamiento de personas extranjeras, o cualquier otro centro de detención, custodia o acogida, incluso de estancia temporal, la pena será de prisión de uno a dos años e inhabilitación especial para el ejercicio de la profesión, oficio o actividad de dieciocho a veinticuatro meses, sin perjuicio de lo establecido en el artículo 443.2.

---

[398] Derogado por disposición final 4 apartado 9 de Ley Orgánica 10/2022 de 6 de septiembre de 2022, con vigencia desde 07/10/2022

[399] Dada nueva redacción por art. 2 de Ley Orgánica 11/1999 de 30 de abril de 1999, con vigencia desde 21/05/1999

[400] Dada nueva redacción por disposición final 4 apartado 10 de Ley Orgánica 10/2022 de 6 de septiembre de 2022, con vigencia desde 07/10/2022

4. Cuando la víctima se halle en una situación de especial vulnerabilidad por razón de su edad, enfermedad o discapacidad, la pena se impondrá en su mitad superior [401] .

5. Cuando de acuerdo con lo establecido en el artículo 31 bis, una persona jurídica sea responsable de este delito, se le impondrá la pena de multa de seis meses a dos años. Atenidas las reglas establecidas en el artículo 66 bis, los jueces y tribunales podrán asimismo imponer las penas recogidas en las letras b) a g) del apartado 7 del artículo 33.

CAPÍTULO IV
De los delitos de exhibicionismo y provocación sexual [402] *[403]*

185. *[404]* El que ejecutare o hiciere ejecutar a otra persona actos de exhibición obscena ante menores de edad o personas con discapacidad necesitadas de especial protección, será castigado con la pena de prisión de seis meses a un año o multa de 12 a 24 meses.

186. *[405]* El que, por cualquier medio directo, vendiere, difundiere o exhibiere material pornográfico entre menores de edad o personas con discapacidad necesitadas de especial protección, será castigado con la pena de prisión de seis meses a un año o multa de 12 a 24 meses.

---

[401] Véanse art. 95.2.b Ley 7/2007, de 12 de abril, del Estatuto Básico del Empleado Público; art. 8.13 LISOS; arts. 7, 48 y 62 LO 3/2007, de 22 de marzo, para la igualdad efectiva de hombres y mujeres y arts. 443 y ss de la presente Ley

[402] Véase art. 20.4 CE y arts. 191 y ss de la presente Ley

[403] Dada nueva redacción por art. 2 de Ley Orgánica 11/1999 de 30 de abril de 1999, con vigencia desde 21/05/1999

[404] Dada nueva redacción por art. único apartado 258 punto 1 de Ley Orgánica 1/2015 de 30 de marzo de 2015, con vigencia desde 01/07/2015

[405] Dada nueva redacción por art. único apartado 258 punto 1 de Ley Orgánica 1/2015 de 30 de marzo de 2015, con vigencia desde 01/07/2015

CAPÍTULO V
De los delitos relativos a la prostitución y a la explotación sexual y corrupción de menores [406] [407]

187. [408] 1. El que, empleando violencia, intimidación o engaño, o abusando de una situación de superioridad o de necesidad o vulnerabilidad de la víctima, determine a una persona mayor de edad a ejercer o a mantenerse en la prostitución, será castigado con las penas de prisión de dos a cinco años y multa de doce a veinticuatro meses.

Se impondrá la pena de prisión de dos a cuatro años y multa de doce a veinticuatro meses a quien se lucre explotando la prostitución de otra persona, aun con el consentimiento de la misma. En todo caso, se entenderá que hay explotación cuando concurra alguna de las siguientes circunstancias:

a) Que la víctima se encuentre en una situación de vulnerabilidad personal o económica.

b) Que se le impongan para su ejercicio condiciones gravosas, desproporcionadas o abusivas [409].

2. Se impondrán las penas previstas en los apartados anteriores en su mitad superior, en sus respectivos casos, cuando concurra alguna de las siguientes circunstancias:

a) Cuando el culpable se hubiera prevalido de su condición de autoridad, agente de ésta o funcionario público. En este caso se aplicará, además, la pena de inhabilitación absoluta de seis a doce años.

b) Cuando el culpable perteneciere a una organización o grupo criminal que se dedicare a la realización de tales actividades.

c) Cuando el culpable hubiere puesto en peligro, de forma dolosa o por imprudencia grave, la vida o salud de la víctima [410].

---

[406] Véase art. 23.4.e LOPJ; art. 853.3 CC y art. 282 bis LECrim

[407] Dada nueva redacción por art. único apartado 101 de Ley Orgánica 1/2015 de 30 de marzo de 2015, con vigencia desde 01/07/2015

[408] Dada nueva redacción por art. único apartado 102 de Ley Orgánica 1/2015 de 30 de marzo de 2015, con vigencia desde 01/07/2015

[409] Véase LO 1/1996, de 15 de enero, de Protección Jurídica del Menor y art. 25 de la presente Ley

[410] Véase art. 67 de la presente Ley

3. Las penas señaladas se impondrán en sus respectivos casos sin perjuicio de las que correspondan por las agresiones o abusos sexuales cometidos sobre la persona prostituida.

188. [411] 1. El que induzca, promueva, favorezca o facilite la prostitución de un menor de edad o una persona con discapacidad necesitada de especial protección, o se lucre con ello, o explote de algún otro modo a un menor o a una persona con discapacidad para estos fines, será castigado con las penas de prisión de dos a cinco años y multa de doce a veinticuatro meses.

Si la víctima fuera menor de dieciséis años, se impondrá la pena de prisión de cuatro a ocho años y multa de doce a veinticuatro meses.

2. Si los hechos descritos en el apartado anterior se cometieran con violencia o intimidación, además de las penas de multa previstas, se impondrá la pena de prisión de cinco a diez años si la víctima es menor de dieciséis años, y la pena de prisión de cuatro a seis años en los demás casos.

3. Se impondrán las penas superiores en grado a las previstas en los apartados anteriores, en sus respectivos casos, cuando concurra alguna de las siguientes circunstancias:

a) Cuando la víctima se halle en una situación de especial vulnerabilidad por razón de su edad, enfermedad, discapacidad o por cualquier otra circunstancia. [412]

b) Cuando, para la ejecución del delito, el responsable se hubiera prevalido de una situación de convivencia o de una relación de superioridad o parentesco, por ser ascendiente, o hermano, por naturaleza o adopción, o afines, con la víctima. [413]

c) Cuando, para la ejecución del delito, el responsable se hubiera prevalido de su condición de autoridad, agente de ésta o funcionario público. En este caso se impondrá, además, una pena de inhabilitación absoluta de seis a doce años.

---

[411] Dada nueva redacción por art. único apartado 103 de Ley Orgánica 1/2015 de 30 de marzo de 2015, con vigencia desde 01/07/2015

[412] Dada nueva redacción apartado 3 letra a por disposición final 6 apartado 21 de Ley Orgánica 8/2021 de 4 de junio de 2021, con vigencia desde 25/06/2021

[413] Dada nueva redacción apartado 3 letra b por disposición final 6 apartado 21 de Ley Orgánica 8/2021 de 4 de junio de 2021, con vigencia desde 25/06/2021

d) Cuando el culpable hubiere puesto en peligro, de forma dolosa o por imprudencia grave, la vida o salud de la víctima.

e) Cuando los hechos se hubieren cometido por la actuación conjunta de dos o más personas.

f) Cuando el culpable perteneciere a una organización o asociación, incluso de carácter transitorio, que se dedicare a la realización de tales actividades.

4. El que solicite, acepte u obtenga, a cambio de una remuneración o promesa, una relación sexual con una persona menor de edad o una persona con discapacidad necesitada de especial protección, será castigado con una pena de uno a cuatro años de prisión. Si el menor no hubiera cumplido dieciséis años de edad, se impondrá una pena de dos a seis años de prisión.

5. Las penas señaladas se impondrán en sus respectivos casos sin perjuicio de las que correspondan por las infracciones contra la libertad o indemnidad sexual cometidas sobre los menores y personas con discapacidad necesitadas de especial protección.

189. [414] 1. Será castigado con la pena de prisión de uno a cinco años:

a) El que captare o utilizare a menores de edad o a personas con discapacidad necesitadas de especial protección con fines o en espectáculos exhibicionistas o pornográficos, tanto públicos como privados, o para elaborar cualquier clase de material pornográfico, cualquiera que sea su soporte, o financiare cualquiera de estas actividades o se lucrare con ellas.

b) El que produjere, vendiere, distribuyere, exhibiere, ofreciere o facilitare la producción, venta, difusión o exhibición por cualquier medio de pornografía infantil o en cuya elaboración hayan sido utilizadas personas con discapacidad necesitadas de especial protección, o lo poseyere para estos fines, aunque el material tuviere su origen en el extranjero o fuere desconocido.

A los efectos de este Título se considera pornografía infantil o en cuya elaboración hayan sido utilizadas personas con discapacidad necesitadas de especial protección:

---

[414] Dada nueva redacción por art. único apartado 104 de Ley Orgánica 1/2015 de 30 de marzo de 2015, con vigencia desde 01/07/2015

a) Todo material que represente de manera visual a un menor o una persona con discapacidad necesitada de especial protección participando en una conducta sexualmente explícita, real o simulada.

b) Toda representación de los órganos sexuales de un menor o persona con discapacidad necesitada de especial protección con fines principalmente sexuales.

c) Todo material que represente de forma visual a una persona que parezca ser un menor participando en una conducta sexualmente explícita, real o simulada, o cualquier representación de los órganos sexuales de una persona que parezca ser un menor, con fines principalmente sexuales, salvo que la persona que parezca ser un menor resulte tener en realidad dieciocho años o más en el momento de obtenerse las imágenes.

d) Imágenes realistas de un menor participando en una conducta sexualmente explícita o imágenes realistas de los órganos sexuales de un menor, con fines principalmente sexuales.

2. Serán castigados con la pena de prisión de cinco a nueve años los que realicen los actos previstos en el apartado 1 de este artículo cuando concurra alguna de las circunstancias siguientes:

a) Cuando se utilice a menores de dieciséis años.

b) Cuando los hechos revistan un carácter particularmente degradante o vejatorio, se emplee violencia física o sexual para la obtención del material pornográfico o se representen escenas de violencia física o sexual. [415]

c) Cuando se utilice a personas menores de edad que se hallen en una situación de especial vulnerabilidad por razón de enfermedad, discapacidad o por cualquier otra circunstancia. [416]

d) Cuando el culpable hubiere puesto en peligro, de forma dolosa o por imprudencia grave, la vida o salud de la víctima.

e) Cuando el material pornográfico fuera de notoria importancia.

f) Cuando el culpable perteneciere a una organización o asociación, incluso de carácter transitorio, que se dedicare a la realización de tales actividades.

---

[415] Dada nueva redacción apartado 2 letra b por disposición final 6 apartado 22 de Ley Orgánica 8/2021 de 4 de junio de 2021, con vigencia desde 25/06/2021

[416] Dada nueva redacción apartado 2 letra c por disposición final 6 apartado 22 de Ley Orgánica 8/2021 de 4 de junio de 2021, con vigencia desde 25/06/2021

g) Cuando el responsable sea ascendiente, tutor, curador, guardador, maestro o cualquier otra persona encargada, de hecho, aunque fuera provisionalmente, o de derecho, de la persona menor de edad o persona con discapacidad necesitada de especial protección, o se trate de cualquier persona que conviva con él o de otra persona que haya actuado abusando de su posición reconocida de confianza o autoridad. [417]

h) Cuando concurra la agravante de reincidencia.

3. Si los hechos a que se refiere la letra a) del párrafo primero del apartado 1 se hubieran cometido con violencia o intimidación se impondrá la pena superior en grado a las previstas en los apartados anteriores.

4. El que asistiere a sabiendas a espectáculos exhibicionistas o pornográficos en los que participen menores de edad o personas con discapacidad necesitadas de especial protección, será castigado con la pena de seis meses a dos años de prisión.

5. El que para su propio uso adquiera o posea pornografía infantil o en cuya elaboración se hubieran utilizado personas con discapacidad necesitadas de especial protección, será castigado con la pena de tres meses a un año de prisión o con multa de seis meses a dos años.

La misma pena se impondrá a quien acceda a sabiendas a pornografía infantil o en cuya elaboración se hubieran utilizado personas con discapacidad necesitadas de especial protección, por medio de las tecnologías de la información y la comunicación.

6. El que tuviere bajo su potestad, tutela, guarda o acogimiento a un menor de edad o una persona con discapacidad necesitada de especial protección y que, con conocimiento de su estado de prostitución o corrupción, no haga lo posible para impedir su continuación en tal estado, o no acuda a la autoridad competente para el mismo fin si carece de medios para la custodia del menor o persona con discapacidad necesitada de especial protección, será castigado con la pena de prisión de tres a seis meses o multa de seis a doce meses.

7. El Ministerio Fiscal promoverá las acciones pertinentes con objeto de privar de la patria potestad, tutela, guarda o acogimiento familiar, en su caso, a la persona que incurra en alguna de las conductas descritas en el apartado anterior.

---

[417] Dada nueva redacción apartado 2 letra g por disposición final 6 apartado 22 de Ley Orgánica 8/2021 de 4 de junio de 2021, con vigencia desde 25/06/2021

8. Los Jueces y Tribunales ordenarán la adopción de las medidas necesarias para la retirada de las páginas web o aplicaciones de internet que contengan o difundan pornografía infantil o en cuya elaboración se hubieran utilizado personas con discapacidad necesitadas de especial protección o, en su caso, para bloquear el acceso a las mismas a los usuarios de Internet que se encuentren en territorio español.

Estas medidas podrán ser acordadas con carácter cautelar a petición del Ministerio Fiscal [418].

189 bis. [419] La distribución o difusión pública a través de Internet, del teléfono o de cualquier otra tecnología de la información o de la comunicación de contenidos específicamente destinados a promover, fomentar o incitar a la comisión de los delitos previstos en este capítulo y en los capítulos II y IV del presente título será castigada con la pena de multa de seis a doce meses o pena de prisión de uno a tres años.

Las autoridades judiciales ordenarán la adopción de las medidas necesarias para la retirada de los contenidos a los que se refiere el párrafo anterior, para la interrupción de los servicios que ofrezcan predominantemente dichos contenidos o para el bloqueo de unos y otros cuando radiquen en el extranjero.

189 ter. [420] Cuando de acuerdo con lo establecido en el artículo 31 bis una persona jurídica sea responsable de los delitos comprendidos en este Capítulo, se le impondrán las siguientes penas:

a) Multa del triple al quíntuple del beneficio obtenido, si el delito cometido por la persona física tiene prevista una pena de prisión de más de cinco años.

b) Multa del doble al cuádruple del beneficio obtenido, si el delito cometido por la persona física tiene prevista una pena de prisión de más de dos años no incluida en el anterior inciso.

---

[418] Véanse arts. 111.1, 154, 170 a 174, 215 y ss, 243 y 247 CC; art. 282 bis LECrim y art. 25 de la presente Ley

[419] Dada nueva redacción por art. único apartado 7 de Ley Orgánica 4/2023 de 27 de abril de 2023, con vigencia desde 29/04/2023

[420] Añadido por disposición final 6 apartado 24 de Ley Orgánica 8/2021 de 4 de junio de 2021, con vigencia desde 25/06/2021

c) Multa del doble al triple del beneficio obtenido, en el resto de los casos.

d) Disolución de la persona jurídica, conforme a lo dispuesto en el artículo 33.7 b) de este Código, pudiendo decretarse, atendidas las reglas recogidas en el artículo 66 bis, las demás penas previstas en el mismo que sean compatibles con la disolución. [421]

Párrafo 2 (Derogado) [422]

CAPÍTULO VI
Disposiciones comunes a los Capítulos anteriores

190. [423] La condena de un Juez o Tribunal extranjero, impuesta por delitos comprendidos en este Título, será equiparada a las sentencias de los Jueces o Tribunales españoles a los efectos de la aplicación de la circunstancia agravante de reincidencia.

191. 1. Para proceder por los delitos de agresiones sexuales y acoso sexual será precisa denuncia de la persona agraviada, de su representante legal o querella del Ministerio Fiscal, que actuará ponderando los legítimos intereses en presencia. Cuando la víctima sea menor de edad, persona con discapacidad necesitada de especial protección o una persona desvalida, bastará la denuncia del Ministerio Fiscal. [424]

2. En estos delitos el perdón del ofendido o del representante legal no extingue la acción penal ni la responsabilidad de esa clase [425] .

---

[421] Añadida letra d por disposición final 4 apartado 11 de Ley Orgánica 10/2022 de 6 de septiembre de 2022, con vigencia desde 07/10/2022

[422] Derogado párrafo 2 por disposición final 4 apartado 11 de Ley Orgánica 10/2022 de 6 de septiembre de 2022, con vigencia desde 07/10/2022

[423] Dada nueva redacción por disposición final 4 apartado 12 de Ley Orgánica 10/2022 de 6 de septiembre de 2022, pasando a formar parte del Capítulo VI, con vigencia desde 07/10/2022

[424] Dada nueva redacción apartado 1 por disposición final 4 apartado 13 de Ley Orgánica 10/2022 de 6 de septiembre de 2022, con vigencia desde 07/10/2022

[425] Véase LO 1/1996, de 15 de enero, de Protección Jurídica del Menor; arts. 104 a 106 LECrim y arts. 25, 86 y 130.5 de la presente Ley

192. 1. A los condenados a pena de prisión por uno o más delitos comprendidos en este Título se les impondrá además la medida de libertad vigilada, que se ejecutará con posterioridad a la pena privativa de libertad. La duración de dicha medida será de cinco a diez años, si alguno de los delitos fuera grave, y de uno a cinco años si se trata de uno o más delitos menos graves. En este último caso, cuando se trate de un solo delito cometido por un delincuente primario, el Tribunal podrá imponer o no la medida de libertad vigilada en atención a la menor peligrosidad del autor. [426]

2. Los ascendientes, tutores, curadores, guardadores, maestros o cualquier otra persona encargada de hecho o de derecho del menor o persona con discapacidad necesitada de especial protección, que intervengan como autores o cómplices en la perpetración de los delitos comprendidos en este Título, serán castigados con la pena que les corresponda, en su mitad superior.

No se aplicará esta regla cuando la circunstancia en ella contenida esté específicamente contemplada en el tipo penal de que se trate. [427]

3. La autoridad judicial impondrá a las personas responsables de la comisión de alguno de los delitos de los Capítulos I o V cuando la víctima sea menor de edad y en todo caso de alguno de los delitos del Capítulo II, además de las penas previstas en tales Capítulos, la pena de privación de la patria potestad o de inhabilitación especial para el ejercicio de los derechos de la patria potestad, tutela, curatela, guarda o acogimiento, por tiempo de cuatro a diez años. A las personas responsables del resto de delitos del presente Título se les podrá imponer razonadamente, además de las penas señaladas para tales delitos, la pena de privación de la patria potestad o la pena de inhabilitación especial para el ejercicio de los derechos de la patria potestad, tutela, curatela, guarda o acogimiento, por el tiempo de seis meses a seis años, así como la pena de inhabilitación para empleo o cargo público o ejercicio de la profesión u oficio, retribuido o no, por el tiempo de seis meses a seis años.

---

[426] Dada nueva redacción apartado 1 por art. único apartado 105 de Ley Orgánica 1/2015 de 30 de marzo de 2015, con vigencia desde 01/07/2015

[427] Dada nueva redacción apartado 2 por art. único apartado 258 punto 1 de Ley Orgánica 1/2015 de 30 de marzo de 2015, con vigencia desde 01/07/2015

Asimismo, la autoridad judicial impondrá a las personas responsables de los delitos comprendidos en el presente Título, sin perjuicio de las penas que correspondan con arreglo a los artículos precedentes, una pena de inhabilitación especial para cualquier profesión, oficio o actividades, sean o no retribuidos, que conlleve contacto regular y directo con personas menores de edad, por un tiempo superior entre cinco y veinte años al de la duración de la pena de privación de libertad impuesta en la sentencia si el delito fuera grave, y entre dos y veinte años si fuera menos grave. En ambos casos se atenderá proporcionalmente a la gravedad del delito, el número de los delitos cometidos y a las circunstancias que concurran en la persona condenada. [428]

193. En las sentencias condenatorias por delitos contra la libertad sexual, además del pronunciamiento correspondiente a la responsabilidad civil, se harán, en su caso, los que procedan en orden a la filiación y fijación de alimentos [429].

194. [430] En los supuestos tipificados en los capítulos IV y V de este título, cuando en la realización de los actos se utilizaren establecimientos o locales, abiertos o no al público, se decretará en la sentencia condenatoria su clausura definitiva. La clausura podrá adoptarse también con carácter cautelar.

194 bis. [431] Las penas previstas en los delitos de este título se impondrán sin perjuicio de la que pudiera corresponder por los actos de violencia física o psíquica que se realizasen.

---

[428] Dada nueva redacción apartado 3 por disposición final 4 apartado 14 de Ley Orgánica 10/2022 de 6 de septiembre de 2022, con vigencia desde 07/10/2022

[429] Véanse arts. 111 y 120 a 126 CC

[430] Dada nueva redacción por disposición final 4 apartado 15 de Ley Orgánica 10/2022 de 6 de septiembre de 2022, con vigencia desde 07/10/2022

[431] Añadido por disposición final 4 apartado 16 de Ley Orgánica 10/2022 de 6 de septiembre de 2022, con vigencia desde 07/10/2022

TÍTULO IX
De la omisión del deber de socorro

195. 1. El que no socorriere a una persona que se halle desamparada y en peligro manifiesto y grave, cuando pudiere hacerlo sin riesgo propio ni de terceros, será castigado con la pena de multa de tres a doce meses.

2. En las mismas penas incurrirá el que, impedido de prestar socorro, no demande con urgencia auxilio ajeno.

3. Si la víctima lo fuere por accidente ocasionado fortuitamente por el que omitió el auxilio, la pena será de prisión de seis meses a 18 meses, y si el accidente se debiere a imprudencia, la de prisión de seis meses a cuatro años [432]. [433]

196. El profesional que, estando obligado a ello, denegare asistencia sanitaria o abandonare los servicios sanitarios, cuando de la denegación o abandono se derive riesgo grave para la salud de las personas, será castigado con las penas del artículo precedente en su mitad superior y con la de inhabilitación especial para empleo o cargo público, profesión u oficio, por tiempo de seis meses a tres años [434].

---

[432] Véanse arts. 71 y 72 CPM; art. 76 Ley sobre Tráfico, Circulación de Vehículos a Motor y Seguridad Vial, aprobado por RDLeg. 6/2015, de 30 de octubre; art. 1 LOTJ y arts. 11, 189.5, 379 y ss, 412, 450, 618 y 619 de la presente Ley

[433] Dada nueva redacción apartado 3 por art. único apartado 70 de Ley Orgánica 15/2003 de 25 de noviembre de 2003, con vigencia desde 01/10/2004

[434] Véase art. 43 CE y arts. 11 y 12 de la presente Ley

TÍTULO X
Delitos contra la intimidad, el derecho a la propia imagen y la inviolabilidad del domicilio [435]

CAPÍTULO PRIMERO
Del descubrimiento y revelación de secretos [436]

197. [437] 1. El que, para descubrir los secretos o vulnerar la intimidad de otro, sin su consentimiento, se apodere de sus papeles, cartas, mensajes de correo electrónico o cualesquiera otros documentos o efectos personales, intercepte sus telecomunicaciones o utilice artificios técnicos de escucha, transmisión, grabación o reproducción del sonido o de la imagen, o de cualquier otra señal de comunicación, será castigado con las penas de prisión de uno a cuatro años y multa de doce a veinticuatro meses [438].

2. Las mismas penas se impondrán al que, sin estar autorizado, se apodere, utilice o modifique, en perjuicio de tercero, datos reservados de carácter personal o familiar de otro que se hallen registrados en ficheros o soportes informáticos, electrónicos o telemáticos, o en cualquier otro tipo de archivo o registro público o privado. Iguales penas se impondrán a quien, sin estar autorizado, acceda por cualquier medio a los mismos y a quien los altere o utilice en perjuicio del titular de los datos o de un tercero.

3. Se impondrá la pena de prisión de dos a cinco años si se difunden, revelan o ceden a terceros los datos o hechos descubiertos o las imágenes captadas a que se refieren los números anteriores.

Será castigado con las penas de prisión de uno a tres años y multa de doce a veinticuatro meses, el que, con conocimiento de su origen

---

[435] Véanse arts. 18 y 20.4 CE

[436] Véanse art.18.1, 3 y 4 y 20.4 CE;   art. 25 CPM; arts. 13 y 14 Ley 3/1991, de 10 de enero, de Competencia Desleal; LO 1/1982, de 5 de mayo, de Protección Civil del Derecho al Honor, a la Intimidad Personal y a la Propia Imagen y arts. 413 y siguientes y 598 a 603 de la presente Ley

[437] Dada nueva redacción por art. único apartado 106 de Ley Orgánica 1/2015 de 30 de marzo de 2015, con vigencia desde 01/07/2015

[438] Véase art. 26 de la presente Ley

ilícito y sin haber tomado parte en su descubrimiento, realizare la conducta descrita en el párrafo anterior.

4. Los hechos descritos en los apartados 1 y 2 de este artículo serán castigados con una pena de prisión de tres a cinco años cuando:

a) Se cometan por las personas encargadas o responsables de los ficheros, soportes informáticos, electrónicos o telemáticos, archivos o registros; o

b) se lleven a cabo mediante la utilización no autorizada de datos personales de la víctima.

Si los datos reservados se hubieran difundido, cedido o revelado a terceros, se impondrán las penas en su mitad superior.

5. Igualmente, cuando los hechos descritos en los apartados anteriores afecten a datos de carácter personal que revelen la ideología, religión, creencias, salud, origen racial o vida sexual, o la víctima fuere un menor de edad o una persona con discapacidad necesitada de especial protección, se impondrán las penas previstas en su mitad superior [439].

6. Si los hechos se realizan con fines lucrativos, se impondrán las penas respectivamente previstas en los apartados 1 al 4 de este artículo en su mitad superior. Si además afectan a datos de los mencionados en el apartado anterior, la pena a imponer será la de prisión de cuatro a siete años.

7. Será castigado con una pena de prisión de tres meses a un año o multa de seis a doce meses el que, sin autorización de la persona afectada, difunda, revele o ceda a terceros imágenes o grabaciones audiovisuales de aquélla que hubiera obtenido con su anuencia en un domicilio o en cualquier otro lugar fuera del alcance de la mirada de terceros, cuando la divulgación menoscabe gravemente la intimidad personal de esa persona.

Se impondrá la pena de multa de uno a tres meses a quien habiendo recibido las imágenes o grabaciones audiovisuales a las que se refiere el párrafo anterior las difunda, revele o ceda a terceros sin el consentimiento de la persona afectada.

En los supuestos de los párrafos anteriores, la pena se impondrá en su mitad superior cuando los hechos hubieran sido cometidos por el cónyuge o por persona que esté o haya estado unida a él por

---

[439] Véase art. 25 de la presente Ley e Instrucción 2/2006, de 15 de marzo, de la Fiscalía General del Estado

análoga relación de afectividad, aun sin convivencia, la víctima fuera menor de edad o una persona con discapacidad necesitada de especial protección, o los hechos se hubieran cometido con una finalidad lucrativa. [440]

197 bis. [441] 1. El que por cualquier medio o procedimiento, vulnerando las medidas de seguridad establecidas para impedirlo, y sin estar debidamente autorizado, acceda o facilite a otro el acceso al conjunto o una parte de un sistema de información o se mantenga en él en contra de la voluntad de quien tenga el legítimo derecho a excluirlo, será castigado con pena de prisión de seis meses a dos años.

2. El que mediante la utilización de artificios o instrumentos técnicos, y sin estar debidamente autorizado, intercepte transmisiones no públicas de datos informáticos que se produzcan desde, hacia o dentro de un sistema de información, incluidas las emisiones electromagnéticas de los mismos, será castigado con una pena de prisión de tres meses a dos años o multa de tres a doce meses.

197 ter. [442] Será castigado con una pena de prisión de seis meses a dos años o multa de tres a dieciocho meses el que, sin estar debidamente autorizado, produzca, adquiera para su uso, importe o, de cualquier modo, facilite a terceros, con la intención de facilitar la comisión de alguno de los delitos a que se refieren los apartados 1 y 2 del art. 197 o el art. 197 bis:

a) un programa informático, concebido o adaptado principalmente para cometer dichos delitos; o

b) una contraseña de ordenador, un código de acceso o datos similares que permitan acceder a la totalidad o a una parte de un sistema de información.

---

[440] Dada nueva redacción apartado 7 por disposición final 4 apartado 17 de Ley Orgánica 10/2022 de 6 de septiembre de 2022, con vigencia desde 07/10/2022

[441] Añadido por art. único apartado 107 de Ley Orgánica 1/2015 de 30 de marzo de 2015, con vigencia desde 01/07/2015

[442] Añadido por art. único apartado 108 de Ley Orgánica 1/2015 de 30 de marzo de 2015, con vigencia desde 01/07/2015

197 quater. [443] Si los hechos descritos en este Capítulo se hubieran cometido en el seno de una organización o grupo criminal, se aplicarán respectivamente las penas superiores en grado.

197 quinquies. [444] Cuando de acuerdo con lo establecido en el art. 31 bis una persona jurídica sea responsable de los delitos comprendidos en los arts. 197, 197 bis y 197 ter, se le impondrá la pena de multa de seis meses a dos años. Atendidas las reglas establecidas en el art. 66 bis, los Jueces y Tribunales podrán asimismo imponer las penas recogidas en las letras b) a g) del apartado 7 del art. 33 .

198. La autoridad o funcionario público que, fuera de los casos permitidos por la Ley, sin mediar causa legal por delito, y prevaliéndose de su cargo, realizare cualquiera de las conductas descritas en el artículo anterior, será castigado con las penas respectivamente previstas en el mismo, en su mitad superior y, además, con la de inhabilitación absoluta por tiempo de seis a doce años [445] .

199. 1. El que revelare secretos ajenos, de los que tenga conocimiento por razón de su oficio o sus relaciones laborales, será castigado con la pena de prisión de uno a tres años y multa de seis a doce meses.

2. El profesional que, con incumplimiento de su obligación de sigilo o reserva, divulgue los secretos de otra persona, será castigado con la pena de prisión de uno a cuatro años, multa de doce a veinticuatro meses e inhabilitación especial para dicha profesión por tiempo de dos a seis años [446] .

[443] Añadido por art. único apartado 109 de Ley Orgánica 1/2015 de 30 de marzo de 2015, con vigencia desde 01/07/2015

[444] Añadido por art. único apartado 110 de Ley Orgánica 1/2015 de 30 de marzo de 2015, con vigencia desde 01/07/2015

[445] Véanse arts. 18.3, 55 y 116 CE; arts. 579 a 588 LECrim; art. 51.4 LOGP y arts. 413 y ss, 442 y 534 y ss de la presente Ley

[446] Véanse arts. 542.3 y 543.3 LOPJ; arts. 263, 301 y 416.2 LECrim; arts. 21 y 22 RD 135/2021, de 2 de marzo, por el que se aprueba el Estatuto General de la Abogacía Española; arts. 37 a 39 RD 1281/2002, de 5 de diciembre, por el que se aprueba el Estatuto General de los Procuradores de los Tribunales de España y arts. 278 y ss y 466 y 467 de la presente Ley

200. Lo dispuesto en este Capítulo será aplicable al que descubriere, revelare o cediere datos reservados de personas jurídicas, sin el consentimiento de sus representantes, salvo lo dispuesto en otros preceptos de este Código.

201. [447] 1. Para proceder por los delitos previstos en este Capítulo será necesaria denuncia de la persona agraviada o de su representante legal.

2. No será precisa la denuncia exigida en el apartado anterior para proceder por los hechos descritos en el artículo 198 de este Código, ni cuando la comisión del delito afecte a los intereses generales, a una pluralidad de personas o si la víctima es una persona menor de edad o una persona con discapacidad necesitada de especial protección.

3. El perdón del ofendido o de su representante legal, en su caso, extingue la acción penal sin perjuicio de lo dispuesto en el artículo 130.1.5.º, párrafo segundo.

CAPÍTULO II
Del allanamiento de morada, domicilio de personas jurídicas y establecimientos abiertos al público [448]

202. 1. El particular que, sin habitar en ella, entrare en morada ajena o se mantuviere en la misma contra la voluntad de su morador, será castigado con la pena de prisión de seis meses a dos años.

2. Si el hecho se ejecutare con violencia o intimidación la pena será de prisión de uno a cuatro años y multa de seis a doce meses.

203. 1. Será castigado con las penas de prisión de seis meses a un año y multa de seis a diez meses el que entrare contra la voluntad de su titular en el domicilio de una persona jurídica pública o privada, despacho profesional u oficina, o en establecimiento mercantil o local abierto al público fuera de las horas de apertura.

---

[447] Dada nueva redacción por disposición final 6 apartado 26 de Ley Orgánica 8/2021 de 4 de junio de 2021, con vigencia desde 25/06/2021

[448] Véanse arts. 18.2 y 55 CE; arts. 545, 554 y 588 LECrim; art. 1 LOTJ y arts. 241, 245.2, 490, 493, 503.1, 534, 557 y 635 de la presente Ley

2. Será castigado con la pena de multa de uno a tres meses el que se mantuviere contra la voluntad de su titular, fuera de las horas de apertura, en el domicilio de una persona jurídica pública o privada, despacho profesional u oficina, o en establecimiento mercantil o local abierto al público. [449]

3. Será castigado con la pena de prisión de seis meses a tres años, el que con violencia o intimidación entrare o se mantuviere contra la voluntad de su titular en el domicilio de una persona jurídica pública o privada, despacho profesional u oficina, o en establecimiento mercantil o local abierto al público. [450]

204. La autoridad o funcionario público que, fuera de los casos permitidos por la Ley y sin mediar causa legal por delito, cometiere cualquiera de los hechos descritos en los dos artículos anteriores, será castigado con la pena prevista respectivamente en los mismos, en su mitad superior, e inhabilitación absoluta de seis a doce años.

TÍTULO XI
Delitos contra el honor

CAPÍTULO PRIMERO
De la calumnia

205. Es calumnia la imputación de un delito hecha con conocimiento de su falsedad o temerario desprecio hacia la verdad [451].

---

[449] Añadido apartado 2 por art. único apartado 111 de Ley Orgánica 1/2015 de 30 de marzo de 2015, con vigencia desde 01/07/2015

[450] Renumerado apartado 2 por art. único apartado 111 de Ley Orgánica 1/2015 de 30 de marzo de 2015 como apartado 3, con vigencia desde 01/07/2015

[451] Véanse arts. 43, 48 y 50 CPM y arts. 456, 458 y ss, 490.3, 491.1 y 504 de la presente Ley

206. [452] Las calumnias serán castigadas con las penas de prisión de seis meses a dos años o multa de doce a 24 meses, si se propagaran con publicidad y, en otro caso, con multa de seis a 12 meses [453].

207. El acusado por delito de calumnia quedará exento de toda pena probando el hecho criminal que hubiere imputado [454].

CAPÍTULO II
De la injuria

208. Es injuria la acción o expresión que lesionan la dignidad de otra persona, menoscabando su fama o atentando contra su propia estimación [455].

Solamente serán constitutivas de delito las injurias que, por su naturaleza, efectos y circunstancias, sean tenidas en el concepto público por graves, sin perjuicio de lo dispuesto en el apartado 4 del art. 173 [456]. [457]

Las injurias que consistan en la imputación de hechos no se considerarán graves, salvo cuando se hayan llevado a cabo con conocimiento de su falsedad o temerario desprecio hacia la verdad.

209. Las injurias graves hechas con publicidad se castigarán con la pena de multa de seis a catorce meses y, en otro caso, con la de tres a siete meses [458].

---

[452] Dada nueva redacción por art. único apartado 71 de Ley Orgánica 15/2003 de 25 de noviembre de 2003, con vigencia desde 01/10/2004

[453] Véanse arts. 30 y 211 y ss de la presente Ley

[454] Véase art. 504 de la presente Ley

[455] Véanse arts. 10.1 CE; arts. 37, 43, 48 y 50 CPM y arts. 131.1, 490.3, 491.1, 496, 504, 505, 510.2, 612.3 y 620.2 de la presente Ley

[456] Véase art. 853.2 CC

[457] Dada nueva redacción párrafo 2 por art. único apartado 112 de Ley Orgánica 1/2015 de 30 de marzo de 2015, con vigencia desde 01/07/2015

[458] Véanse art. 104 LECrim y arts. 30 y 211 y ss de la presente Ley

210. [459] El acusado de injuria quedará exento de responsabilidad probando la verdad de las imputaciones cuando estas se dirijan contra funcionarios públicos sobre hechos concernientes al ejercicio de sus cargos o referidos a la comisión de infracciones administrativas [460].

CAPÍTULO III
Disposiciones generales

211. La calumnia y la injuria se reputarán hechas con publicidad cuando se propaguen por medio de la imprenta, la radiodifusión o por cualquier otro medio de eficacia semejante.

212. En los casos a los que se refiere el artículo anterior, será responsable civil solidaria la persona física o jurídica propietaria del medio informativo a través del cual se haya propagado la calumnia o injuria [461].

213. Si la calumnia o injuria fueren cometidas mediante precio, recompensa o promesa, los Tribunales impondrán, además de las penas señaladas para los delitos de que se trate, la de inhabilitación especial prevista en los arts. 42 ó 45 del presente Código, por tiempo de seis meses a dos años [462].

214. Si el acusado de calumnia o injuria reconociere ante la autoridad judicial la falsedad o falta de certeza de las imputaciones y se retractare de ellas, el Juez o Tribunal impondrá la pena inmediatamente inferior en grado y podrá dejar de imponer la pena de inhabilitación que establece el artículo anterior.

---

[459] Dada nueva redacción por art. único apartado 113 de Ley Orgánica 1/2015 de 30 de marzo de 2015, con vigencia desde 01/07/2015

[460] Véanse arts. 504.2 y 505.2 de la presente Ley

[461] Véase art. 120.2 de la presente Ley

[462] Véanse arts. 22.3 y 67 de la presente Ley

El Juez o Tribunal ante quien se produjera el reconocimiento ordenará que se entregue testimonio de retractación al ofendido y, si éste lo solicita, ordenará su publicación en el mismo medio en que se vertió la calumnia o injuria, en espacio idéntico o similar a aquél en que se produjo su difusión y dentro del plazo que señale el Juez o Tribunal sentenciador [463].

215. 1. Nadie será penado por calumnia o injuria sino en virtud de querella de la persona ofendida por el delito o de su representante legal. Se procederá de oficio cuando la ofensa se dirija contra funcionario público, autoridad o agente de la misma sobre hechos concernientes al ejercicio de sus cargos [464]. [465]

2. Nadie podrá deducir acción de calumnia o injuria vertidas en juicio sin previa licencia del Juez o Tribunal que de él conociere o hubiere conocido [466].

3. El perdón de la persona ofendida extingue la acción penal, sin perjuicio de lo dispuesto en el artículo 130.1.5.º, párrafo segundo de este Código [467]. [468]

216. En los delitos de calumnia o injuria se considera que la reparación del daño comprende también la publicación o divulgación de la sentencia condenatoria, a costa del condenado por tales delitos, en el tiempo y forma que el Juez o Tribunal consideren más adecuado a tal fin, oídas las dos partes [469].

---

[463] Véase LO 2/1984, de 26 de marzo, reguladora del Derecho de Rectificación

[464] Véanse arts. 265 y ss LECrim

[465] Dada nueva redacción apartado 1 por art. único apartado 72 de Ley Orgánica 15/2003 de 25 de noviembre de 2003, con vigencia desde 01/10/2004

[466] Véanse arts. 104, 279 y 805 LECrim

[467] Véase art. 106 LECrim

[468] Dada nueva redacción apartado 3 por disposición final 6 apartado 27 de Ley Orgánica 8/2021 de 4 de junio de 2021, con vigencia desde 25/06/2021

[469] Véase art. 112 de la presente Ley

TÍTULO XII
Delitos contra las relaciones familiares

CAPÍTULO PRIMERO
De los matrimonios ilegales

217. El que contrajere segundo o ulterior matrimonio, a sabiendas de que subsiste legalmente el anterior, será castigado con la pena de prisión de seis meses a un año [470].

218. 1. El que, para perjudicar al otro contrayente, celebrare matrimonio inválido será castigado con la pena de prisión de seis meses a dos años [471].

2. El responsable quedará exento de pena si el matrimonio fuese posteriormente convalidado.

219. 1. El que autorizare matrimonio en el que concurra alguna causa de nulidad conocida o denunciada en el expediente, será castigado con la pena de prisión de seis meses a dos años e inhabilitación especial para empleo o cargo público de dos a seis años.

2. Si la causa de nulidad fuere dispensable, la pena será de suspensión de empleo o cargo público de seis meses a dos años [472].

---

[470] Véanse art. 32 CE; art. 103 LECrim y arts. 46.2, 73.2 y 316 CC
[471] Véanse arts. 44 y ss, y 73 y ss CC
[472] Véanse art. 32 CE; art. 103 LECrim y arts. 46.2, 73.2, 85 y 316 CC

CAPÍTULO II
De la suposición de parto y de la alteración de la paternidad, estado o condición del menor

220. 1. La suposición de un parto será castigada con las penas de prisión de seis meses a dos años [473].

2. La misma pena se impondrá a quien ocultare o entregare a terceros una persona menor de dieciocho años para alterar o modificar su filiación [474]. [475]

3. La sustitución de un niño por otro será castigada con las penas de prisión de uno a cinco años.

4. Los ascendientes, por naturaleza o por adopción, que cometieran los hechos descritos en los tres apartados anteriores podrán ser castigados además con la pena de inhabilitación especial para el ejercicio del derecho de patria potestad que tuvieren sobre el hijo o descendiente supuesto, ocultado, entregado o sustituido, y, en su caso, sobre el resto de hijos o descendientes por tiempo de cuatro a diez años.

5. Las sustituciones de un niño por otro que se produjeren en centros sanitarios o socio-sanitarios por imprudencia grave de los responsables de su identificación y custodia, serán castigadas con la pena de prisión de seis meses a un año.

221. 1. Los que, mediando compensación económica, entreguen a otra persona un hijo, descendiente o cualquier menor aunque no concurra relación de filiación o parentesco, eludiendo los procedimientos legales de la guarda, acogimiento o adopción, con la finalidad de establecer una relación análoga a la de filiación, serán castigados con las penas de prisión de uno a cinco años y de inhabilitación especial

---

[473] Véanse arts. 959 a 967 CC

[474] Véanse art. 39.2 CE; arts. 756.1, 852 y 854CC; Ley 40/1999, de 5 de noviembre, sobre nombre y apellidos y orden de los mismos y arts. 226, 229 y 231 de la presente Ley

[475] Dada nueva redacción apartado 2 por disposición final 6 apartado 28 de Ley Orgánica 8/2021 de 4 de junio de 2021, con vigencia desde 25/06/2021

para el ejercicio del derecho de la patria potestad, tutela, curatela o guarda por tiempo de cuatro a 10 años [476] . [477]

2. Con la misma pena serán castigados la persona que lo reciba y el intermediario, aunque la entrega del menor se hubiese efectuado en país extranjero.

3. Si los hechos se cometieren utilizando guarderías, colegios u otros locales o establecimientos donde se recojan niños, se impondrá a los culpables la pena de inhabilitación especial para el ejercicio de las referidas actividades por tiempo de dos a seis años y se podrá acordar la clausura temporal o definitiva de los establecimientos. En la clausura temporal, el plazo no podrá exceder de cinco años.

222. El educador, facultativo, autoridad o funcionario público que, en el ejercicio de su profesión o cargo, realice las conductas descritas en los dos artículos anteriores, incurrirá en la pena en ellos señalada y, además, en la de inhabilitación especial para empleo o cargo público, profesión u oficio, de dos a seis años.

A los efectos de este artículo, el término facultativo comprende los médicos, matronas, personal de enfermería y cualquier otra persona que realice una actividad sanitaria o socio-sanitaria.

---

[476] Véanse arts. 108 y ss, y 177 y ss CC y arts. 226 y 231 de la presente Ley

[477] Dada nueva redacción apartado 1 por art. único apartado 73 de Ley Orgánica 15/2003 de 25 de noviembre de 2003, con vigencia desde 01/10/2004

CAPÍTULO III
De los delitos contra los derechos y deberes familiares

SECCIÓN PRIMERA
Del quebrantamiento de los deberes de custodia y de la inducción de menores al abandono de domicilio [478]

223. [479] El que, teniendo a su cargo la custodia de un menor de edad o una persona con discapacidad necesitada de especial protección, no lo presentare a sus padres o guardadores sin justificación para ello, cuando fuere requerido por ellos, será castigado con la pena de prisión de seis meses a dos años, sin perjuicio de que los hechos constituyan otro delito más grave [480].

224. El que indujere a un menor de edad o a una persona con discapacidad necesitada de especial protección a que abandone el domicilio familiar, o lugar donde resida con anuencia de sus padres, tutores o guardadores, será castigado con la pena de prisión de seis meses a dos años. [481]

En la misma pena incurrirá el progenitor que induzca a su hijo menor a infringir el régimen de custodia establecido por la autoridad judicial o administrativa [482]. [483]

---

[478] Véanse art. 39.2 CE y arts. 231 y 622 de la presente Ley

[479] Dada nueva redacción por art. único apartado 258 punto 1 de Ley Orgánica 1/2015 de 30 de marzo de 2015, con vigencia desde 01/07/2015

[480] Véase LO 1/1996, de 15 de enero, de Protección Jurídica del Menor, de modificación parcial del Código Civil y de la Ley de Enjuiciamiento Civil

[481] Dada nueva redacción párrafo 1 por art. único apartado 258 punto 1 de Ley Orgánica 1/2015 de 30 de marzo de 2015, con vigencia desde 01/07/2015

[482] Véase LO 1/1996, de 15 de enero, de Protección Jurídica del Menor, de modificación parcial del Código Civil y de la Ley de Enjuiciamiento Civil

[483] Añadido párrafo 2 por art. 3 de Ley Orgánica 9/2002 de 10 de diciembre de 2002, con vigencia desde 12/12/2002

225. [484] Cuando el responsable de los delitos previstos en los dos artículos anteriores restituya al menor de edad o a la persona con discapacidad necesitada de especial protección a su domicilio o residencia, o lo deposite en lugar conocido y seguro, sin haberle hecho objeto de vejaciones, sevicias o acto delictivo alguno, ni haber puesto en peligro su vida, salud, integridad física o libertad sexual, el hecho será castigado con la pena de prisión de tres meses a un año o multa de seis a 24 meses, siempre y cuando el lugar de estancia del menor de edad o la persona con discapacidad necesitada de especial protección haya sido comunicado a sus padres, tutores o guardadores, o la ausencia no hubiera sido superior a 24 horas.

SECCIÓN SEGUNDA
De la sustracción de menores [485]

225 bis. [486] 1. El progenitor que sin causa justificada para ello sustrajere a su hijo menor será castigado con la pena de prisión de dos a cuatro años e inhabilitación especial para el ejercicio del derecho de patria potestad por tiempo de cuatro a diez años.

2. A los efectos de este artículo, se considera sustracción:

1º) El traslado de una persona menor de edad de su lugar de residencia habitual sin consentimiento del otro progenitor o de las personas o instituciones a las cuales estuviese confiada su guarda o custodia.

2º) La retención de una persona menor de edad incumpliendo gravemente el deber establecido por resolución judicial o administrativa. [487]

---

[484] Dada nueva redacción por art. único apartado 258 punto 1 de Ley Orgánica 1/2015 de 30 de marzo de 2015, con vigencia desde 01/07/2015

[485] Añadida por art. 1 apartado 1 de Ley Orgánica 9/2002 de 10 de diciembre de 2002, con vigencia desde 12/12/2002

[486] Añadido por art. 2 de Ley Orgánica 9/2002 de 10 de diciembre de 2002, con vigencia desde 12/12/2002

[487] Dada nueva redacción apartado 2 por disposición final 6 apartado 29 de Ley Orgánica 8/2021 de 4 de junio de 2021, con vigencia desde 25/06/2021

3. Cuando el menor sea trasladado fuera de España o fuese exigida alguna condición para su restitución la pena señalada en el apartado 1 se impondrá en su mitad superior.

4. Cuando el sustractor haya comunicado el lugar de estancia al otro progenitor o a quien corresponda legalmente su cuidado dentro de las veinticuatro horas siguientes a la sustracción con el compromiso de devolución inmediata que efectivamente lleve a cabo, o la ausencia no hubiere sido superior a dicho plazo de veinticuatro horas, quedará exento de pena.

Si la restitución la hiciere, sin la comunicación a que se refiere el párrafo anterior, dentro de los quince días siguientes a la sustracción, le será impuesta la pena de prisión de seis meses a dos años.

Estos plazos se computarán desde la fecha de la denuncia de la sustracción.

5. Las penas señaladas en este artículo se impondrán igualmente a los ascendientes del menor y a los parientes del progenitor hasta el segundo grado de consanguinidad o afinidad que incurran en las conductas anteriormente descritas [488] .

SECCIÓN TERCERA
Del abandono de familia, menores o personas con discapacidad
necesitadas de especial protección [489]

226. 1. El que dejare de cumplir los deberes legales de asistencia inherentes a la patria potestad, tutela, guarda o acogimiento familiar o de prestar la asistencia necesaria legalmente establecida para el sustento de sus descendientes, ascendientes o cónyuge, que se hallen necesitados, será castigado con la pena de prisión de tres a seis meses o multa de seis a 12 meses. [490]

2. El Juez o Tribunal podrá imponer, motivadamente, al reo la pena de inhabilitación especial para el ejercicio del derecho de patria

---

[488] Véanse arts. 103 y 158 CC

[489] Dada nueva redacción por art. único apartado 114 de Ley Orgánica 1/2015 de 30 de marzo de 2015, con vigencia desde 01/07/2015

[490] Dada nueva redacción apartado 1 por art. único apartado 75 de Ley Orgánica 15/2003 de 25 de noviembre de 2003, con vigencia desde 01/10/2004

potestad, tutela, guarda o acogimiento familiar por tiempo de cuatro a diez años [491] .

227. 1. El que dejare de pagar durante dos meses consecutivos o cuatro meses no consecutivos cualquier tipo de prestación económica en favor de su cónyuge o sus hijos, establecida en convenio judicialmente aprobado o resolución judicial en los supuestos de separación legal, divorcio, declaración de nulidad del matrimonio, proceso de filiación, o proceso de alimentos a favor de sus hijos, será castigado con la pena de prisión de tres meses a un año o multa de seis a 24 meses [492] . [493]
2. Con la misma pena será castigado el que dejare de pagar cualquier otra prestación económica establecida de forma conjunta o única en los supuestos previstos en el apartado anterior.
3. La reparación del daño procedente del delito comportará siempre el pago de las cuantías adeudadas [494] .

228. [495] Los delitos previstos en los dos artículos anteriores, sólo se perseguirán previa denuncia de la persona agraviada o de su representante legal. Cuando aquélla sea menor de edad, persona con discapacidad necesitada de especial protección o una persona desvalida, también podrá denunciar el Ministerio Fiscal [496] .

229. [497] 1. El abandono de un menor de edad o una persona con discapacidad necesitada de especial protección por parte de la persona encargada de su guarda, será castigado con la pena de prisión de uno a dos años.

---

[491] Véanse art. 39.3 CE y arts. 66 a 71, 142, 149, 154 y 269 CC

[492] Véanse arts. 90 y ss y 142 y ss CC

[493] Dada nueva redacción apartado 1 por art. único apartado 76 de Ley Orgánica 15/2003 de 25 de noviembre de 2003, con vigencia desde 01/10/2004

[494] Véase art. 112 de la presente Ley

[495] Dada nueva redacción por art. único apartado 258 punto 1 de Ley Orgánica 1/2015 de 30 de marzo de 2015, con vigencia desde 01/07/2015

[496] Véase art. 86 de la presente Ley

[497] Dada nueva redacción por art. único apartado 258 punto 1 de Ley Orgánica 1/2015 de 30 de marzo de 2015, con vigencia desde 01/07/2015

2. Si el abandono fuere realizado por los padres, tutores o guardadores legales, se impondrá la pena de prisión de dieciocho meses a tres años.

3. Se impondrá la pena de prisión de dos a cuatro años cuando por las circunstancias del abandono se haya puesto en concreto peligro la vida, salud, integridad física o libertad sexual del menor de edad o de la persona con discapacidad necesitada de especial protección, sin perjuicio de castigar el hecho como corresponda si constituyera otro delito más grave [498].

230. [499] El abandono temporal de un menor de edad o de una persona con discapacidad necesitada de especial protección será castigado, en sus respectivos casos, con las penas inferiores en grado a las previstas en el artículo anterior [500].

231. [501] 1. El que, teniendo a su cargo la crianza o educación de un menor de edad o de una persona con discapacidad necesitada de especial protección, lo entregare a un tercero o a un establecimiento público sin la anuencia de quien se lo hubiere confiado, o de la autoridad, en su defecto, será castigado con la pena de multa de seis a doce meses [502].

2. Si con la entrega se hubiere puesto en concreto peligro la vida, salud, integridad física o libertad sexual del menor de edad o de la persona con discapacidad necesitada de especial protección se impondrá la pena de prisión de seis meses a dos años.

---

[498] Véanse arts. 756.1, 852 y 854 CC y art. 25 de la presente Ley

[499] Dada nueva redacción por art. único apartado 258 punto 1 de Ley Orgánica 1/2015 de 30 de marzo de 2015, con vigencia desde 01/07/2015

[500] Véase art. 25 de la presente Ley

[501] Dada nueva redacción por art. único apartado 258 punto 1 de Ley Orgánica 1/2015 de 30 de marzo de 2015, con vigencia desde 01/07/2015

[502] Véanse arts. 221 y 622 de la presente Ley

232. [503] 1. Los que utilizaren o prestaren a menores de edad o personas con discapacidad necesitadas de especial protección para la práctica de la mendicidad, incluso si ésta es encubierta, serán castigados con la pena de prisión de seis meses a un año.

2. Si para los fines del apartado anterior se traficare con menores de edad o personas con discapacidad necesitadas de especial protección, se empleare con ellos violencia o intimidación, o se les suministrare sustancias perjudiciales para su salud, se impondrá la pena de prisión de uno a cuatro años.

233. 1. El Juez o Tribunal, si lo estima oportuno en atención a las circunstancias del menor, podrá imponer a los responsables de los delitos previstos en los arts. 229 al 232 la pena de inhabilitación especial para el ejercicio de la patria potestad o de los derechos de guarda, tutela, curatela o acogimiento familiar por tiempo de cuatro a diez años [504].

2. Si el culpable ostentare la guarda del menor por su condición de funcionario público, se le impondrá además la pena de inhabilitación especial para empleo o cargo público por tiempo de dos a seis años.

3. En todo caso, el Ministerio Fiscal instará de la autoridad competente las medidas pertinentes para la debida custodia y protección del menor.

---

[503] Dada nueva redacción por art. único apartado 258 punto 1 de Ley Orgánica 1/2015 de 30 de marzo de 2015, con vigencia desde 01/07/2015

[504] Véanse arts. 170 y 247 CC

TÍTULO XIII
Delitos contra el patrimonio y contra el orden socioeconómico [505]

CAPÍTULO PRIMERO
De los hurtos [506]

234. [507] 1. El que, con ánimo de lucro, tomare las cosas muebles ajenas sin la voluntad de su dueño será castigado, como reo de hurto, con la pena de prisión de seis a dieciocho meses si la cuantía de lo sustraído excediese de 400 euros.

2. Se impondrá una pena de multa de uno a tres meses si la cuantía de lo sustraído no excediese de 400 euros, salvo si concurriese alguna de las circunstancias del artículo 235. No obstante, en el caso de que el culpable hubiera sido condenado ejecutoriamente al menos por tres delitos comprendidos en este Título, aunque sean de carácter leve, siempre que sean de la misma naturaleza y que el montante acumulado de las infracciones sea superior a 400 €, se impondrá la pena del apartado 1 de este artículo.

No se tendrán en cuenta antecedentes cancelados o que debieran serlo. [508]

3. Las penas establecidas en los apartados anteriores se impondrán en su mitad superior cuando en la comisión del hecho se hubieran neutralizado, eliminado o inutilizado, por cualquier medio, los dispositivos de alarma o seguridad instalados en las cosas sustraídas.

---

[505] Véanse art. 33 CE; arts. 282 bis y 544 bis LECrim; art. 72.5 LOGP; arts. 547 a 566 CCom; arts. 84 a 87 y 154 a 156 Ley 19/1985, de 16 de julio, Cambiaria y del Cheque

[506] Véanse art. 82 CPM y art. 623.1 de la presente Ley

[507] Dada nueva redacción por art. único apartado 115 de Ley Orgánica 1/2015 de 30 de marzo de 2015, con vigencia desde 01/07/2015

[508] Dada nueva redacción apartado 2 por disposición final 6 de Ley Orgánica 9/2022 de 28 de julio de 2022, con vigencia desde 29/08/2022

235. [509] 1. El hurto será castigado con la pena de prisión de uno a tres años:

1º Cuando se sustraigan cosas de valor artístico, histórico, cultural o científico [510].

2º Cuando se trate de cosas de primera necesidad y se cause una situación de desabastecimiento [511].

3º Cuando se trate de conducciones, cableado, equipos o componentes de infraestructuras de suministro eléctrico, de hidrocarburos o de los servicios de telecomunicaciones, o de otras cosas destinadas a la prestación de servicios de interés general, y se cause un quebranto grave a los mismos.

4º Cuando se trate de productos agrarios o ganaderos, o de los instrumentos o medios que se utilizan para su obtención, siempre que el delito se cometa en explotaciones agrícolas o ganaderas y se cause un perjuicio grave a las mismas.

5º Cuando revista especial gravedad, atendiendo al valor de los efectos sustraídos, o se produjeren perjuicios de especial consideración.

6º Cuando ponga a la víctima o a su familia en grave situación económica o se haya realizado abusando de sus circunstancias personales o de su situación de desamparo, o aprovechando la producción de un accidente o la existencia de un riesgo o peligro general para la comunidad que haya debilitado la defensa del ofendido o facilitado la comisión impune del delito [512].

7º Cuando al delinquir el culpable hubiera sido condenado ejecutoriamente al menos por tres delitos comprendidos en este Título, siempre que sean de la misma naturaleza. No se tendrán en cuenta antecedentes cancelados o que debieran serlo.

8º Cuando se utilice a menores de dieciséis años para la comisión del delito.

9º Cuando el culpable o culpables participen en los hechos como miembros de una organización o grupo criminal que se dedicare a la comisión de delitos comprendidos en este Título, siempre que sean de la misma naturaleza.

---

[509] Dada nueva redacción por art. único apartado 116 de Ley Orgánica 1/2015 de 30 de marzo de 2015, con vigencia desde 01/07/2015

[510] Véanse art. 46 CE

[511] Véanse arts. 250.1, 281 y 432.2 de la presente Ley

[512] Véase arts. 67, 250.1 y 264.1 de la presente Ley

2. La pena señalada en el apartado anterior se impondrá en su mitad superior cuando concurrieran dos o más de las circunstancias previstas en el mismo.

236. [513] 1. Será castigado con multa de tres a doce meses el que, siendo dueño de una cosa mueble o actuando con el consentimiento de éste, la sustrajere de quien la tenga legítimamente en su poder, con perjuicio del mismo o de un tercero.

2. Si el valor de la cosa sustraída no excediera de 400 euros, se impondrá la pena de multa de uno a tres meses [514] .

CAPÍTULO II
De los robos [515]

237. [516] Son reos del delito de robo los que, con ánimo de lucro, se apoderaren de las cosas muebles ajenas empleando fuerza en las cosas para acceder o abandonar el lugar donde éstas se encuentran o violencia o intimidación en las personas, sea al cometer el delito, para proteger la huida, o sobre los que acudiesen en auxilio de la víctima o que le persiguieren [517] .

238. Son reos del delito de robo con fuerza en las cosas los que ejecuten el hecho cuando concurra alguna de las circunstancias siguientes [518] :

1º) Escalamiento.

---

[513] Dada nueva redacción por art. único apartado 117 de Ley Orgánica 1/2015 de 30 de marzo de 2015, con vigencia desde 01/07/2015

[514] Véanse arts. 455 y 623.2 de la presente Ley

[515] Véanse arts. 282 bis y 795 LECrim

[516] Dada nueva redacción por art. único apartado 118 de Ley Orgánica 1/2015 de 30 de marzo de 2015, con vigencia desde 01/07/2015

[517] Véanse arts. 245, 455 y 623.3 de la presente Ley

[518] Véase art. 328 LECrim y art. 239 de la presente Ley

2º) Rompimiento de pared, techo o suelo, o fractura de puerta o ventana [519].

3º) Fractura de armarios, arcas u otra clase de muebles u objetos cerrados o sellados, o forzamiento de sus cerraduras o descubrimiento de sus claves para sustraer su contenido, sea en el lugar del robo o fuera del mismo.

4º) Uso de llaves falsas [520].

5º) Inutilización de sistemas específicos de alarma o guarda.

239. [521] Se considerarán llaves falsas [522]:

1. Las ganzúas u otros instrumentos análogos.

2. Las llaves legítimas perdidas por el propietario u obtenidas por un medio que constituya infracción penal.

3. Cualesquiera otras que no sean las destinadas por el propietario para abrir la cerradura violentada por el reo.

A los efectos del presente artículo, se consideran llaves las tarjetas, magnéticas o perforadas, los mandos o instrumentos de apertura a distancia y cualquier otro instrumento tecnológico de eficacia similar.

240. [523] 1. El culpable de robo con fuerza en las cosas será castigado con la pena de prisión de uno a tres años.

2. Se impondrá la pena de prisión de dos a cinco años cuando concurra alguna de las circunstancias previstas en el art. 235 [524].

---

[519] Véase art. 263 de la presente Ley

[520] Véase art. 239 de la presente Ley

[521] Dada nueva redacción por art. único apartado 58 de Ley Orgánica 5/2010 de 22 de junio de 2010, con vigencia desde 23/12/2010

[522] Véase art. 238.4 de la presente Ley

[523] Dada nueva redacción por art. único apartado 119 de Ley Orgánica 1/2015 de 30 de marzo de 2015, con vigencia desde 01/07/2015

[524] Véase art. 57 de la presente Ley

241. [525] 1. El robo cometido en casa habitada, edificio o local abiertos al público, o en cualquiera de sus dependencias, se castigará con una pena de prisión de dos a cinco años.

Si los hechos se hubieran cometido en un establecimiento abierto al público, o en cualquiera de sus dependencias, fuera de las horas de apertura, se impondrá una pena de prisión de uno a cinco años.

2. Se considera casa habitada todo albergue que constituya morada de una o más personas, aunque accidentalmente se encuentren ausentes de ella cuando el robo tenga lugar.

3. Se consideran dependencias de casa habitada o de edificio o local abiertos al público, sus patios, garajes y demás departamentos o sitios cercados y contiguos al edificio y en comunicación interior con él, y con el cual formen una unidad física.

4. Se impondrá una pena de dos a seis años de prisión cuando los hechos a que se refieren los apartados anteriores revistan especial gravedad, atendiendo a la forma de comisión del delito o a los perjuicios ocasionados y, en todo caso, cuando concurra alguna de las circunstancias expresadas en el art. 235 [526] .

242. [527] 1. El culpable de robo con violencia o intimidación en las personas será castigado con la pena de prisión de dos a cinco años, sin perjuicio de la que pudiera corresponder a los actos de violencia física que realizase [528] .

2. Cuando el robo se cometa en casa habitada, edificio o local abiertos al público o en cualquiera de sus dependencias, se impondrá la pena de prisión de tres años y seis meses a cinco años. [529]

3. Las penas señaladas en los apartados anteriores se impondrán en su mitad superior cuando el delincuente hiciere uso de armas u otros medios igualmente peligrosos, sea al cometer el delito o para proteger

---

[525] Dada nueva redacción por art. único apartado 120 de Ley Orgánica 1/2015 de 30 de marzo de 2015, con vigencia desde 01/07/2015

[526] Véanse arts. 20.4, 67 y 202 de la presente Ley

[527] Dada nueva redacción por art. único apartado 59 de Ley Orgánica 5/2010 de 22 de junio de 2010, con vigencia desde 23/12/2010

[528] Véase art. 57 de la presente Ley

[529] Dada nueva redacción apartado 2 por art. único apartado 121 de Ley Orgánica 1/2015 de 30 de marzo de 2015, con vigencia desde 01/07/2015

la huida, y cuando atacare a los que acudiesen en auxilio de la víctima o a los que le persiguieren [530].

4. En atención a la menor entidad de la violencia o intimidación ejercidas y valorando además las restantes circunstancias del hecho, podrá imponerse la pena inferior en grado a la prevista en los apartados anteriores.

CAPÍTULO III
De la extorsión

243. El que, con ánimo de lucro, obligare a otro, con violencia o intimidación, a realizar u omitir un acto o negocio jurídico en perjuicio de su patrimonio o del de un tercero, será castigado con la pena de prisión de uno a cinco años, sin perjuicio de las que pudieran imponerse por los actos de violencia física realizados [531].

CAPÍTULO IV
Del robo y hurto de uso de vehículos

244. [532]

1. El que sustrajere o utilizare sin la debida autorización un vehículo a motor o ciclomotor ajenos, sin ánimo de apropiárselo, será castigado con la pena de trabajos en beneficio de la comunidad de treinta y uno a noventa días o multa de dos a doce meses, si lo restituyera, directa o indirectamente, en un plazo no superior a cuarenta y ocho horas, sin que, en ningún caso, la pena impuesta pueda ser igual o superior a la que correspondería si se apropiare definitivamente del vehículo. [533]

---

[530] Véanse arts. 563 y 564 de la presente Ley

[531] Véanse art. 317 LEC; art. 282 bis LECrim y arts. 147 y ss de la presente Ley

[532] Véanse arts.11 y 82 TRLSV; 1, 2, 4 y 8 RSO; y 237 a 242 de la presente Ley

[533] Dada nueva redacción apartado 1 por art. único apartado 122 de Ley Orgánica 1/2015 de 30 de marzo de 2015, con vigencia desde 01/07/2015

2. Si el hecho se ejecutare empleando fuerza en las cosas, la pena se aplicará en su mitad superior [534].

3. De no efectuarse la restitución en el plazo señalado, se castigará el hecho como hurto o robo en sus respectivos casos.

4. Si el hecho se cometiere con violencia o intimidación en las personas, se impondrán, en todo caso, las penas del art. 242.

CAPÍTULO V
De la usurpación

245. 1. Al que con violencia o intimidación en las personas ocupare una cosa inmueble o usurpare un derecho real inmobiliario de pertenencia ajena, se le impondrá, además de las penas en que incurriere por las violencias ejercidas, la pena de prisión de uno a dos años, que se fijará teniendo en cuenta la utilidad obtenida y el daño causado. [535]

2. El que ocupare, sin autorización debida, un inmueble, vivienda o edificio ajenos que no constituyan morada, o se mantuviere en ellos contra la voluntad de su titular, será castigado con la pena de multa de tres a seis meses [536].

246. [537] 1. El que alterare términos o lindes de pueblos o heredades o cualquier clase de señales o mojones destinados a fijar los límites de propiedades o demarcaciones de predios contiguos, tanto de dominio público como privado, será castigado con la pena de multa de tres a dieciocho meses.

2. Si la utilidad reportada no excediere de 400 euros, se impondrá la pena de multa de uno a tres meses [538].

---

[534] Véase art. 282 bis LECrim y arts. 238, 239 y 623.3 de la presente Ley

[535] Dada nueva redacción apartado 1 por art. único apartado 60 de Ley Orgánica 5/2010 de 22 de junio de 2010, con vigencia desde 23/12/2010

[536] Véanse arts. 202 a 204 de la presente Ley

[537] Dada nueva redacción por art. único apartado 123 de Ley Orgánica 1/2015 de 30 de marzo de 2015, con vigencia desde 01/07/2015

[538] Véanse arts. 263 y 624.1 de la presente Ley

247. [539] 1. El que, sin hallarse autorizado, distrajere las aguas de uso público o privativo de su curso, o de su embalse natural o artificial, será castigado con la pena de multa de tres a seis meses.

2. Si la utilidad reportada no excediere de 400 euros, se impondrá la pena de multa de uno a tres meses [540].

CAPÍTULO VI
De las defraudaciones [541]

SECCIÓN PRIMERA
De las estafas [542]

248. [543] Cometen estafa los que, con ánimo de lucro, utilizaren engaño bastante para producir error en otro, induciéndolo a realizar un acto de disposición en perjuicio propio o ajeno.

Los reos de estafa serán castigados con la pena de prisión de seis meses a tres años. Para la fijación de la pena se tendrá en cuenta el importe de lo defraudado, el quebranto económico causado al perjudicado, las relaciones entre este y el defraudador, los medios empleados por este y cuantas otras circunstancias sirvan para valorar la gravedad de la infracción.

Si la cuantía de lo defraudado no excediere de 400 euros, se impondrá la pena de multa de uno a tres meses [544].

---

[539] Dada nueva redacción por art. único apartado 124 de Ley Orgánica 1/2015 de 30 de marzo de 2015, con vigencia desde 01/07/2015

[540] Véanse arts. 255, 326 f), 623.4 y 624.2 de la presente Ley

[541] Véanse arts. 65.1 c) LOPJ y arts. 268 y 623.4 de la presente Ley

[542] Véanse arts. 282 bis LECrim y arts. 430, 438 y 623.4 de la presente Ley

[543] Dada nueva redacción por art. 1 apartado 2 de Ley Orgánica 14/2022 de 22 de diciembre de 2022, con vigencia desde 12/01/2023

[544] Véase art. 74.2 de la presente Ley

249. [545] 1. También se consideran reos de estafa y serán castigados con la pena de prisión de seis meses a tres años:

a) Los que, con ánimo de lucro, obstaculizando o interfiriendo indebidamente en el funcionamiento de un sistema de información o introduciendo, alterando, borrando, transmitiendo o suprimiendo indebidamente datos informáticos o valiéndose de cualquier otra manipulación informática o artificio semejante, consigan una transferencia no consentida de cualquier activo patrimonial en perjuicio de otro.

b) Los que, utilizando de forma fraudulenta tarjetas de crédito o débito, cheques de viaje o cualquier otro instrumento de pago material o inmaterial distinto del efectivo o los datos obrantes en cualquiera de ellos, realicen operaciones de cualquier clase en perjuicio de su titular o de un tercero.

2. Con la misma pena prevista en el apartado anterior serán castigados:

a) Los que fabricaren, importaren, obtuvieren, poseyeren, transportaren, comerciaren o de otro modo facilitaren a terceros dispositivos, instrumentos o datos o programas informáticos, o cualquier otro medio diseñado o adaptado específicamente para la comisión de las estafas previstas en este artículo.

b) Los que, para su utilización fraudulenta, sustraigan, se apropiaren o adquieran de forma ilícita tarjetas de crédito o débito, cheques de viaje o cualquier otro instrumento de pago material o inmaterial distinto del efectivo.

3. Se impondrá la pena en su mitad inferior a los que, para su utilización fraudulenta y sabiendo que fueron obtenidos ilícitamente, posean, adquieran, transfieran, distribuyan o pongan a disposición de terceros tarjetas de crédito o débito, cheques de viaje o cualesquiera otros instrumentos de pago materiales o inmateriales distintos del efectivo.

250. [546] 1. El delito de estafa será castigado con las penas de prisión de uno a seis años y multa de seis a doce meses, cuando:

---

[545] Dada nueva redacción por art. 1 apartado 3 de Ley Orgánica 14/2022 de 22 de diciembre de 2022, con vigencia desde 12/01/2023

[546] Dada nueva redacción por art. único apartado 126 de Ley Orgánica 1/2015 de 30 de marzo de 2015, con vigencia desde 01/07/2015

1º Recaiga sobre cosas de primera necesidad, viviendas u otros bienes de reconocida utilidad social.

2º Se perpetre abusando de firma de otro, o sustrayendo, ocultando o inutilizando, en todo o en parte, algún proceso, expediente, protocolo o documento público u oficial de cualquier clase.

3º Recaiga sobre bienes que integren el patrimonio artístico, histórico, cultural o científico.

4º Revista especial gravedad, atendiendo a la entidad del perjuicio y a la situación económica en que deje a la víctima o a su familia.

5º El valor de la defraudación supere los 50.000 euros, o afecte a un elevado número de personas.

6º Se cometa con abuso de las relaciones personales existentes entre víctima y defraudador, o aproveche éste su credibilidad empresarial o profesional.

7º Se cometa estafa procesal. Incurren en la misma los que, en un procedimiento judicial de cualquier clase, manipularen las pruebas en que pretendieran fundar sus alegaciones o emplearen otro fraude procesal análogo, provocando error en el Juez o Tribunal y llevándole a dictar una resolución que perjudique los intereses económicos de la otra parte o de un tercero.

8º Al delinquir el culpable hubiera sido condenado ejecutoriamente al menos por tres delitos comprendidos en este Capítulo. No se tendrán en cuenta antecedentes cancelados o que debieran serlo.

2. Si concurrieran las circunstancias incluidas en los numerales 4º, 5º, 6º o 7º con la del numeral 1º del apartado anterior, se impondrán las penas de prisión de cuatro a ocho años y multa de doce a veinticuatro meses. La misma pena se impondrá cuando el valor de la defraudación supere los 250.000 euros.

251. Será castigado con la pena de prisión de uno a cuatro años:

1º) Quien, atribuyéndose falsamente sobre una cosa mueble o inmueble facultad de disposición de la que carece, bien por no haberla tenido nunca, bien por haberla ya ejercitado, la enajenare, gravare o arrendare a otro, en perjuicio de éste o de tercero.

2º) El que dispusiere de una cosa mueble o inmueble ocultando la existencia de cualquier carga sobre la misma, o el que, habiéndola enajenado como libre, la gravare o enajenare nuevamente antes de la definitiva transmisión al adquirente, en perjuicio de éste, o de un tercero.

3º) El que otorgare en perjuicio de otro un contrato simulado.

251 bis. [547] Cuando de acuerdo con lo establecido en el art. 31 bis una persona jurídica sea responsable de los delitos comprendidos en esta Sección, se le impondrán las siguientes penas:

a) Multa del triple al quíntuple de la cantidad defraudada, si el delito cometido por la persona física tiene prevista una pena de prisión de más de cinco años.

b) Multa del doble al cuádruple de la cantidad defraudada, en el resto de los casos.

Atendidas las reglas establecidas en el art. 66 bis, los Jueces y Tribunales podrán asimismo imponer las penas recogidas en las letras b) a g) del apartado 7 del art. 33 .

SECCIÓN SEGUNDA
De la administración desleal [548]

252. [549] 1. Serán castigados con las penas del artículo 248 o, en su caso, con las del artículo 250, los que teniendo facultades para administrar un patrimonio ajeno, emanadas de la ley, encomendadas por la autoridad o asumidas mediante un negocio jurídico, las infrinjan excediéndose en el ejercicio de las mismas y, de esa manera, causen un perjuicio al patrimonio administrado. [550]

2. Si la cuantía del perjuicio patrimonial no excediere de 400 euros, se impondrá una pena de multa de uno a tres meses [551] .

---

[547] Añadido por art. único apartado 63 de Ley Orgánica 5/2010 de 22 de junio de 2010, con vigencia desde 23/12/2010

[548] Dada nueva redacción por art. único apartado 127 de Ley Orgánica 1/2015 de 30 de marzo de 2015, con vigencia desde 01/07/2015

[549] Dada nueva redacción por art. único apartado 128 de Ley Orgánica 1/2015 de 30 de marzo de 2015, con vigencia desde 01/07/2015

[550] Dada nueva redacción apartado 1 por art. 1 apartado 4 de Ley Orgánica 14/2022 de 22 de diciembre de 2022, con vigencia desde 12/01/2023

[551] Véase art. 61 LPPNA; arts. 1762 y 1781 a 1783 CC y arts. 268, 269, 295 y 438 de la presente Ley

SECCIÓN SEGUNDA BIS
De la apropiación indebida [552]

253. [553] 1. Serán castigados con las penas del artículo 248 o, en su caso, del artículo 250, salvo que ya estuvieran castigados con una pena más grave en otro precepto de este Código, los que, en perjuicio de otro, se apropiaren para sí o para un tercero, de dinero, efectos, valores o cualquier otra cosa mueble, que hubieran recibido en depósito, comisión, o custodia, o que les hubieran sido confiados en virtud de cualquier otro título que produzca la obligación de entregarlos o devolverlos, o negaren haberlos recibido. [554]

2. Si la cuantía de lo apropiado no excediere de 400 euros, se impondrá una pena de multa de uno a tres meses [555].

254. [556] 1. Quien, fuera de los supuestos del artículo anterior, se apropiare de una cosa mueble ajena, será castigado con una pena de multa de tres a seis meses. Si se tratara de cosas de valor artístico, histórico, cultural o científico, la pena será de prisión de seis meses a dos años.

2. Si la cuantía de lo apropiado no excediere de 400 euros, se impondrá una pena de multa de uno a dos meses [557].

---

[552] Añadida por art. único apartado 129 de Ley Orgánica 1/2015 de 30 de marzo de 2015, con vigencia desde 01/07/2015

[553] Dada nueva redacción por art. único apartado 130 de Ley Orgánica 1/2015 de 30 de marzo de 2015, con vigencia desde 01/07/2015

[554] Dada nueva redacción apartado 1 por art. 1 apartado 5 de Ley Orgánica 14/2022 de 22 de diciembre de 2022, con vigencia desde 12/01/2023

[555] Véase art. 438 de la presente Ley

[556] Dada nueva redacción por art. único apartado 131 de Ley Orgánica 1/2015 de 30 de marzo de 2015, con vigencia desde 01/07/2015

[557] Véanse arts. 1895 y ss CC; art. 438 de la presente Ley

SECCIÓN TERCERA
De las defraudaciones de fluido eléctrico y análogas

255. [558] 1. Será castigado con la pena de multa de tres a doce meses el que cometiere defraudación utilizando energía eléctrica, gas, agua, telecomunicaciones u otro elemento, energía o fluido ajenos, por alguno de los medios siguientes [559]:

1º Valiéndose de mecanismos instalados para realizar la defraudación.

2º Alterando maliciosamente las indicaciones o aparatos contadores.

3º Empleando cualesquiera otros medios clandestinos.

2. Si la cuantía de lo defraudado no excediere de 400 euros, se impondrá una pena de multa de uno a tres meses.

256. [560] 1. El que hiciere uso de cualquier equipo terminal de telecomunicación, sin consentimiento de su titular, y causando a éste un perjuicio económico, será castigado con la pena de multa de tres a doce meses.

2. Si la cuantía del perjuicio causado no excediere de 400 euros, se impondrá una pena de multa de uno a tres meses.

---

[558] Dada nueva redacción por art. único apartado 132 de Ley Orgánica 1/2015 de 30 de marzo de 2015, con vigencia desde 01/07/2015

[559] Véase Ley 54/1997, de 27 de noviembre, del Sector Eléctrico y art. 247 de la presente Ley

[560] Dada nueva redacción por art. único apartado 133 de Ley Orgánica 1/2015 de 30 de marzo de 2015, con vigencia desde 01/07/2015

CAPÍTULO VII
Frustración de la ejecución [561] [562]

257. [563] 1. Será castigado con las penas de prisión de uno a cuatro años y multa de doce a veinticuatro meses:

1º El que se alce con sus bienes en perjuicio de sus acreedores.

2º Quien con el mismo fin realice cualquier acto de disposición patrimonial o generador de obligaciones que dilate, dificulte o impida la eficacia de un embargo o de un procedimiento ejecutivo o de apremio, judicial, extrajudicial o administrativo, iniciado o de previsible iniciación [564].

2. Con la misma pena será castigado quien realizare actos de disposición, contrajere obligaciones que disminuyan su patrimonio u oculte por cualquier medio elementos de su patrimonio sobre los que la ejecución podría hacerse efectiva, con la finalidad de eludir el pago de responsabilidades civiles derivadas de un delito que hubiere cometido o del que debiera responder.

3. Lo dispuesto en el presente artículo será de aplicación cualquiera que sea la naturaleza u origen de la obligación o deuda cuya satisfacción o pago se intente eludir, incluidos los derechos económicos de los trabajadores, y con independencia de que el acreedor sea un particular o cualquier persona jurídica, pública o privada.

No obstante lo anterior, en el caso de que la deuda u obligación que se trate de eludir sea de Derecho público y la acreedora sea una persona jurídico pública, o se trate de obligaciones pecuniarias derivadas de la comisión de un delito contra la Hacienda Pública o la Seguridad Social, la pena a imponer será de prisión de uno a seis años y multa de doce a veinticuatro meses.

4. Las penas previstas en el presente artículo se impondrán en su mitad superior en los supuestos previstos en los numerales 5º o 6º del apartado 1 del art. 250.

---

[561] Véase Ley 22/2003, de 9 de julio, Concursal

[562] Dada nueva redacción por art. único apartado 134 de Ley Orgánica 1/2015 de 30 de marzo de 2015, con vigencia desde 01/07/2015

[563] Dada nueva redacción por art. único apartado 135 de Ley Orgánica 1/2015 de 30 de marzo de 2015, con vigencia desde 01/07/2015

[564] Véanse arts. 1088 y ss. CC

5. Este delito será perseguido aun cuando tras su comisión se iniciara un procedimiento concursal.

258. [565] 1. Será castigado con una pena de prisión de tres meses a un año o multa de seis a dieciocho meses quien, en un procedimiento de ejecución judicial o administrativo, presente a la autoridad o funcionario encargados de la ejecución una relación de bienes o patrimonio incompleta o mendaz, y con ello dilate, dificulte o impida la satisfacción del acreedor.

La relación de bienes o patrimonio se considerará incompleta cuando el deudor ejecutado utilice o disfrute de bienes de titularidad de terceros y no aporte justificación suficiente del derecho que ampara dicho disfrute y de las condiciones a que está sujeto.

2. La misma pena se impondrá cuando el deudor, requerido para ello, deje de facilitar la relación de bienes o patrimonio a que se refiere el apartado anterior.

3. Los delitos a que se refiere este artículo no serán perseguibles si el autor, antes de que la autoridad o funcionario hubieran descubierto el carácter mendaz o incompleto de la declaración presentada, compareciera ante ellos y presentara una declaración de bienes o patrimonio veraz y completa [566].

258 bis. [567] Serán castigados con una pena de prisión de tres a seis meses o multa de seis a veinticuatro meses, salvo que ya estuvieran castigados con una pena más grave en otro precepto de este Código, quienes hagan uso de bienes embargados por autoridad pública que hubieran sido constituidos en depósito sin estar autorizados para ello.

---

[565] Dada nueva redacción por art. único apartado 136 de Ley Orgánica 1/2015 de 30 de marzo de 2015, con vigencia desde 01/07/2015

[566] Véase art. 1092 CC

[567] Añadido por art. único apartado 137 de Ley Orgánica 1/2015 de 30 de marzo de 2015, con vigencia desde 01/07/2015

258 ter. [568] Cuando de acuerdo con lo establecido en el art. 31 bis una persona jurídica sea responsable de los delitos comprendidos en este Capítulo, se le impondrán las siguientes penas:

a) Multa de dos a cinco años, si el delito cometido por la persona física tiene prevista una pena de prisión de más de cinco años.

b) Multa de uno a tres años, si el delito cometido por la persona física tiene prevista una pena de prisión de más de dos años no incluida en el inciso anterior.

c) Multa de seis meses a dos años, en el resto de los casos.

Atendidas las reglas establecidas en el art. 66 bis, los Jueces y Tribunales podrán asimismo imponer las penas recogidas en las letras b a g del apartado 7 del art. 33 .

CAPÍTULO VII BIS
De las insolvencias punibles [569]

259. [570] 1. Será castigado con una pena de prisión de uno a cuatro años y multa de ocho a veinticuatro meses quien, encontrándose en una situación de insolvencia actual o inminente, realice alguna de las siguientes conductas:

1ª Oculte, cause daños o destruya los bienes o elementos patrimoniales que estén incluidos, o que habrían estado incluidos, en la masa del concurso en el momento de su apertura.

2ª Realice actos de disposición mediante la entrega o transferencia de dinero u otros activos patrimoniales, o mediante la asunción de deudas, que no guarden proporción con la situación patrimonial del deudor, ni con sus ingresos, y que carezcan de justificación económica o empresarial.

3ª Realice operaciones de venta o prestaciones de servicio por precio inferior a su coste de adquisición o producción, y que en las circunstancias del caso carezcan de justificación económica.

---

[568] Añadido por art. único apartado 138 de Ley Orgánica 1/2015 de 30 de marzo de 2015, con vigencia desde 01/07/2015

[569] Añadido por art. único apartado 139 de Ley Orgánica 1/2015 de 30 de marzo de 2015, con vigencia desde 01/07/2015

[570] Dada nueva redacción por art. único apartado 140 de Ley Orgánica 1/2015 de 30 de marzo de 2015, con vigencia desde 01/07/2015

4ª Simule créditos de terceros o proceda al reconocimiento de créditos ficticios.

5ª Participe en negocios especulativos, cuando ello carezca de justificación económica y resulte, en las circunstancias del caso y a la vista de la actividad económica desarrollada, contrario al deber de diligencia en la gestión de asuntos económicos.

6ª Incumpla el deber legal de llevar contabilidad, lleve doble contabilidad, o cometa en su llevanza irregularidades que sean relevantes para la comprensión de su situación patrimonial o financiera. También será punible la destrucción o alteración de los libros contables, cuando de este modo se dificulte o impida de forma relevante la comprensión de su situación patrimonial o financiera.

7ª Oculte, destruya o altere la documentación que el empresario está obligado a conservar antes del transcurso del plazo al que se extiende este deber legal, cuando de este modo se dificulte o imposibilite el examen o valoración de la situación económica real del deudor.

8ª Formule las cuentas anuales o los libros contables de un modo contrario a la normativa reguladora de la contabilidad mercantil, de forma que se dificulte o imposibilite el examen o valoración de la situación económica real del deudor, o incumpla el deber de formular el balance o el inventario dentro de plazo.

9ª Realice cualquier otra conducta activa u omisiva que constituya una infracción grave del deber de diligencia en la gestión de asuntos económicos y a la que sea imputable una disminución del patrimonio del deudor o por medio de la cual se oculte la situación económica real del deudor o su actividad empresarial.

2. La misma pena se impondrá a quien, mediante alguna de las conductas a que se refiere el apartado anterior, cause su situación de insolvencia.

3. Cuando los hechos se hubieran cometido por imprudencia, se impondrá una pena de prisión de seis meses a dos años o multa de doce a veinticuatro meses.

4. Este delito solamente será perseguible cuando el deudor haya dejado de cumplir regularmente sus obligaciones exigibles o haya sido declarado su concurso.

5. Este delito y los delitos singulares relacionados con él, cometidos por el deudor o persona que haya actuado en su nombre, podrán perseguirse sin esperar a la conclusión del concurso y sin perjuicio de

la continuación de este. El importe de la responsabilidad civil derivada de dichos delitos deberá incorporarse, en su caso, a la masa.

6. En ningún caso, la calificación de la insolvencia en el proceso concursal vinculará a la jurisdicción penal [571].

259 bis. [572] Los hechos a que se refiere el artículo anterior serán castigados con una pena de prisión de dos a seis años y multa de ocho a veinticuatro meses, cuando concurra alguna de las siguientes circunstancias:

1ª Cuando se produzca o pueda producirse perjuicio patrimonial en una generalidad de personas o pueda ponerlas en una grave situación económica.

2ª Cuando se causare a alguno de los acreedores un perjuicio económico superior a 600.000 euros.

3ª Cuando al menos la mitad del importe de los créditos concursales tenga como titulares a la Hacienda Pública, sea esta estatal, autonómica, local o foral y a la Seguridad Social.

260. [573] 1. Será castigado con la pena de seis meses a tres años de prisión o multa de ocho a veinticuatro meses, el deudor que, encontrándose en una situación de insolvencia actual o inminente, favorezca a alguno de los acreedores realizando un acto de disposición patrimonial o generador de obligaciones destinado a pagar un crédito no exigible o a facilitarle una garantía a la que no tenía derecho, cuando se trate de una operación que carezca de justificación económica o empresarial [574].

2. Será castigado con la pena de uno a cuatro años de prisión y multa de doce a veinticuatro meses el deudor que, una vez admitida a trámite la solicitud de concurso, sin estar autorizado para ello ni judicialmente ni por los administradores concursales, y fuera de los

---

[571] Véanse arts. 183 y ss Ley 22/2003, de 9 de julio, Concursal y RD 685/2005, de 10 de junio, sobre publicidad de resoluciones concursales

[572] Añadido por art. único apartado 141 de Ley Orgánica 1/2015 de 30 de marzo de 2015, con vigencia desde 01/07/2015

[573] Dada nueva redacción por art. único apartado 142 de Ley Orgánica 1/2015 de 30 de marzo de 2015, con vigencia desde 01/07/2015

[574] Véase art. 244.5 CC y arts. 164 y 165 Ley 22/2003, de 9 de julio, Concursal

casos permitidos por la ley, realice cualquier acto de disposición patrimonial o generador de obligaciones, destinado a pagar a uno o varios acreedores, privilegiados o no, con posposición del resto [575] .

261. [576] El que en procedimiento concursal presentare, a sabiendas, datos falsos relativos al estado contable, con el fin de lograr indebidamente la declaración de aquel, será castigado con la pena de prisión de uno a dos años y multa de seis a 12 meses [577] .

261 bis. [578] Cuando de acuerdo con lo establecido en el art. 31 bis una persona jurídica sea responsable de los delitos comprendidos en este Capítulo, se le impondrán las siguientes penas:

a) Multa de dos a cinco años, si el delito cometido por la persona física tiene prevista una pena de prisión de más de cinco años.

b) Multa de uno a tres años, si el delito cometido por la persona física tiene prevista una pena de prisión de más de dos años no incluida en el inciso anterior.

c) Multa de seis meses a dos años, en el resto de los casos.

Atendidas las reglas establecidas en el art. 66 bis, los Jueces y Tribunales podrán asimismo imponer las penas recogidas en las letras b) a g) del apartado 7 del art. 33 .

---

[575] Véase art. 189 Ley 22/2003, de 9 de julio, Concursal, y arts. 252 y ss, y 390 a 393 de la presente Ley

[576] Dada nueva redacción por art. único apartado 91 de Ley Orgánica 15/2003 de 25 de noviembre de 2003, con vigencia desde 01/09/2004

[577] Véase RD 1514/2007, de 16 de noviembre, por el que se aprueba el Plan General Contable y arts. 290 y 390 a 393 de la presente Ley

[578] Añadido por art. único apartado 65 de Ley Orgánica 5/2010 de 22 de junio de 2010, con vigencia desde 23/12/2010

CAPÍTULO VIII
De la alteración de precios en concursos y subastas públicas

262. [579] 1. Los que solicitaren dádivas o promesas para no tomar parte en un concurso o subasta pública; los que intentaren alejar de ella a los postores por medio de amenazas, dádivas, promesas o cualquier otro artificio; los que se concertaren entre sí con el fin de alterar el precio del remate, o los que fraudulentamente quebraren o abandonaren la subasta habiendo obtenido la adjudicación, serán castigados con la pena de prisión de uno a tres años y multa de 12 a 24 meses, así como inhabilitación especial para licitar en subastas judiciales entre tres y cinco años. Si se tratare de un concurso o subasta convocados por las Administraciones o entes públicos, se impondrá además al agente y a la persona o empresa por él representada la pena de inhabilitación especial que comprenderá, en todo caso, el derecho a contratar con las Administraciones públicas por un período de tres a cinco años [580].

2. El Juez o Tribunal podrá imponer alguna o algunas de las consecuencias previstas en el art. 129 si el culpable perteneciere a alguna sociedad, organización o asociación, incluso de carácter transitorio, que se dedicare a la realización de tales actividades.

3. Quedarán exentos de responsabilidad criminal los directores, administradores de hecho o de Derecho, gerentes y otros miembros del personal actuales y anteriores de cualquier sociedad, constituida o en formación, que en esa condición hayan cometido alguno de los hechos previstos en este artículo, cuando pongan fin a su participación en los mismos y cooperen con las autoridades competentes de manera plena, continua y diligente, aportando informaciones y elementos de prueba de los que estas carecieran, que sean útiles para la investigación, detección y sanción de las demás personas implicadas, siempre que se cumplan las siguientes condiciones:

a) Cooperen activamente en este sentido con la autoridad de la competencia que lleva el caso,

---

[579] Dada nueva redacción por art. único apartado 92 de Ley Orgánica 15/2003 de 25 de noviembre de 2003, con vigencia desde 01/10/2004

[580] Véanse arts. 169 y 284 de la presente Ley

b) estas sociedades o personas físicas hayan presentado una solicitud de exención del pago de la multa de conformidad con lo establecido en la Ley de Defensa de la Competencia,

c) dicha solicitud se haya presentado en un momento anterior a aquel en que los directores, administradores de hecho o de Derecho, gerentes y otros miembros del personal actuales o anteriores de la sociedad, constituida o en formación, hayan sido informados de que están siendo investigados en relación con estos hechos,

d) se trate de una colaboración activa también con la autoridad judicial o el Ministerio Fiscal, proporcionando indicios útiles y concretos para asegurar la prueba del delito e identificar a otros autores. [581]

CAPÍTULO IX
De los daños

263. [582] 1. El que causare daños en propiedad ajena no comprendidos en otros títulos de este Código, será castigado con multa de seis a veinticuatro meses, atendidas la condición económica de la víctima y la cuantía del daño.

Si la cuantía del daño causado no excediere de 400 euros, se impondrá una pena de multa de uno a tres meses [583]. [584]

2. Será castigado con la pena de prisión de uno a tres años y multa de doce a veinticuatro meses el que causare daños expresados en el apartado anterior, si concurriere alguno de los supuestos siguientes:

1º Que se realicen para impedir el libre ejercicio de la autoridad o como consecuencia de acciones ejecutadas en el ejercicio de sus funciones, bien se cometiere el delito contra funcionarios públicos, bien contra particulares que, como testigos o de cualquier otra manera,

---

[581] Añadido apartado 3 por art. 1 apartado 6 de Ley Orgánica 14/2022 de 22 de diciembre de 2022, con vigencia desde 12/01/2023

[582] Dada nueva redacción por art. único apartado 93 de Ley Orgánica 15/2003 de 25 de noviembre de 2003, con vigencia desde 01/10/2004

[583] Véase art. 63 LPPNA y arts. 246, 268, 323, 324, 414, 557, 560 y 610 de la presente Ley

[584] Dada nueva redacción apartado 1 por art. único apartado 143 de Ley Orgánica 1/2015 de 30 de marzo de 2015, con vigencia desde 01/07/2015

hayan contribuido o puedan contribuir a la ejecución o aplicación de las Leyes o disposiciones generales [585] .

2º Que se cause por cualquier medio, infección o contagio de ganado.

3º Que se empleen sustancias venenosas o corrosivas.

4º Que afecten a bienes de dominio o uso público o comunal [586] .

5º Que arruinen al perjudicado o se le coloque en grave situación económica. [587]

6º Se hayan ocasionado daños de especial gravedad o afectado a los intereses generales. [588]

264. [589] 1. El que por cualquier medio, sin autorización y de manera grave borrase, dañase, deteriorase, alterase, suprimiese o hiciese inaccesibles datos informáticos, programas informáticos o documentos electrónicos ajenos, cuando el resultado producido fuera grave, será castigado con la pena de prisión de seis meses a tres años.

2. Se impondrá una pena de prisión de dos a cinco años y multa del tanto al décuplo del perjuicio ocasionado, cuando en las conductas descritas concurra alguna de las siguientes circunstancias:

1ª Se hubiese cometido en el marco de una organización criminal.

2ª Haya ocasionado daños de especial gravedad o afectado a un número elevado de sistemas informáticos.

3ª El hecho hubiera perjudicado gravemente el funcionamiento de servicios públicos esenciales o la provisión de bienes de primera necesidad.

4ª Los hechos hayan afectado al sistema informático de una infraestructura crítica o se hubiera creado una situación de peligro grave para la seguridad del Estado, de la Unión Europea o de un Estado Miembro

---

[585] Véase LO 19/1994, de 23 de diciembre, de protección a testigos y peritos en causas criminales y art. 544 de la presente Ley

[586] Véase Ley 33/2003, de 3 de noviembre, del Patrimonio de las Administraciones Públicas

[587] Añadido apartado 2 por art. único apartado 66 de Ley Orgánica 5/2010 de 22 de junio de 2010, con vigencia desde 23/12/2010

[588] Añadido apartado 2 número 6 por art. único apartado 143 de Ley Orgánica 1/2015 de 30 de marzo de 2015, con vigencia desde 01/07/2015

[589] Dada nueva redacción por art. único apartado 144 de Ley Orgánica 1/2015 de 30 de marzo de 2015, con vigencia desde 01/07/2015

de la Unión Europea. A estos efectos se considerará infraestructura crítica un elemento, sistema o parte de este que sea esencial para el mantenimiento de funciones vitales de la sociedad, la salud, la seguridad, la protección y el bienestar económico y social de la población cuya perturbación o destrucción tendría un impacto significativo al no poder mantener sus funciones.

5ª El delito se haya cometido utilizando alguno de los medios a que se refiere el art. 264 ter.

Si los hechos hubieran resultado de extrema gravedad, podrá imponerse la pena superior en grado.

3. Las penas previstas en los apartados anteriores se impondrán, en sus respectivos casos, en su mitad superior, cuando los hechos se hubieran cometido mediante la utilización ilícita de datos personales de otra persona para facilitarse el acceso al sistema informático o para ganarse la confianza de un tercero.

264 bis. [590] 1. Será castigado con la pena de prisión de seis meses a tres años el que, sin estar autorizado y de manera grave, obstaculizara o interrumpiera el funcionamiento de un sistema informático ajeno:

a) realizando alguna de las conductas a que se refiere el artículo anterior;

b) introduciendo o transmitiendo datos; o

c) destruyendo, dañando, inutilizando, eliminando o sustituyendo un sistema informático, telemático o de almacenamiento de información electrónica.

Si los hechos hubieran perjudicado de forma relevante la actividad normal de una empresa, negocio o de una Administración pública, se impondrá la pena en su mitad superior, pudiéndose alcanzar la pena superior en grado.

2. Se impondrá una pena de prisión de tres a ocho años y multa del triplo al décuplo del perjuicio ocasionado, cuando en los hechos a que se refiere el apartado anterior hubiera concurrido alguna de las circunstancias del apartado 2 del artículo anterior.

3. Las penas previstas en los apartados anteriores se impondrán, en sus respectivos casos, en su mitad superior, cuando los hechos se

---

[590] Añadido por art. único apartado 145 de Ley Orgánica 1/2015 de 30 de marzo de 2015, con vigencia desde 01/07/2015

hubieran cometido mediante la utilización ilícita de datos personales de otra persona para facilitarse el acceso al sistema informático o para ganarse la confianza de un tercero.

264 ter. [591] Será castigado con una pena de prisión de seis meses a dos años o multa de tres a dieciocho meses el que, sin estar debidamente autorizado, produzca, adquiera para su uso, importe o, de cualquier modo, facilite a terceros, con la intención de facilitar la comisión de alguno de los delitos a que se refieren los dos artículos anteriores:

a) un programa informático, concebido o adaptado principalmente para cometer alguno de los delitos a que se refieren los dos artículos anteriores; o

b) una contraseña de ordenador, un código de acceso o datos similares que permitan acceder a la totalidad o a una parte de un sistema de información.

264 quater. [592] Cuando de acuerdo con lo establecido en el art. 31 bis una persona jurídica sea responsable de los delitos comprendidos en los tres artículos anteriores, se le impondrán las siguientes penas:

a) Multa de dos a cinco años o del quíntuplo a doce veces el valor del perjuicio causado, si resulta una cantidad superior, cuando se trate de delitos castigados con una pena de prisión de más de tres años.

b) Multa de uno a tres años o del triple a ocho veces el valor del perjuicio causado, si resulta una cantidad superior, en el resto de los casos.

Atendidas las reglas establecidas en el art. 66 bis, los Jueces y Tribunales podrán asimismo imponer las penas recogidas en las letras b) a g) del apartado 7 del art. 33 .

---

[591] Añadido por art. único apartado 147 de Ley Orgánica 1/2015 de 30 de marzo de 2015, con vigencia desde 01/07/2015

[592] Añadido por art. único apartado 147 de Ley Orgánica 1/2015 de 30 de marzo de 2015, con vigencia desde 01/07/2015

265. [593] El que destruyere, dañare de modo grave, o inutilizare para el servicio, aun de forma temporal, obras, establecimientos o instalaciones militares, buques de guerra, aeronaves militares, medios de transporte o transmisión militar, material de guerra, aprovisionamiento u otros medios o recursos afectados al servicio de las Fuerzas Armadas o de las Fuerzas y Cuerpos de Seguridad, será castigado con la pena de prisión de dos a cuatro años si el daño causado excediere de mil euros [594].

266. [595] 1. Será castigado con la pena de prisión de uno a tres años el que cometiere los daños previstos en el apartado 1 del art. 263 mediante incendio, o provocando explosiones, o utilizando cualquier otro medio de similar potencia destructiva o que genere un riesgo relevante de explosión o de causación de otros daños de especial gravedad, o poniendo en peligro la vida o la integridad de las personas. [596]

2. Será castigado con la pena de prisión de tres a cinco años y multa de doce a veinticuatro meses el que cometiere los daños previstos en el apartado 2 del art. 263, en cualquiera de las circunstancias mencionadas en el apartado anterior. [597]

3. Será castigado con la pena de prisión de cuatro a ocho años el que cometiere los daños previstos en los arts. 265 , 323 y 560, en cualquiera de las circunstancias mencionadas en el apartado 1 del presente artículo.

4. En cualquiera de los supuestos previstos en los apartados anteriores, cuando se cometieren los daños concurriendo la provocación de explosiones o la utilización de otros medios de similar potencia destructiva y, además, se pusiera en peligro la vida o integridad de las personas, la pena se impondrá en su mitad superior.

---

[593] Dada nueva redacción por art. único apartado 148 de Ley Orgánica 1/2015 de 30 de marzo de 2015, con vigencia desde 01/07/2015

[594] Véanse arts. 27 a 29 y 82 CPM

[595] Dada nueva redacción por art. 1 apartado 2 de Ley Orgánica 7/2000 de 22 de diciembre de 2000, con vigencia desde 24/12/2000

[596] Dada nueva redacción apartado 1 por art. único apartado 149 de Ley Orgánica 1/2015 de 30 de marzo de 2015 , con vigencia desde 01/07/2015

[597] Dada nueva redacción apartado 2 por art. único apartado 149 de Ley Orgánica 1/2015 de 30 de marzo de 2015 , con vigencia desde 01/07/2015

En caso de incendio será de aplicación lo dispuesto en el art. 351 [598].

267. Los daños causados por imprudencia grave en cuantía superior a 80.000 euros, serán castigados con la pena de multa de tres a nueve meses, atendiendo a la importancia de los mismos. [599]

Las infracciones a que se refiere este artículo sólo serán perseguibles previa denuncia de la persona agraviada o de su representante legal. El Ministerio Fiscal también podrá denunciar cuando aquélla sea menor de edad, persona con discapacidad necesitada de especial protección o una persona desvalida [600]. [601]

En estos casos, el perdón de la persona ofendida extingue la acción penal. [602]

CAPÍTULO X
Disposiciones comunes a los Capítulos anteriores

268. [603] 1. Están exentos de responsabilidad criminal y sujetos únicamente a la civil los cónyuges que no estuvieren separados legalmente o de hecho o en proceso judicial de separación, divorcio o nulidad de su matrimonio y los ascendientes, descendientes y hermanos por naturaleza o por adopción, así como los afines en primer grado si viviesen juntos, por los delitos patrimoniales que se causaren entre sí, siempre que no concurra violencia o intimidación, o abuso de la vulnerabilidad de la víctima, ya sea por razón de edad, o por tratarse de una persona con discapacidad.

---

[598] Véanse arts. 264, 265, 323, 346, 351, 359, 473, 560 y 571 de la presente Ley

[599] Dada nueva redacción párrafo 1 por art. único apartado 94 de Ley Orgánica 15/2003 de 25 de noviembre de 2003, con vigencia desde 01/10/2004

[600] Véase disposición adicional 3 de la presente Ley

[601] Dada nueva redacción párrafo 2 por art. único apartado 258 punto 1 de Ley Orgánica 1/2015 de 30 de marzo de 2015, con vigencia desde 01/07/2015

[602] Dada nueva redacción párrafo 3 por disposición final 6 apartado 30 de Ley Orgánica 8/2021 de 4 de junio de 2021, con vigencia desde 25/06/2021

[603] Dada nueva redacción por art. único apartado 150 de Ley Orgánica 1/2015 de 30 de marzo de 2015, con vigencia desde 01/07/2015

2. Esta disposición no es aplicable a los extraños que participaren en el delito.

269. La provocación, la conspiración y la proposición para cometer los delitos de robo, extorsión, estafa o apropiación indebida, serán castigadas con la pena inferior en uno o dos grados a la del delito correspondiente.

CAPÍTULO XI
De los delitos relativos a la propiedad intelectual e industrial, al mercado y a los consumidores

SECCIÓN PRIMERA
De los delitos relativos a la propiedad intelectual

270. [604] 1. Será castigado con la pena de prisión de seis meses a cuatro años y multa de doce a veinticuatro meses el que, con ánimo de obtener un beneficio económico directo o indirecto y en perjuicio de tercero, reproduzca, plagie, distribuya, comunique públicamente o de cualquier otro modo explote económicamente, en todo o en parte, una obra o prestación literaria, artística o científica, o su transformación, interpretación o ejecución artística fijada en cualquier tipo de soporte o comunicada a través de cualquier medio, sin la autorización de los titulares de los correspondientes derechos de propiedad intelectual o de sus cesionarios.

2. La misma pena se impondrá a quien, en la prestación de servicios de la sociedad de la información, con ánimo de obtener un beneficio económico directo o indirecto, y en perjuicio de tercero, facilite de modo activo y no neutral y sin limitarse a un tratamiento meramente técnico, el acceso o la localización en internet de obras o prestaciones objeto de propiedad intelectual sin la autorización de los titulares de los correspondientes derechos o de sus cesionarios, en particular ofreciendo listados ordenados y clasificados de enlaces a las obras y

[604] Dada nueva redacción por art. único apartado 151 de Ley Orgánica 1/2015 de 30 de marzo de 2015, con vigencia desde 01/07/2015

contenidos referidos anteriormente, aunque dichos enlaces hubieran sido facilitados inicialmente por los destinatarios de sus servicios.

3. En estos casos, el Juez o Tribunal ordenará la retirada de las obras o prestaciones objeto de la infracción. Cuando a través de un portal de acceso a internet o servicio de la sociedad de la información, se difundan exclusiva o preponderantemente los contenidos objeto de la propiedad intelectual a que se refieren los apartados anteriores, se ordenará la interrupción de la prestación del mismo, y el juez podrá acordar cualquier medida cautelar que tenga por objeto la protección de los derechos de propiedad intelectual.

Excepcionalmente, cuando exista reiteración de las conductas y cuando resulte una medida proporcionada, eficiente y eficaz, se podrá ordenar el bloqueo del acceso correspondiente.

4. En los supuestos a que se refiere el apartado 1, la distribución o comercialización ambulante o meramente ocasional se castigará con una pena de prisión de seis meses a dos años.

No obstante, atendidas las características del culpable y la reducida cuantía del beneficio económico obtenido o que se hubiera podido obtener, siempre que no concurra ninguna de las circunstancias del art. 271, el Juez podrá imponer la pena de multa de uno a seis meses o trabajos en beneficio de la comunidad de treinta y uno a sesenta días.

5. Serán castigados con las penas previstas en los apartados anteriores, en sus respectivos casos, quienes:

a) Exporten o almacenen intencionadamente ejemplares de las obras, producciones o ejecuciones a que se refieren los dos primeros apartados de este artículo, incluyendo copias digitales de las mismas, sin la referida autorización, cuando estuvieran destinadas a ser reproducidas, distribuidas o comunicadas públicamente.

b) Importen intencionadamente estos productos sin dicha autorización, cuando estuvieran destinados a ser reproducidos, distribuidos o comunicados públicamente, tanto si éstos tienen un origen lícito como ilícito en su país de procedencia; no obstante, la importación de los referidos productos de un Estado perteneciente a la Unión Europea no será punible cuando aquellos se hayan adquirido directamente del titular de los derechos en dicho Estado, o con su consentimiento.

c) Favorezcan o faciliten la realización de las conductas a que se refieren los apartados 1 y 2 de este artículo eliminando o modificando, sin autorización de los titulares de los derechos de propiedad intelectual o de sus cesionarios, las medidas tecnológicas eficaces incorporadas por éstos con la finalidad de impedir o restringir su realización.

d) Con ánimo de obtener un beneficio económico directo o indirecto, con la finalidad de facilitar a terceros el acceso a un ejemplar de una obra literaria, artística o científica, o a su transformación, interpretación o ejecución artística, fijada en cualquier tipo de soporte o comunicado a través de cualquier medio, y sin autorización de los titulares de los derechos de propiedad intelectual o de sus cesionarios, eluda o facilite la elusión de las medidas tecnológicas eficaces dispuestas para evitarlo.

6. Será castigado también con una pena de prisión de seis meses a tres años quien fabrique, importe, ponga en circulación o posea con una finalidad comercial cualquier medio principalmente concebido, producido, adaptado o realizado para facilitar la supresión no autorizada o la neutralización de cualquier dispositivo técnico que se haya utilizado para proteger programas de ordenador o cualquiera de las otras obras, interpretaciones o ejecuciones en los términos previstos en los dos primeros apartados de este artículo [605].

271. [606] Se impondrá la pena de prisión de dos a seis años, multa de dieciocho a treinta y seis meses e inhabilitación especial para el ejercicio de la profesión relacionada con el delito cometido, por un período de dos a cinco años, cuando se cometa el delito del artículo anterior concurriendo alguna de las siguientes circunstancias:

a) Que el beneficio obtenido o que se hubiera podido obtener posea especial trascendencia económica.

b) Que los hechos revistan especial gravedad, atendiendo el valor de los objetos producidos ilícitamente, el número de obras, o de la transformación, ejecución o interpretación de las mismas, ilícitamente reproducidas, distribuidas, comunicadas al público o puestas a su disposición, o a la especial importancia de los perjuicios ocasionados.

c) Que el culpable perteneciere a una organización o asociación, incluso de carácter transitorio, que tuviese como finalidad la realización de actividades infractoras de derechos de propiedad intelectual.

---

[605] Véanse arts. 20.1 y 149.1 CE; arts. 428 y 429 CC y RDLeg. 1/1996, de 12 de abril, por el que se aprueba el Texto Refundido de la LPI

[606] Dada nueva redacción por art. único apartado 152 de Ley Orgánica 1/2015 de 30 de marzo de 2015, con vigencia desde 01/07/2015

d) Que se utilice a menores de 18 años para cometer estos delitos.

272. 1. La extensión de la responsabilidad civil derivada de los delitos tipificados en los dos artículos anteriores se regirá por las disposiciones de la Ley de Propiedad Intelectual relativas al cese de la actividad ilícita y a la indemnización de daños y perjuicios.

2. En el supuesto de sentencia condenatoria, el Juez o Tribunal podrá decretar la publicación de ésta, a costa del infractor, en un periódico oficial [607].

SECCIÓN SEGUNDA
De los delitos relativos a la propiedad industrial [608]

273. 1. Será castigado con la pena de prisión de seis meses a dos años y multa de 12 a 24 meses el que, con fines industriales o comerciales, sin consentimiento del titular de una patente o modelo de utilidad y con conocimiento de su registro, fabrique, importe, posea, utilice, ofrezca o introduzca en el comercio objetos amparados por tales derechos. [609]

2. Las mismas penas se impondrán al que, de igual manera, y para los citados fines, utilice u ofrezca la utilización de un procedimiento objeto de una patente, o posea, ofrezca, introduzca en el comercio, o utilice el producto directamente obtenido por el procedimiento patentado.

3. Será castigado con las mismas penas el que realice cualquiera de los actos tipificados en el párrafo primero de este artículo concurriendo iguales circunstancias en relación con objetos amparados en favor de tercero por un modelo o dibujo industrial o artístico o topografía de un producto semiconductor.

---

[607] Véanse arts. 138 a 143 LPI

[608] Véanse el Estatuto de Propiedad Industrial de 26 de julio de 1929; Ley 17/2001, de 7 de diciembre, de Marcas; Ley 11/1986, de 20 de marzo, de Patentes y Ley 34/1988, de 11 de noviembre, General de Publicidad

[609] Dada nueva redacción apartado 1 por art. único apartado 97 de Ley Orgánica 15/2003 de 25 de noviembre de 2003, con vigencia desde 01/10/2004

274. [610] 1. Será castigado con las penas de uno a cuatro años de prisión y multa de doce a veinticuatro meses el que, con fines industriales o comerciales, sin consentimiento del titular de un derecho de propiedad industrial registrado conforme a la legislación de marcas y con conocimiento del registro,

a) fabrique, produzca o importe productos que incorporen un signo distintivo idéntico o confundible con aquel, u

b) ofrezca, distribuya, o comercialice al por mayor productos que incorporen un signo distintivo idéntico o confundible con aquel, o los almacene con esa finalidad, cuando se trate de los mismos o similares productos, servicios o actividades para los que el derecho de propiedad industrial se encuentre registrado.

2. Será castigado con las penas de seis meses a tres años de prisión el que, con fines industriales o comerciales, sin consentimiento del titular de un derecho de propiedad industrial registrado conforme a la legislación de marcas y con conocimiento del registro, ofrezca, distribuya o comercialice al por menor, o preste servicios o desarrolle actividades, que incorporen un signo distintivo idéntico o confundible con aquél, cuando se trate de los mismos o similares productos, servicios o actividades para los que el derecho de propiedad industrial se encuentre registrado.

La misma pena se impondrá a quien reproduzca o imite un signo distintivo idéntico o confundible con aquél para su utilización para la comisión de las conductas sancionadas en este artículo.

3. La venta ambulante u ocasional de los productos a que se refieren los apartados anteriores será castigada con la pena de prisión de seis meses a dos años.

No obstante, atendidas las características del culpable y la reducida cuantía del beneficio económico obtenido o que se hubiera podido obtener, siempre que no concurra ninguna de las circunstancias del art. 276, el Juez podrá imponer la pena de multa de uno a seis meses o trabajos en beneficio de la comunidad de treinta y uno a sesenta días.

4. Será castigado con las penas de uno a tres años de prisión el que, con fines agrarios o comerciales, sin consentimiento del titular de un título de obtención vegetal y con conocimiento de su registro, produzca o reproduzca, acondicione con vistas a la producción o

---

[610] Dada nueva redacción por art. único apartado 153 de Ley Orgánica 1/2015 de 30 de marzo de 2015, con vigencia desde 01/07/2015

reproducción, ofrezca en venta, venda o comercialice de otra forma, exporte o importe, o posea para cualquiera de los fines mencionados, material vegetal de reproducción o multiplicación de una variedad vegetal protegida conforme a la legislación nacional o de la Unión Europea sobre protección de obtenciones vegetales.

Será castigado con la misma pena quien realice cualesquiera de los actos descritos en el párrafo anterior utilizando, bajo la denominación de una variedad vegetal protegida, material vegetal de reproducción o multiplicación que no pertenezca a tal variedad.

275. Las mismas penas previstas en el artículo anterior se impondrán a quien intencionadamente y sin estar autorizado para ello, utilice en el tráfico económico una denominación de origen o una indicación geográfica representativa de una calidad determinada legalmente protegidas para distinguir los productos amparados por ellas, con conocimiento de esta protección.

276. [611] Se impondrá la pena de prisión de dos a seis años, multa de dieciocho a treinta y seis meses e inhabilitación especial para el ejercicio de la profesión relacionada con el delito cometido, por un período de dos a cinco años, cuando concurra alguna de las siguientes circunstancias:

a) Que el beneficio obtenido o que se hubiera podido obtener posea especial trascendencia económica.

b) Que los hechos revistan especial gravedad, atendiendo al valor de los objetos producidos ilícitamente, distribuidos, comercializados u ofrecidos, o a la especial importancia de los perjuicios ocasionados.

c) Que el culpable perteneciere a una organización o asociación, incluso de carácter transitorio, que tuviese como finalidad la realización de actividades infractoras de derechos de propiedad industrial.

d) Que se utilice a menores de 18 años para cometer estos delitos.

277. Será castigado con las penas de prisión de seis meses a dos años y multa de seis a veinticuatro meses, el que intencionadamente

---

[611] Dada nueva redacción por art. único apartado 154 de Ley Orgánica 1/2015 de 30 de marzo de 2015, con vigencia desde 01/07/2015

haya divulgado la invención objeto de una solicitud de patente secreta, en contravención con lo dispuesto en la legislación de patentes, siempre que ello sea en perjuicio de la defensa nacional [612] .

SECCIÓN TERCERA
De los delitos relativos al mercado y a los consumidores

278. 1. El que, para descubrir un secreto de empresa se apoderare por cualquier medio de datos, documentos escritos o electrónicos, soportes informáticos u otros objetos que se refieran al mismo, o empleare alguno de los medios o instrumentos señalados en el apartado 1 del art. 197 , será castigado con la pena de prisión de dos a cuatro años y multa de doce a veinticuatro meses [613] .

2. Se impondrá la pena de prisión de tres a cinco años y multa de doce a veinticuatro meses si se difundieren, revelaren o cedieren a terceros los secretos descubiertos [614] .

3. Lo dispuesto en el presente artículo se entenderá sin perjuicio de las penas que pudieran corresponder por el apoderamiento o destrucción de los soportes informáticos [615] .

279. La difusión, revelación o cesión de un secreto de empresa llevada a cabo por quien tuviere legal o contractualmente obligación de guardar reserva, se castigará con la pena de prisión de dos a cuatro años y multa de doce a veinticuatro meses.

Si el secreto se utilizara en provecho propio, las penas se impondrán en su mitad inferior [616] .

280. El que, con conocimiento de su origen ilícito, y sin haber tomado parte en su descubrimiento, realizare alguna de las conductas

---

[612] Véanse arts. 197 y ss y 598 y ss de la presente Ley
[613] Véanse arts. 197, 198, 200 y 413 y ss de la presente Ley
[614] Véanse arts. 197 a 200 de la presente Ley
[615] Véanse arts. 234, 237 y 263 de la presente Ley
[616] Véase art. 199 de la presente Ley

descritas en los dos artículos anteriores, será castigado con la pena de prisión de uno a tres años y multa de doce a veinticuatro meses [617] .

281. 1. El que detrajere del mercado materias primas o productos de primera necesidad con la intención de desabastecer un sector del mismo, de forzar una alteración de precios, o de perjudicar gravemente a los consumidores, será castigado con la pena de prisión de uno a cinco años y multa de doce a veinticuatro meses [618] .

2. Se impondrá la pena superior en grado si el hecho se realiza en situaciones de grave necesidad o catastróficas.

282. [619] Serán castigados con la pena de prisión de seis meses a un año o multa de 12 a 24 meses los fabricantes o comerciantes que, en sus ofertas o publicidad de productos o servicios, hagan alegaciones falsas o manifiesten características inciertas sobre los mismos, de modo que puedan causar un perjuicio grave y manifiesto a los consumidores, sin perjuicio de la pena que corresponda aplicar por la comisión de otros delitos [620] .

282 bis. [621] Los que, como administradores de hecho o de derecho de una sociedad emisora de valores negociados en los mercados de valores, falsearan la información económico-financiera contenida en los folletos de emisión de cualesquiera instrumentos financieros o las informaciones que la sociedad debe publicar y difundir conforme a la legislación del mercado de valores sobre sus recursos, actividades y negocios presentes y futuros, con el propósito de captar inversores o depositantes, colocar cualquier tipo de activo financiero, u obtener

---

[617] Véase art. 197.3 de la presente Ley

[618] Véanse arts. 3 a 7 RDLeg. 1/2007, de 16 de noviembre, por el que se aprueba el Texto Refundido de la Ley General para la Defensa de los Consumidores y Usuarios y otras Leyes complementarias

[619] Dada nueva redacción por art. único apartado 100 de Ley Orgánica 15/2003 de 25 de noviembre de 2003, con vigencia desde 01/10/2004

[620] Véase Ley 34/1988, de 11 de noviembre, General de Publicidad y art. 362.3 de la presente Ley

[621] Añadido por art. único apartado 71 de Ley Orgánica 5/2010 de 22 de junio de 2010, con vigencia desde 23/12/2010

financiación por cualquier medio, serán castigados con la pena de prisión de uno a cuatro años, sin perjuicio de lo dispuesto en el art. 308 de este Código.

En el supuesto de que se llegue a obtener la inversión, el depósito, la colocación del activo o la financiación, con perjuicio para el inversor, depositante, adquirente de los activos financieros o acreedor, se impondrá la pena en la mitad superior. Si el perjuicio causado fuera de notoria gravedad, la pena a imponer será de uno a seis años de prisión y multa de seis a doce meses.

283. Se impondrán las penas de prisión de seis meses a un año y multa de seis a dieciocho meses a los que, en perjuicio del consumidor, facturen cantidades superiores por productos o servicios cuyo costo o precio se mida por aparatos automáticos, mediante la alteración o manipulación de éstos.

284. [622] 1. Se impondrá la pena de prisión de seis meses a seis años, multa de dos a cinco años, o del tanto al triplo del beneficio obtenido o favorecido, o de los perjuicios evitados, si la cantidad resultante fuese más elevada, e inhabilitación especial para intervenir en el mercado financiero como actor, agente o mediador o informador por tiempo de dos a cinco años, a los que:

1.º Empleando violencia, amenaza, engaño o cualquier otro artificio, alterasen los precios que hubieren de resultar de la libre concurrencia de productos, mercancías, instrumentos financieros, contratos de contado sobre materias primas relacionadas con ellos, índices de referencia, servicios o cualesquiera otras cosas muebles o inmuebles que sean objeto de contratación, sin perjuicio de la pena que pudiere corresponderles por otros delitos cometidos.

2.º Por sí, de manera directa o indirecta o a través de un medio de comunicación, por medio de internet o mediante el uso de tecnologías de la información y la comunicación, o por cualquier otro medio, difundieren noticias o rumores o transmitieren señales falsas o engañosas sobre personas o empresas, ofreciendo a sabiendas datos económicos total o parcialmente falsos con el fin de alterar o preservar

---

[622] Dada nueva redacción por art. único apartado 3 de Ley Orgánica 1/2019 de 20 de febrero de 2019, con vigencia desde 13/03/2019

el precio de cotización de un instrumento financiero o un contrato de contado sobre materias primas relacionado o de manipular el cálculo de un índice de referencia, cuando obtuvieran, para sí o para tercero, un beneficio, siempre que concurra alguna de las siguientes circunstancias:

a) que dicho beneficio fuera superior a doscientos cincuenta mil euros o se causara un perjuicio de idéntica cantidad;

b) que el importe de los fondos empleados fuera superior a dos millones de euros;

c) que se causara un grave impacto en la integridad del mercado.

3.º Realizaren transacciones, transmitieren señales falsas o engañosas, o dieren órdenes de operación susceptibles de proporcionar indicios falsos o engañosos sobre la oferta, la demanda o el precio de un instrumento financiero, un contrato de contado sobre materias primas relacionado o índices de referencia, o se aseguraren, utilizando la misma información, por sí o en concierto con otros, una posición dominante en el mercado de dichos instrumentos o contratos con la finalidad de fijar sus precios en niveles anormales o artificiales, siempre que concurra alguna de las siguientes circunstancias:

a) que como consecuencia de su conducta obtuvieran, para sí o para tercero, un beneficio superior a doscientos cincuenta mil euros o causara un perjuicio de idéntica cantidad;

b) que el importe de los fondos empleados fuera superior a dos millones de euros;

c) que se causara un grave impacto en la integridad del mercado.

2. Se impondrá la pena en su mitad superior si concurriera alguna de las siguientes circunstancias:

1.ª Que el sujeto se dedique de forma habitual a las anteriores prácticas abusivas.

2.ª Que el beneficio obtenido, la pérdida evitada o el perjuicio causado sea de notoria importancia.

3. Si el responsable del hecho fuera trabajador o empleado de una empresa de servicios de inversión, entidad de crédito, autoridad supervisora o reguladora, o entidad rectora de mercados regulados o centros de negociación, las penas se impondrán en su mitad superior.

285. [623] 1. Quien de forma directa o indirecta o por persona interpuesta realizare actos de adquisición, transmisión o cesión de un instrumento financiero, o de cancelación o modificación de una orden relativa a un instrumento financiero, utilizando información privilegiada a la que hubiera tenido acceso reservado en los términos del apartado 4, o recomendare a un tercero el uso de dicha información privilegiada para alguno de esos actos, será castigado con la pena de prisión de seis meses a seis años, multa de dos a cinco años, o del tanto al triplo del beneficio obtenido o favorecido o de los perjuicios evitados si la cantidad resultante fuese más elevada, e inhabilitación especial para el ejercicio de la profesión o actividad de dos a cinco años, siempre que concurra alguna de las siguientes circunstancias:

a) que, como consecuencia de su conducta obtuviera, para sí o para tercero, un beneficio superior a quinientos mil euros o causara un perjuicio de idéntica cantidad;

b) que el valor de los instrumentos financieros empleados fuera superior a dos millones de euros;

c) que se causara un grave impacto en la integridad del mercado.

2. Se impondrá la pena en su mitad superior si concurriera alguna de las siguientes circunstancias:

1.ª Que el sujeto se dedique de forma habitual a las anteriores prácticas de operaciones con información privilegiada.

2.ª Que el beneficio obtenido, la pérdida evitada o el perjuicio causado sea de notoria importancia. [624]

3. Las penas previstas en este artículo se impondrán, en sus respectivos casos, en su mitad superior si el responsable del hecho fuera trabajador o empleado de una empresa de servicios de inversión, entidad de crédito, autoridad supervisora o reguladora, o entidades rectoras de mercados regulados o centros de negociación.

4. A los efectos de este artículo, se entiende que tiene acceso reservado a la información privilegiada quien sea miembro de los órganos de administración, gestión o supervisión del emisor o del participante del mercado de derechos de emisión, quien participe en el capital del emisor o del participante del mercado de derechos de emisión,

---

[623] Dada nueva redacción por art. único apartado 4 de Ley Orgánica 1/2019 de 20 de febrero de 2019, con vigencia desde 13/03/2019

[624] Véanse arts. 202 y ss; 226 y ss; y 278 y ss RDLeg. 4/2015 de 23 octubre, por el que se aprueba el TR de la Ley del Mercado de Valores

quien la conozca con ocasión del ejercicio de su actividad profesional o empresarial, o en el desempeño de sus funciones, y quien la obtenga a través de una actividad delictiva.

5. Las mismas penas previstas en este artículo se impondrán cuando el responsable del hecho, sin tener acceso reservado a la información privilegiada, la obtenga de cualquier modo distinto de los previstos en el apartado anterior y la utilice conociendo que se trata de información privilegiada. [625]

285 bis. [626] Fuera de los casos previstos en el artículo anterior, quien poseyera información privilegiada y la revelare fuera del normal ejercicio de su trabajo, profesión o funciones, poniendo en peligro la integridad del mercado o la confianza de los inversores, será sancionado con pena de prisión de seis meses a cuatro años, multa de doce a veinticuatro meses e inhabilitación especial para el ejercicio de la profesión o actividad de uno a tres años.

A los efectos de lo dispuesto en este artículo, se incluirá la revelación de información privilegiada en una prospección de mercado cuando se haya realizado sin observar los requisitos previstos en la normativa europea en materia de mercados e instrumentos financieros.

285 ter. [627] Las previsiones de los tres artículos precedentes se extenderán a los instrumentos financieros, contratos, conductas, operaciones y órdenes previstos en la normativa europea y española en materia de mercado e instrumentos financieros.

---

[625] Dada nueva redacción apartado 5 por art. 1 apartado 7 de Ley Orgánica 14/2022 de 22 de diciembre de 2022, con vigencia desde 12/01/2023

[626] Añadido por art. único apartado 5 de Ley Orgánica 1/2019 de 20 de febrero de 2019, con vigencia desde 13/03/2019

[627] Añadido por art. único apartado 6 de Ley Orgánica 1/2019 de 20 de febrero de 2019, con vigencia desde 13/03/2019

285 quater. [628] La provocación, la conspiración y la proposición para cometer los delitos previstos en los artículos 284 a 285 bis se castigará, respectivamente, con la pena inferior en uno o dos grados.

286. [629] 1. Será castigado con las penas de prisión de seis meses a dos años y multa de seis a 24 meses el que, sin consentimiento del prestador de servicios y con fines comerciales, facilite el acceso inteligible a un servicio de radiodifusión sonora o televisiva, a servicios interactivos prestados a distancia por vía electrónica, o suministre el acceso condicional a los mismos, considerado como servicio independiente, mediante:

1º La fabricación, importación, distribución, puesta a disposición por vía electrónica, venta, alquiler, o posesión de cualquier equipo o programa informático, no autorizado en otro Estado miembro de la Unión Europea, diseñado o adaptado para hacer posible dicho acceso.

2º La instalación, mantenimiento o sustitución de los equipos o programas informáticos mencionados en el párrafo 1º.

2. Con idéntica pena será castigado quien, con ánimo de lucro, altere o duplique el número identificativo de equipos de telecomunicaciones, o comercialice equipos que hayan sufrido alteración fraudulenta.

3. A quien, sin ánimo de lucro, facilite a terceros el acceso descrito en el apartado 1, o por medio de una comunicación pública, comercial o no, suministre información a una pluralidad de personas sobre el modo de conseguir el acceso no autorizado a un servicio o el uso de un dispositivo o programa, de los expresados en ese mismo apartado 1, incitando a lograrlos, se le impondrá la pena de multa en él prevista.

4. A quien utilice los equipos o programas que permitan el acceso no autorizado a servicios de acceso condicional o equipos de telecomunicación, se le impondrá la pena prevista en el art. 255 de este Código con independencia de la cuantía de la defraudación.

---

[628] Añadido por art. único apartado 7 de Ley Orgánica 1/2019 de 20 de febrero de 2019, con vigencia desde 13/03/2019

[629] Dada nueva redacción por art. único apartado 103 de Ley Orgánica 15/2003 de 25 de noviembre de 2003, con vigencia desde 01/10/2004

SECCIÓN CUARTA
Delitos de corrupción en los negocios [630]

286 bis. [631] 1. El directivo, administrador, empleado o colaborador de una empresa mercantil o de una sociedad que, por sí o por persona interpuesta, reciba, solicite o acepte un beneficio o ventaja no justificados de cualquier naturaleza, u ofrecimiento o promesa de obtenerlo, para sí o para un tercero, como contraprestación para favorecer indebidamente a otro en la adquisición o venta de mercancías, o en la contratación de servicios o en las relaciones comerciales, será castigado con la pena de prisión de seis meses a cuatro años, inhabilitación especial para el ejercicio de industria o comercio por tiempo de uno a seis años y multa del tanto al triplo del valor del beneficio o ventaja. [632]

2. Con las mismas penas será castigado quien, por sí o por persona interpuesta, prometa, ofrezca o conceda a directivos, administradores, empleados o colaboradores de una empresa mercantil o de una sociedad, un beneficio o ventaja no justificados, de cualquier naturaleza, para ellos o para terceros, como contraprestación para que le favorezca indebidamente a él o a un tercero frente a otros en la adquisición o venta de mercancías, contratación de servicios o en las relaciones comerciales.

3. Los Jueces y Tribunales, en atención a la cuantía del beneficio o al valor de la ventaja, y a la trascendencia de las funciones del culpable, podrán imponer la pena inferior en grado y reducir la de multa a su prudente arbitrio.

4. Lo dispuesto en este artículo será aplicable, en sus respectivos casos, a los directivos, administradores, empleados o colaboradores de una entidad deportiva, cualquiera que sea la forma jurídica de ésta, así como a los deportistas, árbitros o Jueces, respecto de aquellas conductas que tengan por finalidad predeterminar o alterar de manera

---

[630] Dada nueva redacción por art. único apartado 155 de Ley Orgánica 1/2015 de 30 de marzo de 2015, con vigencia desde 01/07/2015

[631] Dada nueva redacción por art. único apartado 156 de Ley Orgánica 1/2015 de 30 de marzo de 2015, con vigencia desde 01/07/2015

[632] Dada nueva redacción apartado 1 por art. único apartado 8 de Ley Orgánica 1/2019 de 20 de febrero de 2019, con vigencia desde 13/03/2019

deliberada y fraudulenta el resultado de una prueba, encuentro o competición deportiva de especial relevancia económica o deportiva.

A estos efectos, se considerará competición deportiva de especial relevancia económica, aquélla en la que la mayor parte de los participantes en la misma perciban cualquier tipo de retribución, compensación o ingreso económico por su participación en la actividad; y competición deportiva de especial relevancia deportiva, la que sea calificada en el calendario deportivo anual aprobado por la federación deportiva correspondiente como competición oficial de la máxima categoría de la modalidad, especialidad, o disciplina de que se trate.

5. A los efectos de este artículo resulta aplicable lo dispuesto en el art. 297 .

286 ter. [633] 1. Los que mediante el ofrecimiento, promesa o concesión de cualquier beneficio o ventaja indebidos, pecuniarios o de otra clase, corrompieren o intentaren corromper, por sí o por persona interpuesta, a una autoridad o funcionario público en beneficio de estos o de un tercero, o atendieran sus solicitudes al respecto, con el fin de que actúen o se abstengan de actuar en relación con el ejercicio de funciones públicas para conseguir o conservar un contrato, negocio o cualquier otra ventaja competitiva en la realización de actividades económicas internacionales, serán castigados, salvo que ya lo estuvieran con una pena más grave en otro precepto de este Código, con las penas de prisión de prisión de tres a seis años, multa de doce a veinticuatro meses, salvo que el beneficio obtenido fuese superior a la cantidad resultante, en cuyo caso la multa será del tanto al triplo del montante de dicho beneficio.

Además de las penas señaladas, se impondrá en todo caso al responsable la pena de prohibición de contratar con el sector público, así como la pérdida de la posibilidad de obtener subvenciones o ayudas públicas y del derecho a gozar de beneficios o incentivos fiscales y de la Seguridad Social, y la prohibición de intervenir en transacciones comerciales de trascendencia pública por un periodo de siete a doce años.

---

[633] Añadido por art. único apartado 157 de Ley Orgánica 1/2015 de 30 de marzo de 2015, con vigencia desde 01/07/2015

2. A los efectos de este artículo se entenderá por funcionario público los determinados por los arts. 24 y 427.

286 quater. [634] Si los hechos a que se refieren los artículos de esta Sección resultaran de especial gravedad, se impondrá la pena en su mitad superior, pudiéndose llegar hasta la superior en grado.

Los hechos se considerarán, en todo caso, de especial gravedad cuando:

a) el beneficio o ventaja tenga un valor especialmente elevado,

b) la acción del autor no sea meramente ocasional,

c) se trate de hechos cometidos en el seno de una organización o grupo criminal, o

d) el objeto del negocio versara sobre bienes o servicios humanitarios o cualesquiera otros de primera necesidad.

En el caso del apartado 4 del art. 286 bis, los hechos se considerarán también de especial gravedad cuando:

a) tengan como finalidad influir en el desarrollo de juegos de azar o apuestas; o

b) sean cometidos en una competición deportiva oficial de ámbito estatal calificada como profesional o en una competición deportiva internacional.

SECCIÓN QUINTA
Disposiciones comunes a las secciones anteriores [635]

287. [636] 1. Para proceder por los delitos previstos en la Sección 3ª de este Capítulo, excepto los previstos en los arts. 284 y 285, será necesaria denuncia de la persona agraviada o de sus representantes legales. Cuando aquella sea menor de edad, persona con discapacidad

---

[634] Añadido por art. único apartado 158 de Ley Orgánica 1/2015 de 30 de marzo de 2015, con vigencia desde 01/07/2015

[635] Renumerada por art. único apartado 73 de Ley Orgánica 5/2010 de 22 de junio de 2010 como Sección 5ª, con vigencia desde 23/12/2010

[636] Dada nueva redacción por art. único apartado 75 de Ley Orgánica 5/2010 de 22 de junio de 2010, con vigencia desde 23/12/2010

necesitada de especial protección o una persona desvalida, también podrá denunciar el Ministerio Fiscal [637] . [638]

2. No será precisa la denuncia exigida en el apartado anterior cuando la comisión del delito afecte a los intereses generales o a una pluralidad de personas.

288. [639] En los supuestos previstos en los artículos anteriores se dispondrá la publicación de la sentencia en los periódicos oficiales y, si lo solicitara el perjudicado, el juez o tribunal podrá ordenar su reproducción total o parcial en cualquier otro medio informativo, a costa del condenado.

Cuando de acuerdo con lo establecido en el artículo 31 bis una persona jurídica sea responsable de los delitos recogidos en este Capítulo, se le impondrán las siguientes penas:

1.º En el caso de los delitos previstos en los artículos 270, 271, 273, 274, 275, 276, 283 y 286:

a) Multa del doble al cuádruple del beneficio obtenido, o que se hubiera podido obtener, si el delito cometido por la persona física tiene prevista una pena de prisión de más de dos años.

b) Multa del doble al triple del beneficio obtenido, favorecido o que se hubiera podido obtener, en el resto de los casos.

2.º En el caso de los delitos previstos en los artículos 277, 278, 279, 280, 281, 282, 282 bis, 284, 285, 285 bis, 285 quater y 286 bis al 286 quater:

a) Multa de dos a cinco años, o del triple al quíntuple del beneficio obtenido o que se hubiere podido obtener si la cantidad resultante fuese más elevada, cuando el delito cometido por la persona física tiene prevista una pena de más de dos años de privación de libertad.

b) Multa de seis meses a dos años, o del tanto al duplo del beneficio obtenido o que se hubiere podido obtener si la cantidad resultante fuese más elevada, en el resto de los casos.

---

[637] Véanse arts. 25 y 86 de la presente Ley

[638] Dada nueva redacción apartado 1 por art. único apartado 258 punto 1 de Ley Orgánica 1/2015 de 30 de marzo de 2015 , con vigencia desde 01/07/2015

[639] Dada nueva redacción por art. único apartado 9 de Ley Orgánica 1/2019 de 20 de febrero de 2019, con vigencia desde 13/03/2019

3.º Atendidas las reglas establecidas en el artículo 66 bis, los jueces y tribunales podrán asimismo imponer las penas recogidas en las letras b) a g) del apartado 7 del artículo 33.

288 bis. [640] En los supuestos previstos en los artículos 281 y 284 de este Código, quedarán exentos de responsabilidad criminal los directores, administradores de hecho o de Derecho, gerentes y otros miembros del personal actuales y anteriores de cualquier sociedad, constituida o en formación, que en esa condición hayan cometido alguno de los hechos previstos en ellos, cuando pongan fin a su participación en los mismos y cooperen con las autoridades competentes de manera plena, continua y diligente, aportando informaciones y elementos de prueba de los que estas carecieran, que sean útiles para la investigación, detección y sanción de las demás personas implicadas, siempre que se cumplan las siguientes condiciones:

a) Cooperen activamente en este sentido con la autoridad de la competencia que lleva el caso,

b) estas sociedades o personas físicas hayan presentado una solicitud de exención del pago de la multa de conformidad con lo establecido en la Ley de Defensa de la Competencia,

c) dicha solicitud se haya presentado en un momento anterior a aquel en que los directores, administradores de hecho o de Derecho, gerentes y otros miembros del personal actuales y anteriores de cualquier sociedad, constituida o en formación, que en esa condición hayan sido informados de que están siendo investigados en relación con estos hechos,

d) se trate de una colaboración activa también con la autoridad judicial o el Ministerio Fiscal proporcionando indicios útiles y concretos para asegurar la prueba del delito e identificar a otros autores.

---

[640] Añadido por art. 1 apartado 8 de Ley Orgánica 14/2022 de 22 de diciembre de 2022, con vigencia desde 12/01/2023

CAPÍTULO XII
De la sustracción de cosa propia a su utilidad social o cultural

289. [641] El que por cualquier medio destruyera, inutilizara o dañara una cosa propia de utilidad social o cultural, o de cualquier modo la sustrajera al cumplimiento de los deberes legales impuestos en interés de la comunidad, será castigado con la pena de prisión de tres a cinco meses o multa de seis a 10 meses [642].

CAPÍTULO XIII
De los delitos societarios [643]

290. Los administradores, de hecho o de derecho, de una sociedad constituida o en formación, que falsearen las cuentas anuales u otros documentos que deban reflejar la situación jurídica o económica de la entidad, de forma idónea para causar un perjuicio económico a la misma, a alguno de sus socios, o a un tercero, serán castigados con la pena de prisión de uno a tres años y multa de seis a doce meses.

Si se llegare a causar el perjuicio económico se impondrán las penas en su mitad superior [644].

291. Los que, prevaliéndose de su situación mayoritaria en la Junta de accionistas o el órgano de administración de cualquier sociedad constituida o en formación, impusieren acuerdos abusivos, con ánimo de lucro propio o ajeno, en perjuicio de los demás socios, y sin que reporten beneficios a la misma, serán castigados con la pena de prisión

---

[641] Dada nueva redacción por art. único apartado 105 de Ley Orgánica 15/2003 de 25 de noviembre de 2003, con vigencia desde 01/10/2004

[642] Véase art. 33.2 CE y Ley 16/1985, de 25 de junio, del Patrimonio Histórico Español

[643] Véase art. 19.4 Ley 50/1981, de 30 de diciembre, del Estatuto del Ministerio Fiscal y art. 297 de la presente Ley

[644] Véanse arts. 234, 236 y 253 a 258 RDLeg. 1/2010, de 2 de julio, por la que se aprueba el Texto Refundido de la Ley de Sociedades de Capital; arts. 281 y ss CCom; art. 1692 CC; arts. 261, y 390 a 393 de la presente Ley

de seis meses a tres años o multa del tanto al triplo del beneficio obtenido [645] .

292. La misma pena del artículo anterior se impondrá a los que impusieren o se aprovecharen para sí o para un tercero, en perjuicio de la sociedad o de alguno de sus socios, de un acuerdo lesivo adoptado por una mayoría ficticia, obtenida por abuso de firma en blanco, por atribución indebida del derecho de voto a quienes legalmente carezcan del mismo, por negación ilícita del ejercicio de este derecho a quienes lo tengan reconocido por la Ley, o por cualquier otro medio o procedimiento semejante, y sin perjuicio de castigar el hecho como corresponde si constituyese otro delito [646] .

293. Los administradores de hecho o de derecho de cualquier sociedad constituida o en formación, que sin causa legal negaren o impidieren a un socio el ejercicio de los derechos de información, participación en la gestión o control de la actividad social, o suscripción preferente de acciones reconocidos por las Leyes, serán castigados con la pena de multa de seis a doce meses.

294. Los que, como administradores de hecho o de derecho de cualquier sociedad constituida o en formación, sometida o que actúe en mercados sujetos a supervisión administrativa, negaren o impidieren la actuación de las personas, órganos o entidades inspectoras o supervisoras, serán castigados con la pena de prisión de seis meses a tres años o multa de doce a veinticuatro meses.

Además de las penas previstas en el párrafo anterior, la autoridad judicial podrá decretar algunas de las medidas previstas en el art. 129 de este Código.

---

[645] Véanse arts. 159 a 165 y 204 a 207 RDLeg. 1/2010, de 2 de julio, por la que se aprueba el Texto Refundido de la Ley de Sociedades de Capital

[646] Véanse arts. 175 a 205 RDLeg. 1/2010, de 2 de julio, por la que se aprueba el Texto Refundido de la Ley de Sociedades de Capital

295. [647] (Derogado)

296. 1. Los hechos descritos en el presente Capítulo, sólo serán perseguibles mediante denuncia de la persona agraviada o de su representante legal. Cuando aquélla sea menor de edad, persona con discapacidad necesitada de especial protección o una persona desvalida, también podrá denunciar el Ministerio Fiscal. [648]

2. No será precisa la denuncia exigida en el apartado anterior cuando la comisión del delito afecte a los intereses generales o a una pluralidad de personas.

297. A los efectos de este Capítulo se entiende por sociedad toda cooperativa, Caja de ahorros, mutua, entidad financiera o de crédito, fundación, sociedad mercantil o cualquier otra entidad de análoga naturaleza que para el cumplimiento de sus fines participe de modo permanente en el mercado.

CAPÍTULO XIV
De la receptación y el blanqueo de capitales [649]

298. 1. El que, con ánimo de lucro y con conocimiento de la comisión de un delito contra el patrimonio o el orden socioeconómico, en el que no haya intervenido ni como autor ni como cómplice, ayude a los responsables a aprovecharse de los efectos del mismo, o reciba, adquiera u oculte tales efectos, será castigado con la pena de prisión de seis meses a dos años [650].

Se impondrá una pena de uno a tres años de prisión en los siguientes supuestos:

---

[647] Derogado por art. único apartado 160 de Ley Orgánica 1/2015 de 30 de marzo de 2015, con vigencia desde 01/07/2015

[648] Dada nueva redacción apartado 1 por art. único apartado 258 punto 1 de Ley Orgánica 1/2015 de 30 de marzo de 2015, con vigencia desde 01/07/2015

[649] Dada nueva redacción por art. único apartado 77 de Ley Orgánica 5/2010 de 22 de junio de 2010, con vigencia desde 23/12/2010

[650] Véanse art. 85 CPM y art. 451 de la presente Ley

a) Cuando se trate de cosas de valor artístico, histórico, cultural o científico.

b) Cuando se trate de cosas de primera necesidad, conducciones, cableado, equipos o componentes de infraestructuras de suministro eléctrico o de servicios de telecomunicaciones, o de otras cosas destinadas a la prestación de servicios de interés general, productos agrarios o ganaderos o de los instrumentos o medios que se utilizan para su obtención.

c) Cuando los hechos revistan especial gravedad, atendiendo al valor de los efectos receptados o a los perjuicios que previsiblemente hubiera causado su sustracción. [651]

2. Estas penas se impondrán en su mitad superior a quien reciba, adquiera u oculte los efectos del delito para traficar con ellos. Si el tráfico se realizase utilizando un establecimiento o local comercial o industrial, se impondrá, además, la pena de multa de doce a veinticuatro meses. En estos casos los Jueces o Tribunales, atendiendo a la gravedad del hecho y a las circunstancias personales del delincuente, podrán imponer también a éste la pena de inhabilitación especial para el ejercicio de su profesión o industria, por tiempo de dos a cinco años y acordar la medida de clausura temporal o definitiva del establecimiento o local. Si la clausura fuese temporal, su duración no podrá exceder de cinco años. [652]

3. En ningún caso podrá imponerse pena privativa de libertad que exceda de la señalada al delito encubierto. Si éste estuviese castigado con pena de otra naturaleza, la pena privativa de libertad será sustituida por la de multa de 12 a 24 meses, salvo que el delito encubierto tenga asignada pena igual o inferior a ésta; en tal caso, se impondrá al culpable la pena de aquel delito en su mitad inferior [653]. [654]

---

[651] Dada nueva redacción apartado 1 por art. único apartado 161 de Ley Orgánica 1/2015 de 30 de marzo de 2015, con vigencia desde 01/07/2015

[652] Dada nueva redacción apartado 2 por art. único apartado 161 de Ley Orgánica 1/2015 de 30 de marzo de 2015, con vigencia desde 01/07/2015

[653] Véanse arts. 451 y 452 de la presente Ley

[654] Dada nueva redacción apartado 3 por art. único apartado 106 de Ley Orgánica 15/2003 de 25 de noviembre de 2003, con vigencia desde 01/10/2004

299. [655] (Derogado)

300. Las disposiciones de este Capítulo se aplicarán aun cuando el autor o el cómplice del hecho de que provengan los efectos aprovechados fuera irresponsable o estuviera personalmente exento de pena [656].

301. 1. El que adquiera, posea, utilice, convierta, o transmita bienes, sabiendo que éstos tienen su origen en una actividad delictiva, cometida por él o por cualquiera tercera persona, o realice cualquier otro acto para ocultar o encubrir su origen ilícito, o para ayudar a la persona que haya participado en la infracción o infracciones a eludir las consecuencias legales de sus actos, será castigado con la pena de prisión de seis meses a seis años y multa del tanto al triplo del valor de los bienes. En estos casos, los Jueces o Tribunales, atendiendo a la gravedad del hecho y a las circunstancias personales del delincuente, podrán imponer también a éste la pena de inhabilitación especial para el ejercicio de su profesión o industria por tiempo de uno a tres años, y acordar la medida de clausura temporal o definitiva del establecimiento o local. Si la clausura fuese temporal, su duración no podrá exceder de cinco años.

La pena se impondrá en su mitad superior cuando los bienes tengan su origen en alguno de los delitos relacionados con el tráfico de drogas tóxicas, estupefacientes o sustancias psicotrópicas descritos en los arts. 368 a 372 de este Código. En estos supuestos se aplicarán las disposiciones contenidas en el art. 374 de este Código. [657]

También se impondrá la pena en su mitad superior cuando los bienes tengan su origen en alguno de los delitos comprendidos en el título VII bis, el capítulo V del título VIII, la sección 4.ª del capítulo

---

[655] Derogado por art. único apartado 162 de Ley Orgánica 1/2015 de 30 de marzo de 2015, con vigencia desde 01/07/2015

[656] Véanse arts. 268 y 453 de la presente Ley

[657] Dada nueva redacción apartado 1 por art. único apartado 78 de Ley Orgánica 5/2010 de 22 de junio de 2010, con vigencia desde 23/12/2010

XI del título XIII, el título XV bis, el capítulo I del título XVI o los capítulos V, VI, VII, VIII, IX y X del título XIX. [658]

2. Con las mismas penas se sancionará, según los casos, la ocultación o encubrimiento de la verdadera naturaleza, origen, ubicación, destino, movimiento o derechos sobre los bienes o propiedad de los mismos, a sabiendas de que proceden de alguno de los delitos expresados en el apartado anterior o de un acto de participación en ellos.

3. Si los hechos se realizasen por imprudencia grave, la pena será de prisión de seis meses a dos años y multa del tanto al triplo.

4. El culpable será igualmente castigado aunque el delito del que provinieren los bienes, o los actos penados en los apartados anteriores hubiesen sido cometidos, total o parcialmente, en el extranjero.

5. Si el culpable hubiera obtenido ganancias, serán decomisadas conforme a las reglas del art. 127 de este Código. [659]

302. [660] 1. En los supuestos previstos en el artículo anterior se impondrán las penas privativas de libertad en su mitad superior a las personas que pertenezca a una organización dedicada a los fines señalados en los mismos, y la pena superior en grado a los jefes, administradores o encargados de las referidas organizaciones.

También se impondrá la pena en su mitad superior a quienes, siendo sujetos obligados conforme a la normativa de prevención del blanqueo de capitales y de la financiación del terrorismo, cometan cualquiera de las conductas descritas en el artículo 301 en el ejercicio de su actividad profesional. [661]

2. En tales casos, cuando de acuerdo con lo establecido en el art. 31 bis sea responsable una persona jurídica, se le impondrán las siguientes penas:

a) Multa de dos a cinco años, si el delito cometido por la persona física tiene prevista una pena de prisión de más de cinco años.

[658] Dada nueva redacción apartado 1 párrafo 3 por art. 2 apartado 1 de Ley Orgánica 6/2021 de 28 de abril de 2021, con vigencia desde 30/04/2021

[659] Añadido apartado 5 por art. único apartado 108 de Ley Orgánica 15/2003 de 25 de noviembre de 2003, con vigencia desde 01/10/2004

[660] Dada nueva redacción por art. único apartado 109 de Ley Orgánica 15/2003 de 25 de noviembre de 2003, con vigencia desde 01/10/2004

[661] Añadido apartado 1 párrafo 2 por art. 2 apartado 2 de Ley Orgánica 6/2021 de 28 de abril de 2021, con vigencia desde 30/04/2021

b) Multa de seis meses a dos años, en el resto de los casos.

Atendidas las reglas establecidas en el art. 66 bis, los Jueces y Tribunales podrán asimismo imponer las penas recogidas en las letras b) a g) del apartado 7 del art. 33 . [662]

303. Si los hechos previstos en los artículos anteriores fueran realizados por empresario, intermediario en el sector financiero, facultativo, funcionario público, trabajador social, docente o educador, en el ejercicio de su cargo, profesión u oficio, se le impondrá, además de la pena correspondiente, la de inhabilitación especial para empleo o cargo público, profesión u oficio, industria o comercio, de tres a diez años. Se impondrá la pena de inhabilitación absoluta de diez a veinte años cuando los referidos hechos fueren realizados por autoridad o agente de la misma [663] .

A tal efecto, se entiende que son facultativos los médicos, psicólogos, las personas en posesión de títulos sanitarios, los veterinarios, los farmacéuticos y sus dependientes.

304. La provocación, la conspiración y la proposición para cometer los delitos previstos en los arts. 301 a 303 se castigará, respectivamente, con la pena inferior en uno o dos grados.

TÍTULO XIII BIS
De los delitos de financiación ilegal de los partidos políticos [664]

304 bis. [665] 1. Será castigado con una pena de multa del triplo al quíntuplo de su valor, el que reciba donaciones o aportaciones destinadas a un partido político, federación, coalición o agrupación de electores con infracción de lo dispuesto en el art. 5.Uno de la Ley

---

[662] Dada nueva redacción apartado 2 por art. único apartado 79 de Ley Orgánica 5/2010 de 22 de junio de 2010, con vigencia desde 23/12/2010

[663] Véase art. 24 de la presente Ley

[664] Añadido por art. único apartado 163 de Ley Orgánica 1/2015 de 30 de marzo de 2015, con vigencia desde 01/07/2015

[665] Añadido por art. único apartado 164 de Ley Orgánica 1/2015 de 30 de marzo de 2015, con vigencia desde 01/07/2015

Orgánica 8/2007, de 4 de julio, sobre financiación de los partidos políticos.

2. Los hechos anteriores serán castigados con una pena de prisión de seis meses a cuatro años y multa del triplo al quíntuplo de su valor o del exceso cuando:

a) Se trate de donaciones recogidas en el art. 5.Uno, letras a) o c) de la Ley Orgánica 8/2007, de 4 de julio, sobre financiación de los partidos políticos, de importe superior a 500.000 euros, o que superen en esta cifra el límite fijado en la letra b) del aquel precepto, cuando sea ésta el infringido.

b) Se trate de donaciones recogidas en el art. 7.Dos de la Ley Orgánica 8/2007, de 4 de julio, sobre financiación de los partidos políticos, que superen el importe de 100.000 euros.

3. Si los hechos a que se refiere el apartado anterior resultaran de especial gravedad, se impondrá la pena en su mitad superior, pudiéndose llegar hasta la superior en grado.

4. Las mismas penas se impondrán, en sus respectivos casos, a quien entregare donaciones o aportaciones destinadas a un partido político, federación, coalición o agrupación de electores, por sí o por persona interpuesta, en alguno de los supuestos de los números anteriores.

5. Las mismas penas se impondrán cuando, de acuerdo con lo establecido en el art. 31 bis de este Código, una persona jurídica sea responsable de los hechos. Atendidas las reglas establecidas en el art. 66 bis, los Jueces y Tribunales podrán asimismo imponer las penas recogidas en las letras b) a g) del apartado 7 del art. 33 .

304 ter. [666] 1. Será castigado con la pena de prisión de uno a cinco años, el que participe en estructuras u organizaciones, cualquiera que sea su naturaleza, cuya finalidad sea la financiación de partidos políticos, federaciones, coaliciones o agrupaciones de electores, al margen de lo establecido en la ley.

2. Se impondrá la pena en su mitad superior a las personas que dirijan dichas estructuras u organizaciones.

---

[666] Añadido por art. único apartado 165 de Ley Orgánica 1/2015 de 30 de marzo de 2015, con vigencia desde 01/07/2015

3. Si los hechos a que se refieren los apartados anteriores resultaran de especial gravedad, se impondrá la pena en su mitad superior, pudiéndose llegar hasta la superior en grado.

TÍTULO XIV
De los delitos contra la Hacienda Pública y contra la Seguridad Social [667]

305. [668] 1. El que, por acción u omisión, defraude a la Hacienda Pública estatal, autonómica, foral o local, eludiendo el pago de tributos, cantidades retenidas o que se hubieran debido retener o ingresos a cuenta, obteniendo indebidamente devoluciones o disfrutando beneficios fiscales de la misma forma, siempre que la cuantía de la cuota defraudada, el importe no ingresado de las retenciones o ingresos a cuenta o de las devoluciones o beneficios fiscales indebidamente obtenidos o disfrutados exceda de ciento veinte mil euros será castigado con la pena de prisión de uno a cinco años y multa del tanto al séxtuplo de la citada cuantía, salvo que hubiere regularizado su situación tributaria en los términos del apartado 4 del presente artículo.

La mera presentación de declaraciones o autoliquidaciones no excluye la defraudación, cuando ésta se acredite por otros hechos.

Además de las penas señaladas, se impondrá al responsable la pérdida de la posibilidad de obtener subvenciones o ayudas públicas y del derecho a gozar de los beneficios o incentivos fiscales o de la Seguridad Social durante el período de tres a seis años.

2. A los efectos de determinar la cuantía mencionada en el apartado anterior:

a) Si se trata de tributos, retenciones, ingresos a cuenta o devoluciones, periódicos o de declaración periódica, se estará a lo defraudado en cada período impositivo o de declaración, y si éstos son inferiores a doce meses, el importe de lo defraudado se referirá al año natural. No obstante lo anterior, en los casos en los que la defraudación se lleve a cabo en el seno de una organización o grupo criminal, o por personas

---

[667] Véase art. 31.1 CE

[668] Dada nueva redacción por art. único apartado 2 de Ley Orgánica 7/2012 de 27 de diciembre de 2012, con vigencia desde 17/01/2013

o entidades que actúen bajo la apariencia de una actividad económica real sin desarrollarla de forma efectiva, el delito será perseguible desde el mismo momento en que se alcance la cantidad fijada en el apartado 1.

b) En los demás supuestos, la cuantía se entenderá referida a cada uno de los distintos conceptos por los que un hecho imponible sea susceptible de liquidación.

3. Las mismas penas se impondrán a quien cometa las conductas descritas en el apartado 1 y a quien eluda el pago de cualquier cantidad que deba ingresar o disfrute de manera indebida de un beneficio obtenido legalmente, cuando los hechos se cometan contra la Hacienda de la Unión Europea, siempre que la cuantía defraudada excediera de cien mil euros en el plazo de un año natural. No obstante lo anterior, en los casos en los que la defraudación se lleve a cabo en el seno de una organización o grupo criminal, o por personas o entidades que actúen bajo la apariencia de una actividad económica real sin desarrollarla de forma efectiva, el delito será perseguible desde el mismo momento en que se alcance la cantidad fijada en este apartado.

Si la cuantía defraudada no superase los cien mil euros pero excediere de diez mil, se impondrá una pena de prisión de tres meses a un año o multa del tanto al triplo de la citada cuantía y la pérdida de la posibilidad de obtener subvenciones o ayudas públicas y del derecho a gozar de los beneficios o incentivos fiscales o de la Seguridad Social durante el período de seis meses a dos años. [669]

4. Se considerará regularizada la situación tributaria cuando se haya procedido por el obligado tributario al completo reconocimiento y pago de la deuda tributaria, antes de que por la Administración Tributaria se le haya notificado el inicio de actuaciones de comprobación o investigación tendentes a la determinación de las deudas tributarias objeto de la regularización o, en el caso de que tales actuaciones no se hubieran producido, antes de que el Ministerio Fiscal, el Abogado del Estado o el representante procesal de la Administración autonómica, foral o local de que se trate, interponga querella o denuncia contra aquél dirigida, o antes de que el Ministerio Fiscal o el Juez de Instrucción realicen actuaciones que le permitan tener conocimiento formal de la iniciación de diligencias.

---

[669] Dada nueva redacción apartado 3 por art. único apartado 10 de Ley Orgánica 1/2019 de 20 de febrero de 2019, con vigencia desde 13/03/2019

Asimismo, los efectos de la regularización prevista en el párrafo anterior resultarán aplicables cuando se satisfagan deudas tributarias una vez prescrito el derecho de la Administración a su determinación en vía administrativa.

La regularización por el obligado tributario de su situación tributaria impedirá que se le persiga por las posibles irregularidades contables u otras falsedades instrumentales que, exclusivamente en relación a la deuda tributaria objeto de regularización, el mismo pudiera haber cometido con carácter previo a la regularización de su situación tributaria.

5. Cuando la Administración Tributaria apreciare indicios de haberse cometido un delito contra la Hacienda Pública, podrá liquidar de forma separada, por una parte los conceptos y cuantías que no se encuentren vinculados con el posible delito contra la Hacienda Pública, y por otra, los que se encuentren vinculados con el posible delito contra la Hacienda Pública.

La liquidación indicada en primer lugar en el párrafo anterior seguirá la tramitación ordinaria y se sujetará al régimen de recursos propios de toda liquidación tributaria. Y la liquidación que en su caso derive de aquellos conceptos y cuantías que se encuentren vinculados con el posible delito contra la Hacienda Pública seguirá la tramitación que al efecto establezca la normativa tributaria, sin perjuicio de que finalmente se ajuste a lo que se decida en el proceso penal.

La existencia del procedimiento penal por delito contra la Hacienda Pública no paralizará la acción de cobro de la deuda tributaria. Por parte de la Administración Tributaria podrán iniciarse las actuaciones dirigidas al cobro, salvo que el Juez, de oficio o a instancia de parte, hubiere acordado la suspensión de las actuaciones de ejecución, previa prestación de garantía. Si no se pudiese prestar garantía en todo o en parte, excepcionalmente el Juez podrá acordar la suspensión con dispensa total o parcial de garantías si apreciare que la ejecución pudiese ocasionar daños irreparables o de muy difícil reparación.

6. Los Jueces y Tribunales podrán imponer al obligado tributario o al autor del delito la pena inferior en uno o dos grados, siempre que, antes de que transcurran dos meses desde la citación judicial como imputado satisfaga la deuda tributaria y reconozca judicialmente los hechos. Lo anterior será igualmente aplicable respecto de otros partícipes en el delito distintos del obligado tributario o del autor del delito, cuando colaboren activamente para la obtención de pruebas decisivas

para la identificación o captura de otros responsables, para el completo esclarecimiento de los hechos delictivos o para la averiguación del patrimonio del obligado tributario o de otros responsables del delito.

7. En los procedimientos por el delito contemplado en este artículo, para la ejecución de la pena de multa y la responsabilidad civil, que comprenderá el importe de la deuda tributaria que la Administración Tributaria no haya liquidado por prescripción u otra causa legal en los términos previstos en la Ley 58/2003, General Tributaria, de 17 de diciembre, incluidos sus intereses de demora, los Jueces y Tribunales recabarán el auxilio de los servicios de la Administración Tributaria que las exigirá por el procedimiento administrativo de apremio en los términos establecidos en la citada Ley.

305 bis. [670] 1. El delito contra la Hacienda Pública será castigado con la pena de prisión de dos a seis años y multa del doble al séxtuplo de la cuota defraudada cuando la defraudación se cometiere concurriendo alguna de las circunstancias siguientes:

a) Que la cuantía de la cuota defraudada exceda de seiscientos mil euros.

b) Que la defraudación se haya cometido en el seno de una organización o de un grupo criminal.

c) Que la utilización de personas físicas o jurídicas o entes sin personalidad jurídica interpuestos, negocios o instrumentos fiduciarios o paraísos fiscales o territorios de nula tributación oculte o dificulte la determinación de la identidad del obligado tributario o del responsable del delito, la determinación de la cuantía defraudada o del patrimonio del obligado tributario o del responsable del delito.

2. A los supuestos descritos en el presente artículo les serán de aplicación todas las restantes previsiones contenidas en el art. 305.

En estos casos, además de las penas señaladas, se impondrá al responsable la pérdida de la posibilidad de obtener subvenciones o ayudas públicas y del derecho a gozar de los beneficios o incentivos fiscales o de la Seguridad Social durante el período de cuatro a ocho años.

---

[670] Añadido por art. único apartado 3 de Ley Orgánica 7/2012 de 27 de diciembre de 2012, con vigencia desde 17/01/2013

306. [671] El que por acción u omisión defraude a los presupuestos generales de la Unión Europea u otros administrados por esta, en cuantía superior a cincuenta mil euros, eludiendo, fuera de los casos contemplados en el apartado 3 del artículo 305, el pago de cantidades que se deban ingresar o, dando, fuera de los casos contemplados en el artículo 308, a los fondos obtenidos una aplicación distinta de aquella a que estuvieren destinados u obteniendo indebidamente fondos falseando las condiciones requeridas para su concesión u ocultando las que la hubieran impedido, será castigado con la pena de prisión de uno a cinco años y multa del tanto al séxtuplo de la citada cuantía y la pérdida de la posibilidad de obtener subvenciones o ayudas públicas y del derecho a gozar de los beneficios o incentivos fiscales o de la Seguridad Social durante el período de tres a seis años. [672]

Si la cuantía defraudada o aplicada indebidamente no superase los cincuenta mil euros, pero excediere de cuatro mil, se impondrá una pena de prisión de tres meses a un año o multa del tanto al triplo de la citada cuantía y la pérdida de la posibilidad de obtener subvenciones o ayudas públicas y del derecho a gozar de los beneficios o incentivos fiscales o de la Seguridad Social durante el período de seis meses a dos años.

307. [673] 1. El que, por acción u omisión, defraude a la Seguridad Social eludiendo el pago de las cuotas de ésta y conceptos de recaudación conjunta, obteniendo indebidamente devoluciones de las mismas o disfrutando de deducciones por cualquier concepto asimismo de forma indebida, siempre que la cuantía de las cuotas defraudadas o de las devoluciones o deducciones indebidas exceda de cincuenta mil euros será castigado con la pena de prisión de uno a cinco años y multa del tanto al séxtuplo de la citada cuantía salvo que hubiere regularizado su situación ante la Seguridad Social en los términos del apartado 3 del presente artículo.

---

[671] Dada nueva redacción por art. único apartado 4 de Ley Orgánica 7/2012 de 27 de diciembre de 2012, con vigencia desde 17/01/2013

[672] Dada nueva redacción párrafo 1 por disposición final 4 apartado 3 de Ley Orgánica 9/2021 de 1 de julio de 2021, con vigencia desde 03/07/2021

[673] Dada nueva redacción por art. único apartado 5 de Ley Orgánica 7/2012 de 27 de diciembre de 2012, con vigencia desde 17/01/2013

La mera presentación de los documentos de cotización no excluye la defraudación, cuando ésta se acredite por otros hechos.

Además de las penas señaladas, se impondrá al responsable la pérdida de la posibilidad de obtener subvenciones o ayudas públicas y del derecho a gozar de los beneficios o incentivos fiscales o de la Seguridad Social durante el período de tres a seis años.

2. A los efectos de determinar la cuantía mencionada en el apartado anterior se estará al importe total defraudado durante cuatro años naturales.

3. Se considerará regularizada la situación ante la Seguridad Social cuando se haya procedido por el obligado frente a la Seguridad Social al completo reconocimiento y pago de la deuda antes de que se le haya notificado la iniciación de actuaciones inspectoras dirigidas a la determinación de dichas deudas o, en caso de que tales actuaciones no se hubieran producido, antes de que el Ministerio Fiscal o el Letrado de la Seguridad Social interponga querella o denuncia contra aquél dirigida o antes de que el Ministerio Fiscal o el Juez de Instrucción realicen actuaciones que le permitan tener conocimiento formal de la iniciación de diligencias.

Asimismo, los efectos de la regularización prevista en el párrafo anterior, resultarán aplicables cuando se satisfagan deudas ante la Seguridad Social una vez prescrito el derecho de la Administración a su determinación en vía administrativa.

La regularización de la situación ante la Seguridad Social impedirá que a dicho sujeto se le persiga por las posibles irregularidades contables u otras falsedades instrumentales que, exclusivamente en relación a la deuda objeto de regularización, el mismo pudiera haber cometido con carácter previo a la regularización de su situación.

4. La existencia de un procedimiento penal por delito contra la Seguridad Social no paralizará el procedimiento administrativo para la liquidación y cobro de la deuda contraída con la Seguridad Social, salvo que el Juez lo acuerde previa prestación de garantía. En el caso de que no se pudiese prestar garantía en todo o en parte, el Juez, con carácter excepcional, podrá acordar la suspensión con dispensa total o parcial de las garantías, en el caso de que apreciara que la ejecución pudiera ocasionar daños irreparables o de muy difícil reparación. La liquidación administrativa se ajustará finalmente a lo que se decida en el proceso penal.

5. Los Jueces y Tribunales podrán imponer al obligado frente a la Seguridad Social o al autor del delito la pena inferior en uno o dos gra-

dos, siempre que, antes de que transcurran dos meses desde la citación judicial como imputado, satisfaga la deuda con la Seguridad Social y reconozca judicialmente los hechos. Lo anterior será igualmente aplicable respecto de otros partícipes en el delito distintos del deudor a la Seguridad Social o del autor del delito, cuando colaboren activamente para la obtención de pruebas decisivas para la identificación o captura de otros responsables, para el completo esclarecimiento de los hechos delictivos o para la averiguación del patrimonio del obligado frente a la Seguridad Social o de otros responsables del delito.

6. En los procedimientos por el delito contemplado en este artículo, para la ejecución de la pena de multa y la responsabilidad civil, que comprenderá el importe de la deuda frente a la Seguridad Social que la Administración no haya liquidado por prescripción u otra causa legal, incluidos sus intereses de demora, los Jueces y Tribunales recabarán el auxilio de los servicios de la Administración de la Seguridad Social que las exigirá por el procedimiento administrativo de apremio.

307 bis. [674] 1. El delito contra la Seguridad Social será castigado con la pena de prisión de dos a seis años y multa del doble al séxtuplo de la cuantía cuando en la comisión del delito concurriera alguna de las siguientes circunstancias:

a) Que la cuantía de las cuotas defraudadas o de las devoluciones o deducciones indebidas exceda de ciento veinte mil euros.

b) Que la defraudación se haya cometido en el seno de una organización o de un grupo criminal.

c) Que la utilización de personas físicas o jurídicas o entes sin personalidad jurídica interpuestos, negocios o instrumentos fiduciarios o paraísos fiscales o territorios de nula tributación oculte o dificulte la determinación de la identidad del obligado frente a la Seguridad Social o del responsable del delito, la determinación de la cuantía defraudada o del patrimonio del obligado frente a la Seguridad Social o del responsable del delito.

2. A los supuestos descritos en el presente artículo le serán de aplicación todas las restantes previsiones contenidas en el art. 307.

3. En estos casos, además de las penas señaladas, se impondrá al responsable la pérdida de la posibilidad de obtener subvenciones o

[674] Añadido por art. único apartado 6 de Ley Orgánica 7/2012 de 27 de diciembre de 2012, con vigencia desde 17/01/2013

ayudas públicas y del derecho a gozar de los beneficios o incentivos fiscales o de la Seguridad Social durante el período de cuatro a ocho años.

307 ter. [675] 1. Quien obtenga, para sí o para otro, el disfrute de prestaciones del Sistema de la Seguridad Social, la prolongación indebida del mismo, o facilite a otros su obtención, por medio del error provocado mediante la simulación o tergiversación de hechos, o la ocultación consciente de hechos de los que tenía el deber de informar, causando con ello un perjuicio a la Administración Pública, será castigado con la pena de seis meses a tres años de prisión.

Cuando los hechos, a la vista del importe defraudado, de los medios empleados y de las circunstancias personales del autor, no revistan especial gravedad, serán castigados con una pena de multa del tanto al séxtuplo.

Además de las penas señaladas, se impondrá al responsable la pérdida de la posibilidad de obtener subvenciones y del derecho a gozar de los beneficios o incentivos fiscales o de la Seguridad Social durante el período de tres a seis años.

2. Cuando el valor de las prestaciones fuera superior a cincuenta mil euros o hubiera concurrido cualquiera de las circunstancias a que se refieren las letras b) o c) del apartado 1 del art. 307 bis, se impondrá una pena de prisión de dos a seis años y multa del tanto al séxtuplo.

En estos casos, además de las penas señaladas, se impondrá al responsable la pérdida de la posibilidad de obtener subvenciones y del derecho a gozar de los beneficios o incentivos fiscales o de la Seguridad Social durante el período de cuatro a ocho años.

3. Quedará exento de responsabilidad criminal en relación con las conductas descritas en los apartados anteriores el que reintegre una cantidad equivalente al valor de la prestación recibida incrementada en un interés anual equivalente al interés legal del dinero aumentado en dos puntos porcentuales, desde el momento en que las percibió, antes de que se le haya notificado la iniciación de actuaciones de inspección y control en relación con las mismas o, en el caso de que tales actuaciones no se hubieran producido, antes de que el Ministerio Fiscal, el Abogado del Estado, el Letrado de la Seguridad Social, o el

[675] Añadido por art. único apartado 7 de Ley Orgánica 7/2012 de 27 de diciembre de 2012, con vigencia desde 17/01/2013

representante de la Administración autonómica o local de que se trate, interponga querella o denuncia contra aquél dirigida o antes de que el Ministerio Fiscal o el Juez de Instrucción realicen actuaciones que le permitan tener conocimiento formal de la iniciación de diligencias.

La exención de responsabilidad penal contemplada en el párrafo anterior alcanzará igualmente a dicho sujeto por las posibles falsedades instrumentales que, exclusivamente en relación a las prestaciones defraudadas objeto de reintegro, el mismo pudiera haber cometido con carácter previo a la regularización de su situación.

4. La existencia de un procedimiento penal por alguno de los delitos de los apartados 1 y 2 de este artículo, no impedirá que la Administración competente exija el reintegro por vía administrativa de las prestaciones indebidamente obtenidas. El importe que deba ser reintegrado se entenderá fijado provisionalmente por la Administración, y se ajustará después a lo que finalmente se resuelva en el proceso penal.

El procedimiento penal tampoco paralizará la acción de cobro de la Administración competente, que podrá iniciar las actuaciones dirigidas al cobro salvo que el Juez, de oficio o a instancia de parte, hubiere acordado la suspensión de las actuaciones de ejecución previa prestación de garantía. Si no se pudiere prestar garantía en todo o en parte, excepcionalmente el Juez podrá acordar la suspensión con dispensa total o parcial de garantías si apreciare que la ejecución pudiese ocasionar daños irreparables o de muy difícil reparación.

5. En los procedimientos por el delito contemplado en este artículo, para la ejecución de la pena de multa y de la responsabilidad civil, los Jueces y Tribunales recabarán el auxilio de los servicios de la Administración de la Seguridad Social que las exigirá por el procedimiento administrativo de apremio.

6. Resultará aplicable a los supuestos regulados en este artículo lo dispuesto en el apartado 5 del art. 307 del Código Penal.

308. [676] 1. El que obtenga subvenciones o ayudas de las Administraciones Públicas, incluida la Unión Europea, en una cantidad o por un valor superior a cien mil euros falseando las condiciones requeridas para su concesión u ocultando las que la hubiesen impedido será castigado con la pena de prisión de uno a cinco años y multa del tanto

---

[676] Dada nueva redacción por art. único apartado 11 de Ley Orgánica 1/2019 de 20 de febrero de 2019, con vigencia desde 13/03/2019

al séxtuplo de su importe, salvo que lleve a cabo el reintegro a que se refiere el apartado 6.

2. Las mismas penas se impondrán al que, en el desarrollo de una actividad sufragada total o parcialmente con fondos de las Administraciones públicas, incluida la Unión Europea, los aplique en una cantidad superior a cien mil euros a fines distintos de aquéllos para los que la subvención o ayuda fue concedida, salvo que lleve a cabo el reintegro a que se refiere el apartado 6.

3. Además de las penas señaladas, se impondrá al responsable la pérdida de la posibilidad de obtener subvenciones o ayudas públicas y del derecho a gozar de beneficios o incentivos fiscales o de la Seguridad Social durante un período de tres a seis años.

4. Si la cuantía obtenida, defraudada o aplicada indebidamente no superase los cien mil euros pero excediere de diez mil, se impondrá una pena de prisión de tres meses a un año o multa del tanto al triplo de la citada cuantía y la pérdida de la posibilidad de obtener subvenciones o ayudas públicas y del derecho a gozar de los beneficios o incentivos fiscales o de la Seguridad Social durante el período de seis meses a dos años, salvo que lleve a cabo el reintegro a que se refiere el apartado 6.

5. A los efectos de determinar la cuantía a que se refiere este artículo, se atenderá al total de lo obtenido, defraudado o indebidamente aplicado, con independencia de si procede de una o de varias Administraciones Públicas conjuntamente.

6. Se entenderá realizado el reintegro al que se refieren los apartados 1, 2 y 4 cuando por el perceptor de la subvención o ayuda se proceda a devolver las subvenciones o ayudas indebidamente percibidas o aplicadas, incrementadas en el interés de demora aplicable en materia de subvenciones desde el momento en que las percibió, y se lleve a cabo antes de que se haya notificado la iniciación de actuaciones de comprobación o control en relación con dichas subvenciones o ayudas o, en el caso de que tales actuaciones no se hubieran producido, antes de que el Ministerio Fiscal, el Abogado del Estado o el representante de la Administración autonómica o local de que se trate, interponga querella o denuncia contra aquél dirigida o antes de que el Ministerio Fiscal o el juez de instrucción realicen actuaciones que le permitan tener conocimiento formal de la iniciación de diligencias. El reintegro impedirá que a dicho sujeto se le persiga por las posibles falsedades instrumentales que, exclusivamente en relación a la deuda objeto de

regularización, el mismo pudiera haber cometido con carácter previo a la regularización de su situación.

7. La existencia de un procedimiento penal por alguno de los delitos de los apartados 1, 2 y 4 de este artículo, no impedirá que la Administración competente exija el reintegro por vía administrativa de las subvenciones o ayudas indebidamente aplicadas. El importe que deba ser reintegrado se entenderá fijado provisionalmente por la Administración, y se ajustará después a lo que finalmente se resuelva en el proceso penal.

El procedimiento penal tampoco paralizará la acción de cobro de la Administración, que podrá iniciar las actuaciones dirigidas al cobro salvo que el juez, de oficio o a instancia de parte, hubiere acordado la suspensión de las actuaciones de ejecución previa prestación de garantía. Si no se pudiere prestar garantía en todo o en parte, excepcionalmente el juez podrá acordar la suspensión con dispensa total o parcial de garantías si apreciare que la ejecución pudiese ocasionar daños irreparables o de muy difícil reparación.

8. Los jueces y tribunales podrán imponer al responsable de este delito la pena inferior en uno o dos grados, siempre que, antes de que transcurran dos meses desde la citación judicial como investigado, lleve a cabo el reintegro a que se refiere el apartado 6 y reconozca judicialmente los hechos. Lo anterior será igualmente aplicable respecto de otros partícipes en el delito distintos del obligado al reintegro o del autor del delito, cuando colaboren activamente para la obtención de pruebas decisivas para la identificación o captura de otros responsables, para el completo esclarecimiento de los hechos delictivos o para la averiguación del patrimonio del obligado o del responsable del delito.

308 bis. [677] 1. La suspensión de la ejecución de las penas impuestas por alguno de los delitos regulados en este Título se regirá por las disposiciones contenidas en el Capítulo III del Título III del Libro I de este Código, completadas por las siguientes reglas:

1ª La suspensión de la ejecución de la pena de prisión impuesta requerirá, además del cumplimiento de los requisitos regulados en el art. 80 , que el penado haya abonado la deuda tributaria o con la Segu-

---

[677] Añadido por art. único apartado 167 de Ley Orgánica 1/2015 de 30 de marzo de 2015, con vigencia desde 01/07/2015

ridad Social, o que haya procedido al reintegro de las subvenciones o ayudas indebidamente recibidas o utilizadas.

Este requisito se entenderá cumplido cuando el penado asuma el compromiso de satisfacer la deuda tributaria, la deuda frente a la Seguridad Social o de proceder al reintegro de las subvenciones o ayudas indebidamente recibidas o utilizadas y las responsabilidades civiles de acuerdo a su capacidad económica y de facilitar el decomiso acordado, y sea razonable esperar que el mismo será cumplido. La suspensión no se concederá cuando conste que el penado ha facilitado información inexacta o insuficiente sobre su patrimonio.

La resolución por la que el Juez o Tribunal concedan la suspensión de la ejecución de la pena será comunicada a la representación procesal de la Hacienda Pública estatal, autonómica, local o foral, de la Seguridad Social o de la Administración que hubiera concedido la subvención o ayuda.

2ª El Juez o Tribunal revocarán la suspensión y ordenarán la ejecución de la pena, además de en los supuestos del art. 86 , cuando el penado no dé cumplimiento al compromiso de pago de la deuda tributaria o con la Seguridad Social, al de reintegro de las subvenciones y ayudas indebidamente recibidas o utilizadas, o al de pago de las responsabilidades civiles, siempre que tuviera capacidad económica para ello, o facilite información inexacta o insuficiente sobre su patrimonio. En estos casos, el juez de vigilancia penitenciaria podrá denegar la concesión de la libertad condicional.

2. En el supuesto del art. 125 , el Juez o Tribunal oirán previamente a la representación procesal de la Hacienda Pública estatal, autonómica, local o foral, de la Seguridad Social o de la Administración que hubiera concedido la subvención o ayuda, al objeto de que aporte informe patrimonial de los responsables del delito en el que se analizará la capacidad económica y patrimonial real de los responsables y se podrá incluir una propuesta de fraccionamiento acorde con dicha capacidad y con la normativa tributaria, de la Seguridad Social o de subvenciones.

309.   [678] (Derogado)

[678] Derogado por disposición derogatoria única apartado 1 de Ley Orgánica 7/2012 de 27 de diciembre de 2012, con vigencia desde 17/01/2013

310. [679] Será castigado con la pena de prisión de cinco a siete meses el que estando obligado por Ley tributaria a llevar contabilidad mercantil, libros o registros fiscales:

a) Incumpla absolutamente dicha obligación en régimen de estimación directa de bases tributarias.

b) Lleve contabilidades distintas que, referidas a una misma actividad y ejercicio económico, oculten o simulen la verdadera situación de la empresa.

c) No hubiere anotado en los libros obligatorios negocios, actos, operaciones o, en general, transacciones económicas, o los hubiese anotado con cifras distintas a las verdaderas.

d) Hubiere practicado en los libros obligatorios anotaciones contables ficticias.

La consideración como delito de los supuestos de hecho, a que se refieren los párrafos c) y d) anteriores, requerirá que se hayan omitido las declaraciones tributarias o que las presentadas fueren reflejo de su falsa contabilidad y que la cuantía, en más o menos, de los cargos o abonos omitidos o falseados exceda, sin compensación aritmética entre ellos, de 240.000 euros por cada ejercicio económico [680].

310 bis. [681] Cuando de acuerdo con lo establecido en el art. 31 bis una persona jurídica sea responsable de los delitos recogidos en este Título, se le impondrán las siguientes penas:

a) Multa del tanto al doble de la cantidad defraudada o indebidamente obtenida, si el delito cometido por la persona física tiene prevista una pena de prisión de más de dos años.

b) Multa del doble al cuádruple de la cantidad defraudada o indebidamente obtenida, si el delito cometido por la persona física tiene prevista una pena de prisión de más de cinco años.

c) Multa de seis meses a un año, en los supuestos recogidos en el art. 310.

Además de las señaladas, se impondrá a la persona jurídica responsable la pérdida de la posibilidad de obtener subvenciones o ayudas

---

[679] Dada nueva redacción por art. único apartado 115 de Ley Orgánica 15/2003 de 25 de noviembre de 2003, con vigencia desde 01/10/2004

[680] Véase art. 184.2 y 3 LGT

[681] Dada nueva redacción por art. único apartado 9 de Ley Orgánica 7/2012 de 27 de diciembre de 2012, con vigencia desde 17/01/2013

públicas y del derecho a gozar de los beneficios o incentivos fiscales o de la Seguridad Social durante el período de tres a seis años. Podrá imponerse la prohibición para contratar con las Administraciones Públicas.

Atendidas las reglas establecidas en el art. 66 bis, los Jueces y Tribunales podrán asimismo imponer las penas recogidas en las letras b), c), d), e) y g) del apartado 7 del art. 33 .

TÍTULO XV
De los delitos contra los derechos de los trabajadores

311. [682] Serán castigados con las penas de prisión de seis meses a seis años y multa de seis a doce meses:

1º Los que, mediante engaño o abuso de situación de necesidad, impongan a los trabajadores a su servicio condiciones laborales o de Seguridad Social que perjudiquen, supriman o restrinjan los derechos que tengan reconocidos por disposiciones legales, convenios colectivos o contrato individual.

2º Los que impongan condiciones ilegales a sus trabajadores mediante su contratación bajo fórmulas ajenas al contrato de trabajo, o las mantengan en contra de requerimiento o sanción administrativa.

3º Los que den ocupación simultáneamente a una pluralidad de trabajadores sin comunicar su alta en el régimen de la Seguridad Social que corresponda o, en su caso, sin haber obtenido la correspondiente autorización de trabajo, siempre que el número de trabajadores afectados sea al menos de:

a) el veinticinco por ciento, en las empresas o centros de trabajo que ocupen a más de cien trabajadores,

b) el cincuenta por ciento, en las empresas o centros de trabajo que ocupen a más de diez trabajadores y no más de cien, o

c) la totalidad de los mismos, en las empresas o centros de trabajo que ocupen a más de cinco y no más de diez trabajadores.

---

[682] Añadido por art. 1 apartado 9 de Ley Orgánica 14/2022 de 22 de diciembre de 2022 un nuevo numeral 2.º, renumerándose los anteriores 2.º a 4.º como 3.º a 5.º, con vigencia desde 12/01/2023

4º Los que en el supuesto de transmisión de empresas, con conocimiento de los procedimientos descritos en los apartados anteriores, mantengan las referidas condiciones impuestas por otro.

5º Si las conductas reseñadas en los apartados anteriores se llevaren a cabo con violencia o intimidación se impondrán las penas superiores en grado.

311 bis. [683] Será castigado con la pena de prisión de tres a dieciocho meses o multa de doce a treinta meses, salvo que los hechos estén castigados con una pena más grave en otro precepto de este Código, quien:

a) De forma reiterada, emplee o dé ocupación a ciudadanos extranjeros que carezcan de permiso de trabajo, o

b) emplee o dé ocupación a un menor de edad que carezca de permiso de trabajo.

312. 1. Serán castigados con las penas de prisión de dos a cinco años y multa de seis a doce meses, los que trafiquen de manera ilegal con mano de obra. [684]

2. En la misma pena incurrirán quienes recluten personas o las determinen a abandonar su puesto de trabajo ofreciendo empleo o condiciones de trabajo engañosas o falsas, y quienes empleen a súbditos extranjeros sin permiso de trabajo en condiciones que perjudiquen, supriman o restrinjan los derechos que tuviesen reconocidos por disposiciones legales, convenios colectivos o contrato individual [685] .

---

[683] Añadido por art. único apartado 168 de Ley Orgánica 1/2015 de 30 de marzo de 2015, con vigencia desde 01/07/2015

[684] Dada nueva redacción apartado 1 por disposición final 1 de Ley Orgánica 4/2000 de 11 de enero de 2000, con vigencia desde 01/02/2000

[685] Véase LO 4/2000 de 11 enero, sobre Derechos y Libertades de los extranjeros en España y su integración social y su nuevo Reglamento, aprobado por RD 1155/2024 de 19 noviembre, con vigencia desde el 20 mayo 2025, que sustituye al anterior, aprobado por RD 557/2011 de 20 abril

313. [686] El que determinare o favoreciere la emigración de alguna persona a otro país simulando contrato o colocación, o usando de otro engaño semejante, será castigado con la pena prevista en el artículo anterior.

314. [687] Quienes produzcan una grave discriminación en el empleo, público o privado, contra alguna persona por razón de su ideología, religión o creencias, su situación familiar, su pertenencia a una etnia, raza o nación, su origen nacional, su sexo, edad, orientación o identidad sexual o de género, razones de género, de aporofobia o de exclusión social, la enfermedad que padezca o su discapacidad, por ostentar la representación legal o sindical de los trabajadores, por el parentesco con otros trabajadores de la empresa o por el uso de alguna de las lenguas oficiales dentro del Estado español, y no restablezcan la situación de igualdad ante la ley tras requerimiento o sanción administrativa, reparando los daños económicos que se hayan derivado, serán castigados con la pena de prisión de seis meses a dos años o multa de doce a veinticuatro meses [688].

315. [689] 1. Serán castigados con las penas de prisión de seis meses a dos años o multa de seis a doce meses los que, mediante engaño o abuso de situación de necesidad, impidieren o limitaren el ejercicio de la libertad sindical o el derecho de huelga [690].

2. Si las conductas reseñadas en el apartado anterior se llevaren a cabo con coacciones serán castigadas con la pena de prisión de un año y nueve meses hasta tres años o con la pena de multa de dieciocho meses a veinticuatro meses [691].

---

[686] Dada nueva redacción por art. único apartado 86 de Ley Orgánica 5/2010 de 22 de junio de 2010, con vigencia desde 23/12/2010

[687] Dada nueva redacción por disposición final 6 apartado 31 de Ley Orgánica 8/2021 de 4 de junio de 2021, con vigencia desde 25/06/2021

[688] Véanse arts. 14 y 35.1 CE y arts. 22.4 y 512 de la presente Ley

[689] Dada nueva redacción por art. único apartado 169 de Ley Orgánica 1/2015 de 30 de marzo de 2015, con vigencia desde 01/07/2015

[690] Véanse arts. 7 y 28 CE y arts. 314, 539, 540 y 542 de la presente Ley

[691] Véase art. 172 de la presente Ley

Apartado 3 (Derogado) [692]

316. Los que con infracción de las normas de prevención de riesgos laborales y estando legalmente obligados, no faciliten los medios necesarios para que los trabajadores desempeñen su actividad con las medidas de seguridad e higiene adecuadas, de forma que pongan así en peligro grave su vida, salud o integridad física, serán castigados con las penas de prisión de seis meses a tres años y multa de seis a doce meses [693].

317. Cuando el delito a que se refiere el artículo anterior se cometa por imprudencia grave, será castigado con la pena inferior en grado.

318. [694] Cuando los hechos previstos en los artículos de este Título se atribuyeran a personas jurídicas, se impondrá la pena señalada a los administradores o encargados del servicio que hayan sido responsables de los mismos y a quienes, conociéndolos y pudiendo remediarlo, no hubieran adoptado medidas para ello. En estos supuestos la autoridad judicial podrá decretar, además, alguna o algunas de las medidas previstas en el art. 129 de este Código [695].

---

[692] Derogado apartado 3 por art. único de Ley Orgánica 5/2021 de 22 de abril de 2021, con vigencia desde 24/04/2021

[693] Véase art. 19 ET y arts. 341 y ss y 350 de la presente Ley

[694] Dada nueva redacción por art. 1 apartado 12 de Ley Orgánica 11/2003 de 29 de septiembre de 2003, con vigencia desde 01/10/2003

[695] Véase art. 31 de la presente Ley

TÍTULO XV BIS
Delitos contra los derechos de los ciudadanos extranjeros [696]

318 bis. [697] 1. El que intencionadamente ayude a una persona que no sea nacional de un Estado miembro de la Unión Europea a entrar en territorio español o a transitar a través del mismo de un modo que vulnere la legislación sobre entrada o tránsito de extranjeros, será castigado con una pena de multa de tres a doce meses o prisión de tres meses a un año.

Los hechos no serán punibles cuando el objetivo perseguido por el autor fuere únicamente prestar ayuda humanitaria a la persona de que se trate.

Si los hechos se hubieran cometido con ánimo de lucro se impondrá la pena en su mitad superior.

2. El que intencionadamente ayude, con ánimo de lucro, a una persona que no sea nacional de un Estado miembro de la Unión Europea a permanecer en España, vulnerando la legislación sobre estancia de extranjeros será castigado con una pena de multa de tres a doce meses o prisión de tres meses a un año.

3. Los hechos a que se refiere el apartado 1 de este artículo serán castigados con la pena de prisión de cuatro a ocho años cuando concurra alguna de las circunstancias siguientes:

a) Cuando los hechos se hubieran cometido en el seno de una organización que se dedicare a la realización de tales actividades. Cuando se trate de los jefes, administradores o encargados de dichas organizaciones o asociaciones, se les aplicará la pena en su mitad superior, que podrá elevarse a la inmediatamente superior en grado.

b) Cuando se hubiera puesto en peligro la vida de las personas objeto de la infracción, o se hubiera creado el peligro de causación de lesiones graves.

4. En las mismas penas del párrafo anterior y además en la de inhabilitación absoluta de seis a doce años, incurrirán los que realicen los hechos prevaliéndose de su condición de autoridad, agente de ésta o funcionario público.

---

[696] Añadido por disposición final 2 de Ley Orgánica 4/2000 de 11 de enero de 2000, con vigencia desde 01/02/2000

[697] Dada nueva redacción por art. único apartado 170 de Ley Orgánica 1/2015 de 30 de marzo de 2015, con vigencia desde 01/07/2015

5. Cuando de acuerdo con lo establecido en el art. 31 bis una persona jurídica sea responsable de los delitos recogidos en este Título, se le impondrá la pena de multa de dos a cinco años, o la del triple al quíntuple del beneficio obtenido si la cantidad resultante fuese más elevada.

Atendidas las reglas establecidas en el art. 66 bis, los Jueces y Tribunales podrán asimismo imponer las penas recogidas en las letras b) a g) del apartado 7 del art. 33 .

6. Los Tribunales, teniendo en cuenta la gravedad del hecho y sus circunstancias, las condiciones del culpable y la finalidad perseguida por éste, podrán imponer la pena inferior en un grado a la respectivamente señalada [698] .

TÍTULO XVI
De los delitos relativos a la ordenación del territorio y el urbanismo, la protección del patrimonio histórico y el medio ambiente [699]

CAPÍTULO PRIMERO
De los delitos sobre la ordenación del territorio y el urbanismo [700] [701]

319. [702] 1. Se impondrán las penas de prisión de un año y seis meses a cuatro años, multa de doce a veinticuatro meses, salvo que el beneficio obtenido por el delito fuese superior a la cantidad resultante en cuyo caso la multa será del tanto al triplo del montante de dicho beneficio, e inhabilitación especial para profesión u oficio por tiempo

---

[698] Véanse art. 54 LO 4/2000, de 11 de enero, sobre derechos y libertades de los extranjeros en España y su integración social y arts. 24, 312 y 313 de la presente Ley

[699] Dada nueva redacción por art. único apartado 88 de Ley Orgánica 5/2010 de 22 de junio de 2010, con vigencia desde 23/12/2010

[700] Véanse arts. 45, 46, 47 y 148.1 CE y RDLeg. 7/2015, de 30 de octubre por el que se aprueba el texto refundido de la Ley de Suelo y Rehabilitación Urbana

[701] Dada nueva redacción por art. único apartado 89 de Ley Orgánica 5/2010 de 22 de junio de 2010, con vigencia desde 23/12/2010

[702] Dada nueva redacción por art. único apartado 90 de Ley Orgánica 5/2010 de 22 de junio de 2010, con vigencia desde 23/12/2010

de uno a cuatro años, a los promotores, constructores o técnicos directores que lleven a cabo obras de urbanización, construcción o edificación no autorizables en suelos destinados a viales, zonas verdes, bienes de dominio público o lugares que tengan legal o administrativamente reconocido su valor paisajístico, ecológico, artístico, histórico o cultural, o por los mismos motivos hayan sido considerados de especial protección.

2. Se impondrá la pena de prisión de uno a tres años, multa de doce a veinticuatro meses, salvo que el beneficio obtenido por el delito fuese superior a la cantidad resultante en cuyo caso la multa será del tanto al triplo del montante de dicho beneficio, e inhabilitación especial para profesión u oficio por tiempo de uno a cuatro años, a los promotores, constructores o técnicos directores que lleven a cabo obras de urbanización, construcción o edificación no autorizables en el suelo no urbanizable.

3. En cualquier caso, los Jueces o Tribunales, motivadamente, podrán ordenar, a cargo del autor del hecho, la demolición de la obra y la reposición a su estado originario de la realidad física alterada, sin perjuicio de las indemnizaciones debidas a terceros de buena fe, y valorando las circunstancias, y oída la Administración competente, condicionarán temporalmente la demolición a la constitución de garantías que aseguren el pago de aquéllas. En todo caso se dispondrá el decomiso de las ganancias provenientes del delito cualesquiera que sean las transformaciones que hubieren podido experimentar. [703]

4. En los supuestos previstos en este artículo, cuando fuere responsable una persona jurídica de acuerdo con lo establecido en el art. 31 bis de este Código se le impondrá la pena de multa de uno a tres años, salvo que el beneficio obtenido por el delito fuese superior a la cantidad resultante en cuyo caso la multa será del doble al cuádruple del montante de dicho beneficio.

Atendidas las reglas establecidas en el art. 66 bis, los Jueces y Tribunales podrán asimismo imponer las penas recogidas en las letras b) a g) del apartado 7 del art. 33 [704].

---

[703] Dada nueva redacción apartado 3 por art. único apartado 171 de Ley Orgánica 1/2015 de 30 de marzo de 2015, con vigencia desde 01/07/2015
[704] Véanse arts. 109 y ss de la presente Ley

320. [705] 1. La autoridad o funcionario público que, a sabiendas de su injusticia, haya informado favorablemente instrumentos de planeamiento, proyectos de urbanización, parcelación, reparcelación, construcción o edificación o la concesión de licencias contrarias a las normas de ordenación territorial o urbanística vigentes, o que con motivo de inspecciones haya silenciado la infracción de dichas normas o que haya omitido la realización de inspecciones de carácter obligatorio será castigado con la pena establecida en el art. 404 de este Código y, además, con la de prisión de un año y seis meses a cuatro años y la de multa de doce a veinticuatro meses.

2. Con las mismas penas se castigará a la autoridad o funcionario público que por sí mismo o como miembro de un organismo colegiado haya resuelto o votado a favor de la aprobación de los instrumentos de planeamiento, los proyectos de urbanización, parcelación, reparcelación, construcción o edificación o la concesión de las licencias a que se refiere el apartado anterior, a sabiendas de su injusticia [706].

CAPÍTULO II
De los delitos sobre el patrimonio histórico [707]

321. Los que derriben o alteren gravemente edificios singularmente protegidos por su interés histórico, artístico, cultural o monumental serán castigados con las penas de prisión de seis meses a tres años, multa de doce a veinticuatro meses y, en todo caso, inhabilitación especial para profesión u oficio por tiempo de uno a cinco años.

En cualquier caso, los Jueces o Tribunales, motivadamente, podrán ordenar, a cargo del autor del hecho, la reconstrucción o restauración de la obra, sin perjuicio de las indemnizaciones debidas a terceros de buena fe [708].

322. 1. La autoridad o funcionario público que, a sabiendas de su injusticia, haya informado favorablemente proyectos de derribo o

---

[705] Dada nueva redacción por art. único apartado 91 de Ley Orgánica 5/2010 de 22 de junio de 2010, con vigencia desde 23/12/2010

[706] Véase art. 24 de la presente Ley

[707] Véase art. 46 CE

[708] Véanse arts. 109 y ss, 264.1, 289, 625.2 y 629 de la presente Ley

alteración de edificios singularmente protegidos será castigado además de con la pena establecida en el art. 404 de este Código con la de prisión de seis meses a dos años o la de multa de doce a veinticuatro meses.

2. Con las mismas penas se castigará a la autoridad o funcionario público que por sí mismo o como miembro de un organismo colegiado haya resuelto o votado a favor de su concesión a sabiendas de su injusticia [709].

323. [710] 1. Será castigado con la pena de prisión de seis meses a tres años o multa de doce a veinticuatro meses el que cause daños en bienes de valor histórico, artístico, científico, cultural o monumental, o en yacimientos arqueológicos, terrestres o subacuáticos. Con la misma pena se castigarán los actos de expolio en estos últimos.

2. Si se hubieran causado daños de especial gravedad o que hubieran afectado a bienes cuyo valor histórico, artístico, científico, cultural o monumental fuera especialmente relevante, podrá imponerse la pena superior en grado a la señalada en el apartado anterior.

3. En todos estos casos, los Jueces o Tribunales podrán ordenar, a cargo del autor del daño, la adopción de medidas encaminadas a restaurar, en lo posible, el bien dañado [711].

324. [712] El que por imprudencia grave cause daños, en cuantía superior a 400 euros, en un archivo, registro, museo, biblioteca, centro docente, gabinete científico, institución análoga o en bienes de valor artístico, histórico, cultural, científico o monumental, así como en yacimientos arqueológicos, será castigado con la pena de multa de tres a 18 meses, atendiendo a la importancia de los mismos.

---

[709] Véase art. 24 de la presente Ley

[710] Dada nueva redacción por art. único apartado 172 de Ley Orgánica 1/2015 de 30 de marzo de 2015, con vigencia desde 01/07/2015

[711] Véanse arts. 264.1, 265, 289 y 324 de la presente Ley

[712] Dada nueva redacción por art. único apartado 117 de Ley Orgánica 15/2003 de 25 de noviembre de 2003, con vigencia desde 01/10/2004

CAPÍTULO III
De los delitos contra los recursos naturales y el medio ambiente [713]

325. [714] 1. Será castigado con las penas de prisión de seis meses a dos años, multa de diez a catorce meses e inhabilitación especial para profesión u oficio por tiempo de uno a dos años el que, contraviniendo las leyes u otras disposiciones de carácter general protectoras del medio ambiente, provoque o realice directa o indirectamente emisiones, vertidos, radiaciones, extracciones o excavaciones, aterramientos, ruidos, vibraciones, inyecciones o depósitos, en la atmósfera, el suelo, el subsuelo o las aguas terrestres, subterráneas o marítimas, incluido el alta mar, con incidencia incluso en los espacios transfronterizos, así como las captaciones de aguas que, por sí mismos o conjuntamente con otros, cause o pueda causar daños sustanciales a la calidad del aire, del suelo o de las aguas, o a animales o plantas.

2. Si las anteriores conductas, por sí mismas o conjuntamente con otras, pudieran perjudicar gravemente el equilibrio de los sistemas naturales, se impondrá una pena de prisión de dos a cinco años, multa de ocho a veinticuatro meses e inhabilitación especial para profesión u oficio por tiempo de uno a tres años.

Si se hubiera creado un riesgo de grave perjuicio para la salud de las personas, se impondrá la pena de prisión en su mitad superior, pudiéndose llegar hasta la superior en grado.

326. [715] 1. Serán castigados con las penas previstas en el artículo anterior, en sus respectivos supuestos, quienes, contraviniendo las leyes u otras disposiciones de carácter general, recojan, transporten, valoricen, transformen, eliminen o aprovechen residuos, o no controlen o vigilen adecuadamente tales actividades, de modo que causen o puedan causar daños sustanciales a la calidad del aire, del suelo o de las aguas, o a animales o plantas, muerte o lesiones graves a personas, o puedan perjudicar gravemente el equilibrio de los sistemas naturales.

---

[713] Véanse arts. 45, 148.1, 149.1 CE y art. 1 LOTJ

[714] Dada nueva redacción por art. único apartado 173 de Ley Orgánica 1/2015 de 30 de marzo de 2015, con vigencia desde 01/07/2015

[715] Dada nueva redacción por art. único apartado 174 de Ley Orgánica 1/2015 de 30 de marzo de 2015, con vigencia desde 01/07/2015

2. Quien, fuera del supuesto a que se refiere el apartado anterior, traslade una cantidad no desdeñable de residuos, tanto en el caso de uno como en el de varios traslados que aparezcan vinculados, en alguno de los supuestos a que se refiere el Derecho de la Unión Europea relativo a los traslados de residuos, será castigado con una pena de tres meses a un año de prisión, o multa de seis a dieciocho meses e inhabilitación especial para profesión u oficio por tiempo de tres meses a un año [716].

326 bis. [717] Serán castigados con las penas previstas en el art. 325, en sus respectivos supuestos, quienes, contraviniendo las leyes u otras disposiciones de carácter general, lleven a cabo la explotación de instalaciones en las que se realice una actividad peligrosa o en las que se almacenen o utilicen sustancias o preparados peligrosos de modo que causen o puedan causar daños sustanciales a la calidad del aire, del suelo o de las aguas, a animales o plantas, muerte o lesiones graves a las personas, o puedan perjudicar gravemente el equilibrio de los sistemas naturales.

327. [718] Los hechos a los que se refieren los tres artículos anteriores serán castigados con la pena superior en grado, sin perjuicio de las que puedan corresponder con arreglo a otros preceptos de este Código, cuando en la comisión de cualquiera de los hechos descritos en el artículo anterior concurra alguna de las circunstancias siguientes:

a) Que la industria o actividad funcione clandestinamente, sin haber obtenido la preceptiva autorización o aprobación administrativa de sus instalaciones.

b) Que se hayan desobedecido las órdenes expresas de la autoridad administrativa de corrección o suspensión de las actividades tipificadas en el artículo anterior.

---

[716] Véanse los Reglamentos (CE) nº 1013/2006, de 14 de junio (hasta el 21 de mayo de 2026) y (UE) 2024/1157, de 11 de abril (a partir del 21 de mayo de 2026), relativos a los traslados de residuos, arts. 31 y 32 Ley 7/2022, de 8 de abril, de residuos y suelos contaminados para una economía circular y Ley 21/2013, de 9 de diciembre, de evaluación ambiental

[717] Añadido por art. único apartado 175 de Ley Orgánica 1/2015 de 30 de marzo de 2015, con vigencia desde 01/07/2015

[718] Dada nueva redacción por art. único apartado 176 de Ley Orgánica 1/2015 de 30 de marzo de 2015, con vigencia desde 01/07/2015

c) Que se haya falseado u ocultado información sobre los aspectos ambientales de la misma.

d) Que se haya obstaculizado la actividad inspectora de la Administración.

e) Que se haya producido un riesgo de deterioro irreversible o catastrófico.

f) Que se produzca una extracción ilegal de aguas en período de restricciones.

328. [719] Cuando de acuerdo con lo establecido en el art. 31 bis una persona jurídica sea responsable de los delitos recogidos en este Capítulo, se le impondrán las siguientes penas:

a) Multa de uno a tres años, o del doble al cuádruple del perjuicio causado cuando la cantidad resultante fuese más elevada, si el delito cometido por la persona física tiene prevista una pena de más de dos años de privación de libertad.

b) Multa de seis meses a dos años, o del doble al triple del perjuicio causado si la cantidad resultante fuese más elevada, en el resto de los casos.

Atendidas las reglas establecidas en el art. 66 bis, los Jueces y Tribunales podrán asimismo imponer las penas recogidas en las letras b) a g) del apartado 7 del art. 33 [720].

329. 1. La autoridad o funcionario público que, a sabiendas, hubiere informado favorablemente la concesión de licencias manifiestamente ilegales que autoricen el funcionamiento de las industrias o actividades contaminantes a que se refieren los artículos anteriores, o que con motivo de sus inspecciones hubiere silenciado la infracción de Leyes o disposiciones normativas de carácter general que las regulen, o que hubiere omitido la realización de inspecciones de carácter obligatorio, será castigado con la pena establecida en el art. 404 de este

---

[719] Dada nueva redacción por art. único apartado 177 de Ley Orgánica 1/2015 de 30 de marzo de 2015, con vigencia desde 01/07/2015

[720] Véanse los Reglamentos (CE) nº 1013/2006, de 14 de junio (hasta el 21 de mayo de 2026) y (UE) 2024/1157, de 11 de abril (a partir del 21 de mayo de 2026), relativos a los traslados de residuos, Ley 22/2011, de 28 de julio, de residuos y suelos contaminados y Ley 21/2013, de 9 de diciembre, de evaluación ambiental

Código y, además, con la de prisión de seis meses a tres años y la de multa de ocho a veinticuatro meses. [721]

2. Con las mismas penas se castigará a la autoridad o funcionario público que por sí mismo o como miembro de un organismo colegiado hubiese resuelto o votado a favor de su concesión a sabiendas de su injusticia.

330. Quien, en un espacio natural protegido, dañare gravemente alguno de los elementos que hayan servido para calificarlo, incurrirá en la pena de prisión de uno a cuatro años y multa de doce a veinticuatro meses.

331. Los hechos previstos en este Capítulo serán sancionados, en su caso, con la pena inferior en grado, en sus respectivos supuestos, cuando se hayan cometido por imprudencia grave.

CAPÍTULO IV
De los delitos contra la flora y fauna [722] [723]

332. [724] 1. El que, contraviniendo las leyes u otras disposiciones de carácter general, corte, tale, arranque, recolecte, adquiera, posea o destruya especies protegidas de flora silvestre, o trafique con ellas, sus partes, derivados de las mismas o con sus propágulos, salvo que la conducta afecte a una cantidad insignificante de ejemplares y no tenga consecuencias relevantes para el estado de conservación de la especie, será castigado con la pena de prisión de seis meses a dos años o multa de ocho a veinticuatro meses, e inhabilitación especial para profesión u oficio por tiempo de seis meses a dos años.

---

[721] Dada nueva redacción apartado 1 por art. único apartado 95 de Ley Orgánica 5/2010 de 22 de junio de 2010 , con vigencia desde 23/12/2010

[722] Véanse arts. 45, 148.1 y149.1 CE y art. 1 LOT

[723] Dada nueva redacción por art. único apartado 1 de Ley Orgánica 3/2023 de 28 de marzo de 2023, con vigencia desde 18/04/2023

[724] Dada nueva redacción por art. único apartado 178 de Ley Orgánica 1/2015 de 30 de marzo de 2015, con vigencia desde 01/07/2015

La misma pena se impondrá a quien, contraviniendo las leyes u otras disposiciones de carácter general, destruya o altere gravemente su hábitat.

2. La pena se impondrá en su mitad superior si se trata de especies o subespecies catalogadas en peligro de extinción.

3. Si los hechos se hubieran cometido por imprudencia grave, se impondrá una pena de prisión de tres meses a un año o multa de cuatro a ocho meses, e inhabilitación especial para profesión u oficio por tiempo de tres meses a dos años [725].

333. [726] El que introdujera o liberara especies de flora o fauna no autóctona, de modo que perjudique el equilibrio biológico, contraviniendo las Leyes o disposiciones de carácter general protectoras de las especies de flora o fauna, será castigado con la pena de prisión de cuatro meses a dos años o multa de ocho a veinticuatro meses y, en todo caso, inhabilitación especial para profesión u oficio por tiempo de uno a tres años [727].

334. [728] 1. Será castigado con la pena de prisión de seis meses a dos años o multa de ocho a veinticuatro meses y, en todo caso, inhabilitación especial para profesión u oficio e inhabilitación especial para el ejercicio del derecho de cazar o pescar por tiempo de dos a cuatro años quien, contraviniendo las leyes u otras disposiciones de carácter general:

a) cace, pesque, adquiera, posea o destruya especies protegidas de fauna silvestre;

b) trafique con ellas, sus partes o derivados de las mismas; o,

c) realice actividades que impidan o dificulten su reproducción o migración.

---

[725] Véanse arts. 352 y ss de la presente Ley

[726] Dada nueva redacción por art. único apartado 96 de Ley Orgánica 5/2010 de 22 de junio de 2010, con vigencia desde 23/12/2010

[727] Véase art. 2.1 f) LO 12/1995, de 12 de diciembre, de represión del Contrabando

[728] Dada nueva redacción por art. único apartado 179 de Ley Orgánica 1/2015 de 30 de marzo de 2015, con vigencia desde 01/07/2015

La misma pena se impondrá a quien, contraviniendo las leyes u otras disposiciones de carácter general, destruya o altere gravemente su hábitat.

2. La pena se impondrá en su mitad superior si se trata de especies o subespecies catalogadas en peligro de extinción.

3. Si los hechos se hubieran cometido por imprudencia grave, se impondrá una pena de prisión de tres meses a un año o multa de cuatro a ocho meses y, en todo caso, inhabilitación especial para profesión u oficio e inhabilitación especial para el ejercicio del derecho de cazar o pescar por tiempo de tres meses a dos años [729].

4. Se impondrá la pena de privación del derecho a la tenencia y porte de armas por un periodo de entre dos a cuatro años, cuando los hechos relativos a los apartados a) y c) del apartado 1 se hubieran cometido utilizando armas, en actividades relacionadas o no con la caza. [730]

335. [731] 1. El que cace o pesque especies distintas de las indicadas en el artículo anterior, cuando esté expresamente prohibido por las normas específicas sobre su caza o pesca, será castigado con la pena de multa de ocho a doce meses, inhabilitación especial para el ejercicio del derecho de cazar o pescar por tiempo de dos a cinco años y privación del derecho para la tenencia y porte de armas por el mismo periodo.

2. El que cace o pesque o realice actividades de marisqueo relevantes sobre especies distintas de las indicadas en el artículo anterior en terrenos públicos o privados ajenos, sometidos a régimen cinegético especial, sin el debido permiso de su titular o sometidos a concesión o autorización marisquera o acuícola sin el debido título administrativo habilitante, será castigado con la pena de multa de cuatro a ocho meses e inhabilitación especial para el ejercicio del derecho de cazar, pescar o realizar actividades de marisqueo por tiempo de uno a tres años y privación del derecho para la tenencia y porte de armas por el mismo

[729] Véase Ley 5/2023, de 17 de marzo, de pesca sostenible e investigación pesquera y Ley 1/1970 de 4 de abril, de Caza

[730] Añadido apartado 4 por art. único apartado 2 de Ley Orgánica 3/2023 de 28 de marzo de 2023, con vigencia desde 18/04/2023

[731] Dada nueva redacción por art. único apartado 3 de Ley Orgánica 3/2023 de 28 de marzo de 2023, con vigencia desde 18/04/2023

periodo, además de las penas que pudieran corresponderle, en su caso, por la comisión del delito previsto en el apartado 1 de este artículo.

3. Si las conductas anteriores produjeran graves daños al patrimonio cinegético de un terreno sometido a régimen cinegético especial o a la sostenibilidad de los recursos en zonas de concesión o autorización marisquera o acuícola, se impondrá la pena de prisión de seis meses a dos años e inhabilitación especial para el ejercicio de los derechos de cazar, pescar, y realizar actividades de marisqueo por tiempo de dos a cinco años y privación del derecho para la tenencia y porte de armas por el mismo periodo.

336. [732] El que, sin estar legalmente autorizado, emplee para la caza o pesca veneno, medios explosivos u otros instrumentos o artes de similar eficacia destructiva o no selectiva para la fauna, será castigado con la pena de prisión de cuatro meses a dos años o multa de ocho a veinticuatro meses y, en cualquier caso, la de inhabilitación especial para profesión u oficio e inhabilitación especial para el ejercicio del derecho a cazar o pescar por tiempo de uno a tres años, con la privación del derecho para la tenencia y porte de armas por el mismo periodo. Si el daño causado fuera de notoria importancia, se impondrá la pena de prisión antes mencionada en su mitad superior [733].

337 y 337 bis. [734] (Derogados)

---

[732] Dada nueva redacción por art. único apartado 4 de Ley Orgánica 3/2023 de 28 de marzo de 2023, con vigencia desde 18/04/2023

[733] Véase RD 581/2001, de 1 de junio, por el que en determinadas zonas húmedas se prohíbe la tenencia y el uso de municiones que contengan plomo para el ejercicio de la caza y el tiro deportivo

[734] Derogado por art. único apartado 5 de Ley Orgánica 3/2023 de 28 de marzo de 2023, con vigencia desde 18/04/2023

CAPÍTULO V
Disposiciones comunes

338. Cuando las conductas definidas en este Título afecten a algún espacio natural protegido, se impondrán las penas superiores en grado a las respectivamente previstas [735].

339. [736] Los Jueces o Tribunales ordenarán la adopción, a cargo del autor del hecho, de las medidas necesarias encaminadas a restaurar el equilibrio ecológico perturbado, así como de cualquier otra medida cautelar necesaria para la protección de los bienes tutelados en este Título.

340. Si el culpable de cualquiera de los hechos tipificados en este Título hubiera procedido voluntariamente a reparar el daño causado, los Jueces y Tribunales le impondrán la pena inferior en grado a las respectivamente previstas.

TÍTULO XVI BIS
DE LOS DELITOS CONTRA LOS ANIMALES [737]

340 bis. [738] 1. Será castigado con la pena de prisión de tres a dieciocho meses o multa de seis a doce meses y con la pena de inhabilitación especial de uno a tres años para el ejercicio de profesión, oficio o comercio que tenga relación con los animales y para la tenencia de animales el que fuera de las actividades legalmente reguladas y por cualquier medio o procedimiento, incluyendo los actos de carácter sexual, cause a un animal doméstico, amansado, domesticado o que

---

[735] Véase Ley 42/2007, de 13 de diciembre del Patrimonio Natural y la Biodiversidad y Ley 5/2007, de 3 de abril, de la Red de parques Nacionales

[736] Dada nueva redacción por art. único apartado 100 de Ley Orgánica 5/2010 de 22 de junio de 2010, con vigencia desde 23/12/2010

[737] Añadido por art. único apartado 7 de Ley Orgánica 3/2023 de 28 de marzo de 2023, con vigencia desde 18/04/2023

[738] Añadido por art. único apartado 7 de Ley Orgánica 3/2023 de 28 de marzo de 2023, con vigencia desde 18/04/2023

viva temporal o permanentemente bajo el control humano lesión que requiera tratamiento veterinario para el restablecimiento de su salud.

Si las lesiones del apartado anterior se causaren a un animal vertebrado no incluido en el apartado anterior, se impondrá la pena de prisión de tres a doce meses o multa de tres a seis meses, además de la pena de inhabilitación especial de uno a tres años para el ejercicio de la profesión, oficio o comercio que tenga relación con los animales y para la tenencia de animales.

Si el delito se hubiera cometido utilizando armas de fuego, el juez o tribunal podrá imponer motivadamente la pena de privación del derecho a tenencia y porte de armas por un tiempo de uno a cuatro años.

2. Las penas previstas en el apartado anterior se impondrán en su mitad superior cuando concurra alguna de las siguientes circunstancias agravantes:

a) Utilizar armas, instrumentos, objetos, medios, métodos o formas que pudieran resultar peligrosas para la vida o salud del animal.

b) Ejecutar el hecho con ensañamiento.

c) Causar al animal la pérdida o la inutilidad de un sentido, órgano o miembro principal.

d) Realizar el hecho por su propietario o quien tenga confiado el cuidado del animal.

e) Ejecutar el hecho en presencia de un menor de edad o de una persona especialmente vulnerable.

f) Ejecutar el hecho con ánimo de lucro.

g) Cometer el hecho para coaccionar, intimidar, acosar o producir menoscabo psíquico a quien sea o haya sido cónyuge o a persona que esté o haya estado ligada al autor por una análoga relación de afectividad, aun sin convivencia.

h) Ejecutar el hecho en un evento público o difundirlo a través de tecnologías de la información o la comunicación.

i) Utilizar veneno, medios explosivos u otros instrumentos o artes de similar eficacia destructiva o no selectiva.

3. Cuando, con ocasión de los hechos previstos en el apartado primero de este artículo, se cause la muerte de un animal doméstico, amansado, domesticado o que viva temporal o permanentemente bajo el control humano, se impondrá la pena de prisión de doce a veinticuatro meses, además de la pena de inhabilitación especial de dos a

cuatro años para el ejercicio de profesión, oficio o comercio que tenga relación con los animales y para la tenencia de animales.

Cuando, con ocasión de los hechos previstos en el apartado primero de este artículo, se cause muerte de un animal vertebrado no incluido en el apartado anterior, se impondrá la pena de prisión de seis a dieciocho meses o multa de dieciocho a veinticuatro meses, además de la pena de inhabilitación especial de dos a cuatro años para el ejercicio de la profesión, oficio o comercio que tenga relación con los animales y para la tenencia de animales.

Si el delito se hubiera cometido utilizando armas de fuego, el juez o tribunal podrá imponer motivadamente la pena de privación del derecho a tenencia y porte de armas por un tiempo de dos a cinco años.

Cuando concurra alguna de las circunstancias previstas en el apartado anterior, el juez o tribunal impondrá las penas en su mitad superior.

4. Si las lesiones producidas no requiriesen tratamiento veterinario o se hubiere maltratado gravemente al animal sin causarle lesiones, se impondrá una pena de multa de uno a dos meses o trabajos en beneficio de la comunidad de uno a treinta días. Asimismo, se impondrá la pena de inhabilitación especial de tres meses a un año para el ejercicio de profesión, oficio o comercio que tenga relación con los animales y para la tenencia de animales.

340 ter.   [739] Quien abandone a un animal vertebrado que se encuentre bajo su responsabilidad en condiciones en que pueda peligrar su vida o integridad será castigado con una pena de multa de uno a seis meses o de trabajos en beneficio de la comunidad de treinta y uno a noventa días. Asimismo, se impondrá la pena de inhabilitación especial de uno a tres años para el ejercicio de profesión, oficio o comercio que tenga relación con los animales y para la tenencia de animales.

---

[739] Añadido por art. único apartado 7 de Ley Orgánica 3/2023 de 28 de marzo de 2023, con vigencia desde 18/04/2023

340 quater. [740] 1. Cuando   de acuerdo con lo establecido en el artículo 31 bis una persona jurídica sea responsable de los delitos recogidos en este título, se le impondrán las siguientes penas:

a) Multa de uno a tres años, si el delito cometido por la persona física tiene prevista en la ley una pena de prisión superior a dos años.

b) Multa de seis meses a dos años, en el resto de los casos.

2. Atendidas las reglas establecidas en el artículo 66 bis, en los supuestos de responsabilidad de personas jurídicas los jueces y tribunales podrán asimismo imponer las penas recogidas en el artículo 33.7, párrafos b) a g).

340 quinquies. [741] Los jueces o tribunales podrán adoptar motivadamente cualquier medida cautelar necesaria para la protección de los bienes tutelados en este Título, incluyendo cambios provisionales sobre la titularidad y cuidado del animal.

Cuando la pena de inhabilitación especial para el ejercicio de profesión, oficio o comercio que tenga relación con los animales y para la tenencia de animales recaiga sobre la persona que tuviera a asignada la titularidad o cuidado del animal maltratado, el juez o tribunal, de oficio o a instancia de parte, adoptará las medidas pertinentes respecto a la titularidad y el cuidado del animal.

---

[740] Añadido por art. único apartado 7 de Ley Orgánica 3/2023 de 28 de marzo de 2023, con vigencia desde 18/04/2023

[741] Añadido por art. único apartado 7 de Ley Orgánica 3/2023 de 28 de marzo de 2023, con vigencia desde 18/04/2023

TÍTULO XVII
De los delitos contra la seguridad colectiva

CAPÍTULO PRIMERO
De los delitos de riesgo catastrófico

SECCIÓN PRIMERA
*De los delitos relativos a la energía nuclear y a las radiaciones
ionizantes* [742]

341. El que libere energía nuclear o elementos radiactivos que
pongan en peligro la vida o la salud de las personas o sus bienes,
aunque no se produzca explosión, será sancionado con la pena de
prisión de quince a veinte años, e inhabilitación especial para empleo o
cargo público, profesión u oficio por tiempo de diez a veinte años [743].

342. El que, sin estar comprendido en el artículo anterior, pertur-
be el funcionamiento de una instalación nuclear o radiactiva, o altere
el desarrollo de actividades en las que intervengan materiales o equipos productores de radiaciones ionizantes, creando una situación de
grave peligro para la vida o la salud de las personas, será sancionado
con la pena de prisión de cuatro a diez años, e inhabilitación especial
para empleo o cargo público, profesión u oficio por tiempo de seis a
diez años.

343. [744] 1. El que mediante el vertido, la emisión o la introducción en el aire, el suelo o las aguas de una cantidad de materiales o
de radiaciones ionizantes, o la exposición por cualquier otro medio a
dichas radiaciones ponga en peligro la vida, integridad, salud o bienes

---

[742] Véase Ley 25/1964, de 29 de abril, de Energía Nuclear

[743] Véase Ley 25/1964, de 29 de abril, de Energía Nuclear

[744] Dada nueva redacción por art. único apartado 101 de Ley Orgánica 5/2010 de
22 de junio de 2010, con vigencia desde 23/12/2010

de una o varias personas, será sancionado con la pena de prisión de seis a doce años e inhabilitación especial para empleo o cargo público, profesión u oficio por tiempo de seis a diez años. La misma pena se impondrá cuando mediante esta conducta se ponga en peligro la calidad del aire, del suelo o de las aguas o a animales o plantas [745].

2. Cuando con ocasión de la conducta descrita en el apartado anterior se produjere, además del riesgo prevenido, un resultado lesivo constitutivo de delito, cualquiera que sea su gravedad, los Jueces o Tribunales apreciarán tan sólo la infracción más gravemente penada, aplicando la pena en su mitad superior.

3. Cuando de acuerdo con lo establecido en el art. 31 bis una persona jurídica sea responsable de los delitos recogidos en este artículo, se le impondrá la pena de multa de dos a cinco años.

Atendidas las reglas establecidas en el art. 66 bis, los Jueces y Tribunales podrán asimismo imponer las penas recogidas en las letras b) a g) del apartado 7 del art. 33.

344. Los hechos previstos en los artículos anteriores serán sancionados con la pena inferior en grado, en sus respectivos supuestos, cuando se hayan cometido por imprudencia grave.

345. [746] 1. El que, contraviniendo las leyes u otras disposiciones de carácter general, adquiera, posea, trafique, facilite, trate, transforme, utilice, almacene, transporte o elimine materiales nucleares u otras sustancias radiactivas peligrosas que causen o puedan causar la muerte o lesiones graves a personas, o daños sustanciales a la calidad del aire, la calidad del suelo o la calidad de las aguas o a animales o plantas, será castigado con la pena de prisión de uno a cinco años, multa de seis a dieciocho meses, e inhabilitación especial para profesión u oficio por tiempo de uno a tres años.

---

[745] Véase RD 1029/2022 de 20 diciembre, por el que se aprueba el Reglamento sobre protección de la salud contra los riesgos derivados de la exposición a las radiaciones ionizantes, cap. III RD 1308/2011 de 26 septiembre, RD 451/2020 de 10 marzo, sobre control y recuperación de las fuentes radiactivas huérfanas y tít. IV RD 1217/2024 de 3 diciembre, por el que se aprueba el Reglamento sobre instalaciones nucleares y radiactivas, y otras actividades relacionadas con la exposición a las radiaciones ionizantes

[746] Dada nueva redacción por art. único apartado 183 de Ley Orgánica 1/2015 de 30 de marzo de 2015, con vigencia desde 01/07/2015

2. El que sin la debida autorización produjere tales materiales o sustancias será castigado con la pena superior en grado.

3. Si los hechos a que se refieren los apartados anteriores se hubieran cometido por imprudencia grave, se impondrá la pena inferior en grado a la señalada en los mismos [747].

SECCIÓN SEGUNDA
De los estragos

346. [748] 1. Los que provocando explosiones o utilizando cualquier otro medio de similar potencia destructiva, causaren la destrucción de aeropuertos, puertos, estaciones, edificios, locales públicos, depósitos que contengan materiales inflamables o explosivos, vías de comunicación, medios de transporte colectivos, o la inmersión o varamiento de nave, inundación, explosión de una mina o instalación industrial, levantamiento de los carriles de una vía férrea, cambio malicioso de las señales empleadas en el servicio de ésta para la seguridad de los medios de transporte, voladura de puente, destrozo de calzada pública, daño a oleoductos, perturbación grave de cualquier clase o medio de comunicación, perturbación o interrupción del suministro de agua, electricidad, hidrocarburos u otro recurso natural fundamental incurrirán en la pena de prisión de diez a veinte años, cuando los estragos comportaran necesariamente un peligro para la vida o integridad de las personas [749]. [750]

2. Cuando no concurriere tal peligro, se castigarán con una pena de cuatro a ocho años de prisión. [751]

---

[747] Véase art. 282 bis LECrim y arts. 234 y 237 de la presente Ley

[748] Dada nueva redacción por art. único apartado 127 de Ley Orgánica 15/2003 de 25 de noviembre de 2003, con vigencia desde 01/10/2004

[749] Véase arts. 27 y 75.1 CPM; art. 40.2 LPPNA y arts. 265, 266, 351, 473.2, 571 y 577 de la presente Ley

[750] Dada nueva redacción apartado 1 por art. único apartado 184 de Ley Orgánica 1/2015 de 30 de marzo de 2015, con vigencia desde 01/07/2015

[751] Dada nueva redacción apartado 2 por art. único apartado 184 de Ley Orgánica 1/2015 de 30 de marzo de 2015, con vigencia desde 01/07/2015

3. Si, además del peligro, se hubiere producido lesión para la vida, integridad física o salud de las personas, los hechos se castigarán separadamente con la pena correspondiente al delito cometido.

347. El que por imprudencia grave provocare un delito de estragos será castigado con la pena de prisión de uno a cuatro años.

SECCIÓN TERCERA
De otros delitos de riesgo provocados por explosivos y otros agentes [752] [753]

348. [754] 1. Los que en la fabricación, manipulación, transporte, tenencia o comercialización de explosivos, sustancias inflamables o corrosivas, tóxicas y asfixiantes, o cualesquiera otras materias, aparatos o artificios que puedan causar estragos, contravinieran las normas de seguridad establecidas, poniendo en concreto peligro la vida, la integridad física o la salud de las personas, o el medio ambiente, serán castigados con la pena de prisión de seis meses a tres años, multa de doce a veinticuatro meses e inhabilitación especial para empleo o cargo público, profesión u oficio por tiempo de seis a doce años. Las mismas penas se impondrán a quien, de forma ilegal, produzca, importe, exporte, comercialice o utilice sustancias destructoras del ozono. [755]

2. Los responsables de la vigilancia, control y utilización de explosivos que puedan causar estragos que, contraviniendo la normativa en materia de explosivos, hayan facilitado su efectiva pérdida o sustracción serán castigados con las penas de prisión de seis meses a tres años, multa de doce a veinticuatro meses e inhabilitación especial para empleo o cargo público, profesión u oficio de seis a doce años.

---

[752] Véase Ley 22/2011, de 28 de julio, de residuos y suelos contaminados; art. 35 LPPNA y arts. 316 y ss, 359 y 568 y ss de la presente Ley

[753] Dada nueva redacción por art. único apartado 1 de Ley Orgánica 4/2005 de 10 de octubre de 2005, con vigencia desde 12/10/2005

[754] Dada nueva redacción por art. único apartado 2 de Ley Orgánica 4/2005 de 10 de octubre de 2005, con vigencia desde 12/10/2005

[755] Dada nueva redacción apartado 1 por art. único apartado 103 de Ley Orgánica 5/2010 de 22 de junio de 2010, con vigencia desde 23/12/2010

3. En los supuestos recogidos en los apartados anteriores, cuando de los hechos fuera responsable una persona jurídica de acuerdo con lo establecido en el art. 31 bis de este Código, se le impondrá la pena de multa de uno a tres años, salvo que, acreditado el perjuicio producido, su importe fuera mayor, en cuyo caso la multa será del doble al cuádruple del montante de dicho perjuicio.

Atendidas las reglas establecidas en el art. 66 bis, los Jueces y Tribunales podrán asimismo imponer las penas recogidas en las letras b) a g) del apartado 7 del art. 33 .

Las penas establecidas en los apartados anteriores se impondrán en su mitad superior cuando se trate de los directores, administradores o encargados de la sociedad, empresa, organización o explotación. [756]

4. Serán castigados con las penas de prisión de seis meses a un año, multa de seis a doce meses e inhabilitación especial para empleo o cargo público, profesión u oficio por tiempo de tres a seis años los responsables de las fábricas, talleres, medios de transporte, depósitos y demás establecimientos relativos a explosivos que puedan causar estragos, cuando incurran en alguna o algunas de las siguientes conductas:

a) Obstaculizar la actividad inspectora de la Administración en materia de seguridad de explosivos.

b) Falsear u ocultar a la Administración información relevante sobre el cumplimiento de las medidas de seguridad obligatorias relativas a explosivos.

c) Desobedecer las órdenes expresas de la Administración encaminadas a subsanar las anomalías graves detectadas en materia de seguridad de explosivos [757] .

349. Los que en la manipulación, transporte o tenencia de organismos contravinieren las normas o medidas de seguridad establecidas, poniendo en concreto peligro la vida, la integridad física o la salud de las personas, o el medio ambiente, serán castigados con las penas de prisión de seis meses a dos años, multa de seis a doce meses,

---

[756] Dada nueva redacción apartado 3 por art. único apartado 103 de Ley Orgánica 5/2010 de 22 de junio de 2010, con vigencia desde 23/12/2010

[757] Véase Ley 22/2011, de 28 de julio, de residuos y suelos contaminados

e inhabilitación especial para el empleo o cargo público, profesión u oficio por tiempo de tres a seis años [758] .

350. Sin perjuicio de lo dispuesto en el art. 316 , incurrirán en las penas previstas en el artículo anterior los que en la apertura de pozos o excavaciones, en la construcción o demolición de edificios, presas, canalizaciones u obras análogas o, en su conservación, acondicionamiento o mantenimiento infrinjan las normas de seguridad establecidas cuya inobservancia pueda ocasionar resultados catastróficos, y pongan en concreto peligro la vida, la integridad física de las personas o el medio ambiente [759] .

CAPÍTULO II
De los incendios

SECCIÓN PRIMERA
De los delitos de incendio

351. Los que provocaren un incendio que comporte un peligro para la vida o integridad física de las personas, serán castigados con la pena de prisión de diez a veinte años. Los Jueces o Tribunales podrán imponer la pena inferior en grado atendidas la menor entidad del peligro causado y las demás circunstancias del hecho.

Cuando no concurra tal peligro para la vida o integridad física de las personas, los hechos se castigarán como daños previstos en el art. 266 de este Código [760] . [761]

---

[758] Véase Ley 9/2003, de 25 de abril, por la que se establece el régimen jurídico de la utilización confinada, liberalización voluntaria y comercialización de organismos modificados genéticamente

[759] Véase RD 1627/1997, de 24 de octubre, por el que se establecen disposiciones mínimas de seguridad y de salud en las obras de construcción

[760] Véanse arts. 13 y 40.2 LPPNA; art. 75.1 CPM y arts. 263 y ss, 266, 346, 352, 358, 571, 573 y 577 de la presente Ley

[761] Añadido párrafo 2 por art. 1 apartado 4 de Ley Orgánica 7/2000 de 22 de diciembre de 2000, con vigencia desde 24/12/2000

SECCIÓN SEGUNDA
De los incendios forestales [762]

352. Los que incendiaren montes o masas forestales, serán castigados con las penas de prisión de uno a cinco años y multa de doce a dieciocho meses.

Si ha existido peligro para la vida o integridad física de las personas, se castigará el hecho conforme a lo dispuesto en el art. 351 , imponiéndose, en todo caso, la pena de multa de doce a veinticuatro meses.

353. [763] 1. Los hechos a que se refiere el artículo anterior serán castigados con una pena de prisión de tres a seis años y multa de dieciocho a veinticuatro meses cuando el incendio alcance especial gravedad, atendida la concurrencia de alguna de las circunstancias siguientes:

1ª Que afecte a una superficie de considerable importancia.

2ª Que se deriven grandes o graves efectos erosivos en los suelos [764] .

3ª Que altere significativamente las condiciones de vida animal o vegetal, o afecte a algún espacio natural protegido [765] .

4ª Que el incendio afecte a zonas próximas a núcleos de población o a lugares habitados.

5ª Que el incendio sea provocado en un momento en el que las condiciones climatológicas o del terreno incrementen de forma relevante el riesgo de propagación del mismo.

6ª En todo caso, cuando se ocasione grave deterioro o destrucción de los recursos afectados [766] .

2. Se impondrá la misma pena cuando el autor actúe para obtener un beneficio económico con los efectos derivados del incendio.

---

[762] Véanse Ley 42/2007, de 13 de diciembre, del Patrimonio Natural y de la Biodiversidad; Ley 5/2007, de 3 de abril, de la Red de Parques Nacionales y arts. 325 y ss, 332 y ss, y 358 de la presente Ley

[763] Dada nueva redacción por art. único apartado 185 de Ley Orgánica 1/2015 de 30 de marzo de 2015, con vigencia desde 01/07/2015

[764] Véase art. 332 de la presente Ley

[765] Véase art. 336 de la presente Ley

[766] Véanse arts. 325 y ss de la presente Ley

354. 1. El que prendiere fuego a montes o masas forestales sin que llegue a propagarse el incendio de los mismos, será castigado con la pena de prisión de seis meses a un año y multa de seis a doce meses.

2. La conducta prevista en el apartado anterior quedará exenta de pena si el incendio no se propaga por la acción voluntaria y positiva de su autor [767].

355. En todos los casos previstos en esta sección, los Jueces o Tribunales podrán acordar que la calificación del suelo en las zonas afectadas por un incendio forestal no pueda modificarse en un plazo de hasta treinta años. Igualmente podrán acordar que se limiten o supriman los usos que se vinieran llevando a cabo en las zonas afectadas por el incendio, así como la intervención administrativa de la madera quemada procedente del incendio [768].

SECCIÓN TERCERA
De los incendios en zonas no forestales

356. El que incendiare zonas de vegetación no forestales perjudicando gravemente el medio natural, será castigado con la pena de prisión de seis meses a dos años y multa de seis a veinticuatro meses [769].

SECCIÓN CUARTA
De los incendios en bienes propios

357. El incendiario de bienes propios será castigado con la pena de prisión de uno a cuatro años si tuviere propósito de defraudar o perjudicar a terceros, hubiere causado defraudación o perjuicio, existiere peligro de propagación a edificio, arbolado o plantío ajeno o

---

[767] Véase art. 16.2 y 3 de la presente Ley
[768] Véanse arts. 45, 46, 47 y 148.1 CE
[769] Véase art. 332 de la presente Ley

hubiere perjudicado gravemente las condiciones de la vida silvestre, los bosques o los espacios naturales [770].

SECCIÓN QUINTA
Disposiciones comunes [771]

358. El que por imprudencia grave provocare alguno de los delitos de incendio penados en las secciones anteriores, será castigado con la pena inferior en grado, a las respectivamente previstas para cada supuesto.

358 bis. [772] Lo dispuesto en los arts. 338 a 340 será también aplicable a los delitos regulados en este Capítulo.

CAPÍTULO III
De los delitos contra la salud pública [773]

359. El que, sin hallarse debidamente autorizado, elabore sustancias nocivas para la salud o productos químicos que puedan causar estragos, o los despache o suministre, o comercie con ellos, será castigado con la pena de prisión de seis meses a tres años y multa de seis a doce meses, e inhabilitación especial para profesión o industria por tiempo de seis meses a dos años [774].

---

[770] Véanse arts. 248 y ss y 332 y ss de la presente Ley

[771] Dada nueva redacción por art. único apartado 186 de Ley Orgánica 1/2015 de 30 de marzo de 2015, con vigencia desde 01/07/2015

[772] Añadido por art. único apartado 186 de Ley Orgánica 1/2015 de 30 de marzo de 2015, con vigencia desde 01/07/2015

[773] Véase art. 45 CE; art. 65.1.d LOPJ; art. 32 Ley 14/1986, de 25 de abril, General de Sanidad y art. 346 de la presente Ley

[774] Véanse D 2484/1967, de 21 de septiembre, por el que se aprueba el Código Alimentario Español y arts. 346 y 368 de la presente Ley

360. El que, hallándose autorizado para el tráfico de las sustancias o productos a que se refiere el artículo anterior, los despache o suministre sin cumplir con las formalidades previstas en las Leyes y Reglamentos respectivos, será castigado con la pena de multa de seis a doce meses e inhabilitación para la profesión u oficio de seis meses a dos años [775].

361. [776] El que fabrique, importe, exporte, suministre, intermedie, comercialice, ofrezca o ponga en el mercado, o almacene con estas finalidades, medicamentos, incluidos los de uso humano y veterinario, así como los medicamentos en investigación, que carezcan de la necesaria autorización exigida por la ley, o productos sanitarios que no dispongan de los documentos de conformidad exigidos por las disposiciones de carácter general, o que estuvieran deteriorados, caducados o incumplieran las exigencias técnicas relativas a su composición, estabilidad y eficacia, y con ello se genere un riesgo para la vida o la salud de las personas, será castigado con una pena de prisión de seis meses a tres años, multa de seis a doce meses e inhabilitación especial para profesión u oficio de seis meses a tres años [777].

361 bis. [778] La distribución o difusión pública a través de Internet, del teléfono o de cualquier otra tecnología de la información o de la comunicación de contenidos específicamente destinados a promover o facilitar, entre personas menores de edad o personas con discapacidad necesitadas de especial protección, el consumo de productos, preparados o sustancias o la utilización de técnicas de ingestión o eliminación de productos alimenticios cuyo uso sea susceptible de generar riesgo para la salud de las personas será castigado con la pena de multa de seis a doce meses o pena de prisión de uno a tres años.

---

[775] Véanse art. 45 CE; art. 65.1.d LOPJ y arts. 346 y 368 de la presente Ley

[776] Dada nueva redacción por art. único apartado 187 de Ley Orgánica 1/2015 de 30 de marzo de 2015, con vigencia desde 01/07/2015

[777] Véase RD 1824/2010, de 25 de junio, por el que se regulan los laboratorios farmacéuticos, los fabricantes de principios activos de uso farmacéutico y el comercio exterior de medicamentos y medicamentos en investigación

[778] Añadido por disposición final 6 apartado 32 de Ley Orgánica 8/2021 de 4 de junio de 2021, con vigencia desde 25/06/2021

Las autoridades judiciales ordenarán la adopción de las medidas necesarias para la retirada de los contenidos a los que se refiere el párrafo anterior, para la interrupción de los servicios que ofrezcan predominantemente dichos contenidos o para el bloqueo de unos y otros cuando radiquen en el extranjero.

362. [779] 1. Será castigado con una pena de prisión de seis meses a cuatro años, multa de seis a dieciocho meses e inhabilitación especial para profesión u oficio de uno a tres años, el que elabore o produzca [780]:

a) un medicamento, incluidos los de uso humano y veterinario, así como los medicamentos en investigación; o una sustancia activa o un excipiente de dicho medicamento;

b) un producto sanitario, así como los accesorios, elementos o materiales que sean esenciales para su integridad;

de modo que se presente engañosamente: su identidad, incluidos, en su caso, el envase y etiquetado, la fecha de caducidad, el nombre o composición de cualquiera de sus componentes, o, en su caso, la dosificación de los mismos; su origen, incluidos el fabricante, el país de fabricación, el país de origen y el titular de la autorización de comercialización o de los documentos de conformidad; datos relativos al cumplimiento de requisitos o exigencias legales, licencias, documentos de conformidad o autorizaciones; o su historial, incluidos los registros y documentos relativos a los canales de distribución empleados, siempre que estuvieran destinados al consumo público o al uso por terceras personas, y generen un riesgo para la vida o la salud de las personas.

2. Las mismas penas se impondrán a quien altere, al fabricarlo o elaborarlo o en un momento posterior, la cantidad, la dosis, la caducidad o la composición genuina, según lo autorizado o declarado, de cualquiera de los medicamentos, sustancias, excipientes, productos sanitarios, accesorios, elementos o materiales mencionados en el apartado anterior, de un modo que reduzca su seguridad, eficacia o calidad, generando un riesgo para la vida o la salud de las personas.

---

[779] Dada nueva redacción por art. único apartado 189 de Ley Orgánica 1/2015 de 30 de marzo de 2015, con vigencia desde 01/07/2015

[780] Véase Ley 34/1988, de 11 de noviembre, General de Publicidad; y art. 282 de la presente Ley

362 bis. [781] Será castigado con una pena de prisión de seis meses a cuatro años, multa de seis a dieciocho meses e inhabilitación especial para profesión u oficio de uno a tres años, el que, con conocimiento de su falsificación o alteración, importe, exporte, anuncie o haga publicidad, ofrezca, exhiba, venda, facilite, expenda, despache, envase, suministre, incluyendo la intermediación, trafique, distribuya o ponga en el mercado, cualquiera de los medicamentos, sustancias activas, excipientes, productos sanitarios, accesorios, elementos o materiales a que se refiere el artículo anterior, y con ello genere un riesgo para la vida o la salud de las personas.

Las mismas penas se impondrán a quien los adquiera o tenga en depósito con la finalidad de destinarlos al consumo público, al uso por terceras personas o a cualquier otro uso que pueda afectar a la salud pública.

362 ter. [782] El que elabore cualquier documento falso o de contenido mendaz referido a cualquiera de los medicamentos, sustancias activas, excipientes, productos sanitarios, accesorios, elementos o materiales a que se refiere el apartado 1 del art. 362, incluidos su envase, etiquetado y modo de empleo, para cometer o facilitar la comisión de uno de los delitos del art. 362, será castigado con la pena de seis meses a dos años de prisión, multa de seis a doce meses e inhabilitación especial para profesión u oficio de seis meses a dos años.

362 quater. [783] Se impondrán las penas superiores en grado a las señaladas en los arts. 361, 362, 362 bis o 362 ter, cuando el delito se perpetre concurriendo alguna de las circunstancias siguientes:

1ª Que el culpable fuere autoridad, funcionario público, facultativo, profesional sanitario, docente, educador, entrenador físico o deportivo, y obrase en el ejercicio de su cargo, profesión u oficio.

2ª Que los medicamentos, sustancias activas, excipientes, productos sanitarios, accesorios, elementos o materiales referidos en el art. 362:

[781] Añadido por art. único apartado 190 de Ley Orgánica 1/2015 de 30 de marzo de 2015, con vigencia desde 01/07/2015

[782] Añadido por art. único apartado 191 de Ley Orgánica 1/2015 de 30 de marzo de 2015, con vigencia desde 01/07/2015

[783] Añadido por art. único apartado 192 de Ley Orgánica 1/2015 de 30 de marzo de 2015, con vigencia desde 01/07/2015

a) se hubieran ofrecido a través de medios de difusión a gran escala; o

b) se hubieran ofrecido o facilitado a menores de edad, personas con discapacidad necesitadas de especial protección, o personas especialmente vulnerables en relación con el producto facilitado.

3ª Que el culpable perteneciera a una organización o grupo criminal que tuviera como finalidad la comisión de este tipo de delitos.

4ª Que los hechos fuesen realizados en establecimientos abiertos al público por los responsables o empleados de los mismos.

362 quinquies. [784] 1. Los que, sin justificación terapéutica, prescriban, proporcionen, dispensen, suministren, administren, ofrezcan o faciliten a deportistas federados no competitivos, deportistas no federados que practiquen el deporte por recreo, o deportistas que participen en competiciones organizadas en España por entidades deportivas, sustancias o grupos farmacológicos prohibidos, así como métodos no reglamentarios, destinados a aumentar sus capacidades físicas o a modificar los resultados de las competiciones, que por su contenido, reiteración de la ingesta u otras circunstancias concurrentes, pongan en peligro la vida o la salud de los mismos, serán castigados con las penas de prisión de seis meses a dos años, multa de seis a dieciocho meses e inhabilitación especial para empleo o cargo público, profesión u oficio, de dos a cinco años.

2. Se impondrán las penas previstas en el apartado anterior en su mitad superior cuando el delito se perpetre concurriendo alguna de las circunstancias siguientes:

1ª Que la víctima sea menor de edad.

2ª Que se haya empleado engaño o intimidación.

3ª Que el responsable se haya prevalido de una relación de superioridad laboral o profesional.

362 sexies. [785] En los delitos previstos en los artículos anteriores de este Capítulo serán objeto de decomiso las sustancias y productos a que se refieren los arts. 359 y siguientes, así como los bienes,

---

[784] Añadido por art. único apartado 193 de Ley Orgánica 1/2015 de 30 de marzo de 2015, con vigencia desde 01/07/2015

[785] Añadido por art. único apartado 194 de Ley Orgánica 1/2015 de 30 de marzo de 2015, con vigencia desde 01/07/2015

medios, instrumentos y ganancias con sujeción a lo dispuesto en los arts. 127 a 128.

363. Serán castigados con la pena de prisión de uno a cuatro años, multa de seis a doce meses e inhabilitación especial para profesión, oficio, industria o comercio por tiempo de tres a seis años los productores, distribuidores o comerciantes que pongan en peligro la salud de los consumidores [786] :

1. Ofreciendo en el mercado productos alimentarios con omisión o alteración de los requisitos establecidos en las Leyes o reglamentos sobre caducidad o composición.

2. Fabricando o vendiendo bebidas o comestibles destinados al consumo público y nocivos para la salud.

3. Traficando con géneros corrompidos.

4. Elaborando productos cuyo uso no se halle autorizado y sea perjudicial para la salud, o comerciando con ellos.

5. Ocultando o sustrayendo efectos destinados a ser inutilizados o desinfectados, para comerciar con ellos.

364. 1. El que adulterare con aditivos u otros agentes no autorizados susceptibles de causar daños a la salud de las personas los alimentos, sustancias o bebidas destinadas al comercio alimentario, será castigado con las penas del artículo anterior. Si el reo fuera el propietario o el responsable de producción de una fábrica de productos alimenticios, se le impondrá, además, la pena de inhabilitación especial para profesión, oficio, industria o comercio de seis a diez años.

2. Se impondrá la misma pena al que realice cualquiera de las siguientes conductas:

1º) Administrar a los animales cuyas carnes o productos se destinen al consumo humano sustancias no permitidas que generen riesgo para la salud de las personas, o en dosis superiores o para fines distintos a los autorizados.

2º) Sacrificar animales de abasto o destinar sus productos al consumo humano, sabiendo que se les ha administrado las sustancias mencionadas en el número anterior.

---

[786] Véase RD 1945/1983, de 22 de junio, por el que se regulan las infracciones y sanciones en materia de defensa del consumidor y de la producción agroalimentaria; y arts. 362 y 365 de la presente Ley

3º) Sacrificar animales de abasto a los que se hayan aplicado tratamientos terapéuticos mediante sustancias de las referidas en el apartado 1.

4º) Despachar al consumo público las carnes o productos de los
animales de abasto sin respetar los períodos de espera en su caso
reglamentariamente previstos [787].

365. Será castigado con la pena de prisión de dos a seis años el
que envenenare o adulterare con sustancias infecciosas, u otras que
puedan ser gravemente nocivas para la salud, las aguas potables o las
sustancias alimenticias destinadas al uso público o al consumo de una
colectividad de personas [788].

366. [789] Cuando de acuerdo con lo establecido en el art. 31 bis
una persona jurídica sea responsable de los delitos recogidos en los
artículos anteriores de este Capítulo, se le impondrá una pena de multa
de uno a tres años, o del doble al quíntuplo del valor de las sustancias
y productos a que se refieren los arts. 359 y siguientes, o del beneficio
que se hubiera obtenido o podido obtener, aplicándose la cantidad que
resulte más elevada.

Atendidas las reglas establecidas en el art. 66 bis, los Jueces y Tribunales podrán asimismo imponer las penas recogidas en las letras b) a
g) del apartado 7 del art. 33.

367. Si los hechos previstos en todos los artículos anteriores fueran realizados por imprudencia grave, se impondrán, respectivamente,
las penas inferiores en grado.

368. [790] Los que ejecuten actos de cultivo, elaboración o tráfico,
o de otro modo promuevan, favorezcan o faciliten el consumo ilegal de

---

[787] Véase art. 45 CE; art. 65.1.d LOPJ y art. 346 de la presente Ley

[788] Véase art. 18.6 de la Ley 14/1986, de 25 de abril, General de Sanidad

[789] Dada nueva redacción por art. único apartado 195 de Ley Orgánica 1/2015 de
30 de marzo de 2015, con vigencia desde 01/07/2015

[790] Dada nueva redacción por art. único apartado 104 de Ley Orgánica 5/2010 de
22 de junio de 2010, con vigencia desde 23/12/2010

drogas tóxicas, estupefacientes o sustancias psicotrópicas, o las posean con aquellos fines, serán castigados con las penas de prisión de tres a seis años y multa del tanto al triplo del valor de la droga objeto del delito si se tratare de sustancias o productos que causen grave daño a la salud, y de prisión de uno a tres años y multa del tanto al duplo en los demás casos.

No obstante lo dispuesto en el párrafo anterior, los Tribunales podrán imponer la pena inferior en grado a las señaladas en atención a la escasa entidad del hecho y a las circunstancias personales del culpable. No se podrá hacer uso de esta facultad si concurriere alguna de las circunstancias a que se hace referencia en los arts. 369 bis y 370 [791].

369. [792] 1. Se impondrán las penas superiores en grado a las señaladas en el artículo anterior y multa del tanto al cuádruplo cuando concurran alguna de las siguientes circunstancias:

1ª) El culpable fuere autoridad, funcionario público, facultativo, trabajador social, docente o educador y obrase en el ejercicio de su cargo, profesión u oficio.

2ª) El culpable participare en otras actividades organizadas o cuya ejecución se vea facilitada por la comisión del delito. [793]

3ª) Los hechos fueren realizados en establecimientos abiertos al público por los responsables o empleados de los mismos. [794]

4ª) Las sustancias a que se refiere el artículo anterior se faciliten a menores de 18 años, a disminuidos psíquicos o a personas sometidas a tratamiento de deshabituación o rehabilitación. [795]

---

[791] Véase Ley 17/1967, de 8 de abril, de Estupefacientes; Ley 4/2009, de 15 de junio, de control de precursores de drogas y arts. 301.1 y 379 de la presente Ley

[792] Dada nueva redacción por art. único apartado 128 de Ley Orgánica 15/2003 de 25 de noviembre de 2003, con vigencia desde 01/10/2004

[793] Renumerado apartado 1 número 3 por art. único apartado 105 de Ley Orgánica 5/2010 de 22 de junio de 2010 como número 2, con vigencia desde 23/12/2010

[794] Renumerado apartado 1 número 4 por art. único apartado 105 de Ley Orgánica 5/2010 de 22 de junio de 2010 como número 3, con vigencia desde 23/12/2010

[795] Renumerado apartado 1 número 5 por art. único apartado 105 de Ley Orgánica 5/2010 de 22 de junio de 2010 como número 4, con vigencia desde 23/12/2010

5ª) Fuere de notoria importancia la cantidad de las citadas sustancias objeto de las conductas a que se refiere el artículo anterior. [796]

6ª) Las referidas sustancias se adulteren, manipulen o mezclen entre sí o con otras, incrementando el posible daño a la salud. [797]

7ª) Las conductas descritas en el artículo anterior tengan lugar en centros docentes, en centros, establecimientos o unidades militares, en establecimientos penitenciarios o en centros de deshabituación o rehabilitación, o en sus proximidades. [798]

8ª) El culpable empleare violencia o exhibiere o hiciese uso de armas para cometer el hecho [799]. [800]

Apartado 1 número 10 (Derogado) [801]

Apartado 2 (Derogado) [802]

369 bis. [803] Cuando los hechos descritos en el art. 368 se hayan realizado por quienes pertenecieren a una organización delictiva, se impondrán las penas de prisión de nueve a doce años y multa del tanto al cuádruplo del valor de la droga si se tratara de sustancias y productos que causen grave daño a la salud y de prisión de cuatro años y seis meses a diez años y la misma multa en los demás casos.

A los jefes, encargados o administradores de la organización se les impondrán las penas superiores en grado a las señaladas en el párrafo primero.

---

[796] Renumerado apartado 1 número 6 por art. único apartado 105 de Ley Orgánica 5/2010 de 22 de junio de 2010 como número 5, con vigencia desde 23/12/2010

[797] Renumerado apartado 1 número 7 por art. único apartado 105 de Ley Orgánica 5/2010 de 22 de junio de 2010 como número 6, con vigencia desde 23/12/2010

[798] Renumerado apartado 1 número 8 por art. único apartado 105 de Ley Orgánica 5/2010 de 22 de junio de 2010 como número 7, con vigencia desde 23/12/2010

[799] El apartado 1 número 10 ha sido derogado por art. único 105 Ley Orgánica 5/2010 de 22 junio 2010, con efectos desde 23/12/2010

[800] Renumerado apartado 1 número 9 por art. único apartado 105 de Ley Orgánica 5/2010 de 22 de junio de 2010 como número 8, con vigencia desde 23/12/2010

[801] Derogado apartado 1 número 10 por art. único apartado 105 de Ley Orgánica 5/2010 de 22 de junio de 2010, con vigencia desde 23/12/2010

[802] Derogado apartado 2 por art. único apartado 105 de Ley Orgánica 5/2010 de 22 de junio de 2010, con vigencia desde 23/12/2010

[803] Añadido por art. único apartado 106 de Ley Orgánica 5/2010 de 22 de junio de 2010, con vigencia desde 23/12/2010

Cuando de acuerdo con lo establecido en el art. 31 bis una persona jurídica sea responsable de los delitos recogidos en los dos artículos anteriores, se le impondrán las siguientes penas:

a) Multa de dos a cinco años, o del triple al quíntuple del valor de la droga cuando la cantidad resultante fuese más elevada, si el delito cometido por la persona física tiene prevista una pena de prisión de más de cinco años.

b) Multa de uno a tres años, o del doble al cuádruple del valor de la droga cuando la cantidad resultante fuese más elevada, si el delito cometido por la persona física tiene prevista una pena de prisión de más de dos años no incluida en el anterior inciso.

Atendidas las reglas establecidas en el art. 66 bis, los Jueces y Tribunales podrán asimismo imponer las penas recogidas en las letras b) a g) del apartado 7 del art. 33 .

370. [804] Se impondrá la pena superior en uno o dos grados a la señalada en el art. 368 cuando:

1º) Se utilice a menores de 18 años o a disminuidos psíquicos para cometer estos delitos.

2º) Se trate de los jefes, administradores o encargados de las organizaciones a que se refiere la circunstancia 2ª del apartado 1 del art. 369. [805]

3º) Las conductas descritas en el art. 368 fuesen de extrema gravedad.

Se consideran de extrema gravedad los casos en que la cantidad de las sustancias a que se refiere el art. 368 excediere notablemente de la considerada como de notoria importancia, o se hayan utilizado buques, embarcaciones o aeronaves como medio de transporte específico, o se hayan llevado a cabo las conductas indicadas simulando operaciones de comercio internacional entre empresas, o se trate de redes inter-

---

[804] Dada nueva redacción por art. único apartado 129 de Ley Orgánica 15/2003 de 25 de noviembre de 2003, con vigencia desde 01/10/2004

[805] Dada nueva redacción apartado 2 por art. único apartado 107 de Ley Orgánica 5/2010 de 22 de junio de 2010 , con vigencia desde 23/12/2010

nacionales dedicadas a este tipo de actividades, o cuando concurrieren tres o más de las circunstancias previstas en el art. 369.1. [806]

En los supuestos de los anteriores números 2º y 3º se impondrá a los culpables, además, una multa del tanto al triplo del valor de la droga objeto del delito.

371. 1. El que fabrique, transporte, distribuya, comercie o tenga en su poder equipos, materiales o sustancias enumeradas en el cuadro I y cuadro II de la Convención de Naciones Unidas, hecha en Viena el 20 de diciembre de 1988, sobre el tráfico ilícito de estupefacientes y sustancias psicotrópicas, y cualesquiera otros productos adicionados al mismo Convenio o que se incluyan en otros futuros Convenios de la misma naturaleza, ratificados por España, a sabiendas de que van a utilizarse en el cultivo, la producción o la fabricación ilícitas de drogas tóxicas, estupefacientes o sustancias psicotrópicas, o para estos fines, será castigado con la pena de prisión de tres a seis años y multa del tanto al triplo del valor de los géneros o efectos [807].

2. Se impondrá la pena señalada en su mitad superior cuando las personas que realicen los hechos descritos en el apartado anterior pertenezcan a una organización dedicada a los fines en él señalados, y la pena superior en grado cuando se trate de los jefes, administradores o encargados de las referidas organizaciones o asociaciones [808].

En tales casos, los Jueces o Tribunales impondrán, además de las penas correspondientes, la de inhabilitación especial del reo para el ejercicio de su profesión o industria por tiempo de tres a seis años, y las demás medidas previstas en el art. 369.2. [809]

372. Si los hechos previstos en este Capítulo fueran realizados por empresario, intermediario en el sector financiero, facultativo, funcionario público, trabajador social, docente o educador, en el ejercicio

---

[806] Dada nueva redacción apartado 3 párrafo 2 por art. único apartado 107 de Ley Orgánica 5/2010 de 22 de junio de 2010 , con vigencia desde 23/12/2010

[807] Véase art. 359 de la presente Ley

[808] Véase art. 372 de la presente Ley

[809] Dada nueva redacción apartado 2 por art. único apartado 130 de Ley Orgánica 15/2003 de 25 de noviembre de 2003 , con vigencia desde 01/10/2004

de su cargo, profesión u oficio, se le impondrá, además de la pena correspondiente, la de inhabilitación especial para empleo o cargo público, profesión u oficio, industria o comercio, de tres a diez años. Se impondrá la pena de inhabilitación absoluta de diez a veinte años cuando los referidos hechos fueren realizados por autoridad o agente de la misma, en el ejercicio de su cargo [810].

A tal efecto, se entiende que son facultativos los médicos, psicólogos, las personas en posesión de título sanitario, los veterinarios, los farmacéuticos y sus dependientes.

373. La provocación, la conspiración y la proposición para cometer los delitos previstos en los arts. 368 al 372, se castigarán con la pena inferior en uno a dos grados a la que corresponde, respectivamente, a los hechos previstos en los preceptos anteriores.

374. [811] En los delitos previstos en el párrafo segundo del apartado 1 del art. 301 y en los arts. 368 a 372, además de las penas que corresponda imponer por el delito cometido, serán objeto de decomiso las drogas tóxicas, estupefacientes o sustancias psicotrópicas, los equipos, materiales y sustancias a que se refiere el art. 371, así como los bienes, medios, instrumentos y ganancias con sujeción a lo dispuesto en los arts. 127 a 128 y a las siguientes normas especiales [812]:

1ª Una vez firme la sentencia, se procederá a la destrucción de las muestras que se hubieran apartado, o a la destrucción de la totalidad de lo incautado, en el caso de que el órgano judicial competente hubiera ordenado su conservación.

2ª Los bienes, medios, instrumentos y ganancias definitivamente decomisados por sentencia, que no podrán ser aplicados a la satisfacción de las responsabilidades civiles derivadas del delito ni de las costas procesales, serán adjudicados íntegramente al Estado [813].

---

[810] Véase art. 369.2 y 8 de la presente Ley

[811] Dada nueva redacción por art. único apartado 196 de Ley Orgánica 1/2015 de 30 de marzo de 2015, con vigencia desde 01/07/2015

[812] Véanse arts. 263 bis y 282 bis LECrim y art. 127 de la presente Ley

[813] Véase Ley 17/2003, de 29 de mayo, por la que se regula el Fondo de bienes decomisados por tráfico ilícito de drogas y otros delitos relacionados y RD 864/1997,

375. [814] Las condenas de Jueces o Tribunales extranjeros por delitos de la misma naturaleza que los previstos en los arts. 361 al 372 de este Capítulo producirán los efectos de reincidencia, salvo que el antecedente penal haya sido cancelado o pueda serlo con arreglo al Derecho español [815].

376. [816] En los casos previstos en los arts. 361 a 372, los Jueces o Tribunales, razonándolo en la sentencia, podrán imponer la pena inferior en uno o dos grados a la señalada por la ley para el delito de que se trate, siempre que el sujeto haya abandonado voluntariamente sus actividades delictivas y haya colaborado activamente con las autoridades o sus agentes bien para impedir la producción del delito, bien para obtener pruebas decisivas para la identificación o captura de otros responsables o para impedir la actuación o el desarrollo de las organizaciones o asociaciones a las que haya pertenecido o con las que haya colaborado.

Igualmente, en los casos previstos en los arts. 368 a 372, los Jueces o Tribunales podrán imponer la pena inferior en uno o dos grados al reo que, siendo drogodependiente en el momento de comisión de los hechos, acredite suficientemente que ha finalizado con éxito un tratamiento de deshabituación, siempre que la cantidad de drogas tóxicas, estupefacientes o sustancias psicotrópicas no fuese de notoria importancia o de extrema gravedad [817].

377. Para la determinación de la cuantía de las multas que se impongan en aplicación de los arts. 368 al 372, el valor de la droga objeto del delito o de los géneros o efectos intervenidos será el precio final del producto o, en su caso, la recompensa o ganancia obtenida por el reo, o que hubiera podido obtener.

---

de 6 de junio, por el que se aprueba el Reglamento del Fondo procedente de los bienes decomisados por tráfico de drogas y otros delitos relacionados

[814] Dada nueva redacción por art. único apartado 197 de Ley Orgánica 1/2015 de 30 de marzo de 2015, con vigencia desde 01/07/2015

[815] Véase art. 28.8 de la presente Ley

[816] Dada nueva redacción por art. único apartado 198 de Ley Orgánica 1/2015 de 30 de marzo de 2015, con vigencia desde 01/07/2015

[817] Véanse arts. 21.4 y 579.3 de la presente Ley

378. [818] Los pagos que se efectúen por el penado por uno o varios de los delitos a que se refieren los arts. 361 al 372 se imputarán por el orden siguiente [819] :

1º A la reparación del daño causado e indemnización de perjuicios.

2º A la indemnización del Estado por el importe de los gastos que se hayan hecho por su cuenta en la causa.

3º A la multa.

4º A las costas del acusador particular o privado cuando se imponga en la sentencia su pago.

5º A las demás costas procesales, incluso las de la defensa del procesado, sin preferencia entre los interesados.

CAPÍTULO IV
De los delitos contra la Seguridad Vial [820] [821]

379. [822] 1. El que condujere un vehículo de motor o un ciclomotor a velocidad superior en sesenta kilómetros por hora en vía urbana o en ochenta kilómetros por hora en vía interurbana a la permitida reglamentariamente, será castigado con la pena de prisión de tres a seis meses o con la de multa de seis a doce meses o con la de trabajos en beneficio de la comunidad de treinta y uno a noventa días, y, en cualquier caso, con la de privación del derecho a conducir vehículos a motor y ciclomotores por tiempo superior a uno y hasta cuatro años.

2. Con las mismas penas será castigado el que condujere un vehículo de motor o ciclomotor bajo la influencia de drogas tóxicas, estupefacientes, sustancias psicotrópicas o de bebidas alcohólicas. En todo caso será condenado con dichas penas el que condujere con una

---

[818] Dada nueva redacción por art. único apartado 199 de Ley Orgánica 1/2015 de 30 de marzo de 2015, con vigencia desde 01/07/2015

[819] Véase art. 126 de la presente Ley

[820] Véanse art. 82 TRLTSV; art. 2 RPST; art. 14 RGCo; arts. 1, 2 y 4 RSO; y art. 47 de la presente Ley

[821] Dada nueva redacción por art. único apartado 2 de Ley Orgánica 15/2007 de 30 de noviembre de 2007, con vigencia desde 02/12/2007

[822] Dada nueva redacción por art. único apartado 108 de Ley Orgánica 5/2010 de 22 de junio de 2010, con vigencia desde 23/12/2010

tasa de alcohol en aire espirado superior a 0,60 miligramos por litro o con una tasa de alcohol en sangre superior a 1,2 gramos por litro [823].

380. [824] [825]

1. El que condujere un vehículo a motor o un ciclomotor con temeridad manifiesta y pusiere en concreto peligro la vida o la integridad de las personas será castigado con las penas de prisión de seis meses a dos años y privación del derecho a conducir vehículos a motor y ciclomotores por tiempo superior a uno y hasta seis años.

2. A los efectos del presente precepto se reputará manifiestamente temeraria la conducción en la que concurrieren las circunstancias previstas en el apartado primero y en el inciso segundo del apartado segundo del artículo anterior.

381. [826] 1. Será castigado con las penas de prisión de dos a cinco años, multa de doce a veinticuatro meses y privación del derecho a conducir vehículos a motor y ciclomotores durante un período de seis a diez años el que, con manifiesto desprecio por la vida de los demás, realizare la conducta descrita en el artículo anterior.

2. Cuando no se hubiere puesto en concreto peligro la vida o la integridad de las personas, las penas serán de prisión de uno a dos años, multa de seis a doce meses y privación del derecho a conducir vehículos a motor y ciclomotores por el tiempo previsto en el párrafo anterior [827].

Apartado 3 (Derogado) [828]

---

[823] Véanse Base 4ª LB; arts. 12, 19, 53 a 58, 65, 67, 83 y 84 y Anexo I TA; arts. 20 a 28, 47 a 52 y 144 RGC; y arts. 380, 382 y 383 de la presente Ley

[824] Dada nueva redacción por art. único apartado 4 de Ley Orgánica 15/2007 de 30 de noviembre de 2007, con vigencia desde 02/12/2007

[825] Véanse Base 4ª LB y arts. 10 y 77 TRLTSV

[826] Dada nueva redacción por art. único apartado 5 de Ley Orgánica 15/2007 de 30 de noviembre de 2007, con vigencia desde 02/12/2007

[827] Véase art. 66 de la presente Ley

[828] Derogado apartado 3 por art. único apartado 109 de Ley Orgánica 5/2010 de 22 de junio de 2010, con vigencia desde 23/12/2010

382. [*829*] [830]

Cuando con los actos sancionados en los artículos 379, 380 y 381 se ocasionare, además del riesgo prevenido, un resultado lesivo constitutivo de delito, cualquiera que sea su gravedad, los Jueces o Tribunales apreciarán tan sólo la infracción más gravemente penada, aplicando la pena en su mitad superior y condenando, en todo caso, al resarcimiento de la responsabilidad civil que se hubiera originado.

Cuando el resultado lesivo concurra con un delito del artículo 381, se impondrá en todo caso la pena de privación del derecho a conducir vehículos a motor y ciclomotores prevista en este precepto en su mitad superior.

382 bis. [*831*] 1. El conductor de un vehículo a motor o de un ciclomotor que, fuera de los casos contemplados en el artículo 195, voluntariamente y sin que concurra riesgo propio o de terceros, abandone el lugar de los hechos tras causar un accidente en el que fallecieren una o varias personas o en el que se les causare alguna de las lesiones a que se refieren los artículos 147.1, 149 y 150, será castigado como autor de un delito de abandono del lugar del accidente. [832]

2. Los hechos contemplados en este artículo que tuvieran su origen en una acción imprudente del conductor, serán castigados con la pena de prisión de seis meses a cuatro años y privación del derecho a conducir vehículos a motor y ciclomotores de uno a cuatro años.

3. Si el origen de los hechos que dan lugar al abandono fuera fortuito le corresponderá una pena de tres a seis meses de prisión y privación del derecho a conducir vehículos a motor y ciclomotores de seis meses a dos años.

---

[829] Dada nueva redacción por art. único apartado 5 de Ley Orgánica 2/2019 de 1 de marzo de 2019, con vigencia desde 03/03/2019

[830] Véase art. 66 de la presente Ley

[831] Añadido por art. único apartado 6 de Ley Orgánica 2/2019 de 1 de marzo de 2019, con vigencia desde 03/03/2019

[832] Dada nueva redacción apartado 1 por art. único apartado 3 de Ley Orgánica 11/2022 de 13 de septiembre de 2022, con vigencia desde 15/09/2022

383. [833] El conductor que, requerido por un agente de la autoridad, se negare a someterse a las pruebas legalmente establecidas para la comprobación de las tasas de alcoholemia y la presencia de las drogas tóxicas, estupefacientes y sustancias psicotrópicas a que se refieren los artículos anteriores, será castigado con la penas de prisión de seis meses a un año y privación del derecho a conducir vehículos a motor y ciclomotores por tiempo superior a uno y hasta cuatro años [834] .

384. [835] [836]

El que condujere un vehículo de motor o ciclomotor en los casos de pérdida de vigencia del permiso o licencia por pérdida total de los puntos asignados legalmente, será castigado con la pena de prisión de tres a seis meses o con la de multa de doce a veinticuatro meses o con la de trabajos en beneficio de la comunidad de treinta y uno a noventa días.

La misma pena se impondrá al que realizare la conducción tras haber sido privado cautelar o definitivamente del permiso o licencia por decisión judicial y al que condujere un vehículo de motor o ciclomotor sin haber obtenido nunca permiso o licencia de conducción.

385. [837] [838]

Será castigado con la pena de prisión de seis meses a dos años o a las de multa de doce a veinticuatro meses y trabajos en beneficio de la comunidad de diez a cuarenta días, el que originare un grave riesgo para la circulación de alguna de las siguientes formas:

1ª. Colocando en la vía obstáculos imprevisibles, derramando sustancias deslizantes o inflamables o mutando, sustrayendo o anulando la señalización o por cualquier otro medio.

---

[833] Dada nueva redacción por art. único apartado 7 de Ley Orgánica 15/2007 de 30 de noviembre de 2007, con vigencia desde 02/12/2007

[834] Véanse base 4.ª LB; arts. 14, 77, 80, 103 y 104 TRLTSV y arts. 20 a 28 RGC

[835] Dada nueva redacción por art. único apartado 112 de Ley Orgánica 5/2010 de 22 de junio de 2010, con vigencia desde 23/12/2010

[836] Véanse base 6.ª LB; arts. 1, 11, 59 a 65, 69 a 72 y 77 TRLTSV; arts. 1 a 4, 21 a 23, 40, 76 y 77 RGCo y arts. 47 y 468 de la presente Ley

[837] Dada nueva redacción por art. único apartado 9 de Ley Orgánica 15/2007 de 30 de noviembre de 2007, con vigencia desde 02/12/2007

[838] Véanse arts. 1 y 58 TRLTSV y art. 140 RGC

2ª. No restableciendo la seguridad de la vía, cuando haya obligación de hacerlo.

385 bis. [839] El vehículo a motor o ciclomotor utilizado en los hechos previstos en este Capítulo se considerará instrumento del delito a los efectos de los arts. 127 y 128.

385 ter. [840] En los delitos previstos en los arts. 379, 383, 384 y 385, el Juez o Tribunal, razonándolo en sentencia, podrá rebajar en un grado la pena de prisión en atención a la menor entidad del riesgo causado y a las demás circunstancias del hecho.

TÍTULO XVIII
De las falsedades [841]

CAPÍTULO PRIMERO
De la falsificación de moneda y efectos timbrados [842]

386. [843] 1. Será castigado con la pena de prisión de ocho a doce años y multa del tanto al décuplo del valor aparente de la moneda: [844]
1.º El que altere la moneda o fabrique moneda falsa.
2.º El que exporte moneda falsa o alterada o la importe a España o a cualquier otro Estado miembro de la Unión Europea.

---

[839] Añadido por art. único apartado 111 de Ley Orgánica 5/2010 de 22 de junio de 2010, con vigencia desde 23/12/2010

[840] Añadido por art. único apartado 112 de Ley Orgánica 5/2010 de 22 de junio de 2010, con vigencia desde 23/12/2010

[841] Véanse art. 55 CPM; art. 681.6 CC y RDLeg. 3/2011, de 14 de noviembre, por la que se aprueba el texto refundido de la Ley de Contratos del Sector Público

[842] Véase art. 400 de la presente Ley

[843] Dada nueva redacción por art. único apartado 200 de Ley Orgánica 1/2015 de 30 de marzo de 2015, con vigencia desde 01/07/2015

[844] Véase art. 282 bis LECrim y art. 629 de la presente Ley

3.º El que transporte, expenda o distribuya moneda falsa o alterada con conocimiento de su falsedad. [845]

2. Si la moneda falsa fuera puesta en circulación se impondrá la pena en su mitad superior.

La tenencia, recepción u obtención de moneda falsa para su expedición o distribución o puesta en circulación será castigada con la pena inferior en uno o dos grados, atendiendo al valor de aquélla y al grado de connivencia con el falsificador, alterador, introductor o exportador.

3. El que habiendo recibido de buena fe moneda falsa la expenda o distribuya después de constarle su falsedad será castigado con la pena de prisión de tres a seis meses o multa de seis a veinticuatro meses. No obstante, si el valor aparente de la moneda no excediera de 400 euros, se impondrá la pena de multa de uno a tres meses.

4. Si el culpable perteneciere a una sociedad, organización o asociación, incluso de carácter transitorio, que se dedicare a la realización de estas actividades, el Juez o Tribunal podrá imponer alguna o algunas de las consecuencias previstas en el art. 129 de este Código.

5. Cuando, de acuerdo con lo establecido en el artículo 31 bis, una persona jurídica sea responsable de los anteriores delitos, se le impondrá la pena de multa del triple al décuplo del valor aparente de la moneda. Atendidas las reglas establecidas en el artículo 66 bis, los jueces y tribunales podrán asimismo imponer las penas recogidas en las letras b) a g) del apartado 7 del artículo 33. [846]

387. [847] A los efectos del artículo anterior, se entiende por moneda la metálica y el papel moneda de curso legal y aquella que no ha sido todavía emitida o puesta en circulación oficialmente pero que está destinada a su circulación como moneda de curso legal. Se equipararán a la moneda nacional las de otros países de la Unión Europea y las extranjeras. [848]

---

[845] Dada nueva redacción apartado 1 por art. único apartado 12 de Ley Orgánica 1/2019 de 20 de febrero de 2019, con vigencia desde 13/03/2019

[846] Dada nueva redacción apartado 5 por art. único apartado 12 de Ley Orgánica 1/2019 de 20 de febrero de 2019, con vigencia desde 13/03/2019

[847] Dada nueva redacción por art. único apartado 201 de Ley Orgánica 1/2015 de 30 de marzo de 2015, con vigencia desde 01/07/2015

[848] Dada nueva redacción párrafo 1 por art. único apartado 13 de Ley Orgánica 1/2019 de 20 de febrero de 2019, con vigencia desde 13/03/2019

Se tendrá igualmente por moneda falsa aquella que, pese a ser realizada en las instalaciones y con los materiales legales, se realiza incumpliendo, a sabiendas, las condiciones de emisión que hubiere puesto la autoridad competente o cuando se emita no existiendo orden de emisión alguna.

388. La condena de un Tribunal extranjero, impuesta por delito de la misma naturaleza de los comprendidos en este Capítulo, será equiparada a las sentencias de los Jueces o Tribunales españoles a los efectos de reincidencia, salvo que el antecedente penal haya sido cancelado o pudiese serlo con arreglo al Derecho español [849].

389. [850] El que falsificare o expendiere, en connivencia con el falsificador, sellos de correos o efectos timbrados, o los introdujera en España conociendo su falsedad, será castigado con la pena de prisión de seis meses a tres años.

El adquirente de buena fe de sellos de correos o efectos timbrados que, conociendo su falsedad, los distribuyera o utilizara será castigado con la pena de prisión de tres a seis meses o multa de seis a veinticuatro meses. No obstante, si el valor aparente de los sellos o efectos timbrados no excediera de 400 euros, se impondrá la pena de multa de uno a tres meses [851]. [852]

---

[849] Véase art. 23.4 LOPJ

[850] Dada nueva redacción por art. único apartado 138 de Ley Orgánica 15/2003 de 25 de noviembre de 2003, con vigencia desde 01/10/2004

[851] Véanse arts. 14 a 19 RD 1637/2011, de 14 de noviembre, por el que se establece la composición, competencias y régimen de funcionamiento de la Comisión Filatélica del Estado y se regulan las emisiones de sellos de correo y otros signos de franqueo

[852] Dada nueva redacción párrafo 2 por art. único apartado 202 de Ley Orgánica 1/2015 de 30 de marzo de 2015, con vigencia desde 01/07/2015

CAPÍTULO II
De las falsedades documentales [853]

SECCIÓN PRIMERA
De la falsificación de documentos públicos, oficiales y mercantiles y de los despachos transmitidos por servicios de telecomunicación [854]

390. 1. Será castigado con las penas de prisión de tres a seis años, multa de seis a veinticuatro meses e inhabilitación especial por tiempo de dos a seis años, la autoridad o funcionario público que, en el ejercicio de sus funciones, cometa falsedad [855] :

1º) Alterando un documento en alguno de sus elementos o requisitos de carácter esencial.

2º) Simulando un documento en todo o en parte, de manera que induzca a error sobre su autenticidad.

3º) Suponiendo en un acto la intervención de personas que no la han tenido, o atribuyendo a las que han intervenido en él declaraciones o manifestaciones diferentes de las que hubieran hecho.

4º) Faltando a la verdad en la narración de los hechos.

2. Será castigado con las mismas penas a las señaladas en el apartado anterior el responsable de cualquier confesión religiosa que incurra en alguna de las conductas descritas en los números anteriores, respecto de actos y documentos que puedan producir efecto en el estado de las personas o en el orden civil.

391. La autoridad o funcionario público que por imprudencia grave incurriere en alguna de las falsedades previstas en el artículo anterior o diere lugar a que otro las cometa, será castigado con la pena de multa de seis a doce meses y suspensión de empleo o cargo público por tiempo de seis meses a un año.

---

[853] Véase art. 55 CPM; art. 510.2 LEC; art. 954.3 LECrim y arts. 26 y 400 de la presente Ley

[854] Véanse arts. 55, 56 y 58 LPPNA; art. 1216 CC; art. 317 LEC y RD 255/2025 de 1 abril, por el que se regula el Documento Nacional de Identidad

[855] Véase art. 140 LEG

392. [856] 1. El particular que cometiere en documento público, oficial o mercantil, alguna de las falsedades descritas en los tres primeros números del apartado 1 del art. 390, será castigado con las penas de prisión de seis meses a tres años y multa de seis a doce meses.

2. Las mismas penas se impondrán al que, sin haber intervenido en la falsificación, traficare de cualquier modo con un documento de identidad falso. Se impondrá la pena de prisión de seis meses a un año y multa de tres a seis meses al que hiciere uso, a sabiendas, de un documento de identidad falso.

Esta disposición es aplicable aun cuando el documento de identidad falso aparezca como perteneciente a otro Estado de la Unión Europea o a un tercer Estado o haya sido falsificado o adquirido en otro Estado de la Unión Europea o en un tercer Estado si es utilizado o se trafica con él en España [857].

393. El que, a sabiendas de su falsedad, presentare en juicio o, para perjudicar a otro, hiciere uso de un documento falso de los comprendidos en los artículos precedentes, será castigado con la pena inferior en grado a la señalada a los falsificadores [858].

394. 1. La autoridad o funcionario público encargado de los servicios de telecomunicación que supusiere o falsificare un despacho telegráfico u otro propio de dichos servicios, incurrirá en la pena de prisión de seis meses a tres años e inhabilitación especial por tiempo de dos a seis años.

2. El que, a sabiendas de su falsedad, hiciere uso del despacho falso para perjudicar a otro, será castigado con la pena inferior en grado a la señalada a los falsificadores.

---

[856] Dada nueva redacción por art. único apartado 114 de Ley Orgánica 5/2010 de 22 de junio de 2010, con vigencia desde 23/12/2010

[857] Véanse art. 141 LEG; art. 681.6 CC y Ley 19/1985, de 16 de julio, Cambiaria y del Cheque

[858] Véase art. 954.3 LECrim y art. 510 LEC

SECCIÓN SEGUNDA
De la falsificación de documentos privados [859]

395. El que, para perjudicar a otro, cometiere en documento privado alguna de las falsedades previstas en los tres primeros números del apartado 1 del art. 390 , será castigado con la pena de prisión de seis meses a dos años.

396. El que, a sabiendas de su falsedad, presentare en juicio o, para perjudicar a otro, hiciere uso de un documento falso de los comprendidos en el artículo anterior, incurrirá en la pena inferior en grado a la señalada a los falsificadores.

SECCIÓN TERCERA
De la falsificación de certificados

397. El facultativo que librare certificado falso será castigado con la pena de multa de tres a doce meses.

398. [860] La autoridad o funcionario público que librare certificación falsa con escasa trascendencia en el tráfico jurídico será castigado con la pena de suspensión de seis meses a dos años [861] .

Este precepto no será aplicable a los certificados relativos a la Seguridad Social y a la Hacienda Pública.

---

[859] Véanse arts. 1225 a 1230 CC

[860] Dada nueva redacción por art. único apartado 11 de Ley Orgánica 7/2012 de 27 de diciembre de 2012, con vigencia desde 17/01/2013

[861] Véase Ley 68/1980, de 1 de diciembre, sobre expedición de certificaciones e informes sobre conducta ciudadana y arts. 154 a 156 RD 1608/2005, de 30 de diciembre, por el que se aprueba el Régimen Orgánico del Cuerpo de Secretarios Judiciales

399. [862] 1. El particular que falsificare una certificación de las designadas en los artículos anteriores será castigado con la pena de multa de tres a seis meses.

2. La misma pena se impondrá al que hiciere uso, a sabiendas, de la certificación, así como al que, sin haber intervenido en su falsificación, traficare con ella de cualquier modo.

3. Esta disposición es aplicable aun cuando el certificado aparezca como perteneciente a otro Estado de la Unión Europea o a un tercer Estado o haya sido falsificado o adquirido en otro Estado de la Unión Europea o en un tercer Estado si es utilizado en España.

SECCIÓN CUARTA
De la falsificación de tarjetas de crédito y débito, cheques de viaje y demás instrumentos de pago distintos del efectivo [863]

399 bis. [864] 1. El que altere, copie, reproduzca o de cualquier otro modo falsifique tarjetas de crédito o débito, cheques de viaje o cualquier otro instrumento de pago distinto del efectivo, será castigado con la pena de prisión de cuatro a ocho años.

Se impondrá la pena en su mitad superior cuando los efectos falsificados afecten a una generalidad de personas o cuando los hechos se cometan en el marco de una organización criminal dedicada a estas actividades.

Cuando de acuerdo con lo establecido en el artículo 31 bis una persona jurídica sea responsable de los anteriores delitos, se le impondrá la pena de multa de dos a cinco años. Atendidas las reglas establecidas en el artículo 66 bis, los jueces y tribunales podrán asimismo imponer las penas recogidas en las letras b) a g) del apartado 7 del artículo 33.

2. La tenencia de tarjetas de crédito o débito, cheques de viaje o cualesquiera otros instrumentos de pago distintos del efectivo falsifica-

---

[862] Dada nueva redacción por art. único apartado 115 de Ley Orgánica 5/2010 de 22 de junio de 2010, con vigencia desde 23/12/2010

[863] Dada nueva redacción por art. 1 apartado 10 de Ley Orgánica 14/2022 de 22 de diciembre de 2022, con vigencia desde 12/01/2023

[864] Dada nueva redacción por art. 1 apartado 11 de Ley Orgánica 14/2022 de 22 de diciembre de 2022, con vigencia desde 12/01/2023

dos, destinados a la distribución o tráfico será castigada con la pena señalada a la falsificación.

3. El que sin haber intervenido en la falsificación usare, en perjuicio de otro y a sabiendas de la falsedad, tarjetas de crédito o débito, cheques de viaje o cualesquiera otros instrumentos de pago distintos del efectivo falsificados, será castigado con la pena de prisión de dos a cinco años.

4. El que, para su utilización fraudulenta y a sabiendas de su falsedad, posea u obtenga, para sí o para un tercero, tarjetas de crédito o débito, cheques de viaje o cualquier otro instrumento de pago distinto del efectivo será castigado con pena de prisión de uno a dos años.

399 ter. [865] A los efectos de este Código, se entiende por instrumento de pago distinto del efectivo cualquier dispositivo, objeto o registro protegido, material o inmaterial, o una combinación de estos, exceptuada la moneda de curso legal, que, por sí solo o en combinación con un procedimiento o conjunto de procedimientos, permite al titular o usuario transferir dinero o valor monetario incluso a través de medios digitales de intercambio.

CAPÍTULO III
Disposiciones generales [866]

400. [867] La fabricación, recepción, obtención, tenencia, distribución, puesta a disposición o comercialización de útiles, materiales, instrumentos, sustancias, datos y programas informáticos, aparatos, elementos de seguridad o cualquier otro medio diseñado o adaptado específicamente para la comisión de los delitos descritos en los capítulos anteriores, se castigarán con la pena señalada en cada caso para los autores.

---

[865] Añadido por art. 1 apartado 12 de Ley Orgánica 14/2022 de 22 de diciembre de 2022, con vigencia desde 12/01/2023

[866] Dada nueva redacción por art. único apartado 118 de Ley Orgánica 5/2010 de 22 de junio de 2010, con vigencia desde 23/12/2010

[867] Dada nueva redacción por art. 1 apartado 13 de Ley Orgánica 14/2022 de 22 de diciembre de 2022, con vigencia desde 12/01/2023

400 bis. [868] En los supuestos descritos en los arts. 392, 393, 394, 396 y 399 de este Código también se entenderá por uso de documento, despacho, certificación o documento de identidad falsos el uso de los correspondientes documentos, despachos, certificaciones o documentos de identidad auténticos realizado por quien no esté legitimado para ello.

CAPÍTULO IV
De la usurpación del estado civil

401. El que usurpare el estado civil de otro será castigado con la pena de prisión de seis meses a tres años [869].

CAPÍTULO V
De la usurpación de funciones públicas y del intrusismo

402. El que ilegítimamente ejerciere actos propios de una autoridad o funcionario público atribuyéndose carácter oficial, será castigado con la pena de prisión de uno a tres años [870].

402 bis. [871] El que sin estar autorizado usare pública e indebidamente uniforme, traje o insignia que le atribuyan carácter oficial será castigado con la pena de multa de uno a tres meses.

---

[868] Añadido por art. único apartado 118 de Ley Orgánica 5/2010 de 22 de junio de 2010, con vigencia desde 23/12/2010

[869] Véase Ley 20/2011, de 21 de julio, del Registro Civil; Ley 40/1999, de 5 de noviembre, sobre nombre y apellidos y orden de los mismos; arts. 325 a 332 CC y arts. 220 y ss de la presente Ley

[870] Véase art. 637 de la presente Ley

[871] Añadido por art. único apartado 204 de Ley Orgánica 1/2015 de 30 de marzo de 2015, con vigencia desde 01/07/2015

403. [872] 1. El que ejerciere actos propios de una profesión sin poseer el correspondiente título académico expedido o reconocido en España de acuerdo con la legislación vigente, incurrirá en la pena de multa de doce a veinticuatro meses. Si la actividad profesional desarrollada exigiere un título oficial que acredite la capacitación necesaria y habilite legalmente para su ejercicio, y no se estuviere en posesión de dicho título, se impondrá la pena de multa de seis a doce meses.

2. Se impondrá una pena de prisión de seis meses a dos años si concurriese alguna de las siguientes circunstancias:

a) Si el culpable, además, se atribuyese públicamente la cualidad de profesional amparada por el título referido.

b) Si el culpable ejerciere los actos a los que se refiere el apartado anterior en un local o establecimiento abierto al público en el que se anunciare la prestación de servicios propios de aquella profesión [873] .

TÍTULO XIX
Delitos contra la Administración Pública [874]

CAPÍTULO PRIMERO
De la prevaricación de los funcionarios públicos y otros comportamientos injustos [875]

404. [876] A la autoridad o funcionario público que, a sabiendas de su injusticia, dictare una resolución arbitraria en un asunto administrativo se le castigará con la pena de inhabilitación especial para

---

[872] Dada nueva redacción por art. único apartado 205 de Ley Orgánica 1/2015 de 30 de marzo de 2015, con vigencia desde 01/07/2015

[873] Véase art. 36 CE; art. 38 LPPNA y Ley 2/1974, de 13 de febrero, de Colegios Profesionales

[874] Véanse arts. 103 y 121 CE; art. 72.5.d LOGP; arts. 24 y ss y disposición adicional 1 LOTJ; art. 81.3 D 315/1964, de 7 de febrero, por el que se aprueba el texto articulado de la Ley de Funcionarios del Estado y art. 24 de la presente Ley

[875] Véase arts. 244 a 248 LOPJ y art. 404 de la presente Ley

[876] Dada nueva redacción por art. único apartado 206 de Ley Orgánica 1/2015 de 30 de marzo de 2015, con vigencia desde 01/07/2015

empleo o cargo público y para el ejercicio del derecho de sufragio pasivo por tiempo de nueve a quince años [877].

405. [878] A la autoridad o funcionario público que, en el ejercicio de su competencia y a sabiendas de su ilegalidad, propusiere, nombrare o diere posesión para el ejercicio de un determinado cargo público a cualquier persona sin que concurran los requisitos legalmente establecidos para ello, se le castigará con las penas de multa de tres a ocho meses y suspensión de empleo o cargo público por tiempo de uno a tres años [879].

406. La misma pena de multa se impondrá a la persona que acepte la propuesta, nombramiento o toma de posesión mencionada en el artículo anterior, sabiendo que carece de los requisitos legalmente exigibles.

CAPÍTULO II
Del abandono de destino y de la omisión del deber de perseguir delitos

407. 1. A la autoridad o funcionario público que abandonare su destino con el propósito de no impedir o no perseguir cualquiera de los delitos comprendidos en los Títulos XXI, XXII, XXIII y XXIV se le castigará con la pena de prisión de uno a cuatro años e inhabilitación absoluta para empleo o cargo público por tiempo de seis a diez años. Si hubiera realizado el abandono para no impedir o no perseguir cualquier otro delito, se le impondrá la pena de inhabilitación especial para empleo o cargo público por tiempo de uno a tres años.

---

[877] Véanse arts. 320, 322, 329, 446 y 447 de la presente Ley

[878] Dada nueva redacción por art. único apartado 207 de Ley Orgánica 1/2015 de 30 de marzo de 2015, con vigencia desde 01/07/2015

[879] Véase RD 33/1986, de 10 de enero, Reglamento de Régimen Disciplinario de los Funcionarios de la Administración del Estado

2. Las mismas penas se impondrán, respectivamente, cuando el abandono tenga por objeto no ejecutar las penas correspondientes a estos delitos impuestas por la autoridad judicial competente [880].

408. La autoridad o funcionario que, faltando a la obligación de su cargo, dejare intencionadamente de promover la persecución de los delitos de que tenga noticia o de sus responsables, incurrirá en la pena de inhabilitación especial para empleo o cargo público por tiempo de seis meses a dos años [881].

409. A las autoridades o funcionarios públicos que promovieren, dirigieren u organizaren el abandono colectivo y manifiestamente ilegal de un servicio público, se les castigará con la pena de multa de ocho a doce meses y suspensión de empleo o cargo público por tiempo de seis meses a dos años.

Las autoridades o funcionarios públicos que meramente tomaren parte en el abandono colectivo o manifiestamente ilegal de un servicio público esencial y con grave perjuicio de éste o de la comunidad, serán castigados con la pena de multa de ocho a doce meses [882].

CAPÍTULO III
De la desobediencia y denegación de auxilio

410. 1. Las autoridades o funcionarios públicos que se negaren abiertamente a dar el debido cumplimiento a resoluciones judiciales, decisiones u órdenes de la autoridad superior, dictadas dentro del ámbito de su respectiva competencia y revestidas de las formalidades legales, incurrirán en la pena de multa de tres a doce meses e inhabili-

---

[880] Véanse arts. 56, 57, 61 y 67 CPM; art. 143 LEG y 62.10 Ley 50/1981, de 30 de diciembre, del Estatuto Orgánico del Ministerio Fiscal

[881] Véanse arts. 1, 3, 4 y 63.4 Ley 50/1981, de 30 de diciembre, del Estatuto Orgánico del Ministerio Fiscal; arts. 547 a 550 LOPJ; arts. 64 y 80 CPM; art. 262 LECrim y art. 412 de la presente Ley

[882] Véase art. 28.2 CE y LO 11/1985, de 2 de agosto, de Libertad Sindical

tación especial para empleo o cargo público por tiempo de seis meses a
dos años [883] .

2. No obstante lo dispuesto en el apartado anterior, no incurrirán
en responsabilidad criminal las autoridades o funcionarios por no dar
cumplimiento a un mandato que constituya una infracción manifiesta,
clara y terminante de un precepto de Ley o de cualquier otra disposición general.

411. La autoridad o funcionario público que, habiendo suspendido por cualquier motivo que no sea el expresado en el apartado 2
del artículo anterior, la ejecución de las órdenes de sus superiores, las
desobedeciere después de que aquéllos hubieren desaprobado la suspensión, incurrirá en las penas de multa de doce a veinticuatro meses,
e inhabilitación especial para empleo o cargo público por tiempo de
uno a tres años [884] .

412. 1. El funcionario público que, requerido por autoridad competente, no prestare el auxilio debido para la Administración de justicia u otro servicio público, incurrirá en las penas de multa de tres a
doce meses, y suspensión de empleo o cargo público por tiempo de
seis meses a dos años.

2. Si el requerido fuera autoridad, jefe o responsable de una fuerza
pública o un agente de la autoridad, se impondrán las penas de multa
de doce a dieciocho meses y suspensión de empleo o cargo público por
tiempo de dos a tres años.

3. La autoridad o funcionario público que, requerido por un particular a prestar algún auxilio a que venga obligado por razón de su
cargo para evitar un delito contra la vida de las personas, se abstuviera
de prestarlo, será castigado con la pena de multa de dieciocho a veinticuatro meses e inhabilitación especial para empleo o cargo público por
tiempo de tres a seis años.

Si se tratase de un delito contra la integridad, libertad sexual, salud
o libertad de las personas, será castigado con la pena de multa de doce

---

[883] Véanse arts. 103.1 y 118 CE; art. 17.2 LOPJ; art. 50 LPPNA; art. 44 CPM y
art. 20.7 de la presente Ley
[884] Véanse arts. 103.1 y 118 CE; art. 17.2 LOPJ; art. 50 LPPNA; art. 44 CPM y
art. 20.7 de la presente Ley

a dieciocho meses y suspensión de empleo o cargo público de uno a tres años.

En el caso de que tal requerimiento lo fuera para evitar cualquier otro delito u otro mal, se castigará con la pena de multa de tres a doce meses y suspensión de empleo o cargo público por tiempo de seis meses a dos años [885].

CAPÍTULO IV
De la infidelidad en la custodia de documentos y de la violación de secretos [886]

413. La autoridad o funcionario público que, a sabiendas, sustrajere, destruyere, inutilizare u ocultare, total o parcialmente, documentos cuya custodia le esté encomendada por razón de su cargo, incurrirá en las penas de prisión de uno a cuatro años, multa de siete a veinticuatro meses, e inhabilitación especial para empleo o cargo público por tiempo de tres a seis años [887].

414. 1. A la autoridad o funcionario público que, por razón de su cargo, tenga encomendada la custodia de documentos respecto de los que la autoridad competente haya restringido el acceso, y que a sabiendas destruya o inutilice los medios puestos para impedir ese acceso o consienta su destrucción o inutilización, incurrirá en la pena de prisión de seis meses a un año o multa de seis a veinticuatro meses y, en cualquier caso, inhabilitación especial para empleo o cargo público por tiempo de uno a tres años.

2. El particular que destruyere o inutilizare los medios a que se refiere el apartado anterior, será castigado con la pena de multa de seis a dieciocho meses [888].

---

[885] Véase art. 118 CE; arts. 17.1 y 399.2 LOPJ; arts. 4.2 y 5.1 e) LO 2/1986, de 13 de marzo, de Fuerzas y Cuerpos de Seguridad y arts. 195, 408 y 450 de la presente Ley

[886] Véanse arts. 573 a 588 LECrim;   art. 1 LOTJ; y arts. 26, 264 y 535 de la presente Ley

[887] Véanse arts. 234, 237 y 263 de la presente Ley

[888] Véase art. 263 de la presente Ley

415. La autoridad o funcionario público no comprendido en el artículo anterior que, a sabiendas y sin la debida autorización, accediere o permitiere acceder a documentos secretos cuya custodia le esté confiada por razón de su cargo, incurrirá en la pena de multa de seis a doce meses, e inhabilitación especial para empleo o cargo público por tiempo de uno a tres años [889].

416. Serán castigados con las penas de prisión o multa inmediatamente inferiores a las respectivamente señaladas en los tres artículos anteriores los particulares encargados accidentalmente del despacho o custodia de documentos, por comisión del Gobierno o de las autoridades o funcionarios públicos a quienes hayan sido confiados por razón de su cargo, que incurran en las conductas descritas en los mismos.

417. 1. La autoridad o funcionario público que revelare secretos o informaciones de los que tenga conocimiento por razón de su oficio o cargo y que no deban ser divulgados, incurrirá en la pena de multa de doce a dieciocho meses e inhabilitación especial para empleo o cargo público por tiempo de uno a tres años.

Si de la revelación a que se refiere el párrafo anterior resultara grave daño para la causa pública o para tercero, la pena será de prisión de uno a tres años, e inhabilitación especial para empleo o cargo público por tiempo de tres a cinco años.

2. Si se tratara de secretos de un particular, las penas serán las de prisión de dos a cuatro años, multa de doce a dieciocho meses, y suspensión de empleo o cargo público por tiempo de uno a tres años [890].

418. [891] El particular que aprovechare para sí o para un tercero el secreto o la información privilegiada que obtuviere de un funcionario

---

[889] Véanse arts. 18.1 y 20.4 CE; art. 95.2 f) Ley 7/2007, de 12 de abril, del Estatuto Básico del Empleado Público y arts. 197 a 201 y 278 a 280 de la presente Ley

[890] Véanse arts. 18.1 y 20.3 y 4 CE; arts. 301 y 417.2 LECrim; Ley 9/1968, de 5 de abril, de Secretos Oficiales; art. 25 CPM y arts. 197 y ss y 278 a 280 de la presente Ley

[891] Dada nueva redacción por art. único apartado 208 de Ley Orgánica 1/2015 de 30 de marzo de 2015, con vigencia desde 01/07/2015

público o autoridad, será castigado con multa del tanto al triplo del beneficio obtenido o facilitado y la pérdida de la posibilidad de obtener subvenciones o ayudas públicas y del derecho a gozar de los beneficios o incentivos fiscales o de la Seguridad Social durante el período de uno a tres años. Si resultara grave daño para la causa pública o para tercero, la pena será de prisión de uno a seis años y la pérdida de la posibilidad de obtener subvenciones o ayudas públicas y del derecho a gozar de los beneficios o incentivos fiscales o de la Seguridad Social durante el periodo de seis a diez años [892] .

CAPÍTULO V
Del cohecho [893]

419. [894] La autoridad o funcionario público que, en provecho propio o de un tercero, recibiere o solicitare, por sí o por persona interpuesta, dádiva, favor o retribución de cualquier clase o aceptare ofrecimiento o promesa para realizar en el ejercicio de su cargo un acto contrario a los deberes inherentes al mismo o para no realizar o retrasar injustificadamente el que debiera practicar, incurrirá en la pena de prisión de tres a seis años, multa de doce a veinticuatro meses, e inhabilitación especial para empleo o cargo público y para el ejercicio del derecho de sufragio pasivo por tiempo de nueve a doce años, sin perjuicio de la pena correspondiente al acto realizado, omitido o retrasado en razón de la retribución o promesa, si fuera constitutivo de delito.

420. [895] La autoridad o funcionario público que, en provecho propio o de un tercero, recibiere o solicitare, por sí o por persona interpuesta, dádiva, favor o retribución de cualquier clase o aceptare ofrecimiento o promesa para realizar un acto propio de su cargo,

---

[892] Véase art. 442 de la presente Ley

[893] Véase art. 954.3 LECrim; art. 510.4 LEC y art. 1 LOTJ

[894] Dada nueva redacción por art. único apartado 209 de Ley Orgánica 1/2015 de 30 de marzo de 2015, con vigencia desde 01/07/2015

[895] Dada nueva redacción por art. único apartado 210 de Ley Orgánica 1/2015 de 30 de marzo de 2015, con vigencia desde 01/07/2015

incurrirá en la pena de prisión de dos a cuatro años, multa de doce a veinticuatro meses e inhabilitación especial para empleo o cargo público y para el ejercicio del derecho de sufragio pasivo por tiempo de cinco a nueve años.

421. [896] Las penas señaladas en los artículos precedentes se impondrán también cuando la dádiva, favor o retribución se recibiere o solicitare por la autoridad o funcionario público, en sus respectivos casos, como recompensa por la conducta descrita en dichos artículos.

422. [897] La autoridad o funcionario público que, en provecho propio o de un tercero, admitiera, por sí o por persona interpuesta, dádiva o regalo que le fueren ofrecidos en consideración a su cargo o función, incurrirá en la pena de prisión de seis meses a un año y suspensión de empleo y cargo público de uno a tres años.

423. [898] Lo dispuesto en los artículos precedentes será igualmente aplicable a los jurados y árbitros, nacionales o internacionales, así como a mediadores, peritos, administradores o interventores designados judicialmente, administradores concursales o a cualesquiera personas que participen en el ejercicio de la función pública. [899]

424. [900] 1. El particular que ofreciere o entregare dádiva o retribución de cualquier otra clase a una autoridad, funcionario público o persona que participe en el ejercicio de la función pública para que realice un acto contrario a los deberes inherentes a su cargo o un acto propio de su cargo, para que no realice o retrase el que debiera practicar, o en consideración a su cargo o función, será castigado en

---

[896] Dada nueva redacción por art. único apartado 121 de Ley Orgánica 5/2010 de 22 de junio de 2010, con vigencia desde 23/12/2010

[897] Dada nueva redacción por art. único apartado 122 de Ley Orgánica 5/2010 de 22 de junio de 2010, con vigencia desde 23/12/2010

[898] Dada nueva redacción por art. único apartado 14 de Ley Orgánica 1/2019 de 20 de febrero de 2019, con vigencia desde 13/03/2019

[899] Véase art. 954.3 LECrim; art. 510.4 LEC y art. 1 LOTJ

[900] Dada nueva redacción por art. único apartado 212 de Ley Orgánica 1/2015 de 30 de marzo de 2015, con vigencia desde 01/07/2015

sus respectivos casos, con las mismas penas de prisión y multa que la autoridad, funcionario o persona corrompida.

2. Cuando un particular entregare la dádiva o retribución atendiendo la solicitud de la autoridad, funcionario público o persona que participe en el ejercicio de la función pública, se le impondrán las mismas penas de prisión y multa que a ellos les correspondan.

3. Si la actuación conseguida o pretendida de la autoridad o funcionario tuviere relación con un procedimiento de contratación, de subvenciones o de subastas convocados por las Administraciones o entes públicos, se impondrá al particular y, en su caso, a la sociedad, asociación u organización a que representare la pena de inhabilitación para obtener subvenciones y ayudas públicas, para contratar con entes, organismos o entidades que formen parte del sector público y para gozar de beneficios o incentivos fiscales y de la Seguridad Social por un tiempo de cinco a diez años.

425. [901] Cuando el soborno mediare en causa criminal a favor del reo por parte de su cónyuge u otra persona a la que se halle ligado de forma estable por análoga relación de afectividad, o de algún ascendiente, descendiente o hermano por naturaleza, por adopción o afines en los mismos grados, se impondrá al sobornador la pena de prisión de seis meses a un año [902] .

426. [903] Quedará exento de pena por el delito de cohecho el particular que, habiendo accedido ocasionalmente a la solicitud de dádiva u otra retribución realizada por autoridad o funcionario público, denunciare el hecho a la autoridad que tenga el deber de proceder a su averiguación antes de la apertura del procedimiento, siempre que no haya transcurrido más de dos meses desde la fecha de los hechos.

---

[901] Dada nueva redacción por art. único apartado 125 de Ley Orgánica 5/2010 de 22 de junio de 2010, con vigencia desde 23/12/2010

[902] Véanse arts. 23 y 67 de la presente Ley

[903] Dada nueva redacción por art. único apartado 126 de Ley Orgánica 5/2010 de 22 de junio de 2010, con vigencia desde 23/12/2010

427. [904] Lo dispuesto en los artículos precedentes será también aplicable cuando las conductas descritas sean realizadas por o afecten a:

a) Cualquier persona que ostente un cargo o empleo legislativo, administrativo o judicial de un país de la Unión Europea o de cualquier otro país extranjero, tanto por nombramiento como por elección.

b) Cualquier persona que ejerza una función pública para un país de la Unión Europea o cualquier otro país extranjero, incluido un organismo público o una empresa pública, para la Unión Europea o para otra organización internacional pública.

c) Cualquier funcionario o agente de la Unión Europea o de una organización internacional pública.

d) Cualquier persona a la que se haya asignado y que esté ejerciendo una función de servicio público que consista en la gestión, en los Estados miembros o en terceros países, de intereses financieros de la Unión Europea o en tomar decisiones sobre esos intereses.

427 bis. [905] Cuando de acuerdo con lo establecido en el art. 31 bis una persona jurídica sea responsable de los delitos recogidos en este Capítulo, se le impondrán las siguientes penas:

a) Multa de dos a cinco años, o del triple al quíntuple del beneficio obtenido cuando la cantidad resultante fuese más elevada, si el delito cometido por la persona física tiene prevista una pena de prisión de más de cinco años.

b) Multa de uno a tres años, o del doble al cuádruple del beneficio obtenido cuando la cantidad resultante fuese más elevada, si el delito cometido por la persona física tiene prevista una pena de más de dos años de privación de libertad no incluida en el anterior inciso.

c) Multa de seis meses a dos años, o del doble al triple del beneficio obtenido si la cantidad resultante fuese más elevada, en el resto de los casos.

---

[904] Dada nueva redacción por art. único apartado 15 de Ley Orgánica 1/2019 de 20 de febrero de 2019, con vigencia desde 13/03/2019

[905] Añadido por art. único apartado 214 de Ley Orgánica 1/2015 de 30 de marzo de 2015, con vigencia desde 01/07/2015

Atendidas las reglas establecidas en el art. 66 bis, los Jueces y Tribunales podrán asimismo imponer las penas recogidas en las letras b) a g) del apartado 7 del art. 33 .

CAPÍTULO VI
Del tráfico de influencias [906]

428. [907] El funcionario público o autoridad que influyere en otro funcionario público o autoridad prevaliéndose del ejercicio de las facultades de su cargo o de cualquier otra situación derivada de su relación personal o jerárquica con éste o con otro funcionario o autoridad para conseguir una resolución que le pueda generar directa o indirectamente un beneficio económico para sí o para un tercero, incurrirá en las penas de prisión de seis meses a dos años, multa del tanto al duplo del beneficio perseguido u obtenido e inhabilitación especial para empleo o cargo público y para el ejercicio del derecho de sufragio pasivo por tiempo de cinco a nueve años. Si obtuviere el beneficio perseguido, estas penas se impondrán en su mitad superior [908] .

429. [909] El particular que influyere en un funcionario público o autoridad prevaliéndose de cualquier situación derivada de su relación personal con éste o con otro funcionario público o autoridad para conseguir una resolución que le pueda generar directa o indirectamente un beneficio económico para sí o para un tercero, será castigado con las penas de prisión de seis meses a dos años, multa del tanto al duplo del beneficio perseguido u obtenido, y prohibición de contratar con el sector público, así como la pérdida de la posibilidad de obtener

---

[906] Véanse RDLeg. 3/2011, de 14 de noviembre, por la que se aprueba el texto refundido de la Ley de Contratos del Sector Público; art. 19.4 f) Ley 50/1981, de 30 de diciembre, por la que se regula el Estatuto Orgánico del Ministerio Fiscal y art. 1 LOTJ

[907] Dada nueva redacción por art. único apartado 215 de Ley Orgánica 1/2015 de 30 de marzo de 2015, con vigencia desde 01/07/2015

[908] Véanse arts. 285, 418 y 439 de la presente Ley

[909] Dada nueva redacción por art. único apartado 216 de Ley Orgánica 1/2015 de 30 de marzo de 2015, con vigencia desde 01/07/2015

subvenciones o ayudas públicas y del derecho a gozar de beneficios o incentivos fiscales y de la Seguridad Social por tiempo de seis a diez años. Si obtuviere el beneficio perseguido, estas penas se impondrán en su mitad superior [910].

430. [911] Los que, ofreciéndose a realizar las conductas descritas en los dos artículos anteriores, solicitaren de terceros dádivas, presentes o cualquier otra remuneración, o aceptaren ofrecimiento o promesa, serán castigados con la pena de prisión de seis meses a un año. Si el delito fuere cometido por autoridad o funcionario público se le impondrá, además, la pena de inhabilitación especial para cargo o empleo público y para el ejercicio del derecho de sufragio pasivo por tiempo de uno a cuatro años.

Cuando de acuerdo con lo establecido en el art. 31 bis una persona jurídica sea responsable de los delitos recogidos en este Capítulo, se le impondrá la pena de multa de seis meses a dos años.

Atendidas las reglas establecidas en el art. 66 bis, los Jueces y Tribunales podrán asimismo imponer las penas recogidas en las letras b) a g) del apartado 7 del art. 33.

431. [912] A los efectos de este capítulo se entenderán funcionarios públicos los determinados por los artículos 24 y 427.

---

[910] Véanse arts. 285, 418 y 439 de la presente Ley

[911] Dada nueva redacción por art. único apartado 217 de Ley Orgánica 1/2015 de 30 de marzo de 2015, con vigencia desde 01/07/2015

[912] Añadido por art. único apartado 16 de Ley Orgánica 1/2019 de 20 de febrero de 2019, con vigencia desde 13/03/2019

CAPÍTULO VII
De la malversación [913]

432. [914] 1. La autoridad o funcionario público que, con ánimo de lucro, se apropiare o consintiere que un tercero, con igual ánimo, se apropie del patrimonio público que tenga a su cargo por razón de sus funciones o con ocasión de las mismas, será castigado con una pena de prisión de dos a seis años, inhabilitación especial para cargo o empleo público y para el ejercicio del derecho de sufragio pasivo por tiempo de seis a diez años.

2. Se impondrán las penas de prisión de cuatro a ocho años e inhabilitación absoluta por tiempo de diez a veinte años si en los hechos que se refieren en el apartado anterior hubiere concurrido alguna de las circunstancias siguientes:

a) se hubiera causado un daño o entorpecimiento graves al servicio público,

b) el valor del perjuicio causado o del patrimonio público apropiado excediere de 50.000 euros,

c) las cosas malversadas fueran de valor artístico, histórico, cultural o científico; o si se tratare de efectos destinados a aliviar alguna calamidad pública.

Si el valor del perjuicio causado o del patrimonio público apropiado excediere de 250.000 euros, se impondrá la pena de prisión en su mitad superior, pudiéndose llegar hasta la superior en grado.

3. Los hechos a que se refiere el presente artículo serán castigados con una pena de prisión de uno a dos años y multa de tres meses y un día a doce meses, y en todo caso inhabilitación especial para cargo o empleo público y derecho de sufragio pasivo por tiempo de uno a cinco años, cuando el perjuicio causado o el valor del patrimonio público sea inferior a 4.000 euros.

---

[913] Véase art. 82 CPM; 19.4 d) Ley 50/1981, de 30 de diciembre, por la que se regula el Estatuto Orgánico del Ministerio Fiscal y art. 1 LOTJ

[914] Dada nueva redacción por art. 1 apartado 14 de Ley Orgánica 14/2022 de 22 de diciembre de 2022, con vigencia desde 12/01/2023

432 bis. [915] La autoridad o funcionario público que, sin ánimo de apropiárselo, destinare a usos privados el patrimonio público puesto a su cargo por razón de sus funciones o con ocasión de las mismas, incurrirá en la pena de prisión de seis meses a tres años, y suspensión de empleo o cargo público de uno a cuatro años.

Si el culpable no reintegrara los mismos elementos del patrimonio público distraídos dentro de los diez días siguientes al de la incoación del proceso, se le impondrán las penas del artículo anterior.

433. [916] La autoridad o funcionario público que, sin estar comprendido en los artículos anteriores, diere al patrimonio público que administrare una aplicación pública diferente de aquélla a la que estuviere destinado, incurrirá en las penas de prisión de uno a cuatro años e inhabilitación especial de empleo o cargo público de dos a seis años, si resultare daño o entorpecimiento graves del servicio al que estuviere consignado, y de inhabilitación de empleo o cargo público de uno a tres años y multa de tres a doce meses, si no resultare.

433 bis. [917] 1. La autoridad o funcionario público que, de forma idónea para causar un perjuicio económico a la entidad pública de la que dependa, y fuera de los supuestos previstos en el art. 390 , falseare su contabilidad, los documentos que deban reflejar su situación económica o la información contenida en los mismos, será castigado con la pena de inhabilitación especial para empleo o cargo público por tiempo de uno a diez años y multa de doce a veinticuatro meses.

2. Con las mismas penas se castigará a la autoridad o funcionario público, que de forma idónea para causar un perjuicio económico a la entidad pública de la que dependa, facilite a terceros información mendaz relativa a la situación económica de la misma o alguno de los documentos o informaciones a que se refiere el apartado anterior.

3. Si se llegare a causar el perjuicio económico a la entidad, se impondrán las penas de prisión de uno a cuatro años, inhabilitación

---

[915] Añadido por art. 1 apartado 15 de Ley Orgánica 14/2022 de 22 de diciembre de 2022, con vigencia desde 12/01/2023

[916] Dada nueva redacción por art. 1 apartado 16 de Ley Orgánica 14/2022 de 22 de diciembre de 2022, con vigencia desde 12/01/2023

[917] Añadido por art. único apartado 12 de Ley Orgánica 7/2012 de 27 de diciembre de 2012, con vigencia desde 17/01/2013

especial para empleo o cargo público por tiempo de tres a diez años y multa de doce a veinticuatro meses.

433 ter. [918] A los efectos del presente Código, se entenderá por patrimonio público todo el conjunto de bienes y derechos, de contenido económico-patrimonial, pertenecientes a las Administraciones públicas.

434. [919] Si el culpable de cualquiera de los hechos tipificados en este capítulo hubiere reparado de modo efectivo e íntegro el perjuicio causado al patrimonio público antes del inicio del juicio oral, o hubiera colaborado activa y eficazmente con las autoridades o sus agentes para obtener pruebas decisivas para la identificación o captura de otros responsables o para el completo esclarecimiento de los hechos delictivos, los jueces y tribunales impondrán al responsable de este delito la pena inferior en uno o dos grados.

435. Las disposiciones de este Capítulo son extensivas:
1º) A los que se hallen encargados por cualquier concepto de fondos, rentas o efectos de las Administraciones públicas.
2º) A los particulares legalmente designados como depositarios de caudales o efectos públicos.
3º) A los administradores o depositarios de dinero o bienes embargados, secuestrados o depositados por autoridad pública, aunque pertenezcan a particulares.
4º) A los administradores concursales, con relación a la masa concursal o los intereses económicos de los acreedores. En particular, se considerarán afectados los intereses de los acreedores cuando de manera dolosa se alterara el orden de pagos de los créditos establecido en la ley. [920]

---

[918] Añadido por art. 1 apartado 17 de Ley Orgánica 14/2022 de 22 de diciembre de 2022, con vigencia desde 12/01/2023

[919] Dada nueva redacción por art. 1 apartado 18 de Ley Orgánica 14/2022 de 22 de diciembre de 2022, con vigencia desde 12/01/2023

[920] Añadido apartado 4 por art. único apartado 222 de Ley Orgánica 1/2015 de 30 de marzo de 2015, con vigencia desde 01/07/2015

5°) A las personas jurídicas que de acuerdo con lo establecido en el artículo 31 bis sean responsables de los delitos recogidos en este Capítulo. En estos casos se impondrán las siguientes penas:

a) Multa de dos a cinco años, o del triple al quíntuple del valor del perjuicio causado o de los bienes o efectos apropiados cuando la cantidad resultante fuese más elevada, si el delito cometido por la persona física tiene prevista una pena de prisión de más de cinco años.

b) Multa de uno a tres años, o del doble al cuádruple del valor del perjuicio causado o de los bienes o efectos apropiados cuando la cantidad resultante fuese más elevada, si el delito cometido por la persona física tiene prevista una pena de más de dos años de privación de libertad no incluida en el anterior inciso.

c) Multa de seis meses a dos años, o del doble al triple del valor del perjuicio causado o de los bienes o efectos apropiados si la cantidad resultante fuese más elevada, en el resto de los casos.

Atendidas las reglas establecidas en el artículo 66 bis, los jueces y tribunales podrán asimismo imponer las penas recogidas en las letras b) a g) del apartado 7 del artículo 33. [921]

435 bis. [922] A los efectos de este capítulo se entenderá por funcionario público los determinados por los artículos 24 y 427.

CAPÍTULO VIII
De los fraudes y exacciones ilegales [923]

436. [924] La autoridad o funcionario público que, interviniendo por razón de su cargo en cualesquiera de los actos de las modalidades

---

[921] Añadido apartado 5 por art. único apartado 17 de Ley Orgánica 1/2019 de 20 de febrero de 2019, con vigencia desde 13/03/2019

[922] Añadido por art. único apartado 18 de Ley Orgánica 1/2019 de 20 de febrero de 2019, con vigencia desde 13/03/2019

[923] Véanse RDLeg. 3/2011, de 14 de noviembre, por la que se aprueba el texto refundido de la Ley de Contratos del Sector Público; art. 19.4 e) Ley 50/1981, de 30 de diciembre, por la que se regula el Estatuto Orgánico del Ministerio Fiscal y art. 1 LOTJ

[924] Dada nueva redacción por art. único apartado 223 de Ley Orgánica 1/2015 de 30 de marzo de 2015, con vigencia desde 01/07/2015

de contratación pública o en liquidaciones de efectos o haberes públicos, se concertara con los interesados o usase de cualquier otro artificio para defraudar a cualquier ente público, incurrirá en las penas de prisión de dos a seis años e inhabilitación especial para empleo o cargo público y para el ejercicio del derecho de sufragio pasivo por tiempo de seis a diez años. Al particular que se haya concertado con la autoridad o funcionario público se le impondrá la misma pena de prisión que a éstos, así como la de inhabilitación para obtener subvenciones y ayudas públicas, para contratar con entes, organismos o entidades que formen parte del sector público y para gozar de beneficios o incentivos fiscales y de la Seguridad Social por un tiempo de dos a siete años.

437. La autoridad o funcionario público que exigiere, directa o indirectamente, derechos, tarifas por aranceles o minutas que no sean debidos o en cuantía mayor a la legalmente señalada, será castigado, sin perjuicio de los reintegros a que viniere obligado, con las penas de multa de seis a veinticuatro meses y de suspensión de empleo o cargo público por tiempo de seis meses a cuatro años [925].

438. [926] La autoridad o funcionario público que, abusando de su cargo, cometiere algún delito de estafa o de fraude de prestaciones del Sistema de Seguridad Social del art. 307 ter, incurrirá en las penas respectivamente señaladas a éstos, en su mitad superior, pudiéndose llegar hasta la superior en grado, e inhabilitación especial para empleo o cargo público y para el ejercicio del derecho de sufragio pasivo por tiempo de tres a nueve años, salvo que los hechos estén castigados con una pena más grave en algún otro precepto de este Código [927].

438 bis. [928] La autoridad que, durante el desempeño de su función o cargo y hasta cinco años después de haber cesado en ellos, hubiera obtenido un incremento patrimonial o una cancelación de

---

[925] Véase art. 4 Ley 8/1989, de 13 de abril, de Tasas y Precios Públicos

[926] Dada nueva redacción por art. único apartado 224 de Ley Orgánica 1/2015 de 30 de marzo de 2015, con vigencia desde 01/07/2015

[927] Véanse arts. 248 a 254 de la presente Ley

[928] Añadido por art. 1 apartado 19 de Ley Orgánica 14/2022 de 22 de diciembre de 2022, con vigencia desde 12/01/2023

obligaciones o deudas por un valor superior a 250.000 euros respecto a sus ingresos acreditados, y se negara abiertamente a dar el debido cumplimiento a los requerimientos de los órganos competentes destinados a comprobar su justificación, será castigada con las penas de prisión de seis meses a tres años, multa del tanto al triplo del beneficio obtenido, e inhabilitación especial para empleo o cargo público y para el ejercicio del derecho de sufragio pasivo por tiempo de dos a siete años.

CAPÍTULO IX
De las negociaciones y actividades prohibidas a los funcionarios públicos y de los abusos en el ejercicio de su función [929]

439. [930] La autoridad o funcionario público que, debiendo intervenir por razón de su cargo en cualquier clase de contrato, asunto, operación o actividad, se aproveche de tal circunstancia para forzar o facilitarse cualquier forma de participación, directa o por persona interpuesta, en tales negocios o actuaciones, incurrirá en la pena de prisión de seis meses a dos años, multa de doce a veinticuatro meses e inhabilitación especial para empleo o cargo público y para el ejercicio del derecho de sufragio pasivo por tiempo de dos a siete años [931].

440. [932] Los peritos, árbitros y contadores partidores que se condujeren del modo previsto en el artículo anterior, respecto de los bienes o cosas en cuya tasación, partición o adjudicación hubieran intervenido, y los tutores, curadores o albaceas respecto de los pertenecientes a sus pupilos o testamentarías, y los administradores concursales respecto de los bienes y derechos integrados en la masa del

---

[929] Véanse arts. 389 a 397 LOPJ; art. 83 CPM; art. 19.4.h Ley 50/1981, de 30 de diciembre, Estatuto Orgánico del Ministerio Fiscal y art. 1 LOTJ

[930] Dada nueva redacción por art. único apartado 225 de Ley Orgánica 1/2015 de 30 de marzo de 2015, con vigencia desde 01/07/2015

[931] Véase art. 83 CPM y RDLeg. 3/2011, de 14 de noviembre, por la que se aprueba el texto refundido de la Ley de Contratos del Sector Público

[932] Dada nueva redacción por art. único apartado 226 de Ley Orgánica 1/2015 de 30 de marzo de 2015, con vigencia desde 01/07/2015

concurso, serán castigados con la pena de multa de doce a veinticuatro meses e inhabilitación especial para empleo o cargo público, profesión u oficio, guarda, tutela o curatela, según los casos, por tiempo de tres a seis años, salvo que esta conducta esté sancionada con mayor pena en otro precepto de este Código.

441. [933] La autoridad o funcionario público que, fuera de los casos admitidos en las leyes o reglamentos, realizare, por sí o por persona interpuesta, una actividad profesional o de asesoramiento permanente o accidental, bajo la dependencia o al servicio de entidades privadas o de particulares, en asunto en que deba intervenir o haya intervenido por razón de su cargo, o en los que se tramiten, informen o resuelvan en la oficina o centro directivo en que estuviere destinado o del que dependa, incurrirá en las penas de multa de seis a doce meses y suspensión de empleo o cargo público por tiempo de dos a cinco años [934].

442. [935] La autoridad o funcionario público que haga uso de un secreto del que tenga conocimiento por razón de su oficio o cargo, o de una información privilegiada, con ánimo de obtener un beneficio económico para sí o para un tercero, incurrirá en las penas de multa del tanto al triplo del beneficio perseguido, obtenido o facilitado e inhabilitación especial para empleo o cargo público y para el ejercicio del derecho de sufragio pasivo por tiempo de dos a cuatro años. Si obtuviere el beneficio perseguido se impondrán las penas de prisión de uno a tres años, multa del tanto al séxtuplo del beneficio perseguido, obtenido o facilitado e inhabilitación especial para empleo o cargo público y para el ejercicio del derecho de sufragio pasivo por tiempo de cuatro a seis años.

Si resultara grave daño para la causa pública o para tercero, la pena será de prisión de uno a seis años, e inhabilitación especial para

[933] Dada nueva redacción por art. único apartado 227 de Ley Orgánica 1/2015 de 30 de marzo de 2015, con vigencia desde 01/07/2015

[934] Véase art. 95.2.n Ley 7/2007, de 12 de abril, del Estatuto Básico del Empleado Público y Ley 53/1984, de 26 de diciembre, de Incompatibilidades del Personal al Servicio de las Administraciones Públicas

[935] Dada nueva redacción por art. único apartado 228 de Ley Orgánica 1/2015 de 30 de marzo de 2015, con vigencia desde 01/07/2015

empleo o cargo público y para el ejercicio del derecho de sufragio pasivo por tiempo de nueve a doce años. A los efectos de este artículo se entiende por información privilegiada toda información de carácter concreto que se tenga exclusivamente por razón del oficio o cargo público y que no haya sido notificada, publicada o divulgada [936].

443. [937] 1. Será castigado con la pena de prisión de uno a dos años e inhabilitación absoluta por tiempo de seis a 12 años, la autoridad o funcionario público que solicitare sexualmente a una persona que, para sí misma o para su cónyuge u otra persona con la que se halle ligado de forma estable por análoga relación de afectividad, ascendiente, descendiente, hermano, por naturaleza, por adopción, o afín en los mismos grados, tenga pretensiones pendientes de la resolución de aquel o acerca de las cuales deba evacuar informe o elevar consulta a su superior [938].

2. El funcionario de Instituciones Penitenciarias, de centros de protección o reforma de menores, centro de internamiento de personas extranjeras, o cualquier otro centro de detención, o custodia, incluso de estancia temporal, que solicitara sexualmente a una persona sujeta a su guarda, será castigado con la pena de prisión de uno a cuatro años e inhabilitación absoluta por tiempo de seis a doce años [939]. [940]

3. En las mismas penas incurrirán cuando la persona solicitada fuera ascendiente, descendiente, hermano, por naturaleza, por adopción, o afines en los mismos grados de persona que tuviere bajo su guarda. Incurrirá, asimismo, en estas penas cuando la persona solicitada sea cónyuge de persona que tenga bajo su guarda o se halle ligada a ésta de forma estable por análoga relación de afectividad [941].

---

[936] Véanse arts. 197 y ss, 278 y ss, y 285 de la presente Ley

[937] Dada nueva redacción por art. único apartado 140 de Ley Orgánica 15/2003 de 25 de noviembre de 2003, con vigencia desde 01/10/2004

[938] Véase RD 33/1986, de 10 de enero, que aprueba el Reglamento Disciplinario de los Funcionarios de la Administración del Estado y arts. 181 y ss de la presente Ley

[939] Véanse arts. 181 y ss de la presente Ley

[940] Dada nueva redacción apartado 2 por disposición final 4 apartado 18 de Ley Orgánica 10/2022 de 6 de septiembre de 2022, con vigencia desde 07/10/2022

[941] Véanse arts. 178 a 194 de la presente Ley

444. [942] Las penas previstas en el artículo anterior se impondrán sin perjuicio de las que correspondan por los delitos contra la libertad sexual efectivamente cometidos [943].

CAPÍTULO X
Disposición común a los capítulos anteriores [944]

445. [945] La provocación, la conspiración y la proposición para cometer los delitos previstos en este Título se castigará, respectivamente, con la pena inferior en uno o dos grados.

TÍTULO XIX BIS
De los delitos de corrupción en las transacciones comerciales internacionales [946] [947]

445 bis. [948] *Los que, con dádivas, presentes, ofrecimientos o promesas, corrompieren o intentaren corromper, por sí o por persona interpuesta, a las autoridades o funcionarios públicos extranjeros o de organizaciones internacionales en el ejercicio de su cargo en beneficio de éstos o de un tercero, o atendieren a sus solicitudes al respecto, con el fin de que actúen o se abstengan de actuar en relación con el ejercicio de*

[942] Dada nueva redacción por art. único apartado 141 de Ley Orgánica 15/2003 de 25 de noviembre de 2003, con vigencia desde 01/10/2004

[943] Véanse arts. 178 a 194 de la presente Ley

[944] Dada nueva redacción por art. único apartado 229 de Ley Orgánica 1/2015 de 30 de marzo de 2015, con vigencia desde 01/07/2015

[945] Dada nueva redacción por art. único apartado 230 de Ley Orgánica 1/2015 de 30 de marzo de 2015, con vigencia desde 01/07/2015

[946] El Título XIX bis, compuesto por art. 445 bis, ha de entenderse derogado, aunque no lo ha sido expresamente, desde 1 octubre 2004, por art. único 142 LO 15/2003, de 25 de noviembre

[947] Añadido por art. único de Ley Orgánica 3/2000 de 11 de enero de 2000, con vigencia desde 01/02/2000

[948] Añadido por art. único de Ley Orgánica 3/2000 de 11 de enero de 2000, con vigencia desde 01/02/2000

funciones públicas para conseguir o conservar un contrato u otro benefi-cio irregular en la realización de actividades económicas internacionales, serán castigados con las penas previstas en el art. 423 , en sus respectivos casos [949] .

TÍTULO XX
Delitos contra la Administración de Justicia

CAPÍTULO PRIMERO
De la prevaricación

446. [950] El juez o magistrado que, a sabiendas, dictare sentencia o resolución injusta será castigado [951] :

1º) Con la pena de prisión de uno a cuatro años si se trata de sentencia injusta contra el reo en causa criminal por delito grave o menos grave y la sentencia no hubiera llegado a ejecutarse, y con la misma pena en su mitad superior y multa de doce a veinticuatro meses si se ha ejecutado. En ambos casos se impondrá, además, la pena de inhabilitación absoluta por tiempo de diez a veinte años.

2º) Con la pena de multa de seis a doce meses e inhabilitación especial para empleo o cargo público por tiempo de seis a diez años, si se tratara de una sentencia injusta contra el reo dictada en proceso por delito leve.

3º) Con la pena de multa de doce a veinticuatro meses e inhabilita-ción especial para empleo o cargo público por tiempo de diez a veinte años, cuando dictara cualquier otra sentencia o resolución injustas.

447. El Juez o Magistrado que por imprudencia grave o ignoran-cia inexcusable dictara sentencia o resolución manifiestamente injusta

---

[949] El art. 445 bis, ha de entenderse derogado, aunque no lo ha sido expresamente, desde 1 octubre 2004, por art. único 142 LO 15/2003, de 25 de noviembre

[950] Dada nueva redacción por art. único apartado 231 de Ley Orgánica 1/2015 de 30 de marzo de 2015, con vigencia desde 01/07/2015

[951] Véase disposición adicional 1 LOTJ

incurrirá en la pena de inhabilitación especial para empleo o cargo público por tiempo de dos a seis años.

448. El Juez o Magistrado que se negase a juzgar, sin alegar causa legal, o so pretexto de oscuridad, insuficiencia o silencio de la Ley, será castigado con la pena de inhabilitación especial para empleo o cargo público por tiempo de seis meses a cuatro años [952].

449. 1. En la misma pena señalada en el artículo anterior incurrirá el Juez, Magistrado o Secretario Judicial culpable de retardo malicioso en la Administración de Justicia. Se entenderá por malicioso el retardo provocado para conseguir cualquier finalidad ilegítima [953].

2. Cuando el retardo sea imputable a funcionario distinto de los mencionados en el apartado anterior, se le impondrá la pena indicada, en su mitad inferior [954].

CAPÍTULO II
De la omisión de los deberes de impedir delitos o de promover su persecución [955]

450. 1. El que, pudiendo hacerlo con su intervención inmediata y sin riesgo propio o ajeno, no impidiere la comisión de un delito que afecte a las personas en su vida, integridad o salud, libertad o libertad sexual, será castigado con la pena de prisión de seis meses a dos años si el delito fuera contra la vida, y la de multa de seis a veinticuatro meses en los demás casos, salvo que al delito no impedido le correspondiera igual o menor pena, en cuyo caso se impondrá la pena inferior en grado a la de aquél.

2. En las mismas penas incurrirá quien, pudiendo hacerlo, no acuda a la autoridad o a sus agentes para que impidan un delito de los

---

[952] Véase art. 24.1 CE; art. 11.3 LOPJ; art. 1.7 CC y art. 198 LECrim

[953] Véase art. 417 LOPJ

[954] Véanse arts. 154 a 156 RD 1608/2005, de 30 de diciembre, por el que se aprueba el Reglamento Orgánico del Cuerpo de Secretarios Judiciales

[955] Véanse arts. 259 y 264 LECrim y arts. 195, 412.3 y 618 de la presente Ley

previstos en el apartado anterior y de cuya próxima o actual comisión tenga noticia.

CAPÍTULO III
Del encubrimiento [956]

451. Será castigado con la pena de prisión de seis meses a tres años el que, con conocimiento de la comisión de un delito y sin haber intervenido en el mismo como autor o cómplice, interviniere con posterioridad a su ejecución, de alguno de los modos siguientes:

1º) Auxiliando a los autores o cómplices para que se beneficien del provecho, producto o precio del delito, sin ánimo de lucro propio.

2º) Ocultando, alterando o inutilizando el cuerpo, los efectos o los instrumentos de un delito, para impedir su descubrimiento.

3º) Ayudando a los presuntos responsables de un delito a eludir la investigación de la autoridad o de sus agentes, o a sustraerse a su busca o captura, siempre que concurra alguna de las circunstancias siguientes:

a) Que el hecho encubierto sea constitutivo de traición, homicidio del Rey o de la Reina, o de cualquiera de sus ascendientes o descendientes, de la Reina consorte o del consorte de la Reina, del Regente o de algún miembro de la Regencia, o del Príncipe o de la Princesa de Asturias, genocidio, delito de lesa humanidad, delito contra las personas y bienes protegidos en caso de conflicto armado, rebelión, terrorismo, homicidio, piratería, trata de seres humanos o tráfico ilegal de órganos. [957]

b) Que el favorecedor haya obrado con abuso de funciones públicas. En este caso se impondrá, además de la pena de privación de libertad, la de inhabilitación especial para empleo o cargo público por tiempo de dos a cuatro años si el delito encubierto fuere menos grave, y la de inhabilitación absoluta por tiempo de seis a doce años si aquél fuera grave.

---

[956] Véanse arts. 298 y ss de la presente Ley

[957] Dada nueva redacción apartado 3 letra a por art. único apartado 259 de Ley Orgánica 1/2015 de 30 de marzo de 2015, con vigencia desde 01/07/2015

452. En ningún caso podrá imponerse pena privativa de libertad que exceda de la señalada al delito encubierto. Si éste estuviera castigado con pena de otra naturaleza, la pena privativa de libertad será sustituida por la de multa de seis a veinticuatro meses, salvo que el delito encubierto tenga asignada pena igual o inferior a ésta, en cuyo caso se impondrá al culpable la pena de aquel delito en su mitad inferior.

453. Las disposiciones de este Capítulo se aplicarán aun cuando el autor del hecho encubierto sea irresponsable o esté personalmente exento de pena [958].

454. Están exentos de las penas impuestas a los encubridores los que lo sean de su cónyuge o de persona a quien se hallen ligados de forma estable por análoga relación de afectividad, de sus ascendientes, descendientes, hermanos, por naturaleza, por adopción, o afines en los mismos grados, con la sola excepción de los encubridores que se hallen comprendidos en el supuesto del número 1º del art. 451 .

CAPÍTULO IV
De la realización arbitraria del propio derecho [959]

455. 1. El que, para realizar un derecho propio, actuando fuera de las vías legales, empleare violencia, intimidación o fuerza en las cosas, será castigado con la pena de multa de seis a doce meses.
2. Se impondrá la pena superior en grado si para la intimidación o violencia se hiciera uso de armas u objetos peligrosos.

CAPÍTULO V
De la acusación y denuncia falsas y de la simulación de delitos

456. 1. Los que, con conocimiento de su falsedad o temerario desprecio hacia la verdad, imputaren a alguna persona hechos que,

---

[958] Véanse arts. 19, 20, 427, 462 y 480 de la presente Ley
[959] Véase art. 1747 CC

de ser ciertos, constituirían infracción penal, si esta imputación se hiciera ante funcionario judicial o administrativo que tenga el deber de proceder a su averiguación, serán sancionados:

1º) Con la pena de prisión de seis meses a dos años y multa de doce a veinticuatro meses, si se imputara un delito grave.

2º) Con la pena de multa de doce a veinticuatro meses, si se imputara un delito menos grave.

3º) Con la pena de multa de tres a seis meses, si se imputara un delito leve. [960]

2. No podrá procederse contra el denunciante o acusador sino tras sentencia firme o auto también firme, de sobreseimiento o archivo del Juez o Tribunal que haya conocido de la infracción imputada. Estos mandarán proceder de oficio contra el denunciante o acusador siempre que de la causa principal resulten indicios bastantes de la falsedad de la imputación, sin perjuicio de que el hecho pueda también perseguirse previa denuncia del ofendido [961] .

457. El que, ante alguno de los funcionarios señalados en el artículo anterior, simulare ser responsable o víctima de una infracción penal o denunciare una inexistente, provocando actuaciones procesales, será castigado con la multa de seis a doce meses [962] .

CAPÍTULO VI
Del falso testimonio

458. 1. El testigo que faltare a la verdad en su testimonio en causa judicial, será castigado con las penas de prisión de seis meses a dos años y multa de tres a seis meses.

2. Si el falso testimonio se diera en contra del reo en causa criminal por delito, las penas serán de prisión de uno a tres años y multa de seis a doce meses. Si a consecuencia del testimonio hubiera recaído sentencia condenatoria, se impondrán las penas superiores en grado.

---

[960] Dada nueva redacción apartado 1 por art. único apartado 232 de Ley Orgánica 1/2015 de 30 de marzo de 2015, con vigencia desde 01/07/2015

[961] Véanse arts. 102.2 y 259 y ss LECrim y arts. 208 y 211 de la presente Ley

[962] Véase art. 456 de la presente Ley

3. Las mismas penas se impondrán si el falso testimonio tuviera lugar ante Tribunales Internacionales que, en virtud de Tratados debidamente ratificados conforme a la Constitución Española, ejerzan competencias derivadas de ella, o se realizara en España al declarar en virtud de comisión rogatoria remitida por un Tribunal extranjero [963].

459. Las penas de los artículos precedentes se impondrán en su mitad superior a los peritos o intérpretes que faltaren a la verdad maliciosamente en su dictamen o traducción, los cuales serán, además, castigados con la pena de inhabilitación especial para profesión u oficio, empleo o cargo público, por tiempo de seis a doce años.

460. Cuando el testigo, perito o intérprete, sin faltar sustancialmente a la verdad, la alterare con reticencias, inexactitudes o silenciando hechos o datos relevantes que le fueran conocidos, será castigado con la pena de multa de seis a doce meses y, en su caso, de suspensión de empleo o cargo público, profesión u oficio, de seis meses a tres años [964].

461. 1. El que presentare a sabiendas testigos falsos o peritos o intérpretes mendaces, será castigado con las mismas penas que para ellos se establecen en los artículos anteriores.

2. Si el responsable de este delito fuese abogado, procurador, graduado social o representante del Ministerio Fiscal, en actuación profesional o ejercicio de su función, se impondrá en cada caso la pena en su mitad superior y la de inhabilitación especial para empleo o cargo público, profesión u oficio, por tiempo de dos a cuatro años [965]. [966]

462. Quedará exento de pena el que, habiendo prestado un falso testimonio en causa criminal, se retracte en tiempo y forma, manifes-

---

[963] Véanse arts. 715 y 954.3 LECrim y art. 681.6 CC

[964] Véanse arts. 456 y ss y 723 y ss LECrim y art. 335.1 LEC

[965] Véanse arts. 701 y ss y 954.3 LECrim y arts. 26 y 390 y ss de la presente Ley

[966] Renumerado apartado 3 por art. único apartado 145 de Ley Orgánica 15/2003 de 25 de noviembre de 2003 como apartado 2, con vigencia desde 01/10/2004

tando la verdad para que surta efecto antes de que se dicte sentencia en el proceso de que se trate. Si a consecuencia del falso testimonio, se hubiese producido la privación de libertad, se impondrán las penas correspondientes inferiores en grado [967] .

CAPÍTULO VII
De la obstrucción a la Justicia y la deslealtad profesional

463. 1. El que, citado en legal forma, dejare voluntariamente de comparecer, sin justa causa, ante un juzgado o Tribunal en proceso criminal con reo en prisión provisional, provocando la suspensión del juicio oral, será castigado con la pena de prisión de tres a seis meses o multa de seis a 24 meses. En la pena de multa de seis a 10 meses incurrirá el que, habiendo sido advertido, lo hiciera por segunda vez en causa criminal sin reo en prisión, haya provocado o no la suspensión. [968]

2. Si el responsable de este delito fuese abogado, procurador o representante del Ministerio Fiscal, en actuación profesional o ejercicio de su función, se le impondrá la pena en su mitad superior y la de inhabilitación especial para empleo o cargo público, profesión u oficio, por tiempo de dos a cuatro años.

3. Si la suspensión tuviera lugar, en el caso del apartado 1 de este artículo, como consecuencia de la incomparecencia del Juez o miembro del Tribunal o de quien ejerza las funciones de secretario judicial, se impondrá la pena de prisión de tres a seis meses o multa de seis a 24 meses y, en cualquier caso, inhabilitación especial por tiempo de dos a cuatro años [969] . [970]

464. 1. El que con violencia o intimidación intentare influir directa o indirectamente en quien sea denunciante, parte o imputado, aboga-

---

[967] Véanse arts. 715 LECrim y arts. 16.3, 214 y 458 de la presente Ley

[968] Dada nueva redacción apartado 1 por art. único apartado 146 de Ley Orgánica 15/2003 de 25 de noviembre de 2003, con vigencia desde 01/10/2004

[969] Véanse arts. 410 a 449, 462, 463, 661 y 966 LECrim; art. 292 LEC; art. 417.3, 418.8 y 553,3 LOPJ y arts. 412 y 634 de la presente Ley

[970] Dada nueva redacción apartado 3 por art. único apartado 146 de Ley Orgánica 15/2003 de 25 de noviembre de 2003, con vigencia desde 01/10/2004

do, procurador, perito, intérprete o testigo en un procedimiento para que modifique su actuación procesal, será castigado con la pena de prisión de uno a cuatro años y multa de seis a veinticuatro meses.

Si el autor del hecho alcanzara su objetivo se impondrá la pena en su mitad superior.

2. Iguales penas se impondrán a quien realizare cualquier acto atentatorio contra la vida, integridad, libertad, libertad sexual o bienes, como represalia contra las personas citadas en el apartado anterior, por su actuación en procedimiento judicial, sin perjuicio de la pena correspondiente a la infracción de que tales hechos sean constitutivos [971].

465. 1. El que, interviniendo en un proceso como abogado o procurador, con abuso de su función, destruyere, inutilizare u ocultare documentos o actuaciones de los que haya recibido traslado en aquella calidad, será castigado con la pena de prisión de seis meses a dos años, multa de siete a doce meses e inhabilitación especial para su profesión, empleo o cargo público de tres a seis años.

2. Si los hechos descritos en el apartado primero de este artículo fueran realizados por un particular, la pena será de multa de tres a seis meses [972].

466. 1. El abogado o procurador que revelare actuaciones procesales declaradas secretas por la autoridad judicial, será castigado con las penas de multa de doce a veinticuatro meses e inhabilitación especial para empleo, cargo público, profesión u oficio de uno a cuatro años.

2. Si la revelación de las actuaciones declaradas secretas fuese realizada por el Juez o miembro del Tribunal, representante del Ministerio Fiscal, Secretario Judicial o cualquier funcionario al servicio de la Administración de Justicia, se le impondrán las penas previstas en el art. 417 en su mitad superior.

---

[971] Véanse arts. 439 y 474 LECrim; LO 19/1994, de 23 de diciembre, de protección a testigos y peritos en causas criminales y arts. 263 y 264.1 de la presente Ley

[972] Véanse arts. 234 y 263 de la presente Ley

3. Si la conducta descrita en el apartado primero fuere realizada por cualquier otro particular que intervenga en el proceso, la pena se impondrá en su mitad inferior [973].

467. 1. El abogado o procurador que, habiendo asesorado o tomado la defensa o representación de alguna persona, sin el consentimiento de ésta defienda o represente en el mismo asunto a quien tenga intereses contrarios, será castigado con la pena de multa de seis a doce meses e inhabilitación especial para su profesión de dos a cuatro años.

2. El abogado o procurador que, por acción u omisión, perjudique de forma manifiesta los intereses que le fueren encomendados será castigado con las penas de multa de doce a veinticuatro meses e inhabilitación especial para empleo, cargo público, profesión u oficio de uno a cuatro años.

Si los hechos fueran realizados por imprudencia grave, se impondrán las penas de multa de seis a doce meses e inhabilitación especial para su profesión de seis meses a dos años [974].

CAPÍTULO VIII
Del quebrantamiento de condena

468. [975] 1. Los que quebrantaren su condena, medida de seguridad, prisión, medida cautelar, conducción o custodia serán castigados con la pena de prisión de seis meses a un año si estuvieran privados de libertad, y con la pena de multa de doce a veinticuatro meses en los demás casos.

2. Se impondrá en todo caso la pena de prisión de seis meses a un año a los que quebrantaren una pena de las contempladas en el art. 48

---

[973] Véanse arts. 263, 301 y 416.2 LECrim; arts. 542.3; 543.3 y 564.2 LOPJ; tít. V RD 135/2021, de 2 de marzo, por el que se aprueba el Estatuto General de la Abogacía Española; arts. 38 y ss RD 1281/2002, de 5 de diciembre, por el que se aprueba en Estatuto General de los Procuradores de los Tribunales de España y arts. 197, 198 y 414 a 417 de la presente Ley

[974] Véanse arts. 263, 301 y 416,2 LECrim y arts. 437.2 y 438.2 LOPJ

[975] Dada nueva redacción por art. 40 de Ley Orgánica 1/2004 de 28 de diciembre de 2004, con vigencia desde 29/06/2005

de este Código o una medida cautelar o de seguridad de la misma naturaleza impuesta en procesos criminales en los que el ofendido sea alguna de las personas a las que se refiere el art. 173.2, así como a aquellos que quebrantaren la medida de libertad vigilada [976] . [977]

3. Los que inutilicen o perturben el funcionamiento normal de los dispositivos técnicos que hubieran sido dispuestos para controlar el cumplimiento de penas, medidas de seguridad o medidas cautelares, no los lleven consigo u omitan las medidas exigibles para mantener su correcto estado de funcionamiento, serán castigados con una pena de multa de seis a doce meses. [978]

469. Los sentenciados o presos que se fugaren del lugar en que estén recluidos, haciendo uso de violencia o intimidación en las personas o fuerza en las cosas o tomando parte en motín, serán castigados con la pena de prisión de seis meses a cuatro años [979] .

470. 1. El particular que proporcionare la evasión a un condenado, preso o detenido, bien del lugar en que esté recluido, bien durante su conducción, será castigado con la pena de prisión de seis meses a un año y multa de doce a veinticuatro meses.

2. Si se empleara al efecto violencia o intimidación en las personas, fuerza en las cosas o soborno, la pena será de prisión de seis meses a cuatro años.

3. Si se tratara de alguna de las personas citadas en el art. 454 , se les castigará con la pena de multa de tres a seis meses, pudiendo en este caso el Juez o Tribunal imponer tan sólo las penas correspondientes a los daños causados o a las amenazas o violencias ejercidas [980] .

---

[976] Véase art. 785.8.c LECrim; arts. 4.1.a y 45.1.a LOGP y arts. 108 y 157 RP

[977] Dada nueva redacción apartado 2 por art. único apartado 135 de Ley Orgánica 5/2010 de 22 de junio de 2010 , con vigencia desde 23/12/2010

[978] Añadido apartado 3 por art. único apartado 233 de Ley Orgánica 1/2015 de 30 de marzo de 2015, con vigencia desde 01/07/2015

[979] Véase art. 45.1 LOGP

[980] Véanse art. 78 CPM y arts. 423 y 424 de la presente Ley

471. Se impondrá la pena superior en grado, en sus respectivos casos, si el culpable fuera un funcionario público encargado de la conducción o custodia de un condenado, preso o detenido. El funcionario será castigado, además, con la pena de inhabilitación especial para empleo o cargo público de seis a diez años si el fugitivo estuviera condenado por sentencia ejecutoria, y con la inhabilitación especial para empleo o cargo público de tres a seis años en los demás casos [981].

CAPÍTULO IX
De los delitos contra la Administración de Justicia de la Corte Penal Internacional [982]

471 bis. [983] 1. El testigo que, intencionadamente, faltare a la verdad en su testimonio ante la Corte Penal Internacional, estando obligado a decir verdad conforme a las normas estatutarias y reglas de procedimiento y prueba de dicha Corte, será castigado con prisión de seis meses a dos años. Si el falso testimonio se diera en contra del acusado, la pena será de prisión de dos a cuatro años. Si a consecuencia del testimonio se dictara un fallo condenatorio, se impondrá pena de prisión de cuatro a cinco años.

2. El que presentare pruebas ante la Corte Penal Internacional a sabiendas de que son falsas o han sido falsificadas será castigado con las penas señaladas en el apartado anterior de este artículo.

3. El que intencionadamente destruya o altere pruebas, o interfiera en las diligencias de prueba ante la Corte Penal Internacional será castigado con la pena de prisión de seis meses a dos años y multa de siete a 12 meses.

4. El que corrompiera a un testigo, obstruyera su comparecencia o testimonio ante la Corte Penal Internacional o interfiriera en ellos será castigado con la pena de prisión de uno a cuatro años y multa de seis a 24 meses.

---

[981] Véase art. 18 LOGP y arts. 118 y 161.2 de la presente Ley

[982] Añadido por art. único apartado 148 de Ley Orgánica 15/2003 de 25 de noviembre de 2003, con vigencia desde 01/10/2004

[983] Añadido por art. único apartado 148 de Ley Orgánica 15/2003 de 25 de noviembre de 2003, con vigencia desde 01/10/2004

5. Será castigado con prisión de uno a cuatro años y multa de seis a 24 meses quien pusiera trabas a un funcionario de la Corte, lo corrompiera o intimidara, para obligarlo o inducirlo a que no cumpla sus funciones o a que lo haga de manera indebida.

6. El que tomara represalias contra un funcionario de la Corte Penal Internacional en razón de funciones que haya desempeñado él u otro funcionario será castigado con la pena de prisión de uno a cuatro años y multa de seis a 24 meses. En la misma pena incurrirá quien tome represalias contra un testigo por su declaración ante la Corte.

7. El que solicitara o aceptara un soborno en calidad de funcionario de la Corte y en relación con sus funciones oficiales incurrirá en la pena de prisión de dos a cinco años y multa del tanto al triplo del valor de la dádiva solicitada o aceptada.

TÍTULO XXI
Delitos contra la Constitución

CAPÍTULO PRIMERO
Rebelión [984]

472. Son reos del delito de rebelión los que se alzaren violenta y públicamente para cualquiera de los fines siguientes:

1º) Derogar, suspender o modificar total o parcialmente la Constitución [985].

2º) Destituir o despojar en todo o en parte de sus prerrogativas y facultades al Rey o a la Reina o al Regente o miembros de la Regencia, u obligarles a ejecutar un acto contrario a su voluntad [986]. [987]

---

[984] Véanse art. 9.2 CPM y art. 23.3.c LOPJ

[985] Véase art. 9.2 CPM

[986] Véase art. 9.2 CPM; arts. 56 a 59 CE; art. 3 LO 5/2005, de 17 de noviembre, de la Defensa Nacional y art. 468 de la presente Ley

[987] Dada nueva redacción apartado 2 por art. único apartado 259 punto 1 de Ley Orgánica 1/2015 de 30 de marzo de 2015, con vigencia desde 01/07/2015

3º) Impedir la libre celebración de elecciones para cargos públicos [988].

4º) Disolver las Cortes Generales, el Congreso de los Diputados, el Senado o cualquier Asamblea Legislativa de una Comunidad Autónoma, impedir que se reúnan, deliberen o resuelvan, arrancarles alguna resolución o sustraerles alguna de sus atribuciones o competencias [989].

5º) Declarar la independencia de una parte del territorio nacional [990].

6º) Sustituir por otro el Gobierno de la Nación o el Consejo de Gobierno de una Comunidad Autónoma, o usar o ejercer por sí o despojar al Gobierno o Consejo de Gobierno de una Comunidad Autónoma, o a cualquiera de sus miembros de sus facultades, o impedirles o coartarles su libre ejercicio, u obligar a cualquiera de ellos a ejecutar actos contrarios a su voluntad [991].

7º) Sustraer cualquier clase de fuerza armada a la obediencia del Gobierno [992].

473. 1. Los que, induciendo a los rebeldes, hayan promovido o sostengan la rebelión, y los jefes principales de ésta, serán castigados con la pena de prisión de quince a veinticinco años e inhabilitación absoluta por el mismo tiempo; los que ejerzan un mando subalterno, con la de prisión de diez a quince años e inhabilitación absoluta de diez a quince años, y los meros participantes, con la de prisión de cinco a diez años e inhabilitación especial para empleo o cargo público por tiempo de seis a diez años.

2. Si se han esgrimido armas, o si ha habido combate entre la fuerza de su mando y los sectores leales a la autoridad legítima, o la rebelión hubiese causado estragos en propiedades de titularidad pública o privada, cortado las comunicaciones telegráficas, telefónicas, por ondas, ferroviarias o de otra clase, ejercido violencias graves contra las personas, exigido contribuciones o distraído los caudales públicos

---

[988] Véase art. 62.b CE y art. 9.2 CPM.

[989] Véase art. 62.b CE; art. 9.2 CPM y arts. 493 a 501 de la presente Ley

[990] Véase art. 2 CE y art. 9.2 CPM

[991] Véanse arts. 97 y 98 CE; art. 9.2 CPM y arts. 503 y 504 de la presente Ley

[992] Véase art. 8 CE; art. 9.2 CPM y art. 554.2 de la presente Ley

de su legítima inversión, las penas de prisión serán, respectivamente, de veinticinco a treinta años para los primeros, de quince a veinticinco años para los segundos y de diez a quince años para los últimos.

474. Cuando la rebelión no haya llegado a organizarse con jefes conocidos, se reputarán como tales los que de hecho dirijan a los demás, o lleven la voz por ellos, o firmen escritos expedidos a su nombre, o ejerzan otros actos semejantes de dirección o representación [993].

475. Serán castigados como rebeldes con la pena de prisión de cinco a diez años e inhabilitación absoluta por tiempo de seis a doce años los que sedujeren o allegaren tropas o cualquier otra clase de fuerza armada para cometer el delito de rebelión.

Si llegara a tener efecto la rebelión, se reputarán promotores y sufrirán la pena señalada en el art. 473 [994].

476. 1. El militar que no empleare los medios a su alcance para contener la rebelión en las fuerzas de su mando, será castigado con las penas de prisión de dos a cinco años e inhabilitación absoluta de seis a diez años [995].

2. Será castigado con las mismas penas previstas en el apartado anterior en su mitad inferior el militar que, teniendo conocimiento de que se trata de cometer un delito de rebelión, no lo denuncie inmediatamente a sus superiores o a las autoridades o funcionarios que, por razón de su cargo, tengan la obligación de perseguir el delito.

477. La provocación, la conspiración y la proposición para cometer rebelión serán castigadas, además de con la inhabilitación prevista en los artículos anteriores, con la pena de prisión inferior en uno o dos grados a la del delito correspondiente [996].

---

[993] Véase art. 9.2 CPM y art. 546 de la presente Ley
[994] Véanse art. 9.2 CPM y art. 58.1 de la presente Ley
[995] Véase art. 9.2 CPM
[996] Véase art. 9.2 CPM y arts. 17 y 18 de la presente Ley

478. En el caso de hallarse constituido en autoridad el que cometa cualquiera de los delitos previstos en este Capítulo, la pena de inhabilitación que estuviese prevista en cada caso se sustituirá por la inhabilitación absoluta por tiempo de quince a veinte años, salvo que tal circunstancia se halle específicamente contemplada en el tipo penal de que se trate [997].

479. Luego que se manifieste la rebelión, la autoridad gubernativa intimará a los sublevados a que inmediatamente se disuelvan y retiren.

Si los sublevados no depusieran su actitud inmediatamente después de la intimación, la autoridad hará uso de la fuerza de que disponga para disolverlos.

No será necesaria la intimación desde el momento en que los rebeldes rompan el fuego [998].

480. 1. Quedará exento de pena el que, implicado en un delito de rebelión, lo revelare a tiempo de poder evitar sus consecuencias.

2. A los meros ejecutores que depongan las armas antes de haber hecho uso de ellas, sometiéndose a las autoridades legítimas, se les aplicará la pena de prisión inferior en grado. La misma pena se impondrá si los rebeldes se disolvieran o sometieran a la autoridad legítima antes de la intimación o a consecuencia de ella [999].

481. Los delitos particulares cometidos en una rebelión o con motivo de ella serán castigados, respectivamente, según las disposiciones de este Código [1000].

482. Las autoridades que no hayan resistido la rebelión, serán castigadas con la pena de inhabilitación absoluta de doce a veinte años [1001].

---

[997] Véase art. 24 de la presente Ley
[998] Véanse arts. 24 y 549 de la presente Ley
[999] Véase art. 9.2 CPM y arts. 16.2 y 3, 473 y 549 de la presente Ley
[1000] Véanse arts. 138 y ss, 147 y ss, y 549 de la presente Ley
[1001] Véanse arts. 24 y 549 de la presente Ley

483. Los funcionarios que continúen desempeñando sus cargos bajo el mando de los alzados o que, sin habérseles admitido la renuncia de su empleo, lo abandonen cuando haya peligro de rebelión, incurrirán en la pena de inhabilitación especial para empleo o cargo público de seis a doce años [1002].

484. Los que aceptaren empleo de los rebeldes, serán castigados con la pena de inhabilitación absoluta de seis a doce años.

CAPÍTULO II
Delitos contra la Corona [1003]

485. [1004] 1. El que matare al Rey o a la Reina o al Príncipe o a la Princesa de Asturias será castigado con la pena de prisión permanente revisable.

2. El que matare a cualquiera de los ascendientes o descendientes del Rey o de la Reina, a la Reina consorte o al consorte de la Reina, al Regente o a algún miembro de la Regencia, será castigado con la pena de prisión de veinte a veinticinco años, salvo que los hechos estuvieran castigados con una pena más grave en algún otro precepto de este Código.

Si concurrieran en el delito dos o más circunstancias agravantes, se impondrá la pena de prisión de veinticinco a treinta años.

3. En el caso de tentativa de estos delitos podrá imponerse la pena inferior en un grado [1005].

486. 1. El que causare al Rey o a la Reina, o a cualquiera de sus ascendientes o descendientes, a la Reina consorte o al consorte de la

[1002] Véanse arts. 44, 53.1, 58.1 y 61 CPM y arts. 407 y 549 de la presente Ley

[1003] Véanse arts. 56 a 60 CE; arts. 23.3.b y 65.1.a LOPJ y RD 1368/1987, de 6 de diciembre, sobre régimen de títulos, tratamientos y honores de la Familia Real y de los regentes

[1004] Dada nueva redacción por art. único apartado 234 de Ley Orgánica 1/2015 de 30 de marzo de 2015, con vigencia desde 01/07/2015

[1005] Véanse arts. 15, 16, 22, 62, 64, 67 y 138 y ss de la presente Ley

Reina, al Regente o a algún miembro de la Regencia, o al Príncipe o a la Princesa de Asturias, lesiones de las previstas en el art. 149 , será castigado con la pena de prisión de quince a veinte años. [1006]

Si se tratara de alguna de las lesiones previstas en el art. 150 , se castigará con la pena de prisión de ocho a quince años.

2. El que les causare cualquier otra lesión, será castigado con la pena de prisión de cuatro a ocho años [1007] .

487. [1008] Será castigado con la pena de prisión de quince a veinte años el que privare al Rey o a la Reina, o a cualquiera de sus ascendientes o descendientes, a la Reina consorte o al consorte de la Reina, al Regente o a algún miembro de la Regencia o al Príncipe o a la Princesa de Asturias, de su libertad personal, salvo que los hechos estén castigados con mayor pena en otros preceptos de este Código [1009] .

488. La provocación, la conspiración y la proposición para los delitos previstos en los artículos anteriores se castigará con la pena inferior en uno o dos grados a las respectivamente previstas [1010] .

489. El que con violencia o intimidación grave obligare a las personas referidas en los artículos anteriores a ejecutar un acto contra su voluntad, será castigado con la pena de prisión de ocho a doce años.

En el caso previsto en el párrafo anterior, si la violencia o la intimidación no fueran graves, se impondrá la pena inferior en grado [1011] .

490. 1. El que allanare con violencia o intimidación la morada de cualquiera de las personas mencionadas en los artículos anteriores será

[1006] Dada nueva redacción apartado 1 párrafo 1 por art. único apartado 259 de Ley Orgánica 1/2015 de 30 de marzo de 2015, con vigencia desde 01/07/2015

[1007] Véanse arts. 147 y ss de la presente Ley

[1008] Dada nueva redacción por art. único apartado 259 de Ley Orgánica 1/2015 de 30 de marzo de 2015, con vigencia desde 01/07/2015

[1009] Véanse arts. 163 y ss y 531 de la presente Ley

[1010] Véanse arts. 17 y 18 de la presente Ley

[1011] Véase art. 472.2 de la presente Ley

castigado con la pena de prisión de tres a seis años. Si no hubiere violencia o intimidación la pena será de dos a cuatro años.

2. Con la pena de prisión de tres a seis años será castigado el que amenazare gravemente a cualquiera de las personas mencionadas en el apartado anterior, y con la pena de prisión de uno a tres años si la amenaza fuera leve [1012].

3. El que calumniare o injuriare al Rey o a la Reina o a cualquiera de sus ascendientes o descendientes, a la Reina consorte o al consorte de la Reina, al Regente o a algún miembro de la Regencia, o al Príncipe o a la Princesa de Asturias, en el ejercicio de sus funciones o con motivo u ocasión de éstas, será castigado con la pena de prisión de seis meses a dos años si la calumnia o injuria fueran graves, y con la de multa de seis a doce meses si no lo son [1013]. [1014]

491. 1. Las calumnias e injurias contra cualquiera de las personas mencionadas en el artículo anterior, y fuera de los supuestos previstos en el mismo, serán castigadas con la pena de multa de cuatro a veinte meses.

2. Se impondrá la pena de multa de seis a veinticuatro meses al que utilizare la imagen del Rey o de la Reina o de cualquiera de sus ascendientes o descendientes, o de la Reina consorte o del consorte de la Reina, o del Regente o de algún miembro de la Regencia, o del Príncipe o de la Princesa de Asturias, de cualquier forma que pueda dañar el prestigio de la Corona [1015]. [1016]

[1012] Véanse arts. 169 a 171 de la presente Ley

[1013] Véanse arts. 205 a 216 de la presente Ley

[1014] Dada nueva redacción apartado 3 por art. único apartado 259 de Ley Orgánica 1/2015 de 30 de marzo de 2015, con vigencia desde 01/07/2015

[1015] Véanse arts. 205 a 216 de la presente Ley

[1016] Dada nueva redacción apartado 2 por art. único apartado 259 punto 1 de Ley Orgánica 1/2015 de 30 de marzo de 2015, con vigencia desde 01/07/2015

CAPÍTULO III
De los delitos contra las Instituciones del Estado y la división de poderes

SECCIÓN PRIMERA
Delitos contra las Instituciones del Estado [1017]

492. Los que, al vacar la Corona o quedar inhabilitado su Titular para el ejercicio de su autoridad, impidieren a las Cortes Generales reunirse para nombrar la Regencia o el tutor del Titular menor de edad, serán sancionados con la pena de prisión de diez a quince años e inhabilitación absoluta por tiempo de diez a quince años, sin perjuicio de la pena que pudiera corresponderles por la comisión de otras infracciones más graves [1018].

493. Los que, sin alzarse públicamente, invadieren con fuerza, violencia o intimidación las sedes del Congreso de los Diputados, del Senado o de una Asamblea Legislativa de Comunidad Autónoma, si están reunidos, serán castigados con la pena de prisión de tres a cinco años [1019].

494. Incurrirán en la pena de prisión de seis meses a un año o multa de doce a veinticuatro meses los que promuevan, dirijan o presidan manifestaciones u otra clase de reuniones ante las sedes del Congreso de los Diputados, del Senado o de una Asamblea Legislativa de Comunidad Autónoma, cuando estén reunidos, alterando su normal funcionamiento [1020].

495. 1. Los que, sin alzarse públicamente, portando armas u otros instrumentos peligrosos, intentaren penetrar en las sedes del Congreso

---

[1017] Véanse arts. 66 y ss CE y arts. 23.3.b y 65.1.a LOPJ
[1018] Véanse arts. 56 a 60, 66 y 74 CE y art. 472.4 de la presente Ley
[1019] Véanse arts. 73 y 74 CE y arts. 472, 495 y 544 de la presente Ley
[1020] Véanse arts. 21 y 77 CE y arts. 513 y 514 de la presente Ley

de los Diputados, del Senado o de la Asamblea Legislativa de una Comunidad Autónoma, para presentar en persona o colectivamente peticiones a los mismos, incurrirán en la pena de prisión de tres a cinco años [1021].

2. La pena prevista en el apartado anterior se aplicará en su mitad superior a quienes promuevan, dirijan o presidan el grupo.

496. El que injuriare gravemente a las Cortes Generales o a una Asamblea Legislativa de Comunidad Autónoma, hallándose en sesión, o a alguna de sus Comisiones en los actos públicos en que las representen, será castigado con la pena de multa de doce a dieciocho meses.

El imputado de las injurias descritas en el párrafo anterior quedará exento de pena si se dan las circunstancias previstas en el art. 210 [1022].

497. 1. Incurrirán en la pena de prisión de seis meses a un año quienes, sin ser miembros del Congreso de los Diputados, del Senado o de una Asamblea Legislativa de Comunidad Autónoma, perturben gravemente el orden de sus sesiones.

2. Cuando la perturbación del orden de las sesiones a que se refiere el apartado anterior no sea grave, se impondrá la pena de multa de seis a doce meses [1023].

498. Los que emplearen fuerza, violencia, intimidación o amenaza grave para impedir a un miembro del Congreso de los Diputados, del Senado o de una Asamblea Legislativa de Comunidad Autónoma asistir a sus reuniones, o, por los mismos medios, coartaren la libre manifestación de sus opiniones o la emisión de su voto, serán castigados con la pena de prisión de tres a cinco años [1024].

[1021] Véanse arts. 29 y 77 CE; LO 4/2001, de 12 de noviembre, reguladora del derecho de petición y art. 493 de la presente Ley

[1022] Véase art. 75 CE y arts. 208 y ss de la presente Ley

[1023] Véase art. 72.3 CE y arts. 558 y 633 de la presente Ley

[1024] Véase art. 20 CE y arts. 169 a 172 de la presente Ley

499. La autoridad o funcionario público que quebrantare la inviolabilidad de las Cortes Generales o de una Asamblea Legislativa de Comunidad Autónoma, será castigado con las penas de inhabilitación especial para empleo o cargo público por tiempo de diez a veinte años, sin perjuicio de las que pudieran corresponderle si el hecho constituyera otro delito más grave [1025].

500. La autoridad o funcionario público que detuviere a un miembro de las Cortes Generales o de una Asamblea Legislativa de Comunidad Autónoma fuera de los supuestos o sin los requisitos establecidos por la legislación vigente incurrirá, según los casos, en las penas previstas en este Código, impuestas en su mitad superior, y además en la de inhabilitación especial para empleo o cargo público de seis a doce años [1026].

501. La autoridad judicial que inculpare o procesare a un miembro de las Cortes Generales o de una Asamblea Legislativa de Comunidad Autónoma sin los requisitos establecidos por la legislación vigente, será castigada con la pena de inhabilitación especial para empleo o cargo público de diez a veinte años [1027].

502. 1. Los que, habiendo sido requeridos en forma legal y bajo apercibimiento, dejaren de comparecer ante una Comisión de investigación de las Cortes Generales o de una Asamblea Legislativa de Comunidad Autónoma, serán castigados como reos del delito de desobediencia. Si el reo fuera autoridad o funcionario público, se le impondrá además la pena de suspensión de empleo o cargo público por tiempo de seis meses a dos años [1028].

2. En las mismas penas incurrirá la autoridad o funcionario que obstaculizare la investigación del Defensor del Pueblo, Tribunal de

---

[1025] Véase art. 66.3 CE y art. 24 de la presente Ley

[1026] Véanse arts. 17 y 71 CE; arts. 750 a 756 LECrim y arts. 163 y ss de la presente Ley

[1027] Véase art. 71 CE; art. 57 LOPJ; arts. 118 bis, y 750 a 756 LECrim y arts. 446 y ss y 507 a 509 de la presente Ley

[1028] Véanse arts. 109 y 110.1 CE y arts. 410 y 463 de la presente Ley

Cuentas u órganos equivalentes de las Comunidades Autónomas, negándose o dilatando indebidamente el envío de los informes que éstos solicitaren o dificultando su acceso a los expedientes o documentación administrativa necesaria para tal investigación [1029].

3. El que convocado ante una comisión parlamentaria de investigación faltare a la verdad en su testimonio será castigado con la pena de prisión de seis meses a un año o multa de 12 a 24 meses [1030] . [1031]

503. Incurrirán en la pena de prisión de dos a cuatro años:

1°) Los que invadan violentamente o con intimidación el local donde esté constituido el Consejo de Ministros o un Consejo de Gobierno de Comunidad Autónoma.

2°) Los que coarten o por cualquier medio pongan obstáculos a la libertad del Gobierno reunido en Consejo o de los miembros de un Gobierno de Comunidad Autónoma, reunido en Consejo, salvo que los hechos sean constitutivos de otro delito más grave [1032].

504. [1033] 1. Incurrirán en la pena de multa de doce a dieciocho meses los que calumnien, injurien o amenacen gravemente al Gobierno de la Nación, al Consejo General del Poder Judicial, al Tribunal Constitucional, al Tribunal Supremo, o al Consejo de Gobierno o al Tribunal Superior de Justicia de una Comunidad Autónoma.

El culpable de calumnias o injurias conforme a lo dispuesto en el párrafo anterior quedará exento de pena si se dan las circunstancias previstas, respectivamente, en los arts. 207 y 210 de este Código.

Se impondrá la pena de prisión de tres a cinco años a los que empleen fuerza, violencia o intimidación para impedir a los miembros de dichos Organismos asistir a sus respectivas reuniones.

2. Los que injuriaren o amenazaren gravemente a los Ejércitos, Clases o Cuerpos y Fuerzas de Seguridad, serán castigados con la pena de multa de doce a dieciocho meses.

[1029] Véase art. 103.1 CE y art. 4 LRJAPPAC

[1030] Véanse arts. 458 y ss de la presente Ley

[1031] Dada nueva redacción apartado 3 por art. único apartado 149 de Ley Orgánica 15/2003 de 25 de noviembre de 2003, con vigencia desde 01/10/2004

[1032] Véase art. 98 CE y art. 472.6 de la presente Ley

[1033] Dada nueva redacción por art. 1 apartado 5 de Ley Orgánica 7/2000 de 22 de diciembre de 2000, con vigencia desde 24/12/2000

El culpable de las injurias previstas en el párrafo anterior quedará exento de pena si se dan las circunstancias descritas en el art. 210 de este Código [1034].

505. [1035] 1. Incurrirán en la pena de prisión de seis meses a un año quienes, sin ser miembros de la corporación local, perturben de forma grave el orden de sus plenos impidiendo el acceso a los mismos, el desarrollo del orden del día previsto, la adopción de acuerdos o causen desórdenes que tengan por objeto manifestar el apoyo a organizaciones o grupos terroristas.

2. Quienes, amparándose en la existencia de organizaciones o grupos terroristas, calumnien, injurien, coaccionen o amenacen a los miembros de corporaciones locales, serán castigados con la pena superior en grado a la que corresponda por el delito cometido [1036].

SECCIÓN SEGUNDA
De la usurpación de atribuciones

506. La autoridad o funcionario público que, careciendo de atribuciones para ello, dictare una disposición general o suspendiere su ejecución, será castigado con la pena de prisión de uno a tres años, multa de seis a doce meses e inhabilitación especial para empleo o cargo público por tiempo de seis a doce años [1037].

506 bis. [1038] (Derogado)

[1034] Véanse arts. 97 y ss, 122, 123, 143 y ss, 152.1 y 159 a 165 CE; arts. 53, 54 y 107 LOPJ y arts. 169 a 172 y 205 a 216 de la presente Ley

[1035] Dada nueva redacción por disposición adicional 1 de Ley Orgánica 5/2010 de 22 de junio de 2010 suprimiendo la expresión "bandas armadas", con vigencia desde 23/12/2010

[1036] Véanse arts. 557 y ss de la presente Ley

[1037] Véase art. 24 de la presente Ley

[1038] Derogado por art. único de Ley Orgánica 2/2005 de 22 de junio de 2005, con vigencia desde 24/06/2005

507. El Juez o Magistrado que se arrogare atribuciones administrativas de las que careciere, o impidiere su legítimo ejercicio por quien las ostentare, será castigado con la pena de prisión de seis meses a un año, multa de tres a seis meses y suspensión de empleo o cargo público por tiempo de uno a tres años [1039].

508. 1. La autoridad o funcionario público que se arrogare atribuciones judiciales o impidiere ejecutar una resolución dictada por la autoridad judicial competente, será castigado con las penas de prisión de seis meses a un año, multa de tres a ocho meses y suspensión de empleo o cargo público por tiempo de uno a tres años.

2. La autoridad o funcionario administrativo o militar que atentare contra la independencia de los Jueces o Magistrados, garantizada por la Constitución, dirigiéndoles instrucción, orden o intimación relativas a causas o actuaciones que estén conociendo, será castigado con la pena de prisión de uno a dos años, multa de cuatro a diez meses e inhabilitación especial para empleo o cargo público por tiempo de dos a seis años [1040].

509. El Juez o Magistrado, la autoridad o el funcionario público que, legalmente requerido de inhibición, continuare procediendo sin esperar a que se decida el correspondiente conflicto jurisdiccional, salvo en los casos permitidos por la Ley, será castigado con la pena de multa de tres a diez meses e inhabilitación especial para empleo o cargo público por tiempo de seis meses a un año [1041].

[1039] Véanse arts. 38 a 41 LOPJ

[1040] Véanse arts. 238.2, 239, 378 a 388 y 399 LOPJ; art. 225 LEC; art. 117 CE y arts. 24 y 259 de la presente Ley

[1041] Véanse arts. 38 a 41 y disposición adicional 1 LOPJ; art. 22 LECrim y arts. 64 y 65 LEC

CAPÍTULO IV
De los delitos relativos al ejercicio de los derechos fundamentales y libertades públicas [1042]

SECCIÓN PRIMERA
De los delitos cometidos con ocasión del ejercicio de los derechos fundamentales y de las libertades públicas garantizados por la Constitución

510. [1043] 1. Serán castigados con una pena de prisión de uno a cuatro años y multa de seis a doce meses:

a) Quienes públicamente fomenten, promuevan o inciten directa o indirectamente al odio, hostilidad, discriminación o violencia contra un grupo, una parte del mismo o contra una persona determinada por razón de su pertenencia a aquel, por motivos racistas, antisemitas, antigitanos u otros referentes a la ideología, religión o creencias, situación familiar, la pertenencia de sus miembros a una etnia, raza o nación, su origen nacional, su sexo, orientación o identidad sexual, por razones de género, aporofobia, enfermedad o discapacidad.

b) Quienes produzcan, elaboren, posean con la finalidad de distribuir, faciliten a terceras personas el acceso, distribuyan, difundan o vendan escritos o cualquier otra clase de material o soportes que por su contenido sean idóneos para fomentar, promover, o incitar directa o indirectamente al odio, hostilidad, discriminación o violencia contra un grupo, una parte del mismo, o contra una persona determinada por razón de su pertenencia a aquel, por motivos racistas, antisemitas, antigitanos u otros referentes a la ideología, religión o creencias, situación familiar, la pertenencia de sus miembros a una etnia, raza o nación, su origen nacional, su sexo, orientación o identidad sexual, por razones de género, aporofobia, enfermedad o discapacidad.

c) Quienes públicamente nieguen, trivialicen gravemente o enaltezcan los delitos de genocidio, de lesa humanidad o contra las personas

---

[1042] Dada nueva redacción por art. 1 apartado 1 de Ley Orgánica 3/2002 de 22 de mayo de 2002, con vigencia desde 24/05/2002

[1043] Dada nueva redacción por art. único apartado 235 de Ley Orgánica 1/2015 de 30 de marzo de 2015, con vigencia desde 01/07/2015

y bienes protegidos en caso de conflicto armado, o enaltezcan a sus autores, cuando se hubieran cometido contra un grupo o una parte del mismo, o contra una persona determinada por razón de su pertenencia al mismo, por motivos racistas, antisemitas, antigitanos, u otros referentes a la ideología, religión o creencias, la situación familiar o la pertenencia de sus miembros a una etnia, raza o nación, su origen nacional, su sexo, orientación o identidad sexual, por razones de género, aporofobia, enfermedad o discapacidad, cuando de este modo se promueva o favorezca un clima de violencia, hostilidad, odio o discriminación contra los mismos. [1044]

2. Serán castigados con la pena de prisión de seis meses a dos años y multa de seis a doce meses:

a) Quienes lesionen la dignidad de las personas mediante acciones que entrañen humillación, menosprecio o descrédito de alguno de los grupos a que se refiere el apartado anterior, o de una parte de los mismos, o de cualquier persona determinada por razón de su pertenencia a ellos por motivos racistas, antisemitas, antigitanos u otros referentes a la ideología, religión o creencias, situación familiar, la pertenencia de sus miembros a una etnia, raza o nación, su origen nacional, su sexo, orientación o identidad sexual, por razones de género, aporofobia, enfermedad o discapacidad, o produzcan, elaboren, posean con la finalidad de distribuir, faciliten a terceras personas el acceso, distribuyan, difundan o vendan escritos o cualquier otra clase de material o soportes que por su contenido sean idóneos para lesionar la dignidad de las personas por representar una grave humillación, menosprecio o descrédito de alguno de los grupos mencionados, de una parte de ellos, o de cualquier persona determinada por razón de su pertenencia a los mismos.

b) Quienes enaltezcan o justifiquen por cualquier medio de expresión pública o de difusión los delitos que hubieran sido cometidos contra un grupo, una parte del mismo, o contra una persona determinada por razón de su pertenencia a aquel por motivos racistas, antisemitas, antigitanos u otros referentes a la ideología, religión o creencias, situación familiar, la pertenencia de sus miembros a una etnia, raza o nación, su origen nacional, su sexo, orientación o identidad sexual, por razones de género, aporofobia, enfermedad o discapacidad, o a quienes hayan participado en su ejecución.

[1044] Dada nueva redacción apartado 1 por art. único apartado 2 de Ley Orgánica 6/2022 de 12 de julio de 2022, con vigencia desde 14/07/2022

Los hechos serán castigados con una pena de uno a cuatro años de prisión y multa de seis a doce meses cuando de ese modo se promueva o favorezca un clima de violencia, hostilidad, odio o discriminación contra los mencionados grupos. [1045]

3. Las penas previstas en los apartados anteriores se impondrán en su mitad superior cuando los hechos se hubieran llevado a cabo a través de un medio de comunicación social, por medio de internet o mediante el uso de tecnologías de la información, de modo que, aquel se hiciera accesible a un elevado número de personas.

4. Cuando los hechos, a la vista de sus circunstancias, resulten idóneos para alterar la paz pública o crear un grave sentimiento de inseguridad o temor entre los integrantes del grupo, se impondrá la pena en su mitad superior, que podrá elevarse hasta la superior en grado.

5. En todos los casos, se impondrá además la pena de inhabilitación especial para profesión u oficio educativos, en el ámbito docente, deportivo y de tiempo libre, por un tiempo superior entre tres y diez años al de la duración de la pena de privación de libertad impuesta en su caso en la sentencia, atendiendo proporcionalmente a la gravedad del delito, el número de los cometidos y a las circunstancias que concurran en el delincuente.

6. El Juez o Tribunal acordará la destrucción, borrado o inutilización de los libros, archivos, documentos, artículos y cualquier clase de soporte objeto del delito a que se refieren los apartados anteriores o por medio de los cuales se hubiera cometido. Cuando el delito se hubiera cometido a través de tecnologías de la información y la comunicación, se acordará la retirada de los contenidos.

En los casos en los que, a través de un portal de acceso a internet o servicio de la sociedad de la información, se difundan exclusiva o preponderantemente los contenidos a que se refiere el apartado anterior, se ordenará el bloqueo del acceso o la interrupción de la prestación del mismo [1046].

[1045] Dada nueva redacción apartado 2 por art. único apartado 2 de Ley Orgánica 6/2022 de 12 de julio de 2022, con vigencia desde 14/07/2022

[1046] Véanse arts. 14 y 16 CE y arts. 22.4 y 208 y ss de la presente Ley

510 bis. [1047] Cuando de acuerdo con lo establecido en el art. 31 bis una persona jurídica sea responsable de los delitos comprendidos en los dos artículos anteriores, se le impondrá la pena de multa de dos a cinco años. Atendidas las reglas establecidas en el art. 66 bis, los Jueces y Tribunales podrán asimismo imponer las penas recogidas en las letras b) a g) del apartado 7 del art. 33 .

En este caso será igualmente aplicable lo dispuesto en el número 3 del art. 510 del Código Penal.

511. [1048] 1. Incurrirá en la pena de prisión de seis meses a dos años, multa de doce a veinticuatro meses e inhabilitación especial para empleo o cargo público por tiempo de uno a tres años el particular encargado de un servicio público que deniegue a una persona una prestación a la que tenga derecho por razón de su ideología, religión o creencias, su situación familiar, pertenencia a una etnia, raza o nación, su origen nacional, su sexo, edad, orientación o identidad sexual o de género, razones de género, de aporofobia o de exclusión social, la enfermedad que padezca o su discapacidad.

2. Las mismas penas serán aplicables cuando los hechos se cometan contra una asociación, fundación, sociedad o corporación o contra sus miembros por razón de su ideología, religión o creencias, su situación familiar, la pertenencia de sus miembros o de alguno de ellos a una etnia, raza o nación, su origen nacional, su sexo, edad, orientación o identidad sexual o de género, razones de género, de aporofobia o de exclusión social, la enfermedad que padezca o su discapacidad.

3. Los funcionarios públicos que cometan alguno de los hechos previstos en este artículo, incurrirán en las mismas penas en su mitad superior y en la de inhabilitación especial para empleo o cargo público por tiempo de dos a cuatro años [1049].

4. En todos los casos se impondrá además la pena de inhabilitación especial para profesión u oficio educativos, en el ámbito docente, deportivo y de tiempo libre, por un tiempo superior entre uno y tres

---

[1047] Añadido por art. único apartado 236 de Ley Orgánica 1/2015 de 30 de marzo de 2015, con vigencia desde 01/07/2015

[1048] Dada nueva redacción por disposición final 6 apartado 33 de Ley Orgánica 8/2021 de 4 de junio de 2021, con vigencia desde 25/06/2021

[1049] Véase art. 95.2.b Ley 7/2007, de 12 de abril, del Estatuto Básico del Empleado Público

años al de la duración de la pena impuesta si esta fuera de privación de libertad, cuando la pena impuesta fuera de multa, la pena de inhabilitación especial tendrá una duración de uno a tres años. En todo caso se atenderá proporcionalmente a la gravedad del delito y a las circunstancias que concurran en el delincuente.

512. [1050] Quienes en el ejercicio de sus actividades profesionales o empresariales denegaren a una persona una prestación a la que tenga derecho por razón de su ideología, religión o creencias, su situación familiar, su pertenencia a una etnia, raza o nación, su origen nacional, su sexo, edad, orientación o identidad sexual o de género, razones de género, de aporofobia o de exclusión social, la enfermedad que padezca o su discapacidad, incurrirán en la pena de inhabilitación especial para el ejercicio de profesión, oficio, industria o comercio e inhabilitación especial para profesión u oficio educativos, en el ámbito docente, deportivo y de tiempo libre por un periodo de uno a cuatro años [1051].

513. Son punibles las reuniones o manifestaciones ilícitas, y tienen tal consideración [1052]:
1º) Las que se celebren con el fin de cometer algún delito.
2º) Aquéllas a las que concurran personas con armas, artefactos explosivos u objetos contundentes o de cualquier otro modo peligroso.

514. 1. Los promotores o directores de cualquier reunión o manifestación comprendida en el número 1º del artículo anterior y los que, en relación con el número 2º del mismo, no hayan tratado de impedir por todos los medios a su alcance las circunstancias en ellos mencionadas, incurrirán en las penas de prisión de uno a tres años y multa de doce a veinticuatro meses. A estos efectos, se reputarán directores o promotores de la reunión o manifestación los que las convoquen o presidan.

[1050] Dada nueva redacción por disposición final 6 apartado 34 de Ley Orgánica 8/2021 de 4 de junio de 2021, con vigencia desde 25/06/2021

[1051] Véanse arts. 14 y 16 CE y arts. 22.4 y 314 de la presente Ley

[1052] Véase art. 21.1 CE y arts. 472 a 478, 544 a 549 y 563 a 580 de la presente Ley

2. Los asistentes a una reunión o manifestación que porten armas u otros medios igualmente peligrosos serán castigados con la pena de prisión de uno a dos años y multa de seis a doce meses. Los Jueces o Tribunales, atendiendo a los antecedentes del sujeto, circunstancias del caso y características del arma o instrumento portado, podrán rebajar en un grado la pena señalada.

3. Las personas que, con ocasión de la celebración de una reunión o manifestación, realicen actos de violencia contra la autoridad, sus agentes, personas o propiedades públicas o privadas, serán castigadas con la pena que a su delito corresponda, en su mitad superior.

4. Los que impidieren el legítimo ejercicio de las libertades de reunión o manifestación, o perturbaren gravemente el desarrollo de una reunión o manifestación lícita serán castigados con la pena de prisión de dos a tres años si los hechos se realizaran con violencia, y con la pena de prisión de tres a seis meses o multa de seis a 12 meses si se cometieren mediante vías de hecho o cualquier otro procedimiento ilegítimo. [1053]

5. Los promotores o directores de cualquier reunión o manifestación que convocaren, celebraren o intentaren celebrar de nuevo una reunión o manifestación que hubiese sido previamente suspendida o prohibida, y siempre que con ello pretendieran subvertir el orden constitucional o alterar gravemente la paz pública, serán castigados con las penas de prisión de seis meses a un año y multa de seis a doce meses, sin perjuicio de la pena que pudiera corresponder, en su caso, conforme a los apartados precedentes [1054] . [1055]

515. [1056] [1057]

Son punibles las asociaciones ilícitas, teniendo tal consideración:

1º) Las que tengan por objeto cometer algún delito o, después de constituidas, promuevan su comisión.

[1053] Dada nueva redacción apartado 4 por art. único apartado 150 de Ley Orgánica 15/2003 de 25 de noviembre de 2003, con vigencia desde 01/10/2004

[1054] Véanse arts. 24, 539, 540 y 557 y ss de la presente Ley

[1055] Añadido apartado 5 por art. 2 de Ley Orgánica 2/1998 de 15 de junio de 1998, con vigencia desde 17/06/1998

[1056] Dada nueva redacción por art. único apartado 239 de Ley Orgánica 1/2015 de 30 de marzo de 2015, con vigencia desde 01/07/2015

[1057] Véanse arts. 22 y 28.1 CE; art. 9 LO 6/2002, de 27 de junio, de Partidos Políticos; art. 4.1.b ET y arts. 517, 520 y 521 de la presente Ley

2º) Las que, aun teniendo por objeto un fin lícito, empleen medios violentos o de alteración o control de la personalidad para su consecución.

3º) Las organizaciones de carácter paramilitar.

4º) Las que fomenten, promuevan o inciten directa o indirectamente al odio, hostilidad, discriminación o violencia contra personas, grupos o asociaciones por razón de su ideología, religión o creencias, la pertenencia de sus miembros o de alguno de ellos a una etnia, raza o nación, su origen nacional, su sexo, edad, orientación o identidad sexual o de género, razones de género, de aporofobia o de exclusión social, situación familiar, enfermedad o discapacidad. [1058]

516. [1059] (Derogado)

517. En los casos previstos en los números 1º y 3º al 6º del art. 515 se impondrán las siguientes penas [1060] : [1061]

1º) A los fundadores, directores y presidentes de las asociaciones, las de prisión de dos a cuatro años, multa de doce a veinticuatro meses e inhabilitación especial para empleo o cargo público por tiempo de seis a doce años.

2º) A los miembros activos, las de prisión de uno a tres años y multa de doce a veinticuatro meses [1062] .

518. [1063] Los que con su cooperación económica o de cualquier otra clase, en todo caso relevante, favorezcan la fundación, organiza-

---

[1058] Dada nueva redacción apartado 4 por disposición final 6 apartado 35 de Ley Orgánica 8/2021 de 4 de junio de 2021, con vigencia desde 25/06/2021

[1059] Suprimido por art. único apartado 137 de Ley Orgánica 5/2010 de 22 de junio de 2010, con vigencia desde 23/12/2010

[1060] Téngase en cuenta que el número 6º del art. 515 ha sido derogado por LO 15/2003, de 25 de noviembre

[1061] Dada nueva redacción párrafo 1 por disposición final 3 apartado 2 de Ley Orgánica 4/2000 de 11 de enero de 2000, con vigencia desde 01/02/2000

[1062] Véase LO 4/2000, de 11 de enero, sobre derechos y libertades de los extranjeros en España y su integración social

[1063] Dada nueva redacción por disposición final 3 apartado 3 de Ley Orgánica 4/2000 de 11 de enero de 2000, con vigencia desde 01/02/2000

ción o actividad de las asociaciones comprendidas en los números 1º y 3º al 6º del art. 515 , incurrirán en la pena de prisión de uno a tres años, multa de doce a veinticuatro meses, e inhabilitación para empleo o cargo público por tiempo de uno a cuatro años [1064] .

519. La provocación, la conspiración y la proposición para cometer el delito de asociación ilícita se castigarán con la pena inferior en uno o dos grados a la que corresponda, respectivamente, a los hechos previstos en los artículos anteriores [1065] .

520. Los Jueces o Tribunales, en los supuestos previstos en el art. 515 , acordarán la disolución de la asociación ilícita y, en su caso, cualquier otra de las consecuencias accesorias del art. 129 de este Código.

521. En el delito de asociación ilícita, si el reo fuera autoridad, agente de ésta o funcionario público, se le impondrá, además de las penas señaladas, la de inhabilitación absoluta de diez a quince años [1066] .

521 bis. [1067] (Derogado)

SECCIÓN SEGUNDA
De los delitos contra la libertad de conciencia, los sentimientos religiosos y el respeto a los difuntos [1068]

522. Incurrirán en la pena de multa de cuatro a diez meses:

[1064] Véanse arts. 301 y ss de la presente Ley

[1065] Véanse arts. 17 y 18 de la presente Ley

[1066] Véase art. 24 de la presente Ley

[1067] Derogado por art. único de Ley Orgánica 2/2005 de 22 de junio de 2005, con vigencia desde 24/06/2005

[1068] Véanse arts. 14 y 16 CE

1º) Los que por medio de violencia, intimidación, fuerza o cualquier otro apremio ilegítimo impidan a un miembro o miembros de una confesión religiosa practicar los actos propios de las creencias que profesen, o asistir a los mismos.

2º) Los que por iguales medios fuercen a otro u otros a practicar o concurrir a actos de culto o ritos, o a realizar actos reveladores de profesar o no profesar una religión, o a mudar la que profesen [1069].

523. El que con violencia, amenaza, tumulto o vías de hecho, impidiere, interrumpiere o perturbare los actos, funciones, ceremonias o manifestaciones de las confesiones religiosas inscritas en el correspondiente registro público del Ministerio de Justicia e Interior, será castigado con la pena de prisión de seis meses a seis años, si el hecho se ha cometido en lugar destinado al culto, y con la de multa de cuatro a diez meses si se realiza en cualquier otro lugar [1070].

524. [1071] El que en templo, lugar destinado al culto o en ceremonias religiosas ejecutare actos de profanación en ofensa de los sentimientos religiosos legalmente tutelados será castigado con la pena de prisión de seis meses a un año o multa de 12 a 24 meses.

525. 1. Incurrirán en la pena de multa de ocho a doce meses los que, para ofender los sentimientos de los miembros de una confesión religiosa, hagan públicamente, de palabra, por escrito o mediante cualquier tipo de documento, escarnio de sus dogmas, creencias, ritos o ceremonias, o vejen, también públicamente, a quienes los profesan o practican.

[1069] Véase art. 16.2 CE y arts. 169 y 172 de la presente Ley

[1070] Véase art. 21 CE; art. 5 LO 7/1980, de 5 de julio, de Libertad Religiosa y arts. 169 y ss, 172 y 559 de la presente Ley

[1071] Dada nueva redacción por art. único apartado 152 de Ley Orgánica 15/2003 de 25 de noviembre de 2003, con vigencia desde 01/10/2004

2. En las mismas penas incurrirán los que hagan públicamente escarnio, de palabra o por escrito, de quienes no profesan religión o creencia alguna [1072].

526. [1073] El que, faltando al respeto debido a la memoria de los muertos, violare los sepulcros o sepulturas, profanare un cadáver o sus cenizas o, con ánimo de ultraje, destruyere, alterare o dañare las urnas funerarias, panteones, lápidas o nichos será castigado con la pena de prisión de tres a cinco meses o multa de seis a 10 meses [1074].

SECCIÓN TERCERA
De los delitos contra el deber de cumplimiento de la prestación social sustitutoria (Derogada) [1075]

527. [1076] (Derogado)

528. [1077] (Derogado)

[1072] Véanse arts. 14 y 16 CE y arts. 1 a 4 LO 7/1980, de 5 de julio, de Libertad Religiosa

[1073] Dada nueva redacción por art. único apartado 153 de Ley Orgánica 15/2003 de 25 de noviembre de 2003, con vigencia desde 01/10/2004

[1074] Véase arts. 263 y 625 de la presente Ley

[1075] Derogada por art. 1 apartado 2 de Ley Orgánica 3/2002 de 22 de mayo de 2002, con vigencia desde 24/05/2002

[1076] Derogado por art. 1 apartado 2 de Ley Orgánica 3/2002 de 22 de mayo de 2002, con vigencia desde 24/05/2002

[1077] Derogado por disposición derogatoria única de Ley Orgánica 7/1998 de 5 de octubre de 1998, con vigencia desde 07/10/1998

CAPÍTULO V
De los delitos cometidos por los funcionarios públicos contra las garantías constitucionales [1078]

SECCIÓN PRIMERA
De los delitos cometidos por los funcionarios públicos contra la libertad individual [1079]

529. 1. El Juez o Magistrado que entregare una causa criminal a otra autoridad o funcionario, militar o administrativo, que ilegalmente se la reclame, será castigado con la pena de inhabilitación especial para empleo o cargo público por tiempo de seis meses a dos años.

2. Si además entregara la persona de un detenido, se le impondrá la pena superior en grado [1080].

530. La autoridad o funcionario público que, mediando causa por delito, acordare, practicare o prolongare cualquier privación de libertad de un detenido, preso o sentenciado, con violación de los plazos o demás garantías constitucionales o legales, será castigado con la pena de inhabilitación especial para empleo o cargo público por tiempo de cuatro a ocho años [1081].

531. La autoridad o funcionario público que, mediando causa por delito, decretare, practicare o prolongare la incomunicación de un detenido, preso o sentenciado, con violación de los plazos o demás garantías constitucionales o legales, será castigado con la pena de

---

[1078] Véanse arts. 14 a 29 CE; art. 6.2, 3 y 4 LO 3/1981, de 6 de abril, del Defensor del Pueblo; arts. 16.1, 21.2, 23.1, 57.2 y 3, 61.4, 73.3.b, 119.1 y 398.1 LOPJ y art. 8 LO 2/1986, de 13 de marzo, de Fuerzas y Cuerpos de Seguridad

[1079] Véanse arts. 17.1, 24.1 y 25.3 CE y art. 24 de la presente Ley

[1080] Véanse arts. 17 y 24 CE; art. 1 LECrim y art. 2.1 LOPJ

[1081] Véase art. 17 CE; arts. 489 a 505, 520.1 y 520 bis LECrim y arts. 167 y 487 de la presente Ley

inhabilitación especial para empleo o cargo público por tiempo de dos a seis años [1082].

532. Si los hechos descritos en los dos artículos anteriores fueran cometidos por imprudencia grave, se castigarán con la pena de suspensión de empleo o cargo público por tiempo de seis meses a dos años.

533. El funcionario penitenciario o de centros de protección o corrección de menores que impusiere a los reclusos o internos sanciones o privaciones indebidas, o usare con ellos de un rigor innecesario, será castigado con la pena de inhabilitación especial para empleo o cargo público por tiempo de dos a seis años [1083].

SECCIÓN SEGUNDA
De los delitos cometidos por los funcionarios públicos contra la inviolabilidad domiciliaria y demás garantías de la intimidad [1084]

534. 1. Será castigado con las penas de multa de seis a doce meses e inhabilitación especial para empleo o cargo público de dos a seis años la autoridad o funcionario público que, mediando causa por delito, y sin respetar las garantías constitucionales o legales:

1º) Entre en un domicilio sin el consentimiento del morador.

2º) Registre los papeles o documentos de una persona o los efectos que se hallen en su domicilio, a no ser que el dueño haya prestado libremente su consentimiento.

Si no devolviera al dueño, inmediatamente después del registro, los papeles, documentos y efectos registrados, las penas serán las de inhabilitación especial para empleo o cargo público de seis a doce años

---

[1082] Véanse arts. 16 y 51 a 53 LOGP; arts. 41 y ss y 50 y ss RP; arts. 506 a 511 LECrim y art. 167 de la presente Ley

[1083] Véanse arts. 3, 6 y 42 y ss LOGP; arts. 173 y ss y 231 y ss RP y art. 175 de la presente Ley

[1084] Véanse arts. 18.2, 55 y 116 CE y art. 17 LO 4/1981, de 1 de junio, reguladora de los estados de Alarma, Excepción y Sitio

y multa de doce a veinticuatro meses, sin perjuicio de la pena que pudiera corresponderle por la apropiación.

2. La autoridad o funcionario público que, con ocasión de lícito registro de papeles, documentos o efectos de una persona, cometa cualquier vejación injusta o daño innecesario en sus bienes, será castigado con las penas previstas para estos hechos, impuestas en su mitad superior, y, además, con la pena de inhabilitación especial para empleo o cargo público por tiempo de dos a seis años [1085].

535. La autoridad o funcionario público que, mediando causa por delito, interceptare cualquier clase de correspondencia privada, postal o telegráfica, con violación de las garantías constitucionales o legales, incurrirá en la pena de inhabilitación especial para empleo o cargo público de dos a seis años.

Si divulgara o revelara la información obtenida, se impondrá la pena de inhabilitación especial, en su mitad superior, y, además, la de multa de seis a dieciocho meses [1086].

536. La autoridad, funcionario público o agente de éstos que, mediando causa por delito, interceptare las telecomunicaciones o utilizare artificios técnicos de escuchas, transmisión, grabación o reproducción del sonido, de la imagen o de cualquier otra señal de comunicación, con violación de las garantías constitucionales o legales, incurrirá en la pena de inhabilitación especial para empleo o cargo público de dos a seis años.

Si divulgare o revelare la información obtenida, se impondrán las penas de inhabilitación especial, en su mitad superior y, además, la de multa de seis a dieciocho meses [1087].

[1085] Véase art. 18 CE y arts. 197, 198, 202 a 204, 263 y 620.2 de la presente Ley

[1086] Véanse arts. 18.3, 55 y 116 CE; arts. 579, 580, 581, 582, 583, 584, 585, 586, 587, y 588 LECrim y arts. 197 y 198 de la presente Ley

[1087] Véanse art. 51.4 LOGP; arts. 46 a 49 RP; arts. 579 a 588 LECrim y arts. 197 y 198 de la presente Ley

SECCIÓN TERCERA
De los delitos cometidos por los funcionarios públicos contra otros derechos individuales

537. La autoridad o funcionario público que impida u obstaculice el derecho a la asistencia de abogado al detenido o preso, procure o favorezca la renuncia del mismo a dicha asistencia o no le informe de forma inmediata y de modo que le sea comprensible de sus derechos y de las razones de su detención, será castigado con la pena de multa de cuatro a diez meses e inhabilitación especial para empleo o cargo público de dos a cuatro años [1088].

538. La autoridad o funcionario público que establezca la censura previa o, fuera de los casos permitidos por la Constitución y las Leyes, recoja ediciones de libros o periódicos o suspenda su publicación o la difusión de cualquier emisión radiotelevisiva, incurrirá en la pena de inhabilitación absoluta de seis a diez años [1089].

539. La autoridad o funcionario público que disuelva o suspenda en sus actividades a una asociación legalmente constituida, sin previa resolución judicial, o sin causa legítima le impida la celebración de sus sesiones, será castigado con la pena de inhabilitación especial para empleo o cargo público de ocho a doce años y multa de seis a doce meses [1090].

540. La autoridad o funcionario público que prohiba una reunión pacífica o la disuelva fuera de los casos expresamente permitidos por las Leyes, será castigado con la pena de inhabilitación especial para empleo o cargo público de cuatro a ocho años y multa de seis a nueve meses [1091].

[1088] Véanse arts. 17.3, 24.2 y 55 CE; art. 546.1 LOPJ; arts. 520.2, 3, 4, 5 y 6, 527, 767 y 768 LECrim; art. 51.2 LOGP y art. 48 RP

[1089] Véase art. 20 CE

[1090] Véanse arts. 1, 6, 7, 21, 22 y 28 CE y arts. 315.3, y 510 a 521 de la presente Ley

[1091] Véase LO 9/1983, de 15 de julio, reguladora del Derecho de Reunión y art. 315.3 de la presente Ley

541. La autoridad o funcionario público que expropie a una persona de sus bienes fuera de los casos permitidos y sin cumplir los requisitos legales, incurrirá en las penas de inhabilitación especial para empleo o cargo público de uno a cuatro años y multa de seis a doce meses [1092].

542. Incurrirá en la pena de inhabilitación especial para empleo o cargo público por tiempo de uno a cuatro años la autoridad o el funcionario público que, a sabiendas, impida a una persona el ejercicio de otros derechos cívicos reconocidos por la Constitución y las Leyes [1093].

CAPÍTULO VI
De los ultrajes a España

543. Las ofensas o ultrajes de palabra, por escrito o de hecho a España, a sus Comunidades Autónomas o a sus símbolos o emblemas, efectuados con publicidad, se castigarán con la pena de multa de siete a doce meses [1094].

[1092] Véase art. 33.3 CE

[1093] Véanse arts. 10 y ss CE; art. 95.2.k y l Ley 7/2007, de 12 de abril, del Estatuto Básico del Empleado Público y arts. 315.3 y 559 de la presente Ley

[1094] Véanse arts. 1, 2, 4, 137 y 147 CE; Ley 39/1981, de 28 de octubre, por la que se regula el uso de la bandera de España y de otras banderas y enseñas y arts. 208 y ss, 490.3, 496 y 504 de la presente Ley

TÍTULO XXII
Delitos contra el orden público

CAPÍTULO PRIMERO
Sedición [1095] (Derogado) [1096]

544 a 549. [1097] (Derogados)

CAPÍTULO II
De los atentados contra la autoridad, sus agentes y los funcionarios públicos, y de la resistencia y desobediencia [1098]

550. [1099] 1. Son reos de atentado los que agredieren o, con intimidación grave o violencia, opusieren resistencia grave a la autoridad, a sus agentes o funcionarios públicos, o los acometieren, cuando se hallen en el ejercicio de las funciones de sus cargos o con ocasión de ellas.

En todo caso, se considerarán actos de atentado los cometidos contra los funcionarios docentes o sanitarios que se hallen en el ejercicio de las funciones propias de su cargo, o con ocasión de ellas.

2. Los atentados serán castigados con las penas de prisión de uno a cuatro años y multa de tres a seis meses si el atentado fuera contra autoridad y de prisión de seis meses a tres años en los demás casos.

3. No obstante lo previsto en el apartado anterior, si la autoridad contra la que se atentare fuera miembro del Gobierno, de los Consejos de Gobierno de las Comunidades Autónomas, del Congreso de los

---

[1095] Véanse arts. 38 a 41 CPM y arts. 20 a 27 LPPNA

[1096] Derogado por art. 1 apartado 20 de Ley Orgánica 14/2022 de 22 de diciembre de 2022, con vigencia desde 12/01/2023

[1097] Derogado por art. 1 apartado 20 de Ley Orgánica 14/2022 de 22 de diciembre de 2022, con vigencia desde 12/01/2023

[1098] Véanse arts. 34, 35 y 42 CPM; 45 y 48 a 50 LPPNA; art. 23.3.g LOPJ y art. 24 de la presente Ley

[1099] Dada nueva redacción por art. único apartado 240 de Ley Orgánica 1/2015 de 30 de marzo de 2015, con vigencia desde 01/07/2015

Diputados, del Senado o de las Asambleas Legislativas de las Comunidades Autónomas, de las Corporaciones locales, del Consejo General del Poder Judicial, Magistrado del Tribunal Constitucional, juez, magistrado o miembro del Ministerio Fiscal, se impondrá la pena de prisión de uno a seis años y multa de seis a doce meses [1100].

551. [1101] Se impondrán las penas superiores en grado a las respectivamente previstas en el artículo anterior siempre que el atentado se cometa:

1º) Haciendo uso de armas u otros objetos peligrosos.

2º) Cuando el acto de violencia ejecutado resulte potencialmente peligroso para la vida de las personas o pueda causar lesiones graves. En particular, están incluidos los supuestos de lanzamiento de objetos contundentes o líquidos inflamables, el incendio y la utilización de explosivos.

3º) Acometiendo a la autoridad, a su agente o al funcionario público haciendo uso de un vehículo de motor.

4º) Cuando los hechos se lleven a cabo con ocasión de un motín, plante o incidente colectivo en el interior de un centro penitenciario [1102].

552. [1103] (Derogado)

553. La provocación, la conspiración y la proposición para cualquiera de los delitos previstos en los artículos anteriores, será castigada con la pena inferior en uno o dos grados a la del delito correspondiente [1104].

[1100] Véanse arts. 19 y 48 LPPNA; art. 7.2 LO 2/1986, de 13 de marzo, de Fuerzas y Cuerpos de Seguridad y art. 556 de la presente Ley

[1101] Dada nueva redacción por art. único apartado 241 de Ley Orgánica 1/2015 de 30 de marzo de 2015, con vigencia desde 01/07/2015

[1102] Véanse arts. 555 y 572.2 de la presente Ley

[1103] Derogado por art. único apartado 242 de Ley Orgánica 1/2015 de 30 de marzo de 2015, con vigencia desde 01/07/2015

[1104] Véanse arts. 17 y 18 de la presente Ley

554. [1105] 1. Los hechos descritos en los arts. 550 y 551 serán también castigados con las penas expresadas en ellos cuando se cometieren contra un miembro de las Fuerzas Armadas que, vistiendo uniforme, estuviera prestando un servicio que le hubiera sido legalmente encomendado.

2. Las mismas penas se impondrán a quienes acometan, empleen violencia o intimiden a las personas que acudan en auxilio de la autoridad, sus agentes o funcionarios.

3. También se impondrán las penas de los arts. 550 y 551 a quienes acometan, empleen violencia o intimiden gravemente:

a) A los bomberos o miembros del personal sanitario o equipos de socorro que estuvieran interviniendo con ocasión de un siniestro, calamidad pública o situación de emergencia, con la finalidad de impedirles el ejercicio de sus funciones.

b) Al personal de seguridad privada, debidamente identificado, que desarrolle actividades de seguridad privada en cooperación y bajo el mando de las Fuerzas y Cuerpos de Seguridad [1106].

555. [1107] (Derogado)

556. [1108] 1. Serán castigados con la pena de prisión de tres meses a un año o multa de seis a dieciocho meses, los que, sin estar comprendidos en el art. 550, resistieren o desobedecieren gravemente a la autoridad o sus agentes en el ejercicio de sus funciones, o al personal de seguridad privada, debidamente identificado, que desarrolle actividades de seguridad privada en cooperación y bajo el mando de las Fuerzas y Cuerpos de Seguridad [1109].

[1105] Dada nueva redacción por art. único apartado 243 de Ley Orgánica 1/2015 de 30 de marzo de 2015, con vigencia desde 01/07/2015

[1106] Véanse art. 35 CPM y arts. 550 y 556 de la presente Ley

[1107] Derogado por art. único apartado 244 de Ley Orgánica 1/2015 de 30 de marzo de 2015, con vigencia desde 01/07/2015

[1108] Dada nueva redacción por art. único apartado 245 de Ley Orgánica 1/2015 de 30 de marzo de 2015, con vigencia desde 01/07/2015

[1109] Véanse arts. 192 y 193 LOPJ; art. 30 CPM; arts. 215.2 y 3, 569.5, 575.2, 716 y 764.4 LECrim y arts. 380, 502.1 y 2 y 634 de la presente Ley

2. Los que faltaren al respeto y consideración debida a la autoridad, en el ejercicio de sus funciones, serán castigados con la pena de multa de uno a tres meses.

CAPÍTULO III
De los desórdenes públicos [1110]

557. [1111] 1. Serán castigados con la pena de prisión de seis meses a tres años los que, actuando en grupo y con el fin de atentar contra la paz pública, ejecuten actos de violencia o intimidación:

a) Sobre las personas o las cosas; u

b) obstaculizando las vías públicas ocasionando un peligro para la vida o salud de las personas; o

c) invadiendo instalaciones o edificios alterando gravemente el funcionamiento efectivo de servicios esenciales en esos lugares.

2. Los hechos descritos en el apartado anterior serán castigados con la pena de prisión de tres a cinco años e inhabilitación especial para empleo o cargo público por el mismo tiempo cuando se cometan por una multitud cuyo número, organización y propósito sean idóneos para afectar gravemente el orden público. En caso de hallarse los autores constituidos en autoridad, la pena de inhabilitación será absoluta por tiempo de seis a ocho años.

3. Las penas de los apartados anteriores se impondrán en su mitad superior a los intervinientes que portaran instrumentos peligrosos o a los que llevaran a cabo actos de pillaje.

Estas penas se aplicarán en un grado superior cuando se portaran armas de fuego.

4. La provocación, la conspiración y la proposición para las conductas previstas en los apartados 2 y 3 del presente artículo serán castigadas con las penas inferiores en uno o dos grados a las respectivamente previstas.

[1110] Véase art. 26 LOSC y RD 203/2010, de 26 de febrero, por el que se aprueba el Reglamento de prevención de la violencia, el racismo, la xenofobia y la intolerancia en el deporte

[1111] Dada nueva redacción por art. 1 apartado 21 de Ley Orgánica 14/2022 de 22 de diciembre de 2022, con vigencia desde 12/01/2023

5. Será castigado con pena de prisión de seis meses a dos años quien en lugar concurrido provocara avalancha, estampida u otra reacción análoga en el público que pongan en situación de peligro la vida o la salud de las personas.

6. Las penas señaladas en este artículo se impondrán sin perjuicio de las que les puedan corresponder a los actos concretos de lesiones, amenazas, coacciones o daños que se hubieran llevado a cabo [1112].

557 bis. [1113] Los que, actuando en grupo, invadan u ocupen, contra la voluntad de su titular, el domicilio de una persona jurídica pública o privada, un despacho, oficina, establecimiento o local, aunque se encuentre abierto al público, y causen con ello una perturbación relevante de la paz pública y de su actividad normal, serán castigados con una pena de prisión de tres a seis meses o multa de seis a doce meses, salvo que los hechos ya estuvieran castigados con una pena más grave en otro precepto de este Código.

557 ter. [1114] (Derogado)

558. [1115] Serán castigados con la pena de prisión de tres a seis meses o multa de seis a 12 meses, los que perturben gravemente el orden en la audiencia de un Tribunal o juzgado, en los actos públicos propios de cualquier autoridad o corporación, en colegio electoral, oficina o establecimiento público, centro docente o con motivo de la celebración de espectáculos deportivos o culturales. En estos casos se podrá imponer también la pena de privación de acudir a los lugares, eventos o espectáculos de la misma naturaleza por un tiempo superior hasta tres años a la pena de prisión impuesta [1116].

[1112] Véanse arts. 147 y ss., 263 a 268 y 382 de la presente Ley

[1113] Dada nueva redacción por art. 1 apartado 22 de Ley Orgánica 14/2022 de 22 de diciembre de 2022, con vigencia desde 12/01/2023

[1114] Derogado por art. 1 apartado 23 de Ley Orgánica 14/2022 de 22 de diciembre de 2022, con vigencia desde 12/01/2023

[1115] Dada nueva redacción por art. único apartado 155 de Ley Orgánica 15/2003 de 25 de noviembre de 2003, con vigencia desde 01/10/2004

[1116] Véanse arts. 23, 24 y 26 LOSC; arts. 258 y 684 LECrim y art. 633 de la presente Ley

559. [1117] (Derogado)

560. 1. Los que causaren daños que interrumpan, obstaculicen o destruyan líneas o instalaciones de telecomunicaciones o la correspondencia postal, serán castigados con la pena de prisión de uno a cinco años.

2. En la misma pena incurrirán los que causen daños en vías férreas u originen un grave daño para la circulación ferroviaria de alguna de las formas previstas en el art. 382 .

3. Igual pena se impondrá a los que dañen las conducciones o transmisiones de agua, gas o electricidad para las poblaciones, interrumpiendo o alterando gravemente el suministro o servicio [1118] .

561. [1119] Quien afirme falsamente o simule una situación de peligro para la comunidad o la producción de un siniestro a consecuencia del cual es necesario prestar auxilio a otro, y con ello provoque la movilización de los servicios de policía, asistencia o salvamento, será castigado con la pena de prisión de tres meses y un día a un año o multa de tres a dieciocho meses.

CAPÍTULO IV
Disposición común a los Capítulos anteriores

562. En el caso de hallarse constituido en autoridad el que cometa cualquiera de los delitos expresados en los Capítulos anteriores de este Título, la pena de inhabilitación que estuviese prevista en cada caso se sustituirá por la inhabilitación absoluta por tiempo de diez a quince

---

[1117] Derogado por art. 1 apartado 24 de Ley Orgánica 14/2022 de 22 de diciembre de 2022, con vigencia desde 12/01/2023

[1118] Véanse arts. 140 y ss Ley 16/1987, de 30 de julio, de Ordenación de los Transportes Terrestres y arts. 263 a 268 y 346 de la presente Ley

[1119] Dada nueva redacción por art. único apartado 250 de Ley Orgánica 1/2015 de 30 de marzo de 2015, con vigencia desde 01/07/2015

años, salvo que dicha circunstancia esté específicamente contemplada en el tipo penal de que se trate [1120].

CAPÍTULO V
De la tenencia, tráfico y depósito de armas, municiones o explosivos [1121] *[1122]*

SECCIÓN PRIMERA
De la tenencia, tráfico y depósito de armas, municiones o explosivos (Derogada) [1123]

563. La tenencia de armas prohibidas y la de aquéllas que sean resultado de la modificación sustancial de las características de fabricación de armas reglamentadas, será castigada con la pena de prisión de uno a tres años [1124].

564. 1. La tenencia de armas de fuego reglamentadas, careciendo de las licencias o permisos necesarios, será castigada:

1º) Con la pena de prisión de uno a dos años, si se trata de armas cortas.

2º) Con la pena de prisión de seis meses a un año, si se trata de armas largas.

2. Los delitos previstos en el número anterior se castigarán, respectivamente, con las penas de prisión de dos a tres años y de uno a dos años, cuando concurra alguna de las circunstancias siguientes:

1ª) Que las armas carezcan de marcas de fábrica o de número, o los tengan alterados o borrados.

[1120] Véase art. 24 de la presente Ley

[1121] Véase art. 23.4 b) LOPJ

[1122] Dada nueva redacción por art. único apartado 138 de Ley Orgánica 5/2010 de 22 de junio de 2010, con vigencia desde 23/12/2010

[1123] Suprimida por art. único apartado 139 de Ley Orgánica 5/2010 de 22 de junio de 2010, con vigencia desde 23/12/2010

[1124] Véanse arts. 4 y 5 RD 137/1993, de 29 de enero, Reglamento de Armas y arts. 565 y 570 de la presente Ley

2ª) Que hayan sido introducidas ilegalmente en territorio español.

3ª) Que hayan sido transformadas, modificando sus características originales [1125].

565. Los Jueces o Tribunales podrán rebajar en un grado las penas señaladas en los artículos anteriores, siempre que por las circunstancias del hecho y del culpable se evidencie la falta de intención de usar las armas con fines ilícitos.

566. [1126] 1. Los que fabriquen, comercialicen o establezcan depósitos de armas o municiones no autorizados por las leyes o la autoridad competente serán castigados:

1º) Si se trata de armas o municiones de guerra o de armas químicas, biológicas, nucleares o radiológicas o de minas antipersonas o municiones en racimo, con la pena de prisión de cinco a diez años los promotores y organizadores, y con la de prisión de tres a cinco años los que hayan cooperado a su formación.

2º) Si se trata de armas de fuego reglamentadas o municiones para las mismas, con la pena de prisión de dos a cuatro años los promotores y organizadores, y con la de prisión de seis meses a dos años los que hayan cooperado a su formación.

3º) Con las mismas penas será castigado, en sus respectivos casos, el tráfico de armas o municiones de guerra o de defensa, o de armas químicas, biológicas, nucleares o radiológicas o de minas antipersonas o municiones en racimo [1127].

2. Las penas contempladas en el punto 1º del apartado anterior se impondrán a los que desarrollen o empleen armas químicas, biológicas, nucleares o radiológicas o minas antipersonas o municiones en racimo, o inicien preparativos militares para su empleo o no las destruyan con infracción de los tratados o convenios internacionales en los que España sea parte.

[1125] Véanse arts. 28 y ss, 59 a 71, 88 y ss y 96 y ss RD 137/1993, de 29 de enero, Reglamento de Armas y art. 2.3.a LO 12/1995, de 12 de diciembre, de represión del contrabando

[1126] Dada nueva redacción por art. único apartado 251 de Ley Orgánica 1/2015 de 30 de marzo de 2015, con vigencia desde 01/07/2015

[1127] Véase art. 3 RD 137/1993, de 29 de enero, Reglamento de Armas

567. 1. Se considera depósito de armas de guerra la fabricación, la comercialización o la tenencia de cualquiera de dichas armas, con independencia de su modelo o clase, aun cuando se hallen en piezas desmontadas. Se considera depósito de armas químicas, biológicas, nucleares o radiológicas o de minas antipersonas o de municiones en racimo la fabricación, la comercialización o la tenencia de las mismas.

El depósito de armas, en su vertiente de comercialización, comprende tanto la adquisición como la enajenación. [1128]

2. Se consideran armas de guerra las determinadas como tales en las disposiciones reguladoras de la defensa nacional. Se consideran armas químicas, biológicas, nucleares o radiológicas, minas antipersonas o municiones en racimo las determinadas como tales en los tratados o convenios internacionales en los que España sea parte.

Se entiende por desarrollo de armas químicas, biológicas, nucleares o radiológicas, minas antipersonas o municiones en racimo cualquier actividad consistente en la investigación o estudio de carácter científico o técnico encaminada a la creación de una nueva arma química, biológica, nuclear o radiológica, o mina antipersona o munición en racimo o la modificación de una preexistente [1129]. [1130]

3. Se considera depósito de armas de fuego reglamentadas la fabricación, comercialización o reunión de cinco o más de dichas armas, aun cuando se hallen en piezas desmontadas.

4. Respecto de las municiones, los Jueces y Tribunales, teniendo en cuenta la cantidad y clase de las mismas, declararán si constituyen depósito a los efectos de este Capítulo [1131].

568. La tenencia o el depósito de sustancias o aparatos explosivos, inflamables, incendiarios o asfixiantes, o sus componentes, así como su fabricación, tráfico o transporte, o suministro de cualquier forma, no autorizado por las Leyes o la autoridad competente, serán castigados con la pena de prisión de cuatro a ocho años, si se trata de sus

[1128] Dada nueva redacción apartado 1 por art. único apartado 252 de Ley Orgánica 1/2015 de 30 de marzo de 2015, con vigencia desde 01/07/2015

[1129] Véase art. 3 RD 137/1993, de 29 de enero, Reglamento de Armas

[1130] Dada nueva redacción apartado 2 por art. único apartado 252 de Ley Orgánica 1/2015 de 30 de marzo de 2015, con vigencia desde 01/07/2015

[1131] Véase art. 6 RD 137/1993, de 29 de enero, Reglamento de Armas

promotores y organizadores, y con la pena de prisión de tres a cinco años para los que hayan cooperado a su formación [1132] .

569. Los depósitos de armas, municiones o explosivos establecidos en nombre o por cuenta de una asociación con propósito delictivo, determinarán la declaración judicial de ilicitud y su consiguiente disolución [1133] .

570. [1134] 1. En los casos previstos en este Capítulo se podrá imponer la pena de privación del derecho a la tenencia y porte de armas por tiempo superior en tres años a la pena de prisión impuesta.

2. Igualmente, si el delincuente estuviera autorizado para fabricar o traficar con alguna o algunas de las sustancias, armas y municiones mencionadas en el mismo, sufrirá, además de las penas señaladas, la de inhabilitación especial para el ejercicio de su industria o comercio por tiempo de 12 a 20 años [1135] .

[1132] Véanse arts. 3, 22 y ss, 56 y ss; 112, 113 y 118 y ss RD 130/2017, de 24 de febrero, Reglamento de Explosivos

[1133] Véanse arts. 515 y 520 de la presente Ley

[1134] Dada nueva redacción por art. único apartado 159 de Ley Orgánica 15/2003 de 25 de noviembre de 2003, con vigencia desde 01/10/2004

[1135] Véanse arts. 10 y ss y 59 y ss RD 137/1993, de 29 de enero, Reglamento de Armas

SECCIÓN SEGUNDA
De los delitos de terrorismo (Derogada) [1136]

CAPÍTULO VI
De las organizaciones y grupos criminales [1137]

570 bis. [1138] 1. Quienes promovieren, constituyeren, organizaren, coordinaren o dirigieren una organización criminal serán castigados con la pena de prisión de cuatro a ocho años si aquélla tuviere por finalidad u objeto la comisión de delitos graves, y con la pena de prisión de tres a seis años en los demás casos; y quienes participaren activamente en la organización, formaren parte de ella o cooperaren económicamente o de cualquier otro modo con la misma serán castigados con las penas de prisión de dos a cinco años si tuviere como fin la comisión de delitos graves, y con la pena de prisión de uno a tres años en los demás casos.

A los efectos de este Código se entiende por organización criminal la agrupación formada por más de dos personas con carácter estable o por tiempo indefinido, que de manera concertada y coordinada se repartan diversas tareas o funciones con el fin de cometer delitos. [1139]

2. Las penas previstas en el número anterior se impondrán en su mitad superior cuando la organización:

a) esté formada por un elevado número de personas.

b) disponga de armas o instrumentos peligrosos.

c) disponga de medios tecnológicos avanzados de comunicación o transporte que por sus características resulten especialmente aptos para facilitar la ejecución de los delitos o la impunidad de los culpables.

Si concurrieran dos o más de dichas circunstancias se impondrán las penas superiores en grado.

[1136] Suprimida por art. único apartado 139 de Ley Orgánica 5/2010 de 22 de junio de 2010, con vigencia desde 23/12/2010

[1137] Añadido por art. único apartado 142 de Ley Orgánica 5/2010 de 22 de junio de 2010, con vigencia desde 23/12/2010

[1138] Añadido por art. único apartado 143 de Ley Orgánica 5/2010 de 22 de junio de 2010, con vigencia desde 23/12/2010

[1139] Dada nueva redacción apartado 1 por art. único apartado 253 de Ley Orgánica 1/2015 de 30 de marzo de 2015, con vigencia desde 01/07/2015

3. Se impondrán en su mitad superior las penas respectivamente previstas en este artículo si los delitos fueren contra la vida o la integridad de las personas, la libertad, la libertad e indemnidad sexuales o la trata de seres humanos.

570 ter. [1140] 1. Quienes constituyeren, financiaren o integraren un grupo criminal serán castigados:

a) Si la finalidad del grupo es cometer delitos de los mencionados en el apartado 3 del artículo anterior, con la pena de dos a cuatro años de prisión si se trata de uno o más delitos graves y con la de uno a tres años de prisión si se trata de delitos menos graves.

b) Con la pena de seis meses a dos años de prisión si la finalidad del grupo es cometer cualquier otro delito grave.

c) Con la pena de tres meses a un año de prisión cuando se trate de cometer uno o varios delitos menos graves no incluidos en el apartado a) o de la perpetración reiterada de delitos leves.

A los efectos de este Código se entiende por grupo criminal la unión de más de dos personas que, sin reunir alguna o algunas de las características de la organización criminal definida en el artículo anterior, tenga por finalidad o por objeto la perpetración concertada de delitos. [1141]

2. Las penas previstas en el número anterior se impondrán en su mitad superior cuando el grupo:

a) esté formado por un elevado número de personas.

b) disponga de armas o instrumentos peligrosos.

c) disponga de medios tecnológicos avanzados de comunicación o transporte que por sus características resulten especialmente aptos para facilitar la ejecución de los delitos o la impunidad de los culpables.

Si concurrieran dos o más de dichas circunstancias se impondrán las penas superiores en grado.

[1140] Añadido por art. único apartado 144 de Ley Orgánica 5/2010 de 22 de junio de 2010, con vigencia desde 23/12/2010

[1141] Dada nueva redacción apartado 1 por art. único apartado 254 de Ley Orgánica 1/2015 de 30 de marzo de 2015, con vigencia desde 01/07/2015

570 quater. [1142] 1. Los Jueces o Tribunales, en los supuestos previstos en este Capítulo y el siguiente, acordarán la disolución de la organización o grupo y, en su caso, cualquier otra de las consecuencias de los arts. 33.7 y 129 de este Código. [1143]

2. Asimismo se impondrá a los responsables de las conductas descritas en los dos artículos anteriores, además de las penas en ellos previstas, la de inhabilitación especial para todas aquellas actividades económicas o negocios jurídicos relacionados con la actividad de la organización o grupo criminal o con su actuación en el seno de los mismos, por un tiempo superior entre seis y veinte años al de la duración de la pena de privación de libertad impuesta en su caso, atendiendo proporcionalmente a la gravedad del delito, al número de los cometidos y a las circunstancias que concurran en el delincuente.

En todo caso, cuando las conductas previstas en dichos artículos estuvieren comprendidas en otro precepto de este Código, será de aplicación lo dispuesto en la regla 4ª del art. 8 .

3. Las disposiciones de este Capítulo serán aplicables a toda organización o grupo criminal que lleve a cabo cualquier acto penalmente relevante en España, aunque se hayan constituido, estén asentados o desarrollen su actividad en el extranjero.

4. Los Jueces o Tribunales, razonándolo en la sentencia, podrán imponer al responsable de cualquiera de los delitos previstos en este Capítulo la pena inferior en uno o dos grados, siempre que el sujeto haya abandonado de forma voluntaria sus actividades delictivas y haya colaborado activamente con las autoridades o sus agentes, bien para obtener pruebas decisivas para la identificación o captura de otros responsables o para impedir la actuación o el desarrollo de las organizaciones o grupos a que haya pertenecido, bien para evitar la perpetración de un delito que se tratara de cometer en el seno o a través de dichas organizaciones o grupos.

[1142] Añadido por art. único apartado 145 de Ley Orgánica 5/2010 de 22 de junio de 2010, con vigencia desde 23/12/2010

[1143] Dada nueva redacción apartado 1 por disposición final 2 apartado 4 de Ley Orgánica 3/2011 de 28 de enero de 2011, con vigencia desde 30/01/2011

CAPÍTULO VII

De las organizaciones y grupos terroristas y de los delitos de terrorismo [1144]

SECCIÓN PRIMERA

De las organizaciones y grupos terroristas [1145]

571. [1146] A los efectos de este Código se considerarán organizaciones o grupos terroristas aquellas agrupaciones que, reuniendo las características respectivamente establecidas en el párrafo segundo del apartado 1 del art. 570 bis y en el párrafo segundo del apartado 1 del art. 570 ter, tengan por finalidad o por objeto la comisión de alguno de los delitos tipificados en la sección siguiente.

572. [1147] 1. Quienes promovieran, constituyeran, organizaran o dirigieran una organización o grupo terrorista serán castigados con las penas de prisión de ocho a quince años e inhabilitación absoluta durante el tiempo de la condena.

2. Quienes participaran activamente en la organización o grupo, o formaran parte de ellos, serán castigados con las penas de prisión de seis a doce años e inhabilitación absoluta durante el tiempo de la condena. [1148]

[1144] Dada nueva redacción por art. único de Ley Orgánica 2/2015 de 30 de marzo de 2015, con vigencia desde 01/07/2015

[1145] Dada nueva redacción por art. único de Ley Orgánica 2/2015 de 30 de marzo de 2015, con vigencia desde 01/07/2015

[1146] Dada nueva redacción por art. único de Ley Orgánica 2/2015 de 30 de marzo de 2015, con vigencia desde 01/07/2015

[1147] Dada nueva redacción por art. único apartado 19 de Ley Orgánica 1/2019 de 20 de febrero de 2019, con vigencia desde 13/03/2019

[1148] Véanse arts. 384 bis, 520 bis, 553 y 579.4 LECrim y arts. 515.2, 516, 518, 520, 521, 579 y 580 de la presente Ley

SECCIÓN SEGUNDA
De los delitos de terrorismo [1149]

573. [1150] 1. Se considerará delito de terrorismo la comisión de cualquier delito grave contra la vida o la integridad física, la libertad, la integridad moral, la libertad e indemnidad sexuales, el patrimonio, los recursos naturales o el medio ambiente, la salud pública, de riesgo catastrófico, incendio, de falsedad documental, contra la Corona, de atentado y tenencia, tráfico y depósito de armas, municiones o explosivos, previstos en el presente Código, y el apoderamiento de aeronaves, buques u otros medios de transporte colectivo o de mercancías, cuando se llevaran a cabo con cualquiera de las siguientes finalidades: [1151]

1ª Subvertir el orden constitucional, o suprimir o desestabilizar gravemente el funcionamiento de las instituciones políticas o de las estructuras económicas o sociales del Estado, u obligar a los poderes públicos a realizar un acto o a abstenerse de hacerlo.

2ª Alterar gravemente la paz pública.

3ª Desestabilizar gravemente el funcionamiento de una organización internacional.

4ª Provocar un estado de terror en la población o en una parte de ella.

2. Se considerarán igualmente delitos de terrorismo los delitos informáticos tipificados en los arts. 197 bis y 197 ter y 264 a 264 quater cuando los hechos se cometan con alguna de las finalidades a las que se refiere el apartado anterior.

3. Asimismo, tendrán la consideración de delitos de terrorismo el resto de los delitos tipificados en este Capítulo.

[1149] Dada nueva redacción por art. único de Ley Orgánica 2/2015 de 30 de marzo de 2015, con vigencia desde 01/07/2015

[1150] Dada nueva redacción por art. único de Ley Orgánica 2/2015 de 30 de marzo de 2015, con vigencia desde 01/07/2015

[1151] Dada nueva redacción apartado 1 párrafo 1 por art. único apartado 20 de Ley Orgánica 1/2019 de 20 de febrero de 2019, con vigencia desde 13/03/2019

573 bis. [1152] 1. Los delitos de terrorismo a los que se refiere el apartado 1 del artículo anterior serán castigados con las siguientes penas:

1ª Con la de prisión por el tiempo máximo previsto en este Código si se causara la muerte de una persona.

2ª Con la de prisión de veinte a veinticinco años cuando, en los casos de secuestro o detención ilegal, no se dé razón del paradero de la persona.

3ª Con la de prisión de quince a veinte años si se causara un aborto del art. 144 , se produjeran lesiones de las tipificadas en los arts. 149, 150, 157 o 158, el secuestro de una persona, o estragos o incendio de los previstos respectivamente en los arts. 346 y 351.

4ª Con la de prisión de diez a quince años si se causara cualquier otra lesión, o se detuviera ilegalmente, amenazara o coaccionara a una persona.

5ª Y con la pena prevista para el delito cometido en su mitad superior, pudiéndose llegar a la superior en grado, cuando se tratase de cualquier otro de los delitos a que se refiere el apartado 1 del artículo anterior.

2. Las penas se impondrán en su mitad superior si los hechos se cometieran contra las personas mencionadas en el apartado 3 del art. 550 o contra miembros de las Fuerzas y Cuerpos de Seguridad o de las Fuerzas Armadas o contra empleados públicos que presten servicio en instituciones penitenciarias.

3. Los delitos de terrorismo a los que se refiere el apartado 2 del artículo anterior se castigarán con la pena superior en grado a la respectivamente prevista en los correspondientes artículos.

4. El delito de desórdenes públicos previsto en los apartados 2 y 3 del artículo 557, así como el delito de rebelión, cuando se cometan por una organización o grupo terrorista o individualmente pero amparados en ellos, se castigarán con la pena superior en grado a las previstas para tales delitos. [1153]

[1152] Añadido por art. único de Ley Orgánica 2/2015 de 30 de marzo de 2015, con vigencia desde 01/07/2015

[1153] Dada nueva redacción apartado 4 por art. 1 apartado 25 de Ley Orgánica 14/2022 de 22 de diciembre de 2022, con vigencia desde 12/01/2023

574. [1154] 1. El depósito de armas o municiones, la tenencia o depósito de sustancias o aparatos explosivos, inflamables, incendiarios o asfixiantes, o de sus componentes, así como su fabricación, tráfico, transporte o suministro de cualquier forma, y la mera colocación o empleo de tales sustancias o de los medios o artificios adecuados, serán castigados con la pena de prisión de ocho a quince años cuando los hechos se cometan con cualquiera de las finalidades expresadas en el apartado 1 del art. 573.

2. Se impondrá la pena de diez a veinte años de prisión cuando se trate de armas, sustancias o aparatos nucleares, radiológicos, químicos o biológicos, o cualesquiera otros de similar potencia destructiva.

3. Serán también castigados con la pena de diez a veinte años de prisión quienes, con las mismas finalidades indicadas en el apartado 1, desarrollen armas químicas o biológicas, o se apoderen, posean, transporten, faciliten a otros o manipulen materiales nucleares, elementos radioactivos o materiales o equipos productores de radiaciones ionizantes [1155].

575. [1156] 1. Será castigado con la pena de prisión de dos a cinco años quien, con la finalidad de capacitarse para llevar a cabo cualquiera de los delitos tipificados en este Capítulo, reciba adoctrinamiento o adiestramiento militar o de combate, o en técnicas de desarrollo de armas químicas o biológicas, de elaboración o preparación de sustancias o aparatos explosivos, inflamables, incendiarios o asfixiantes, o específicamente destinados a facilitar la comisión de alguna de tales infracciones.

2. Con la misma pena se castigará a quien, con la misma finalidad de capacitarse para cometer alguno de los delitos tipificados en este Capítulo, lleve a cabo por sí mismo cualquiera de las actividades previstas en el apartado anterior.

Se entenderá que comete este delito quien, con tal finalidad, acceda de manera habitual a uno o varios servicios de comunicación accesibles al público en línea o contenidos accesibles a través de internet o

---

[1154] Dada nueva redacción por art. único de Ley Orgánica 2/2015 de 30 de marzo de 2015, con vigencia desde 01/07/2015

[1155] Véanse arts. 566, 569, 579 y 580 de la presente Ley

[1156] Dada nueva redacción por art. único de Ley Orgánica 2/2015 de 30 de marzo de 2015, con vigencia desde 01/07/2015

de un servicio de comunicaciones electrónicas cuyos contenidos estén dirigidos o resulten idóneos para incitar a la incorporación a una organización o grupo terrorista, o a colaborar con cualquiera de ellos o en sus fines. Los hechos se entenderán cometidos en España cuando se acceda a los contenidos desde el territorio español.

Asimismo se entenderá que comete este delito quien, con la misma finalidad, adquiera o tenga en su poder documentos que estén dirigidos o, por su contenido, resulten idóneos para incitar a la incorporación a una organización o grupo terrorista o a colaborar con cualquiera de ellos o en sus fines.

3. La misma pena se impondrá a quien, para ese mismo fin, o para colaborar con una organización o grupo terrorista, o para cometer cualquiera de los delitos comprendidos en este Capítulo, se traslade o establezca en un territorio extranjero. [1157]

576. [1158] 1. Será castigado con la pena de prisión de cinco a diez años y multa del triple al quíntuplo de su valor el que, por cualquier medio, directa o indirectamente, recabe, adquiera, posea, utilice, convierta, transmita o realice cualquier otra actividad con bienes o valores de cualquier clase con la intención de que se utilicen, o a sabiendas de que serán utilizados, en todo o en parte, para cometer cualquiera de los delitos comprendidos en este Capítulo.

2. Si los bienes o valores se pusieran efectivamente a disposición del responsable del delito de terrorismo, se podrá imponer la pena superior en grado. Si llegaran a ser empleados para la ejecución de actos terroristas concretos, el hecho se castigará como coautoría o complicidad, según los casos.

3. En el caso de que la conducta a que se refiere el apartado 1 se hubiera llevado a cabo atentando contra el patrimonio, cometiendo extorsión, falsedad documental o mediante la comisión de cualquier otro delito, éstos se castigarán con la pena superior en grado a la que les corresponda, sin perjuicio de imponer además la que proceda conforme a los apartados anteriores.

[1157] Dada nueva redacción apartado 3 por art. único apartado 21 de Ley Orgánica 1/2019 de 20 de febrero de 2019, con vigencia desde 13/03/2019

[1158] Dada nueva redacción por art. único de Ley Orgánica 2/2015 de 30 de marzo de 2015, con vigencia desde 01/07/2015

4. El que estando específicamente sujeto por la ley a colaborar con la autoridad en la prevención de las actividades de financiación del terrorismo dé lugar, por imprudencia grave en el cumplimiento de dichas obligaciones, a que no sea detectada o impedida cualquiera de las conductas descritas en el apartado 1 será castigado con la pena inferior en uno o dos grados a la prevista en él.

Apartado 5 (Derogado) [1159]

576 bis. [1160] (Derogado)

577. [1161] 1. Será castigado con las penas de prisión de cinco a diez años y multa de dieciocho a veinticuatro meses el que lleve a cabo, recabe o facilite cualquier acto de colaboración con las actividades o las finalidades de una organización, grupo o elemento terrorista, o para cometer cualquiera de los delitos comprendidos en este Capítulo.

En particular son actos de colaboración la información o vigilancia de personas, bienes o instalaciones, la construcción, acondicionamiento, cesión o utilización de alojamientos o depósitos, la ocultación, acogimiento o traslado de personas, la organización de prácticas de entrenamiento o la asistencia a ellas, la prestación de servicios tecnológicos, y cualquier otra forma equivalente de cooperación o ayuda a las actividades de las organizaciones o grupos terroristas, grupos o personas a que se refiere el párrafo anterior.

Cuando la información o vigilancia de personas mencionada en el párrafo anterior ponga en peligro la vida, la integridad física, la libertad o el patrimonio de las mismas se impondrá la pena prevista en este apartado en su mitad superior. Si se produjera la lesión de cualquiera de estos bienes jurídicos se castigará el hecho como coautoría o complicidad, según los casos.

2. Las penas previstas en el apartado anterior se impondrán a quienes lleven a cabo cualquier actividad de captación, adoctrinamiento o adiestramiento, que esté dirigida o que, por su contenido, resulte

---

[1159] Derogado apartado 5 por art. único apartado 22 de Ley Orgánica 1/2019 de 20 de febrero de 2019, con vigencia desde 13/03/2019

[1160] Derogado por art. único de Ley Orgánica 2/2015 de 30 de marzo de 2015, con vigencia desde 01/07/2015

[1161] Dada nueva redacción por art. único de Ley Orgánica 2/2015 de 30 de marzo de 2015, con vigencia desde 01/07/2015

idónea para incitar a incorporarse a una organización o grupo terrorista, o para cometer cualquiera de los delitos comprendidos en este Capítulo.

Asimismo se impondrán estas penas a los que faciliten adiestramiento o instrucción sobre la fabricación o uso de explosivos, armas de fuego u otras armas o sustancias nocivas o peligrosas, o sobre métodos o técnicas especialmente adecuados para la comisión de alguno de los delitos del art. 573, con la intención o conocimiento de que van a ser utilizados para ello.

Las penas se impondrán en su mitad superior, pudiéndose llegar a la superior en grado, cuando los actos previstos en este apartado se hubieran dirigido a menores de edad o personas con discapacidad necesitadas de especial protección o a mujeres víctimas de trata con el fin de convertirlas en cónyuges, compañeras o esclavas sexuales de los autores del delito, sin perjuicio de imponer las que además procedan por los delitos contra la libertad sexual cometidos.

3. Si la colaboración con las actividades o las finalidades de una organización o grupo terrorista, o en la comisión de cualquiera de los delitos comprendidos en este Capítulo, se hubiera producido por imprudencia grave se impondrá la pena de prisión de seis a dieciocho meses y multa de seis a doce meses [1162].

578. [1163] 1. El enaltecimiento o la justificación públicos de los delitos comprendidos en los arts. 572 a 577 o de quienes hayan participado en su ejecución, o la realización de actos que entrañen descrédito, menosprecio o humillación de las víctimas de los delitos terroristas o de sus familiares, se castigará con la pena de prisión de uno a tres años y multa de doce a dieciocho meses. El juez también podrá acordar en la sentencia, durante el período de tiempo que él mismo señale, alguna o algunas de las prohibiciones previstas en el art. 57 [1164].

2. Las penas previstas en el apartado anterior se impondrán en su mitad superior cuando los hechos se hubieran llevado a cabo mediante la difusión de servicios o contenidos accesibles al público a través

---

[1162] Véanse arts. 27, 28, 29, 61, 63, 516, 518, 579 y 580 de la presente Ley

[1163] Dada nueva redacción por art. único de Ley Orgánica 2/2015 de 30 de marzo de 2015, con vigencia desde 01/07/2015

[1164] Véanse arts. 18, 57 y 572 a 577 de la presente Ley

de medios de comunicación, internet, o por medio de servicios de comunicaciones electrónicas o mediante el uso de tecnologías de la información.

3. Cuando los hechos, a la vista de sus circunstancias, resulten idóneos para alterar gravemente la paz pública o crear un grave sentimiento de inseguridad o temor a la sociedad o parte de ella se impondrá la pena en su mitad superior, que podrá elevarse hasta la superior en grado.

4. El Juez o Tribunal acordará la destrucción, borrado o inutilización de los libros, archivos, documentos, artículos o cualquier otro soporte por medio del que se hubiera cometido el delito. Cuando el delito se hubiera cometido a través de tecnologías de la información y la comunicación se acordará la retirada de los contenidos.

Si los hechos se hubieran cometido a través de servicios o contenidos accesibles a través de internet o de servicios de comunicaciones electrónicas, el Juez o Tribunal podrá ordenar la retirada de los contenidos o servicios ilícitos. Subsidiariamente, podrá ordenar a los prestadores de servicios de alojamiento que retiren los contenidos ilícitos, a los motores de búsqueda que supriman los enlaces que apunten a ellos y a los proveedores de servicios de comunicaciones electrónicas que impidan el acceso a los contenidos o servicios ilícitos siempre que concurra alguno de los siguientes supuestos:

a) Cuando la medida resulte proporcionada a la gravedad de los hechos y a la relevancia de la información y necesaria para evitar su difusión.

b) Cuando se difundan exclusiva o preponderantemente los contenidos a los que se refieren los apartados anteriores.

5. Las medidas previstas en el apartado anterior podrán también ser acordadas por el juez instructor con carácter cautelar durante la instrucción de la causa.

579. [1165] 1. Será castigado con la pena inferior en uno o dos grados a la prevista para el delito de que se trate el que, por cualquier medio, difunda públicamente mensajes o consignas que tengan como finalidad o que, por su contenido, sean idóneos para incitar a otros a la comisión de alguno de los delitos de este Capítulo.

[1165] Dada nueva redacción por art. único de Ley Orgánica 2/2015 de 30 de marzo de 2015, con vigencia desde 01/07/2015

2. La misma pena se impondrá al que, públicamente o ante una concurrencia de personas, incite a otros a la comisión de alguno de los delitos de este Capítulo, así como a quien solicite a otra persona que los cometa.

3. Los demás actos de provocación, conspiración y proposición para cometer alguno de los delitos regulados en este Capítulo se castigarán también con la pena inferior en uno o dos grados a la que corresponda respectivamente a los hechos previstos en este Capítulo.

4. En los casos previstos en este precepto, los Jueces o Tribunales podrán adoptar las medidas establecidas en los apartados 4 y 5 del artículo anterior [1166].

579 bis. [1167] 1. El responsable de los delitos previstos en este Capítulo, sin perjuicio de las penas que correspondan con arreglo a los artículos precedentes, será también castigado, atendiendo proporcionalmente a la gravedad del delito, el número de los cometidos y a las circunstancias que concurran en el delincuente, con las penas de inhabilitación absoluta, inhabilitación especial para profesión u oficio educativos, en los ámbitos docente, deportivo y de tiempo libre, por un tiempo superior entre seis y veinte años al de la duración de la pena de privación de libertad impuesta en su caso en la sentencia.

2. Al condenado a pena grave privativa de libertad por uno o más delitos comprendidos en este Capítulo se le impondrá además la medida de libertad vigilada de cinco a diez años, y de uno a cinco años si la pena privativa de libertad fuera menos grave. No obstante lo anterior, cuando se trate de un solo delito que no sea grave, y su autor hubiere delinquido por primera vez, el Tribunal podrá imponer o no la medida de libertad vigilada, en atención a su menor peligrosidad.

3. En los delitos previstos en este Capítulo, los Jueces y Tribunales, razonándolo en sentencia, podrán imponer la pena inferior en uno o dos grados a la señalada para el delito de que se trate, cuando el sujeto haya abandonado voluntariamente sus actividades delictivas, se presente a las autoridades confesando los hechos en que haya participado y colabore activamente con éstas para impedir la producción del delito, o coadyuve eficazmente a la obtención de pruebas decisivas para

---

[1166] Véanse arts. 17, 18, 21.4, 373 y 580 de la presente Ley

[1167] Añadido por art. único de Ley Orgánica 2/2015 de 30 de marzo de 2015, con vigencia desde 01/07/2015

la identificación o captura de otros responsables o para impedir la actuación o el desarrollo de organizaciones, grupos u otros elementos terroristas a los que haya pertenecido o con los que haya colaborado.

4. Los Jueces y Tribunales, motivadamente, atendiendo a las circunstancias concretas, podrán imponer también la pena inferior en uno o dos grados a la señalada en este Capítulo para el delito de que se trate, cuando el hecho sea objetivamente de menor gravedad, atendidos el medio empleado o el resultado producido.

580. [1168] En todos los delitos de terrorismo, la condena de un Juez o Tribunal extranjero será equiparada a las sentencias de los Jueces o Tribunales españoles a los efectos de aplicación de la agravante de reincidencia [1169].

580 bis. [1170] Cuando de acuerdo con lo establecido en el artículo 31 bis una persona jurídica sea responsable de los delitos recogidos en este Capítulo, se le impondrán las siguientes penas:

a) Multa de dos a cinco años, o del doble al cuádruple del perjuicio causado cuando la cantidad resultante fuese más elevada, si el delito cometido por la persona física tiene prevista una pena de más de dos años de privación de libertad.

b) Multa de seis meses a dos años, o del doble al triple del perjuicio causado si la cantidad resultante fuese más elevada, en el resto de los casos.

Atendidas las reglas establecidas en el artículo 66 bis, los jueces y tribunales podrán asimismo imponer las penas recogidas en las letras b) a g) del apartado 7 del artículo 33.

[1168] Dada nueva redacción por art. único de Ley Orgánica 2/2015 de 30 de marzo de 2015, con vigencia desde 01/07/2015

[1169] Véase art. 22.8 de la presente Ley

[1170] Añadido por art. único apartado 23 de Ley Orgánica 1/2019 de 20 de febrero de 2019, con vigencia desde 13/03/2019

TÍTULO XXIII
De los delitos de traición y contra la paz o la independencia del Estado y relativos a la Defensa Nacional

CAPÍTULO PRIMERO
Delitos de traición [1171]

581. El español que indujere a una potencia extranjera a declarar la guerra a España o se concertare con ella para el mismo fin, será castigado con la pena de prisión de quince a veinte años [1172].

582. Será castigado con la pena de prisión de doce a veinte años:

1º) El español que facilite al enemigo la entrada en España, la toma de una plaza, puesto militar, buque o aeronave del Estado o almacenes de intendencia o armamento.

2º) El español que seduzca o allegue tropa española o que se halle al servicio de España, para que se pase a las filas enemigas o deserte de sus banderas estando en campaña.

3º) El español que reclute gente o suministre armas u otros medios eficaces para hacer la guerra a España, bajo banderas enemigas [1173].

583. Será castigado con la pena de prisión de doce a veinte años:

1º) El español que tome las armas contra la Patria bajo banderas enemigas.

Se impondrá la pena superior en grado al que obre como jefe o promotor, o tenga algún mando, o esté constituido en autoridad.

2º) El español que suministre a las tropas enemigas caudales, armas, embarcaciones, aeronaves, efectos o municiones de intendencia o armamento u otros medios directos y eficaces para hostilizar a España, o favorezca el progreso de las armas enemigas de un modo no comprendido en el artículo anterior.

[1171] Véase art. 102.2 CE; art. 23.3.a LOPJ y art. 24 CPM

[1172] Véase art. 102.2 CE y arts. 590 y 592 de la presente Ley

[1173] Véase arts. 583 y 595 de la presente Ley

3º) El español que suministre al enemigo planos de fortalezas, edificios o de terrenos, documentos o noticias que conduzcan directamente al mismo fin de hostilizar a España o de favorecer el progreso de las armas enemigas.

4º) El español que, en tiempo de guerra, impida que las tropas nacionales reciban los auxilios expresados en el número 2º o los datos y noticias indicados en el número 3º de este artículo [1174].

584. El español que, con el propósito de favorecer a una potencia extranjera, asociación u organización internacional, se procure, falsee, inutilice o revele información clasificada como reservada o secreta, susceptible de perjudicar la seguridad nacional o la defensa nacional, será castigado, como traidor, con la pena de prisión de seis a doce años [1175].

585. La provocación, la conspiración y la proposición para cualquiera de los delitos previstos en los artículos anteriores de este Capítulo, serán castigadas con la pena de prisión inferior en uno o dos grados a la del delito correspondiente [1176].

586. El extranjero residente en España que cometiere alguno de los delitos comprendidos en este Capítulo será castigado con la pena inferior en grado a la señalada para ellos, salvo lo establecido por Tratados o por el Derecho de gentes acerca de los funcionarios diplomáticos, consulares y de Organizaciones internacionales [1177].

587. Las penas señaladas en los artículos anteriores de este Capítulo son aplicables a los que cometieren los delitos comprendidos en los

---

[1174] Véase arts. 582.3, 587, 595 y 596 de la presente Ley

[1175] Véanse arts. 1, 2, 3 y 8 a 13 Ley 9/1968, de 5 de abril, de Secretos Oficiales y art. 25 CPM

[1176] Véase art. 33 CPM y arts. 17 y 18 de la presente Ley

[1177] Véanse LO 4/2000, de 11 de enero, sobre derechos y libertades de los extranjeros en España; art. 13.4 CE y Ley 12/2009, de 30 de octubre, reguladora del derecho de asilo y de la protección subsidiaria

mismos contra una potencia aliada de España, en caso de hallarse en campaña contra el enemigo común [1178] .

588. Incurrirán en la pena de prisión de quince a veinte años los miembros del Gobierno que, sin cumplir con lo dispuesto en la Constitución, declararan la guerra o firmaran la paz [1179] .

CAPÍTULO II
Delitos que comprometen la paz o la independencia del Estado

589. El que publicare o ejecutare en España cualquier orden, disposición o documento de un Gobierno extranjero que atente contra la independencia o seguridad del Estado, se oponga a la observancia de sus Leyes o provoque su incumplimiento, será castigado con la pena de prisión de uno a tres años [1180] .

590. 1. El que, con actos ilegales o que no estén debidamente autorizados, provocare o diere motivo a una declaración de guerra contra España por parte de otra potencia, o expusiere a los españoles a experimentar vejaciones o represalias en sus personas o en sus bienes, será castigado con la pena de prisión de ocho a quince años si es autoridad o funcionario, y de cuatro a ocho si no lo es [1181] .

2. Si la guerra no llegara a declararse ni a tener efecto las vejaciones o represalias, se impondrá, respectivamente, la pena inmediata inferior.

591. Con las mismas penas señaladas en el artículo anterior será castigado, en sus respectivos casos, el que, durante una guerra en que no intervenga España, ejecutare cualquier acto que comprometa la

[1178] Véase art. 32 CPM

[1179] Véanse arts. 63.3, 74, 94, 97 y 102 CE; art. 57.2 LOPJ y arts. 5, 6 y 7 LO 5/2005, de 17 de noviembre, de Defensa Nacional

[1180] Véanse arts. 2 y 8 CE y art. 23.3.a LOPJ

[1181] Véase arts. 16, 24 y 581 de la presente Ley

neutralidad del Estado o infringiere las disposiciones publicadas por el Gobierno para mantenerla [1182] .

592. 1. Serán castigados con la pena de prisión de cuatro a ocho años los que, con el fin de perjudicar la autoridad del Estado o comprometer la dignidad o los intereses vitales de España, mantuvieran inteligencia o relación de cualquier género con Gobiernos extranjeros, con sus agentes o con grupos, Organismos o Asociaciones internacionales o extranjeras.

2. Quien realizara los actos referidos en el apartado anterior con la intención de provocar una guerra o rebelión será castigado con arreglo a los arts. 581 , 473 ó 475 de este Código según los casos.

593. Se impondrá la pena de prisión de ocho a quince años a quien violare tregua o armisticio acordado entre la Nación española y otra enemiga, o entre sus fuerzas beligerantes.

594. 1. El español que, en tiempo de guerra, comunicare o hiciere circular noticias o rumores falsos encaminados a perjudicar el crédito del Estado o los intereses de la Nación, será castigado con las penas de prisión de seis meses a dos años.

2. En las mismas penas incurrirá el extranjero que en el territorio español realizare cualquiera de los hechos comprendidos en el apartado anterior [1183] .

595. El que, sin autorización legalmente concedida, levantare tropas en España para el servicio de una potencia extranjera, cualquiera que sea el objeto que se proponga o la Nación a la que intente hostilizar, será castigado con la pena de prisión de cuatro a ocho años [1184] .

596. 1. El que, en tiempo de guerra y con el fin de comprometer la paz, seguridad o independencia del Estado, tuviere correspondencia

---

[1182] Véanse arts. 27, 29 y 30 CPM y art. 581 de la presente Ley
[1183] Véanse arts. 24.3 y 55 CPM
[1184] Véanse arts. 582.2 y 583 de la presente Ley

con un país enemigo u ocupado por sus tropas cuando el Gobierno lo hubiera prohibido, será castigado con la pena de prisión de uno a cinco años. Si en la correspondencia se dieran avisos o noticias de las que pudiera aprovecharse el enemigo se impondrá la pena de prisión de ocho a quince años.

2. En las mismas penas incurrirá el que ejecutare los delitos comprendidos en este artículo, aunque dirija la correspondencia por país amigo o neutral para eludir la Ley.

3. Si el reo se propusiera servir al enemigo con sus avisos o noticias, se estimará comprendido en el número 3º o el número 4º del art. 583 .

597. El español o extranjero que, estando en el territorio nacional, pasare o intentare pasar a país enemigo cuando lo haya prohibido el Gobierno, será castigado con la pena de multa de seis a doce meses [1185] .

CAPÍTULO III
Del descubrimiento y revelación de secretos e informaciones relativas a la Defensa Nacional [1186] *[1187]*

SECCIÓN PRIMERA
Del descubrimiento y revelación de secretos e informaciones relativas a la defensa nacional (Derogada) *[1188]*

598. El que, sin propósito de favorecer a una potencia extranjera, se procurare, revelare, falseare o inutilizare información legalmente calificada como reservada o secreta, relacionada con la seguridad na-

---

[1185] Véanse art. 24.2 CPM

[1186] Véanse art. 26 CPM; Ley 9/1968, de 5 de abril, de Secretos Oficiales y arts. 197 y ss, 413 y ss, 535 y 536 de la presente Ley

[1187] Dada nueva redacción por art. 1 apartado 3 de Ley Orgánica 3/2002 de 22 de mayo de 2002, con vigencia desde 24/05/2002

[1188] Derogada por art. 1 apartado 3 de Ley Orgánica 3/2002 de 22 de mayo de 2002, con vigencia desde 24/05/2002

cional o la defensa nacional o relativa a los medios técnicos o sistemas empleados por las Fuerzas Armadas o las industrias de interés militar, será castigado con la pena de prisión de uno a cuatro años [1189].

599. La pena establecida en el artículo anterior se aplicará en su mitad superior cuando concurra alguna de las circunstancias siguientes:

1º) Que el sujeto activo sea depositario o conocedor del secreto o información por razón de su cargo o destino.

2º) Que la revelación consistiera en dar publicidad al secreto o información en algún medio de comunicación social o de forma que asegure su difusión [1190].

600. 1. El que sin autorización expresa reprodujere planos o documentación referentes a zonas, instalaciones o materiales militares que sean de acceso restringido y cuyo conocimiento esté protegido y reservado por una información legalmente calificada como reservada o secreta, será castigado con la pena de prisión de seis meses a tres años.

2. Con la misma pena será castigado el que tenga en su poder objetos o información legalmente calificada como reservada o secreta, relativos a la seguridad o a la defensa nacional, sin cumplir las disposiciones establecidas en la legislación vigente [1191].

601. El que, por razón de su cargo, comisión o servicio, tenga en su poder o conozca oficialmente objetos o información legalmente calificada como reservada o secreta o de interés militar, relativos a la seguridad nacional o la defensa nacional, y por imprudencia grave dé lugar a que sean conocidos por persona no autorizada o divulgados, publicados o inutilizados, será castigado con la pena de prisión de seis meses a un año [1192].

[1189] Véanse arts. 25 y 26 CPM y arts. 194 y ss, 413 y ss, 535, 536 y 584 de la presente Ley

[1190] Véase art. 26 CPM

[1191] Véase art. 26 CPM

[1192] Véase art. 26 CPM

602. El que descubriere, violare, revelare, sustrajere o utilizare información legalmente calificada como reservada o secreta relacionada con la energía nuclear, será castigado con la pena de prisión de seis meses a tres años, salvo que el hecho tenga señalada pena más grave en otra Ley [1193].

603. El que destruyere, inutilizare, falseare o abriere sin autorización la correspondencia o documentación legalmente calificada como reservada o secreta, relacionadas con la defensa nacional y que tenga en su poder por razones de su cargo o destino, será castigado con la pena de prisión de dos a cinco años e inhabilitación especial de empleo o cargo público por tiempo de tres a seis años [1194].

SECCIÓN SEGUNDA
De los delitos contra el deber de prestación del servicio militar
(Derogada) [1195]

604. [1196] (Derogado)

[1193] Véanse arts. 25 y 26 CPM

[1194] Véase art. 26 CPM y arts. 414 y 598 de la presente Ley

[1195] Derogada por art. 1 apartado 3 de Ley Orgánica 3/2002 de 22 de mayo de 2002, con vigencia desde 24/05/2002

[1196] Derogado por art. 1 apartado 4 de Ley Orgánica 3/2002 de 22 de mayo de 2002, con vigencia desde 24/05/2002

TÍTULO XXIV
Delitos contra la Comunidad Internacional

CAPÍTULO PRIMERO
Delitos contra el Derecho de gentes [1197]

605. 1. El que matare al Jefe de un Estado extranjero, o a otra persona internacionalmente protegida por un Tratado, que se halle en España, será castigado con la pena de prisión permanente revisable. [1198]

2. El que causare lesiones de las previstas en el art. 149 a las personas mencionadas en el apartado anterior, será castigado con la pena de prisión de quince a veinte años.

Si se tratara de alguna de las lesiones previstas en el art. 150 se castigará con la pena de prisión de ocho a quince años, y de cuatro a ocho años si fuera cualquier otra lesión.

3. Cualquier otro delito cometido contra las personas mencionadas en los números precedentes, o contra los locales oficiales, la residencia particular o los medios de transporte de dichas personas, será castigado con las penas establecidas en este Código para los respectivos delitos, en su mitad superior [1199].

606. 1. El que violare la inmunidad personal del Jefe de otro Estado o de otra persona internacionalmente protegida por un Tratado, será castigado con la pena de prisión de seis meses a tres años.

2. Cuando los delitos comprendidos en este artículo y en el anterior no tengan señalada una penalidad recíproca en las Leyes del país a que correspondan las personas ofendidas, se impondrá al delincuente la pena que sería propia del delito, con arreglo a las disposiciones de este Código, si la persona ofendida no tuviese el carácter oficial mencionado en el apartado anterior.

[1197] Véanse arts. 39 a 44 LPPNA y arts. 615 y 616 de la presente Ley

[1198] Dada nueva redacción apartado 1 por art. único apartado 255 de Ley Orgánica 1/2015 de 30 de marzo de 2015, con vigencia desde 01/07/2015

[1199] Véase art. 23.4.i LOPJ y arts. 138 y ss, 606 y 617.1 de la presente Ley

CAPÍTULO II
Delitos de genocidio [1200]

607. [1201] 1. Los que, con propósito de destruir total o parcialmente un grupo nacional, étnico, racial, religioso o determinado por la discapacidad de sus integrantes, perpetraren alguno de los actos siguientes, serán castigados:

1º) Con la pena de prisión permanente revisable, si mataran a alguno de sus miembros.

2º) Con la pena de prisión permanente revisable, si agredieran sexualmente a alguno de sus miembros o produjeran alguna de las lesiones previstas en el art. 149 .

3º) Con la pena de prisión de ocho a quince años, si sometieran al grupo o a cualquiera de sus individuos a condiciones de existencia que pongan en peligro su vida o perturben gravemente su salud, o cuando les produjeran algunas de las lesiones previstas en el art. 150 .

4º) Con la misma pena, si llevaran a cabo desplazamientos forzosos del grupo o sus miembros, adoptaran cualquier medida que tienda a impedir su género de vida o reproducción, o bien trasladaran por la fuerza individuos de un grupo a otro.

5º) Con la de prisión de cuatro a ocho años, si produjeran cualquier otra lesión distinta de las señaladas en los numerales 2º y 3º de este apartado.

2. En todos los casos se impondrá además la pena de inhabilitación especial para profesión u oficio educativos, en el ámbito docente, deportivo y de tiempo libre, por un tiempo superior entre tres y cinco años al de la duración de la pena de privación de libertad impuesta en su caso en la sentencia, atendiendo proporcionalmente a la gravedad del delito y a las circunstancias que concurran en el delincuente [1202] .

[1200] Véanse arts. 14 y 15 CE; art. 23.4.a LOPJ y arts. 22.4, 510, 511, 512, 615 y 616 de la presente Ley

[1201] Dada nueva redacción por art. único apartado 256 de Ley Orgánica 1/2015 de 30 de marzo de 2015, con vigencia desde 01/07/2015

[1202] Véase art. 23.4.i LOPJ y arts. 22, 138 a 143, 147 a 152, 178 a 180 y 617.1 de la presente Ley

CAPÍTULO II BIS
De los delitos de lesa humanidad [1203] *[1204]*

607 bis. *[1205]* 1. Son reos de delitos de lesa humanidad quienes cometan los hechos previstos en el apartado siguiente como parte de un ataque generalizado o sistemático contra la población civil o contra una parte de ella.

En todo caso, se considerará delito de lesa humanidad la comisión de tales hechos:

1º) Por razón de pertenencia de la víctima a un grupo o colectivo perseguido por motivos políticos, raciales, nacionales, étnicos, culturales, religiosos, de género, discapacidad u otros motivos universalmente reconocidos como inaceptables con arreglo al Derecho Internacional. [1206]

2º) En el contexto de un régimen institucionalizado de opresión y dominación sistemáticas de un grupo racial sobre uno o más grupos raciales y con la intención de mantener ese régimen.

2. Los reos de delitos de lesa humanidad serán castigados:

1º) Con la pena de prisión permanente revisable si causaran la muerte de alguna persona. [1207]

2º) Con la pena de prisión de 12 a 15 años si cometieran una violación, y de cuatro a seis años de prisión si el hecho consistiera en cualquier otra agresión sexual.

3º) Con la pena de prisión de 12 a 15 años si produjeran alguna de las lesiones del art. 149 , y con la de ocho a 12 años de prisión si sometieran a las personas a condiciones de existencia que pongan en peligro su vida o perturben gravemente su salud o cuando les produjeran alguna de las lesiones previstas en el art. 150 . Se aplicará

[1203] Véase LO 6/2000, de 4 de octubre, por la que se autoriza la ratificación por España del Estatuto de la Corte Penal Internacional

[1204] Añadido por art. único apartado 160 de Ley Orgánica 15/2003 de 25 de noviembre de 2003, con vigencia desde 01/10/2004

[1205] Añadido por art. único apartado 160 de Ley Orgánica 15/2003 de 25 de noviembre de 2003, con vigencia desde 01/10/2004

[1206] Dada nueva redacción apartado 1 número 1 por art. único apartado 156 de Ley Orgánica 5/2010 de 22 de junio de 2010, con vigencia desde 23/12/2010

[1207] Dada nueva redacción apartado 2 número 1 por art. único apartado 257 de Ley Orgánica 1/2015 de 30 de marzo de 2015, con vigencia desde 01/07/2015

la pena de prisión de cuatro a ocho años si cometieran alguna de las lesiones del art. 147 .

4º) Con la pena de prisión de ocho a 12 años si deportaran o trasladaran por la fuerza, sin motivos autorizados por el Derecho Internacional, a una o más personas a otro Estado o lugar, mediante la expulsión u otros actos de coacción.

5º) Con la pena de prisión de seis a ocho años si forzaran el embarazo de alguna mujer con intención de modificar la composición étnica de la población, sin perjuicio de la pena que corresponda, en su caso, por otros delitos.

6º) Con la pena de prisión de doce a quince años la desaparición forzada de personas. Se entenderá por desaparición forzada la aprehensión, detención o el secuestro o cualquier otra forma de privación de libertad que sean obra de agentes del Estado o por personas o grupos de personas que actúan con la autorización, el apoyo o la aquiescencia del Estado, seguida de la negativa a reconocer dicha privación de libertad o del ocultamiento de la suerte o el paradero de la persona desaparecida, sustrayéndola de la protección de la ley. [1208]

7º) Con la pena de prisión de ocho a 12 años si detuvieran a otro, privándolo de su libertad, con infracción de las normas internacionales sobre la detención.

Se impondrá la pena inferior en grado cuando la detención dure menos de quince días.

8º) Con la pena de cuatro a ocho años de prisión si cometieran tortura grave sobre personas que tuvieran bajo su custodia o control, y con la de prisión de dos a seis años si fuera menos grave.

A los efectos de este artículo, se entiende por tortura el sometimiento de la persona a sufrimientos físicos o psíquicos.

La pena prevista en este número se impondrá sin perjuicio de las penas que correspondieran, en su caso, por los atentados contra otros derechos de la víctima.

9º) Con la pena de prisión de cuatro a ocho años si cometieran alguna de las conductas relativas a la prostitución recogidas en el art. 187.1, y con la de seis a ocho años en los casos previstos en el art. 188.1.

Se impondrá la pena de seis a ocho años a quienes trasladen a personas de un lugar a otro, con el propósito de su explotación sexual,

---

[1208] Dada nueva redacción apartado 2 número 6 por art. único apartado 257 de Ley Orgánica 1/2015 de 30 de marzo de 2015, con vigencia desde 01/07/2015

empleando violencia, intimidación o engaño, o abusando de una situación de superioridad o de necesidad o de vulnerabilidad de la víctima.

Cuando las conductas previstas en el párrafo anterior y en el art. 188.1 se cometan sobre menores de edad o personas con discapacidad necesitadas de especial protección, se impondrán las penas superiores en grado. [1209]

10º) Con la pena de prisión de cuatro a ocho años si sometieran a alguna persona a esclavitud o la mantuvieran en ella. Esta pena se aplicará sin perjuicio de las que, en su caso, correspondan por los concretos atentados cometidos contra los derechos de las personas.

Por esclavitud se entenderá la situación de la persona sobre la que otro ejerce, incluso de hecho, todos o algunos de los atributos del derecho de propiedad, como comprarla, venderla, prestarla o darla en trueque.

3. En todos los casos previstos en el apartado anterior se impondrá además la pena de inhabilitación especial para profesión u oficio educativos, en el ámbito docente, deportivo y de tiempo libre, por un tiempo superior entre tres y cinco años al de la duración de la pena de privación de libertad impuesta en su caso en la sentencia, atendiendo proporcionalmente a la gravedad del delito y a las circunstancias que concurran en el delincuente. [1210]

CAPÍTULO III
De los delitos contra las personas y bienes protegidos en caso de conflicto armado

608. A los efectos de este Capítulo, se entenderá por personas protegidas:

1º) Los heridos, enfermos o náufragos y el personal sanitario o religioso, protegidos por el I y II Convenios de Ginebra de 12 de agosto de 1949 o por el Protocolo I Adicional de 8 de junio de 1977.

[1209] Dada nueva redacción apartado 2 número 9 párrafo 3 por art. único apartado 258 punto 1 de Ley Orgánica 1/2015 de 30 de marzo de 2015, con vigencia desde 01/07/2015

[1210] Añadido apartado 3 por art. único apartado 257 de Ley Orgánica 1/2015 de 30 de marzo de 2015, con vigencia desde 01/07/2015

2°) Los prisioneros de guerra protegidos por el III Convenio de Ginebra de 12 de agosto de 1949 o por el Protocolo I Adicional de 8 de junio de 1977.

3°) La población civil y las personas civiles protegidas por el IV Convenio de Ginebra de 12 de agosto de 1949 o por el Protocolo I Adicional de 8 de junio de 1977.

4°) Las personas fuera de combate y el personal de la Potencia Protectora y de su sustituto protegidos por los Convenios de Ginebra de 12 de agosto de 1949 o por el Protocolo I Adicional de 8 de junio de 1977.

5°) Los parlamentarios y las personas que los acompañen, protegidos por el Convenio II de La Haya de 29 de julio de 1899.

6°) El personal de Naciones Unidas y personal asociado, protegidos por la Convención sobre la Seguridad del Personal de las Naciones Unidas y del Personal Asociado, de 9 de diciembre de 1994. [1211]

7°) Cualquier otra que tenga aquella condición en virtud del Protocolo II Adicional de 8 de junio de 1977 o de cualesquiera otros Tratados internacionales en los que España fuere parte. [1212]

609. El que, con ocasión de un conflicto armado, maltrate de obra o ponga en grave peligro la vida, la salud o la integridad de cualquier persona protegida, la haga objeto de tortura o tratos inhumanos, incluidos los experimentos biológicos, le cause grandes sufrimientos o la someta a cualquier acto médico que no esté indicado por su estado de salud ni de acuerdo con las normas médicas generalmente reconocidas que la Parte responsable de la actuación aplicaría, en análogas circunstancias médicas, a sus propios nacionales no privados de libertad, será castigado con la pena de prisión de cuatro a ocho años, sin perjuicio de la pena que pueda corresponder por los resultados lesivos producidos.

[1211] Añadido apartado 6 por art. único apartado 161 de Ley Orgánica 15/2003 de 25 de noviembre de 2003, con vigencia desde 01/10/2004

[1212] Renumerado apartado 6 por art. único apartado 161 de Ley Orgánica 15/2003 de 25 de noviembre de 2003 como apartado 7, con vigencia desde 01/10/2004

610. [1213] El que, con ocasión de un conflicto armado, emplee u ordene emplear métodos o medios de combate prohibidos o destinados a causar sufrimientos innecesarios o males superfluos, así como aquéllos concebidos para causar o de los que fundamentalmente quepa prever que causen daños extensos, duraderos y graves al medio ambiente natural, comprometiendo la salud o la supervivencia de la población, u ordene no dar cuartel, será castigado con la pena de prisión de 10 a 15 años, sin perjuicio de la pena que corresponda por los resultados producidos.

611. Será castigado con la pena de prisión de diez a quince años, sin perjuicio de la pena que corresponda por los resultados producidos, el que, con ocasión de un conflicto armado:

1º) Realice u ordene realizar ataques indiscriminados o excesivos o haga objeto a la población civil de ataques, represalias o actos o amenazas de violencia cuya finalidad principal sea aterrorizarla.

2º) Destruya o dañe, violando las normas del Derecho Internacional aplicables en los conflictos armados, buque o aeronave no militares de una Parte adversa o neutral, innecesariamente y sin dar tiempo o sin adoptar las medidas necesarias para proveer a la seguridad de las personas y a la conservación de la documentación de a bordo.

3º) Obligue a un prisionero de guerra o persona civil a servir, en cualquier forma, en las Fuerzas Armadas de la Parte adversa, o les prive de su derecho a ser juzgados regular e imparcialmente.

4º) Deporte, traslade de modo forzoso, tome como rehén o detenga o confine ilegalmente a cualquier persona protegida o la utilice para poner ciertos puntos, zonas o fuerzas militares a cubierto de los ataques de la Parte adversa. [1214]

5º) Traslade y asiente, directa o indirectamente, en territorio ocupado a población de la parte ocupante, para que resida en él de modo permanente. [1215]

[1213] Dada nueva redacción por art. único apartado 162 de Ley Orgánica 15/2003 de 25 de noviembre de 2003, con vigencia desde 01/10/2004

[1214] Dada nueva redacción apartado 4 por art. único apartado 163 de Ley Orgánica 15/2003 de 25 de noviembre de 2003, con vigencia desde 01/10/2004

[1215] Dada nueva redacción apartado 5 por art. único apartado 163 de Ley Orgánica 15/2003 de 25 de noviembre de 2003, con vigencia desde 01/10/2004

6º) Realice, ordene realizar o mantenga, respecto de cualquier persona protegida, prácticas de segregación racial y demás prácticas inhumanas y degradantes basadas en otras distinciones de carácter desfavorable, que entrañen un ultraje contra la dignidad personal.

7º) Impida o demore, injustificadamente, la liberación o la repatriación de prisioneros de guerra o de personas civiles.

8º) Declare abolidos, suspendidos o inadmisibles ante un Juez o Tribunal los derechos y acciones de los nacionales de la Parte adversa. [1216]

9º) Atente contra la libertad sexual de una persona protegida cometiendo actos de violación, esclavitud sexual, prostitución inducida o forzada, embarazo forzado, esterilización forzada o cualquier otra forma de agresión sexual. [1217]

612. Será castigado con la pena de prisión de tres a siete años, sin perjuicio de la pena que corresponda por los resultados producidos, el que, con ocasión de un conflicto armado:

1º) Viole a sabiendas la protección debida a hospitales, instalaciones, material, unidades y medios de transporte sanitario, campos de prisioneros, zonas y localidades sanitarias y de seguridad, zonas neutralizadas, lugares de internamiento de la población civil, localidades no defendidas y zonas desmilitarizadas, dadas a conocer por los signos o señales distintivos apropiados. [1218]

2º) Ejerza violencia sobre el personal sanitario o religioso o integrante de la misión médica, o de las sociedades de socorro o contra el personal habilitado para usar los signos o señales distintivos de los Convenios de Ginebra, de conformidad con el Derecho Internacional. [1219]

[1216] Añadido apartado 8 por art. único apartado 157 de Ley Orgánica 5/2010 de 22 de junio de 2010, con vigencia desde 23/12/2010

[1217] Añadido apartado 9 por art. único apartado 157 de Ley Orgánica 5/2010 de 22 de junio de 2010, con vigencia desde 23/12/2010

[1218] Dada nueva redacción apartado 1 por art. único apartado 164 de Ley Orgánica 15/2003 de 25 de noviembre de 2003, con vigencia desde 01/10/2004

[1219] Dada nueva redacción apartado 2 por art. único apartado 164 de Ley Orgánica 15/2003 de 25 de noviembre de 2003, con vigencia desde 01/10/2004

3º) Injurie gravemente, prive o no procure el alimento indispensable o la asistencia médica necesaria a cualquier persona protegida o la haga objeto de tratos humillantes o degradantes, omita informarle, sin demora justificada y de modo comprensible, de su situación, imponga castigos colectivos por actos individuales o viole las prescripciones sobre el alojamiento de mujeres y familias o sobre protección especial de mujeres y niños establecidas en los tratados internacionales en los que España fuera parte y, en particular, reclute o aliste a menores de dieciocho años o los utilice para participar directamente en las hostilidades. [1220]

4º) Use indebidamente los signos protectores o distintivos, emblemas o señales establecidos y reconocidos en los tratados internacionales en los que España fuere parte, especialmente los signos distintivos de la Cruz Roja, de la Media Luna Roja y del Cristal Rojo. [1221]

5º) Utilice indebidamente o de modo pérfido bandera, uniforme, insignia o emblema distintivo de Estados neutrales, de las Naciones Unidas o de otros Estados que no sean partes en el conflicto o de Partes adversas, durante los ataques o para cubrir, favorecer, proteger u obstaculizar operaciones militares, salvo en los casos exceptuados expresamente previstos en los Tratados internacionales en los que España fuere parte.

6º) Utilice indebidamente o de modo pérfido bandera de parlamento o de rendición, atente contra la inviolabilidad o retenga indebidamente a parlamentario o a cualquiera de las personas que lo acompañen, a personal de la Potencia Protectora o su sustituto, o a miembro de la Comisión Internacional de Encuesta.

7º) Despoje de sus efectos a un cadáver, herido, enfermo, náufrago, prisionero de guerra o persona civil internada.

8º) Haga padecer intencionadamente hambre a la población civil como método de guerra, privándola de los bienes indispensables para su supervivencia, incluido el hecho de obstaculizar arbitrariamente los

[1220] Dada nueva redacción apartado 3 por art. único apartado 158 de Ley Orgánica 5/2010 de 22 de junio de 2010, con vigencia desde 23/12/2010

[1221] Dada nueva redacción apartado 4 por art. único apartado 158 de Ley Orgánica 5/2010 de 22 de junio de 2010, con vigencia desde 23/12/2010

suministros de socorro, realizados de conformidad con los Convenios de Ginebra y sus Protocolos Adicionales. [1222]

9°) Viole suspensión de armas, armisticio, capitulación u otro convenio celebrado con la Parte adversa. [1223]

10°) Dirija intencionadamente ataques contra cualquier miembro del personal de las Naciones Unidas, personal asociado o participante en una misión de paz o de asistencia humanitaria, de conformidad con la Carta de las Naciones Unidas, siempre que tengan derecho a la protección otorgada a personas o bienes civiles, con arreglo al Derecho Internacional de los conflictos armados, o les amenace con tal ataque para obligar a una persona natural o jurídica a realizar o abstenerse de realizar algún acto. [1224]

613. [1225] 1. Será castigado con la pena de prisión de cuatro a seis años el que, con ocasión de un conflicto armado, realice u ordene realizar alguna de las siguientes acciones:

a) Ataque o haga objeto de represalias o actos de hostilidad contra bienes culturales o lugares de culto que constituyen el patrimonio cultural o espiritual de los pueblos, siempre que tales bienes o lugares no estén situados en la inmediata proximidad de un objetivo militar o no sean utilizados en apoyo del esfuerzo militar del adversario y estén debidamente señalizados;

b) Use indebidamente los bienes culturales o lugares de culto referidos en la letra a) en apoyo de una acción militar;

c) Se apropie a gran escala, robe, saquee o realice actos de vandalismo contra los bienes culturales o lugares de culto referidos en la letra a);

d) Ataque o haga objeto de represalias o de actos de hostilidad a bienes de carácter civil de la Parte adversa, causando su destrucción, siempre que ello no ofrezca, en las circunstancias del caso, una ventaja

[1222] Añadido apartado 8 por art. único apartado 158 de Ley Orgánica 5/2010 de 22 de junio de 2010, con vigencia desde 23/12/2010

[1223] Añadido apartado 9 por art. único apartado 158 de Ley Orgánica 5/2010 de 22 de junio de 2010, con vigencia desde 23/12/2010

[1224] Añadido apartado 10 por art. único apartado 158 de Ley Orgánica 5/2010 de 22 de junio de 2010, con vigencia desde 23/12/2010

[1225] Dada nueva redacción por art. único apartado 159 de Ley Orgánica 5/2010 de 22 de junio de 2010, con vigencia desde 23/12/2010

militar definida o que tales bienes no contribuyan eficazmente a la acción militar del adversario;

e) Ataque, destruya, sustraiga o inutilice los bienes indispensables para la supervivencia de la población civil, salvo que la Parte adversa utilice tales bienes en apoyo directo de una acción militar o exclusivamente como medio de subsistencia para los miembros de sus fuerzas armadas;

f) Ataque o haga objeto de represalias a las obras o instalaciones que contengan fuerzas peligrosas, cuando tales ataques puedan producir la liberación de aquellas fuerzas y causar, en consecuencia, pérdidas importantes en la población civil, salvo que tales obras o instalaciones se utilicen en apoyo regular, importante y directo de operaciones militares y que tales ataques sean el único medio factible de poner fin a tal apoyo;

g) Destruya, dañe o se apodere, sin necesidad militar, de cosas que no le pertenezcan, obligue a otro a entregarlas o realice cualesquiera otros actos de pillaje;

h) Requise, indebida o innecesariamente, bienes muebles o inmuebles en territorio ocupado o destruya buque o aeronave no militares, y su carga, de una Parte adversa o neutral o los capture, con infracción de las normas internacionales aplicables a los conflictos armados en la mar;

i) Ataque o realice actos de hostilidad contra las instalaciones, material, unidades, residencia privada o vehículos de cualquier miembro del personal referido en el ordinal 10º del art. 612 o amenace con tales ataques o actos de hostilidad para obligar a una persona natural o jurídica a realizar o abstenerse de realizar algún acto.

2. Cuando el ataque, la represalia, el acto de hostilidad o la utilización indebida tengan por objeto bienes culturales o lugares de culto bajo protección especial o a los que se haya conferido protección en virtud de acuerdos especiales, o bienes culturales inmuebles o lugares de culto bajo protección reforzada o sus alrededores inmediatos, se podrá imponer la pena superior en grado.

En los demás supuestos previstos en el apartado anterior de este artículo, se podrá imponer la pena superior en grado cuando se causen destrucciones extensas e importantes en los bienes, obras o instalaciones sobre los que recaigan o en los supuestos de extrema gravedad.

614. [1226] El que, con ocasión de un conflicto armado, realice u ordene realizar cualesquiera otras infracciones o actos contrarios a las prescripciones de los tratados internacionales en los que España fuere parte y relativos a la conducción de las hostilidades, regulación de los medios y métodos de combate, protección de los heridos, enfermos y náufragos, trato debido a los prisioneros de guerra, protección de las personas civiles y protección de los bienes culturales en caso de conflicto armado, será castigado con la pena de prisión de seis meses a dos años.

614 bis. [1227] Cuando cualquiera de las conductas contenidas en este Capítulo formen parte de un plan o política o se cometan a gran escala, se aplicarán las respectivas penas en su mitad superior.

CAPÍTULO IV
Disposiciones comunes

615. [1228] La provocación, la conspiración y la proposición para la ejecución de los delitos previstos en los Capítulos anteriores de este Título se castigarán con la pena inferior en uno o dos grados a la que correspondería a los mismos [1229].

615 bis. [1230] 1. La autoridad o jefe militar o quien actúe efectivamente como tal que no adoptara las medidas a su alcance para evitar la comisión, por las fuerzas sometidas a su mando o control efectivo, de alguno de los delitos comprendidos en los Capítulos II, II bis y III de este Título, será castigado con la misma pena que los autores.

[1226] Dada nueva redacción por art. único apartado 160 de Ley Orgánica 5/2010 de 22 de junio de 2010, con vigencia desde 23/12/2010

[1227] Añadido por art. único apartado 166 de Ley Orgánica 15/2003 de 25 de noviembre de 2003, con vigencia desde 01/10/2004

[1228] Dada nueva redacción por art. único apartado 161 de Ley Orgánica 5/2010 de 22 de junio de 2010, con vigencia desde 23/12/2010

[1229] Véanse arts. 17 y 18 de la presente Ley

[1230] Añadido por art. único apartado 167 de Ley Orgánica 15/2003 de 25 de noviembre de 2003, con vigencia desde 01/10/2004

2. Si la conducta anterior se realizara por imprudencia grave, la pena será la inferior en uno o dos grados.

3. La autoridad o jefe militar o quien actúe efectivamente como tal que no adoptara las medidas a su alcance para que sean perseguidos los delitos comprendidos en los Capítulos II, II bis y III de este Título cometidos por las personas sometidas a su mando o control efectivo será castigada con la pena inferior en dos grados a la de los autores.

4. El superior no comprendido en los apartados anteriores que, en el ámbito de su competencia, no adoptara las medidas a su alcance para evitar la comisión por sus subordinados de alguno de los delitos comprendidos en los Capítulos II, II bis y III de este Título será castigado con la misma pena que los autores.

5. El superior que no adoptara las medidas a su alcance para que sean perseguidos los delitos comprendidos en los Capítulos II, II bis y III de este Título cometidos por sus subordinados será castigado con la pena inferior en dos grados a la de los autores.

6. El funcionario o autoridad que, sin incurrir en las conductas previstas en los apartados anteriores, y faltando a la obligación de su cargo, dejara de promover la persecución de alguno de los delitos de los comprendidos en los Capítulos II, II bis y III de este Título de que tenga noticia será castigado con la pena de inhabilitación especial para empleo o cargo público por tiempo de dos a seis años [1231].

616. [1232] En el caso de cometerse cualquiera de los delitos comprendidos en los Capítulos anteriores de este Título, excepto los previstos en el art. 614 y en los apartados 2 y 6 del 615 bis, y en el Título anterior por una autoridad o funcionario público, se le impondrá, además de las penas señaladas en ellos, la de inhabilitación absoluta por tiempo de diez a veinte años; si fuese un particular, los Jueces y Tribunales podrán imponerle la de inhabilitación especial para empleo o cargo público por tiempo de uno a diez años [1233].

[1231] Véanse arts. 24, 39, 40, 41 y 42 de la presente Ley

[1232] Dada nueva redacción por art. único apartado 162 de Ley Orgánica 5/2010 de 22 de junio de 2010, con vigencia desde 23/12/2010

[1233] Véanse arts. 24, 39, 40, 41 y 42 de la presente Ley

616 bis. [1234] Lo dispuesto en el art. 20.7º de este Código en ningún caso resultará aplicable a quienes cumplan mandatos de cometer o participar en los hechos incluidos en los Capítulos II y II bis de este Título [1235].

CAPÍTULO V
Delito de piratería [1236]

616 ter. [1237] El que con violencia, intimidación o engaño, se apodere, dañe o destruya una aeronave, buque u otro tipo de embarcación o plataforma en el mar, o bien atente contra las personas, cargamento o bienes que se hallaren a bordo de las mismas, será castigado como reo del delito de piratería con la pena de prisión de diez a quince años.

En todo caso, la pena prevista en este artículo se impondrá sin perjuicio de las que correspondan por los delitos cometidos.

616 quater. [1238] 1. El que con ocasión de la prevención o persecución de los hechos previstos en el artículo anterior, se resistiere o desobedeciere a un buque de guerra o aeronave militar u otro buque o aeronave que lleve signos claros y sea identificable como buque o aeronave al servicio del Estado español y esté autorizado a tal fin, será castigado con la pena de prisión de uno a tres años.

2. Si en la conducta anterior se empleare fuerza o violencia se impondrá la pena de diez a quince años de prisión.

[1234] Añadido por art. único apartado 168 de Ley Orgánica 15/2003 de 25 de noviembre de 2003, con vigencia desde 01/10/2004

[1235] Véase art. 5.1 d) LO 2/1986, de 13 de marzo, de Fuerzas y Cuerpos de Seguridad

[1236] Añadido por art. único apartado 163 de Ley Orgánica 5/2010 de 22 de junio de 2010, con vigencia desde 23/12/2010

[1237] Añadido por art. único apartado 164 de Ley Orgánica 5/2010 de 22 de junio de 2010, con vigencia desde 23/12/2010

[1238] Añadido por art. único apartado 165 de Ley Orgánica 5/2010 de 22 de junio de 2010, con vigencia desde 23/12/2010

3. En todo caso, las penas previstas en este artículo se impondrán sin perjuicio de las que correspondan por los delitos cometidos.

LIBRO III
FALTAS Y SUS PENAS [1239] *(Derogado)* [1240]

TÍTULO PRIMERO
Faltas contra las personas (Derogado) [1241]

617 a 622. [1242] (Derogados)

TÍTULO II
Faltas contra el patrimonio (Derogado) [1243]

623 a 626. [1244] (Derogados)

627 y 628. [1245] (Derogados)

[1239] Véanse arts. 962 y ss LECrim y arts. 10, 11, 13.3, 15.2, 27, 109, 123, 131.2, 133.1, 638 y 639 de la presente Ley

[1240] Derogado por disposición derogatoria única apartado 1 de Ley Orgánica 1/2015 de 30 de marzo de 2015, con vigencia desde 01/07/2015

[1241] Derogado por disposición derogatoria única apartado 1 de Ley Orgánica 1/2015 de 30 de marzo de 2015, con vigencia desde 01/07/2015

[1242] Derogado por disposición derogatoria única apartado 1 de Ley Orgánica 1/2015 de 30 de marzo de 2015, con vigencia desde 01/07/2015

[1243] Derogado por disposición derogatoria única apartado 1 de Ley Orgánica 1/2015 de 30 de marzo de 2015, con vigencia desde 01/07/2015

[1244] Derogado por disposición derogatoria única apartado 1 de Ley Orgánica 1/2015 de 30 de marzo de 2015, con vigencia desde 01/07/2015

[1245] Derogado por disposición derogatoria única apartado 1 de Ley Orgánica 7/2012 de 27 de diciembre de 2012, con vigencia desde 17/01/2013

TÍTULO III
Faltas contra los intereses generales (Derogado) [1246]

629 a 632. [1247] (Derogados)

TÍTULO IV
Faltas contra el orden público (Derogado) [1248]

633 a 637. [1249] (Derogados)

TÍTULO V
Disposiciones comunes a las faltas (Derogado) [1250]

638 y 639. [1251] (Derogados)

DISPOSICIONES ADICIONALES

Disposición Adicional Primera. [1252] Cuando una persona sea declarada exenta de responsabilidad criminal por concurrir alguna de las causas previstas en los números 1.º y 3.º del artículo 20, el

---

[1246] Derogado por disposición derogatoria única apartado 1 de Ley Orgánica 1/2015 de 30 de marzo de 2015, con vigencia desde 01/07/2015

[1247] Derogado por disposición derogatoria única apartado 1 de Ley Orgánica 1/2015 de 30 de marzo de 2015, con vigencia desde 01/07/2015

[1248] Derogado por disposición derogatoria única apartado 1 de Ley Orgánica 1/2015 de 30 de marzo de 2015, con vigencia desde 01/07/2015

[1249] Derogado por disposición derogatoria única apartado 1 de Ley Orgánica 1/2015 de 30 de marzo de 2015, con vigencia desde 01/07/2015

[1250] Derogado por disposición derogatoria única apartado 1 de Ley Orgánica 1/2015 de 30 de marzo de 2015, con vigencia desde 01/07/2015

[1251] Derogado por disposición derogatoria única apartado 1 de Ley Orgánica 1/2015 de 30 de marzo de 2015, con vigencia desde 01/07/2015

[1252] Dada nueva redacción por disposición final 1 apartado 3 de Ley 8/2021 de 2 de junio de 2021, con vigencia desde 03/09/2021

Ministerio Fiscal evaluará, atendiendo a las circunstancias del caso, la procedencia de promover un proceso para la adopción judicial de medidas de apoyo a la persona con discapacidad o, en el supuesto de que tales medidas hubieran sido ya anteriormente acordadas, para su revisión.

Disposición Adicional Segunda. Cuando la autoridad gubernativa tenga conocimiento de la existencia de un menor de edad o de una persona con discapacidad necesitada de especial protección que se halla en estado de prostitución, sea o no por su voluntad, pero con anuencia de las personas que sobre él ejerzan autoridad familiar o ético-social o de hecho, o que carece de ellas, o éstas lo tienen en abandono y no se encargan de su custodia, lo comunicará de inmediato a la entidad pública que en el respectivo territorio tenga encomendada la protección de menores y al Ministerio Fiscal, para que actúen de conformidad con sus respectivas competencias. [1253]

Asimismo, en los supuestos en que el Juez o Tribunal acuerde la inhabilitación especial para el ejercicio de la patria potestad, el acogimiento, la guarda, tutela o curatela, o la privación de la patria potestad lo comunicará de inmediato a la entidad pública que en el respectivo territorio tenga encomendada la protección de los menores y al Ministerio Fiscal para que actúen de conformidad con sus respectivas competencias. [1254]

Disposición Adicional Tercera. Cuando, mediando denuncia o reclamación del perjudicado, se incoe un procedimiento penal por hechos constitutivos de infracciones previstas y penadas en los arts. 267 y 621 del presente Código, podrán comparecer en las diligencias penales que se incoen y mostrarse parte todos aquellos otros implicados en los mismos hechos que se consideren perjudicados, cualquiera que sea la cuantía de los daños que reclamen.

[1253] Dada nueva redacción párrafo 1 por art. único apartado 258 punto 1 de Ley Orgánica 1/2015 de 30 de marzo de 2015, con vigencia desde 01/07/2015

[1254] Dada nueva redacción párrafo 2 por art. único apartado 169 de Ley Orgánica 5/2010 de 22 de junio de 2010, con vigencia desde 23/12/2010

DISPOSICIONES TRANSITORIAS

Disposición Transitoria Primera. Los delitos y faltas cometidos hasta el día de la entrada en vigor de este Código se juzgarán conforme al cuerpo legal y demás leyes penales especiales que se derogan. Una vez que entre en vigor el presente Código, si las disposiciones del mismo son más favorables para el reo, se aplicarán éstas.

Disposición Transitoria Segunda. Para la determinación de cuál sea la Ley más favorable se tendrá en cuenta la pena que correspondería al hecho enjuiciado con la aplicación de las normas completas de uno u otro Código. Las disposiciones sobre redención de penas por el trabajo sólo serán de aplicación a todos los condenados conforme al Código derogado y no podrán gozar de ellas aquellos a quienes se les apliquen las disposiciones del nuevo Código.
En todo caso, será oído el reo.

Disposición Transitoria Tercera. Los Directores de los establecimientos penitenciarios remitirán a la mayor urgencia, a partir de la publicación del nuevo Código Penal, a los Jueces o Tribunales que estén conociendo de la ejecutoria, relación de los penados internos en el Centro que dirijan, y liquidación provisional de la pena en ejecución, señalando los días que el reo haya redimido por el trabajo y los que pueda redimir, en su caso, en el futuro conforme al art. 100 del Código Penal que se deroga y disposiciones complementarias.

Disposición Transitoria Cuarta. Los Jueces o Tribunales mencionados en la disposición anterior procederán, una vez recibida la anterior liquidación de condena, a dar traslado al Ministerio Fiscal, para que informe sobre si procede revisar la sentencia y, en tal caso, los términos de la revisión. Una vez haya informado el Fiscal, procederán también a oír al reo, notificándole los términos de la revisión propuesta, así como a dar traslado al Letrado que asumió su defensa en el juicio oral, para que exponga lo que estime más favorable para el reo.

Disposición Transitoria Quinta. El Consejo General del Poder Judicial, en el ámbito de las competencias que le atribuye el art. 98 LOPJ, podrá asignar a uno o varios de los Juzgados de lo Penal o Secciones de las Audiencias Provinciales dedicados en régimen de exclusividad a la ejecución de sentencias penales, la revisión de las sentencias firmes dictadas antes de la vigencia de este Código.

Dichos Jueces o Tribunales procederán a revisar las sentencias firmes y en las que el penado esté cumpliendo efectivamente la pena, aplicando la disposición más favorable considerada taxativamente y no por el ejercicio del arbitrio judicial. En las penas privativas de libertad no se considerará más favorable este Código cuando la duración de la pena anterior impuesta al hecho con sus circunstancias sea también imponible con arreglo al nuevo Código. Se exceptúa el supuesto en que este Código contenga para el mismo hecho la previsión alternativa de una pena no privativa de libertad; en tal caso deberá revisarse la sentencia.

No se revisarán las sentencias en que el cumplimiento de la pena esté suspendido, sin perjuicio de hacerlo en caso de que se revoque la suspensión y antes de proceder al cumplimiento efectivo de la pena suspendida. Igual regla se aplicará si el penado se encuentra en período de libertad condicional.

Tampoco se revisarán las sentencias en que, con arreglo al Código derogado y al nuevo, corresponda, exclusivamente, pena de multa.

Disposición Transitoria Sexta. No serán revisadas las sentencias en que la pena esté ejecutada o suspendida, aunque se encuentren pendientes de ejecutar otros pronunciamientos del fallo, así como las ya totalmente ejecutadas, sin perjuicio de que el Juez o Tribunal que en el futuro pudiera tenerlas en cuenta a efectos de reincidencia deba examinar previamente si el hecho en ellas penado ha dejado de ser delito o pudiera corresponderle una pena menor de la impuesta conforme a este Código.

En los supuestos de indulto parcial, no se revisarán las sentencias cuando la pena resultante que se halle cumpliendo el condenado se encuentre comprendida en un marco imponible inferior respecto al nuevo Código.

Disposición Transitoria Séptima. A efectos de la apreciación de la agravante de reincidencia, se entenderán comprendidos en el mismo Título de este Código, aquellos delitos previstos en el Cuerpo legal que se deroga y que tengan análoga denominación y ataquen del mismo modo a idéntico bien jurídico.

Disposición Transitoria Octava. En los casos en que la pena que pudiera corresponder por la aplicación de este Código fuera la de arresto de fin de semana, se considerará, para valorar su gravedad comparativa, que la duración de la privación de libertad equivale a dos días por cada fin de semana que correspondiera imponer. Si la pena fuera la de multa, se considerará que cada día de arresto sustitutorio que se haya impuesto o pudiese imponer el Juez o Tribunal conforme al Código que se deroga, equivale a dos cuotas diarias de la multa del presente Cuerpo legal.

Disposición Transitoria Novena. En las sentencias dictadas conforme a la legislación que se deroga y que no sean firmes por estar pendientes de recurso, se observarán, una vez transcurrido el período de vacatio, las siguientes reglas:

a) Si se trata de un recurso de apelación, las partes podrán invocar y el Juez o Tribunal aplicará de oficio los preceptos del nuevo Código, cuando resulten más favorables al reo.

b) Si se trata de un recurso de casación, aún no formalizado, el recurrente podrá señalar las infracciones legales basándose en los preceptos del nuevo Código.

c) Si, interpuesto recurso de casación, estuviera sustanciándose, se pasará de nuevo al recurrente, de oficio o a instancia de parte, por el término de ocho días, para que adapte, si lo estima procedente, los motivos de casación alegados a los preceptos del nuevo Código, y el recurso así modificado se instruirán las partes interesadas, el Fiscal y el Magistrado ponente, continuando la tramitación conforme a Derecho.

Disposición Transitoria Décima. Las medidas de seguridad que se hallen en ejecución o pendientes de ella, acordadas conforme a la Ley de Peligrosidad y Rehabilitación Social, o en aplicación de los números 1º y 3º del art. 8 o del número 1º del art. 9 del Código Penal que se deroga, serán revisadas conforme a los preceptos del Título IV del Libro I de este Código y a las reglas anteriores.

En aquellos casos en que la duración máxima de la medida prevista en este Código sea inferior al tiempo que efectivamente hayan cumplido los sometidos a la misma, el Juez o Tribunal dará por extinguido dicho cumplimiento y, en el caso de tratarse de una medida de internamiento, ordenará su inmediata puesta en libertad.

Disposición Transitoria Undécima. 1. Cuando se hayan de aplicar leyes penales especiales o procesales por la Jurisdicción ordinaria, se entenderán sustituidas:

a) La pena de reclusión mayor, por la de prisión de quince a veinte años, con la cláusula de elevación de la misma a la pena de prisión de veinte a veinticinco años cuando concurran en el hecho dos o más circunstancias agravantes.

b) La pena de reclusión menor, por la de prisión de ocho a quince años.

c) La pena de prisión mayor, por la de prisión de tres a ocho años.

d) La pena de prisión menor, por la de prisión de seis meses a tres años.

e) La pena de arresto mayor, por la de arresto de siete a quince fines de semana.

f) La pena de multa impuesta en cuantía superior a cien mil pesetas señalada para hechos castigados como delito, por la de multa de tres a diez meses.

g) La pena de multa impuesta en cuantía inferior a cien mil pesetas señalada para hechos castigados como delito, por la de multa de dos a tres meses.

h) La pena de multa impuesta para hechos delictivos en cuantía proporcional al lucro obtenido o al perjuicio causado seguirá aplicándose proporcionalmente.

i) La pena de arresto menor, por la de arresto de uno a seis fines de semana.

j) La pena de multa establecida para hechos definidos como falta, por la multa de uno a sesenta días.

k) Las penas privativas de derechos se impondrán en los términos y por los plazos fijados en este Código.

l) Cualquier otra pena de las suprimidas en este Código, por la pena o medida de seguridad que el Juez o Tribunal estime más análoga y de igual o menor gravedad. De no existir o de ser todas más graves, dejará de imponerse.

2. En caso de duda, será oído el reo.

Disposición Transitoria Duodécima. [1255] (Derogada)

DISPOSICIÓN DEROGATORIA

Disposición Derogatoria Única. 1. Quedan derogados:
a) El texto refundido del Código Penal publicado por el Decreto 3096/1973, de 14 de septiembre, conforme a la Ley 44/1971, de 15 de noviembre, con sus modificaciones posteriores, excepto los arts. 8.2, 9.3, la regla 1ª del art. 20 en lo que se refiere al número 2º del art. 8, el segundo párrafo del art. 22, 65 y las disposiciones adicionales primera y segunda de la Ley Orgánica 3/1989, de 21 de junio. [1256]
b) La Ley de 17 de marzo de 1908 de condena condicional, con sus modificaciones posteriores y disposiciones complementarias.
c) La Ley 16/1970, de 4 de agosto, sobre Peligrosidad y Rehabilitación Social, con sus modificaciones posteriores y disposiciones complementarias.
d) La Ley de 26 de julio de 1878, de prohibición de ejercicios peligrosos ejecutados por menores.
e) Los preceptos penales sustantivos de las siguientes leyes especiales:
Ley de 19 de septiembre de 1896, para la protección de pájaros insectívoros.
Ley de 16 de mayo de 1902, sobre la propiedad industrial.
Ley de 23 de julio de 1903, sobre mendicidad de menores.
Ley de 20 de febrero de 1942, de pesca fluvial.
Ley de 31 de diciembre de 1946, sobre pesca con explosivos.
Ley 1/1970, de 4 de abril, de caza. Los delitos y faltas previstos en dicha Ley, no contenidos en este Código, tendrán la consideración de infracciones administrativas muy graves, sancionándose con multa de cincuenta mil a quinientas mil pesetas y retirada de la licencia de caza, o de la facultad de obtenerla, por un plazo de dos a cinco años.
f) Los siguientes preceptos:

[1255] Derogada por disposición final 5 de Ley Orgánica 5/2000 de 12 de enero de 2000, con vigencia desde 13/01/2001

[1256] Dada nueva redacción apartado 1 letra a por disposición final 1 apartado 3 de Ley Orgánica 2/2010 de 3 de marzo de 2010 , con vigencia desde 05/07/2010

El art. 256 del Reglamento Penitenciario, aprobado por Real Decreto 1201/1981, de 8 de mayo.

Los arts. 65 a 73 del Reglamento de los servicios de prisiones, aprobado por Decreto de 2 de febrero de 1956.

Los arts. 84 a 90 de la Ley 25/1964, de 29 de abril, de Energía Nuclear.

El art. 54 de la Ley 33/1971, de 21 de julio, de Emigración.

El segundo párrafo del art. 24 de la Ley Orgánica 2/1981, de 6 de abril, del Defensor del Pueblo.

El art. 2 de la Ley Orgánica 8/1984, de 26 de diciembre, sobre régimen de recursos en caso de objeción de conciencia y su régimen penal.

El art. 4 de la Ley Orgánica 5/1984, de 24 de mayo, de Comparecencia ante las Comisiones de Investigación del Congreso y del Senado o de ambas Cámaras.

Los arts. 29 y 49 de la Ley 209/1964, de 24 de diciembre, Penal y Procesal de la Navegación Aérea.

Los términos «activo y» del art. 137 de la Ley Orgánica 5/1985, de 19 de junio, del Régimen Electoral General.

El art. 6 de la Ley 57/1968, de 27 de julio, sobre Percibo de Cantidades Anticipadas en la Construcción y Venta de Viviendas.

2. Quedan también derogadas cuantas normas sean incompatibles con lo dispuesto en este Código.

DISPOSICIONES FINALES

Disposición Final Primera. La Ley de Enjuiciamiento Criminal quedará modificada en los siguientes términos:

«**Artículo 14**

Tercero. Para el conocimiento y fallo de las causas por delitos menos graves, así como de las faltas, sean o no incidentales, imputables a los autores de esos delitos o a otras personas, cuando la comisión de la falta o su prueba estuviesen relacionadas con aquéllos, el Juez de lo Penal de la circunscripción donde el delito fue cometido o el Juez Central de lo Penal en el ámbito que le es propio.

Artículo 779

Sin perjuicio de lo establecido para los demás procesos especiales, el procedimiento regulado en este Título se aplicará al enjuiciamiento

de los delitos castigados con pena privativa de libertad no superior
a nueve años, o bien con cualesquiera otras penas de distinta naturaleza, bien sean únicas, conjuntas o alternativas, cualquiera que
sea su cuantía o duración.»

Disposición Final Segunda. El apartado 2 del art. 1 de la Ley
Orgánica 5/1995, sobre el Tribunal del Jurado, queda redactado en los
siguientes términos:
«2. **Dentro del ámbito de enjuiciamiento previsto en el apartado anterior, el Tribunal del Jurado será competente para el conocimiento y fallo de las causas por los delitos tipificados en los siguientes preceptos del Código Penal:**
a) **Del homicidio** (arts. 138 a 140).
b) **De las amenazas** (art. 169.1).
c) **De la omisión del deber de socorro** (arts. 195 y 196).
d) **Del allanamiento de morada** (arts. 202 y 204).
e) **De los incendios forestales** (arts. 352 a 354).
f) **De la infidelidad en la custodia de documentos** (arts. 413 a
415).
g) **Del cohecho** (arts. 419 a 426).
h) **Del tráfico de influencias** (arts. 428 a 430).
i) **De la malversación de caudales públicos** (arts. 432 a 434).
j) **De los fraudes y exacciones ilegales** (arts. 436 a 438).
k) **De las negociaciones prohibidas a funcionarios** (arts. 439 y
440).
l) **De la infidelidad en la custodia de presos** (art. 471).»

Disposición Final Tercera. 1. El Capítulo VI de la Ley 35/1988, de
22 de noviembre, sobre Técnicas de Reproducción Asistida, quedará
modificado en los siguientes términos:
1º Quedan suprimidas las letras a), k), l) y v) del apartado 2.B) del
art. 20 .
2º El texto de la letra r) de dicho apartado 2.B) se sustituirá por el
siguiente:
«**La transferencia de gametos o preembriones humanos en el
útero de otra especie animal o la operación inversa, así como las
fecundaciones entre gametos humanos y animales que no estén
autorizadas.**»

2. El art. 21 del Capítulo VII de la Ley 35/1988, sobre Técnicas de Reproducción Asistida, pasará a ser art. 24 .

Disposición Final Cuarta. La Ley Orgánica 1/1982, de 5 de mayo, de Protección del Derecho al Honor, a la Intimidad Personal y Familiar y a la Propia Imagen, quedará modificada en los siguientes términos:
«**Artículo 1**
2. El carácter delictivo de la intromisión no impedirá el recurso al procedimiento de tutela judicial previsto en el art. 9 de esta Ley. En cualquier caso, serán aplicables los criterios de esta Ley para la determinación de la responsabilidad civil derivada de delito.
Artículo 7
7. La imputación de hechos o la manifestación de juicios de valor a través de acciones o expresiones que de cualquier modo lesionen la dignidad de otra persona, menoscabando su fama o atentando contra su propia estimación.»

Disposición Final Quinta. La disposición adicional segunda de la Ley Orgánica 6/1995, de 29 de junio, quedará modificada en los siguientes términos:
«**La exención de responsabilidad penal contemplada en los párrafos segundos de los arts. 305, apartado 4; 307, apartado 3, y 308, apartado 4, resultará igualmente aplicable aunque las deudas objeto de regularización sean inferiores a las cuantías establecidas en los citados artículos.**»

Disposición Final Sexta. El Título V del Libro I de este Código, los arts. 193, 212, 233.3 y 272, así como las disposiciones adicionales 1ª y 2ª, la disposición transitoria 12ª y las disposiciones finales 1ª y 3ª tienen carácter de Ley ordinaria.

Disposición Final Séptima. El presente Código entrará en vigor a los seis meses de su completa publicación en el «Boletín Oficial del Estado» y se aplicará a todos los hechos punibles que se cometan a partir de su vigencia.
No obstante lo anterior, queda exceptuada la entrada en vigor de su art. 19 hasta tanto adquiera vigencia la Ley que regule la responsabilidad penal del menor a que se refiere dicho precepto.

2. NORMATIVA COMPLEMENTARIA

I. Ley Orgánica 5/2000, de 12 de enero, reguladora de la responsabilidad penal de los menores.

Última reforma de la presente disposición realizada por LO 1/2025, de 2 de enero, de medidas en materia de eficiencia del Servicio Público de Justicia

EXPOSICIÓN DE MOTIVOS

I

1. La promulgación de la presente Ley Orgánica reguladora de la responsabilidad penal de los menores era una necesidad impuesta por lo establecido en la Ley Orgánica 4/1992, de 5 de junio, sobre reforma de la Ley reguladora de la competencia y el procedimiento de los Juzgados de Menores en la moción aprobada por el Congreso de los Diputados el 10 de mayo de 1994, y en el art. 19 de la vigente Ley Orgánica 10/1995, de 23 de noviembre, del Código Penal.

2. La Ley Orgánica 4/1992, promulgada como consecuencia de la sentencia del Tribunal Constitucional 36/1991, de 14 de febrero, que declaró inconstitucional el art. 15 de la Ley de Tribunales Tutelares de Menores, texto refundido de 11 de junio de 1948, establece un marco flexible para que los Juzgados de Menores puedan determinar las medidas aplicables a éstos en cuanto infractores penales, sobre la base de valorar especialmente el interés del menor, entendiendo por menores a tales efectos a las personas comprendidas entre los doce y los dieciséis años. Simultáneamente, encomienda al Ministerio Fiscal la iniciativa procesal, y le concede amplias facultades para acordar la terminación del proceso con la intención de evitar, dentro de lo posible, los efectos aflictivos que el mismo pudiera llegar a producir. Asimismo, configura al equipo técnico como instrumento imprescindible para alcanzar el objetivo que persiguen las medidas y termina estableciendo un proce-

dimiento de naturaleza sancionadora-educativa, al que otorga todas las garantías derivadas de nuestro ordenamiento constitucional, en sintonía con lo establecido en la aludida sentencia del Tribunal Constitucional y lo dispuesto en el art. 40 de la Convención de los Derechos del Niño de 20 de noviembre de 1989.

Dado que la expresada Ley Orgánica se reconocía a sí misma expresamente «el carácter de una reforma urgente, que adelanta parte de una renovada legislación sobre reforma de menores, que será objeto de medidas legislativas posteriores», es evidente la oportunidad de la presente Ley Orgánica, que constituye esa necesaria reforma legislativa, partiendo de los principios básicos que ya guiaron la redacción de aquélla (especialmente, el principio del superior interés del menor), de las garantías de nuestro ordenamiento constitucional, y de las normas de Derecho internacional, con particular atención a la citada Convención de los Derechos del Niño de 20 de noviembre de 1989, y esperando responder de este modo a las expectativas creadas en la sociedad española, por razones en parte coyunturales y en parte permanentes, sobre este tema concreto.

3. Los principios expuestos en la moción aprobada unánimemente por el Congreso de los Diputados el día 10 de mayo de 1994, sobre medidas para mejorar el marco jurídico vigente de protección del menor, se refieren esencialmente al establecimiento de la mayoría de edad penal en los dieciocho años y a la promulgación de «una ley penal del menor y juvenil que contemple la exigencia de responsabilidad para los jóvenes infractores que no hayan alcanzado la mayoría de edad penal, fundamentada en principios orientados hacia la reeducación de los menores de edad infractores, en base a las circunstancias personales, familiares y sociales, y que tenga especialmente en cuenta las competencias de las Comunidades Autónomas en esta materia...».

4. El art. 19 del vigente Código Penal, aprobado por la Ley Orgánica 10/1995, de 23 de noviembre, fija efectivamente la mayoría de edad penal en los dieciocho años y exige la regulación expresa de la responsabilidad penal de los menores de dicha edad en una Ley independiente. También para responder a esta exigencia se aprueba la presente Ley Orgánica, si bien lo dispuesto en este punto en el Código Penal debe ser complementado en un doble sentido. En primer lugar, asentando firmemente el principio de que la responsabilidad penal de los menores presenta frente a la de los adultos un carácter primordial de intervención educativa que trasciende a todos los aspectos de su

regulación jurídica y que determina considerables diferencias entre el sentido y el procedimiento de las sanciones en uno y otro sector, sin perjuicio de las garantías comunes a todo justiciable. En segundo término, la edad límite de dieciocho años establecida por el Código Penal para referirse a la responsabilidad penal de los menores precisa de otro límite mínimo a partir del cual comience la posibilidad de exigir esa responsabilidad y que se ha concretado en los catorce años, con base en la convicción de que las infracciones cometidas por los niños menores de esta edad son en general irrelevantes y que, en los escasos supuestos en que aquéllas pueden producir alarma social, son suficientes para darles una respuesta igualmente adecuada los ámbitos familiar y asistencial civil, sin necesidad de la intervención del aparato judicial sancionador del Estado.

5. Asimismo, han sido criterios orientadores de la redacción de la presente Ley Orgánica, como no podía ser de otra manera, los contenidos en la doctrina del Tribunal Constitucional, singularmente en los fundamentos jurídicos de las sentencias 36/1991, de 14 de febrero, y 60/1995, de 17 de marzo, sobre las garantías y el respeto a los derechos fundamentales que necesariamente han de imperar en el procedimiento seguido ante los Juzgados de Menores, sin perjuicio de las modulaciones que, respecto del procedimiento ordinario, permiten tener en cuenta la naturaleza y finalidad de aquel tipo de proceso, encaminado a la adopción de unas medidas que, como ya se ha dicho, fundamentalmente no pueden ser represivas, sino preventivo-especiales, orientadas hacia la efectiva reinserción y el superior interés del menor, valorados con criterios que han de buscarse primordialmente en el ámbito de las ciencias no jurídicas.

II

6. Como consecuencia de los principios, criterios y orientaciones a que se acaba de hacer referencia, puede decirse que la redacción de la presente Ley Orgánica ha sido conscientemente guiada por los siguientes principios generales naturaleza formalmente penal pero materialmente sancionadora-educativa del procedimiento y de las medidas aplicables a los infractores menores de edad, reconocimiento expreso de todas las garantías que se derivan del respeto de los derechos constitucionales y de las especiales exigencias del interés del menor, diferenciación de diversos tramos a efectos procesales y sancionadores en

la categoría de infractores menores de edad, flexibilidad en la adopción y ejecución de las medidas aconsejadas por las circunstancias del caso concreto, competencia de las entidades autonómicas relacionadas con la reforma y protección de menores para la ejecución de las medidas impuestas en la sentencia y control judicial de esta ejecución.

7. La presente Ley Orgánica tiene ciertamente la naturaleza de disposición sancionadora, pues desarrolla la exigencia de una verdadera responsabilidad jurídica a los menores infractores, aunque referida específicamente a la comisión de hechos tipificados como delitos o faltas por el Código Penal y las restantes leyes penales especiales. Al pretender ser la reacción jurídica dirigida al menor infractor una intervención de naturaleza educativa, aunque desde luego de especial intensidad, rechazando expresamente otras finalidades esenciales del Derecho penal de adultos, como la proporcionalidad entre el hecho y la sanción o la intimidación de los destinatarios de la norma, se pretende impedir todo aquello que pudiera tener un efecto contraproducente para el menor, como el ejercicio de la acción por la víctima o por otros particulares.

Y es que en el Derecho penal de menores ha de primar, como elemento determinante del procedimiento y de las medidas que se adopten, el superior interés del menor. Interés que ha de ser valorado con criterios técnicos y no formalistas por equipos de profesionales especializados en el ámbito de las ciencias no jurídicas, sin perjuicio desde luego de adecuar la aplicación de las medidas a principios garantistas generales tan indiscutibles como el principio acusatorio, el principio de defensa o el principio de presunción de inocencia.

8. Sin embargo, la Ley tampoco puede olvidar el interés propio del perjudicado o víctima del hecho cometido por el menor, estableciendo un procedimiento singular, rápido y poco formalista para el resarcimiento, en su caso, de daños y perjuicios, dotando de amplias facultades al Juez de Menores para la incorporación a los autos de documentos y testimonios relevantes de la causa principal. En este ámbito de atención a los intereses y necesidades de las víctimas, la Ley introduce el principio en cierto modo revolucionario de la responsabilidad solidaria con el menor responsable de los hechos de sus padres, tutores, acogedores o guardadores, si bien permitiendo la moderación judicial de la misma y recordando expresamente la aplicabilidad en su caso de la Ley 30/1992, de 26 de noviembre, de Régimen Jurídico de las Administraciones Públicas y del Procedimiento Administrativo

Común, así como de la Ley 35/1995, de 11 de diciembre, de ayudas y asistencia a las víctimas de delitos violentos y contra la libertad sexual.

Asimismo la Ley regula, para procedimientos por delitos graves cometidos por mayores de dieciséis años, un régimen de intervención del perjudicado en orden a salvaguardar el interés de la víctima en el esclarecimiento de los hechos y su enjuiciamiento por el orden jurisdiccional competente, sin contaminar el procedimiento propiamente educativo y sancionador del menor.

Esta Ley arbitra un amplio derecho de participación a las víctimas ofreciéndoles la oportunidad de intervenir en las actuaciones procesales proponiendo y practicando prueba, formulando conclusiones e interponiendo recursos. Sin embargo, esta participación se establece de un modo limitado ya que respecto de los menores no cabe reconocer a los particulares el derecho a constituirse propiamente en parte acusadora con plenitud de derechos y cargas procesales. No existe aquí ni la acción particular de los perjudicados por el hecho criminal, ni la acción popular de los ciudadanos, porque en estos casos el interés prioritario para la sociedad y para el Estado coincide con el interés del menor.

9. Conforme a las orientaciones declaradas por el Tribunal Constitucional, anteriormente aludidas, se instaura un sistema de garantías adecuado a la pretensión procesal, asegurando que la imposición de la sanción se efectuará tras vencer la presunción de inocencia, pero sin obstaculizar los criterios educativos y de valoración del interés del menor que presiden este proceso, haciendo al mismo tiempo un uso flexible del principio de intervención mínima, en el sentido de dotar de relevancia a las posibilidades de no apertura del procedimiento o renuncia al mismo, al resarcimiento anticipado o conciliación entre el infractor y la víctima, y a los supuestos de suspensión condicional de la medida impuesta o de sustitución de la misma durante su ejecución.

La competencia corresponde a un Juez ordinario, que, con categoría de Magistrado y preferentemente especialista, garantiza la tutela judicial efectiva de los derechos en conflicto. La posición del Ministerio Fiscal es relevante, en su doble condición de institución que constitucionalmente tiene encomendada la función de promover la acción de la Justicia y la defensa de la legalidad, así como de los derechos de los menores, velando por el interés de éstos. El letrado del menor tiene participación en todas y cada una de las fases del proceso, conociendo en todo momento el contenido del expediente, pudiendo proponer pruebas e interviniendo en todos los actos que se refieren a la valoración del interés del menor y a la ejecución de la medida, de la que puede solicitar la modificación.

La adopción de medidas cautelares sigue el modelo de solicitud de parte, en audiencia contradictoria, en la que debe valorarse especialmente, una vez más, el superior interés del menor.

En defensa de la unidad de doctrina, el sistema de recursos ordinario se confía a las Salas de Menores de los Tribunales Superiores de Justicia, que habrán de crearse, las cuales, con la inclusión de Magistrados especialistas, aseguran y refuerzan la efectividad de la tutela judicial en relación con las finalidades que se propone la Ley. En el mismo sentido, procede destacar la instauración del recurso de casación para unificación de doctrina, reservado a los casos de mayor gravedad, en paralelismo con el proceso penal de adultos, reforzando la garantía de la unidad de doctrina en el ámbito del derecho sancionador de menores a través de la jurisprudencia del Tribunal Supremo. [1257]

10. Conforme a los principios señalados, se establece, inequívocamente, el límite de los catorce años de edad para exigir este tipo de responsabilidad sancionadora a los menores de edad penal y se diferencian, en el ámbito de aplicación de la Ley y de la graduación de las consecuencias por los hechos cometidos, dos tramos, de catorce a dieciséis y de diecisiete a dieciocho años, por presentar uno y otro grupo diferencias características que requieren, desde un punto de vista científico y jurídico, un tratamiento diferenciado, constituyendo una agravación específica en el tramo de los mayores de dieciséis años la comisión de delitos que se caracterizan por la violencia, intimidación o peligro para las personas.

La aplicación de la presente Ley a los mayores de dieciocho años y menores de veintiuno, prevista en el art. 69 del Código Penal vigente, podrá ser acordada por el Juez atendiendo a las circunstancias personales y al grado de madurez del autor, y a la naturaleza y gravedad de los hechos. Estas personas reciben, a los efectos de esta Ley, la denominación genérica de «jóvenes».

Se regulan expresamente, como situaciones que requieren una respuesta específica, los supuestos en los que el menor presente síntomas

---

[1257] Conforme a la disp. adic. 2ª LO 9/2000 de 22 diciembre , las referencias a las Salas de Menores de los Tribunales Superiores de Justicia deben entenderse realizadas a las Audiencias Provinciales

de enajenación mental o la concurrencia de otras circunstancias modificativas de su responsabilidad, debiendo promover el Ministerio Fiscal, tanto la adopción de las medidas más adecuadas al interés del menor que se encuentre en tales situaciones, como la constitución de los organismos tutelares previstos por las leyes. También se establece que las acciones u omisiones imprudentes no puedan ser sancionadas con medidas de internamiento en régimen cerrado.

11. Con arreglo a las orientaciones expuestas, la Ley establece un amplio catálogo de medidas aplicables, desde la referida perspectiva sancionadora-educativa, debiendo primar nuevamente el interés del menor en la flexible adopción judicial de la medida más idónea, dadas las características del caso concreto y de la evolución personal del sancionado durante la ejecución de la medida. La concreta finalidad que las ciencias de la conducta exigen que se persiga con cada una de las medidas relacionadas, se detalla con carácter orientador en el apartado III de esta exposición de motivos.

12. La ejecución de las medidas judicialmente impuestas corresponde a las entidades públicas de protección y reforma de menores de las Comunidades Autónomas, bajo el inexcusable control del Juez de Menores. Se mantiene el criterio de que el interés del menor tiene que ser atendido por especialistas en las áreas de la educación y la formación, pertenecientes a esferas de mayor inmediación que el Estado. El Juez de Menores, a instancia de las partes y oídos los equipos técnicos del propio Juzgado y de la entidad pública de la correspondiente Comunidad Autónoma, dispone de amplias facultades para suspender o sustituir por otras las medidas impuestas, naturalmente sin mengua de las garantías procesales que constituyen otro de los objetivos primordiales de la nueva regulación, o permitir la participación de los padres del menor en la aplicación y consecuencias de aquéllas.

13. Un interés particular revisten en el contexto de la Ley los temas de la reparación del daño causado y la conciliación del delincuente con la víctima como situaciones que, en aras del principio de intervención mínima, y con el concurso mediador del equipo técnico, pueden dar lugar a la no incoación o sobreseimiento del expediente, o a la finalización del cumplimiento de la medida impuesta, en un claro predominio, una vez más, de los criterios educativos y resocializadores sobre los de una defensa social esencialmente basada en la prevención general y que pudiera resultar contraproducente para el futuro.

La reparación del daño causado y la conciliación con la víctima presentan el común denominador de que el ofensor y el perjudicado por la infracción llegan a un acuerdo, cuyo cumplimiento por parte del menor termina con el conflicto jurídico iniciado por su causa. La conciliación tiene por objeto que la víctima reciba una satisfacción psicológica a cargo del menor infractor, quien ha de arrepentirse del daño causado y estar dispuesto a disculparse. La medida se aplicará cuando el menor efectivamente se arrepienta y se disculpe, y la persona ofendida lo acepte y otorgue su perdón. En la reparación el acuerdo no se alcanza únicamente mediante la vía de la satisfacción psicológica, sino que requiere algo más: el menor ejecuta el compromiso contraído con la víctima o perjudicado de reparar el daño causado, bien mediante trabajos en beneficio de la comunidad, bien mediante acciones, adaptadas a las necesidades del sujeto, cuyo beneficiario sea la propia víctima o perjudicado.

III

14. En la medida de amonestación, el Juez, en un acto único que tiene lugar en la sede judicial, manifiesta al menor de modo concreto y claro las razones que hacen socialmente intolerables los hechos cometidos, le expone las consecuencias que para él y para la víctima han tenido o podían haber tenido tales hechos, y le formula recomendaciones para el futuro.

15. La medida de prestaciones en beneficio de la comunidad, que, en consonancia con el art. 25.2 de nuestra Constitución, no podrá imponerse sin consentimiento del menor, consiste en realizar una actividad, durante un número de sesiones previamente fijado, bien sea en beneficio de la colectividad en su conjunto, o de personas que se encuentren en una situación de precariedad por cualquier motivo. Preferentemente, se buscará relacionar la naturaleza de la actividad en que consista esta medida con la de los bienes jurídicos afectados por los hechos cometidos por el menor.

Lo característico de esta medida es que el menor ha de comprender, durante su realización, que la colectividad o determinadas personas han sufrido de modo injustificado unas consecuencias negativas derivadas de su conducta. Se pretende que el sujeto comprenda que actuó de modo incorrecto, que merece el reproche formal de la sociedad, y que la prestación de los trabajos que se le exigen es un acto de reparación justo.

16. Las medidas de internamiento responden a una mayor peligrosidad, manifestada en la naturaleza peculiarmente grave de los hechos

cometidos, caracterizados en los casos más destacados por la violencia, la intimidación o el peligro para las personas. El objetivo prioritario de la medida es disponer de un ambiente que provea de las condiciones educativas adecuadas para que el menor pueda reorientar aquellas disposiciones o deficiencias que han caracterizado su comportamiento antisocial, cuando para ello sea necesario, al menos de manera temporal, asegurar la estancia del infractor en un régimen físicamente restrictivo de su libertad. La mayor o menor intensidad de tal restricción da lugar a los diversos tipos de internamiento, a los que se va a aludir a continuación. El internamiento, en todo caso, ha de proporcionar un clima de seguridad personal para todos los implicados, profesionales y menores infractores, lo que hace imprescindible que las condiciones de estancia sean las correctas para el normal desarrollo psicológico de los menores.

El internamiento en régimen cerrado pretende la adquisición por parte del menor de los suficientes recursos de competencia social para permitir un comportamiento responsable en la comunidad, mediante una gestión de control en un ambiente restrictivo y progresivamente autónomo.

El internamiento en régimen semiabierto implica la existencia de un proyecto educativo en donde desde el principio los objetivos sustanciales se realizan en contacto con personas e instituciones de la comunidad, teniendo el menor su residencia en el centro, sujeto al programa y régimen interno del mismo.

El internamiento en régimen abierto implica que el menor llevará a cabo todas las actividades del proyecto educativo en los servicios normalizados del entorno, residiendo en el centro como domicilio habitual.

El internamiento terapéutico se prevé para aquellos casos en los que los menores, bien por razón de su adicción al alcohol o a otras drogas, bien por disfunciones significativas en su psiquismo, precisan de un contexto estructurado en el que poder realizar una programación terapéutica, no dándose, ni, de una parte, las condiciones idóneas en el menor o en su entorno para el tratamiento ambulatorio, ni, de otra parte, las condiciones de riesgo que exigirían la aplicación a aquél de un internamiento en régimen cerrado.

17. En la asistencia a un centro de día, el menor es derivado a un centro plenamente integrado en la comunidad, donde se realizan actividades educativas de apoyo a su competencia social. Esta medida

sirve el propósito de proporcionar a un menor un ambiente estructurado durante buena parte del día, en el que se lleven a cabo actividades socio-educativas que puedan compensar las carencias del ambiente familiar de aquél. Lo característico del centro de día es que en ese lugar es donde toma cuerpo lo esencial del proyecto socio-educativo del menor, si bien éste puede asistir también a otros lugares para hacer uso de otros recursos de ocio o culturales. El sometido a esta medida puede, por lo tanto, continuar residiendo en su hogar, o en el de su familia, o en el establecimiento de acogida.

18. En la medida de libertad vigilada, el menor infractor está sometido, durante el tiempo establecido en la sentencia, a una vigilancia y supervisión a cargo de personal especializado, con el fin de que adquiera las habilidades, capacidades y actitudes necesarias para un correcto desarrollo personal y social. Durante el tiempo que dure la libertad vigilada, el menor también deberá cumplir las obligaciones y prohibiciones que, de acuerdo con esta Ley, el Juez puede imponerle.

19. La realización de tareas socio-educativas consiste en que el menor lleve a cabo actividades específicas de contenido educativo que faciliten su reinserción social. Puede ser una medida de carácter autónomo o formar parte de otra más compleja. Empleada de modo autónomo, pretende satisfacer necesidades concretas del menor percibidas como limitadoras de su desarrollo integral. Puede suponer la asistencia y participación del menor a un programa ya existente en la comunidad, o bien a uno creado «ad hoc» por los profesionales encargados de ejecutar la medida. Como ejemplos de tareas socio-educativas, se pueden mencionar las siguientes asistir a un taller ocupacional, a un aula de educación compensatoria o a un curso de preparación para el empleo, participar en actividades estructuradas de animación socio-cultural, asistir a talleres de aprendizaje para la competencia social, etc.

20. El tratamiento ambulatorio es una medida destinada a los menores que disponen de las condiciones adecuadas en su vida para beneficiarse de un programa terapéutico que les ayude a superar procesos adictivos o disfunciones significativas de su psiquismo. Previsto para los menores que presenten una dependencia al alcohol o las drogas, y que en su mejor interés puedan ser tratados de la misma en la comunidad, en su realización pueden combinarse diferentes tipos de asistencia médica y psicológica. Resulta muy apropiado para casos de desequilibrio psicológico o perturbaciones del psiquismo que puedan ser atendidos sin necesidad de internamiento. La diferencia más clara

con la tarea socio-educativa es que ésta pretende lograr una capacitación, un logro de aprendizaje, empleando una metodología, no tanto clínica, sino de orientación psicoeducativa. El tratamiento ambulatorio también puede entenderse como una tarea socio-educativa muy específica para un problema bien definido.

21. La permanencia de fin de semana es la expresión que define la medida por la que un menor se ve obligado a permanecer en su hogar desde la tarde o noche del viernes hasta la noche del domingo, a excepción del tiempo en que realice las tareas socio-educativas asignadas por el Juez. En la práctica, combina elementos del arresto de fin de semana y de la medida de tareas socio-educativas o prestaciones en beneficio de la comunidad. Es adecuada para menores que cometen actos de vandalismo o agresiones leves en los fines de semana.

22. La convivencia con una persona, familia o grupo educativo es una medida que intenta proporcionar al menor un ambiente de socialización positivo, mediante su convivencia, durante un período determinado por el Juez, con una persona, con una familia distinta a la suya o con un grupo educativo que se ofrezca a cumplir la función de la familia en lo que respecta al desarrollo de pautas socioafectivas prosociales en el menor.

23. La privación del permiso de conducir ciclomotores o vehículos a motor, o del derecho a obtenerlo, o de licencias administrativas para caza o para el uso de cualquier tipo de armas, es una medida accesoria que se podrá imponer en aquellos casos en los que el hecho cometido tenga relación con la actividad que realiza el menor y que ésta necesite autorización administrativa.

24. Por último, procede poner de manifiesto que los principios científicos y los criterios educativos a que han de responder cada una de las medidas, aquí sucintamente expuestos, se habrán de regular más extensamente en el Reglamento que en su día se dicte en desarrollo de la presente Ley Orgánica.

TÍTULO PRELIMINAR

1. *Declaración general.* 1. Esta Ley se aplicará para exigirla responsabilidad de las personas mayores de catorce años y menores de dieciocho por la comisión de hechos tipificados como delitos o faltas en el Código Penal o las leyes penales especiales.

2. Las personas a las que se aplique la presente Ley gozarán de todos los derechos reconocidos en la Constitución y en el ordenamiento jurídico, particularmente en la Ley Orgánica 1/1996, de 15 de enero, de Protección Jurídica del Menor, así como en la Convención sobre los Derechos del Niño de 20 de noviembre de 1989 y en todas aquellas normas sobre protección de menores contenidas en los Tratados válidamente celebrados por España. [1258]

Apartado 4 (Derogado) [1259]

TÍTULO PRIMERO
DEL ÁMBITO DE APLICACIÓN DE LA LEY

2. *Competencia de los Jueces de Menores.* 1. Los Jueces de Menores serán competentes para conocer de los hechos cometidos por las personas mencionadas en el art. 1 de esta Ley, así como para hacer ejecutar las sentencias, sin perjuicio de las facultades atribuidas por esta Ley a las Comunidades Autónomas respecto a la protección y reforma de menores. [1260]

2. Los Jueces de Menores serán asimismo competentes para resolver sobre las responsabilidades civiles derivadas de los hechos cometidos por las personas a las que resulta aplicable la presente Ley.

3. La competencia corresponde al Juez de Menores del lugar donde se haya cometido el hecho delictivo, sin perjuicio de lo establecido en el art. 20.3 de esta Ley.

4. La competencia para conocer de los delitos previstos en los arts.571 a 580 del Código Penal corresponderá al Juzgado Central de Menores de la Audiencia Nacional.

Corresponderá igualmente al Juzgado Central de Menores de la Audiencia Nacional la competencia para conocer de los delitos cometidos por menores en el extranjero cuando conforme al art. 23 de la Ley

---

[1258] Renumerado apartado 3 por art. único apartado 1 de Ley Orgánica 8/2006 de 4 de diciembre de 2006 como apartado 2, con vigencia desde 05/02/2007

[1259] Derogado apartado 4 por art. único apartado 1 de Ley Orgánica 8/2006 de 4 de diciembre de 2006, con vigencia desde 05/02/2007

[1260] Dada nueva redacción apartado 1 por art. único apartado 2 de Ley Orgánica 8/2006 de 4 de diciembre de 2006 , con vigencia desde 05/02/2007

Orgánica 6/1985, de 1 de julio, del Poder Judicial y a los Tratados Internacionales corresponda su conocimiento a la jurisdicción española.

La referencia del último inciso del apartado 4 del art. 17 y cuantas otras se contienen en la presente Ley al Juez de Menores se entenderán hechas al Juez Central de Menores en lo que afecta a los menores imputados por cualquiera de los delitos a que se refieren los dos párrafos anteriores. [1261]

3. *Régimen de los menores de catorce años.* Cuando el autor de los hechos mencionados en los artículos anteriores sea menor de catorce años, no se le exigirá responsabilidad con arreglo a la presente Ley, sino que se le aplicará lo dispuesto en las normas sobre protección de menores previstas en el Código Civil y demás disposiciones vigentes. El Ministerio Fiscal deberá remitir a la entidad pública de protección de menores testimonio de los particulares que considere precisos respecto al menor, a fin de valorar su situación, y dicha entidad habrá de promover las medidas de protección adecuadas a las circunstancias de aquél conforme a lo dispuesto en la Ley Orgánica 1/1996, de 15 de enero.

4. *Derechos de las víctimas y de las personas perjudicadas.* [1262] El Ministerio Fiscal y el Juez de Menores velarán en todo momento por la protección de los derechos de las víctimas y de las personas perjudicadas por las infracciones cometidas por las personas menores de edad.

De manera inmediata se les instruirá de las medidas de asistencia a las víctimas que prevé la legislación vigente, debiendo el Letrado de la Administración de Justicia derivar a la víctima de violencia a la Oficina de Atención a la Víctima competente.

Las víctimas y las personas perjudicadas tendrán derecho a personarse y ser parte en el expediente que se incoe al efecto, para lo cual el Letrado de la Administración de Justicia les informará en los términos previstos en los artículos 109 y 110 de la Ley de Enjuiciamiento

---

[1261] Dada nueva redacción apartado 4 por disposición adicional 2 de Ley Orgánica 8/2012 de 27 de diciembre de 2012 , con vigencia desde 29/12/2012

[1262] Dada nueva redacción por art. 23 apartado 1 de Ley Orgánica 1/2025 de 2 de enero de 2025, con vigencia desde 03/04/2025

Criminal, instruyéndoles de su derecho a nombrar dirección letrada o instar su nombramiento de oficio en caso de ser titulares del derecho a la asistencia jurídica gratuita. Asimismo, les informará de que, de no personarse en el expediente y no hacer renuncia ni reserva de acciones civiles, el Ministerio Fiscal las ejercitará si correspondiere.

Se garantizará especialmente que las declaraciones o interrogatorios de las partes acusadoras, testigos o peritos se realicen de forma telemática en los siguientes supuestos, salvo que el Juez, Tribunal o Ministerio Fiscal, mediante resolución motivada, en atención a las circunstancias del caso concreto, estime necesaria su presencia física:

Cuando sean víctimas de violencia de género, de violencia sexual, de trata de seres humanos o cuando sean víctimas menores de edad o con discapacidad. Todas ellas podrán intervenir desde los lugares donde se encuentren recibiendo oficialmente asistencia, atención, asesoramiento o protección, o desde cualquier otro lugar, siempre que dispongan de medios suficientes para asegurar su identidad y las adecuadas condiciones de la intervención.

5. *Bases de la responsabilidad de los menores.* 1. Los menores serán responsables con arreglo a esta Ley cuando hayan cometido los hechos a los que se refiere el art. 1 y no concurra en ellos ninguna de las causas de exención o extinción de la responsabilidad criminal previstas en el vigente Código Penal.

2. No obstante lo anterior, a los menores en quienes concurran las circunstancias previstas en los números 1º, 2º y 3º del art. 20 del vigente Código Penal les serán aplicables, en caso necesario, las medidas terapéuticas a las que se refiere el art. 7.1, letras d) y e), de la presente Ley.

3. Las edades indicadas en el articulado de esta Ley se han de entender siempre referidas al momento de la comisión de los hechos, sin que el haberse rebasado las mismas antes del comienzo del procedimiento o durante la tramitación del mismo tenga incidencia alguna sobre la competencia atribuida por esta misma Ley a los Jueces y Fiscales de Menores.

6. *De la intervención del Ministerio Fiscal.* Corresponde al Ministerio Fiscal la defensa de los derechos que a los menores reconocen las leyes, así como la vigilancia de las actuaciones que deban efectuarse en su interés y la observancia de las garantías del procedimiento, para lo cual dirigirá personalmente la investigación de los hechos y ordenará que la policía judicial practique las actuaciones necesarias para la comprobación de aquéllos y de la participación del menor en los mismos, impulsando el procedimiento.

TÍTULO II
DE LAS MEDIDAS

7. *Definición de las medidas susceptibles de ser impuestas a los menores y reglas generales de determinación de las mismas.* [1263] 1. Las medidas que pueden imponer los Jueces de Menores, ordenadas según la restricción de derechos que suponen, son las siguientes:

a) Internamiento en régimen cerrado. Las personas sometidas a esta medida residirán en el centro y desarrollarán en el mismo las actividades formativas, educativas, laborales y de ocio.

b) Internamiento en régimen semiabierto. Las personas sometidas a esta medida residirán en el centro, pero podrán realizar fuera del mismo alguna o algunas de las actividades formativas, educativas, laborales y de ocio establecidas en el programa individualizado de ejecución de la medida. La realización de actividades fuera del centro quedará condicionada a la evolución de la persona y al cumplimiento de los objetivos previstos en las mismas, pudiendo el Juez de Menores suspenderlas por tiempo determinado, acordando que todas las actividades se lleven a cabo dentro del centro.

c) Internamiento en régimen abierto. Las personas sometidas a esta medida llevarán a cabo todas las actividades del proyecto educativo en los servicios normalizados del entorno, residiendo en el centro como domicilio habitual, con sujeción al programa y régimen interno del mismo.

d) Internamiento terapéutico en régimen cerrado, semiabierto o abierto. En los centros de esta naturaleza se realizará una atención educativa especializada o tratamiento específico dirigido a personas que padezcan anomalías o alteraciones psíquicas, un estado de dependen-

[1263] Dada nueva redacción por art. único apartado 4 de Ley Orgánica 8/2006 de 4 de diciembre de 2006, con vigencia desde 05/02/2007

cia de bebidas alcohólicas, drogas tóxicas o sustancias psicotrópicas, o alteraciones en la percepción que determinen una alteración grave de la conciencia de la realidad. Esta medida podrá aplicarse sola o como complemento de otra medida prevista en este artículo. Cuando el interesado rechace un tratamiento de deshabituación, el Juez habrá de aplicarle otra medida adecuada a sus circunstancias.

e) Tratamiento ambulatorio. Las personas sometidas a esta medida habrán de asistir al centro designado con la periodicidad requerida por los facultativos que las atiendan y seguir las pautas fijadas para el adecuado tratamiento de la anomalía o alteración psíquica, adicción al consumo de bebidas alcohólicas, drogas tóxicas o sustancias psicotrópicas, o alteraciones en la percepción que padezcan. Esta medida podrá aplicarse sola o como complemento de otra medida prevista en este artículo. Cuando el interesado rechace un tratamiento de deshabituación, el Juez habrá de aplicarle otra medida adecuada a sus circunstancias.

f) Asistencia a un centro de día. Las personas sometidas a esta medida residirán en su domicilio habitual y acudirán a un centro, plenamente integrado en la comunidad, a realizar actividades de apoyo, educativas, formativas, laborales o de ocio.

g) Permanencia de fin de semana. Las personas sometidas a esta medida permanecerán en su domicilio o en un centro hasta un máximo de treinta y seis horas entre la tarde o noche del viernes y la noche del domingo, a excepción, en su caso, del tiempo que deban dedicar a las tareas socio-educativas asignadas por el Juez que deban llevarse a cabo fuera del lugar de permanencia.

h) Libertad vigilada. En esta medida se ha de hacer un seguimiento de la actividad de la persona sometida a la misma y de su asistencia a la escuela, al centro de formación profesional o al lugar de trabajo, según los casos, procurando ayudar a aquélla a superar los factores que determinaron la infracción cometida. Asimismo, esta medida obliga, en su caso, a seguir las pautas socio-educativas que señale la entidad pública o el profesional encargado de su seguimiento, de acuerdo con el programa de intervención elaborado al efecto y aprobado por el Juez de Menores. La persona sometida a la medida también queda obligada a mantener con dicho profesional las entrevistas establecidas en el programa y a cumplir, en su caso, las reglas de conducta impuestas por el Juez, que podrán ser alguna o algunas de las siguientes:

1ª Obligación de asistir con regularidad al centro docente correspondiente, si el menor está en edad de escolarización obligatoria, y acreditar ante el Juez dicha asistencia regular o justificar en su caso las ausencias, cuantas veces fuere requerido para ello.

2ª Obligación de someterse a programas de tipo formativo, cultural, educativo, profesional, laboral, de educación sexual, de educación vial u otros similares.

3ª Prohibición de acudir a determinados lugares, establecimientos o espectáculos.

4ª Prohibición de ausentarse del lugar de residencia sin autorización judicial previa.

5ª Obligación de residir en un lugar determinado.

6ª Obligación de comparecer personalmente ante el Juzgado de Menores o profesional que se designe, para informar de las actividades realizadas y justificarlas.

7ª Cualesquiera otras obligaciones que el Juez, de oficio o a instancia del Ministerio Fiscal, estime convenientes para la reinserción social del sentenciado, siempre que no atenten contra su dignidad como persona. Si alguna de estas obligaciones implicase la imposibilidad del menor de continuar conviviendo con sus padres, tutores o guardadores, el Ministerio Fiscal deberá remitir testimonio de los particulares a la entidad pública de protección del menor, y dicha entidad deberá promover las medidas de protección adecuadas a las circunstancias de aquél, conforme a lo dispuesto en la Ley Orgánica 1/1996.

i) La prohibición de aproximarse o comunicarse con la víctima o con aquellos de sus familiares u otras personas que determine el Juez. Esta medida impedirá al menor acercarse a ellos, en cualquier lugar donde se encuentren, así como a su domicilio, a su centro docente, a sus lugares de trabajo y a cualquier otro que sea frecuentado por ellos. La prohibición de comunicarse con la víctima, o con aquellos de sus familiares u otras personas que determine el Juez o Tribunal, impedirá al menor establecer con ellas, por cualquier medio de comunicación o medio informático o telemático, contacto escrito, verbal o visual. Si esta medida implicase la imposibilidad del menor de continuar viviendo con sus padres, tutores o guardadores, el Ministerio Fiscal deberá remitir testimonio de los particulares a la entidad pública de protección del menor, y dicha entidad deberá promover las medidas de protección adecuadas a las circunstancias de aquél, conforme a lo dispuesto en la Ley Orgánica 1/1996.

j) Convivencia con otra persona, familia o grupo educativo. La persona sometida a esta medida debe convivir, durante el período de tiempo establecido por el Juez, con otra persona, con una familia distinta a la suya o con un grupo educativo, adecuadamente seleccionados para orientar a aquélla en su proceso de socialización.

k) Prestaciones en beneficio de la comunidad. La persona sometida a esta medida, que no podrá imponerse sin su consentimiento, ha de realizar las actividades no retribuidas que se le indiquen, de interés social o en beneficio de personas en situación de precariedad.

l) Realización de tareas socio-educativas. La persona sometida a esta medida ha de realizar, sin internamiento ni libertad vigilada, actividades específicas de contenido educativo encaminadas a facilitarle el desarrollo de su competencia social.

m) Amonestación. Esta medida consiste en la represión de la persona llevada a cabo por el Juez de Menores y dirigida a hacerle comprender la gravedad de los hechos cometidos y las consecuencias que los mismos han tenido o podrían haber tenido, instándole a no volver a cometer tales hechos en el futuro.

n) Privación del permiso de conducir ciclomotores y vehículos a motor, o del derecho a obtenerlo, o de las licencias administrativas para caza o para uso de cualquier tipo de armas. Esta medida podrá imponerse como accesoria cuando el delito o falta se hubiere cometido utilizando un ciclomotor o un vehículo a motor, o un arma, respectivamente.

ñ) Inhabilitación absoluta. La medida de inhabilitación absoluta produce la privación definitiva de todos los honores, empleos y cargos públicos sobre el que recayere, aunque sean electivos; así como la incapacidad para obtener los mismos o cualesquiera otros honores, cargos o empleos públicos, y la de ser elegido para cargo público, durante el tiempo de la medida.

2. Las medidas de internamiento constarán de dos períodos: el primero se llevará a cabo en el centro correspondiente, conforme a la descripción efectuada en el apartado anterior de este artículo, el segundo se llevará a cabo en régimen de libertad vigilada, en la modalidad elegida por el Juez. La duración total no excederá del tiempo que se expresa en los arts. 9 y 10. El equipo técnico deberá informar respecto del contenido de ambos períodos, y el Juez expresará la duración de cada uno en la sentencia.

3. Para la elección de la medida o medidas adecuadas se deberá atender de modo flexible, no sólo a la prueba y valoración jurídica de los hechos, sino especialmente a la edad, las circunstancias familiares

y sociales, la personalidad y el interés del menor, puestos de manifiesto los dos últimos en los informes de los equipos técnicos y de las entidades públicas de protección y reforma de menores cuando éstas hubieran tenido conocimiento del menor por haber ejecutado una medida cautelar o definitiva con anterioridad, conforme a lo dispuesto en el art. 27 de la presente Ley. El Juez deberá motivar en la sentencia las razones por las que aplica una determinada medida, así como el plazo de duración de la misma, a los efectos de la valoración del mencionado interés del menor.

4. El Juez podrá imponer al menor una o varias medidas de las previstas en esta Ley con independencia de que se trate de uno o más hechos, sujetándose si procede a lo dispuesto en el art. 11 para el enjuiciamiento conjunto de varias infracciones; pero, en ningún caso, se impondrá a un menor en una misma resolución más de una medida de la misma clase, entendiendo por tal cada una de las que se enumeran en el apartado 1 de este artículo.

5. Cuando la medida impuesta lo sea por la comisión de un delito de los previstos en los Capítulos I y II del Título VIII del Código Penal, el Juez impondrá de forma accesoria, en todo caso, la obligación de someterse a programas formativos de educación sexual y de educación en igualdad. [1264]

8. *Principio acusatorio.* El Juez de Menores no podrá imponer una medida que suponga una mayor restricción de derechos ni por un tiempo superior a la medida solicitada por el Ministerio Fiscal o por el acusador particular. [1265]

Tampoco podrá exceder la duración de las medidas privativas de libertad contempladas en el art. 7.1.a), b), e), d) y g), en ningún caso, del tiempo que hubiera durado la pena privativa de libertad que se le hubiere impuesto por el mismo hecho, si el sujeto, de haber sido mayor de edad, hubiera sido declarado responsable, de acuerdo con el Código Penal.

[1264] Añadido apartado 5 por disposición final 7 apartado 1 de Ley Orgánica 10/2022 de 6 de septiembre de 2022, con vigencia desde 07/10/2022

[1265] Dada nueva redacción párrafo 1 por disposición final 2 apartado 1 de Ley Orgánica 15/2003 de 25 de noviembre de 2003, con vigencia desde 27/11/2003

9. *Régimen general de aplicación y duración de las medidas.* [1266] No obstante lo establecido en los apartados 3 y 4 del art. 7, la aplicación de las medidas se atenderá a las siguientes reglas:

1. Cuando los hechos cometidos sean calificados de falta, sólo se podrán imponer las medidas de libertad vigilada hasta un máximo de seis meses, amonestación, permanencia de fin de semana hasta un máximo de cuatro fines de semana, prestaciones en beneficio de la comunidad hasta cincuenta horas, privación del permiso de conducir o de otras licencias administrativas hasta un año, la prohibición de aproximarse o comunicarse con la víctima o con aquellos de sus familiares u otras personas que determine el Juez hasta seis meses, y la realización de tareas socio-educativas hasta seis meses.

2. La medida de internamiento en régimen cerrado sólo podrá ser aplicable cuando:

a) Los hechos estén tipificados como delito grave por el Código Penal o las leyes penales especiales.

b) Tratándose de hechos tipificados como delito menos grave, en su ejecución se haya empleado violencia o intimidación en las personas o se haya generado grave riesgo para la vida o la integridad física de las mismas.

c) Los hechos tipificados como delito se cometan en grupo o el menor perteneciere o actuare al servicio de una banda, organización o asociación, incluso de carácter transitorio, que se dedicare a la realización de tales actividades.

3. La duración de las medidas no podrá exceder de dos años, computándose, en su caso, a estos efectos el tiempo ya cumplido por el menor en medida cautelar, conforme a lo dispuesto en el art. 28.5 de la presente Ley. La medida de prestaciones en beneficio de la comunidad no podrá superar las cien horas. La medida de permanencia de fin de semana no podrá superar los ocho fines de semana.

4. Las acciones u omisiones imprudentes no podrán ser sancionadas con medidas de internamiento en régimen cerrado.

5. Cuando en la postulación del Ministerio Fiscal o en la resolución dictada en el procedimiento se aprecien algunas de las circunstancias

---

[1266] Dada nueva redacción por art. único apartado 5 de Ley Orgánica 8/2006 de 4 de diciembre de 2006, con vigencia desde 05/02/2007

a las que se refiere el art. 5.2 de esta Ley, sólo podrán aplicarse las medidas terapéuticas descritas en el art. 7.1, letras d) y e) de la misma.

10. *Reglas especiales de aplicación y duración de las mismas.* [1267]

1. Cuando se trate de los hechos previstos en el apartado 2 del artículo anterior, el Juez, oído el Ministerio Fiscal, las partes personadas y el equipo técnico, actuará conforme a las reglas siguientes:

a) si al tiempo de cometer los hechos el menor tuviere catorce o quince años de edad, la medida podrá alcanzar tres años de duración. Si se trata de prestaciones en beneficio de la comunidad, dicho máximo será de ciento cincuenta horas, y de doce fines de semana si la medida impuesta fuere la de permanencia de fin de semana.

b) si al tiempo de cometer los hechos el menor tuviere dieciséis o diecisiete años de edad, la duración máxima de la medida será de seis años; o, en sus respectivos casos, de doscientas horas de prestaciones en beneficio de la comunidad o permanencia de dieciséis fines de semana.

En este supuesto, cuando el hecho revista extrema gravedad, el Juez deberá imponer una medida de internamiento en régimen cerrado de uno a seis años, complementada sucesivamente con otra medida de libertad vigilada con asistencia educativa hasta un máximo de cinco años. Sólo podrá hacerse uso de lo dispuesto en los arts. 13 y 51.1 de esta Ley Orgánica una vez transcurrido el primer año de cumplimiento efectivo de la medida de internamiento.

A los efectos previstos en el párrafo anterior, se entenderán siempre supuestos de extrema gravedad aquellos en los que se apreciara reincidencia.

2. Cuando el hecho sea constitutivo de alguno de los delitos tipificados en los artículos 138, 139, 178, apartados 2 y 3, 179, 180, 181, apartados 2, 4, 5 y 6, y 571 a 580 del Código Penal, o de cualquier otro delito que tenga señalada en dicho Código o en las leyes penales especiales pena de prisión igual o superior a quince años, el Juez deberá imponer las medidas siguientes:

a) Si al tiempo de cometer los hechos el menor tuviere catorce o quince años de edad, una medida de internamiento en régimen

---

[1267] Dada nueva redacción por art. único apartado 6 de Ley Orgánica 8/2006 de 4 de diciembre de 2006, con vigencia desde 05/02/2007

cerrado de uno a cinco años de duración, complementada en su caso por otra medida de libertad vigilada de hasta tres años.

b) Si al tiempo de cometer los hechos el menor tuviere dieciséis o diecisiete años de edad, una medida de internamiento en régimen cerrado de uno a ocho años de duración, complementada en su caso por otra de libertad vigilada con asistencia educativa de hasta cinco años. En este supuesto solo podrá hacerse uso de las facultades de modificación, suspensión o sustitución de la medida impuesta a las que se refieren los artículos 13, 40 y 51.1 de esta ley orgánica, cuando haya trascurrido, al menos, la mitad de la duración de la medida de internamiento impuesta. [1268]

3. En el caso de que el delito cometido sea alguno de los comprendidos en los arts. 571 a 580 del Código Penal, el Juez, sin perjuicio de las demás medidas que correspondan con arreglo a esta Ley, también impondrá al menor una medida de inhabilitación absoluta por un tiempo superior entre cuatro y quince años al de la duración de la medida de internamiento en régimen cerrado impuesta, atendiendo proporcionalmente a la gravedad del delito, el número de los cometidos y a las circunstancias que concurran en el menor.

4. Las medidas de libertad vigilada previstas en este artículo deberán ser ratificadas mediante auto motivado, previa audiencia del Ministerio Fiscal, del letrado del menor y del representante de la entidad pública de protección o reforma de menores al finalizar el internamiento, y se llevará a cabo por las instituciones públicas encargadas del cumplimiento de las penas.

11. *Pluralidad de infracciones.* [1269] 1. Los límites máximos establecidos en el art. 9 y en el apartado 1 del art. 10 serán aplicables, con arreglo a los criterios establecidos en el art. 7, apartados 3 y 4, aunque el menor fuere responsable de dos o más infracciones, en el caso de que éstas sean conexas o se trate de una infracción continuada, así como cuando un sólo hecho constituya dos o más infracciones. No obstante, en estos casos, el Juez, para determinar la medida o medidas a imponer, así como su duración, deberá tener en cuenta, además

---

[1268] Dada nueva redacción apartado 2 por disposición final 2 de Ley Orgánica 4/2023 de 27 de abril de 2023, con vigencia desde 29/04/2023

[1269] Dada nueva redacción por art. único apartado 7 de Ley Orgánica 8/2006 de 4 de diciembre de 2006, con vigencia desde 05/02/2007

del interés del menor, la naturaleza y el número de las infracciones, tomando como referencia la más grave de todas ellas.

Si pese a lo dispuesto en el art. 20.1 de esta Ley dichas infracciones hubiesen sido objeto de diferentes procedimientos, el último Juez sentenciador señalará la medida o medidas que debe cumplir el menor por el conjunto de los hechos, dentro de los límites y con arreglo a los criterios expresados en el párrafo anterior.

2. Cuando alguno o algunos de los hechos a los que se refiere el apartado anterior fueren de los mencionados en el art. 10.2 de esta Ley, la medida de internamiento en régimen cerrado podrá alcanzar una duración máxima de diez años para los mayores de dieciséis años y de seis años para los menores de esa edad, sin perjuicio de la medida de libertad vigilada que, de forma complementaria, corresponda imponer con arreglo a dicho artículo.

3. Cuando el menor hubiere cometido dos o más infracciones no comprendidas en el apartado 1 de este artículo será de aplicación lo dispuesto en el art. 47 de la presente Ley.

12. *Procedimiento de aplicación de medidas en supuestos de pluralidad de infracciones.* [1270] 1. A los fines previstos en el artículo anterior, en cuanto el Juez sentenciador tenga conocimiento de la existencia de otras medidas firmes en ejecución, pendientes de ejecución o suspendidas condicionalmente, impuestas al mismo menor por otros jueces de menores en anteriores sentencias, y una vez que la medida o medidas por él impuestas sean firmes, ordenará al secretario judicial que dé traslado del testimonio de su sentencia, por el medio más rápido posible, al Juez que haya dictado la primera sentencia firme, el cual será el competente para la ejecución de todas, asumiendo las funciones previstas en el apartado 2 de este artículo.

2. El Juez competente para la ejecución procederá a la refundición y a ordenar la ejecución de todas las medidas impuestas conforme establece el art. 47 de esta Ley. Desde ese momento, pasará a ser competente a todos los efectos con exclusión de los órganos judiciales que hubieran dictado las posteriores resoluciones.

[1270] Dada nueva redacción por art. único apartado 8 de Ley Orgánica 8/2006 de 4 de diciembre de 2006, con vigencia desde 05/02/2007

13. *Modificación de la medida impuesta.* [1271] 1. El Juez competente para la ejecución, de oficio o a instancia del Ministerio Fiscal o del letrado del menor, previa audiencia de estos e informe del equipo técnico y, en su caso, de la entidad pública de protección o reforma de menores, podrá en cualquier momento dejar sin efecto la medida impuesta, reducir su duración o sustituirla por otra, siempre que la modificación redunde en el interés del menor y se exprese suficientemente a este el reproche merecido por su conducta. Cuando el delito cometido esté tipificado en los Capítulos I y II del Título VIII del Código Penal, sólo podrá dejarse sin efecto la medida si se acredita que la persona sometida a la misma ha cumplido la obligación prevista en el apartado 5 del artículo 7. [1272]

2. En los casos anteriores, el Juez resolverá por auto motivado, contra el cual se podrán interponer los recursos previstos en la presente Ley.

14. *Mayoría de edad del condenado.* [1273] 1. Cuando el menor a quien se le hubiere impuesto una medida de las establecidas en esta Ley alcanzase la mayoría de edad, continuará el cumplimiento de la medida hasta alcanzar los objetivos propuestos en la sentencia en que se le impuso conforme a los criterios expresados en los artículos anteriores.

2. Cuando se trate de la medida de internamiento en régimen cerrado y el menor alcance la edad de dieciocho años sin haber finalizado su cumplimiento, el Juez de Menores, oído el Ministerio Fiscal, el letrado del menor, el equipo técnico y la entidad pública de protección o reforma de menores, podrá ordenar en auto motivado que su cumplimiento se lleve a cabo en un centro penitenciario conforme al régimen general previsto en la Ley Orgánica General Penitenciaria si la conducta de la persona internada no responde a los objetivos propuestos en la sentencia.

[1271] Suprimido por art. único apartado 9 de Ley Orgánica 8/2006 de 4 de diciembre de 2006 pasando el art. 14 a ser art. 13, con una nueva redacción, con vigencia desde 05/02/2007

[1272] Dada nueva redacción apartado 1 por disposición final 7 apartado 3 de Ley Orgánica 10/2022 de 6 de septiembre de 2022, con vigencia desde 07/10/2022

[1273] Dada nueva redacción por art. único apartado 10 de Ley Orgánica 8/2006 de 4 de diciembre de 2006, con vigencia desde 05/02/2007

3. No obstante lo señalado en los apartados anteriores, cuando las medidas de internamiento en régimen cerrado sean impuestas a quien haya cumplido veintiún años de edad o, habiendo sido impuestas con anterioridad, no hayan finalizado su cumplimiento al alcanzar la persona dicha edad, el Juez de Menores, oídos el Ministerio Fiscal, el letrado del menor, el equipo técnico y la entidad pública de protección o reforma de menores, ordenará su cumplimiento en centro penitenciario conforme al régimen general previsto en la Ley Orgánica General Penitenciaria, salvo que, excepcionalmente, entienda en consideración a las circunstancias concurrentes que procede la utilización de las medidas previstas en los arts. 13 y 51 de la presente Ley o su permanencia en el centro en cumplimiento de tal medida cuando el menor responda a los objetivos propuestos en la sentencia.

4. Cuando el menor pase a cumplir la medida de internamiento en un centro penitenciario, quedarán sin efecto el resto de medidas impuestas por el Juez de Menores que estuvieren pendientes de cumplimiento sucesivo o que estuviera cumpliendo simultáneamente con la de internamiento, si éstas no fueren compatible con el régimen penitenciario, todo ello sin perjuicio de que excepcionalmente proceda la aplicación de los arts. 13 y 51 de esta Ley.

5. La medida de internamiento en régimen cerrado que imponga el Juez de Menores con arreglo a la presente Ley se cumplirá en un centro penitenciario conforme al régimen general previsto en la Ley Orgánica General Penitenciaria siempre que, con anterioridad al inicio de la ejecución de dicha medida, el responsable hubiera cumplido ya, total o parcialmente, bien una pena de prisión impuesta con arreglo al Código Penal, o bien una medida de internamiento ejecutada en un centro penitenciario conforme a los apartados 2 y 3 de este artículo.

15. *De la prescripción.* [1274] 1. Los hechos delictivos cometidos por los menores prescriben:

1º Con arreglo a las normas contenidas en el Código Penal, cuando se trate de los hechos delictivos tipificados en los arts. 138, 139, 179, 180 y 571 a 580 del Código Penal o cualquier otro sancionado en el Código Penal o en las leyes penales especiales con pena de prisión igual o superior a quince años.

[1274] Dada nueva redacción por art. único apartado 11 de Ley Orgánica 8/2006 de 4 de diciembre de 2006, con vigencia desde 05/02/2007

2º A los cinco años, cuando se trate de un delito grave sancionado en el Código Penal con pena superior a diez años.

3º A los tres años, cuando se trate de cualquier otro delito grave.

4º Al año, cuando se trate de un delito menos grave.

5º A los tres meses, cuando se trate de una falta.

2. Las medidas que tengan una duración superior a los dos años prescribirán a los tres años. Las restantes medidas prescribirán a los dos años, excepto la amonestación, las prestaciones en beneficio de la comunidad y la permanencia de fin de semana, que prescribirán al año.

TÍTULO III
DE LA INSTRUCCIÓN DEL PROCEDIMIENTO

CAPÍTULO PRIMERO
REGLAS GENERALES

16. *Incoación del expediente.* 1. Corresponde al Ministerio Fiscal la instrucción de los procedimientos por los hechos a los que se refiere el art. 1 de esta Ley.

2. Quienes tuvieren noticia de algún hecho de los indicados en el apartado anterior, presuntamente cometido por un menor de dieciocho años, deberán ponerlo en conocimiento del Ministerio Fiscal, el cual admitirá o no a trámite la denuncia, según que los hechos sean o no indiciariamente constitutivos de delito; custodiará las piezas, documentos y efectos que le hayan sido remitidos, y practicará, en su caso, las diligencias que estime pertinentes para la comprobación del hecho y de la responsabilidad del menor en su comisión, pudiendo resolver el archivo de las actuaciones cuando los hechos no constituyan delito o no tengan autor conocido. La resolución recaída sobre la denuncia deberá notificarse a quienes hubieran formulado la misma.

3. Una vez efectuadas las actuaciones indicadas en el apartado anterior, el Ministerio Fiscal dará cuenta de la incoación del expediente al Juez de Menores quien iniciará las diligencias de trámite correspondientes.

4. El Juez de Menores ordenará al propio tiempo la apertura de la pieza separada de responsabilidad civil, que se tramitará conforme a lo establecido en las reglas del art. 64 de esta Ley. [1275]

5. Cuando los hechos mencionados en el art. 1 hubiesen sido cometidos conjuntamente por mayores de edad penal y por personas de las edades indicadas en el mismo art. 1, el Juez de Instrucción competente para el conocimiento de la causa, tan pronto como compruebe la edad de los imputados, adoptará las medidas necesarias para asegurar el éxito de la actividad investigadora respecto de los mayores de edad y ordenará remitir testimonio de los particulares precisos al Ministerio Fiscal, a los efectos prevenidos en el apartado 2 de este artículo. [1276]

17. *Detención de los menores.* 1. Las autoridades y funcionarios que intervengan en la detención de un menor deberán practicarla en la forma que menos perjudique a éste y estarán obligados a informarle, en un lenguaje claro y comprensible y de forma inmediata, de los hechos que se le imputan, de las razones de su detención y de los derechos que le asisten, especialmente los reconocidos en el art. 520 de la Ley de Enjuiciamiento Criminal, así como a garantizar el respeto de los mismos. También deberán notificar inmediatamente el hecho de la detención y el lugar de la custodia a los representantes legales del menor y al Ministerio Fiscal. Si el menor detenido fuera extranjero, el hecho de la detención se notificará a las correspondientes autoridades consulares cuando el menor tuviera su residencia habitual fuera de España o cuando así lo solicitaran el propio menor o sus representantes legales.

2. Toda declaración del detenido, se llevará a cabo en presencia de su letrado y de aquéllos que ejerzan la patria potestad, tutela o guarda del menor -de hecho o de derecho-, salvo que, en este último caso, las circunstancias aconsejen lo contrario. En defecto de estos últimos la declaración se llevará a cabo en presencia del Ministerio Fiscal, representado por persona distinta del instructor del expediente.

[1275] Dada nueva redacción apartado 4 por art. único apartado 12 de Ley Orgánica 8/2006 de 4 de diciembre de 2006 , con vigencia desde 05/02/2007

[1276] Dada nueva redacción apartado 5 por art. único apartado 12 de Ley Orgánica 8/2006 de 4 de diciembre de 2006 , con vigencia desde 05/02/2007

El menor detenido tendrá derecho a la entrevista reservada con su abogado con anterioridad y al término de la práctica de la diligencia de toma de declaración. [1277]

3. Mientras dure la detención, los menores deberán hallarse custodiados en dependencias adecuadas y separadas de las que se utilicen para los mayores de edad, y recibirán los cuidados, protección y asistencia social, psicológica, médica y física que requieran, habida cuenta de su edad, sexo y características individuales.

4. La detención de un menor por funcionarios de policía no podrá durar más tiempo del estrictamente necesario para la realización de las averiguaciones tendentes al esclarecimiento de los hechos, y, en todo caso, dentro del plazo máximo de veinticuatro horas, el menor detenido deberá ser puesto en libertad o a disposición del Ministerio Fiscal. Se aplicará, en su caso, lo dispuesto en el art. 520 bis de la Ley de Enjuiciamiento Criminal, atribuyendo la competencia para las resoluciones judiciales previstas en dicho precepto al Juez de Menores.

5. Cuando el detenido sea puesto a disposición del Ministerio Fiscal, éste habrá de resolver, dentro de las cuarenta y ocho horas a partir de la detención, sobre la puesta en libertad del menor, sobre el desistimiento al que se refiere el artículo siguiente, o sobre la incoación del expediente, poniendo a aquél a disposición del Juez de Menores competente e instando del mismo las oportunas medidas cautelares, con arreglo a lo establecido en el art. 28.

6. El Juez competente para el procedimiento de hábeas corpus en relación a un menor será el Juez de Instrucción del lugar en el que se encuentre el menor privado de libertad, si no constare, el del lugar donde se produjo la detención, y, en defecto de los anteriores, el del lugar donde se hayan tenido las últimas noticias sobre el paradero del menor detenido.

Cuando el procedimiento de hábeas corpus sea instado por el propio menor, la fuerza pública responsable de la detención lo notificará inmediatamente al Ministerio Fiscal, además de dar curso al procedimiento conforme a la ley orgánica reguladora.

[1277] Añadido apartado 2 párrafo 2 por art. único apartado 13 de Ley Orgánica 8/2006 de 4 de diciembre de 2006, con vigencia desde 05/02/2007

18. *Desistimiento de la incoación del expediente por corrección en el ámbito educativo y familiar.* El Ministerio Fiscal podrá desistir de la incoación del expediente cuando los hechos denunciados constituyan delitos menos graves sin violencia o intimidación en las personas o faltas, tipificados en el Código Penal o en las leyes penales especiales. En tal caso, el Ministerio Fiscal dará traslado de lo actuado a la entidad pública de protección de menores para la aplicación de lo establecido en el art. 3 de la presente Ley. Asimismo, el Ministerio Fiscal comunicará a los ofendidos o perjudicados conocidos el desistimiento acordado. [1278]

No obstante, cuando conste que el menor ha cometido con anterioridad otros hechos de la misma naturaleza, el Ministerio Fiscal deberá incoar el expediente y, en su caso, actuar conforme autoriza el art. 27.4 de la presente Ley.

19. *Sobreseimiento del expediente por conciliación o reparación entre el menor y la víctima.* 1. También podrá el Ministerio Fiscal desistir de la continuación del expediente, atendiendo a la gravedad y circunstancias de los hechos y del menor, de modo particular a la falta de violencia o intimidación graves en la comisión de los hechos, y a la circunstancia de que además el menor se haya conciliado con la víctima o haya asumido el compromiso de reparar el daño causado a la víctima o al perjudicado por el delito, o se haya comprometido a cumplir la actividad educativa propuesta por el equipo técnico en su informe.

El desistimiento en la continuación del expediente sólo será posible cuando el hecho imputado al menor constituya delito menos grave o falta.

2. A efectos de lo dispuesto en el apartado anterior, se entenderá producida la conciliación cuando el menor reconozca el daño causado y se disculpe ante la víctima, y ésta acepte sus disculpas, y se entenderá por reparación el compromiso asumido por el menor con la víctima o perjudicado de realizar determinadas acciones en beneficio de aquellos o de la comunidad, seguido de su realización efectiva. Todo ello sin perjuicio del acuerdo al que hayan llegado las partes en relación con la responsabilidad civil.

[1278] Dada nueva redacción párrafo 1 por art. único apartado 14 de Ley Orgánica 8/2006 de 4 de diciembre de 2006 , con vigencia desde 05/02/2007

Cuando la medida sea consecuencia de la comisión de alguno de los delitos tipificados en los Capítulos I y II del Título VIII del Código Penal, o estén relacionados con la violencia de género, no tendrá efecto de conciliación, a menos que la víctima lo solicite expresamente y que el menor, además, haya realizado la medida accesoria de educación sexual y de educación para la igualdad. [1279]

3. El correspondiente equipo técnico realizará las funciones de mediación entre el menor y la víctima o perjudicado, a los efectos indicados en los apartados anteriores, e informará al Ministerio Fiscal de los compromisos adquiridos y de su grado de cumplimiento.

4. Una vez producida la conciliación o cumplidos los compromisos de reparación asumidos con la víctima o perjudicado por el delito o falta cometido, o cuando una u otros no pudieran llevarse a efecto por causas ajenas a la voluntad del menor, el Ministerio Fiscal dará por concluida la instrucción y solicitará del Juez el sobreseimiento y archivo de las actuaciones, con remisión de lo actuado.

5. En el caso de que el menor no cumpliera la reparación o la actividad educativa acordada, el Ministerio Fiscal continuará la tramitación del expediente.

6. En los casos en los que la víctima del delito o falta fuere menor de edad o incapaz, el compromiso al que se refiere el presente artículo habrá de ser asumido por el representante legal de la misma, con la aprobación del Juez de Menores.

20. *Unidad de expediente.* [1280] 1. El Ministerio Fiscal incoará un procedimiento por cada hecho delictivo, salvo cuando se trate de hechos delictivos conexos.

2. Todos los procedimientos tramitados a un mismo menor se archivarán en el expediente personal que del mismo se haya abierto en la Fiscalía. De igual modo se archivarán las diligencias en el Juzgado de Menores respectivo.

3. En los casos en los que los delitos atribuidos al menor expedientado hubieran sido cometidos en diferentes territorios, la determinación del órgano judicial competente para el enjuiciamiento de todos

---

[1279] Dada nueva redacción apartado 2 por disposición final 7 apartado 4 de Ley Orgánica 10/2022 de 6 de septiembre de 2022, con vigencia desde 07/10/2022

[1280] Dada nueva redacción por art. único apartado 16 de Ley Orgánica 8/2006 de 4 de diciembre de 2006, con vigencia desde 05/02/2007

ellos en unidad de expediente, así como de las entidades públicas competentes para la ejecución de las medidas que se apliquen, se hará teniendo en cuenta el lugar del domicilio del menor y, subsidiariamente, los criterios expresados en el art. 18 de la Ley de Enjuiciamiento Criminal.

4. Los procedimientos de la competencia de la Audiencia Nacional no podrán ser objeto de acumulación con otros procedimientos instruidos en el ámbito de la jurisdicción de menores, sean o no los mismos los sujetos imputados.

21. *Remisión al órgano competente.* Cuando el conocimiento de los hechos no corresponda a la competencia de los Juzgados de Menores, el Fiscal acordará la remisión de lo actuado al órgano legalmente competente.

22. *De la incoación del expediente.* 1. Desde el mismo momento de la incoación del expediente, el menor tendrá derecho a:

a) Ser informado por el Juez, el Ministerio Fiscal, o agente de policía de los derechos que le asisten.

b) Designar abogado que le defienda, o a que le sea designado de oficio y a entrevistarse reservadamente con él, incluso antes de prestar declaración.

e) Intervenir en las diligencias que se practiquen durante la investigación preliminar y en el proceso judicial, y a proponer y solicitar, respectivamente, la práctica de diligencias.

d) Ser oído por el Juez o Tribunal antes de adoptar cualquier resolución que le concierna personalmente.

e) La asistencia afectiva y psicológica en cualquier estado y grado del procedimiento, con la presencia de los padres o de otra persona que indique el menor, si el Juez de Menores autoriza su presencia.

f) La asistencia de los servicios del equipo técnico adscrito al Juzgado de Menores.

2. El expediente será notificado al menor desde el momento mismo de su incoación, a salvo lo dispuesto en el art. 24. A tal fin, el Fiscal requerirá al menor y a sus representantes legales para que designen letrado en el plazo de tres días, advirtiéndoles que, de no hacerlo, se le nombrará de oficio de entre los integrantes del turno de especialistas

del correspondiente Colegio de Abogados. Una vez producida dicha designación, el Fiscal la comunicará al Juez de Menores. [1281]

3. Igualmente, el Ministerio Fiscal notificará a quien aparezca como perjudicado, desde el momento en que así conste en la instrucción del expediente, la posibilidad de ejercer las acciones civiles que le puedan corresponder, personándose ante el Juez de Menores en la pieza de responsabilidad civil que se tramitará por el mismo.

23. *Actuación instructora del Ministerio Fiscal.* 1. La actuación instructora del Ministerio Fiscal tendrá como objeto, tanto valorar la participación del menor en los hechos para expresarle el reproche que merece su conducta, como proponer las concretas medidas de contenido educativo y sancionador adecuadas a las circunstancias del hecho y de su autor y, sobre todo, al interés del propio menor valorado en la causa.

2. El Ministerio Fiscal deberá dar vista del expediente al letrado del menor y, en su caso, a quien haya ejercitado la acción penal, en un plazo no superior a veinticuatro horas, tantas veces como aquel lo solicite. [1282]

3. El Ministerio Fiscal no podrá practicar por sí mismo diligencias restrictivas de derechos fundamentales, sino que habrá de solicitar del Juzgado la práctica de las que sean precisas para el buen fin de las investigaciones. El Juez de Menores resolverá sobre esta petición por auto motivado. La práctica de tales diligencias se documentará en pieza separada.

4. El Ministerio Fiscal, de oficio o a petición de cualquiera de las partes personadas, instará al Juzgado de menores, la práctica de la declaración de la víctima o de un cualquier otro testigo, con las garantías de la prueba preconstituida, de conformidad con lo dispuesto en la Ley de Enjuiciamiento Criminal, asegurando en todo caso el principio de contradicción cuando concurran alguno de los supuestos siguientes:

a) Cuando exista riesgo de imposibilidad de concurrir al juicio oral.

[1281] Dada nueva redacción apartado 2 por art. único apartado 17 de Ley Orgánica 8/2006 de 4 de diciembre de 2006 , con vigencia desde 05/02/2007

[1282] Dada nueva redacción apartado 2 por art. único apartado 18 de Ley Orgánica 8/2006 de 4 de diciembre de 2006, con vigencia desde 05/02/2007

b) Cuando se trate de una persona especialmente vulnerable. En todo caso, tendrá esa consideración toda persona menor de catorce años o persona con discapacidad necesitada de especial protección. [1283]

24. *Secreto del expediente.* [1284] El Juez de Menores, a solicitud del Ministerio Fiscal, del menor o de su familia, o de quien ejercite la acción penal, podrá decretar mediante auto motivado el secreto del expediente, en su totalidad o parcialmente, durante toda la instrucción o durante un período limitado de ésta. No obstante, el letrado del menor y quien ejercite la acción penal deberán, en todo caso, conocer en su integridad el expediente al evacuar el trámite de alegaciones. Este incidente se tramitará por el Juzgado en pieza separada.

25. *De la acusación particular.* [1285] Podrán personarse en el procedimiento como acusadores particulares, a salvo de las acciones previstas por el art. 61 de esta ley, las personas directamente ofendidas por el delito, sus padres, sus herederos o sus representantes legales si fueran menores de edad o incapaces, con las facultades y derechos que derivan de ser parte en el procedimiento, entre los que están, entre otros, los siguientes:

a) Ejercitar la acusación particular durante el procedimiento.

b) Instar la imposición de las medidas a las que se refiere esta ley.

c) Tener vista de lo actuado, siendo notificado de las diligencias que se soliciten y acuerden.

d) Proponer pruebas que versen sobre el hecho delictivo y las circunstancias de su comisión, salvo en lo referente a la situación psicológica, educativa, familiar y social del menor.

e) Participar en la práctica de las pruebas, ya sea en fase de instrucción ya sea en fase de audiencia; a estos efectos, el órgano actuante podrá denegar la práctica de la prueba de careo, si esta fuera solicitada, cuando no resulte fundamental para la averiguación de los hechos o la participación del menor en los mismos.

[1283] Añadido apartado 4 por art. 23 apartado 2 de Ley Orgánica 1/2025 de 2 de enero de 2025, con vigencia desde 03/04/2025

[1284] Dada nueva redacción por art. único apartado 19 de Ley Orgánica 8/2006 de 4 de diciembre de 2006, con vigencia desde 05/02/2007

[1285] Dada nueva redacción por disposición final 2 apartado 2 de Ley Orgánica 15/2003 de 25 de noviembre de 2003, con vigencia desde 27/11/2003

f) Ser oído en todos los incidentes que se tramiten durante el procedimiento.

g) Ser oído en caso de modificación o de sustitución de medidas impuestas al menor.

h) Participar en las vistas o audiencias que se celebren.

i) Formular los recursos procedentes de acuerdo con esta ley.

Una vez admitida por el Juez de Menores la personación del acusador particular, se le dará traslado de todas las actuaciones sustanciadas de conformidad con esta ley y se le permitirá intervenir en todos los trámites en defensa de sus intereses.

26. *Diligencias propuestas por las partes.* [1286] 1. Las partes podrán solicitar del Ministerio Fiscal la práctica de cuantas diligencias consideren necesarias. El Ministerio Fiscal decidirá sobre su admisión, mediante resolución motivada que notificará al letrado del menor y a quien en su caso ejercite la acción penal y que pondrá en conocimiento del Juez de Menores. Las partes podrán, en cualquier momento, reproducir ante el Juzgado de Menores la petición de las diligencias no practicadas.

2. No obstante lo dispuesto en el apartado anterior, cuando alguna de las partes proponga que se lleve a efecto la declaración del menor, el Ministerio Fiscal deberá recibirla en el expediente, salvo que ya hubiese concluido la instrucción y el expediente hubiese sido elevado al Juzgado de Menores.

3. Si las diligencias propuestas por alguna de las partes afectaren a derechos fundamentales del menor o de otras personas, el Ministerio Fiscal, de estimar pertinente la solicitud, se dirigirá al Juez de Menores conforme a lo dispuesto en el art. 23.3, sin perjuicio de la facultad de quien haya propuesto la diligencia de reproducir su solicitud ante el Juez de Menores conforme a lo dispuesto en el apartado 1 de este artículo.

27. *Informe del equipo técnico.* 1. Durante la instrucción del expediente, el Ministerio Fiscal requerirá del equipo técnico, que a estos efectos dependerá funcionalmente de aquél sea cual fuere su depen-

---

[1286] Dada nueva redacción por art. único apartado 20 de Ley Orgánica 8/2006 de 4 de diciembre de 2006, con vigencia desde 05/02/2007

dencia orgánica, la elaboración de un informe o actualización de los anteriormente emitidos, que deberá serle entregado en el plazo máximo de diez días, prorrogable por un período no superior a un mes en casos de gran complejidad, sobre la situación psicológica, educativa y familiar del menor, así como sobre su entorno social, y en general sobre cualquier otra circunstancia relevante a los efectos de la adopción de alguna de las medidas previstas en la presente Ley.

2. El equipo técnico podrá proponer, asimismo, una intervención socio-educativa sobre el menor, poniendo de manifiesto en tal caso aquellos aspectos del mismo que considere relevantes en orden a dicha intervención.

3. De igual modo, el equipo técnico informará, si lo considera conveniente y en interés del menor, sobre la posibilidad de que éste efectúe una actividad reparadora o de conciliación con la víctima, de acuerdo con lo dispuesto en el art. 19 de esta Ley, con indicación expresa del contenido y la finalidad de la mencionada actividad. En este caso, no será preciso elaborar un informe de las características y contenidos del apartado 1 de este artículo.

4. Asimismo podrá el equipo técnico proponer en su informe la conveniencia de no continuar la tramitación del expediente en interés del menor, por haber sido expresado suficientemente el reproche al mismo a través de los trámites ya practicados, o por considerar inadecuada para el interés del menor cualquier intervención, dado el tiempo transcurrido desde la comisión de los hechos. En estos casos, si se reunieran los requisitos previstos en el art. 19.1 de esta Ley, el Ministerio Fiscal podrá remitir el expediente al Juez con propuesta de sobreseimiento, remitiendo además, en su caso, testimonio de lo actuado a la entidad pública de protección de menores que corresponda, a los efectos de que actúe en protección del menor.

5. En todo caso, una vez elaborado el informe del equipo técnico, el Ministerio Fiscal lo remitirá inmediatamente al Juez de Menores y dará copia del mismo al letrado del menor.

6. El informe al que se refiere el presente artículo podrá ser elaborado o complementado por aquellas entidades públicas o privadas que trabajen en el ámbito de la educación de menores y conozcan la situación del menor expedientado.

CAPÍTULO II
DE LAS MEDIDAS CAUTELARES

28. *Reglas generales.* 1. El Ministerio Fiscal, de oficio o a instancia de quien haya ejercitado la acción penal, cuando existan indicios racionales de la comisión de un delito y el riesgo de eludir u obstruir la acción de la justicia por parte del menor o de atentar contra los bienes jurídicos de la víctima, podrá solicitar del Juez de Menores, en cualquier momento, la adopción de medidas cautelares para la custodia y defensa del menor expedientado o para la debida protección de la víctima.

Dichas medidas podrán consistir en internamiento en centro en el régimen adecuado, libertad vigilada, prohibición de aproximarse o comunicarse con la víctima o con aquellos de sus familiares u otras personas que determine el Juez, o convivencia con otra persona, familia o grupo educativo.

El Juez, oído el letrado del menor, así como el equipo técnico y la representación de la entidad pública de protección o reforma de menores, que informarán especialmente sobre la naturaleza de la medida cautelar, resolverá sobre lo propuesto tomando en especial consideración el interés del menor. La medida cautelar adoptada podrá mantenerse hasta que recaiga sentencia firme. [1287]

2. Para la adopción de la medida cautelar de internamiento se atenderá a la gravedad de los hechos, valorando también las circunstancias personales y sociales del menor, la existencia de un peligro cierto de fuga, y, especialmente, el que el menor hubiera cometido o no con anterioridad otros hechos graves de la misma naturaleza.

El Juez de Menores resolverá, a instancia del Ministerio Fiscal o de la acusación particular, en una comparecencia a la que asistirán también el letrado del menor, las demás partes personadas, el representante del equipo técnico y el de la entidad pública de protección o reforma de menores, los cuales informarán al Juez sobre la conveniencia de la adopción de la medida solicitada en función de los criterios consignados en este artículo. En dicha comparecencia el Ministerio Fiscal y las partes personadas podrán proponer los medios de prueba

---

[1287] Dada nueva redacción apartado 1 por art. único apartado 21 de Ley Orgánica 8/2006 de 4 de diciembre de 2006, con vigencia desde 05/02/2007

que puedan practicarse en el acto o dentro de las veinticuatro horas siguientes. [1288]

3. El tiempo máximo de la medida cautelar de internamiento será de seis meses, y podrá prorrogarse, a instancia del Ministerio Fiscal, previa audiencia del letrado del menor y mediante auto motivado, por otros tres meses como máximo. [1289]

4. Las medidas cautelares se documentarán en el Juzgado de Menores en pieza separada del expediente.

5. El tiempo de cumplimiento de las medidas cautelares se abonará en su integridad para el cumplimiento de las medidas que se puedan imponer en la misma causa o, en su defecto, en otras causas que hayan tenido por objeto hechos anteriores a la adopción de aquéllas. El Juez, a propuesta del Ministerio Fiscal y oídos el letrado del menor y el equipo técnico que informó la medida cautelar, ordenará que se tenga por ejecutada la medida impuesta en aquella parte que estime razonablemente compensada por la medida cautelar.

29. *Medidas cautelares en los casos de exención de la responsabilidad.* Si en el transcurso de la instrucción que realice el Ministerio Fiscal quedara suficientemente acreditado que el menor se encuentra en situación de enajenación mental o en cualquiera otra de las circunstancias previstas en los apartados 1º, 2º o 3º del art. 20 del Código Penal vigente, se adoptarán las medidas cautelares precisas para la protección y custodia del menor conforme a los preceptos civiles aplicables, instando en su caso las actuaciones para la incapacitación del menor y la constitución de los organismos tutelares conforme a derecho, sin perjuicio todo ello de concluir la instrucción y de efectuar las alegaciones previstas en esta Ley conforme a lo que establecen sus arts. 5.2 y 9, y de solicitar, por los trámites de la misma, en su caso, alguna medida terapéutica adecuada al interés del menor de entre las previstas en esta Ley.

[1288] Dada nueva redacción apartado 2 por art. único apartado 21 de Ley Orgánica 8/2006 de 4 de diciembre de 2006, con vigencia desde 05/02/2007

[1289] Dada nueva redacción apartado 3 por art. único apartado 21 de Ley Orgánica 8/2006 de 4 de diciembre de 2006, con vigencia desde 05/02/2007

CAPÍTULO III
DE LA CONCLUSIÓN DE LA INSTRUCCIÓN

30. *Remisión del expediente al Juez de Menores.* 1. Acabada la instrucción, el Ministerio Fiscal resolverá la conclusión del expediente, notificándosela a las partes personadas, y remitirá al Juzgado de Menores el expediente, junto con las piezas de convicción y demás efectos que pudieran existir, con un escrito de alegaciones en el que constará la descripción de los hechos, la valoración jurídica de los mismos, el grado de participación del menor, una breve reseña de las circunstancias personales y sociales de éste, la proposición de alguna medida de las previstas en esta Ley con exposición razonada de los fundamentos jurídicos y educativos que la aconsejen, y, en su caso, la exigencia de responsabilidad civil. [1290]

2. En el mismo acto propondrá el Ministerio Fiscal la prueba de que intente valerse para la defensa de su pretensión procesal.

3. Asimismo, podrá proponer el Ministerio Fiscal la participación en el acto de la audiencia de aquellas personas o representantes de instituciones públicas y privadas que puedan aportar al proceso elementos valorativos del interés del menor y de la conveniencia o no de las medidas solicitadas. En todo caso serán llamadas al acto de audiencia las personas o instituciones perjudicadas civilmente por el delito, así como los responsables civiles. [1291]

4. El Ministerio Fiscal podrá también solicitar del Juez de Menores el sobreseimiento de las actuaciones por alguno de los motivos previstos en la Ley de Enjuiciamiento Criminal, así como la remisión de los particulares necesarios a la entidad pública de protección de menores en su caso.

[1290] Dada nueva redacción apartado 1 por art. único apartado 22 de Ley Orgánica 8/2006 de 4 de diciembre de 2006, con vigencia desde 05/02/2007

[1291] Dada nueva redacción apartado 3 por art. único apartado 22 de Ley Orgánica 8/2006 de 4 de diciembre de 2006, con vigencia desde 05/02/2007

TÍTULO IV
DE LA FASE DE AUDIENCIA

31. *Apertura de la fase de audiencia.* [1292] Recibido el escrito de alegaciones con el expediente, las piezas de convicción, los efectos y demás elementos relevantes para el proceso remitidos por el Ministerio Fiscal, el secretario del Juzgado de Menores los incorporará a las diligencias, y el Juez de Menores procederá a abrir el trámite de audiencia, para lo cual el secretario judicial dará traslado simultáneamente a quienes ejerciten la acción penal y la civil para que en un plazo común de cinco días hábiles formulen sus respectivos escritos de alegaciones y propongan las pruebas que consideren pertinentes. Evacuado este trámite, el secretario judicial dará traslado de todo lo actuado al letrado del menor y, en su caso, a los responsables civiles, para que en un plazo de cinco días hábiles formule a su vez escrito de alegaciones y proponga la prueba que considere pertinente.

32. *Sentencia de conformidad.* [1293] Si el escrito de alegaciones de la acusación solicitara la imposición de alguna o algunas de las medidas previstas en las letras e) a ñ) del apartado 1 del art. 7, y hubiere conformidad del menor y de su letrado, así como de los responsables civiles, la cual se expresará en comparecencia ante el Juez de Menores en los términos del art. 36, éste dictará sentencia sin más trámite.

Cuando el menor y su letrado disintiesen únicamente respecto de la responsabilidad civil, se limitará la audiencia a la prueba y discusión de los puntos relativos a dicha responsabilidad.

Cuando la persona o personas contra quienes se dirija la acción civil no estuvieren conformes con la responsabilidad civil solicitada, se sustanciará el trámite de la audiencia sólo en lo relativo a este último extremo, practicándose la prueba propuesta a fin de determinar el alcance de aquella.

[1292] Dada nueva redacción por art. único apartado 23 de Ley Orgánica 8/2006 de 4 de diciembre de 2006, con vigencia desde 05/02/2007

[1293] Dada nueva redacción por art. único apartado 24 de Ley Orgánica 8/2006 de 4 de diciembre de 2006, con vigencia desde 05/02/2007

33. *Otras decisiones del Juez de Menores.* [1294] En los casos no previstos en el artículo anterior, a la vista de la petición del Ministerio Fiscal y de los escritos de alegaciones de las partes, el Juez adoptará alguna de las siguientes decisiones:

a) La celebración de la audiencia.

b) El sobreseimiento, mediante auto motivado, de las actuaciones.

c) El archivo por sobreseimiento de las actuaciones con remisión de particulares a la entidad pública de protección de menores correspondiente cuando así se haya solicitado por el Ministerio Fiscal.

d) La remisión de las actuaciones al Juez competente, cuando el Juez de Menores considere que no le corresponde el conocimiento del asunto.

e) Practicar por sí las pruebas propuestas por las partes y que hubieran sido denegadas por el Fiscal durante la instrucción, conforme a lo dispuesto en el art. 26.1 de la presente Ley, y que no puedan celebrarse en el transcurso de la audiencia, siempre que considere que son relevantes a los efectos del proceso. Una vez practicadas, dará traslado de los resultados al Ministerio Fiscal y a las partes personadas, antes de iniciar las sesiones de la audiencia.

Contra las precedentes resoluciones cabrán los recursos previstos en esta Ley.

34. *Pertinencia de pruebas y señalamiento de la audiencia.* [1295] El Juez de Menores, dentro del plazo de cinco días desde la presentación del escrito de alegaciones del letrado del menor y, en su caso, de los responsables civiles, o una vez transcurrido el plazo para la presentación sin que ésta se hubiere efectuado, acordará, en su caso, lo procedente sobre la pertinencia de las pruebas propuestas, mediante auto de apertura de la audiencia, y el secretario judicial señalará el día y hora en que deba comenzar ésta dentro de los diez días siguientes.

35. *Asistentes y no publicidad de la audiencia.* 1. La audiencia se celebrará con asistencia del Ministerio Fiscal, de las partes personadas,

---

[1294] Dada nueva redacción por art. único apartado 25 de Ley Orgánica 8/2006 de 4 de diciembre de 2006, con vigencia desde 05/02/2007

[1295] Dada nueva redacción por art. único apartado 26 de Ley Orgánica 8/2006 de 4 de diciembre de 2006, con vigencia desde 05/02/2007

del letrado del menor, de un representante del equipo técnico que haya evacuado el informe previsto en el art. 27 de esta Ley, y del propio menor, el cual podrá estar acompañado de sus representantes legales, salvo que el Juez, oídos los citados Ministerio Fiscal, letrado del menor y representante del equipo técnico, acuerde lo contrario. También podrá asistir el representante de la entidad pública de protección o reforma de menores que haya intervenido en las actuaciones de la instrucción, cuando se hubiesen ejecutado medidas cautelares o definitivas impuestas al menor con anterioridad. Igualmente, deberán comparecer la persona o personas a quienes se exija responsabilidad civil; aunque su inasistencia injustificada no será por sí misma causa de suspensión de la audiencia. [1296]

2. El Juez podrá acordar, en interés de la persona imputada o de la víctima, que las sesiones no sean públicas y en ningún caso se permitirá que los medios de comunicación social obtengan o difundan imágenes del menor ni datos que permitan su identificación.

3. Quienes ejerciten la acción penal en el procedimiento regulado en la presente Ley, habrán de respetar rigurosamente el derecho del menor a la confidencialidad y a la no difusión de sus datos personales o de los datos que obren en el expediente instruido, en los términos que establezca el Juez de Menores. Quien infrinja esta regla será acreedor de las responsabilidades civiles y penales a que haya lugar. [1297]

36. *Conformidad del menor.* [1298] 1. El secretario judicial informará al menor expedientado, en un lenguaje comprensible y adaptado a su edad, de las medidas y responsabilidad civil solicitadas por el Ministerio Fiscal y, en su caso, la acusación particular y el actor civil, en sus escritos de alegaciones, así como de los hechos y de la causa en que se funden.

2. El Juez seguidamente preguntará al menor si se declara autor de los hechos y si está de acuerdo con las medidas solicitadas y con la responsabilidad civil. Si mostrase su conformidad con dichos extremos,

[1296] Dada nueva redacción apartado 1 por art. único apartado 27 de Ley Orgánica 8/2006 de 4 de diciembre de 2006 , con vigencia desde 05/02/2007

[1297] Añadido apartado 3 por art. único apartado 27 de Ley Orgánica 8/2006 de 4 de diciembre de 2006, con vigencia desde 05/02/2007

[1298] Dada nueva redacción por art. único apartado 28 de Ley Orgánica 8/2006 de 4 de diciembre de 2006, con vigencia desde 05/02/2007

oídos el letrado del menor y la persona o personas contra quienes se dirija la acción civil, el Juez podrá dictar resolución de conformidad. Si el letrado no estuviese de acuerdo con la conformidad prestada por el propio menor, el Juez resolverá sobre la continuación o no de la audiencia, razonando esta decisión en la sentencia.

3. Si el menor estuviere conforme con los hechos pero no con la medida solicitada, se sustanciará el trámite de la audiencia sólo en lo relativo a este último extremo, practicándose la prueba propuesta a fin de determinar la aplicación de dicha medida o su sustitución por otra más adecuada al interés del menor y que haya sido propuesta por alguna de las partes.

4. Cuando el menor o la persona o personas contra quienes se dirija la acción civil no estuvieren conformes con la responsabilidad civil solicitada, se sustanciará el trámite de la audiencia sólo en lo relativo a este último extremo, practicándose la prueba propuesta a fin de determinar el alcance de aquélla.

37. *Celebración de la audiencia.* 1. Cuando proceda la celebración de la audiencia, el Juez invitará al Ministerio Fiscal, a quienes hayan ejercitado, en su caso, la acción penal, al letrado del menor, y eventualmente y respecto de las cuestiones que estrictamente tengan que ver con la responsabilidad civil al actor civil y terceros responsables civilmente, a que manifiesten lo que tengan por conveniente sobre la práctica de nuevas pruebas o sobre la vulneración de algún derecho fundamental en la tramitación del procedimiento, o, en su caso, les pondrá de manifiesto la posibilidad de aplicar una distinta calificación o una distinta medida de las que hubieran solicitado. Seguidamente, el Juez acordará la continuación de la audiencia o la subsanación del derecho vulnerado, si así procediere. Si acordara la continuación de la audiencia, el Juez resolverá en la sentencia sobre los extremos planteados. [1299]

2. Seguidamente se iniciará la práctica de la prueba propuesta y admitida y la que, previa declaración de pertinencia, ofrezcan las partes para su práctica en el acto, oyéndose, asimismo, al equipo técnico sobre las circunstancias del menor. A continuación, el Juez oirá al

---

[1299] Dada nueva redacción apartado 1 por art. único apartado 29 de Ley Orgánica 8/2006 de 4 de diciembre de 2006, con vigencia desde 05/02/2007

Ministerio Fiscal, a quien haya ejercitado en su caso la acción penal, al letrado del menor y al actor civil y terceros responsables civilmente respecto de los derechos que le asisten, sobre la valoración de la prueba, su calificación jurídica y la procedencia de las medidas propuestas; sobre este último punto, se oirá también al equipo técnico y, en su caso, a la entidad pública de protección o reforma de menores. Por último, el Juez oirá al menor, dejando el expediente visto para sentencia. [1300]

3. En su caso, en este procedimiento se aplicará lo dispuesto en la legislación relativa a la protección de testigos y peritos en causas penales.

4. Si en el transcurso de la audiencia el Juez considerara, de oficio o a solicitud de las partes, que el interés del menor aconseja que éste abandone la sala, podrá acordarlo así motivadamente, ordenando que continúen las actuaciones hasta que el menor pueda retornar a aquélla.

TÍTULO V
DE LA SENTENCIA

38. *Plazo para dictar sentencia.* [1301] Finalizada la audiencia, el Juez de Menores dictará sentencia en un plazo máximo de cinco días.

39. *Contenido y registro de la sentencia.* 1. La sentencia contendrá todos los requisitos previstos en la vigente Ley Orgánica del Poder Judicial y en ella, valorando las pruebas practicadas, las razones expuestas por el Ministerio Fiscal, por las partes personadas y por el letrado del menor, lo manifestado en su caso por éste, tomando en consideración las circunstancias y gravedad de los hechos, así como todos los datos debatidos sobre la personalidad, situación, necesidades y entorno familiar y social del menor, la edad de éste en el momento de dictar la sentencia, y la circunstancia de que el menor hubiera cometido o no con anterioridad otros hechos de la misma naturaleza, resolverá sobre la medida o medidas propuestas, con indicación expre-

---

[1300] Dada nueva redacción apartado 2 por art. único apartado 29 de Ley Orgánica 8/2006 de 4 de diciembre de 2006, con vigencia desde 05/02/2007

[1301] Dada nueva redacción por art. único apartado 30 de Ley Orgánica 8/2006 de 4 de diciembre de 2006, con vigencia desde 05/02/2007

sa de su contenido, duración y objetivos a alcanzar con las mismas. La sentencia será motivada, consignando expresamente los hechos que se declaren probados y los medios probatorios de los que resulte la convicción judicial.

En la misma sentencia se resolverá sobre la responsabilidad civil derivada del delito o falta, con el contenido indicado en el art. 115 del Código Penal.

También podrá ser anticipado oralmente el fallo al término de las sesiones de la audiencia, sin perjuicio de su documentación con arreglo al art. 248.3 de la citada Ley Orgánica del Poder Judicial. [1302]

2. El Juez, al redactar la sentencia, procurará expresar sus razonamientos en un lenguaje claro y comprensible para la edad del menor.

3. Cada Juzgado de Menores llevará un registro de sentencias en el que se incluirán firmadas todas las definitivas. La llevanza y custodia de dicho registro es responsabilidad del secretario judicial. [1303]

40. *Suspensión de la ejecución del fallo.* 1. El Juez competente para la ejecución, de oficio o a instancia del Ministerio Fiscal o del letrado del menor, y oídos en todo caso éstos, así como el representante del equipo técnico y de la entidad pública de protección o reforma de menores, podrá acordar motivadamente la suspensión de la ejecución del fallo contenido en la sentencia, cuando la medida impuesta no sea superior a dos años de duración, durante un tiempo determinado y hasta un máximo de dos años. Dicha suspensión se acordará en la propia sentencia o por auto motivado del Juez competente para la ejecución cuando aquélla sea firme, debiendo expresar, en todo caso, las condiciones de la misma. Se exceptúa de la suspensión el pronunciamiento sobre la responsabilidad civil derivada del delito o falta. [1304]

2. Las condiciones a las que estará sometida la suspensión de la ejecución del fallo contenido en la sentencia dictada por el Juez de Menores serán las siguientes:

[1302] Dada nueva redacción apartado 1 por art. único apartado 31 de Ley Orgánica 8/2006 de 4 de diciembre de 2006 , con vigencia desde 05/02/2007

[1303] Dada nueva redacción apartado 3 por art. único apartado 31 de Ley Orgánica 8/2006 de 4 de diciembre de 2006, con vigencia desde 05/02/2007

[1304] Dada nueva redacción apartado 1 por art. único apartado 32 de Ley Orgánica 8/2006 de 4 de diciembre de 2006, con vigencia desde 05/02/2007

a) No ser condenado en sentencia firme por delito cometido durante el tiempo que dure la suspensión, si ha alcanzado la mayoría de edad, o no serie aplicada medida en sentencia firme en procedimiento regulado por esta Ley durante el tiempo que dure la suspensión.

b) Que el menor asuma el compromiso de mostrar una actitud y disposición de reintegrarse a la sociedad, no incurriendo en nuevas infracciones.

c) Además, el Juez puede establecer la aplicación de un régimen de libertad vigilada durante el plazo de suspensión o la obligación de realizar una actividad socio-educativa, recomendada por el equipo técnico o la entidad pública de protección o reforma de menores en el precedente trámite de audiencia, incluso con compromiso de participación de los padres, tutores o guardadores del menor, expresando la naturaleza y el plazo en que aquella actividad deberá llevarse a cabo.

3. Si las condiciones expresadas en el apartado anterior no se cumplieran, el Juez alzará la suspensión y se procederá a ejecutar la sentencia en todos sus extremos. Contra la resolución que así lo acuerde se podrán interponer los recursos previstos en esta Ley.

TÍTULO VI
DEL RÉGIMEN DE RECURSOS

41. *Recursos procedentes y tramitación* [1305]. 1. Contra la sentencia dictada por el Juez de Menores en el procedimiento regulado en esta Ley cabe recurso de apelación ante la correspondiente Audiencia Provincial, que se interpondrá ante el Juez que dictó aquélla en el plazo de cinco días a contar desde su notificación, y se resolverá previa celebración de vista pública, salvo que en interés de la persona imputada o de la víctima, el Juez acuerde que se celebre a puerta cerrada. A la vista deberán asistir las partes y, si el Tribunal lo considera oportuno, el representante del equipo técnico y el representante de la entidad pública de protección o reforma de menores que hayan intervenido en el caso concreto. El recurrente podrá solicitar del Tribunal la práctica de la prueba que, propuesta y admitida en la instancia, no se hubiera

---

[1305] Dada nueva redacción leyenda por art. único apartado 34 de Ley Orgánica 8/2006 de 4 de diciembre de 2006, con vigencia desde 05/02/2007

celebrado, conforme a las reglas de la Ley de Enjuiciamiento Criminal. [1306]

2. Contra los autos y providencias de los Jueces de Menores cabe recurso de reforma ante el propio órgano, que se interpondrá en el plazo de tres días a partir de la notificación. El auto que resuelva la impugnación de la providencia será susceptible de recurso de apelación.

3. Contra los autos que pongan fin al procedimiento o resuelvan el incidente de los arts. 13, 28, 29 y 40 de esta Ley, cabe recurso de apelación ante la Audiencia Provincial por los trámites que regula la Ley de Enjuiciamiento Criminal para el procedimiento abreviado. [1307]

4. Contra los autos y sentencias dictados por el Juzgado Central de Menores de la Audiencia Nacional cabe recurso de apelación ante la Sala de lo Penal de la Audiencia Nacional. [1308]

5. Contra las resoluciones dictadas por los secretarios judiciales caben los mismos recursos que los expresados en la Ley de Enjuiciamiento Criminal, que se sustanciarán en la forma que en ella se determina. [1309]

42. *Recurso de casación para unificación de doctrina.* [1310] 1. Son recurribles en casación, ante la Sala Segunda del Tribunal Supremo, las sentencias dictadas en apelación por la Audiencia Nacional y por las Audiencias Provinciales cuando se hubiere impuesto una de las medidas a las que se refiere el art. 10.

2. El recurso tendrá por objeto la unificación de doctrina con ocasión de sentencias dictadas en apelación que fueran contradictorias entre sí, o con sentencias del Tribunal Supremo, respecto de hechos y valoraciones de las circunstancias del menor que, siendo sustancialmente iguales, hayan dado lugar, sin embargo, a pronunciamientos distintos.

[1306] Dada nueva redacción apartado 1 por art. 6 de Ley Orgánica 9/2000 de 22 de diciembre de 2000, con vigencia desde 24/12/2000

[1307] Dada nueva redacción apartado 3 por art. único apartado 33 de Ley Orgánica 8/2006 de 4 de diciembre de 2006 , con vigencia desde 05/02/2007

[1308] Añadido apartado 4 por art. único apartado 34 de Ley Orgánica 8/2006 de 4 de diciembre de 2006, con vigencia desde 05/02/2007

[1309] Añadido apartado 5 por art. único apartado 34 de Ley Orgánica 8/2006 de 4 de diciembre de 2006, con vigencia desde 05/02/2007

[1310] Dada nueva redacción por art. único apartado 35 de Ley Orgánica 8/2006 de 4 de diciembre de 2006, con vigencia desde 05/02/2007

3. El recurso podrá prepararlo el Ministerio Fiscal o cualquiera de las partes que pretenda la indicada unificación de doctrina dentro de los diez días siguientes a la notificación de la sentencia de la Audiencia Nacional o Provincial, en escrito dirigido a la misma.

El escrito de preparación deberá contener una relación precisa y circunstanciada de la contradicción alegada, con designación de las sentencias aludidas y de los informes en que se funde el interés del menor valorado en sentencia.

4. Si la Audiencia Nacional o Provincial ante quien se haya preparado el recurso estimara acreditados los requisitos a los que se refiere el apartado anterior, el secretario judicial requerirá testimonio de las sentencias citadas a los Tribunales que las dictaron, y en un plazo de diez días remitirá la documentación a la Sala Segunda del Tribunal Supremo, emplazando al recurrente y al Ministerio Fiscal, si no lo fuera, ante dicha Sala.

5. El recurso de casación se interpondrá ante la Sala Segunda del Tribunal Supremo, siendo de aplicación en la interposición, sustanciación y resolución del recurso lo dispuesto en la Ley de Enjuiciamiento Criminal, en cuanto resulte aplicable.

TÍTULO VII
DE LA EJECUCIÓN DE LAS MEDIDAS

CAPÍTULO PRIMERO
DISPOSICIONES GENERALES

43. *Principio de legalidad.* 1. No podrá ejecutarse ninguna de las medidas establecidas en esta Ley sino en virtud de sentencia firme dictada de acuerdo con el procedimiento regulado en la misma.

2. Tampoco podrán ejecutarse dichas medidas en otra forma que la prescrita en esta Ley y en los reglamentos que la desarrollen.

44. *Competencia judicial.* 1. La ejecución de las medidas previstas en esta Ley se realizará bajo el control del Juez de Menores que haya dictado la sentencia correspondiente, salvo cuando por aplicación de lo dispuesto en los arts. 12 y 47 de esta Ley sea competente otro, el cual resolverá por auto motivado, oídos el Ministerio Fiscal, el letrado del menor y la representación de la entidad pública que ejecute aquélla, sobre las incidencias que se puedan producir durante su transcurso. [1311]

2. Para ejercer el control de la ejecución, corresponden especialmente al Juez de Menores, de oficio o a instancia del Ministerio Fiscal o del letrado del menor, las funciones siguientes:

a) Adoptar todas las decisiones que sean necesarias para proceder a la ejecución efectiva de las medidas impuestas.

b) Resolver las propuestas de revisión de las medidas. [1312]

c) Aprobar los programas de ejecución de las medidas.

d) Conocer de la evolución de los menores durante el cumplimiento de las medidas a través de los informes de seguimiento de las mismas.

e) Resolver los recursos que se interpongan contra las resoluciones dictadas para la ejecución de las medidas, conforme establece el art. 52 de esta Ley.

f) Acordar lo que proceda en relación a las peticiones o quejas que puedan plantear los menores sancionados sobre el régimen, el tratamiento o cualquier otra circunstancia que pueda afectar a sus derechos fundamentales.

g) Realizar regularmente visitas a los centros y entrevistas con los menores.

h) Formular a la entidad pública de protección o reforma de menores correspondiente las propuestas y recomendaciones que considere oportunas en relación con la organización y el régimen de ejecución de las medidas.

i) Adoptar las resoluciones que, en relación con el régimen disciplinario, les atribuye el art. 60 de esta Ley.

3. Cuando, por aplicación de lo dispuesto en el art. 14 de esta Ley, la medida de internamiento se cumpla en un establecimiento penitenciario, el Juez de Menores competente para la ejecución conservará la competencia para decidir sobre la pervivencia, modificación o sustitución de la medida en los términos previstos en esta Ley, asumiendo

---

[1311] Dada nueva redacción apartado 1 por art. único apartado 36 de Ley Orgánica 8/2006 de 4 de diciembre de 2006 , con vigencia desde 05/02/2007

[1312] Dada nueva redacción apartado 2 letra b por art. único apartado 36 de Ley Orgánica 8/2006 de 4 de diciembre de 2006, con vigencia desde 05/02/2007

el Juez de Vigilancia Penitenciaria el control de las incidencias de la ejecución de la misma en todas las cuestiones y materias a que se refiere la legislación penitenciaria. [1313]

45. *Competencia administrativa.* 1. La ejecución de las medidas adoptadas por los Jueces de Menores en sus sentencias firmes es competencia de las Comunidades Autónomas y de las Ciudades de Ceuta y Melilla, con arreglo a la disposición final vigésima segunda de la Ley Orgánica 1/1996, de 15 de enero, de Protección Jurídica del Menor. Dichas entidades públicas llevarán a cabo, de acuerdo con sus respectivas normas de organización, la creación, dirección, organización y gestión de los servicios, instituciones y programas adecuados para garantizar la correcta ejecución de las medidas previstas en esta Ley.

2. La ejecución de las medidas corresponderá a las Comunidades Autónomas y Ciudades de Ceuta y Melilla, donde se ubique el Juzgado de Menores que haya dictado la sentencia, sin perjuicio de lo dispuesto en el apartado 3 del artículo siguiente.

3. Las Comunidades Autónomas y las Ciudades de Ceuta y Melilla podrán establecer los convenios o acuerdos de colaboración necesarios con otras entidades, bien sean públicas, de la Administración del Estado, Local o de otras Comunidades Autónomas, o privadas sin ánimo de lucro, para la ejecución de las medidas de su competencia, bajo su directa supervisión, sin que ello suponga en ningún caso la cesión de la titularidad y responsabilidad derivada de dicha ejecución.

CAPÍTULO II
REGLAS PARA LA EJECUCIÓN DE LAS MEDIDAS

46. *Liquidación de la medida y traslado del menor a un centro.* [1314] 1. Una vez firme la sentencia y aprobado el programa de ejecución de la medida impuesta, el secretario del Juzgado de Menores competente para la ejecución de la medida practicará la liquidación de

---

[1313] Añadido apartado 3 por art. único apartado 36 de Ley Orgánica 8/2006 de 4 de diciembre de 2006 , con vigencia desde 05/02/2007

[1314] Dada nueva redacción por art. único apartado 37 de Ley Orgánica 8/2006 de 4 de diciembre de 2006, con vigencia desde 05/02/2007

dicha medida, indicando las fechas de inicio y de terminación de la misma, con abono en su caso del tiempo cumplido por las medidas cautelares impuestas al interesado, teniendo en cuenta lo dispuesto en el art. 28.5. Al propio tiempo, abrirá un expediente de ejecución en el que se harán constar las incidencias que se produzcan en el desarrollo de aquélla conforme a lo establecido en la presente Ley.

2. De la liquidación mencionada en el apartado anterior y del testimonio de particulares que el Juez considere necesario y que deberá incluir los informes técnicos que obren en la causa, el secretario judicial dará traslado a la entidad pública de protección o reforma de menores competente para el cumplimiento de las medidas acordadas en la sentencia firme. También notificará al Ministerio Fiscal el inicio de la ejecución, y al letrado del menor si así lo solicitara del Juez de Menores.

3. Recibidos por la entidad pública el testimonio y la liquidación de la medida indicados en el apartado anterior, aquélla designará de forma inmediata un profesional que se responsabilizará de la ejecución de la medida impuesta, y, si ésta fuera de internamiento, designará el centro más adecuado para su ejecución de entre los más cercanos al domicilio del menor en los que existan plazas disponibles para la ejecución por la entidad pública competente en cada caso. El traslado a otro centro distinto de los anteriores sólo se podrá fundamentar en el interés del menor de ser alejado de su entorno familiar y social y requerirá en todo caso la aprobación del Juzgado de Menores competente para la ejecución de la medida. En todo caso los menores pertenecientes a una banda, organización o asociación no podrán cumplir la medida impuesta en el mismo centro, debiendo designárseles uno distinto aunque la elección del mismo suponga alejamiento del entorno familiar o social.

47. *Refundición de medidas impuestas.* [1315] 1. Si se hubieran impuesto al menor varias medidas en la misma resolución judicial, y no fuere posible su cumplimiento simultáneo, el Juez competente para la ejecución ordenará su cumplimiento sucesivo conforme a las reglas establecidas en el apartado 5 de este artículo.

[1315] Dada nueva redacción por art. único apartado 38 de Ley Orgánica 8/2006 de 4 de diciembre de 2006, con vigencia desde 05/02/2007

La misma regla se aplicará a las medidas impuestas en distintas resoluciones judiciales, siempre y cuando dichas medidas sean de distinta naturaleza entre sí. En este caso será el Juez competente para la ejecución quien ordene el cumplimiento simultáneo o sucesivo con arreglo al apartado 5 de este artículo, según corresponda.

2. Si se hubieren impuesto al menor en diferentes resoluciones judiciales dos o más medidas de la misma naturaleza, el Juez competente para la ejecución, previa audiencia del letrado del menor, refundirá dichas medidas en una sola, sumando la duración de las mismas, hasta el límite del doble de la más grave de las refundidas.

El Juez, previa audiencia del letrado del menor, deberá proceder de este modo respecto de cada grupo de medidas de la misma naturaleza que hayan sido impuestas al menor, de modo que una vez practicada la refundición no quedará por ejecutar más de una medida de cada clase de las enumeradas en el art. 7 de esta Ley.

3. En caso de que, estando sujeto a la ejecución de una medida, el menor volviera a cometer un hecho delictivo, el Juez competente para la ejecución, previa audiencia del letrado del menor, dictará la resolución que proceda en relación a la nueva medida que, en su caso se haya impuesto, conforme a lo dispuesto en los dos apartados anteriores. En este caso podrá aplicar además las reglas establecidas en el art. 50 para el supuesto de quebrantamiento de la ejecución.

4. A los fines previstos en este artículo, en cuanto el Juez sentenciador tenga conocimiento de la existencia de otras medidas firmes de ejecución, pendientes de ejecución o suspendidas condicionalmente, y una vez que la medida o medidas por él impuestas sean firmes, procederá conforme a lo dispuesto en el art. 12 de esta Ley.

5. Cuando las medidas de distinta naturaleza, impuestas directamente o resultantes de la refundición prevista en los números anteriores, hubieren de ejecutarse de manera sucesiva, se atenderá a los siguientes criterios:

a) La medida de internamiento terapéutico se ejecutará con preferencia a cualquier otra.

b) La medida de internamiento en régimen cerrado se ejecutará con preferencia al resto de las medidas de internamiento.

c) La medida de internamiento se cumplirá antes que las no privativas de libertad, y en su caso interrumpirá la ejecución de éstas.

d) Las medidas de libertad vigilada contempladas en el art. 10 se ejecutarán una vez finalizado el internamiento en régimen cerrado que se prevé en el mismo artículo.

e) En atención al interés del menor, el Juez podrá, previo informe del Ministerio Fiscal, de las demás partes y de la entidad pública de reforma o protección de menores, acordar motivadamente la alteración en el orden de cumplimiento previsto en las reglas anteriores.

6. Lo dispuesto en este artículo se entiende sin perjuicio de las previsiones del art. 14 para el caso de que el menor pasare a cumplir una medida de internamiento en centro penitenciario al alcanzar la mayoría de edad.

7. Cuando una persona que se encuentre cumpliendo una o varias medidas impuestas con arreglo a esta Ley sea condenada a una pena o medida de seguridad prevista en el Código Penal o en leyes penales especiales, se ejecutarán simultáneamente aquéllas y éstas si fuere materialmente posible, atendida la naturaleza de ambas, su forma de cumplimiento o la eventual suspensión de la pena impuesta, cuando proceda.

No siendo posible la ejecución simultánea, se cumplirá la sanción penal, quedando sin efecto la medida o medidas impuestas en aplicación de la presente Ley, salvo que se trate de una medida de internamiento y la pena impuesta sea de prisión y deba efectivamente ejecutarse. En este último caso, a no ser que el Juez de Menores adopte alguna de las resoluciones previstas en el art. 13 de esta Ley, la medida de internamiento terminará de cumplirse en el centro penitenciario en los términos previstos en el art. 14, y una vez cumplida se ejecutará la pena.

48. *Expediente personal de la persona sometida a la ejecución de una medida.* 1. La entidad pública abrirá un expediente personal único a cada menor respecto del cual tenga encomendada la ejecución de una medida, en el que se recogerán los informes relativos a aquél, las resoluciones judiciales que le afecten y el resto de la documentación generada durante la ejecución.

2. Dicho expediente tendrá carácter reservado y solamente tendrán acceso al mismo el Defensor del Pueblo o institución análoga de la correspondiente Comunidad Autónoma, los Jueces de Menores competentes, el Ministerio Fiscal y las personas que intervengan en la ejecución y estén autorizadas por la entidad pública de acuerdo con

sus normas de organización. El menor, su letrado y, en su caso, su representante legal, también tendrán acceso al expediente.

3. La recogida, cesión y tratamiento automatizado de datos de carácter personal de las personas a las que se aplique la presente Ley, sólo podrá realizarse en ficheros informáticos de titularidad pública dependientes de las entidades públicas de protección de menores, Administraciones y Juzgados de Menores competentes o del Ministerio Fiscal, y se regirá por lo dispuesto en la Ley Orgánica 15/1999, de 13 de diciembre, de Protección de Datos de Carácter Personal, y sus normas de desarrollo.

49. *Informes sobre la ejecución.* 1. La entidad pública remitirá al Juez de Menores y al Ministerio Fiscal, con la periodicidad que se establezca reglamentaria mente en cada caso y siempre que fuese requerida para ello o la misma entidad lo considerase necesario, informes sobre la ejecución de la medida y sus incidencias, y sobre la evolución personal de los menores sometidos a las mismas. Dichos informes se remitirán también al letrado del menor si así lo solicitare a la entidad pública competente.

2. En los indicados informes la entidad pública podrá solicitar del Ministerio Fiscal, cuando así lo estime procedente, la revisión judicial de las medidas en el sentido propugnado por el art. 13.1 de la presente Ley. [1316]

50. *Quebrantamiento de la ejecución.* 1. Cuando el menor quebrantare una medida privativa de libertad, se procederá a su reingreso en el mismo centro del que se hubiera evadido o en otro adecuado a sus condiciones, o, en caso de permanencia de fin de semana, en su domicilio, a fin de cumplir de manera ininterrumpida el tiempo pendiente.

2. Si la medida quebrantada no fuere privativa de libertad, el Ministerio Fiscal podrá instar del Juez de Menores la sustitución de aquélla por otra de la misma naturaleza. Excepcionalmente, y a propuesta del Ministerio Fiscal, oídos el letrado y el representante legal del menor, así como el equipo técnico, el Juez de Menores podrá sustituir la

[1316] Dada nueva redacción apartado 2 por art. único apartado 39 de Ley Orgánica 8/2006 de 4 de diciembre de 2006 , con vigencia desde 05/02/2007

medida por otra de internamiento en centro semiabierto, por el tiempo que reste para su cumplimiento.

3. Asimismo, el Juez de Menores acordará que el secretario judicial remita testimonio de los particulares relativos al quebrantamiento de la medida al Ministerio Fiscal, por si el hecho fuese constitutivo de alguna de las infracciones a que se refiere el art. 1 de la presente Ley Orgánica y merecedora de reproche sancionador. [1317]

51. *Sustitución de las medidas.* 1. Durante la ejecución de las medidas el Juez de Menores competente para la ejecución podrá, de oficio o a instancia del Ministerio Fiscal, del letrado del menor o de la Administración competente, y oídas las partes, así como el equipo técnico y la representación de la entidad pública de protección o reforma de menores, dejar sin efecto aquellas o sustituirlas por otras que se estimen más adecuadas de entre las previstas en esta Ley, por tiempo igual o inferior al que reste para su cumplimiento, siempre que la nueva medida pudiera haber sido impuesta inicialmente atendiendo a la infracción cometida. Todo ello sin perjuicio de lo dispuesto en el apartado 2 del artículo anterior y de acuerdo con el art. 13 de la presente Ley. [1318]

2. Cuando el Juez de Menores haya sustituido la medida de internamiento en régimen cerrado por la de internamiento en régimen semiabierto o abierto, y el menor evolucione desfavorablemente, previa audiencia del letrado del menor, podrá dejar sin efecto la sustitución, volviéndose a aplicar la medida sustituida de internamiento en régimen cerrado. Igualmente, si la medida impuesta es la de internamiento en régimen semiabierto y el menor evoluciona desfavorablemente, el Juez de Menores podrá sustituirla por la de internamiento en régimen cerrado, cuando el hecho delictivo por la que se impuso sea alguno de los previstos en el art. 9.2 de esta Ley. [1319]

[1317] Dada nueva redacción apartado 3 por art. único apartado 40 de Ley Orgánica 8/2006 de 4 de diciembre de 2006 , con vigencia desde 05/02/2007

[1318] Dada nueva redacción apartado 1 por art. único apartado 41 de Ley Orgánica 8/2006 de 4 de diciembre de 2006 , con vigencia desde 05/02/2007

[1319] Añadido apartado 2 por art. único apartado 41 de Ley Orgánica 8/2006 de 4 de diciembre de 2006 un nuevo , con vigencia desde 05/02/2007

3. La conciliación del menor con la víctima, en cualquier momento en que se produzca el acuerdo entre ambos a que se refiere el art. 19 de la presente Ley, podrá dejar sin efecto la medida impuesta cuando el Juez, a propuesta del Ministerio Fiscal o del letrado del menor y oídos el equipo técnico y la representación de la entidad pública de protección o reforma de menores, juzgue que dicho acto y el tiempo de duración de la medida ya cumplido expresan suficientemente el reproche que merecen los hechos cometidos por el menor. [1320]

4. En todos los casos anteriores, el Juez resolverá por auto motivado, contra el cual se podrán interponer los recursos previstos en la presente Ley. [1321]

52. *Presentación de recursos.* 1. Cuando el menor pretenda interponer ante el Juez de Menores recurso contra cualquier resolución adoptada durante la ejecución de las medidas que le hayan sido impuestas, lo presentará de forma escrita ante el Juez o Director del centro de internamiento, quien lo pondrá en conocimiento de aquél dentro del siguiente día hábil.

El menor también podrá presentar un recurso ante el Juez de forma verbal, o manifestar de forma verbal su intención de recurrir al Director del centro, quien dará traslado de esta manifestación al Juez de Menores en el plazo indicado. En este último caso, el Juez de Menores adoptará las medidas que resulten procedentes a fin de oír la alegación del menor.

El letrado del menor también podrá interponer los recursos, en forma escrita, ante las autoridades indicadas en el párrafo primero.

2. Si el Juez de Menores admitiese a trámite el recurso, el secretario judicial recabará informe del Ministerio Fiscal y, previa audiencia del letrado del menor, aquél resolverá el recurso en el plazo de dos días, mediante auto motivado. Contra este auto cabrá recurso de apelación

---

[1320] Renumerado apartado 2 por art. único apartado 41 de Ley Orgánica 8/2006 de 4 de diciembre de 2006 como apartado 3 , con vigencia desde 05/02/2007

[1321] Renumerado apartado 3 por art. único apartado 41 de Ley Orgánica 8/2006 de 4 de diciembre de 2006 como apartado 4, con vigencia desde 05/02/2007

ante la correspondiente Audiencia Provincial, conforme a lo dispuesto en el art. 41 de la presente Ley. [1322]

53. *Cumplimiento de la medida.* 1. Una vez cumplida la medida, la entidad pública remitirá a los destinatarios designados en el art. 49.1 un informe final, y el Juez de Menores dictará auto acordando lo que proceda respecto al archivo de la causa. Dicho auto será notificado por el secretario judicial al Ministerio Fiscal, al letrado del menor, a la entidad pública y a la víctima. [1323]

2. El Juez, de oficio o a instancia del Ministerio Fiscal o del letrado del menor, podrá instar de la correspondiente entidad pública de protección o reforma de menores, una vez cumplida la medida impuesta, que se arbitren los mecanismos de protección del menor conforme a las normas del Código Civil, cuando el interés de aquél así lo requiera.

CAPÍTULO III
REGLAS ESPECIALES PARA LA EJECUCIÓN DE LAS MEDIDAS PRIVATIVAS DE LIBERTAD

54. *Centros para la ejecución de las medidas privativas de libertad.* 1. Las medidas privativas de libertad, la detención y las medidas cautelares de internamiento que se impongan de conformidad con esta Ley se ejecutarán en centros específicos para menores infractores, diferentes de los previstos en la legislación penitenciaria para la ejecución de las condenas penales y medidas cautelares privativas de libertad impuestas a los mayores de edad penal.

La ejecución de la detención preventiva, de las medidas cautelares de internamiento o de las medidas impuestas en la sentencia, acordadas por el Juez Central de Menores o por la Sala correspondiente de la Audiencia Nacional, se llevará a cabo en los establecimientos y con el control del personal especializado que el Gobierno ponga a

---

[1322] Dada nueva redacción apartado 2 por art. único apartado 42 de Ley Orgánica 8/2006 de 4 de diciembre de 2006 , con vigencia desde 05/02/2007

[1323] Dada nueva redacción apartado 1 por art. único apartado 43 de Ley Orgánica 8/2006 de 4 de diciembre de 2006 , con vigencia desde 05/02/2007

disposición de la Audiencia Nacional, en su caso, mediante convenio con las Comunidades Autónomas.

La ejecución de las medidas impuestas por el Juez Central de Menores o por la Sala correspondiente de la Audiencia Nacional será preferente sobre las impuestas, en su caso, por otros Jueces o Salas de Menores. [1324]

2. No obstante lo dispuesto en el apartado anterior, las medidas de internamiento también podrán ejecutarse en centros socio-sanitarios cuando la medida impuesta así lo requiera. En todo caso se requerirá la previa autorización del Juez de Menores.

3. Los centros estarán divididos en módulos adecuados a la edad, madurez, necesidades y habilidades sociales de los menores internados y se regirán por una normativa de funcionamiento interno cuyo cumplimiento tendrá como finalidad la consecución de una convivencia ordenada, que permita la ejecución de los diferentes programas de intervención educativa y las funciones de custodia de los menores internados.

55. *Principio de resocialización.* 1. Toda la actividad de los centros en los que se ejecuten medidas de internamiento estará inspirada por el principio de que el menor internado es sujeto de derecho y continúa formando parte de la sociedad.

2. En consecuencia, la vida en el centro debe tomar como referencia la vida en libertad, reduciendo al máximo los efectos negativos que el internamiento pueda representar para el menor o para su familia, favoreciendo los vínculos sociales, el contacto con los familiares y allegados, y la colaboración y participación de las entidades públicas y privadas en el proceso de integración social, especialmente de las más próximas geográfica y culturalmente.

3. A tal fin se fijarán reglamentariamente los permisos ordinarios y extraordinarios de los que podrá disfrutar el menor internado, a fin de mantener contactos positivos con el exterior y preparar su futura vida en libertad.

56. *Derechos de los menores internados.* 1. Todos los menores internados tienen derecho a que se respete su propia personalidad, su

---

[1324] Dada nueva redacción apartado 1 por art. único apartado 44 de Ley Orgánica 8/2006 de 4 de diciembre de 2006, con vigencia desde 05/02/2007

libertad ideológica y religiosa y los derechos e intereses legítimos no afectados por el contenido de la condena, especialmente los inherentes a la minoría de edad civil cuando sea el caso.

2. En consecuencia, se reconocen a los menores internados los siguientes derechos:

a) Derecho a que la entidad pública de la que depende el centro vele por su vida, su integridad física y su salud, sin que puedan, en ningún caso, ser sometidos a tratos degradantes o a malos tratos de palabra o de obra, ni ser objeto de un rigor arbitrario o innecesario en la aplicación de las normas.

b) Derecho del menor de edad civil a recibir una educación y formación integral en todos los ámbitos y a la protección específica que por su condición le dispensan las leyes.

c) Derecho a que se preserve su dignidad y su intimidad, a ser designados por su propio nombre y a que su condición de internados sea estrictamente reservada frente a terceros.

d) Derecho al ejercicio de los derechos civiles, políticos, sociales, religiosos, económicos y culturales que les correspondan, salvo cuando sean incompatibles con el objeto de la detención o el cumplimiento de la condena.

e) Derecho a estar en el centro más cercano a su domicilio, de acuerdo a su régimen de internamiento, y a no ser trasladados fuera de su Comunidad Autónoma excepto en los casos y con los requisitos previstos en esta Ley y sus normas de desarrollo.

f) Derecho a la asistencia sanitaria gratuita, a recibir la enseñanza básica obligatoria que corresponda a su edad, cualquiera que sea su situación en el centro, y a recibir una formación educativa o profesional adecuada a sus circunstancias.

g) Derecho de los sentenciados a un programa de tratamiento individualizado y de todos los internados a participar en las actividades del centro.

h) Derecho a comunicarse libremente con sus padres, representantes legales, familiares u otras personas, y a disfrutar de salidas y permisos, con arreglo a lo dispuesto en esta Ley y sus normas de desarrollo.

i) Derecho a comunicarse reservadamente con sus letrados, con el Juez de Menores competente, con el Ministerio Fiscal y con los servicios de Inspección de centros de internamiento.

j) Derecho a una formación laboral adecuada, a un trabajo remunerado, dentro de las disponibilidades de la entidad pública, y a las prestaciones sociales que pudieran corresponderles, cuando alcancen la edad legalmente establecida.

k) Derecho a formular peticiones y quejas ala Dirección del centro, a la entidad pública, a las autoridades judiciales, al Ministerio Fiscal, al Defensor del Pueblo o institución análoga de su Comunidad Autónoma y a presentar todos los recursos legales que prevé esta Ley ante el Juez de Menores competente, en defensa de sus derechos e intereses legítimos.

l) Derecho a recibir información personal y actualizada de sus derechos y obligaciones, de su situación personal y judicial, de las normas de funcionamiento interno de los centros que los acojan, así como de los procedimientos concretos para hacer efectivos tales derechos, en especial para formular peticiones, quejas o recursos.

m) Derecho a que sus representantes legales sean informados sobre su situación y evolución y sobre los derechos que a ellos les corresponden, con los únicos límites previstos en esta Ley.

n) Derecho de las menores internadas a tener en su compañía a sus hijos menores de tres años, en las condiciones y con los requisitos que se establezcan reglamentariamente.

57. *Deberes de los menores internados.* Los menores internados estarán obligados a:

a) Permanecer en el centro a disposición de la autoridad judicial competente hasta el momento de su puesta en libertad, sin perjuicio de las salidas y actividades autorizadas que puedan realizar en el exterior.

b) Recibir la enseñanza básica obligatoria que legalmente les corresponda.

c) Respetar y cumplirlas normas de funcionamiento interno del centro y las directrices o instrucciones que reciban del personal de aquél en el ejercicio legítimo de sus funciones.

d) Colaborar en la consecución de una actividad ordenada en el interior del centro y mantener una actitud de respeto y consideración hacia todos, dentro y fuera del centro, en especial hacia las autoridades, los trabajadores del centro y los demás menores internados.

e) Utilizar adecuadamente las instalaciones del centro y los medios materiales que se pongan a su disposición.

f) Observar las normas higiénicas y sanitarias, y sobre vestuario y aseo personal establecidas en el centro.

g) Realizar las prestaciones personales obligatorias previstas en las normas de funcionamiento interno del centro para mantener el buen orden y la limpieza del mismo.

h) Participar en las actividades formativas, educativas y laborales establecidas en función de su situación personal a fin de preparar su vida en libertad.

58. *Información y reclamaciones.* 1. Los menores recibirán, a su ingreso en el centro, información escrita sobre sus derechos y obligaciones, el régimen de internamiento en el que se encuentran, las cuestiones de organización general, las normas de funcionamiento del centro, las normas disciplinarias y los medios para formular peticiones, quejas o recursos. La información se les facilitará en un idioma que entiendan. A los que tengan cualquier género de dificultad para comprender el contenido de esta información se les explicará por otro medio adecuado.

2. Todos los internados podrán formular, verbalmente o por escrito, en sobre abierto o cerrado, peticiones y quejas a la entidad pública sobre cuestiones referentes a su situación de internamiento. Dichas peticiones o quejas también podrán ser presentadas al Director del centro, el cual las atenderá si son de su competencia o las pondrá en conocimiento de la entidad pública o autoridades competentes, en caso contrario.

59. *Medidas de vigilancia y seguridad.* [1325] 1. Las actuaciones de vigilancia y seguridad interior en los centros podrán suponer, en la forma y con la periodicidad que se establezca reglamentariamente, inspecciones de los locales y dependencias, así como registros de personas, ropas y enseres de los menores internados.

2. Se podrán utilizar exclusivamente los medios de contención que se establezcan reglamentariamente para evitar actos de violencia o lesiones de las personas que cumplen las medidas previstas en esta ley, a sí mismos o a otras personas, para impedir actos de fuga y daños en las instalaciones del centro o ante la resistencia activa a las instrucciones del personal del mismo en el ejercicio legítimo de su cargo.

[1325] Dada nueva redacción por disposición final 11 apartado 2 de Ley Orgánica 8/2021 de 4 de junio de 2021, con vigencia desde 25/06/2021

Solo será admisible, con carácter excepcional, la sujeción de las muñecas de la persona que cumple medida de internamiento con equipos homologados, siempre y cuando se realice bajo un estricto protocolo y no sea posible aplicar medidas menos lesivas.

3. Se prohíbe la contención mecánica consistente en la sujeción de una persona a una cama articulada o a un objeto fijo o anclado a las instalaciones o a objetos muebles.

4. La aplicación de medidas de contención requerirá en todos los casos en que se hiciera uso de la fuerza, la exploración física del interno por facultativo médico en el plazo máximo de 48 horas, extendiéndose el correspondiente parte médico.

5. Las medidas de contención aplicadas en los centros deberán ser comunicadas con carácter inmediato al Juzgado de Menores y al Ministerio Fiscal. Asimismo, se anotarán en el Libro Registro de Incidencias, que será supervisado por parte de la dirección del centro y en el expediente individualizado del menor, que debe mantenerse actualizado.

60. *Régimen disciplinario.* 1. Los menores internados podrán ser corregidos disciplinariamente en los casos y de acuerdo con el procedimiento que se establezca reglamentaria mente, de acuerdo con los principios de la Constitución, de esta Ley y del Título IX de la Ley 30/1992, de 26 de noviembre, de Régimen Jurídico de las Administraciones Públicas y del Procedimiento Administrativo Común, respetando en todo momento la dignidad de aquéllos y sin que en ningún caso se les pueda privar de sus derechos de alimentación, enseñanza obligatoria y comunicaciones y visitas, previstos en esta Ley y disposiciones que la desarrollen.

2. Las faltas disciplinarias se clasificarán en muy graves, graves y leves, atendiendo a la violencia desarrollada por el sujeto, su intencionalidad, la importancia del resultado y el número de personas ofendidas.

3. Las únicas sanciones que se podrán imponer por la comisión de faltas muy graves serán las siguientes:

a) La separación del grupo por un período de tres a siete días en casos de evidente agresividad, violencia y alteración grave de la convivencia.

b) La separación del grupo durante tres a cinco fines de semana.

c) La privación de salidas de fin de semana de quince días a un mes.

d) La privación de salidas de carácter recreativo por un período de uno a dos meses.

4. Las únicas sanciones que se podrán imponer por la comisión de faltas graves serán las siguientes:

a) Las mismas que en los cuatro supuestos del apartado anterior, con la siguiente duración: dos días, uno o dos fines de semana, uno a quince días, y un mes respectivamente.

b) La privación de participar en las actividades recreativas del centro durante un período de siete a quince días.

5. Las únicas sanciones que se podrán imponer por la comisión de faltas leves serán las siguientes:

a) La privación de participar en todas o algunas de las actividades recreativas del centro durante un período de uno a seis días.

b) La amonestación.

6. La sanción de separación supondrá que el menor permanecerá en su habitación o en otra de análogas características a la suya, durante el horario de actividades del centro, excepto para asistir, en su caso, a la enseñanza obligatoria, recibir visitas y disponer de dos horas de tiempo al día al aire libre.

7. Las resoluciones sancionadoras podrán ser recurridas, antes del inicio de su cumplimiento, ante el Juez de Menores. A tal fin, el menor sancionado podrá presentar el recurso por escrito o verbalmente ante el Director del establecimiento, quien, en el plazo de veinticuatro horas, remitirá dicho escrito o testimonio de la queja verbal, con sus propias alegaciones, al Juez de Menores y éste, en el término de una audiencia y oído el Ministerio Fiscal, dictará auto, confirmando, modificando o anulando la sanción impuesta, sin que contra dicho auto quepa recurso alguno. El auto, una vez notificado al establecimiento, será de ejecución inmediata En tanto se sustancia el recurso, en el plazo de dos días, la entidad pública ejecutora de la medida podrá adoptar las decisiones precisas para restablecer el orden alterado, aplicando al sancionado lo dispuesto en el apartado 6 de este artículo.

El letrado del menor también podrá interponer los recursos a que se refiere el párrafo anterior.

TÍTULO VIII
DE LA RESPONSABILIDAD CIVIL

61. *Reglas generales.* 1. La acción para exigir la responsabilidad civil en el procedimiento regulado en esta Ley se ejercitará por el

Ministerio Fiscal, salvo que el perjudicado renuncie a ella, la ejercite por sí mismo en el plazo de un mes desde que se le notifique la apertura de la pieza separada de responsabilidad civil o se la reserve para ejercitarla ante el orden jurisdiccional civil conforme a los preceptos del Código Civil y de la Ley de Enjuiciamiento Civil.

2. Se tramitará una pieza separada de responsabilidad civil por cada uno de los hechos imputados.

3. Cuando el responsable de los hechos cometidos sea un menor de dieciocho años, responderán solidariamente con él de los daños y perjuicios causados sus padres, tutores, acogedores y guardadores legales o de hecho, por este orden. Cuando éstos no hubieren favorecido la conducta del menor con dolo o negligencia grave, su responsabilidad podrá ser moderada por el Juez según los casos.

4. En su caso, se aplicará también lo dispuesto en el art. 145 de la Ley 30/1992, de 26 de noviembre, de Régimen Jurídico de las Administraciones Públicas y del Procedimiento Administrativo Común, y en la Ley 35/1995, de 11 de diciembre, de ayudas y asistencia a las víctimas de delitos violentos y contra la libertad sexual, y sus disposiciones complementarias.

62. *Extensión de la responsabilidad civil.* La responsabilidad civil a la que se refiere el artículo anterior se regulará, en cuanto a su extensión, por lo dispuesto en el capítulo I del Título V del Libro I del Código Penal vigente.

63. *Responsabilidad civil de los aseguradores.* Los aseguradores que hubiesen asumido el riesgo de las responsabilidades pecuniarias derivadas de los actos de los menores a los que se refiere la presente Ley serán responsables civiles directos hasta el límite de la indemnización legalmente establecida o convencionalmente pactada, sin perjuicio de su derecho de repetición contra quien corresponda

64.   *Reglas de procedimiento.*   [1326] Los trámites para la exigencia de la responsabilidad civil aludida en los artículos anteriores se acomodarán a las siguientes reglas:

1ª Tan pronto como el Juez de Menores reciba el parte de la incoación del expediente por el Ministerio Fiscal, ordenará abrir de forma simultánea con el proceso principal una pieza separada de responsabilidad civil, notificando el secretario judicial a quienes aparezcan como perjudicados su derecho a ser parte en la misma, y estableciendo el plazo límite para el ejercicio de la acción.

2ª En la pieza de referencia, que se tramitará de forma simultánea con el proceso principal, podrán personarse los perjudicados que hayan recibido notificación al efecto del Juez de Menores o del Ministerio Fiscal, conforme establece el art. 22 de la presente Ley, y también espontáneamente quienes se consideren como tales. Asimismo, podrán personarse las compañías aseguradoras que se tengan por partes interesadas, dentro del plazo para el ejercicio de la acción de responsabilidad civil. En el escrito de personación, indicarán las personas que consideren responsables de los hechos cometidos y contra las cuales pretendan reclamar, bastando con la indicación genérica de su identidad.

3ª El secretario judicial notificará al menor y a sus representantes legales, en su caso, su condición de posibles responsables civiles.

4ª Una vez personados los presuntos perjudicados y responsables civiles, el Juez de Menores resolverá sobre su condición de partes, continuándose el procedimiento por las reglas generales.

5ª La intervención en el proceso a los efectos de exigencia de responsabilidad civil se realizará en las condiciones que el Juez de Menores señale con el fin de preservar la intimidad del menor y que el conocimiento de los documentos obrantes en los autos se refiera exclusivamente a aquellos que tengan una conexión directa con la acción ejercitada por los mismos.

[1326] Dada nueva redacción por art. único apartado 45 de Ley Orgánica 8/2006 de 4 de diciembre de 2006, con vigencia desde 05/02/2007

DISPOSICIONES ADICIONALES

Disposición Adicional Primera . *Aplicación en la Jurisdicción Militar.* [1327] *(Derogada)*

Disposición Adicional Segunda . *Aplicación de medidas en casos de riesgo para la salud.* Cuando los Jueces de Menores aplicaren alguna de las medidas terapéuticas a las que se refieren los arts. 5.2, 7.1 y 29 de esta Ley, en caso de enfermedades transmisibles u otros riesgos para la salud de los menores a de quienes con ellos convivan, podrán encomendar a las autoridades o Servicios de Salud correspondientes su control y seguimiento, de conformidad con lo dispuesto en la Ley Orgánica 3/1986, de 14 de abril, de medidas especiales en materia de salud pública.

Disposición Adicional Tercera. *Creación del Registro Central de Menores.* [1328] [1329]
En el Ministerio de la Presidencia, Justicia y Relaciones con las Cortes se llevará un Registro Central de sentencias, medidas cautelares, requisitorias y rebeldías dictadas o acordadas en todos los procesos tramitados con arreglo a la presente ley orgánica. El acceso a los datos de este Registro se ajustará a lo establecido en la normativa que regule el Sistema de registros administrativos de apoyo a la Administración de Justicia y el Registro Central de Delincuentes Sexuales y de Trata de Seres Humanos, y en la legislación aplicable en materia de protección de datos personales.

Disposición Adicional Cuarta . *Aplicación a los delitos previstos en los arts. 138, 139, 179, 180, 571 a 580 y aquellos otros sancionados en el*

[1327] Derogada por disposición derogatoria única de Ley Orgánica 8/2006 de 4 de diciembre de 2006, con vigencia desde 05/02/2007

[1328] Dada nueva redacción por disposición final 1 de Ley Orgánica 4/2024 de 18 de octubre de 2024, con vigencia desde 08/11/2024

[1329] Téngase en cuenta que el Registro Central de Menores previsto en esta disposición entrará en funcionamiento en el plazo de un año desde el 8 noviembre 2024, conforme a la disp. trans. única LO 4/2024 de 18 octubre

Código Penal con pena de prisión igual o superior a quince años. [1330]
(Derogada)

Disposición Adicional Quinta. [1331] El Gobierno dentro del plazo de cinco años desde la entrada en vigor de esta Ley Orgánica remitirá al Congreso de los Diputados un informe, en el que se analizarán y evaluarán los efectos y las consecuencias de la aplicación de la disposición adicional cuarta.

Disposición Adicional Sexta. [1332] Evaluada la aplicación de esta ley orgánica, oídos el Consejo General del Poder Judicial, el Ministerio Fiscal, las comunidades autónomas y los grupos parlamentarios, el Gobierno procederá a impulsar las medidas orientadas a sancionar con más firmeza y eficacia los hechos delictivos cometidos por personas que, aun siendo menores, revistan especial gravedad, tales como los previstos en los arts. 138, 139, 179 y 180 del Código Penal.

A tal fin, se establecerá la posibilidad de prolongar el tiempo de internamiento, su cumplimiento en centros en los que se refuercen las medidas de seguridad impuestas y la posibilidad de su cumplimiento a partir de la mayoría de edad en centros penitenciarios.

DISPOSICIÓN TRANSITORIA

Disposición Transitoria Unica . *Régimen transitorio.* 1. A los hechos cometidos con anterioridad a la entrada en vigor de la presente Ley por los menores sujetos a la Ley Orgánica 4/1992, de 5 de junio, sobre Reforma de la Ley Reguladora de la Competencia y el Procedimiento de los Juzgados de Menores, que se deroga, les será de aplicación la legislación vigente en el momento de su comisión. Quienes estuvieren cumpliendo una medida de las previstas en la citada Ley

---

[1330] Derogada por disposición derogatoria única de Ley Orgánica 8/2006 de 4 de diciembre de 2006, con vigencia desde 05/02/2007

[1331] Añadida por art. 2 apartado 4 de Ley Orgánica 7/2000 de 22 de diciembre de 2000, con vigencia desde 24/12/2000

[1332] Añadida por disposición final 2 apartado 3 de Ley Orgánica 15/2003 de 25 de noviembre de 2003, con vigencia desde 27/11/2003

Orgánica 4/1992 continuarán dicho cumplimiento hasta la extinción de la responsabilidad en las condiciones previstas en dicha Ley.

2. A la entrada en vigor de la presente Ley, cesará inmediatamente el cumplimiento de todas las medidas previstas en la Ley Orgánica 4/1992 que estuvieren cumpliendo personas menores de catorce años, extinguiéndose las correspondientes responsabilidades.

3. A los menores de dieciocho años, juzgados con arreglo a lo dispuesto en el Código Penal de 1973, en las leyes penales especiales derogadas o en la disposición derogatoria del Código Penal vigente, a quienes se hubiere impuesto una pena de dos años de prisión menor o una pena de prisión superior a dos años, que estuvieren pendientes de cumplimiento a la entrada en vigor de la presente Ley, dichas penas les serán sustituidas por alguna de las medidas previstas en esta Ley, a instancia del Ministerio Fiscal, previo informe del equipo técnico o de la correspondiente entidad pública de protección o reforma de menores. A tal efecto, se habrá de dar traslado al Ministerio Fiscal de la ejecutoria y de la liquidación provisional de las penas impuestas a los menores comprendidos en los supuestos previstos en este apartado.

4. Si, en los supuestos a los que se refiere el apartado anterior, la pena impuesta o pendiente de cumplimiento fuera de prisión inferior a dos años o de cualquiera otra naturaleza, se podrá imponer al condenado una medida de libertad vigilada simple por el tiempo que restara de cumplimiento de la condena, si el Juez de Menores, a petición del Ministerio Fiscal y oídos el letrado del menor, su representante legal, la correspondiente entidad pública de protección o reforma de menores y el propio sentenciado, lo considerara acorde con la finalidad educativa que persigue la presente Ley. En otro caso, el Juez de Menores podrá tener por cumplida la pena y extinguida la responsabilidad del sentenciado.

5. Las decisiones del Juez de Menores a que se refieren los apartados anteriores se adoptarán mediante auto recurrible directamente en apelación, en el plazo de cinco días hábiles, ante la Audiencia Provincial. Los Jueces de Menores deberán adoptar estas decisiones en el plazo de dos meses desde la entrada en vigor de esta Ley. Durante este plazo la situación del menor no se verá afectada. [1333]

6. En los procedimientos penales en curso a la entrada en vigor de la presente Ley, en los que haya imputadas personas por la comisión de

---

[1333] Dada nueva redacción apartado 5 por disposición adicional 3 apartado 1 de Ley Orgánica 9/2000 de 22 de diciembre de 2000, con vigencia desde 24/12/2000

hechos delictivos cuando aún no hayan cumplido los dieciocho años, el Juez o Tribunal competente remitirá las actuaciones practicadas al Ministerio Fiscal para que instruya el procedimiento regulado en la misma.

Los que se hallaren sujetos a prisión preventiva a la entrada en vigor de la Ley serán excarcelados y conducidos a un centro de reforma a disposición del Ministerio Fiscal. Si el Ministerio Fiscal estima procedente el mantenimiento del internamiento, deberá solicitarlo en el plazo de cuarenta y ocho horas del Juez de Menores, quien convocará la comparecencia prevista en el art. 28.2. [1334]

Si el imputado lo fuere por hechos cometidos cuando era mayor de dieciocho años y menor de veintiuno, el Juez instructor acordará lo que proceda, según lo dispuesto en el art. 4 de esta Ley. [1335]

DISPOSICIONES FINALES

Disposición Final Primera . *Derecho supletorio.* Tendrán el carácter de normas supletorias, para lo no previsto expresamente en esta Ley Orgánica, en el ámbito sustantivo, el Código Penal y las leyes penales especiales, y, en el ámbito del procedimiento, la Ley de Enjuiciamiento Criminal, en particular lo dispuesto para los trámites del procedimiento abreviado regulado en el Título III del Libro IV de la misma.

Disposición Final Segunda . *Modificación de la Ley Orgánica del Poder Judicial y del Estatuto Orgánico del Ministerio Fiscal.* 1. El Gobierno, en el plazo de seis meses a partir de la publicación de la presente Ley en el «Boletín Oficial del Estado», elevará al Parlamento un proyecto de Ley Orgánica de reforma de la Ley Orgánica 6/1985, de 1 de julio, del Poder Judicial, para la creación de las Salas de Menores de los Tribunales Superiores de Justicia y para la adecuación

---

[1334] Añadido apartado 6 párrafo 2 por disposición adicional 3 apartado 2 de Ley Orgánica 9/2000 de 22 de diciembre de 2000 , con vigencia desde 24/12/2000

[1335] Renumerado apartado 6 párrafo 2 por disposición adicional 3 apartado 2 de Ley Orgánica 9/2000 de 22 de diciembre de 2000 como párrafo 3º , con vigencia desde 24/12/2000

de la regulación y competencia de los Juzgados de Menores y de la composición de la Sala Segunda del Tribunal Supremo a lo establecido en la presente Ley. [1336]

2. El Gobierno, en el plazo de seis meses a partir de la publicación de la presente Ley en el «Boletín Oficial del Estado», elevará al Parlamento un proyecto de Ley de reforma de la Ley 50/1981, de 30 de diciembre, por la que se regula el Estatuto Orgánico del Ministerio Fiscal, a fin de adecuar la organización del Ministerio Fiscal a lo establecido en la presente Ley.

Disposición Final Tercera . *Reformas en materia de personal.* 1. El Gobierno, a través del Ministerio de Justicia, oído el Consejo General del Poder Judicial, la Fiscalía General del Estado y las Comunidades Autónomas afectadas, en el plazo de seis meses desde la publicación de la presente Ley en el «Boletín Oficial del Estado» adoptará las disposiciones oportunas para adecuar la planta de los Juzgados de Menores y las plantillas de las Carreras Judicial y Fiscal a las necesidades orgánicas que resulten de la aplicación de lo dispuesto en la presente Ley.

2. Las plazas de Jueces de Menores deberán ser servidas necesariamente por Magistrados pertenecientes a la Carrera Judicial. A la entrada en vigor de esta Ley los titulares de un Juzgado de Menores que ostenten la categoría de Juez deberán cesar en dicho cargo, quedando, en su caso, en la situación que prevé el art. 118.2 y concordantes de la vigente Ley Orgánica del Poder Judicial, procediéndose a cubrir tales plazas por concurso ordinario entre Magistrados.

3. El Gobierno, a través del Ministerio de Justicia, y las Comunidades Autónomas con competencia en la materia, a través de las correspondientes Consejerías, adecuarán las plantillas de funcionarios de la Administración de Justicia a las necesidades que presenten los Juzgados y las Fiscalías de Menores para la aplicación de la presente Ley. Asimismo, determinarán el número y plantilla de los Equipos Técnicos compuestos por personal funcionario o laboral al servicio

---

[1336] Conforme a la disp. adic. 2ª LO 9/2000 de 22 diciembre , las referencias a las Salas de Menores de los Tribunales Superiores de Justicia deben entenderse realizadas a las Audiencias Provinciales

de las Administraciones Públicas, que actuarán bajo los principios de independencia, imparcialidad y profesionalidad. [1337]

4. Asimismo, el Gobierno, a través del Ministerio del Interior, y sin perjuicio de las competencias de las Comunidades Autónomas, adecuará las plantillas de los Grupos de Menores de las Brigadas de Policía Judicial, con objeto de establecer la adscripción a las Secciones de Menores de las Fiscalías de los funcionarios necesarios a los fines propuestos por esta Ley.

Apartado 5 (Derogado) [1338]

Disposición Final Cuarta . *Especialización de Jueces, Fiscales y abogados.* 1. El Consejo General del Poder Judicial y el Ministerio de Justicia, en el ámbito de sus competencias respectivas, procederán a la formación de miembros de la Carrera Judicial y Fiscal especialistas en materia de Menores con arreglo a lo que se establezca reglamentariamente. Dichos especialistas tendrán preferencia para desempeñar los correspondientes cargos en las Salas de Menores de los Tribunales Superiores de Justicia y en los Juzgados y Fiscalías de Menores, conforme a lo que establezcan las leyes y reglamentos. [1339]

2. En todas las Fiscalías existirá una Sección de Menores compuesta por miembros de la Carrera Fiscal, especialistas, con las dotaciones de funcionarios administrativos que sean necesarios, según se determine reglamentariamente.

3. El Consejo General de la Abogacía deberá adoptar las disposiciones oportunas para que en los Colegios en los que resulte necesario se impartan cursos homologados para la formación de aquellos letrados que deseen adquirir la especialización en materia de menores a fin de intervenir ante los órganos de esta Jurisdicción.

Disposición Final Quinta . *Cláusula derogatoria.* 1. Se derogan: la Ley Orgánica reguladora de la competencia y el procedimiento de

---

[1337] Dada nueva redacción apartado 3 por art. único apartado 46 de Ley Orgánica 8/2006 de 4 de diciembre de 2006, con vigencia desde 05/02/2007

[1338] Derogado apartado 5 por disposición adicional 4 de Ley Orgánica 9/2000 de 22 de diciembre de 2000, con vigencia desde 24/12/2000

[1339] Conforme a la disp. adic. 2ª LO 9/2000 de 22 diciembre , las referencias a las Salas de Menores de los Tribunales Superiores de Justicia deben entenderse realizadas a las Audiencias Provinciales

los Juzgados de Menores, texto refundido aprobado por Decreto de 11 de junio de 1948, modificada por la Ley Orgánica 4/1992, de 5 de junio los preceptos subsistentes del Reglamento para la ejecución de la Ley Orgánica reguladora de la competencia y el procedimiento de los Juzgados de Menores, aprobado por Decreto de 11 de junio de 1948, la disposición transitoria duodécima de la Ley Orgánica 10/1995, de 23 de noviembre, del Código Penal y los arts. 8.2, 9.3, la regla 1ª del art. 20, en lo que se refiere al número 2º del art. 8, el segundo párrafo del art. 22 y el art. 65 del texto refundido del Código Penal, publicado por el Decreto 3096/1973, de 14 de septiembre, conforme a la Ley 44/1971, de 15 de noviembre.

2. Quedan asimismo derogadas cuantas otras normas, de igual o inferior rango, se opongan a lo establecido en la presente Ley.

Disposición Final Sexta . *Naturaleza de la presente Ley.* Los arts. 16, 20, 21, 23 a 27, 30 a 35, 37 a 39, 41, 42 y 61 a 64, la disposición adicional tercera y la disposición final tercera de la presente Ley Orgánica tienen naturaleza de Ley ordinaria.

Disposición Final Séptima . *Entrada en vigor y desarrollo reglamentario.* 1. La presente Ley Orgánica entrará en vigor al año de su publicación en el «Boletín Oficial del Estado». En dicha fecha entrarán también en vigor los arts. 19 y 69 de la Ley Orgánica 10/1995, de 23 de noviembre, del Código Penal.

2. Durante el plazo mencionado en el apartado anterior, las Comunidades Autónomas con competencia respecto a la protección y reforma de menores adaptarán su normativa para la adecuada ejecución de las funciones que les otorga la presente Ley.

II. Ley Orgánica 8/2021, de 4 de junio, de protección integral a la infancia y la adolescencia frente a la violencia.

PREÁMBULO

I

La lucha contra la violencia en la infancia es un imperativo de derechos humanos. Para promover los derechos de los niños, niñas y adolescentes consagrados en la Convención sobre los Derechos del Niño es esencial asegurar y promover el respeto de su dignidad humana e integridad física y psicológica, mediante la prevención de toda forma de violencia.

La protección de las personas menores de edad es una obligación prioritaria de los poderes públicos, reconocida en el artículo 39 de la Constitución Española y en diversos tratados internacionales, entre los que destaca la mencionada Convención sobre los Derechos del Niño, adoptada por la Asamblea General de las Naciones Unidas el 20 de noviembre de 1989 y ratificada por España en 1990.

Los principales referentes normativos de protección infantil circunscritos al ámbito de Naciones Unidas son los tres protocolos facultativos de la citada Convención y las Observaciones Generales del Comité de los Derechos del Niño, que se encargan de conectar este marco de Derecho Internacional con realidades educativas, sanitarias, jurídicas y sociales que atañen a niños, niñas y adolescentes. En el caso de esta ley orgánica, son especialmente relevantes la Observación General número 12, de 2009, sobre el derecho a ser escuchado, la Observación General número 13, de 2011, sobre el derecho del niño y la niña a no ser objeto de ninguna forma de violencia y la Observación General número 14, de 2014, sobre que el interés superior del niño y de la niña sea considerado primordialmente.

La Unión Europea, por su parte, expresa la «protección de los derechos del niño» a través del artículo 3 del Tratado de Lisboa y es un objetivo general de la política común, tanto en el espacio interno como en las relaciones exteriores.

El Consejo de Europa, asimismo, cuenta con estándares internacionales para garantizar la protección de los derechos de las personas menores de edad como son el Convenio para la protección de los niños contra la explotación y el abuso sexual (Convenio de Lanzarote), el Convenio sobre prevención y lucha contra la violencia contra la mujer y la violencia doméstica (Convenio de Estambul), el Convenio sobre la lucha contra la trata de seres humanos o el Convenio sobre la Ciberdelincuencia; además de incluir en la Estrategia del Consejo de Europa para los derechos del niño (2016-2021) un llamamiento a todos los Estados miembros para erradicar toda forma de castigo físico sobre la infancia.

Esta ley orgánica se relaciona también con los compromisos y metas del Pacto de Estado contra la violencia de género, así como de la Agenda 2030 en varios ámbitos, y de forma muy específica con la meta 16.2: «Poner fin al maltrato, la explotación, la trata y todas las formas de violencia y tortura contra los niños.» dentro del Objetivo 16 de promover sociedades, justas, pacíficas e inclusivas. Las niñas, por su edad y sexo, muchas veces son doblemente discriminadas o agredidas. Por eso esta ley debe tener en cuenta las formas de violencia que las niñas sufren específicamente por el hecho de ser niñas y así abordarlas y prevenirlas a la vez que se incide en que solo una sociedad que educa en respeto e igualdad será capaz de erradicar la violencia hacia las niñas.

Con arreglo a la Convención sobre los Derechos del Niño y los otros referentes mencionados, España debe fomentar todas las medidas legislativas, administrativas, sociales y educativas necesarias para garantizar el derecho del niño, niña o adolescente a desarrollarse libre de cualquier forma de violencia, perjuicio, abuso físico o mental, descuido o negligencia, malos tratos o explotación.

El cuerpo normativo español ha incorporado importantes avances en la defensa de los derechos de las personas menores de edad, así como en su protección frente a la violencia. En esta evolución encaja la reforma operada en la Ley Orgánica 1/1996, de 15 de enero, de Protección Jurídica del Menor, de modificación parcial del Código Civil y de la Ley de Enjuiciamiento Civil, por la Ley Orgánica 8/2015, de 22 de julio, y la Ley 26/2015, de 28 de julio, ambas de modificación del sistema de protección de la infancia y la adolescencia, que introduce como principio rector de la actuación administrativa el amparo de las personas menores de edad contra todas las formas de violencia, incluidas las producidas en su entorno familiar, de género, la trata y el tráfico de seres humanos y la mutilación genital femenina, entre otras. Con acuerdo a la ley, los poderes públicos tienen la obligación de desarrollar actuaciones de sensibilización, prevención, asistencia y protección frente a cualquier forma de maltrato infantil, así como de establecer aquellos procedimientos necesarios para asegurar la coordinación entre las administraciones públicas competentes y, en este orden, revisar en profundidad el funcionamiento de las instituciones del sistema de protección a las personas menores de edad y constituir así una protección efectiva ante las situaciones de riesgo y desamparo.

En este contexto, el Pleno del Congreso de los Diputados, en su sesión del 26 de junio de 2014, acordó la creación de una Subcomisión de estudio para abordar el problema de la violencia sobre los niños y las niñas. Dicha Subcomisión adoptó ciento cuarenta conclusiones y propuestas que dieron lugar, en 2017, a la aprobación de la Proposición no de ley, por la que se instaba al Gobierno, en el ámbito de sus competencias y en colaboración con las comunidades autónomas, a iniciar los trabajos para la aprobación de una ley orgánica para erradicar la violencia sobre la infancia.

Sin embargo, a pesar de dichos avances, el Comité de Derechos del Niño, con ocasión del examen de la situación de los derechos de la infancia en España en 2018, reiteró a nuestro país la necesidad de la aprobación de una ley integral sobre la violencia contra los niños y niñas, que debía resultar análoga en su alcance normativo a la aprobada en el marco de la violencia de género.

Por supuesto, la aprobación de una ley integral sobre la violencia contra los niños, niñas y adolescentes no solo responde a la necesidad de introducir en nuestro ordenamiento jurídico los compromisos internacionales asumidos por España en la protección integral de las personas menores de edad, sino a la relevancia de una materia que conecta de forma directa con el sano desarrollo de nuestra sociedad.

Como indica el Comité de los Derechos del Niño en la citada Observación General número 13, las graves repercusiones de la violencia y los malos tratos sufridos por los niños, niñas y adolescentes son sobradamente conocidas. Esos actos, entre otras muchas consecuencias, pueden causar lesiones que pueden provocar discapacidad; problemas de salud física, como el retraso en el desarrollo físico y la aparición posterior de enfermedades; dificultades de aprendizaje incluidos problemas de rendimiento en la escuela y en el trabajo; consecuencias psicológicas y emocionales como trastornos afectivos, trauma, ansiedad, inseguridad y destrucción de la autoestima; problemas de salud mental como ansiedad y trastornos depresivos o intentos de suicidio, y comportamientos perjudiciales para la salud como el abuso de sustancias adictivas o la iniciación precoz en la actividad sexual.

La violencia sobre personas menores de edad es una realidad execrable y extendida a pluralidad de frentes. Puede pasar desapercibida en numerosas ocasiones por la intimidad de los ámbitos en los que tiene lugar, tal es el caso de las esferas familiar y escolar, entornos en los que suceden la mayor parte de los incidentes y que, en todo caso, debieran ser marcos de seguridad y desarrollo personal para niños, niñas y adolescentes. Además, es frecuente que en estos escenarios de violencia confluyan variables sociológicas, educativas, culturales, sanitarias, económicas, administrativas y jurídicas, lo que obliga a que cualquier aproximación legislativa sobre la cuestión requiera un amplio enfoque multidisciplinar.

Cabe destacar que los niños, niñas y adolescentes con discapacidad son sujetos especialmente sensibles y vulnerables a esta tipología de violencia, expuestos de forma agravada a sus efectos y con mayores dificultades para el acceso, en igualdad de oportunidades, al ejercicio de sus derechos.

Esta ley combate la violencia sobre la infancia y la adolescencia desde una aproximación integral, en una respuesta extensa a la naturaleza multidimensional de sus factores de riesgo y consecuencias. La ley va más allá de los marcos administrativos y penetra en numerosos órdenes jurisdiccionales para afirmar su voluntad holística. Desde una perspectiva didáctica, otorga una prioridad esencial a la prevención, la socialización y la educación, tanto entre las personas menores de edad como entre las familias y la propia sociedad civil. La norma establece medidas de protección, detección precoz, asistencia, reintegración de derechos vulnerados y recuperación de la víctima, que encuentran su inspiración en los modelos integrales de atención identificados como buenas prácticas a la hora de evitar la victimización secundaria.

Esta ley es propicia a la colaboración con las comunidades autónomas y evita el fraccionamiento operativo que venía existiendo en una materia tan importante. Abre paso a un nuevo paradigma de prevención y protección común en todo el territorio del Estado frente a la vulneración de derechos de las personas menores de edad y favorece que el conjunto de las administraciones públicas, en el marco de sus respectivas competencias, refuercen su implicación en un objetivo de alcance general como es la lucha contra la violencia sobre los niños, niñas y adolescentes, del todo consecuente con los compromisos internacionales del Estado.

La ley, en definitiva, atiende al derecho de los niños, niñas y adolescentes de no ser objeto de ninguna forma de violencia, asume con rigor los tratados internacionales ratificados por España y va un paso más allá con su carácter integral en las materias que asocia a su marco de efectividad, ya sea en su realidad estrictamente sustantiva como en su voluntad didáctica, divulgativa y cohesionadora.

II

La ley se estructura en 60 artículos, distribuidos en un título preliminar y cinco títulos, nueve disposiciones adicionales, una disposición derogatoria y veinticinco disposiciones finales.

El título preliminar aborda el ámbito objetivo y subjetivo de la ley, recogiendo la definición del concepto de violencia sobre la infancia y la adolescencia, así como el buen trato, y estableciendo los fines y criterios generales de la ley. Asimismo, regula la formación especializada, inicial y continua, de los y las profesionales que tengan un contacto habitual con personas menores de edad, y recoge la necesaria cooperación y colaboración entre las administraciones públicas, estableciéndose a tal efecto la creación de la Conferencia Sectorial de la infancia y la adolescencia, y la colaboración público-privada.

El título I recoge los derechos de los niños, niñas y adolescentes frente a la violencia, entre los que se encuentran su derecho a la información y asesoramiento, a ser escuchados y escuchadas, a la atención integral, a intervenir en el procedimiento judicial o a la asistencia jurídica gratuita.

El título II está dedicado a regular el deber de comunicación de las situaciones de violencia. En este sentido, se establece un deber genérico, que afecta a toda la ciudadanía, de comunicar de forma inmediata a la autoridad competente la existencia de indicios de violencia ejercida sobre niños, niñas o adolescentes. Este deber de comunicación se configura de una forma más exigente para aquellos colectivos que, por razón de su cargo, profesión, oficio o actividad, tienen encomendada la asistencia, el cuidado, la enseñanza o la protección de personas menores de edad: personal cualificado de los centros sanitarios, centros escolares, centros de deporte y ocio, centros de protección a la infancia y de responsabilidad penal de menores, centros de acogida, de asilo y atención humanitaria y establecimientos en los que residan habitualmente niños, niñas o adolescentes. En estos supuestos, se establece la obligación de las administraciones públicas competentes de facilitar mecanismos adecuados de comunicación e intercambio de información.

Por otro lado, se prevé la dotación por parte de las administraciones públicas competentes de los medios necesarios y accesibles para que sean los propios niños, niñas y adolescentes víctimas de violencia, o que hayan presenciado una situación de violencia, los que puedan comunicarlo de forma segura y fácil. En relación con esto, se reconoce legalmente la importancia de los medios electrónicos de comunicación, tales como líneas telefónicas de ayuda a niños, niñas y adolescentes, que habrán de ser gratuitas y que las administraciones deberán promover, apoyar y divulgar.

Además, se regula de forma específica el deber de comunicación de la existencia de contenidos en Internet que constituyan una forma de violencia o abuso sobre los niños, niñas o adolescentes, sean o no constitutivos de delito, en tanto que el ámbito de Internet y redes sociales es especialmente sensible a estos efectos.

En todo caso, la ley garantiza la protección y seguridad, de las personas que cumplan con su deber de comunicación de situaciones de violencia, con el objetivo de incentivar el cumplimiento de tal deber.

El título III, que regula la sensibilización, prevención y detección precoz, recoge en su capítulo I la obligación por parte de la Administración General del Estado de disponer de una Estrategia de erradicación de la violencia sobre la infancia y la adolescencia, con especial incidencia en los ámbitos familiar, educativo, sanitario, de los servicios sociales, de las nuevas tecnologías, del deporte y el ocio y de las Fuerzas y Cuerpos de Seguridad.

El capítulo II recoge los diferentes niveles de actuación, incidiendo en la sensibilización, la prevención y la detección precoz. En concreto, profundiza en la necesidad de que las administraciones públicas establezcan planes y programas específicos de prevención de la violencia sobre la infancia y la adolescencia, identificando grupos de riesgo y especificando los recursos presupuestarios para llevarlos a cabo. También se apunta la necesidad de establecer medidas de sensibilización, prevención y detección precoz frente a los procesos de radicalización y adoctrinamiento que conducen a la violencia. En cuanto a detección precoz, se incide en la adopción de medidas que garanticen la comunicación de las situaciones de violencia que hayan sido detectadas.

El capítulo III, dedicado al ámbito familiar, parte de la idea de la familia, en sus múltiples formas, como unidad básica de la sociedad y medio natural para el desarrollo de los niños, niñas y adolescentes, debe ser objetivo prioritario de todas las administraciones públicas, al ser el primer escalón de la prevención de la violencia sobre la infancia, debiendo favorecer la cultura del buen trato, incluso desde el momento de la gestación.

Para ello, la ley refuerza los recursos de asistencia, asesoramiento y atención a las familias para evitar los factores de riesgo y aumentar los factores de prevención, lo que exige un análisis de riesgos en las familias, que permita definir los objetivos y las medidas a aplicar. Todos los progenitores requieren apoyos para desarrollar adecuadamente sus responsabilidades parentales, siendo una de sus implicaciones la necesidad de procurarse dichos apoyos para ejercer adecuadamente su rol. Por ello, antes que los apoyos con finalidad reparadora o terapéutica, deben prestarse aquellos que tengan una finalidad preventiva y de promoción del desarrollo de la familia. Todas las políticas en el ámbito familiar deben adoptar un enfoque positivo de la intervención familiar para reforzar la autonomía y capacidad de las familias y desterrar la idea de considerar a las familias más vulnerables como las únicas que necesitan apoyos cuando no funcionan adecuadamente.

Destaca en la ley la referencia al ejercicio positivo de la responsabilidad parental, como un concepto integrador que permite reflexionar sobre el papel de la familia en la sociedad actual y al mismo tiempo desarrollar orientaciones y recomendaciones prácticas sobre cómo articular sus apoyos desde el ámbito de las políticas públicas de familia.

Por ello, la ley establece medidas destinadas a favorecer y adquirir tales habilidades, siempre desde el punto de vista de la individualización de las necesidades de cada familia y dedicando una especial atención a la protección del interés superior de la persona menor de edad en los casos de ruptura familiar y de violencia de género en el ámbito familiar.

El capítulo IV desarrolla diversas medidas de prevención y detección precoz de la violencia en los centros educativos que se consideran imprescindibles si se tiene en cuenta que se trata de un entorno de socialización central en la vida de los niños, niñas y adolescentes. La regulación propuesta profundiza y completa el marco establecido en el artículo 124 de la Ley Orgánica 2/2006, de 3 de mayo, de Educación, al establecer junto al plan de convivencia recogido en dicho artículo, la necesidad de protocolos de actuación frente a indicios de abuso y maltrato, acoso escolar, ciberacoso, acoso sexual, violencia de género, violencia doméstica, suicidio, autolesión y cualquier otra forma de violencia. Para el correcto funcionamiento de estos protocolos se constituye un coordinador o coordinadora de bienestar y protección, en todos los centros educativos. También se refleja la necesaria capacitación de las personas menores de edad en materia de seguridad digital.

El capítulo V regula la implicación de la Educación Superior y del Consejo de Universidades en la lucha contra la violencia sobre la infancia y la adolescencia.

Las medidas contenidas en el capítulo VI respecto al ámbito sanitario se orientan desde la necesaria colaboración de las administraciones sanitarias en el seno del Consejo Interterritorial del Sistema Nacional de Salud. En este marco, se establece el compromiso de crear una nueva Comisión frente a la violencia en los niños, niñas y adolescentes con el mandato de elaborar un protocolo común de actuación sanitaria para la erradicación de la violencia sobre la infancia y la adolescencia. Además, en el marco de la atención universal a todas aquellas personas menores de edad en situación de violencia, se garantiza una atención a la salud mental integral y adecuada a su edad.

El capítulo VII refuerza el ejercicio de las funciones de protección de los niños, niñas y adolescentes por parte de los funcionarios que desarrollan su actividad profesional en los servicios sociales. En este sentido, se les atribuye la condición de agentes de la autoridad, en aras de poder desarrollar eficazmente sus funciones en materia de protección de personas menores de edad, debido a la posibilidad de verse expuestos a actos de violencia o posibles situaciones de alta conflictividad, como las relacionadas con la posible retirada del menor de su familia en casos de desamparo.

Además, se establece la necesidad de diseñar un plan de intervención familiar individualizado, con la participación del resto de administraciones, judicatura y agentes sociales implicados, así como un sistema de seguimiento y registro de casos que permita evaluar la eficacia de las distintas medidas puestas en marcha.

El capítulo VIII, regula las actuaciones que deben realizar y promover las administraciones públicas para garantizar el uso seguro y responsable de Internet por parte de los niños, niñas y adolescentes, familias, personal educador y profesionales que trabajen con personas menores de edad.

El capítulo IX dedicado al ámbito del deporte y el ocio establece la necesidad de contar con protocolos de actuación frente a la violencia en este ámbito y establece determinadas obligaciones a las entidades que realizan actividades deportivas o de ocio con personas menores de edad de forma habitual, y entre la que destaca el establecimiento de la figura del Delegado o Delegada de protección.

El capítulo X se centra en el ámbito de las Fuerzas y Cuerpos de Seguridad y consta de dos artículos. El primero de ellos asegura que todas las Fuerzas y Cuerpos de Seguridad, en todos sus niveles (estatal, autonómico, local), dispongan de unidades especializadas en la investigación y prevención, detección y actuación de situaciones de violencia sobre personas menores de edad y preparadas para una correcta y adecuada actuación ante tales casos, así como que todos los integrantes de los Cuerpos Policiales reciban formación específica para el tratamiento de este tipo de situaciones.

El segundo artículo establece cuáles han de ser los criterios de actuación policial en casos de violencia sobre la infancia y la adolescencia, la cual debe estar presidida por el respeto a los derechos de los niños, niñas y adolescentes y por la consideración de su interés superior. Sin perjuicio de los protocolos de actuación a que están sujetos los miembros de las Fuerzas y Cuerpos de Seguridad, la ley recoge una relación de criterios de actuación obligatorios, cuya principal finalidad es lograr el buen trato al niño, niña o adolescente víctima de violencia y evitar la victimización secundaria.

Entre esos criterios de actuación obligatorios, es especialmente relevante la obligación de evitar, con carácter general, la toma de declaración a la persona menor de edad, salvo en aquellos supuestos que sea absolutamente necesaria. Ello es coherente con la reforma de la Ley de Enjuiciamiento Criminal, aprobada por Real Decreto de 14 de septiembre de 1882, por la que se pauta como obligatoria la práctica de prueba preconstituida por el órgano instructor. El objetivo de esta ley es que la persona menor de edad realice una única narración de los hechos, ante el Juzgado de Instrucción, sin que sea necesario que lo haga ni con anterioridad ni con posterioridad a ese momento.

El capítulo XI regula las competencias de la Administración General del Estado en el Exterior en relación con la protección de los intereses de los menores de nacionalidad española que se encuentren en el extranjero.

Por último, el capítulo XII recoge el papel de la Agencia Española de Protección de Datos en la protección de datos personales, garantizando los derechos digitales de las personas menores de edad al establecer un canal accesible y la retirada inmediata de los contenidos ilícitos.

El título IV sobre actuaciones en centros de protección de personas menores de edad, establece la obligatoriedad de los centros de protección de aplicar protocolos de actuación, cuya eficacia se someterá a evaluación, y que recogerán las actuaciones a seguir en aras de prevenir, detectar precozmente y actuar ante posibles situaciones de violencia. Asimismo, se establece una atención reforzada, en el marco de los protocolos anteriormente citados, a las actuaciones específicas de prevención, detección precoz e intervención en posibles casos de abuso, explotación sexual y trata de seres humanos que tengan como víctimas a personas menores de edad sujetas a medida protectora y que residan en centros residenciales.

Además, se establece la oportuna supervisión por parte del Ministerio Fiscal de los centros de protección de menores y se prevé la necesaria conexión informática con las entidades públicas de protección a la infancia, así como la permanente comunicación de estas con el Ministerio Fiscal y, en su caso, con la autoridad judicial que acordó el ingreso.

El título V dedicado a la organización administrativa recoge en su capítulo I el compromiso para la creación de un Registro Central de información sobre la violencia contra la infancia y la adolescencia, al que deberán remitir información las administraciones públicas, el Consejo General del Poder Judicial y las Fuerzas y Cuerpos de Seguridad.

El capítulo II, por su parte, introduce una regulación específica en relación a la certificación negativa del Registro Central de Delincuentes Sexuales, que pasa a denominarse Registro Central de Delincuentes Sexuales y de Trata de Seres Humanos, desarrollando y ampliando la protección de las personas menores de edad a través del perfeccionamiento del sistema de exigencia del requisito de no haber cometido delitos contra la libertad o indemnidad sexuales o de trata de seres humanos para desarrollar actividades que supongan contacto habitual con personas menores de edad.

Se introduce una definición acerca de qué ha de entenderse, a los efectos de la ley, por profesiones, oficios y actividades que implican contacto habitual con personas menores de edad, limitándolo a aquellas que por su propia esencia conllevan un trato repetido, directo y regular, y no meramente ocasional, con niños, niñas y adolescentes, quedando en todo caso incluidas aquellas actividades o servicios que se dirijan específicamente a ellos.

A fin de ampliar la protección, se extiende la obligación de acreditar el requisito de no haber cometido delitos contra la libertad e indemnidad sexuales a todos los trabajadores y trabajadoras, por cuenta propia o ajena, tanto del sector público como del privado, así como a las personas voluntarias.

Además, se establece el sentido negativo del silencio administrativo en los procedimientos de cancelación de antecedentes por delitos de naturaleza sexual iniciados a solicitud de la persona interesada.

Por lo que respecta a las disposiciones adicionales, se establece en ellas la necesaria dotación presupuestaria en el ámbito de la Administración de Justicia y los servicios sociales para luchar contra la victimización secundaria y cumplir las nuevas obligaciones encomendadas por la ley respectivamente, el mandato a las administraciones públicas, en el ámbito de sus competencias, para priorizar las soluciones habitacionales ante los desahucios de familias en el que alguno de sus integrantes sea una persona menor de edad, el seguimiento de los datos de opinión pública sobre la violencia hacia la infancia y adolescencia, a través de la realización de encuestas periódicas, el cumplimiento de la normativa vigente en materia de gastos de personal, la actualización de las referencias al Registro Central de Delincuentes Sexuales y al Registro Unificado de Maltrato Infantil. Asimismo, la disposición adicional sexta encomienda al Gobierno, en el plazo de un año, a establecer los mecanismos necesarios para realizar la comprobación automatizada de la existencia de antecedentes por las administraciones, empresas u otras entidades. Por su parte, la disposición adicional séptima recoge el compromiso para la creación de una Comisión de seguimiento encargada de analizar la puesta en marcha de la ley, sus repercusiones jurídicas y económicas y evaluación de su impacto. La disposición adicional octava garantiza a los niños y niñas en necesidad de protección internacional el acceso al territorio y a un procedimiento de asilo con independencia de su nacionalidad y de su forma de entrada en España, en los términos establecidos en la Ley 12/2009, de 30 de octubre, reguladora del derecho de asilo y de protección subsidiaria. Por último, la disposición adicional novena mandata al Gobierno para regular el régimen de Seguridad Social de las personas acogedoras especializadas de dedicación exclusiva.

Por último, cabe destacar la modificación llevada a cabo de diferentes cuerpos normativos a través de las disposiciones finales de la ley.

La disposición final primera está dedicada a la modificación de la Ley de Enjuiciamiento Criminal.

En los apartados primero y segundo se otorga una mayor seguridad jurídica tanto a las víctimas como a las personas perjudicadas por un delito. Así, se modifican los artículos 109 bis y 110 reflejando la actual jurisprudencia que permite la personación de las mismas, una vez haya transcurrido el término para formular el escrito de acusación, siempre que se adhieran al escrito de acusación formulado por el Ministerio Fiscal o por el resto de las acusaciones personadas. De esta forma, se garantiza el derecho a la tutela judicial efectiva de las víctimas del delito a la vez que se respeta el derecho de defensa de las personas investigadas.

En el tercer apartado se modifica el artículo 261 y se establece una excepción al régimen general de dispensa de la obligación de denunciar, al determinar la obligación de denunciar del cónyuge y familiares cercanos de la persona que haya cometido un hecho delictivo cuando se trate de un delito grave cometido contra una persona menor de edad o con discapacidad necesitada de especial protección, adaptando nuestra legislación a las exigencias del Convenio de Lanzarote. Igualmente, en el apartado cuatro se modifica el artículo 416, de forma que se establecen una serie de excepciones a la dispensa de la obligación de declarar, con el fin de proteger en el proceso penal a las personas menores de edad o con discapacidad necesitadas de especial protección.

Los apartados quinto a decimocuarto regulan de forma completa y sistemática la prueba preconstituida, fijándose los requisitos necesarios para su validez. Además, se modifica la regulación de las medidas cautelares con carácter penal y de naturaleza civil que pueden adoptarse durante el proceso penal y que puedan afectar de cualquier modo a personas menores de edad o con discapacidad necesitadas de especial protección.

En relación con la prueba preconstituida es un instrumento adecuado para evitar la victimización secundaria, particularmente eficaz cuando las víctimas son personas menores de edad o personas con discapacidad necesitadas de especial protección. Atendiendo a su especial vulnerabilidad se establece su obligatoriedad cuando el testigo sea una persona menor de catorce años o una persona con discapacidad necesitada de especial protección. En estos supuestos la autoridad judicial, practicada la prueba preconstituida, solo podrá acordar motivadamente su declaración en el acto del juicio oral, cuando, interesada por una de las partes, se considere necesario.

Por tanto, se convierte en excepcional la declaración en juicio de los menores de catorce años o de las personas con discapacidad necesitadas de especial protección, estableciéndose como norma general la práctica de la prueba preconstituida en fase de instrucción y su reproducción en el acto del juicio evitando que el lapso temporal entre la primera declaración y la fecha de juicio oral afecten a la calidad del relato, así como la victimización secundaria de víctimas especialmente vulnerables.

La disposición final segunda modifica el artículo 92 del Código Civil para reforzar el interés superior del menor en los procesos de separación, nulidad y divorcio, así como para asegurar que existan las cautelas necesarias para el cumplimiento de los regímenes de guarda y custodia.

Asimismo, se modifica el artículo 154 del Código Civil, a fin de establecer con claridad que la facultad de decidir el lugar de residencia de los hijos e hijas menores de edad forma parte del contenido de la potestad que, por regla general, corresponde a ambos progenitores. Ello implica que, salvo suspensión, privación de la potestad o atribución exclusiva de dicha facultad a uno de los progenitores, se requiere el consentimiento de ambos o, en su defecto, autorización judicial para el traslado de la persona menor de edad, con independencia de la medida que se haya adoptado en relación a su guarda o custodia, como así se ha fijado ya explícitamente por algunas comunidades autónomas. Así, se aclaran las posibles dudas interpretativas con los conceptos autónomos de la normativa internacional, concretamente, el Reglamento 2201/2003 del Consejo, de 27 de noviembre de 2003, relativo a la competencia, el reconocimiento y la ejecución de resoluciones judiciales en materia matrimonial y de responsabilidad parental, por el que se deroga el Reglamento (CE) n.º 1347/2000, y el Convenio relativo a la competencia, la ley aplicable, el reconocimiento, la ejecución y la cooperación en materia de responsabilidad parental y de medidas de protección de los niños, hecho en La Haya el 19 de octubre de 1996, en sus artículos 2, 9 y 3 respectivamente, ya que en la normativa internacional la custodia y la guarda comprenden el derecho de decidir sobre el lugar de residencia de la persona menor de edad, siendo un concepto autónomo que no coincide ni debe confundirse con el contenido de lo que se entiende por guarda y custodia en nuestras leyes internas. Ese cambio completa la vigente redacción del artículo 158 del Código Civil, que contempla como medidas de protección «Las medidas necesarias para evitar la sustracción de los hijos menores por alguno de los progenitores o por terceras personas y, en particular, el sometimiento a autorización judicial previa de cualquier cambio de domicilio del menor».

Se modifica el artículo 158 del Código Civil, con el fin de que el Juez pueda acordar la suspensión cautelar en el ejercicio de la patria potestad y/o el ejercicio de la guarda y custodia, la suspensión cautelar del régimen de visitas y comunicaciones establecidos en resolución judicial o convenio judicialmente aprobado y, en general, las demás disposiciones que considere oportunas, a fin de apartar al menor de un peligro o de evitarle perjuicios en su entorno familiar o frente a terceras personas, con la garantía de la audiencia de la persona menor de edad.

Por último, se modifica el artículo 172.5 del Código Civil, que regula los supuestos de cesación de la tutela y de la guarda provisional de las entidades públicas de protección, ampliando de 6 a 12 meses el plazo desde que el menor abandonó voluntariamente el centro.

La disposición final tercera correspondiente a la modificación de la Ley Orgánica 1/1979, de 26 de septiembre, General Penitenciaria, establece programas específicos para las personas internas condenadas por delitos relacionados con la violencia sobre la infancia y adolescencia a fin de evitar la reincidencia, así como el seguimiento de las mismas para la concesión de permisos y la libertad condicional.

La disposición final cuarta se destina a la modificación de la Ley Orgánica 6/1985, de 1 de julio, del Poder Judicial. Mediante esta modificación se regula la necesidad de formación especializada en las carreras judicial y fiscal, en el cuerpo de letrados y en el resto de personal al servicio de la Administración de Justicia, exigida por toda la normativa internacional, en la medida en que las materias relativas a la infancia y a personas con discapacidad se refieren a colectivos vulnerables. Asimismo, se establece la posibilidad de que, en las unidades administrativas, entre las que se encuentran los Institutos de Medicina Legal y Ciencias Forenses y las Oficinas de Asistencia a las Víctimas, dependientes del Ministerio de Justicia, se incorporen como funcionarios otros profesionales especializados en las distintas áreas de actuación de estas unidades, reforzando así el carácter multidisciplinar de la asistencia que se prestará a las víctimas.

La disposición final quinta modifica la Ley 34/1988, de 11 de noviembre, General de Publicidad, con el objeto de declarar ilícita tanto a la publicidad que incite a cualquier forma de violencia o discriminación sobre las personas menores de edad como aquella que fomente estereotipos de carácter sexista, racista, estético, homofóbico o transfóbico o por razones de discapacidad.

La disposición final sexta relativa a la modificación de la Ley Orgánica 10/1995, de 23 de noviembre, del Código Penal, incorpora diferentes modificaciones de importante calado.

Se da una nueva regulación a los delitos de odio, comprendidos en los artículos 22.4, 314, 511, 512 y 515.4 del Código Penal. Para ello, la edad ha sido incorporada como una causa de discriminación, en una vertiente dual, pues no solo aplica a los niños, niñas y adolescentes, sino a otro colectivo sensible que requiere amparo, como son las personas de edad avanzada. Asimismo, dentro del espíritu de protección que impulsa este texto legislativo, se ha aprovechado la reforma para incluir la aporofobia y la exclusión social dentro de estos tipos penales, que responde a un fenómeno social en el que en la actuación delictiva subyace el rechazo, aversión o desprecio a las personas pobres, siendo un motivo expresamente mencionado en el artículo 21 de la Carta de Derechos Fundamentales de la Unión Europea.

Se extiende el tiempo de prescripción de los delitos más graves cometidos contra las personas menores de edad, modificando el día de comienzo de cómputo del plazo: el plazo de prescripción se contará a partir de que la víctima haya cumplido los treinta y cinco años de edad. Con ello se evita la existencia de espacios de impunidad en delitos que estadísticamente se han probado de lenta asimilación en las víctimas en el plano psicológico y, muchas veces, de tardía detección.

Se elimina el perdón de la persona ofendida como causa de extinción de la responsabilidad criminal, cuando la víctima del delito sea una persona menor de dieciocho años, completando de este modo la protección de los niños, niñas y adolescentes ante delitos perseguibles a instancia de parte.

Se configura como obligatoria la imposición de la pena de privación de la patria potestad a los penados por homicidio o por asesinato en dos situaciones: cuando el autor y la víctima tuvieran en común un hijo o una hija y cuando la víctima fuera hijo o hija del autor.

Se incrementa la edad a partir de la que se aplicará el subtipo agravado del delito de lesiones del artículo 148.3, de los doce a los catorce años, puesto que resulta una esfera de protección más apropiada en atención a la vulnerabilidad que se manifiesta en la señalada franja vital.

Se modifica la redacción del tipo agravado de agresión sexual, del tipo de abusos y agresiones sexuales a menores de dieciséis años y de los tipos de prostitución y explotación sexual y corrupción de menores (artículos 180, 183, 188 y 189) con el fin de adecuar su redacción a la realidad actual y a las previsiones de la presente ley. Además, se modifica el artículo 183 quater, para limitar el efecto de extinción de la responsabilidad criminal por el consentimiento libre del menor de dieciséis años, únicamente a los delitos previstos en los artículos 183, apartado 1, y 183 bis, párrafo primero, inciso segundo, cuando el autor sea una persona próxima a la persona menor por edad y grado de desarrollo o madurez física y psicológica, siempre que los actos no constituyan un atentado contra la libertad sexual de la persona menor de edad.

Se modifica el tipo penal de sustracción de personas menores de edad del artículo 225 bis, permitiendo que puedan ser sujeto activo del mismo tanto el progenitor que conviva habitualmente con la persona menor de edad como el progenitor que únicamente lo tenga en su compañía en un régimen de estancias.

Por último, se crean nuevos tipos delictivos para evitar la impunidad de conductas realizadas a través de medios tecnológicos y de la comunicación, que producen graves riesgos para la vida y la integridad de las personas menores edad, así como una gran alarma social. Se castiga a quienes, a través de estos medios, promuevan el suicidio, la autolesión o los trastornos alimenticios entre personas menores de edad, así como la comisión de delitos de naturaleza sexual contra estas. Además, se prevé expresamente que las autoridades judiciales retirarán estos contenidos de la red para evitar la persistencia delictiva.

La disposición final séptima modifica la Ley 1/1996, de 10 de enero, de asistencia jurídica gratuita, reconociendo el derecho a la asistencia jurídica gratuita a las personas menores de edad y las personas con discapacidad necesitadas de especial protección cuando sean víctimas de delitos violentos graves con independencia de sus recursos para litigar.

La disposición final octava correspondiente a la modificación de la Ley Orgánica 1/1996, de 15 de enero, de Protección Jurídica del Menor, de modificación parcial del Código Civil y de la Ley de Enjuiciamiento Civil, viene a completar la revisión del sistema de protección de la infancia y adolescencia llevada a cabo en el año 2015 con la descripción de los indicadores de riesgo para la valoración de la situación de riesgo. Asimismo, se introduce un nuevo artículo 14 bis para facilitar la labor de los servicios sociales en casos de urgencia. Por último, se establece un sistema de garantías en los sistemas de protección a la infancia, de las que deben cuidar las entidades públicas de protección, en especial respecto de niños, niñas y adolescentes en situación de vulnerabilidad, como es el caso de los niños o niñas que llegan solos a España o de los niños, niñas y adolescentes privados de cuidado parental.

La reforma operada en la citada Ley Orgánica 1/1996, de 15 de enero, se completa con la introducción de los artículos 20 ter a 20 quinquies a fin de regular las condiciones y el procedimiento aplicable a las solicitudes de acogimiento transfronterizo de menores procedentes de un Estado miembro de la Unión Europea o de un Estado parte del Convenio de La Haya de 1996. La Autoridad Central Española debe garantizar el cumplimiento en estos casos de los derechos del niño y asegurarse que la medida de protección que se pretende ejecutar en España proteja su interés superior. También se regula el procedimiento para la transmisión de las solicitudes de acogimiento transfronterizo desde España a otro Estado miembro de la Unión Europea, conforme a los Reglamentos (CE) n.º 2201/2003 del Consejo, de 27 de noviembre de 2003, relativo a la competencia, el reconocimiento y la ejecución de resoluciones judiciales en materia matrimonial y de responsabilidad parental, por el que se deroga el Reglamento (CE) n.º 1347/2000 y (UE) 2019/1111 del Consejo, de 25 de junio de 2019, relativo a la competencia, el reconocimiento y la ejecución de resoluciones en materia matrimonial y de responsabilidad parental, y sobre la sustracción internacional de menores, o a un Estado parte del citado Convenio de La Haya de 1996.

De este modo, se da cumplimiento no solo a las obligaciones derivadas de Convenios internacionales, sino que se adecúa la nueva redacción a los últimos criterios jurisprudenciales tanto del Tribunal Constitucional en la sentencia del Pleno 64/2019, de 9 de mayo de 2019, como del Tribunal Europeo de Derechos Humanos en la sentencia de 11 de octubre de 2016.

La disposición final novena modifica los artículos 779 y 780 de la Ley 1/2000, de 7 de enero, de Enjuiciamiento Civil, para fijar un plazo máximo de tres meses, desde su iniciación, en los procedimientos en los que se sustancie la oposición a las resoluciones administrativas en materia de protección de menores. Además, se prevé que las personas menores de edad podrán elegir, ellos mismos, a sus defensores, se reducen los plazos del procedimiento, y se contempla la posibilidad de que se adopten medidas cautelares.

La disposición final décima modifica el artículo 1 de la Ley Orgánica 1/2004, de 28 de diciembre, de Medidas de Protección Integral contra la Violencia de Género, para hacer constar que la violencia de género a que se refiere dicha ley también comprende la violencia que con el objetivo de causar perjuicio o daño a las mujeres se ejerza sobre sus familiares o allegados menores de edad.

La disposición final undécima modifica el artículo 4 de la Ley Orgánica 5/2000, de 12 de enero, reguladora de la responsabilidad penal de los menores, referido a los derechos de las víctimas de los delitos cometidos por personas menores de edad, a fin de configurar nuevos derechos de las víctimas de delitos de violencia de género cuando el autor de los hechos sea una persona menor de dieciocho años, adaptando lo previsto en el artículo al artículo 7.3 de la Ley 4/2015, de 27 de abril, del Estatuto de la víctima del delito.

La disposición final duodécima modifica el texto refundido de la Ley sobre Infracciones y Sanciones en el Orden Social, aprobado por Real Decreto Legislativo 5/2000, de 4 de agosto, introduciendo una nueva infracción en el orden social por el hecho de dar ocupación a personas con antecedentes de naturaleza sexual en actividades relacionadas con personas menores de edad.

La disposición final decimotercera por la que se modifica la Ley 41/2002, de 14 de noviembre, básica reguladora de la autonomía del paciente y de derechos y obligaciones en materia de información y documentación clínica, establece que los registros relativos a la atención de las personas menores de edad víctimas de violencia deben constar en la historia clínica. Esto permitirá hacer un mejor seguimiento de los casos, así como estimar la magnitud de este problema de salud pública y facilitar su vigilancia.

La disposición final decimocuarta modifica la Ley 44/2003, de 21 de noviembre, de ordenación de las profesiones sanitarias, en relación con la expedición de los títulos de especialista en Ciencias de la Salud.

La disposición final decimoquinta modifica la Ley 15/2015, de 2 de julio, de la Jurisdicción Voluntaria, con el fin de asegurar el derecho del niño, niña y adolescente a ser escuchado en los expedientes de su interés, salvaguardando su derecho de defensa, a expresarse libremente y garantizando su intimidad.

La disposición final decimosexta modifica la Ley Orgánica 7/2015, de 21 de julio, por la que se modifica la Ley Orgánica 6/1985, de 1 de julio, del Poder Judicial, para actualizar la denominación de la especialidad en Medicina Legal y Forense.

La disposición final decimoséptima mandata al Gobierno para que, en el plazo de seis meses desde la aprobación de esta ley, proceda a la creación del Consejo Estatal de Participación de la Infancia y de la Adolescencia.

La disposición final decimoctava establece el título competencial, indicando que esta ley se dicta al amparo de lo previsto en el artículo 149.1, 1.ª, 2.ª, 5.ª, 6.ª, 7.ª, 8.ª, 16.ª, 18.ª, 27.ª, 29.ª y 30.ª de la Constitución Española.

La disposición final decimonovena establece el carácter ordinario de determinadas disposiciones.

La disposición final vigésima contempla un mandato al Gobierno para la elaboración de dos proyectos de ley con el fin de establecer la especialización de la jurisdicción penal y civil, así como del Ministerio Fiscal. Igualmente, se establece que las administraciones competentes regularán en idéntico plazo la composición y funcionamiento de los Equipos Técnicos que presten asistencia especializada a los órganos judiciales especializados en infancia y adolescencia para la consecución de la mejora en la respuesta judicial, desde un enfoque multidisciplinar, y la protección igualitaria, adecuada y uniforme de los derechos de la infancia y de las personas con discapacidad.

La disposición final vigésima primera, regula la autorización al Consejo de Ministros y a los titulares de Derechos Sociales y Agenda 2030, Justicia e Interior a dictar cuantas normas sean necesarias para su desarrollo, con una especial referencia al régimen aplicable a las medidas de contención y seguridad en los centros de protección y reforma de menores.

Las disposiciones finales vigésima segunda y vigésima tercera regulan la necesaria adaptación de la normativa incompatible con lo previsto en la misma y la incorporación del Derecho de la Unión Europea, respectivamente.

La disposición final vigésima cuarta mandata al Gobierno, en el plazo de doce meses desde la aprobación de esta ley, para que proceda al desarrollo normativo del procedimiento para la determinación de la edad de los menores.

Por último, la disposición final vigésima quinta regula la entrada en vigor de esta ley.

III

Durante la tramitación de la ley se ha recabado informe del Consejo Económico y Social, el Consejo Fiscal, la Agencia Española de Protección de Datos, el Consejo Nacional de la Discapacidad, el Consejo Estatal de Organizaciones no Gubernamentales de Acción Social y la Comisión para el Diálogo Civil con la Plataforma del Tercer Sector. Asimismo, se ha consultado a las comunidades autónomas, así como a las entidades locales a través de la Federación Española de Municipios y Provincias. Finalmente, la ley ha sido informada por el Consejo Territorial de Servicios Sociales y Sistema para la Autonomía y Atención a la Dependencia, así como por su Comisión Delegada, y por el Consejo Interterritorial del Sistema Nacional de Salud y su Comité Consultivo.

Esta ley es coherente con los principios de buena regulación establecidos en el artículo 129 de la Ley 39/2015, de 1 de octubre, del Procedimiento Administrativo Común de las administraciones públicas. De lo expuesto en los párrafos anteriores se pone de manifiesto el cumplimiento de los principios de necesidad y eficacia, toda vez que mediante esta ley se da respuesta a la necesidad de contar con un marco normativo que regule un sistema de protección integral y uniforme en todo el territorio del Estado frente a la vulneración de derechos que significa la violencia sobre la infancia y la adolescencia, frente a la fragmentación del modelo actual, garantizando de esta forma una mayor protección de las personas menores de edad. Asimismo, la ley es acorde al principio de proporcionalidad, al contener la regulación imprescindible para la consecución de los objetivos previamente mencionados, e igualmente se ajusta al principio de seguridad jurídica en tanto que la ley es coherente con el ordenamiento jurídico nacional, e internacional, cumpliendo con lo establecido en el artículo 19 de la Convención sobre los Derechos del Niño que señala la obligación de los Estados Partes de proteger a los niños, niñas y adolescentes contra toda forma de maltrato y con las recomendaciones hechas por el Comité de los Derechos del Niño a España en 2010 y 2018. En cuanto al principio de transparencia, durante la tramitación de la norma se ha realizado el trámite de consulta pública previa, así como el trámite de información pública de conformidad con lo previsto en el artículo 26, apartados 2 y 6, de la Ley 50/1997, de 27 de noviembre, del Gobierno. Por último, con respecto al principio de eficiencia, si bien supone un aumento de las cargas administrativas, estas son las mínimas imprescindibles para la consecución de los objetivos de la ley y en ningún caso innecesarias.

Como se menciona, la reforma completa la incorporación al derecho español de los artículos 3, apartados 2 a 4, 6 y 9, letras a), b) y g) de la Directiva 2011/93/UE del Parlamento Europeo y del Consejo, de 13 de diciembre de 2011, relativa a la lucha contra los abusos sexuales y la explotación sexual de los menores y la pornografía infantil y por la que se sustituye la Decisión marco 2004/68/JAI del Consejo.

TÍTULO PRELIMINAR
Disposiciones Generales

1. *Objeto.* 1. La ley tiene por objeto garantizar los derechos fundamentales de los niños, niñas y adolescentes a su integridad física, psíquica, psicológica y moral frente a cualquier forma de violencia, asegurando el libre desarrollo de su personalidad y estableciendo medidas de protección integral, que incluyan la sensibilización, la prevención, la detección precoz, la protección y la reparación del daño en todos los ámbitos en los que se desarrolla su vida.

2. A los efectos de esta ley, se entiende por violencia toda acción, omisión o trato negligente que priva a las personas menores de edad de sus derechos y bienestar, que amenaza o interfiere su ordenado desarrollo físico, psíquico o social, con independencia de su forma y

medio de comisión, incluida la realizada a través de las tecnologías de la información y la comunicación, especialmente la violencia digital.

En cualquier caso, se entenderá por violencia el maltrato físico, psicológico o emocional, los castigos físicos, humillantes o denigrantes, el descuido o trato negligente, las amenazas, injurias y calumnias, la explotación, incluyendo la violencia sexual, la corrupción, la pornografía infantil, la prostitución, el acoso escolar, el acoso sexual, el ciberacoso, la violencia de género, la mutilación genital, la trata de seres humanos con cualquier fin, el matrimonio forzado, el matrimonio infantil, el acceso no solicitado a pornografía, la extorsión sexual, la difusión pública de datos privados así como la presencia de cualquier comportamiento violento en su ámbito familiar.

3. Se entiende por buen trato a los efectos de la presente ley aquel que, respetando los derechos fundamentales de los niños, niñas y adolescentes, promueve activamente los principios de respeto mutuo, dignidad del ser humano, convivencia democrática, solución pacífica de conflictos, derecho a igual protección de la ley, igualdad de oportunidades y prohibición de discriminación de los niños, niñas y adolescentes.

2. *Ámbito de aplicación.* 1. La presente ley es de aplicación a las personas menores de edad que se encuentren en territorio español, con independencia de su nacionalidad y de su situación administrativa de residencia y a los menores de nacionalidad española en el exterior en los términos establecidos en el artículo 51.

2. Las obligaciones establecidas en esta ley serán exigibles a todas las personas físicas o jurídicas, públicas o privadas, que actúen o se encuentren en territorio español. A estos efectos, se entenderá que una persona jurídica se encuentra en territorio español cuando tenga domicilio social, sede de dirección efectiva, sucursal, delegación o establecimiento de cualquier naturaleza en territorio español.

3. *Fines.* Las disposiciones de esta ley persiguen los siguientes fines:

a) Garantizar la implementación de medidas de sensibilización para el rechazo y eliminación de todo tipo de violencia sobre la infancia y la adolescencia, dotando a los poderes públicos, a los niños, niñas y adolescentes y a las familias, de instrumentos eficaces en todos los ámbitos, de las redes sociales e Internet, especialmente en el familiar, educativo, sanitario, de los servicios sociales, del ámbito judicial, de las nuevas tecnologías, del deporte y el ocio, de la Administración de Justicia y de las Fuerzas y Cuerpos de Seguridad.

b) Establecer medidas de prevención efectivas frente a la violencia sobre la infancia y la adolescencia, mediante una información adecuada a los niños, niñas y adolescentes, la especialización y la mejora de la práctica profesional en los distintos ámbitos de intervención, el acompañamiento de las familias, dotándolas de herramientas de parentalidad positiva, y el refuerzo de la participación de las personas menores de edad.

c) Impulsar la detección precoz de la violencia sobre la infancia y la adolescencia mediante la formación interdisciplinar, inicial y continua de los y las profesionales que tienen contacto habitual con los niños, niñas y adolescentes.

d) Reforzar los conocimientos y habilidades de los niños, niñas y adolescentes para que sean parte activa en la promoción del buen trato y puedan reconocer la violencia y reaccionar frente a la misma.

e) Reforzar el ejercicio del derecho de los niños, niñas y adolescentes a ser oídos, escuchados y a que sus opiniones sean tenidas en cuenta debidamente en contextos de violencia contra ellos, asegurando su protección y evitando su victimización secundaria.

f) Fortalecer el marco civil, penal y procesal para asegurar la tutela judicial efectiva de los niños, niñas y adolescentes víctimas de violencia.

g) Fortalecer el marco administrativo para garantizar una mejor tutela administrativa de los niños, niñas y adolescentes víctimas de violencia.

h) Garantizar la reparación y restauración de los derechos de las víctimas menores de edad.

i) Garantizar la especial atención a los niños, niñas y adolescentes que se encuentren en situación de especial vulnerabilidad.

j) Garantizar la erradicación y la protección frente a cualquier tipo de discriminación y la superación de los estereotipos de carácter sexista, racista, homofóbico, bifóbico, transfóbico o por razones estéticas, de discapacidad, de enfermedad, de aporofobia o exclusión social o por cualquier otra circunstancia o condición personal, familiar, social o cultural.

k) Garantizar una actuación coordinada y colaboración constante entre las distintas administraciones públicas y los y las profesionales de los diferentes sectores implicados en la sensibilización, prevención, detección precoz, protección y reparación.

l) Abordar y erradicar, desde una visión global, las causas estructurales que provocan que la violencia contra la infancia tenga cabida en nuestra sociedad.

m) Establecer los protocolos, mecanismos y cualquier otra medida necesaria para la creación de entornos seguros, de buen trato e inclusivos para toda la infancia en todos los ámbitos desarrollados en esta ley en los que la persona menor de edad desarrolla su vida. Se entenderá como entorno seguro aquel que respete los derechos de la infancia y promueva un ambiente protector físico, psicológico y social, incluido el entorno digital.

n) Proteger la imagen del menor desde su nacimiento hasta después de su fallecimiento.

4. *Criterios generales.* 1. Serán de aplicación los principios y criterios generales de interpretación del interés superior del menor, recogidos en el artículo 2 de la Ley Orgánica 1/1996, de 15 de enero, de Protección Jurídica del Menor, de modificación parcial del Código Civil y de la Ley de Enjuiciamiento Civil, así como los siguientes:

a) Prohibición de toda forma de violencia sobre los niños, niñas y adolescentes.

b) Prioridad de las actuaciones de carácter preventivo.

c) Promoción del buen trato al niño, niña y adolescente como elemento central de todas las actuaciones.

d) Promover la integralidad de las actuaciones, desde la coordinación y cooperación interadministrativa e intradministrativa, así como de la cooperación internacional.

e) Protección de los niños, niñas y adolescentes frente a la victimización secundaria.

f) Especialización y capacitación de los y las profesionales que tienen contacto habitual con los niños, niñas y adolescentes para la detección precoz de posibles situaciones de violencia.

g) Reforzar la autonomía y capacitación de las personas menores de edad para la detección precoz y adecuada reacción ante posibles situaciones de violencia ejercida sobre ellos o sobre terceros.

h) Individualización de las medidas teniendo en cuenta las necesidades específicas de cada niño, niña o adolescente víctima de violencia.

i) Incorporación de la perspectiva de género en el diseño e implementación de cualquier medida relacionada con la violencia sobre la infancia y la adolescencia.

j) Incorporación del enfoque transversal de la discapacidad al diseño e implementación de cualquier medida relacionada con la violencia sobre la infancia y la adolescencia.

k) Promoción de la igualdad de trato de niños y niñas mediante la coeducación y el fomento de la enseñanza en equidad, y la deconstrucción de los roles y estereotipos de género.

l) Evaluación y determinación formal del interés superior del menor en todas las decisiones que afecten a una persona menor de edad.

m) Asegurar la supervivencia y el pleno desarrollo de las personas menores de edad.

n) Asegurar el ejercicio del derecho a la participación de los niños, niñas y adolescentes en toda toma de decisiones que les afecte.

ñ) Accesibilidad universal, como medida imprescindible, para hacer efectivos los mandatos de esa Ley a todos los niños, niñas y adolescentes, sin excepciones.

2. Adoptar todas las medidas necesarias para promover la recuperación física, psíquica, psicológica y emocional y la inclusión social de los niños, niñas y adolescentes víctimas de violencia, así como su inclusión social.

3. Las personas menores de edad que hayan cometido actos de violencia deberán recibir apoyo especializado, especialmente educativo, orientado a la promoción del buen trato y la prevención de conductas violentas con el fin de evitar la reincidencia.

5. *Formación.* 1. Las administraciones públicas, en el ámbito de sus respectivas competencias, promoverán y garantizarán una formación especializada, inicial y continua en materia de derechos fundamentales de la infancia y la adolescencia a los y las profesionales que tengan un contacto habitual con las personas menores de edad. Dicha formación comprenderá como mínimo:

a) La educación en la prevención y detección precoz de toda forma de violencia a la que se refiere esta ley.

b) Las actuaciones a llevar a cabo una vez que se han detectado indicios de violencia.

c) La formación específica en seguridad y uso seguro y responsable de Internet, incluyendo cuestiones relativas al uso intensivo y generación de trastornos conductuales.

d) El buen trato a los niños, niñas y adolescentes.

e) La identificación de los factores de riesgo y de una mayor exposición y vulnerabilidad ante la violencia.

f) Los mecanismos para evitar la victimización secundaria.

g) El impacto de los roles y estereotipos de género en la violencia que sufren los niños, niñas y adolescentes.

2. Además de lo dispuesto en el apartado anterior, las administraciones públicas, en el ámbito de sus competencias, deberán garantizar que el personal docente y educador recibe formación específica en materia de educación inclusiva.

3. Los colegios de abogados y procuradores facilitarán a sus miembros el acceso a formación específica sobre los aspectos materiales y procesales de la violencia sobre la infancia y la adolescencia, tanto desde la perspectiva del Derecho interno como del Derecho de la Unión Europea y Derecho Internacional, así como a programas de formación continua en materia de lucha contra la violencia sobre la infancia y la adolescencia.

4. El diseño de las actuaciones formativas a las que se refiere este artículo tendrán especialmente en cuenta la perspectiva de género, así como las necesidades específicas de las personas menores de edad con discapacidad, con un origen racial, étnico o nacional diverso, en situación de desventaja económica, personas menores de edad pertenecientes al colectivo LGTBI o con cualquier otra opción u orientación sexual y/o identidad de género y personas menores de edad no acompañadas.

6. *Colaboración y cooperación entre las administraciones públicas.* 1. Las distintas administraciones públicas, en el ámbito de sus respectivas competencias, deberán colaborar entre sí, en los términos establecidos en el artículo 141 de la Ley 40/2015, de 1 de octubre, de Régimen Jurídico del Sector Público, al objeto de lograr una actuación eficaz en los ámbitos de la prevención, detección precoz, protección y reparación frente a la violencia sobre los niños, niñas y adolescentes.

2. Las administraciones públicas promoverán la colaboración institucional a nivel nacional e internacional mediante acciones de inter-

cambio de información, conocimientos, experiencias y buenas prácticas.

3. Para garantizar la necesaria cooperación entre todas las administraciones públicas, los asuntos relacionados con la aplicación de esta ley serán abordados en el seno de la Conferencia Sectorial de infancia y adolescencia.

7. *Conferencia Sectorial de infancia y adolescencia.* 1. La Conferencia Sectorial de infancia y adolescencia es el órgano de cooperación entre las administraciones públicas en materia de protección y desarrollo de la infancia y la adolescencia.

2. Las funciones de la citada Conferencia se dirigirán a conseguir los siguientes objetivos:

a) La coherencia y complementariedad de las actividades que realicen las administraciones públicas en el ámbito de la protección y desarrollo de los derechos de la infancia y la adolescencia, y especialmente en la lucha frente a la violencia sobre estos colectivos.

b) El mayor grado de eficacia y eficiencia en la identificación, formulación y ejecución de las políticas, programas y proyectos impulsados por las distintas administraciones públicas en aplicación de lo previsto en esta ley.

c) La participación de las administraciones públicas en la formación y evaluación de la Estrategia de erradicación de la violencia sobre la infancia y la adolescencia.

3. La Conferencia Sectorial aprobará su reglamento de organización y funcionamiento interno de acuerdo con lo establecido en el artículo 147.3 de la Ley 40/2015, de 1 de octubre, garantizándose la presencia e intervención de las comunidades autónomas, entidades locales y del Alto Comisionado para la lucha contra la pobreza infantil.

8. *Colaboración público-privada.* 1. Las administraciones públicas promoverán la colaboración público-privada con el fin de facilitar la prevención, detección precoz e intervención en las situaciones de violencia sobre la infancia y la adolescencia, fomentando la suscripción de convenios con los medios de comunicación, los agentes sociales, los colegios profesionales, las confesiones religiosas, y demás entidades privadas que desarrollen su actividad en contacto habitual con niños, niñas y adolescentes o en su ámbito material de relación.

2. Asimismo, las administraciones públicas competentes adoptarán las medidas necesarias con el fin de asegurar el adecuado desarrollo de las acciones de colaboración con el sector de las nuevas tecnologías contempladas en el capítulo VIII del título III.

En especial, se fomentará la colaboración de las empresas de tecnologías de la información y comunicación, las Agencias de Protección de Datos de las distintas administraciones públicas, las Fuerzas y Cuerpos de Seguridad y la Administración de Justicia con el fin de detectar y retirar, a la mayor brevedad posible, los contenidos ilegales en las redes que supongan una forma de violencia sobre los niños, niñas y adolescentes.

3. Las administraciones públicas fomentarán el intercambio de información, conocimientos, experiencias y buenas prácticas con la sociedad civil relacionadas con la protección de las personas menores de edad en Internet, bajo un enfoque multidisciplinar e inclusivo.

4. En los casos de violencia sobre la infancia, la colaboración entre las administraciones públicas y los medios de comunicación pondrá especial énfasis en el respeto al honor, a la intimidad y a la propia imagen de la víctima y sus familiares, incluso en caso de fallecimiento del menor. En esta situación, la difusión de cualquier tipo de imagen deberá contar con la autorización expresa de herederos o progenitores.

TÍTULO I
Derechos de los niños, niñas y adolescentes frente a la violencia

9. *Garantía de los derechos de los niños, niñas y adolescentes víctimas de violencia.* 1. Se garantiza a todos los niños, niñas y adolescentes víctimas de violencia los derechos reconocidos en esta ley.

2. Las administraciones públicas pondrán a disposición de los niños, niñas y adolescentes víctimas de violencia, así como de sus representantes legales, los medios necesarios para garantizar el ejercicio efectivo de los derechos previstos en esta ley, teniendo en consideración las circunstancias personales, familiares y sociales de aquellos que pudieran tener una mayor dificultad para su acceso. En todo caso, se tendrán en consideración las necesidades de las personas menores de edad con discapacidad, o que se encuentren en situación de especial vulnerabilidad.

3. Los niños, niñas y adolescentes tendrán derecho a que su orientación sexual e identidad de género, sentida o expresada, sea respetada en todos los entornos de vida, así como a recibir el apoyo y asistencia precisos cuando sean víctimas de discriminación o violencia por tales motivos.

4. Con la finalidad de garantizar el adecuado ejercicio de los derechos previstos en esta ley, los niños, niñas y adolescentes víctimas de violencia contarán con la asistencia y apoyo de las Oficinas de Asistencia a las Víctimas, que actuarán como mecanismo de coordinación del resto de recursos y servicios de protección de las personas menores de edad.

A estos efectos, el Ministerio de Justicia y las comunidades autónomas con competencias transferidas, promoverán la adopción de convenios con otras administraciones públicas y con las entidades del tercer sector, para la eficaz coordinación de la ayuda a las víctimas.

10. *Derecho de información y asesoramiento.* 1. Las administraciones públicas proporcionarán a los niños, niñas y adolescentes víctimas de violencia de acuerdo con su situación personal y grado de madurez, y, en su caso, a sus representantes legales, y a la persona de su confianza designada por él mismo, información sobre las medidas contempladas en esta ley que les sean directamente aplicables, así como sobre los mecanismos o canales de información o denuncia existentes.

2. Los niños, niñas y adolescentes víctimas de violencia serán derivados a la Oficina de Asistencia a las Víctimas correspondiente, donde recibirán la información, el asesoramiento y el apoyo que sea necesario en cada caso, de conformidad con lo previsto en la Ley 4/2015, de 27 de abril, del Estatuto de la víctima del delito.

3. La información y el asesoramiento a la que se refieren los apartados anteriores deberá proporcionarse en un lenguaje claro y comprensible, en un idioma que puedan entender y mediante formatos accesibles en términos sensoriales y cognitivos y adaptados a las circunstancias personales de sus destinatarios, garantizándose su acceso universal. Cuando se trate de territorios con lenguas cooficiales el niño, niña o adolescente podrá recibir dicha información en la lengua cooficial que elija.

11. *Derecho de las víctimas a ser escuchadas.* 1. Los poderes públicos garantizarán que las niñas, niños y adolescentes sean oídos y escuchados con todas las garantías y sin límite de edad, asegurando, en todo caso, que este proceso sea universalmente accesible en todos los procedimientos administrativos, judiciales o de otra índole relacionados con la acreditación de la violencia y la reparación de las víctimas. El derecho a ser oídos de los niños, niñas y adolescentes solo podrá restringirse, de manera motivada, cuando sea contrario a su interés superior.

2. Se asegurará la adecuada preparación y especialización de profesionales, metodologías y espacios para garantizar que la obtención del testimonio de las víctimas menores de edad sea realizada con rigor, tacto y respeto. Se prestará especial atención a la formación profesional, las metodologías y la adaptación del entorno para la escucha a las víctimas en edad temprana.

3. Los poderes públicos tomarán las medidas necesarias para impedir que planteamientos teóricos o criterios sin aval científico que presuman interferencia o manipulación adulta, como el llamado síndrome de alienación parental, puedan ser tomados en consideración.

12.   *Derecho a la atención integral.* 1. Los poderes públicos proporcionarán a los niños, niñas y adolescentes víctimas de violencia una atención integral, que comprenderá medidas de protección, apoyo, acogida y recuperación.

2. Entre otros aspectos, la atención integral, en aras del interés superior de la persona menor, comprenderá especialmente medidas de:

a) Información y acompañamiento psicosocial, social y educativo a las víctimas.

b) Seguimiento de las denuncias o reclamaciones.

c) Atención terapéutica de carácter sanitario, psiquiátrico y psicológico para la víctima y, en su caso, la unidad familiar.

d) Apoyo formativo, especialmente en materia de igualdad, solidaridad y diversidad.

e) Información y apoyo a las familias y, si fuera necesario y estuviese objetivamente fundada su necesidad, seguimiento psicosocial, social y educativo de la unidad familiar.

f) Facilitación de acceso a redes y servicios públicos.

g) Apoyo a la educación e inserción laboral.

h) Acompañamiento y asesoramiento en los procedimientos judiciales en los que deba intervenir, si fuera necesario.

i) Todas estas medidas deberán tener un enfoque inclusivo y accesible para que puedan atender a todos los niños, niñas y adolescentes sin excepción.

3. Las administraciones públicas deberán adoptar las medidas de coordinación necesarias entre todos los agentes implicados con el objetivo de evitar la victimización secundaria de los niños, niñas y adolescentes con los que en cada caso, deban intervenir.

4. Las administraciones públicas procurarán que la atención a las personas menores víctimas de violencia se realice en espacios que cuenten con un entorno amigable adaptado al niño, niña o adolescente.

5. Las administraciones sanitarias, educativas y los servicios sociales competentes garantizarán de forma universal y con carácter integral la atención temprana desde el nacimiento hasta los seis años de edad de todo niño o niña con alteraciones o trastornos en el desarrollo o riesgo de padecerlos en el ámbito de cobertura de la ley, así como el apoyo al desarrollo infantil.

13. *Legitimación para la defensa de derechos e intereses en los procedimientos judiciales que traigan causa de una situación de violencia.* 1. Los niños, niñas y adolescentes víctimas de violencia están legitimados para defender sus derechos e intereses en todos los procedimientos judiciales que traigan causa de una situación de violencia.

Dicha defensa se realizará, con carácter general, a través de sus representantes legales en los términos del artículo 162 del Código Civil. También podrá realizarse a través del defensor judicial designado por el Juzgado o Tribunal, de oficio o a instancia del Ministerio Fiscal, en los supuestos previstos en el artículo 26.2 de la Ley 4/2015, de 27 de abril.

En el caso de los niños, niñas o adolescentes bajo la guarda y/o tutela de una entidad pública de protección que denuncian a esta o al personal a su servicio por haber ejercido violencia contra ellos, se entenderá, en todo caso, que existe un conflicto de intereses entre el niño y su tutor o guardador.

2. Incoado un procedimiento penal como consecuencia de una situación de violencia sobre un niño, niña o adolescente, el Letrado de la Administración de Justicia derivará a la persona menor de edad víctima de violencia a la Oficina de Atención a la Víctima competente,

cuando ello resulte necesario en atención a la gravedad del delito, la vulnerabilidad de la víctima o en aquellos casos en los que la víctima lo solicite, en cumplimiento de lo dispuesto en el artículo 10 de la Ley 4/2015, de 27 de abril.

14. *Derecho a la asistencia jurídica gratuita.* 1. Las personas menores de edad víctimas de violencia tienen derecho a la defensa y representación gratuitas por abogado y procurador de conformidad con lo dispuesto en la Ley 1/1996, de 10 de enero, de asistencia jurídica gratuita.

2. Los Colegios de Abogados, cuando exijan para el ejercicio del turno de oficio cursos de especialización, asegurarán una formación específica en materia de los derechos de la infancia y la adolescencia, con especial atención a la Convención sobre los Derechos del Niño y sus observaciones generales, debiendo recibir, en todo caso, formación especializada en materia de violencia sobre la infancia y adolescencia.

3. Igualmente, los Colegios de Abogados adoptarán las medidas necesarias para la designación urgente de letrado o letrada de oficio en los procedimientos que se sigan por violencia contra menores de edad y para asegurar su inmediata presencia y asistencia a las víctimas.

4. Los Colegios de Procuradores adoptarán las medidas necesarias para la designación urgente de procurador o procuradora en los procedimientos que se sigan por violencia contra menores de edad cuando la víctima desee personarse como acusación particular.

5. El abogado o abogada designado para la víctima tendrá también habilitación legal para la representación procesal de aquella hasta la designación del procurador o procuradora, en tanto la víctima no se haya personado como acusación conforme a lo dispuesto en el apartado siguiente. Hasta entonces cumplirá el abogado o abogada el deber de señalamiento de domicilio a efectos de notificaciones y traslados de documentos.

6. Las personas menores de edad víctimas de violencia podrán personarse como acusación particular en cualquier momento del procedimiento si bien ello no permitirá retrotraer ni reiterar las actuaciones ya practicadas antes de su personación, ni podrá suponer una merma del derecho de defensa del acusado.

TÍTULO II
Deber de comunicación de situaciones de violencia

15. *Deber de comunicación de la ciudadanía.* Toda persona que advierta indicios de una situación de violencia ejercida sobre una persona menor de edad, está obligada a comunicarlo de forma inmediata a la autoridad competente y, si los hechos pudieran ser constitutivos de delito, a las Fuerzas y Cuerpos de Seguridad, al Ministerio Fiscal o a la autoridad judicial, sin perjuicio de prestar la atención inmediata que la víctima precise.

16. *Deber de comunicación cualificado.* 1. El deber de comunicación previsto en el artículo anterior es especialmente exigible a aquellas personas que por razón de su cargo, profesión, oficio o actividad, tengan encomendada la asistencia, el cuidado, la enseñanza o la protección de niños, niñas o adolescentes y, en el ejercicio de las mismas, hayan tenido conocimiento de una situación de violencia ejercida sobre los mismos.

En todo caso, se consideran incluidos en este supuesto el personal cualificado de los centros sanitarios, de los centros escolares, de los centros de deporte y ocio, de los centros de protección a la infancia y de responsabilidad penal de menores, centros de acogida de asilo y atención humanitaria de los establecimientos en los que residan habitualmente o temporalmente personas menores de edad y de los servicios sociales.

2. Cuando las personas a las que se refiere el apartado anterior tuvieran conocimiento o advirtieran indicios de la existencia de una posible situación de violencia de una persona menor de edad, deberán comunicarlo de forma inmediata a los servicios sociales competentes.

Además, cuando de dicha violencia pudiera resultar que la salud o la seguridad del niño, niña o adolescente se encontrase amenazada, deberán comunicarlo de forma inmediata a las Fuerzas y Cuerpos de Seguridad y/o al Ministerio Fiscal.

3. Cuando las personas a las que se refiere el apartado 1 adviertan una posible infracción de la normativa sobre protección de datos personales de una persona menor de edad, deberán comunicarlo de forma inmediata a la Agencia Española de Protección de Datos.

4. En todo caso, las personas a las que se refiere el apartado 1 deberán prestar a la víctima la atención inmediata que precise, facilitar

toda la información de que dispongan, así como prestar su máxima colaboración a las autoridades competentes.

A estos efectos, las administraciones públicas competentes establecerán mecanismos adecuados para la comunicación de sospecha de casos de personas menores de edad víctimas de violencia.

17. *Comunicación de situaciones de violencia por parte de niños, niñas y adolescentes.* 1. Los niños, niñas y adolescentes que fueran víctimas de violencia o presenciaran alguna situación de violencia sobre otra persona menor de edad, podrán comunicarlo, personalmente, o a través de sus representantes legales, a los servicios sociales, a las Fuerzas y Cuerpos de Seguridad, al Ministerio Fiscal o a la autoridad judicial y, en su caso, a la Agencia Española de Protección de Datos.

2. Las administraciones públicas establecerán mecanismos de comunicación seguros, confidenciales, eficaces, adaptados y accesibles, en un lenguaje que puedan comprender, para los niños, niñas y adolescentes, que podrán estar acompañados de una persona de su confianza que ellos mismos designen.

3. Las administraciones públicas garantizarán la existencia y el apoyo a los medios electrónicos de comunicación, tales como líneas telefónicas gratuitas de ayuda a niños, niñas y adolescentes, así como su conocimiento por parte de la sociedad civil, como herramienta esencial a disposición de todas las personas para la prevención y detección precoz de situaciones de violencia sobre los niños, niñas y adolescentes.

18. *Deberes de información de los centros educativos y establecimientos residenciales.* 1. Todos los centros educativos al inicio de cada curso escolar, así como todos los establecimientos en los que habitualmente residan personas menores de edad, en el momento de su ingreso, facilitarán a los niños, niñas y adolescentes toda la información, que, en todo caso, deberá estar disponible en formatos accesibles, referente a los procedimientos de comunicación de situaciones de violencia regulados por las administraciones públicas y aplicados en el centro o establecimiento, así como de las personas responsables en este ámbito. Igualmente, facilitarán desde el primer momento información sobre los medios electrónicos de comunicación, tales como las líneas telefónicas de ayuda a los niños, niñas y adolescentes.

2. Los citados centros y establecimientos mantendrán permanentemente actualizada esta información en un lugar visible y accesible, adoptarán las medidas necesarias para asegurar que los niños, niñas y adolescentes puedan consultarla libremente en cualquier momento, permitiendo y facilitando el acceso a esos procedimientos de comunicación y a las líneas de ayuda existentes.

19. *Deber de comunicación de contenidos ilícitos en Internet.* 1. Toda persona, física o jurídica, que advierta la existencia de contenidos disponibles en Internet que constituyan una forma de violencia contra cualquier niño, niña o adolescente, está obligada a comunicarlo a la autoridad competente y, si los hechos pudieran ser constitutivos de delito, a las Fuerzas y Cuerpos de Seguridad, al Ministerio Fiscal o a la autoridad judicial.

2. Las administraciones públicas deberán garantizar la disponibilidad de canales accesibles y seguros de denuncia de la existencia de tales contenidos. Estos canales podrán ser gestionados por líneas de denuncia nacionales homologadas por redes internacionales, siempre en colaboración con las Fuerzas y Cuerpos de Seguridad.

20. *Protección y seguridad.* 1. Las administraciones públicas, en el ámbito de sus competencias, establecerán los mecanismos oportunos para garantizar la confidencialidad, protección y seguridad de las personas que hayan puesto en conocimiento de las autoridades situaciones de violencia sobre niños, niñas y adolescentes.

2. Los centros educativos y de ocio y tiempo libre, así como los establecimientos en los que habitualmente residan personas menores de edad adoptarán todas las medidas necesarias para garantizar la protección y seguridad de los niños, niñas y adolescentes que comuniquen una situación de violencia.

3. La autoridad judicial, de oficio o a instancia de parte, podrá acordar las medidas de protección previstas en la normativa específica aplicable en materia de protección a testigos, cuando lo estime necesario en atención al riesgo o peligro que derive de la formulación de denuncia conforme a los artículos anteriores.

TÍTULO III
Sensibilización, prevención y detección precoz

CAPÍTULO I
Estrategia para la erradicación de la violencia sobre la infancia y la adolescencia

21. *Estrategia de erradicación de la violencia sobre la infancia y la adolescencia.* 1. La Administración General del Estado, en colaboración con las comunidades autónomas, las ciudades de Ceuta y Melilla, y las entidades locales elaborará una Estrategia nacional, de carácter plurianual, con el objetivo de erradicar la violencia sobre la infancia y la adolescencia, con especial incidencia en los ámbitos familiar, educativo, sanitario, de los servicios sociales, de las nuevas tecnologías, del deporte y el ocio y de las Fuerzas y Cuerpos de Seguridad. Esta Estrategia se aprobará por el Gobierno a propuesta de la Conferencia Sectorial de infancia y adolescencia y se acompañará de una memoria económica en la que los centros competentes identificarán las aplicaciones presupuestarias con cargo a las que habrá de financiarse.

Dicha Estrategia se elaborará en consonancia con la Estrategia Nacional de Infancia y Adolescencia, y contará con la participación del Observatorio de la Infancia, las entidades del tercer sector, la sociedad civil, y, de forma muy especial, con los niños, niñas y adolescentes.

Su impulso corresponderá al departamento ministerial que tenga atribuidas las competencias en políticas de infancia.

En la elaboración de la Estrategia se contará con la participación de niños, niñas y adolescentes a través del Consejo Estatal de Participación de la Infancia y de la Adolescencia.

2. Anualmente, el órgano al que corresponda el impulso de la Estrategia elaborará un informe de evaluación acerca del grado de cumplimiento y la eficacia de la Estrategia de erradicación de la violencia sobre la infancia y la adolescencia. Dicho informe, que deberá ser elevado al Consejo de Ministros, se realizará en colaboración con los Ministerios de Justicia, Interior, Sanidad, Educación y Formación Profesional y el Alto Comisionado para la lucha contra la pobreza infantil.

Los resultados del informe anual de evaluación, que contendrá los datos estadísticos disponibles sobre violencia hacia la infancia y la adolescencia, se harán públicos para general conocimiento, y deberán ser tenidos en cuenta para la elaboración de las políticas públicas correspondientes.

CAPÍTULO II
Niveles de actuación

22. *De la sensibilización.* 1. Las administraciones públicas promoverán, en el ámbito de sus competencias, campañas y acciones concretas de información evaluables y basadas en la evidencia, destinadas a concienciar a la sociedad acerca del derecho de los niños, niñas y adolescentes a recibir un buen trato. Dichas campañas incluirán medidas contra aquellas conductas, discursos y actos que favorecen la violencia sobre la infancia y la adolescencia en sus distintas manifestaciones, incluida la discriminación, la criminalización y el odio, con el objetivo de promover el cambio de actitudes en el contexto social.

Asimismo, las administraciones públicas impulsarán campañas específicas de sensibilización para promover un uso seguro y responsable de Internet, desde un enfoque de aprovechamiento de las oportunidades y su uso en positivo, incorporando la perspectiva y opiniones de los propios niños, niñas y adolescentes.

2. Estas campañas se realizarán de modo accesible, diferenciando por tramos de edad, de manera que se garantice el acceso a las mismas a todas las personas menores de edad y especialmente, a aquellas que por razón de su discapacidad necesiten de apoyos específicos.

23. *De la prevención.* 1. Las administraciones públicas competentes establecerán planes y programas de prevención para la erradicación de la violencia sobre la infancia y la adolescencia.

Estos planes y programas comprenderán medidas específicas en los ámbitos familiar, educativo, sanitario, de los servicios sociales, de las nuevas tecnologías, del deporte y el ocio y de las Fuerzas y Cuerpos de Seguridad, en el marco de la estrategia de erradicación de la violencia sobre la infancia y la adolescencia, y deberán ser evaluados en los términos que establezcan las administraciones públicas competentes.

2. Los planes y programas de prevención para la erradicación de la violencia sobre la infancia y la adolescencia identificarán, conforme

a los factores de riesgo, a los niños, niñas y adolescentes en situación de especial vulnerabilidad, así como a los grupos específicos de alto riesgo, con el objeto de priorizar las medidas y recursos destinados a estos colectivos.

3. En todo caso, tendrán la consideración de actuaciones en materia de prevención las siguientes:

a) Las dirigidas a la promoción del buen trato en todos los ámbitos de la vida de los niños, niñas y adolescentes, así como todas las orientadas a la formación en parentalidad positiva.

b) Las dirigidas a detectar, reducir o evitar las situaciones que provocan los procesos de exclusión o inadaptación social, que dificultan el bienestar y pleno desarrollo de los niños, niñas y adolescentes.

c) Las que tienen por objeto mitigar o compensar los factores que favorecen el deterioro del entorno familiar y social de las personas menores de edad.

d) Las que persiguen reducir o eliminar las situaciones de desprotección debidas a cualquier forma de violencia sobre la infancia y la adolescencia.

e) Las que promuevan la información dirigida a los niños, niñas y adolescentes, la participación infantil y juvenil, así como la implicación de las personas menores de edad en los propios procesos de sensibilización y prevención.

f) Las que fomenten la conciliación familiar y laboral, así como la corresponsabilidad parental.

g) Las enfocadas a fomentar tanto en las personas adultas como en las menores de edad el conocimiento de los principios y disposiciones de la Convención sobre los Derechos del Niño.

h) Las dirigidas a concienciar a la sociedad de todas las barreras que sitúan a los niños, niñas y adolescentes en situaciones de desventaja social y riesgo de sufrir violencia, así como las dirigidas a reducir o eliminar dichas barreras.

i) Las destinadas a fomentar la seguridad en todos los ámbitos de la infancia y la adolescencia.

j) Las dirigidas al fomento de relaciones igualitarias entre los niños y niñas, en las que se identifiquen las distintas formas de violencia contra niñas, adolescentes y mujeres.

k) Las dirigidas a formar de manera continua y especializada a los profesionales que intervienen habitualmente con niños, niñas y adolescentes, en cuestiones relacionadas con la atención a la infancia y adolescencia, con particular atención a los colectivos en situación de especial vulnerabilidad.

l) Las encaminadas a evitar que niñas, niños y adolescentes abandonen sus estudios para asumir compromisos laborales y familiares, no acordes con su edad, con especial atención al matrimonio infantil, que afecta a las niñas en razón de sexo.

m) Cualquier otra que se recoja en relación a los distintos ámbitos de actuación regulados en esta ley.

4. Las actuaciones de prevención contra la violencia en niños, niñas y adolescentes, tendrán una consideración prioritaria. A tal fin, los Presupuestos Generales del Estado se acompañarán de documentación asociada al informe de impacto en la infancia, en la adolescencia y en la familia en la que los distintos centros gestores del presupuesto individualizarán las partidas presupuestarias consignadas para llevarlas a cabo.

24. *Prevención de la radicalización en los niños, niñas y adolescentes.* Las administraciones públicas competentes adoptarán las medidas de sensibilización, prevención y detección precoz necesarias para proteger a las personas menores de edad frente a los procesos en los que prime el aprendizaje de modelos de conductas violentas o de conductas delictivas que conducen a la violencia en cualquier ámbito en el que se manifiesten, así como para el tratamiento y asistencia de las mismas en los casos en que esta llegue a producirse. En todo caso, se proporcionará un tratamiento preventivo que incorpore las dimensiones de género y de edad.

25. *De la detección precoz.* 1. Las administraciones públicas, en el ámbito de sus competencias, desarrollarán anualmente programas de formación inicial y continua destinada a los profesionales cuya actividad requiera estar en contacto habitual con niñas, niños y adolescentes con el objetivo de detectar precozmente la violencia ejercida contra los mismos y que esta violencia pueda ser comunicada de acuerdo con lo previsto en los artículos 15 y 16.

2. En aquellos casos en los que se haya detectado precozmente alguna situación de violencia sobre una persona menor de edad, esta situación deberá ser inmediatamente comunicada por el o la profesional que la haya detectado a los progenitores, o a quienes ejerzan funciones

de tutela, guarda o acogimiento, salvo que existan indicios de que la mencionada violencia haya sido ejercida por estos.

3. Las administraciones públicas competentes promoverán la capacitación de personas menores de edad para que cuenten con herramientas para detectar situaciones de violencia.

CAPÍTULO III
Del ámbito familiar

26. *Prevención en el ámbito familiar.* 1. Las administraciones públicas, en el ámbito de sus respectivas competencias, deberán proporcionar a las familias en sus múltiples formas, y a aquellas personas que convivan habitualmente con niños, niñas y adolescentes, para crear un entorno seguro, el apoyo necesario para prevenir desde la primera infancia factores de riesgo y fortalecer los factores de protección, así como apoyar la labor educativa y protectora de los progenitores, o de quienes ejerzan funciones de tutela, guarda o acogimiento, para que puedan desarrollar adecuadamente su rol parental o tutelar.

2. A tal fin, dentro de los planes y programas de prevención previstos en el artículo 23, las administraciones públicas competentes deberán incluir, como mínimo, un análisis de la situación de la familia en el territorio de su competencia, que permita identificar sus necesidades y fijar los objetivos y medidas a aplicar.

3. Las medidas a las que se refiere el apartado anterior deberán estar enfocadas a:

a) Promover el buen trato, la corresponsabilidad y el ejercicio de la parentalidad positiva. A los efectos de esta ley, se entiende por parentalidad positiva el comportamiento de los progenitores, o de quienes ejerzan funciones de tutela, guarda o acogimiento, fundamentado en el interés superior del niño, niña o adolescente y orientado a que la persona menor de edad crezca en un entorno afectivo y sin violencia que incluya el derecho a expresar su opinión, a participar y ser tomado en cuenta en todos los asuntos que le afecten, la educación en derechos y obligaciones, favorezca el desarrollo de sus capacidades, ofrezca reconocimiento y orientación, y permita su pleno desarrollo en todos los órdenes.

En ningún caso las actuaciones para promover la parentalidad positiva deben ser utilizadas con otros objetivos en caso de conflicto entre progenitores, separaciones o divorcios, ni para la imposición de la custodia compartida no acordada. Tampoco debe ser relacionada con situaciones sin aval científico como el síndrome de alienación parental.

b) Promover la educación y el desarrollo de estrategias básicas y fundamentales para la adquisición de valores y competencias emocionales, tanto en los progenitores, o en quienes ejerzan funciones de tutela, guarda o acogimiento, como en los niños y niñas de acuerdo con el grado de madurez de los mismos. En particular, se promoverá la corresponsabilidad y el rechazo de la violencia contra las mujeres y niñas, la educación con enfoque inclusivo y el desarrollo de estrategias durante la primera infancia destinadas a la adquisición de habilidades para una crianza que permita el establecimiento de un lazo afectivo fuerte, recíproco y seguro con sus progenitores, o con quienes ejerzan funciones de tutela, guarda o acogimiento.

c) Promover la atención a las mujeres durante el periodo de gestación y facilitar el buen trato prenatal. Esta atención deberá incidir en la identificación de aquellas circunstancias que puedan influir negativamente en la gestación y en el bienestar de la mujer, así como en el desarrollo de estrategias para la detección precoz de situaciones de riesgo durante el embarazo y de preparación y apoyo.

d) Proporcionar un entorno obstétrico y perinatal seguro para la madre y el recién nacido e incorporar los protocolos, con evidencia científica demostrada, para la detección de enfermedades o alteraciones genéticas, destinados al diagnóstico precoz y, en su caso, al tratamiento y atención sanitaria temprana del o la recién nacida.

e) Desarrollar programas de formación a adultos y a niños, niñas y adolescentes en habilidades para la negociación y resolución de conflictos intrafamiliares.

f) Adoptar programas dirigidos a la promoción de formas positivas de aprendizaje, así como a erradicar el castigo con violencia física o psicológica en el ámbito familiar.

g) Crear los servicios necesarios de información y apoyo profesional a los niños, niñas y adolescentes a fin de que tengan la capacidad necesaria para detectar precozmente y rechazar cualquier forma de violencia, con especial atención a los problemas de las niñas y adolescentes que por género y edad sean víctimas de cualquier tipo de discriminación directa o indirecta.

h) Proporcionar la orientación, formación y apoyos que precisen las familias de los niños, niñas y adolescentes con discapacidad, a fin de permitir una atención adecuada de estos en su entorno familiar, al tiempo que se fomenta su grado de autonomía, su participación activa en la familia y su inclusión social en la comunidad.

i) Desarrollar programas de formación y sensibilización a adultos y a niños, niñas y adolescentes, encaminados a evitar la promoción intrafamiliar del matrimonio infantil, el abandono de los estudios y la asunción de compromisos laborales y familiares no acordes con la edad.

27. *Actuaciones específicas en el ámbito familiar.* 1. Las administraciones públicas impulsarán medidas de política familiar encaminadas a apoyar los aspectos cualitativos de la parentalidad positiva en progenitores o quienes ejerzan funciones de tutela, guarda o acogimiento. En particular, las destinadas a prevenir la pobreza y las causas de exclusión social, así como la conciliación de la vida familiar y laboral en el marco del diálogo social, a través de horarios y condiciones de trabajo que permitan atender adecuadamente las responsabilidades derivadas de la crianza, y el ejercicio igualitario de dichas responsabilidades por hombres y mujeres.

Dichas medidas habrán de individualizarse en función de las distintas necesidades de apoyo específico que presente cada unidad familiar, con especial atención a las familias con niños, niñas o adolescentes con discapacidad, o en situación de especial vulnerabilidad. Y las dirigidas a prevenir la separación del entorno familiar.

2. Las administraciones públicas elaborarán y/o difundirán materiales formativos, en formato y lenguaje accesibles en términos sensoriales y cognitivos, dirigidos al ejercicio positivo de las responsabilidades parentales o tutelares. Estos materiales contendrán formación en materia de derechos y deberes de los niños, niñas y adolescentes, e incluirán contenidos específicos referidos a combatir roles y estereotipos de género que sitúan a las niñas en plano de desigualdad, contenidos sobre la diversidad sexual y de género, como medida de prevención de conductas discriminatorias y violentas hacia los niños, niñas y adolescentes.

28. *Situación de ruptura familiar.* Las administraciones públicas deberán prestar especial atención a la protección del interés superior de los niños, niñas y adolescentes en los casos de ruptura familiar, adoptando, en el ámbito de sus competencias, medidas especialmente dirigidas a las familias en esta situación con hijos y/o hijas menores de edad, a fin de garantizar que la ruptura de los progenitores no implique consecuencias perjudiciales para el bienestar y el pleno desarrollo de los mismos.

Entre otras, se adoptarán las siguientes medidas:

a) Impulso de los servicios de apoyo a las familias, los puntos de encuentro familiar y otros recursos o servicios especializados de titularidad pública que permitan una adecuada atención y protección a la infancia y adolescencia frente a la violencia.

b) Impulso de los gabinetes psicosociales de los juzgados así como de servicios de mediación y conciliación, con pleno respeto a la autonomía de los progenitores y de los niños, niñas y adolescentes implicados.

29. *Situación de violencia de género en el ámbito familiar.* **1.** Las administraciones públicas deberán prestar especial atención a la protección del interés superior de los niños, niñas y adolescentes que conviven en entornos familiares marcados por la violencia de género, garantizando la detección de estos casos y su respuesta específica, que garantice la plena protección de sus derechos.

2. Las actuaciones de las administraciones públicas deben producirse de una forma integral, contemplando conjuntamente la recuperación de la persona menor de edad y de la madre, ambas víctimas de la violencia de género. Concretamente, se garantizará el apoyo necesario para que las niñas, niños y adolescentes, de cara a su protección, atención especializada y recuperación, permanezcan con la mujer, salvo si ello es contrario a su interés superior.

Para ello, los servicios sociales y de protección de la infancia y adolescencia asegurarán:

a) La detección y la respuesta específica a las situaciones de violencia de género.

b) La derivación y la coordinación con los servicios de atención especializada a menores de edad víctimas de violencia de género.

Asimismo, se seguirán las pautas de actuación establecidas en los protocolos que en materia de violencia de género tienen los diferentes organismos sanitarios, policiales, educativos, judiciales y de igualdad.

CAPÍTULO IV
Del ámbito educativo

30. *Principios.* El sistema educativo debe regirse por el respeto mutuo de todos los miembros de la comunidad educativa y debe fomentar una educación accesible, igualitaria, inclusiva y de calidad que permita el desarrollo pleno de los niños, niñas y adolescentes y su participación en una escuela segura y libre de violencia, en la que se garantice el respeto, la igualdad y la promoción de todos sus derechos fundamentales y libertades públicas, empleando métodos pacíficos de comunicación, negociación y resolución de conflictos.

Los niños, niñas y adolescentes en todas las etapas educativas e independientemente de la titularidad del centro, recibirán, de forma transversal, una educación que incluya su participación, el respeto a los demás, a su dignidad y sus derechos, especialmente de aquellos menores que sufran especial vulnerabilidad por su condición de discapacidad o de algún trastorno del neurodesarrollo, la igualdad de género, la diversidad familiar, la adquisición de habilidades para la elección de estilos de vida saludables, incluyendo educación alimentaria y nutricional, y una educación afectivo sexual, adaptada a su nivel madurativo y, en su caso, discapacidad, orientada al aprendizaje de la prevención y evitación de toda forma de violencia y discriminación, con el fin de ayudarles a reconocerla y reaccionar frente a la misma.

31. *De la organización educativa.* 1. Todos los centros educativos elaborarán un plan de convivencia, de conformidad con el artículo 124 de la Ley Orgánica 2/2006, de 3 de mayo, de Educación, entre cuyas actividades se incluirá la adquisición de habilidades, sensibilización y formación de la comunidad educativa, promoción del buen trato y resolución pacífica de conflictos por el personal del centro, el alumnado y la comunidad educativa sobre la resolución pacífica de conflictos.

2. Asimismo, dicho plan recogerá los códigos de conducta consensuados entre el profesorado que ejerce funciones de tutor/a, los equipos docentes y el alumnado ante situaciones de acoso escolar o ante cualquier otra situación que afecte a la convivencia en el centro educativo, con independencia de si estas se producen en el propio centro educativo o si se producen, o continúan, a través de las tecnologías de la información y de la comunicación.

El Claustro del profesorado y el Consejo Escolar tendrán entre sus competencias el impulso de la adopción y seguimiento de medidas educativas que fomenten el reconocimiento y protección de los derechos de las personas menores de edad ante cualquier forma de violencia.

3. Las administraciones educativas velarán por el cumplimiento y aplicación de los principios recogidos en este capítulo. Asimismo, establecerán las pautas y medidas necesarias para el establecimiento de los centros como entornos seguros y supervisarán que todos los centros, independientemente de su titularidad, apliquen los protocolos preceptivos de actuación en casos de violencia.

32. *Supervisión de la contratación de los centros educativos.* Las administraciones educativas y las personas que ostenten la dirección y titularidad de todos los centros educativos supervisarán la seguridad en la contratación de personal y controlarán la aportación de los certificados obligatorios, como son los recogidos en el capítulo II del título V, tanto del personal docente como del personal auxiliar, contrato de servicio, u otros profesionales que trabajen o colaboren habitualmente en el centro escolar de forma retribuida o no.

33. *Formación en materia de derechos, seguridad y responsabilidad digital.* Las administraciones públicas garantizarán la plena inserción del alumnado en la sociedad digital y el aprendizaje de un uso de los medios digitales que sea seguro y respetuoso con la dignidad humana, los valores constitucionales, los derechos fundamentales y, particularmente con el respeto y la garantía de la intimidad personal y familiar y la protección de datos personales, conforme a lo previsto en el artículo 83 de la Ley Orgánica 3/2018, de 5 de diciembre, de Protección de Datos Personales y garantía de los derechos digitales.

Específicamente, las administraciones públicas promoverán dentro de todas las etapas formativas el uso adecuado de Internet.

34. *Protocolos de actuación.* 1. Las administraciones educativas regularán los protocolos de actuación contra el abuso y el maltrato, el acoso escolar, ciberacoso, acoso sexual, violencia de género, violencia doméstica, suicidio y autolesión, así como cualquier otra manifestación de violencia comprendida en el ámbito de aplicación de esta ley.

Para la redacción de estos protocolos se contará con la participación de niños, niñas y adolescentes, otras administraciones públicas, instituciones y profesionales de los diferentes sectores implicados en la prevención, detección precoz, protección y reparación de la violencia sobre niños, niñas y adolescentes.

Dichos protocolos deberán ser aplicados en todos los centros educativos, independientemente de su titularidad y evaluarse periódicamente con el fin de valorar su eficacia. Deberán iniciarse cuando el personal docente o educador de los centros educativos, padres o madres del alumnado o cualquier miembro de la comunidad educativa, detecten indicios de violencia o por la mera comunicación de los hechos por parte de los niños, niñas o adolescentes.

2. Entre otros aspectos, los protocolos determinarán las actuaciones a desarrollar, los sistemas de comunicación y la coordinación de los y las profesionales responsables de cada actuación. Dicha coordinación deberá establecerse también con los ámbitos sanitario, de las Fuerzas y Cuerpos de Seguridad del Estado y judicial.

Asimismo, deberán contemplar actuaciones específicas cuando el acoso tenga como motivación la discapacidad, problemas graves del neurodesarrollo, problemas de salud mental, la edad, prejuicios racistas o por lugar de origen, la orientación sexual, la identidad o expresión de género. De igual modo, dichos protocolos deberán contemplar actuaciones específicas cuando el acoso se lleve a cabo a través de las nuevas tecnologías o dispositivos móviles y se haya menoscabado la intimidad, reputación o el derecho a la protección de datos personales de las personas menores de edad.

3. Las personas que ostenten la dirección o titularidad de los centros educativos se responsabilizarán de que la comunidad educativa esté informada de los protocolos de actuación existentes así como de la ejecución y el seguimiento de las actuaciones previstas en los mismos.

4. Se llevarán a cabo actuaciones de difusión de los protocolos elaborados y formación especializada de los profesionales que intervengan, a fin de que cuenten con la formación adecuada para detectar situaciones de esta naturaleza.

35. *Coordinador o Coordinadora de bienestar y protección.* 1. Todos los centros educativos donde cursen estudios personas menores de edad, independientemente de su titularidad, deberán tener un Coordinador o Coordinadora de bienestar y protección del alumnado, que actuará bajo la supervisión de la persona que ostente la dirección o titularidad del centro.

2. Las administraciones educativas competentes determinarán los requisitos y funciones que debe desempeñar el Coordinador o Coordinadora de bienestar y protección. Asimismo, determinarán si estas funciones han de ser desempeñadas por personal ya existente en el centro escolar o por nuevo personal.

Las funciones encomendadas al Coordinador o Coordinadora de bienestar y protección deberán ser al menos las siguientes:

a) Promover planes de formación sobre prevención, detección precoz y protección de los niños, niñas y adolescentes, dirigidos tanto al personal que trabaja en los centros como al alumnado. Se priorizarán los planes de formación dirigidos al personal del centro que ejercen de tutores, así como aquellos dirigidos al alumnado destinados a la adquisición por estos de habilidades para detectar y responder a situaciones de violencia.

Asimismo, en coordinación con las Asociaciones de Madres y Padres de Alumnos, deberá promover dicha formación entre los progenitores, y quienes ejerzan funciones de tutela, guarda o acogimiento.

b) Coordinar, de acuerdo con los protocolos que aprueben las administraciones educativas, los casos que requieran de intervención por parte de los servicios sociales competentes, debiendo informar a las autoridades correspondientes, si se valora necesario, y sin perjuicio del deber de comunicación en los casos legalmente previstos.

c) Identificarse ante los alumnos y alumnas, ante el personal del centro educativo y, en general, ante la comunidad educativa, como referente principal para las comunicaciones relacionadas con posibles casos de violencia en el propio centro o en su entorno.

d) Promover medidas que aseguren el máximo bienestar para los niños, niñas y adolescentes, así como la cultura del buen trato a los mismos.

e) Fomentar entre el personal del centro y el alumnado la utilización de métodos alternativos de resolución pacífica de conflictos.

f) Informar al personal del centro sobre los protocolos en materia de prevención y protección de cualquier forma de violencia existentes en su localidad o comunidad autónoma.

g) Fomentar el respeto a los alumnos y alumnas con discapacidad o cualquier otra circunstancia de especial vulnerabilidad o diversidad.

h) Coordinar con la dirección del centro educativo el plan de convivencia al que se refiere el artículo 31.

i) Promover, en aquellas situaciones que supongan un riesgo para la seguridad de las personas menores de edad, la comunicación inmediata por parte del centro educativo a las Fuerzas y Cuerpos de Seguridad del Estado.

j) Promover, en aquellas situaciones que puedan implicar un tratamiento ilícito de datos de carácter personal de las personas menores de edad, la comunicación inmediata por parte del centro educativo a las Agencias de Protección de Datos.

k) Fomentar que en el centro educativo se lleva a cabo una alimentación saludable y nutritiva que permita a los niños, niñas y adolescentes, en especial a los más vulnerables, llevar una dieta equilibrada.

3. El Coordinador o Coordinadora de bienestar y protección actuará, en todo caso, con respeto a lo establecido en la normativa vigente en materia de protección de datos.

CAPÍTULO V
De la Educación Superior

36. *Implicación de la Educación Superior en la erradicación de la violencia sobre la infancia y la adolescencia.* 1. Los centros de Educación Superior promoverán en todos los ámbitos académicos la formación, docencia e investigación en derechos de la infancia y adolescencia en general y en la lucha contra la violencia ejercida sobre los mismos en particular.

2. En concreto, los ciclos formativos de grado superior, de grado y posgrado y los programas de especialización de las profesiones sanitarias, del ámbito social, del ámbito educativo, de Periodismo y Ciencias de la Información, del derecho, y de aquellas otras titulaciones conducentes al ejercicio de profesiones en contacto habitual con personas menores de edad, promoverán la incorporación en sus planes de estudios de contenidos específicos dirigidos a la prevención, detección precoz e intervención de los casos de violencia sobre la infancia y la adolescencia teniendo en cuenta la perspectiva de género.

37. *Actuaciones del Consejo de Universidades en la lucha contra la violencia sobre la infancia y la adolescencia.* Entre las actividades y publicaciones anuales del Consejo de Universidades se promoverá la inclusión en el mundo académico del estudio y la investigación de los derechos de la infancia y la adolescencia en general y de la violencia sobre los mismos en particular, y más específicamente en aquellos estudios orientados al ejercicio de profesiones que impliquen el contacto habitual con personas menores de edad.

CAPÍTULO VI
Del ámbito sanitario

38. *Actuaciones en el ámbito sanitario.* 1. Las administraciones sanitarias, en el seno del Consejo Interterritorial del Sistema Nacional de Salud, promoverán e impulsarán actuaciones para la promoción del buen trato a la infancia y la adolescencia, así como para la prevención y detección precoz de la violencia sobre los niños, niñas y adolescentes, y de sus factores de riesgo, en el marco del protocolo común de actuación sanitaria previsto en el artículo 39.2.

2. Sin perjuicio de lo dispuesto en el apartado anterior, las administraciones sanitarias competentes promoverán la elaboración de protocolos específicos de actuación en el ámbito de sus competencias, que faciliten la promoción del buen trato, la identificación de factores de riesgo y la prevención y detección precoz de la violencia sobre niños, niñas y adolescentes, así como las medidas a adoptar para la adecuada asistencia y recuperación de las víctimas, y que deberán tener en cuenta las especificidades de las actuaciones a desarrollar cuando la víctima de violencia sea una persona con discapacidad, problemas graves del neurodesarrollo, problemas de salud mental o en la que concurra cualquier otra situación de especial vulnerabilidad. Se promoverá, así mismo, la coordinación con todos los agentes implicados.

3. Las administraciones sanitarias competentes facilitarán el acceso de los niños, niñas y adolescentes a la información, a los servicios de tratamiento y recuperación, garantizando la atención universal y accesible a todos aquellos que se encuentren en las situaciones de desprotección, riesgo y violencia a las que se refiere esta ley. Especialmente, se garantizará una atención a la salud mental integral reparadora y adecuada a su edad.

39. *Comisión frente a la violencia en los niños, niñas y adolescentes.* 1. De acuerdo con lo previsto en el artículo 74 de la Ley 16/2003, de 28 de mayo, de cohesión y calidad del Sistema Nacional de Salud, el Consejo Interterritorial del Sistema Nacional de Salud acordará en el plazo de un año a contar desde la entrada en vigor de esta ley, la creación de una Comisión frente a la violencia en los niños, niñas y adolescentes. Dicha Comisión contará con expertos de los Institutos de Medicina Legal y Ciencias Forenses designados por el Ministerio de Justicia, junto con expertos de las profesiones sanitarias implicadas en la prevención, valoración y tratamiento de las víctimas de violencia contra los niños, niñas y adolescentes.

2. La Comisión frente a la violencia en los niños, niñas y adolescentes apoyará y orientará la planificación de las medidas con incidencia sanitaria contempladas en la ley, y elaborará en el plazo de seis meses desde su constitución un protocolo común de actuación sanitaria, que evalúe y proponga las medidas necesarias para la correcta aplicación de la ley y cualesquiera otras medidas que se estimen precisas para que el sector sanitario contribuya a la erradicación de la violencia sobre la infancia y la adolescencia. Dicho protocolo establecerá los procedimientos de comunicación de las sospechas o evidencias de casos de violencia sobre la infancia y la adolescencia a los servicios sociales correspondientes, así como la colaboración con el Juzgado de Guardia, las Fuerzas y Cuerpos de Seguridad, la entidad pública de protección a la infancia y el Ministerio Fiscal. Para la redacción del mencionado protocolo se procurará contar con la participación de otras administraciones públicas, instituciones y profesionales de los diferentes sectores implicados en la prevención, detección precoz, protección y reparación de la violencia sobre la infancia y la adolescencia.

3. Asimismo, la citada Comisión emitirá un informe anual, que incluirá los datos disponibles sobre la atención sanitaria de las personas menores de edad víctimas de violencia, desagregados por sexo y edad, así como información sobre la implementación de las medidas con incidencia sanitaria contempladas en la ley. Este informe será remitido al Consejo Interterritorial del Sistema Nacional de Salud y al Observatorio Estatal de la infancia, y sus resultados serán incluidos en el informe anual de evaluación de la Estrategia de erradicación de la violencia sobre la infancia y la adolescencia previsto en el artículo 21.2.

40. *Actuaciones de los centros y servicios sanitarios ante posibles situaciones de violencia.* 1. Todos los centros y servicios sanitarios, en los que se preste asistencia sanitaria a una persona menor de edad como consecuencia de cualquier tipo de violencia, deberán aplicar el protocolo común de actuación sanitaria previsto en el artículo 39.2, incluido al alta hospitalaria.

2. Los registros relativos a la atención de las personas menores de edad víctimas de violencia quedarán incorporados en su historia clínica y su protección estará a lo dispuesto en el artículo 16.3 de esta ley.

CAPÍTULO VII
Del ámbito de los servicios sociales

41. *Actuaciones por parte de los servicios sociales.* 1. El personal funcionario que desarrolle su actividad profesional en los servicios sociales, en el ejercicio de sus funciones relativas a la protección de los niños, niñas y adolescentes, tendrá la condición de agente de la autoridad y podrá solicitar en su ámbito geográfico correspondiente la colaboración de las Fuerzas y Cuerpos de Seguridad, de los servicios sanitarios y de cualquier servicio público que fuera necesario para su intervención.

2. Con el fin de responder de forma adecuada a las situaciones de urgencia que puedan presentarse y en tanto no se pueda derivar el caso a la Entidad Pública de Protección a la infancia, cada comunidad autónoma determinará el procedimiento para que los funcionarios que desarrollan su actividad profesional en los servicios sociales de atención primaria, puedan adoptar las medidas oportunas de coordinación para garantizar la mejor protección de las personas menores de edad víctimas de violencia.

Sin perjuicio de lo anterior y del deber de comunicación cualificado previsto en el artículo 16, cuando los servicios sociales de atención primaria tengan conocimiento de un caso de violencia en el que la persona menor de edad se encuentre además en situación de desprotección, lo comunicarán inmediatamente a la Entidad Pública de Protección a la infancia.

3. Cuando la gravedad lo requiera, los y las profesionales de los servicios sociales o las Fuerzas y Cuerpos de Seguridad podrán acompañar a la persona menor de edad a un centro sanitario para que

reciba la atención que precise, informando a sus progenitores o a quienes ejerzan funciones de tutela, guarda o acogimiento, salvo que se sospeche que la mencionada violencia haya sido ejercida por estos, en cuyo caso se pondrá en conocimiento del Ministerio Fiscal.

42. *De los equipos de intervención.* 1. Las administraciones públicas competentes dotarán a los servicios sociales de atención primaria y especializada de profesionales y equipos de intervención familiar y con la infancia y la adolescencia, especialmente entrenados en la detección precoz, valoración e intervención frente a la violencia ejercida sobre las personas menores de edad.

2. Los equipos de intervención de los servicios sociales que trabajen en el ámbito de la violencia sobre las personas menores de edad, deberán estar constituidos, preferentemente, por profesionales de la educación social, de la psicología y del trabajo social, y cuando sea necesario de la abogacía, especializados en casos de violencia sobre la infancia y la adolescencia.

43. *Plan de intervención.* 1. En todos los casos en los que exista riesgo o sospecha de violencia sobre los niños, niñas o adolescentes, los servicios sociales de atención primaria establecerán, de forma coordinada con la entidad pública de protección a la infancia, las vías para apoyar a la familia en el ejercicio positivo de sus funciones parentales de protección. En caso necesario, los servicios sociales diseñarán y llevarán a cabo un plan de intervención familiar individualizado de forma coordinada y con la participación del resto de ámbitos implicados.

2. La valoración por parte de los servicios sociales de atención primaria de los casos de violencia sobre la infancia y la adolescencia deberá realizarse, siempre que sea posible, de forma interdisciplinar y coordinada con la entidad pública de protección a la infancia y con aquellos equipos y profesionales de los ámbitos de la salud, la educación, la judicatura, o la seguridad existentes en el territorio que puedan aportar información sobre la situación de la persona menor de edad y su entorno familiar y social.

En aquellas situaciones que se consideren de especial gravedad por la tipología del acto violento, especialmente en los casos de delitos de naturaleza sexual, se requerirá de la intervención de un profesional especializado desde la comunicación o detección del caso.

3. Corresponderá a los servicios sociales de atención primaria la recogida de la información sobre los posibles casos de violencia, y de concretar, con la participación de los y las profesionales correspondientes, el análisis interdisciplinar del caso, recabando siempre que sea necesario, el apoyo o intervención de la entidad pública de protección a la infancia, así como, en su caso, de los servicios de atención a mujeres víctimas de violencia de género de la comunidad autónoma correspondiente. Las actuaciones desarrolladas por los servicios sociales de atención primaria en el marco del plan de intervención sobre casos de riesgo o sospecha de maltrato infantil se notificarán a los servicios sociales especializados de protección de menores.

4. Los poderes públicos garantizarán a los niños, niñas y adolescentes víctimas de delitos violentos y, en todo caso, de delitos de naturaleza sexual, de trata o de violencia de género una atención integral para su recuperación a través de servicios especializados.

44. *Seguimiento y registro de los casos de violencia sobre las personas menores de edad.* 1. Los servicios sociales de atención primaria deberán establecer, de conformidad con el procedimiento que se regule en cada comunidad autónoma, un sistema de seguimiento y registro de los casos de violencia sobre la infancia y la adolescencia en el que consten las notificaciones y comunicaciones recibidas, los casos confirmados y las distintas medidas puestas en marcha en relación con la intervención de dichos servicios sociales.

2. La información estadística de casos de violencia sobre la infancia y la adolescencia procedente de los servicios sociales de atención primaria, junto con la procedente de la entidad pública de protección a la infancia, será incorporada, con la desagregación establecida, en el Registro Unificado de Maltrato Infantil al que se refiere el artículo 22 ter de la Ley Orgánica 1/1996, de 15 de enero, y que pasa a denominarse Registro Unificado de Servicios Sociales sobre Violencia contra la Infancia (en adelante RUSSVI).

CAPÍTULO VIII
De las nuevas tecnologías

45. *Uso seguro y responsable de Internet.* 1. Las administraciones públicas desarrollarán campañas de educación, sensibilización y difusión dirigidas a los niños, niñas y adolescentes, familias, educadores y otros profesionales que trabajen habitualmente con personas menores de edad sobre el uso seguro y responsable de Internet y las tecnologías de la información y la comunicación, así como sobre los riesgos derivados de un uso inadecuado que puedan generar fenómenos de violencia sexual contra los niños, niñas y adolescentes como el *ciberbullying*, el *grooming*, la ciberviolencia de género o el *sexting*, así como el acceso y consumo de pornografía entre la población menor de edad.

Asimismo, fomentarán medidas de acompañamiento a las familias, reforzando y apoyando el rol de los progenitores a través del desarrollo de competencias y habilidades que favorezcan el cumplimiento de sus obligaciones legales y, en particular, las establecidas en el artículo 84.1 de la Ley Orgánica 3/2018, de 5 de diciembre, de Protección de Datos Personales y garantía de los derechos digitales.

2. Las administraciones públicas pondrán a disposición de los niños, niñas y adolescentes, familias, personal educador y otros profesionales que trabajen habitualmente con personas menores de edad un servicio específico de línea de ayuda sobre el uso seguro y responsable de Internet, que ofrezca a los usuarios asistencia y asesoramiento ante situaciones potenciales de riesgo y emergencia de las personas menores de edad en Internet.

3. Las administraciones públicas deberán adoptar medidas para incentivar la responsabilidad social de las empresas en materia de uso seguro y responsable de Internet por la infancia y la adolescencia.

Asimismo, fomentarán en colaboración con el sector privado que el inicio y desarrollo de aplicaciones y servicios digitales tenga en cuenta la protección a la infancia y la adolescencia.

4. Las campañas institucionales de prevención e información deben incluir entre sus objetivos la prevención sobre contenidos digitales sexuales y/o violentos que pueden influir y ser perjudiciales para la infancia y adolescencia.

46. *Diagnóstico y control de contenidos.* 1. Las administraciones públicas, en el ámbito de sus competencias, deberán realizar periódicamente diagnósticos, teniendo en cuenta criterios de edad y género, sobre el uso seguro de Internet entre los niños, niñas y adolescentes y las problemáticas de riesgo asociadas, así como de las nuevas tendencias.

2. Las administraciones públicas fomentarán la colaboración con el sector privado, para la creación de entornos digitales seguros, una mayor estandarización en el uso de la clasificación por edades y el etiquetado inteligente de contenidos digitales, para conocimiento de los niños, niñas y adolescentes y apoyo de los progenitores, o de quienes ejerzan funciones de tutela, guarda o acogimiento, en la evaluación y selección de tipos de contenidos, servicios y dispositivos.

Además, las administraciones públicas fomentarán la implementación y el uso de mecanismos de control parental que ayuden a proteger a las personas menores de edad del riesgo de exposición a contenidos y contactos nocivos, así como de los mecanismos de denuncia y bloqueo.

3. Las administraciones públicas, en colaboración con el sector privado y el tercer sector, fomentarán los contenidos positivos en línea y el desarrollo de contenidos adaptados a las necesidades de los diferentes grupos de edad, impulsando entre la industria códigos de autorregulación y corregulación para el uso seguro y responsable en el desarrollo de productos y servicios destinados al público infantil y adolescente, así como fomentar y reforzar la incorporación por parte de la industria de mecanismos de control parental de los contenidos ofrecidos o mediante la puesta en marcha de protocolos de verificación de edad, en aplicaciones y servicios disponibles en Internet para impedir el acceso a los reservados a adultos.

4. Las administraciones públicas trabajarán para conseguir que en los envases de los instrumentos de las nuevas tecnologías deba figurar un aviso mediante el que se advierta de la necesidad de un uso responsable de estas tecnologías para prevenir conductas adictivas específicas. Así mismo, se recomienda a las personas adultas responsables de la educación de la infancia y adolescencia la vigilancia y responsabilidad en el uso adecuado de estas tecnologías.

CAPÍTULO IX
Del ámbito del deporte y el ocio

47. *Protocolos de actuación frente a la violencia en el ámbito deportivo y de ocio.* Las administraciones públicas, en el ámbito de sus competencias, regularán protocolos de actuación que recogerán las actuaciones para construir un entorno seguro en el ámbito deportivo y de ocio y que deben seguirse para la prevención, detección precoz e intervención, frente a las posibles situaciones de violencia sobre la infancia y la adolescencia comprendidas en el ámbito deportivo y de ocio.

Dichos protocolos deberán ser aplicados en todos los centros que realicen actividades deportivas y de ocio, independientemente de su titularidad y, en todo caso, en la Red de Centros de Alto Rendimiento y Tecnificación Deportiva, Federaciones Deportivas y Escuelas municipales.

48. *Entidades que realizan actividades deportivas o de ocio con personas menores de edad de forma habitual.* 1. Las entidades que realizan de forma habitual actividades deportivas o de ocio con personas menores de edad están obligadas a:

a) Aplicar los protocolos de actuación a los que se refiere el artículo anterior que adopten las administraciones públicas en el ámbito deportivo y de ocio.

b) Implantar un sistema de monitorización para asegurar el cumplimiento de los protocolos anteriores en relación con la protección de las personas menores de edad.

c) Designar la figura del Delegado o Delegada de protección al que las personas menores de edad puedan acudir para expresar sus inquietudes y quien se encargará de la difusión y el cumplimiento de los protocolos establecidos, así como de iniciar las comunicaciones pertinentes en los casos en los que se haya detectado una situación de violencia sobre la infancia o la adolescencia.

d) Adoptar las medidas necesarias para que la práctica del deporte, de la actividad física, de la cultura y del ocio no sea un escenario de discriminación por edad, raza, discapacidad, orientación sexual, identidad sexual o expresión de género, o cualquier otra circunstancia personal o social, trabajando con los propios niños, niñas y adolescentes, así como con sus familias y profesionales, en el rechazo al uso de insultos y expresiones degradantes y discriminatorias.

e) Fomentar la participación activa de los niños, niñas y adolescentes en todos los aspectos de su formación y desarrollo integral.

f) Fomentar y reforzar las relaciones y la comunicación entre las organizaciones deportivas y los progenitores o quienes ejerzan funciones de tutela, guarda o acogimiento.

2. Asimismo, además de la formación a la que se refiere el artículo 5, quienes trabajen en las citadas entidades deberán recibir formación específica para atender adecuadamente las diferentes aptitudes y capacidades de los niños, niñas y adolescentes con discapacidad para el fomento y el desarrollo del deporte inclusivo de estos.

CAPÍTULO X
De las Fuerzas y Cuerpos de Seguridad

49. *Unidades especializadas.* 1. Las Fuerzas y Cuerpos de Seguridad del Estado, de las comunidades autónomas y de las entidades locales actuarán como entornos seguros para la infancia y la adolescencia. Con tal finalidad, contarán con unidades especializadas en la investigación y prevención, detección y actuación de situaciones de violencia sobre la infancia y la adolescencia y preparadas para una correcta y adecuada intervención ante tales casos.

Las administraciones competentes adoptarán las medidas necesarias para garantizar que en los procesos de ingreso, formación y actualización del personal de las Fuerzas y Cuerpos de Seguridad se incluyan contenidos específicos sobre el tratamiento de situaciones de violencia sobre la infancia y la adolescencia desde una perspectiva policial.

2. Las distintas Fuerzas y Cuerpos de Seguridad que actúen en un mismo territorio colaborarán, dentro de su ámbito competencial, para lograr un eficaz desarrollo de sus funciones en el ámbito de la lucha contra la violencia ejercida sobre la infancia y la adolescencia, en los términos previstos en la Ley Orgánica 2/1986, de 13 de marzo, de Fuerzas y Cuerpos de Seguridad.

3. Las administraciones públicas, en el ámbito de sus competencias, potenciarán la labor de las Fuerzas y Cuerpos de Seguridad mediante el desarrollo de herramientas tecnológicas interoperables que faciliten la investigación de los delitos.

50. *Criterios de actuación.* 1. La actuación de los miembros de las Fuerzas y Cuerpos de Seguridad en los casos de violencia sobre la infancia y la adolescencia, se regirá por el respeto a los derechos de los niños, niñas y adolescentes y la consideración de su interés superior.

2. Los miembros de las Fuerzas y Cuerpos de Seguridad actuarán de conformidad con los protocolos de actuación policial con personas menores de edad, así como cualesquiera otros protocolos aplicables. En este sentido, las Fuerzas y Cuerpos de Seguridad estatales, autonómicas y locales contarán con los protocolos necesarios para la prevención, sensibilización, detección precoz, investigación e intervención en situaciones de violencia sobre la infancia y la adolescencia, a fin de procurar una correcta y adecuada intervención ante tales casos.

En todo caso, procederán conforme a los siguientes criterios:

a) Se adoptarán de forma inmediata todas las medidas provisionales de protección que resulten adecuadas a la situación de la persona menor de edad.

b) Solo se practicarán diligencias con intervención de la persona menor de edad que sean estrictamente necesarias. Por regla general la declaración del menor se realizará en una sola ocasión y, siempre, a través de profesionales específicamente formados.

c) Se practicarán sin dilación todas las diligencias imprescindibles que impliquen la intervención de la persona menor de edad, una vez comprobado que se encuentra en disposición de someterse a dichas intervenciones.

d) Se impedirá cualquier tipo de contacto directo o indirecto en dependencias policiales entre la persona investigada y el niño, niña o adolescente.

e) Se permitirá a las personas menores de edad, que así lo soliciten, formular denuncia por sí mismas y sin necesidad de estar acompañadas de una persona adulta.

f) Se informará sin demora al niño, niña o adolescente de su derecho a la asistencia jurídica gratuita y, si así lo desea, se requerirá al Colegio de Abogados competente la designación inmediata de abogado o abogada del turno de oficio específico para su personación en dependencias policiales.

g) Se dispensará un buen trato al niño, niña o adolescente, con adaptación del lenguaje y las formas a su edad, grado de madurez y resto de circunstancias personales.

h) Se procurará que el niño, niña o adolescente se encuentre en todo momento en compañía de una persona de su confianza designada libremente por él o ella misma en un entorno seguro, salvo que se observe el riesgo de que dicha persona podría actuar en contra de su interés superior, de lo cual deberá dejarse constancia mediante declaración oficial.

CAPÍTULO XI
De la Administración General del Estado en el Exterior

51. *Embajadas y Consulados.* 1. Corresponde a las Embajadas y a las Oficinas Consulares de España en el exterior, de acuerdo con lo establecido en artículo 5 h) del Convenio de Relaciones Consulares de Viena y demás normativa internacional en este ámbito, la protección de los intereses de los menores de nacionalidad española que se encuentren en el extranjero. Dicha protección se guiará por los principios generales recogidas en la misma.

2. El Ministerio de Asuntos Exteriores, Unión Europea y Cooperación, a través de la Dirección General de Asuntos Consulares y Españoles en el Exterior, coordinará con la Dirección General de Derechos de la Infancia y de la Adolescencia del Ministerio de Derechos Sociales y Agenda 2030 o con la Unidad que se determine, las actuaciones de los menores españoles en el exterior, especialmente en los casos en los que se prevea el retorno a España de los mismos.

CAPÍTULO XII
De la Agencia Española de Protección de Datos

52. *De la Agencia Española de Protección de Datos.* 1. La Agencia Española de Protección de Datos ejercerá las funciones y potestades que le corresponden de acuerdo con lo previsto en el artículo 47 de la Ley Orgánica 3/2018, de 5 de diciembre, de Protección de Datos de Carácter Personal, con el fin de garantizar una protección específica de los datos personales de las personas menores de edad en los casos de violencia ejercida sobre la infancia y la adolescencia, especialmente cuando se realice a través de las tecnologías de la información y la comunicación.

2. La Agencia garantizará la disponibilidad de un canal accesible y seguro de denuncia de la existencia de contenidos ilícitos en Internet

que comportaran un menoscabo grave del derecho a la protección de datos personales.

3. Se permitirá a las personas menores de edad, que así lo soliciten, formular denuncia por sí mismas y sin necesidad de estar acompañadas de una persona adulta, siempre que el funcionario público encargado estime que tiene madurez suficiente.

4. Las personas mayores de catorce años podrán ser sancionadas por hechos constitutivos de infracción administrativa de acuerdo con la normativa sobre protección de datos personales.

5. Cuando la autoría de los hechos cometidos corresponda a una persona menor de dieciocho años, responderán solidariamente con ella de la multa impuesta sus progenitores, tutores, acogedores y guardadores legales o de hecho, por este orden, en razón al incumplimiento del deber de cuidado y vigilancia para prevenir la infracción administrativa que se impute a las personas menores de edad.

TÍTULO IV
De las actuaciones en centros de protección

53. *Protocolos de actuación en los centros de protección de personas menores de edad.* 1. Todos los centros de protección de personas menores de edad serán entornos seguros e, independientemente de su titularidad, están obligados a aplicar los protocolos de actuación que establezca la Entidad Pública de Protección a la infancia, y que contendrán las actuaciones que deben seguirse para la prevención, detección precoz e intervención frente a las posibles situaciones de violencia comprendidas en el ámbito de aplicación de esta ley. Estas administraciones deberán aprobar estándares e indicadores que permitan evaluar la eficacia de estos protocolos en su ámbito de aplicación.

Entre otros aspectos, los protocolos:

a) Determinarán la forma de iniciar el procedimiento, los sistemas de comunicación y la coordinación de los y las profesionales responsables de cada actuación.

b) Establecerán mecanismos de queja y denuncia sencillos, accesibles, seguros y confidenciales para informar, de forma que los niños, niñas y adolescentes sean tratados sin riesgo de sufrir represalias. Las respuestas a estas quejas serán susceptibles de ser recurridas. En todo caso las personas menores de edad tendrán derecho a remitir quejas de forma confidencial al Ministerio Fiscal, a la autoridad judicial competente y al Defensor del Pueblo o ante las instituciones autonómicas homólogas.

c) Garantizar que, en el momento del ingreso, el centro de protección facilite a la persona menor de edad, por escrito y en idioma y formato que le resulte comprensible y accesible, las normas de convivencia y el régimen disciplinario que rige en el centro, así como información sobre los mecanismos de queja y de comunicación existentes.

d) Deberán contemplar actuaciones específicas cuando el acoso tenga como motivación la discapacidad, el racismo o el lugar de origen, la orientación sexual, la identidad o expresión de género. De igual modo, dichos protocolos deberán contemplar actuaciones específicas cuando el acoso se lleve a cabo a través de las nuevas tecnologías de las personas menores de edad o dispositivos móviles y se haya menoscabado la intimidad y reputación.

e) Deberán tener en cuenta las situaciones en las que es aconsejable el traslado de la persona menor de edad a otro centro para garantizar su interés superior y su bienestar.

2. Lo previsto en este artículo se entiende sin perjuicio de lo señalado en capítulo IV del título II de la Ley Orgánica 1/1996, de 15 de enero, y en el artículo 778 bis de la Ley 1/2000, de 7 de enero, de Enjuiciamiento Civil, con respecto a centros específicos de protección de menores con problemas de conducta.

54. *Intervención ante casos de explotación sexual y trata de personas menores de edad sujetas a medidas de protección.* Los protocolos a los que se refiere el artículo anterior deberán contener actuaciones específicas de prevención, detección precoz e intervención en posibles casos de abuso, explotación sexual y trata de seres humanos que tengan como víctimas a personas menores de edad sujetas a medida protectora y que residan en centros residenciales bajo su responsabilidad. Se tendrá muy especialmente en cuenta para la elaboración de estas actuaciones la perspectiva de género, así como las medidas necesarias de coordinación con el Ministerio Fiscal, las Fuerzas y Cuerpos de Seguridad y el resto de agentes sociales implicados.

55. *Supervisión por parte del Ministerio Fiscal.* 1. El Ministerio Fiscal visitará periódicamente de acuerdo con lo previsto en la normativa interna de los centros de protección de personas menores de edad para supervisar el cumplimiento de los protocolos de actuación y dar seguimiento a los mecanismos de comunicación de situaciones de violencia, así como escuchar a los niños, niñas y adolescentes que así lo soliciten.

2. Las entidades públicas de protección a la infancia mantendrán comunicación de carácter permanente con el Ministerio Fiscal y, en su caso, con la autoridad judicial que acordó el ingreso, sobre las circunstancias relevantes que puedan producirse durante la estancia en un centro que afecte a la persona menor de edad, así como la necesidad de mantener el mismo.

TÍTULO V
De la organización administrativa

CAPÍTULO I
Registro Central de información

56. *Registro Central de información sobre la violencia contra la infancia y la adolescencia.* 1. Con la finalidad de compartir información que permita el conocimiento uniforme de la situación de la violencia contra la infancia y la adolescencia, el Gobierno establecerá, mediante real decreto la creación del Registro Central de información sobre la violencia contra la infancia y la adolescencia, así como la información concreta y el procedimiento a través del cual el Consejo General del Poder Judicial, las Fuerzas y Cuerpos de Seguridad, el RUSSVI y las distintas administraciones públicas deben suministrar los datos requeridos al registro.

El real decreto señalará la información que debe notificarse anonimizada al Registro que, como mínimo, comprenderá los siguientes aspectos:

a) Con respecto a las víctimas: edad, sexo, tipo de violencia, gravedad, nacionalidad y, en su caso, discapacidad.

b) Con respecto a las personas agresoras: edad, sexo y relación con la víctima.

c) Información policial (denuncias, victimizaciones, etc.) y judicial.

d) Medidas puestas en marcha, frente a la violencia sobre la infancia y adolescencia.

2. El Registro Central de información sobre la violencia contra la infancia y la adolescencia quedará adscrito orgánicamente al departamento ministerial que tenga atribuidas las competencias en políticas de infancia.

3. Con los datos obtenidos por el Registro se publicará anualmente un informe de la situación de la violencia contra la infancia y la adolescencia al que se dará la mayor publicidad posible.

CAPÍTULO II
De la certificación negativa del Registro Central de Delincuentes
Sexuales y de Trata de Seres Humanos

57. *Requisito para el acceso a profesiones, oficios y actividades que impliquen contacto habitual con personas menores de edad.* 1. Será requisito para el acceso y ejercicio de cualesquiera profesiones, oficios y actividades que impliquen contacto habitual con personas menores de edad, el no haber sido condenado por sentencia firme por cualquier delito contra la libertad e indemnidad sexuales tipificados en el título VIII de la Ley Orgánica 10/1995, de 23 de noviembre, del Código Penal, así como por cualquier delito de trata de seres humanos tipificado en el título VII bis del Código Penal. A tal efecto, quien pretenda el acceso a tales profesiones, oficios o actividades deberá acreditar esta circunstancia mediante la aportación de una certificación negativa del Registro Central de delincuentes sexuales

2. A los efectos de esta ley, son profesiones, oficios y actividades que implican contacto habitual con personas menores de edad, todas aquellas, retribuidas o no, que por su propia naturaleza y esencia conllevan el trato repetido, directo y regular y no meramente ocasional con niños, niñas o adolescentes, así como, en todo caso, todas aquellas que tengan como destinatarios principales a personas menores de edad.

3. Queda prohibido que las empresas y entidades den ocupación en cualesquiera profesiones, oficios y actividades que impliquen contacto habitual con personas menores de edad a quienes tengan antecedentes en el Registro Central de Delincuentes Sexuales y de Trata de Seres Humanos.

58. *Consecuencias de la existencia de antecedentes en caso de personas trabajadoras o aquellas que realicen una práctica no laboral que conlleve el alta en la Seguridad Social.* 1. La existencia de antecedentes en el Registro Central de Delincuentes Sexuales y de Trata de Seres Humanos al inicio de la actividad en aquellos trabajos o actividades que impliquen contacto habitual con personas menores conllevará la imposibilidad legal de contratación.

2. La existencia sobrevenida de antecedentes en el Registro Central de Delincuentes Sexuales y de Trata de Seres Humanos conllevará el cese inmediato de la relación laboral por cuenta ajena o de las prácticas no laborales. No obstante, siempre que fuera posible, en atención a las circunstancias concurrentes en el centro de trabajo y a la actividad desarrollada en el mismo, la empresa podrá efectuar un cambio de puesto de trabajo siempre que la nueva ocupación impida el contacto habitual con personas menores de edad.

De conformidad con lo anterior, el trabajador por cuenta ajena deberá comunicar a su empleador cualquier cambio que se produzca en dicho Registro respecto de la existencia de antecedentes, aun cuando estos se deriven de hechos anteriores al inicio de su relación laboral. La omisión de esta comunicación será considerada como incumplimiento grave y culpable a los efectos de lo dispuesto en el artículo 54.2.d) del Estatuto de los Trabajadores.

Esta obligación de comunicación, así como las consecuencias de su incumplimiento, deberán incluirse también en los acuerdos que se suscriban entre las empresas y los beneficiarios de las prácticas no laborales que se formalicen al amparo del Real Decreto 1543/2011, de 31 de diciembre, por el que se regulan las prácticas no laborales en empresas.

59. *Consecuencias del incumplimiento del requisito en caso de personas que realicen actividades en régimen de voluntariado.* 1. La existencia de antecedentes en el Registro Central de Delincuentes Sexuales y de Trata de Seres Humanos al inicio de la actividad en aquellas actividades de voluntariado que impliquen el contacto habitual con personas menores de edad obliga a la entidad de voluntariado a prescindir de forma inmediata del voluntario o voluntaria. A tal efecto, quien pretenda el acceso a tales actividades deberá acreditar esta circunstancia mediante la aportación de una certificación negativa del Registro Central de delincuentes sexuales.

2. La existencia sobrevenida de antecedentes en el Registro Central de Delincuentes Sexuales y de Trata de Seres Humanos conllevará el fin inmediato de la participación de la persona voluntaria en las actividades que impliquen el contacto habitual con personas menores. No obstante, siempre que fuera posible, en atención a las circunstancias concurrentes en la entidad y a la actividad desarrollada en el mismo, la entidad podrá efectuar un cambio de actividad de voluntariado siempre que la misma no suponga el contacto habitual con personas menores de edad.

3. Las comunidades autónomas establecerán mediante norma con rango de ley el régimen sancionador correspondiente al incumplimiento de las obligaciones establecidas en el artículo 57.1.

60. *Cancelación de antecedentes en el Registro Central de Delincuentes Sexuales y de Trata de Seres Humanos.* 1. Los antecedentes que figuren como cancelados en el Registro Central de Delincuentes Sexuales y de Trata de Seres Humanos no se tomarán en consideración a los efectos de limitar el acceso y ejercicio de profesiones, oficios y actividades que impliquen contacto habitual con menores de edad.

2. Instada por la persona interesada la cancelación de antecedentes en el Registro Central de Delincuentes Sexuales y de Trata de Seres Humanos, y transcurrido el plazo máximo de tres meses sin que por la Administración se haya dictado resolución, la petición se entenderá desestimada por silencio administrativo, sin que sea de aplicación a estos supuestos lo establecido en el artículo 3 del Real Decreto 1879/1994, de 16 de septiembre, por el que se aprueban determinadas normas procedimentales en materia de justicia e interior.

Disposiciones adicionales

Disposición adicional primera. *Dotación presupuestaria.* El Estado y las comunidades autónomas, en el ámbito de sus respectivas competencias, deberán dotar a los Juzgados y Tribunales de los medios personales y materiales necesarios para el adecuado cumplimiento de las nuevas obligaciones legales. Asimismo, se deberá dotar a los Institutos de Medicina Legal, Oficinas de Atención a las Victimas, órganos técnicos que prestan asesoramiento pericial o asistencial y servicios sociales de los medios personales y materiales necesarios para el adecuado cumplimiento de los fines y obligaciones previstas en esta ley.

Disposición adicional segunda. *Soluciones habitacionales y de apoyo psicosocial.* Las administraciones públicas, en el ámbito de sus competencias, priorizarán las soluciones habitacionales ante los desahucios de familias en el que alguno de sus miembros sea una persona menor de edad, y promoverán medidas de apoyo psicosocial con el fin de reducir el posible impacto emocional, sin perjuicio de la consideración de otras situaciones graves de vulnerabilidad.

Disposición adicional tercera. *Mejora de los datos de opinión pública.* El Centro de Investigaciones Sociológicas realizará anualmente una encuesta acerca de las opiniones de la población, tanto adulta como infantil y adolescente, con respecto a la violencia ejercida sobre los niños, niñas y adolescentes y la utilidad de las medidas establecidas en la ley, que permita establecer series temporales para valorar los cambios sociales más relevantes sobre la violencia hacia la infancia y la adolescencia.

La encuesta tendrá perspectiva de discapacidad y género; garantizará que los niños, niñas y adolescentes con discapacidad estén representados entre las personas encuestadas.

Los resultados de este análisis deberán ser incluidos en el informe anual de evaluación de la Estrategia de erradicación de la violencia sobre la infancia y la adolescencia previsto en el artículo 21.2.

Disposición adicional cuarta. *Gastos de personal.* Las actuaciones derivadas de la aplicación y desarrollo de esta ley que tengan incidencia sobre el personal de las administraciones públicas, se ajustarán a las normas básicas sobre gastos de personal que sean de aplicación.

Disposición adicional quinta. *Referencias normativas.* Las referencias realizadas en el ordenamiento jurídico al Registro Central de Delincuentes Sexuales deberán entenderse realizadas al Registro Central de Delincuentes Sexuales y de Trata de Seres Humanos.

Asimismo, las referencias realizadas en el ordenamiento jurídico al Registro Unificado de Maltrato Infantil deberán entenderse realizadas al Registro Unificado de Servicios Sociales sobre Violencia contra la infancia.

Disposición adicional sexta. *Procedimiento de comprobación automatizada de los antecedentes regulados en los artículos 57 a 60.* 1. En el plazo de un año, el Gobierno establecerá los mecanismos necesarios que permitan la comprobación automática de la inexistencia de antecedentes, en los casos en que la actividad conlleve el alta en la Seguridad Social o en mutualidades de Previsión Social, mediante el cruce de la información existente en las bases de datos de trabajadores por cuenta ajena, por cuenta propia y de quienes realicen una práctica no laboral, y la recogida en el Registro Central de Delincuentes Sexuales y de Trata de Seres Humanos.

2. Asimismo, el Gobierno establecerá los mecanismos necesarios que permitan, para las personas que desarrollen actividades de voluntariado, la comprobación de la inexistencia de antecedentes mediante el cruce de la información recopilada por las asociaciones en las que desarrollen su actividad voluntaria y la recogida en el Registro Central de Delincuentes Sexuales y de Trata de Seres Humanos.

3. En el mismo sentido, el Gobierno establecerá los mecanismos necesarios que permitan la comprobación automática de la inexistencia de antecedentes en el Registro Central de Delincuentes Sexuales y de Trata de Seres Humanos de aquellas personas que realicen prácticas no laborales que no precisen el alta en la Seguridad Social.

Disposición adicional séptima. *Comisión de seguimiento.* 1. Por orden de los Ministros de Justicia, Interior y de Derechos Sociales y Agenda 2030, a propuesta de la Dirección General de los Derechos de la Infancia y de la Adolescencia, se creará una Comisión de seguimiento en el plazo máximo de un año a partir de la aprobación de esta ley, con el objeto de analizar su puesta en marcha, sus repercusiones jurídicas y económicas y la evaluación de su impacto.

La Comisión de seguimiento podrá requerir la colaboración de todos los departamentos ministeriales y en especial de los Ministerios de Sanidad, Consumo, Educación y Formación Profesional e Igualdad mediante la participación en los asuntos que se estime de su competencia.

2. La Comisión deberá emitir en el plazo máximo de dos años, contados a partir de la entrada en vigor de esta ley, un informe razo-

nado que incluya el análisis mencionado en el apartado anterior y sugerencias para la mejora del sistema.

3. A la luz de dicho informe los Ministros de Justicia, Interior y de Derechos Sociales y Agenda 2030 promoverán, en su caso, las modificaciones que consideren convenientes.

Disposición adicional octava. *Acceso al territorio a los niños y niñas solicitantes de asilo.* Las autoridades competentes garantizarán a los niños y niñas en necesidad de protección internacional el acceso al territorio y a un procedimiento de asilo con independencia de su nacionalidad y de su forma de entrada en España, en los términos establecidos en la Ley 12/2009, de 30 de octubre, reguladora del derecho de asilo y de protección subsidiaria.

Disposición adicional novena. *Seguridad Social de las personas acogedoras especializadas de dedicación exclusiva.* Reglamentariamente el Gobierno determinará en el plazo de un año de la entrada en vigor de la presente ley orgánica, el alcance y condiciones de la incorporación a la Seguridad Social de las personas que sean designadas como acogedoras especializadas de dedicación exclusiva, previstas en el artículo 20.1 de la Ley Orgánica 1/1996, de 15 de enero, de Protección Jurídica del Menor, de modificación parcial del Código Civil y de la Ley de Enjuiciamiento Civil, en el Régimen que les corresponda, así como los requisitos y procedimiento de afiliación, alta y cotización.

Disposición derogatoria

Disposición derogatoria única. *Derogación normativa.* Quedan derogadas todas las normas de igual o inferior rango en lo que contradigan o se opongan a lo dispuesto en esta ley.

Disposiciones finales

Disposición final primera. *Modificación de la Ley de Enjuiciamiento Criminal, aprobada por Real Decreto de 14 de septiembre de 1882.* La Ley de Enjuiciamiento Criminal, aprobada por

Real Decreto de 14 de septiembre de 1882, queda modificada en los siguientes términos:

Uno. Se modifica el primer párrafo del apartado 1 del artículo 109 bis, que queda redactado como sigue:

«**Artículo 109 bis.**

1. Las víctimas del delito que no hubieran renunciado a su derecho podrán ejercer la acción penal en cualquier momento antes del trámite de calificación del delito, si bien ello no permitirá retrotraer ni reiterar las actuaciones ya practicadas antes de su personación. Si se personasen una vez transcurrido el término para formular escrito de acusación podrán ejercitar la acción penal hasta el inicio del juicio oral adhiriéndose al escrito de acusación formulado por el Ministerio Fiscal o del resto de las acusaciones personadas.»

Dos. Se modifica el artículo 110 que queda redactado como sigue:

«**Artículo 110.**

Las personas perjudicadas por un delito que no hubieren renunciado a su derecho podrán mostrarse parte en la causa si lo hicieran antes del trámite de calificación del delito y ejercitar las acciones civiles que procedan, según les conviniere, sin que por ello se retroceda en el curso de las actuaciones. Si se personasen una vez transcurrido el término para formular escrito de acusación podrán ejercitar la acción penal hasta el inicio del juicio oral adhiriéndose al escrito de acusación formulado por el Ministerio Fiscal o del resto de las acusaciones personadas.

Aun cuando las personas perjudicadas no se muestren parte en la causa, no por esto se entiende que renuncian al derecho de restitución, reparación o indemnización que a su favor puede acordarse en sentencia firme, siendo necesario que la renuncia de este derecho se haga en su caso de una manera clara y terminante.»

Tres. Se modifica el artículo 261, que queda redactado como sigue:

«**Artículo 261.**

Tampoco estarán obligados a denunciar:

1.º Quien sea cónyuge del delincuente no separado legalmente o de hecho o la persona que conviva con él en análoga relación de afectividad.

2.º Quienes sean ascendientes y descendientes del delincuente y sus parientes colaterales hasta el segundo grado inclusive.

Esta disposición no será aplicable cuando se trate de un delito contra la vida, de un delito de homicidio, de un delito de lesiones de

los artículos 149 y 150 del Código Penal, de un delito de maltrato habitual previsto en el artículo 173.2 del Código Penal, de un delito contra la libertad o contra la libertad e indemnidad sexual o de un delito de trata de seres humanos y la víctima del delito sea una persona menor de edad o una persona con discapacidad necesitada de especial protección.»

Cuatro. Se modifica el apartado primero del artículo 416, que queda redactado como sigue:

«Están dispensados de la obligación de declarar:

1. Los parientes del procesado en líneas directa ascendente y descendente, su cónyuge o persona unida por relación de hecho análoga a la matrimonial, sus hermanos consanguíneos o uterinos y los colaterales consanguíneos hasta el segundo grado civil. El Juez instructor advertirá al testigo que se halle comprendido en el párrafo anterior que no tiene obligación de declarar en contra del procesado; pero que puede hacer las manifestaciones que considere oportunas, y el Letrado de la Administración de Justicia consignará la contestación que diere a esta advertencia.

Lo dispuesto en el apartado anterior no será de aplicación en los siguientes casos:

1.º Cuando el testigo tenga atribuida la representación legal o guarda de hecho de la víctima menor de edad o con discapacidad necesitada de especial protección.

2.º Cuando se trate de un delito grave, el testigo sea mayor de edad y la víctima sea una persona menor de edad o una persona con discapacidad necesitada de especial protección.

3.º Cuando por razón de su edad o discapacidad el testigo no pueda comprender el sentido de la dispensa. A tal efecto, el Juez oirá previamente a la persona afectada, pudiendo recabar el auxilio de peritos para resolver.

4.º Cuando el testigo esté o haya estado personado en el procedimiento como acusación particular.

5.º Cuando el testigo haya aceptado declarar durante el procedimiento después de haber sido debidamente informado de su derecho a no hacerlo.»

Cinco. Se suprime el párrafo cuarto del artículo 433.

Seis. Se suprime el párrafo tercero del artículo 448.

Siete. Se introduce un artículo 449 bis con el siguiente contenido:

«Artículo 449 bis.

Cuando, en los casos legalmente previstos, la autoridad judicial acuerde la práctica de la declaración del testigo como prueba preconstituida, la misma deberá desarrollarse de conformidad con los requisitos establecidos en este artículo.

La autoridad judicial garantizará el principio de contradicción en la práctica de la declaración. La ausencia de la persona investigada debidamente citada no impedirá la práctica de la prueba preconstituida, si bien su defensa letrada, en todo caso, deberá estar presente. En caso de incomparecencia injustificada del defensor de la persona investigada o cuando haya razones de urgencia para proceder inmediatamente, el acto se sustanciará con el abogado de oficio expresamente designado al efecto.

La autoridad judicial asegurará la documentación de la declaración en soporte apto para la grabación del sonido y la imagen, debiendo el Letrado de la Administración de Justicia, de forma inmediata, comprobar la calidad de la grabación audiovisual. Se acompañará acta sucinta autorizada por el Letrado de la Administración de Justicia, que contendrá la identificación y firma de todas las personas intervinientes en la prueba preconstituida.

Para la valoración de la prueba preconstituida obtenida conforme a lo previsto en los párrafos anteriores, se estará a lo dispuesto en el artículo 730.2.»

Ocho. Se introduce un artículo 449 ter con el siguiente contenido:

«Artículo 449 ter.

Cuando una persona menor de catorce años o una persona con discapacidad necesitada de especial protección deba intervenir en condición de testigo en un procedimiento judicial que tenga por objeto la instrucción de un delito de homicidio, lesiones, contra la libertad, contra la integridad moral, trata de seres humanos, contra la libertad e indemnidad sexuales, contra la intimidad, contra las relaciones familiares, relativos al ejercicio de derechos fundamentales y libertades públicas, de organizaciones y grupos criminales y terroristas y de terrorismo, la autoridad judicial acordará, en todo caso, practicar la audiencia del menor como prueba preconstituida, con todas las garantías de la práctica de prueba en el juicio oral y de conformidad con lo establecido en el artículo anterior. Este proceso se realizará con todas las garantías de accesibilidad y apoyos necesarios.

La autoridad judicial podrá acordar que la audiencia del menor de catorce años se practique a través de equipos psicosociales que apoyarán al Tribunal de manera interdisciplinar e interinstitucional, recogiendo el trabajo de los profesionales que hayan intervenido anteriormente y estudiando las circunstancias personales, familiares y sociales de la persona menor o con discapacidad, para mejorar el tratamiento de los mismos y el rendimiento de la prueba. En este caso, las partes trasladarán a la autoridad judicial las preguntas que estimen oportunas quien, previo control de su pertinencia y utilidad, se las facilitará a las personas expertas. Una vez realizada la audiencia del menor, las partes podrán interesar, en los mismos términos, aclaraciones al testigo. La declaración siempre será grabada y el Juez, previa audiencia de las partes, podrá recabar del perito un informe dando cuenta del desarrollo y resultado de la audiencia del menor.

Para el supuesto de que la persona investigada estuviere presente en la audiencia del menor se evitará su confrontación visual con el testigo, utilizando para ello, si fuese necesario, cualquier medio técnico.

Las medidas previstas en este artículo podrán ser aplicables cuando el delito tenga la consideración de leve.»

Nueve. Se modifican los apartados 6 y 7 del artículo 544 ter, que quedan redactados como sigue:

«6. Las medidas cautelares de carácter penal podrán consistir en cualesquiera de las previstas en la legislación procesal criminal. Sus requisitos, contenido y vigencia serán los establecidos con carácter general en esta ley. Se adoptarán por el Juez de instrucción atendiendo a la necesidad de protección integral e inmediata de la víctima y, en su caso, de las personas sometidas a su patria potestad, tutela, curatela, guarda o acogimiento.

7. Las medidas de naturaleza civil deberán ser solicitadas por la víctima o su representante legal, o bien por el Ministerio Fiscal cuando existan hijos menores o personas con la capacidad judicialmente modificada, determinando su régimen de cumplimiento y, si procediera, las medidas complementarias a ellas que fueran precisas, siempre que no hubieran sido previamente acordadas por un órgano del orden jurisdiccional civil, y sin perjuicio de las medidas previstas en el artículo 158 del Código Civil. Cuando existan menores o personas con discapacidad necesitadas de especial protección que convivan con la víctima y dependan de ella, el Juez deberá

pronunciarse en todo caso, incluso de oficio, sobre la pertenencia de la adopción de las referidas medidas.

Estas medidas podrán consistir en la forma en que se ejercerá la patria potestad, acogimiento, tutela, curatela o guarda de hecho, atribución del uso y disfrute de la vivienda familiar, determinar el régimen de guarda y custodia, suspensión o mantenimiento del régimen de visitas, comunicación y estancia con los menores o personas con discapacidad necesitadas de especial protección, el régimen de prestación de alimentos, así como cualquier disposición que se considere oportuna a fin de apartarles de un peligro o de evitarles perjuicios.

Cuando se dicte una orden de protección con medidas de contenido penal y existieran indicios fundados de que los hijos e hijas menores de edad hubieran presenciado, sufrido o convivido con la violencia a la que se refiere el apartado 1 de este artículo, la autoridad judicial, de oficio o a instancia de parte, suspenderá el régimen de visitas, estancia, relación o comunicación del inculpado respecto de los menores que dependan de él. No obstante, a instancia de parte, la autoridad judicial podrá no acordar la suspensión mediante resolución motivada en el interés superior del menor y previa evaluación de la situación de la relación paternofilial.

Las medidas de carácter civil contenidas en la orden de protección tendrán una vigencia temporal de treinta días. Si dentro de este plazo fuese incoado a instancia de la víctima o de su representante legal un proceso de familia ante la jurisdicción civil, las medidas adoptadas permanecerán en vigor durante los treinta días siguientes a la presentación de la demanda. En este término las medidas deberán ser ratificadas, modificadas o dejadas sin efecto por el Juez de primera instancia que resulte competente.»

Diez. Se introduce un artículo 703 bis con el siguiente contenido:

«**Artículo 703 bis.**

Cuando en fase de instrucción, en aplicación de lo dispuesto en el artículo 449 bis y siguientes, se haya practicado como prueba preconstituida la declaración de un testigo, se procederá, a instancia de la parte interesada, a la reproducción en la vista de la grabación audiovisual, de conformidad con el artículo 730.2, sin que sea necesaria la presencia del testigo en la vista.

En los supuestos previstos en el artículo 449 ter, la autoridad judicial solo podrá acordar la intervención del testigo en el acto del juicio, con carácter excepcional, cuando sea interesada por alguna de las partes y considerada necesaria en resolución motivada, asegurando que la grabación audiovisual cuenta con los apoyos de accesibilidad cuando el testigo sea una persona con discapacidad.

En todo caso, la autoridad judicial encargada del enjuiciamiento, a instancia de parte, podrá acordar su intervención en la vista cuando la prueba preconstituida no reúna todos los requisitos previstos en el artículo 449 bis y cause indefensión a alguna de las partes.»

Once. Se modifica el párrafo segundo del artículo 707, que queda redactado como sigue:

«Fuera de los casos previstos en el artículo 703 bis, cuando una persona menor de dieciocho años o una persona con discapacidad necesitada de especial protección deba intervenir en el acto del juicio, su declaración se llevará a cabo, cuando resulte necesario para impedir o reducir los perjuicios que para ella puedan derivar del desarrollo del proceso o de la práctica de la diligencia, evitando la confrontación visual con la persona inculpada. Con este fin podrá ser utilizado cualquier medio técnico que haga posible la práctica de esta prueba, incluyéndose la posibilidad de que los testigos puedan ser oídos sin estar presentes en la sala mediante la utilización de tecnologías de la comunicación accesible.»

Doce. Se modifica el artículo 730, que queda redactado como sigue:

«Artículo 730.

1. Podrán también leerse o reproducirse a instancia de cualquiera de las partes las diligencias practicadas en el sumario, que, por causas independientes de la voluntad de aquellas, no puedan ser reproducidas en el juicio oral.

2. A instancia de cualquiera de las partes, se podrá reproducir la grabación audiovisual de la declaración de la víctima o testigo practicada como prueba preconstituida durante la fase de instrucción conforme a lo dispuesto en el artículo 449 bis.»

Trece. Se adiciona un apartado 3 al artículo 777, con el siguiente contenido:

«3. Cuando una persona menor de catorce años o una persona con discapacidad necesitada de especial protección deba intervenir en condición de testigo, será de aplicación lo dispuesto en el artículo 449 ter, debiendo la autoridad judicial practicar prueba preconstituida, siempre que el objeto del procedimiento sea la instrucción de alguno de los delitos relacionados en tal artículo.

A efectos de su valoración como prueba en sentencia, la parte a quien interese deberá instar en el juicio oral la reproducción de la grabación audiovisual, en los términos del artículo 730.2.»

Catorce. Se adiciona un apartado 2 y se reenumeran los apartados del 2 al 6, que pasan a ser del 3 al 7, en el artículo 788, con el siguiente contenido:

«2. Será de aplicación lo dispuesto en el artículo 703 bis en cuanto a la no intervención en el acto del juicio del testigo, cuando se haya practicado prueba preconstituida de conformidad con lo dispuesto en los artículos 449 bis y siguientes.»

Disposición final segunda. *Modificación del Código Civil, aprobado por Real Decreto de 24 de julio de 1889.* Uno. Se modifica el artículo 92 del Código Civil, aprobado por Real Decreto de 24 de julio de 1889, que queda redactado como sigue:

«Artículo 92.

1. La separación, la nulidad y el divorcio no eximen a los padres de sus obligaciones para con los hijos.

2. El Juez, cuando deba adoptar cualquier medida sobre la custodia, el cuidado y la educación de los hijos menores, velará por el cumplimiento de su derecho a ser oídos y emitirá una resolución motivada en el interés superior del menor sobre esta cuestión.

3. En la sentencia se acordará la privación de la patria potestad cuando en el proceso se revele causa para ello.

4. Los padres podrán acordar en el convenio regulador o el Juez podrá decidir, en beneficio de los hijos, que la patria potestad sea ejercida total o parcialmente por uno de los cónyuges.

5. Se acordará el ejercicio compartido de la guarda y custodia de los hijos cuando así lo soliciten los padres en la propuesta de convenio regulador o cuando ambos lleguen a este acuerdo en el transcurso del procedimiento.

6. En todo caso, antes de acordar el régimen de guarda y custodia, el Juez deberá recabar informe del Ministerio Fiscal, oír a los menores que tengan suficiente juicio cuando se estime necesario de oficio o a petición del Fiscal, las partes o miembros del Equipo Técnico Judicial, o del propio menor, y valorar las alegaciones de las partes, la prueba practicada, y la relación que los padres mantengan entre sí y con sus hijos para determinar su idoneidad con el régimen de guarda.

7. No procederá la guarda conjunta cuando cualquiera de los progenitores esté incurso en un proceso penal iniciado por atentar contra la vida, la integridad física, la libertad, la integridad moral o la libertad e indemnidad sexual del otro cónyuge o de los hijos que convivan con ambos. Tampoco procederá cuando el Juez advierta, de las alegaciones de las partes y las pruebas practicadas, la existencia de indicios fundados de violencia doméstica o de género.

8. Excepcionalmente, aun cuando no se den los supuestos del apartado cinco de este artículo, el Juez, a instancia de una de las partes, con informe del Ministerio Fiscal, podrá acordar la guarda y custodia compartida fundamentándola en que solo de esta forma se protege adecuadamente el interés superior del menor.

9. El Juez, antes de adoptar alguna de las decisiones a que se refieren los apartados anteriores, de oficio o a instancia de parte, del Fiscal o miembros del Equipo Técnico Judicial, o del propio menor, podrá recabar dictamen de especialistas debidamente cualificados, relativo a la idoneidad del modo de ejercicio de la patria potestad y del régimen de custodia de las personas menores de edad para asegurar su interés superior.

10. El Juez adoptará, al acordar fundadamente el régimen de guarda y custodia, así como el de estancia, relación y comunicación, las cautelas necesarias, procedentes y adecuadas para el eficaz cumplimiento de los regímenes establecidos, procurando no separar a los hermanos.»

Dos. Se modifica el artículo 154 del Código Civil, aprobado por Real Decreto de 24 de julio de 1889, que queda redactado como sigue:

«Artículo 154.

Los hijos e hijas no emancipados están bajo la patria potestad de los progenitores.

La patria potestad, como responsabilidad parental, se ejercerá siempre en interés de los hijos e hijas, de acuerdo con su personalidad, y con respeto a sus derechos, su integridad física y mental.

Esta función comprende los siguientes deberes y facultades:

1.º Velar por ellos, tenerlos en su compañía, alimentarlos, educarlos y procurarles una formación integral.

2.º Representarlos y administrar sus bienes.

3.º Decidir el lugar de residencia habitual de la persona menor de edad, que solo podrá ser modificado con el consentimiento de ambos progenitores o, en su defecto, por autorización judicial.

Si los hijos o hijas tuvieren suficiente madurez deberán ser oídos siempre antes de adoptar decisiones que les afecten sea en procedimiento contencioso o de mutuo acuerdo. En todo caso, se garantizará que puedan ser oídas en condiciones idóneas, en términos que les sean accesibles, comprensibles y adaptados a su edad, madurez y circunstancias, recabando el auxilio de especialistas cuando ello fuera necesario.

Los progenitores podrán, en el ejercicio de su función, recabar el auxilio de la autoridad.»

Tres. Se modifica el artículo 158 del Código Civil, aprobado por Real Decreto de 24 de julio de 1889, que queda redactado como sigue:

«Artículo 158.

El Juez, de oficio o a instancia del propio hijo, de cualquier pariente o del Ministerio Fiscal, dictará:

1.º Las medidas convenientes para asegurar la prestación de alimentos y proveer a las futuras necesidades del hijo, en caso de incumplimiento de este deber, por sus padres.

2.º Las disposiciones apropiadas a fin de evitar a los hijos perturbaciones dañosas en los caso de cambio de titular de la potestad de guarda.

3.º Las medidas necesarias para evitar la sustracción de los hijos menores por alguno de los progenitores o por terceras personas y, en particular, las siguientes:

a) Prohibición de salida del territorio nacional, salvo autorización judicial previa.

b) Prohibición de expedición del pasaporte al menor o retirada del mismo si ya se hubiere expedido.

c) Sometimiento a autorización judicial previa de cualquier cambio de domicilio del menor.

4.º La medida de prohibición a los progenitores, tutores, a otros parientes o a terceras personas de aproximarse al menor y acercarse a su domicilio o centro educativo y a otros lugares que frecuente, con respecto al principio de proporcionalidad.

5.º La medida de prohibición de comunicación con el menor, que impedirá a los progenitores, tutores, a otros parientes o a terceras personas establecer contacto escrito, verbal o visual por cualquier medio de comunicación o medio informático o telemático, con respeto al principio de proporcionalidad.

6.º La suspensión cautelar en el ejercicio de la patria potestad y/o en el ejercicio de la guarda y custodia, la suspensión cautelar del régimen de visitas y comunicaciones establecidos en resolución judicial o convenio judicialmente aprobado y, en general, las demás disposiciones que considere oportunas, a fin de apartar al menor de un peligro o de evitarle perjuicios en su entorno familiar o frente a terceras personas.

En caso de posible desamparo del menor, el Juzgado comunicará las medidas a la Entidad Pública. Todas estas medidas podrán adoptarse dentro de cualquier proceso judicial o penal o bien en un expediente de jurisdicción voluntaria, en que la autoridad judicial habrá de garantizar la audiencia de la persona menor de edad, pudiendo el Tribunal ser auxiliado por personas externas para garantizar que pueda ejercitarse este derecho por sí misma.»

Cuatro. Se modifica el apartado 5 del artículo 172 del Código Civil, aprobado por Real Decreto de 24 de julio de 1889, que queda redactado como sigue:

«5. La Entidad Pública cesará en la tutela que ostente sobre los menores declarados en situación de desamparo cuando conste, mediante los correspondientes informes, la desaparición de las causas que motivaron su asunción, por alguno de los supuestos previstos en los artículos 276 y 277.1, y cuando compruebe fehacientemente alguna de las siguientes circunstancias:

a) Que el menor se ha trasladado voluntariamente a otro país.

b) Que el menor se encuentra en el territorio de otra comunidad autónoma, en cuyo caso se procederá al traslado del expediente de protección y cuya Entidad Pública hubiere dictado resolución sobre declaración de situación de desamparo y asumido su tutela o medida de protección correspondiente, o entendiere que ya no es necesario adoptar medidas de protección a tenor de la situación del menor.

c) Que hayan transcurrido doce meses desde que el menor abandonó voluntariamente el centro de protección, encontrándose en paradero desconocido.

La guarda provisional cesará por las mismas causas que la tutela.»

Disposición final tercera. *Modificación de la Ley Orgánica 1/1979, de 26 de septiembre, General Penitenciaria.* Se introduce un artículo sesenta y seis bis en la Ley Orgánica 1/1979, de 26 de septiembre, General Penitenciaria, con el siguiente contenido:

«Artículo sesenta y seis bis.

1. La Administración penitenciaria elaborará programas específicos para las personas internas que hayan sido condenadas por delitos relacionados con la violencia contra la infancia y adolescencia, al objeto de desarrollar en ellos una actitud de respeto hacia los derechos de niños, niñas y adolescentes, en los términos que se determinen reglamentariamente.

2. Las Juntas de Tratamiento valorarán, en las progresiones de grado, concesión de permisos y concesión de la libertad condicional, el seguimiento y aprovechamiento de dichos programas específicos por parte de las personas internas a que se refiere el apartado anterior.»

Disposición final cuarta. *Modificación de la Ley Orgánica 6/1985, de 1 de julio, del Poder Judicial.* La Ley Orgánica 6/1985, de 1 de julio, del Poder Judicial, queda modificada de la forma siguiente:

Uno. Se modifica el apartado 2 del artículo 307, que queda redactado en los siguientes términos:

«2. El curso de selección incluirá necesariamente: un programa teórico de formación multidisciplinar, un período de prácticas tuteladas en diferentes órganos de todos los órdenes jurisdiccionales y un período en el que los jueces y juezas en prácticas desempeñarán funciones de sustitución y refuerzo. Solamente la superación de cada uno de ellos posibilitará el acceso al siguiente.

En la fase teórica de formación multidisciplinar se incluirá el estudio en profundidad de las materias que integran el principio de no discriminación y la igualdad entre hombres y mujeres, y en particular de la legislación especial para la lucha contra la violencia sobre la mujer en todas sus formas. Asimismo, incluirá el estudio en profundidad de la legislación nacional e internacional sobre los derechos de la infancia y la adolescencia, con especial atención a la Convención sobre los Derechos del Niño y sus observaciones generales.»

Dos. Se modifica el artículo 310, que queda redactado en los siguientes términos:

«Artículo 310.

Todas las pruebas selectivas para el ingreso y la promoción en las Carreras Judicial y Fiscal contemplarán el estudio del principio de igualdad entre mujeres y hombres, incluyendo las medidas contra la violencia de género, y su aplicación con carácter transversal en el ámbito de la función jurisdiccional.

El temario deberá garantizar la adquisición de conocimientos sobre el principio de no discriminación y especialmente de igualdad entre mujeres y hombres y, en particular, de la normativa específica dictada para combatir la violencia sobre la mujer, incluyendo la de la Unión Europea y la de tratados e instrumentos internacionales en materia de igualdad, discriminación y violencia contra las mujeres ratificados por España.

Asimismo, las pruebas selectivas contemplarán el estudio de la tutela judicial de los derechos de la infancia y la adolescencia, su protección y la aplicación del principio del interés superior de la persona menor de edad. El temario deberá garantizar la adquisición de conocimientos sobre normativa interna, europea e internacional, con especial atención a la Convención sobre los Derechos del Niño y sus observaciones generales.»

Tres. Se modifica el apartado 5 del artículo 433 bis, que queda redactado en los siguientes términos:

«5. El Plan de Formación Continuada de la Carrera Judicial contendrá cursos específicos de naturaleza multidisciplinar sobre la tutela judicial del principio de igualdad entre mujeres y hombres, la discriminación por cuestión de sexo, la múltiple discriminación y la violencia ejercida sobre las mujeres, así como la trata en todas sus formas y manifestaciones y la capacitación en la aplicación de la perspectiva de género en la interpretación y aplicación del Derecho, además de incluir dicha formación de manera transversal en el resto de cursos.

Asimismo, el Plan de Formación Continuada contemplará cursos específicos de naturaleza disciplinar sobre la tutela judicial de los derechos de los niños, niñas y adolescentes. En todo caso, en los cursos de formación se introducirá el enfoque de la discapacidad de los niños, niñas y adolescentes.»

Cuatro. Se modifica el apartado 2 del artículo 434, que queda redactado en los siguientes términos:

«2. Tendrá como función la colaboración con el Ministerio de Justicia en la selección, formación inicial y continuada de los miembros de la Carrera Fiscal, el Cuerpo de Letrados y demás personal al servicio de la Administración de Justicia.

El Centro de Estudios Jurídicos impartirá anualmente cursos de formación sobre el principio de igualdad entre mujeres y hombres y su aplicación con carácter transversal a quienes integren la Carrera Fiscal, el Cuerpo de Letrados y demás personal al servicio de la Administración de Justicia, así como sobre la detección precoz y el tratamiento de situaciones de violencia de género.

Asimismo, el Centro de Estudios Jurídicos impartirá anualmente cursos específicos de naturaleza multidisciplinar sobre la tutela judicial de los derechos de la infancia y la adolescencia. En todo caso, en los cursos de formación se introducirá el enfoque de la discapacidad de los niños, niñas y adolescentes.»

Cinco. Se modifican los apartados 3 y 4 del artículo 480 que quedan redactados como sigue:

«Artículo 480.

3. Los Facultativos del Instituto Nacional de Toxicología y Ciencias Forenses son funcionarios de carrera que constituyen un Cuerpo Nacional de Titulados Superiores al servicio de la Administración de Justicia. Atendiendo a la actividad técnica y científica del Instituto, dentro del citado Cuerpo podrán establecerse especialidades.

Son funciones del Cuerpo de Facultativos del Instituto Nacional de Toxicología y Ciencias Forenses la asistencia técnica en las materias de sus disciplinas profesionales a autoridades judiciales, gubernativas, al Ministerio Fiscal y a los médicos forenses, en el curso de las actuaciones judiciales o en las diligencias previas de investigación. A tal efecto llevarán a cabo los análisis e investigación que les sean solicitados, emitirán los dictámenes e informes pertinentes y evacuarán las consultas que les sean planteadas por las autoridades citadas, así como por los particulares en el curso de procesos judiciales y por organismos o empresas públicas que afecten al interés general, y contribuirán a la prevención de intoxicaciones.

Prestarán sus servicios en el Instituto Nacional de Toxicología y Ciencias Forenses, así como en los Institutos de Medicina Legal y Ciencias Forenses y en las unidades administrativas que se establezcan, en los supuestos y condiciones que se determinen en las correspondientes relaciones de puestos de trabajo.

4. Los Técnicos Especialistas del Instituto Nacional de Toxicología y Ciencias Forenses son funcionarios de carrera que constituyen un cuerpo nacional de auxilio especializado al servicio de la Administración de Justicia y realizarán funciones de auxilio técnico especializado en las actividades científicas y de investigación propias

del citado Instituto, así como de los Institutos de Medicina Legal y Ciencias Forenses.

Prestarán servicio, en los supuestos y condiciones que se establezcan en las relaciones de puestos de trabajo de los citados organismos.»

Disposición final quinta. *Modificación de la Ley 34/1988, de 11 de noviembre, General de Publicidad.* Se modifica el párrafo a) del artículo 3 de la Ley 34/1988, de 11 de noviembre, General de Publicidad, que queda redactado en los siguientes términos:

«a) La publicidad que atente contra la dignidad de la persona o vulnere los valores y derechos reconocidos en la Constitución Española, especialmente a los que se refieren sus artículos 14, 18 y 20, apartado 4.

Se entenderán incluidos en la previsión anterior los anuncios que presenten a las mujeres de forma vejatoria o discriminatoria, bien utilizando particular y directamente su cuerpo o partes del mismo como mero objeto desvinculado del producto que se pretende promocionar, bien su imagen asociada a comportamientos estereotipados que vulneren los fundamentos de nuestro ordenamiento coadyuvando a generar la violencia a que se refiere la Ley Orgánica 1/2004, de 28 de diciembre, de Medidas de Protección Integral contra la Violencia de Género.

Asimismo, se entenderá incluida en la previsión anterior cualquier forma de publicidad que coadyuve a generar violencia o discriminación en cualquiera de sus manifestaciones sobre las personas menores de edad, o fomente estereotipos de carácter sexista, racista, estético o de carácter homofóbico o transfóbico o por razones de discapacidad.»

Disposición final sexta. *Modificación de la Ley Orgánica 10/1995, de 23 de noviembre, del Código Penal.* Se modifica la Ley Orgánica 10/1995, de 23 de noviembre, del Código Penal, que queda redactada en los siguientes términos:

Uno. Se modifica la circunstancia 4.ª del artículo 22, que queda redactada como sigue:

«4.ª Cometer el delito por motivos racistas, antisemitas u otra clase de discriminación referente a la ideología, religión o creencias de la víctima, la etnia, raza o nación a la que pertenezca, su sexo, edad, orientación o identidad sexual o de género, razones de género, de aporofobia o de exclusión social, la enfermedad que padezca o su discapacidad, con independencia de que tales condiciones o circunstancias concurran efectivamente en la persona sobre la que recaiga la conducta.»

Dos. Se modifica el párrafo b) del artículo 39, que queda redactado como sigue:

«b) Las de inhabilitación especial para empleo o cargo público, profesión, oficio, industria o comercio, u otras actividades, sean o no retribuidas, o de los derechos de patria potestad, tutela, guarda o curatela, tenencia de animales, derecho de sufragio pasivo o de cualquier otro derecho.»

Tres. Se modifica el artículo 45, que queda redactado en los siguientes términos:

«**Artículo 45.**

La inhabilitación especial para profesión, oficio, industria o comercio u otras actividades, sean o no retribuidas, o cualquier otro derecho, que ha de concretarse expresa y motivadamente en la sentencia, priva a la persona penada de la facultad de ejercerlos durante el tiempo de la condena. La autoridad judicial podrá restringir la inhabilitación a determinadas actividades o funciones de la profesión u oficio, retribuido o no, permitiendo, si ello fuera posible, el ejercicio de aquellas funciones no directamente relacionadas con el delito cometido.»

Cuatro. Se modifica el artículo 46, que queda redactado en los siguientes términos:

«**Artículo 46.**

La inhabilitación especial para el ejercicio de la patria potestad, tutela, curatela, guarda o acogimiento, priva a la persona condenada de los derechos inherentes a la primera, y supone la extinción de las demás, así como la incapacidad para obtener nombramiento para dichos cargos durante el tiempo de la condena. La pena de privación de la patria potestad implica la pérdida de la titularidad de la misma, subsistiendo aquellos derechos de los que sea titular el hijo o la hija respecto de la persona condenada que se determinen judicialmente. La autoridad judicial podrá acordar estas penas respecto de todas o algunas de las personas menores de edad o personas con discapacidad necesitadas de especial protección que estén a cargo de la persona condenada.

Para concretar qué derechos de las personas menores de edad o personas con discapacidad han de subsistir en caso de privación de la patria potestad y para determinar respecto de qué personas se acuerda la pena, la autoridad judicial valorará el interés superior de la persona menor de edad o con discapacidad, en relación a las circunstancias del caso concreto.

A los efectos de este artículo, la patria potestad comprende tanto la regulada en el Código Civil, incluida la prorrogada y la rehabilitada, como las instituciones análogas previstas en la legislación civil de las comunidades autónomas.»

Cinco. Se modifica el párrafo introductorio del artículo 49, que queda redactado en los siguientes términos:

«Los trabajos en beneficio de la comunidad, que no podrán imponerse sin el consentimiento de la persona condenada, le obligan a prestar su cooperación no retribuida en determinadas actividades de utilidad pública, que podrán consistir, en relación con delitos de similar naturaleza al cometido por la persona condenada, en labores de reparación de los daños causados o de apoyo o asistencia a las víctimas, así como en la participación de la persona condenada en talleres o programas formativos de reeducación, laborales, culturales, de educación vial, sexual, resolución pacífica de conflictos, parentalidad positiva y otros similares. Su duración diaria no podrá exceder de ocho horas y sus condiciones serán las siguientes:»

Seis. Se modifica el apartado 1 del artículo 57, que queda redactado como sigue:

«1. Las autoridades judiciales, en los delitos de homicidio, aborto, lesiones, contra la libertad, de torturas y contra la integridad moral, trata de seres humanos, contra la libertad e indemnidad sexuales, la intimidad, el derecho a la propia imagen y la inviolabilidad del domicilio, el honor, el patrimonio, el orden socioeconómico y las relaciones familiares, atendiendo a la gravedad de los hechos o al peligro que el delincuente represente, podrán acordar en sus sentencias la imposición de una o varias de las prohibiciones contempladas en el artículo 48, por un tiempo que no excederá de diez años si el delito fuera grave, o de cinco si fuera menos grave.

No obstante lo anterior, si la persona condenada lo fuera a pena de prisión y el Juez o Tribunal acordara la imposición de una o varias de dichas prohibiciones, lo hará por un tiempo superior entre uno y diez años al de la duración de la pena de prisión impuesta en la sentencia, si el delito fuera grave, y entre uno y cinco años, si fuera menos grave. En este supuesto, la pena de prisión y las prohibiciones antes citadas se cumplirán necesariamente por la persona condenada de forma simultánea.»

Siete. Se modifica el párrafo 6.ª del apartado 1 del artículo 83, que queda redactado como sigue:

«6.ª Participar en programas formativos, laborales, culturales, de educación vial, sexual, de defensa del medio ambiente, de protección de los animales, de igualdad de trato y no discriminación, resolución pacífica de conflictos, parentalidad positiva y otros similares.»

Ocho. Se modifica el artículo 107, que queda redactado como sigue:

«Artículo 107.

La autoridad judicial podrá decretar razonadamente la medida de inhabilitación para el ejercicio de determinado derecho, profesión, oficio, industria o comercio, cargo o empleo u otras actividades, sean o no retribuidas, por un tiempo de uno a cinco años, cuando la persona haya cometido con abuso de dicho ejercicio, o en relación con él, un hecho delictivo, y cuando de la valoración de las circunstancias concurrentes pueda deducirse el peligro de que vuelva a cometer el mismo delito u otros semejantes, siempre que no sea posible imponerle la pena correspondiente por encontrarse en alguna de las situaciones previstas en los números 1.º, 2.º y 3.º del artículo 20.»

Nueve. Se modifica el párrafo 5.º del apartado 1 del artículo 130, que queda redactado como sigue:

«5.º Por el perdón de la persona ofendida, cuando se trate de delitos leves perseguibles a instancias de la persona agraviada o la ley así lo prevea. El perdón habrá de ser otorgado de forma expresa antes de que se haya dictado sentencia, a cuyo efecto la autoridad judicial sentenciadora deberá oír a la persona ofendida por el delito antes de dictarla.

En los delitos cometidos contra personas menores de edad o personas con discapacidad necesitadas de especial protección que afecten a bienes jurídicos eminentemente personales, el perdón de la persona ofendida no extingue la responsabilidad criminal.»

Diez. Se modifica el apartado 1 del artículo 132, que queda redactado como sigue:

«1. Los términos previstos en el artículo precedente se computarán desde el día en que se haya cometido la infracción punible. En los casos de delito continuado, delito permanente, así como en las infracciones que exijan habitualidad, tales términos se computarán, respectivamente, desde el día en que se realizó la última infracción, desde que se eliminó la situación ilícita o desde que cesó la conducta.

En los delitos de aborto no consentido, lesiones, contra la libertad, de torturas y contra la integridad moral, contra la intimidad, el derecho a la propia imagen y la inviolabilidad del domicilio, y contra las relaciones familiares, excluidos los delitos contemplados en el párrafo siguiente, cuando la víctima fuere una persona menor de dieciocho años, los términos se computarán desde el día en que ésta haya alcanzado la mayoría de edad, y si falleciere antes de alcanzarla, a partir de la fecha del fallecimiento.

En los delitos de tentativa de homicidio, de lesiones de los artículos 149 y 150, en el delito de maltrato habitual previsto en el artículo 173.2, en los delitos contra la libertad, en los delitos contra la libertad e indemnidad sexual y en los delitos de trata de seres humanos, cuando la víctima fuere una persona menor de dieciocho años, los términos se computarán desde que la víctima cumpla los treinta y cinco años de edad, y si falleciere antes de alcanzar esa edad, a partir de la fecha del fallecimiento.»

Once. Se modifica el artículo 140 bis, que queda redactado como sigue:

«Artículo 140 bis.

1. A las personas condenadas por la comisión de uno o más delitos comprendidos en este título se les podrá imponer además una medida de libertad vigilada.

2. Si la víctima y quien sea autor de los delitos previstos en los tres artículos precedentes tuvieran un hijo o hija en común, la autoridad judicial impondrá, respecto de este, la pena de privación de la patria potestad.

La misma pena se impondrá cuando la víctima fuere hijo o hija del autor, respecto de otros hijos e hijas, si existieren.»

Doce. Se introduce un artículo 143 bis, con el siguiente contenido:

«Artículo 143 bis.

La distribución o difusión pública a través de Internet, del teléfono o de cualquier otra tecnología de la información o de la comunicación de contenidos específicamente destinados a promover, fomentar o incitar al suicidio de personas menores de edad o personas con discapacidad necesitadas de especial protección será castigada con la pena de prisión de uno a cuatro años.

Las autoridades judiciales ordenarán la adopción de las medidas necesarias para la retirada de los contenidos a los que se refiere el párrafo anterior, para la interrupción de los servicios que ofrezcan predominantemente dichos contenidos o para el bloqueo de unos y otros cuando radiquen en el extranjero.»

Trece. Se modifica el apartado 3.º del artículo 148, que queda redactado como sigue:

«3.º Si la víctima fuere menor de catorce años o persona con discapacidad necesitada de especial protección.»

Catorce. Se modifica el artículo 156 ter, que queda redactado como sigue:

«**Artículo 156 ter.**

La distribución o difusión pública a través de Internet, del teléfono o de cualquier otra tecnología de la información o de la comunicación de contenidos específicamente destinados a promover, fomentar o incitar a la autolesión de personas menores de edad o personas con discapacidad necesitadas de especial protección será castigada con la pena de prisión de seis meses a tres años.

Las autoridades judiciales ordenarán la adopción de las medidas necesarias para la retirada de los contenidos a los que se refiere el párrafo anterior, para la interrupción de los servicios que ofrezcan predominantemente dichos contenidos o para el bloqueo de unos y otros cuando radiquen en el extranjero.»

Quince. Se introduce el artículo 156 quater, con el siguiente contenido:

«**Artículo 156 quater.**

A las personas condenadas por la comisión de uno o más delitos comprendidos en este Título, cuando la víctima fuere alguna de las personas a que se refiere el apartado 2 del artículo 173, se les podrá imponer además una medida de libertad vigilada.»

Dieciséis. Se introduce el artículo 156 quinquies, con el siguiente contenido:

«**Artículo 156 quinquies.**

A las personas condenadas por la comisión de alguno de los delitos previstos en los artículos 147.1, 148, 149, 150 y 153 en los que la víctima sea una persona menor de edad se les podrá imponer, además de las penas que procedan, la pena de inhabilitación especial para cualquier profesión, oficio u otras actividades, sean o no retribuidos, que conlleve contacto regular y directo con personas menores de edad, por un tiempo superior entre tres y cinco años al de la duración de la pena de privación de libertad impuesta en la sentencia o por un tiempo de dos a cinco años cuando no se hubiere impuesto una pena de prisión, en ambos casos se atenderá proporcionalmente a la gravedad del delito, el número de los delitos cometidos y a las circunstancias que concurran en la persona condenada.»

Diecisiete. Se modifica el apartado 1 del artículo 177 bis, que queda redactado como sigue:

«1. Será castigado con la pena de cinco a ocho años de prisión como reo de trata de seres humanos el que, sea en territorio español, sea desde España, en tránsito o con destino a ella, empleando violencia, intimidación o engaño, o abusando de una situación de superioridad o de necesidad o de vulnerabilidad de la víctima nacional o extranjera, o mediante la entrega o recepción de pagos o beneficios para lograr el consentimiento de la persona que poseyera el control sobre la víctima, la captare, transportare, trasladare, acogiere, o recibiere, incluido el intercambio o transferencia de control sobre esas personas, con cualquiera de las finalidades siguientes:

a) La imposición de trabajo o de servicios forzados, la esclavitud o prácticas similares a la esclavitud, a la servidumbre o a la mendicidad.

b) La explotación sexual, incluyendo la pornografía.

c) La explotación para realizar actividades delictivas.

d) La extracción de sus órganos corporales.

e) La celebración de matrimonios forzados.

Existe una situación de necesidad o vulnerabilidad cuando la persona en cuestión no tiene otra alternativa, real o aceptable, que someterse al abuso.

Cuando la víctima de trata de seres humanos fuera una persona menor de edad se impondrá, en todo caso, la pena de inhabilitación especial para cualquier profesión, oficio o actividades, sean o no retribuidos, que conlleve contacto regular y directo con personas menores de edad, por un tiempo superior entre seis y veinte años al de la duración de la pena de privación de libertad impuesta.»

Dieciocho. Se modifican las circunstancias 3.ª y 4.ª del apartado 1 del artículo 180, que quedan redactadas como sigue:

«3.ª Cuando los hechos se cometan contra una persona que se halle en una situación de especial vulnerabilidad por razón de su edad, enfermedad, discapacidad o por cualquier otra circunstancia, salvo lo dispuesto en el artículo 183.

4.ª Cuando, para la ejecución del delito, la persona responsable se hubiera prevalido de una situación de convivencia o de una relación de superioridad o parentesco, por ser ascendiente, o hermano, por naturaleza o adopción, o afines, con la víctima.»

Diecinueve. Se modifican las letras a) y d) del apartado 4 del artículo 183, que quedan redactadas como sigue:

«a) Cuando la víctima se halle en una situación de especial vulnerabilidad por razón de su edad, enfermedad, discapacidad o por cualquier otra circunstancia, y, en todo caso, cuando sea menor de cuatro años.

d) Cuando, para la ejecución del delito, el responsable se hubiera prevalido de una situación de convivencia o de una relación de superioridad o parentesco, por ser ascendiente, o hermano, por naturaleza o adopción, o afines, con la víctima.»

Veinte. Se modifica el artículo 183 quater, que queda redactado como sigue:

«**Artículo 183 quater.**

El consentimiento libre del menor de dieciséis años, excepto en los casos del artículo 183.2 del Código Penal, excluirá la responsabilidad penal por los delitos previstos en este capítulo cuando el autor sea una persona próxima al menor por edad y grado de desarrollo o madurez física y psicológica.»

Veintiuno. Se modifican las letras a) y b) del apartado 3 del artículo 188, que quedan redactadas como sigue:

«a) Cuando la víctima se halle en una situación de especial vulnerabilidad por razón de su edad, enfermedad, discapacidad o por cualquier otra circunstancia.

b) Cuando, para la ejecución del delito, el responsable se hubiera prevalido de una situación de convivencia o de una relación de superioridad o parentesco, por ser ascendiente, o hermano, por naturaleza o adopción, o afines, con la víctima.»

Veintidós. Se modifican las letras b), c) y g) del apartado 2 del artículo 189, que quedan redactadas como sigue:

«b) Cuando los hechos revistan un carácter particularmente degradante o vejatorio, se emplee violencia física o sexual para la obtención del material pornográfico o se representen escenas de violencia física o sexual.

c) Cuando se utilice a personas menores de edad que se hallen en una situación de especial vulnerabilidad por razón de enfermedad, discapacidad o por cualquier otra circunstancia.

g) Cuando el responsable sea ascendiente, tutor, curador, guardador, maestro o cualquier otra persona encargada, de hecho, aunque fuera provisionalmente, o de derecho, de la persona menor de edad o persona con discapacidad necesitada de especial protección, o se trate de cualquier persona que conviva con él o de otra persona que haya actuado abusando de su posición reconocida de confianza o autoridad.»

Veintitrés. Se modifica el artículo 189 bis, que queda redactado como sigue:

«Artículo 189 bis.

La distribución o difusión pública a través de Internet, del teléfono o de cualquier otra tecnología de la información o de la comunicación de contenidos específicamente destinados a promover, fomentar o incitar a la comisión de los delitos previstos en este capítulo y en los capítulos II bis y IV del presente título será castigada con la pena de multa de seis a doce meses o pena de prisión de uno a tres años.

Las autoridades judiciales ordenarán la adopción de las medidas necesarias para la retirada de los contenidos a los que se refiere el párrafo anterior, para la interrupción de los servicios que ofrezcan predominantemente dichos contenidos o para el bloqueo de unos y otros cuando radiquen en el extranjero.»

Veinticuatro. Se introduce el artículo 189 ter, con el siguiente contenido:

«Artículo 189 ter.

Cuando de acuerdo con lo establecido en el artículo 31 bis una persona jurídica sea responsable de los delitos comprendidos en este Capítulo, se le impondrán las siguientes penas:

a) Multa del triple al quíntuple del beneficio obtenido, si el delito cometido por la persona física tiene prevista una pena de prisión de más de cinco años.

b) Multa del doble al cuádruple del beneficio obtenido, si el delito cometido por la persona física tiene prevista una pena de prisión de más de dos años no incluida en el anterior inciso.

c) Multa del doble al triple del beneficio obtenido, en el resto de los casos.

Atendidas las reglas establecidas en el artículo 66 bis, las autoridades judiciales podrán asimismo imponer las penas recogidas en las letras b) a g) del apartado 7 del artículo 33.»

Veinticinco. Se modifica el apartado 3 del artículo 192, que queda redactado como sigue:

«3. La autoridad judicial podrá imponer razonadamente, además, la pena de privación de la patria potestad o la pena de inhabilitación especial para el ejercicio de los derechos de la patria potestad, tutela, curatela, guarda o acogimiento, por el tiempo de seis meses a seis años, y la pena de inhabilitación para empleo o cargo público o ejercicio de la profesión u oficio, retribuido o no, por el tiempo de seis meses a seis años.

La autoridad judicial impondrá a las personas responsables de los delitos comprendidos en el presente título, sin perjuicio de las penas que correspondan con arreglo a los artículos precedentes, una pena de inhabilitación especial para cualquier profesión, oficio o actividades, sean o no retribuidos, que conlleve contacto regular y directo con personas menores de edad, por un tiempo superior entre cinco y veinte años al de la duración de la pena de privación de libertad impuesta en la sentencia si el delito fuera grave, y entre dos y veinte años si fuera menos grave, en ambos casos se atenderá proporcionalmente a la gravedad del delito, el número de los delitos cometidos y a las circunstancias que concurran en la persona condenada.»

Veintiséis. Se modifica el artículo 201, que queda redactado como sigue:

«1. Para proceder por los delitos previstos en este Capítulo será necesaria denuncia de la persona agraviada o de su representante legal.

2. No será precisa la denuncia exigida en el apartado anterior para proceder por los hechos descritos en el artículo 198 de este Código, ni cuando la comisión del delito afecte a los intereses generales, a una pluralidad de personas o si la víctima es una persona menor de edad o una persona con discapacidad necesitada de especial protección.

3. El perdón del ofendido o de su representante legal, en su caso, extingue la acción penal sin perjuicio de lo dispuesto en el artículo 130.1.5.º, párrafo segundo.»

Veintisiete. Se modifica el apartado 3 del artículo 215, que queda redactado como sigue:

«El perdón de la persona ofendida extingue la acción penal, sin perjuicio de lo dispuesto en el artículo 130.1.5.º, párrafo segundo de este Código.»

Veintiocho. Se modifica el apartado 2 del artículo 220, que queda redactado como sigue:

«2. La misma pena se impondrá a quien ocultare o entregare a terceros una persona menor de dieciocho años para alterar o modificar su filiación.»

Veintinueve. Se modifica el apartado 2 del artículo 225 bis, que queda redactado como sigue:

«2. A los efectos de este artículo, se considera sustracción:

1.º El traslado de una persona menor de edad de su lugar de residencia habitual sin consentimiento del otro progenitor o de las personas o instituciones a las cuales estuviese confiada su guarda o custodia.

2.º La retención de una persona menor de edad incumpliendo gravemente el deber establecido por resolución judicial o administrativa.»

Treinta. Se modifica el párrafo tercero del artículo 267, que queda redactado como sigue:

«En estos casos, el perdón de la persona ofendida extingue la acción penal.»

Treinta y uno. Se modifica el artículo 314, que queda redactado como sigue:

«**Artículo 314.**

Quienes produzcan una grave discriminación en el empleo, público o privado, contra alguna persona por razón de su ideología, religión o creencias, su situación familiar, su pertenencia a una etnia, raza o nación, su origen nacional, su sexo, edad, orientación o identidad sexual o de género, razones de género, de aporofobia o de exclusión social, la enfermedad que padezca o su discapacidad, por ostentar la representación legal o sindical de los trabajadores, por el parentesco con otros trabajadores de la empresa o por el uso de alguna de las lenguas oficiales dentro del Estado español, y no restablezcan la situación de igualdad ante la ley tras requerimiento o sanción administrativa, reparando los daños económicos que se hayan derivado, serán castigados con la pena de prisión de seis meses a dos años o multa de doce a veinticuatro meses.»

Treinta y dos. Se introduce un nuevo artículo 361 bis, que queda redactado como sigue:

«**Artículo 361 bis.**

La distribución o difusión pública a través de Internet, del teléfono o de cualquier otra tecnología de la información o de la comunicación de contenidos específicamente destinados a promover o facilitar, entre personas menores de edad o personas con discapacidad necesitadas de especial protección, el consumo de productos, preparados o sustancias o la utilización de técnicas de ingestión o eliminación de productos alimenticios cuyo uso sea susceptible de generar riesgo para la salud de las personas será castigado con la pena de multa de seis a doce meses o pena de prisión de uno a tres años.

Las autoridades judiciales ordenarán la adopción de las medidas necesarias para la retirada de los contenidos a los que se refiere el párrafo anterior, para la interrupción de los servicios que ofrezcan predominantemente dichos contenidos o para el bloqueo de unos y otros cuando radiquen en el extranjero.»

Treinta y tres. Se modifica el artículo 511, que queda redactado como sigue:

«**Artículo 511.**

1. Incurrirá en la pena de prisión de seis meses a dos años, multa de doce a veinticuatro meses e inhabilitación especial para empleo o cargo público por tiempo de uno a tres años el particular encargado de un servicio público que deniegue a una persona una prestación a la que tenga derecho por razón de su ideología, religión o creencias, su situación familiar, pertenencia a una etnia, raza o nación, su origen nacional, su sexo, edad, orientación o identidad sexual o de género, razones de género, de aporofobia o de exclusión social, la enfermedad que padezca o su discapacidad.

2. Las mismas penas serán aplicables cuando los hechos se cometan contra una asociación, fundación, sociedad o corporación o contra sus miembros por razón de su ideología, religión o creencias, su situación familiar, la pertenencia de sus miembros o de alguno de ellos a una etnia, raza o nación, su origen nacional, su sexo, edad, orientación o identidad sexual o de género, razones de género, de aporofobia o de exclusión social, la enfermedad que padezca o su discapacidad.

3. Los funcionarios públicos que cometan alguno de los hechos previstos en este artículo, incurrirán en las mismas penas en su mitad superior y en la de inhabilitación especial para empleo o cargo público por tiempo de dos a cuatro años.

4. En todos los casos se impondrá además la pena de inhabilitación especial para profesión u oficio educativos, en el ámbito docente, deportivo y de tiempo libre, por un tiempo superior entre uno y tres años al de la duración de la pena impuesta si esta fuera de privación de libertad, cuando la pena impuesta fuera de multa, la pena de inhabilitación especial tendrá una duración de uno a tres años. En todo caso se atenderá proporcionalmente a la gravedad del delito y a las circunstancias que concurran en el delincuente.»

Treinta y cuatro. Se modifica el artículo 512, que queda redactado como sigue:

«Artículo 512.

Quienes en el ejercicio de sus actividades profesionales o empresariales denegaren a una persona una prestación a la que tenga derecho por razón de su ideología, religión o creencias, su situación familiar, su pertenencia a una etnia, raza o nación, su origen nacional, su sexo, edad, orientación o identidad sexual o de género, razones de género, de aporofobia o de exclusión social, la enfermedad que padezca o su discapacidad, incurrirán en la pena de inhabilitación especial para el ejercicio de profesión, oficio, industria o comercio e inhabilitación especial para profesión u oficio educativos, en el ámbito docente, deportivo y de tiempo libre por un periodo de uno a cuatro años.»

Treinta y cinco. Se modifica el apartado 4.º del artículo 515, que queda redactado como sigue:

«4.º Las que fomenten, promuevan o inciten directa o indirectamente al odio, hostilidad, discriminación o violencia contra personas, grupos o asociaciones por razón de su ideología, religión o creencias, la pertenencia de sus miembros o de alguno de ellos a una etnia, raza o nación, su origen nacional, su sexo, edad, orientación o identidad sexual o de género, razones de género, de aporofobia o de exclusión social, situación familiar, enfermedad o discapacidad.»

Disposición final séptima. *Modificación de la Ley 1/1996, de 10 de enero, de asistencia jurídica gratuita.* Se modifica el párrafo g) del artículo 2 de la Ley 1/1996, de 10 de enero, de asistencia jurídica gratuita que queda redactado como sigue:

«g) **Con independencia de la existencia de recursos para litigar, se reconoce el derecho de asistencia jurídica gratuita, que se les prestará de inmediato, a las víctimas de violencia de género, de terrorismo y de trata de seres humanos en aquellos procesos que tengan vinculación, deriven o sean consecuencia de su condición de víctimas, así como a las personas menores de edad y las personas con discapacidad necesitadas de especial protección cuando sean víctimas de delitos de homicidio, de lesiones de los artículos 149 y 150, en el delito de maltrato habitual previsto en el artículo 173.2, en los delitos contra la libertad, en los delitos contra la libertad e indemnidad sexual y en los delitos de trata de seres humanos.**

Este derecho asistirá también a los causahabientes en caso de fallecimiento de la víctima, siempre que no fueran partícipes en los hechos.

A los efectos de la concesión del beneficio de justicia gratuita, la condición de víctima se adquirirá cuando se formule denuncia o querella, o se inicie un procedimiento penal, por alguno de los delitos a que se refiere esta letra, y se mantendrá mientras permanezca en vigor el procedimiento penal o cuando, tras su finalización, se hubiere dictado sentencia condenatoria. El beneficio de justifica gratuita se perderá tras la firmeza de la sentencia absolutoria, o del sobreseimiento definitivo o provisional por no resultar acreditados los hechos delictivos, sin la obligación de abonar el coste de las prestaciones disfrutadas gratuitamente hasta ese momento.

En los distintos procesos que puedan iniciarse como consecuencia de la condición de víctima de los delitos a que se refiere esta letra y, en especial, en los de violencia de género, deberá ser el mismo abogado el que asista a aquella, siempre que con ello se garantice debidamente su derecho de defensa.»

Disposición final octava. *Modificación de la Ley Orgánica 1/1996, de 15 de enero, de Protección Jurídica del Menor, de modificación parcial del Código Civil y de la Ley de Enjuiciamiento Civil.* La Ley Orgánica 1/1996, de 15 de enero, de Protección Jurídica del Menor, de modificación parcial del Código Civil y de la Ley de Enjuiciamiento Civil, queda modificada en los siguientes términos:

Uno. Se modifica el primer párrafo y la letra c) del apartado 5 del artículo 2, que quedan redactados como sigue:

«5. **Toda resolución de cualquier orden jurisdiccional y toda medida en el interés superior de la persona menor de edad deberá ser adoptada respetando las debidas garantías del proceso y, en particular:**

[...]

c) La participación de progenitores, tutores o representantes legales del menor o de un defensor judicial si hubiera conflicto de interés o discrepancia con ellos y del Ministerio Fiscal en el proceso en defensa de sus intereses. Se presumirá que existe un conflicto de interés cuando la opinión de la persona menor de edad sea contraria a la medida que se adopte sobre ella o suponga una restricción de sus derechos.»

Dos. Se modifica el artículo 12, que queda redactado como sigue:

«**Artículo 12.** *Actuaciones de protección.*

1. **La protección de los menores por los poderes públicos se realizará mediante la prevención, detección y reparación de situaciones de riesgo, con el establecimiento de los servicios y recursos adecuados para tal fin, el ejercicio de la guarda y, en los casos de declaración de desamparo, la asunción de la tutela por ministerio de la ley. En las actuaciones de protección deberán primar, en todo caso, las medidas familiares frente a las residenciales, las estables frente a las temporales y las consensuadas frente a las impuestas.**

2. **Los poderes públicos velarán para que los progenitores, tutores, guardadores o acogedores, desarrollen adecuadamente sus responsabilidades y les facilitarán servicios accesibles de prevención, asesoramiento y acompañamiento en todas las áreas que afectan al desarrollo de los menores.**

3. **Cuando los menores se encuentren bajo la patria potestad, tutela, guarda o acogimiento de una víctima de violencia de género o doméstica, las actuaciones de los poderes públicos estarán encaminadas a garantizar el apoyo necesario para procurar la permanencia de los menores, con independencia de su edad, con aquella, así como su protección, atención especializada y recuperación.**

4. **Cuando no pueda ser establecida la mayoría de edad de una persona, será considerada menor de edad a los efectos de lo previsto**

en esta ley, en tanto se determina su edad. A tal efecto, el Fiscal deberá realizar un juicio de proporcionalidad que pondere adecuadamente las razones por las que se considera que el pasaporte o documento equivalente de identidad presentado, en su caso, no es fiable. La realización de pruebas médicas para la determinación de la edad de los menores se someterá al principio de celeridad, exigirá el previo consentimiento informado del afectado y se llevará a cabo con respeto a su dignidad y sin que suponga un riesgo para su salud, no pudiendo aplicarse indiscriminadamente. No podrán realizarse, en ningún caso, desnudos integrales, exploraciones genitales u otras pruebas médicas especialmente invasivas.

Asimismo, una vez adoptada la medida de guarda o tutela respecto a personas menores de edad que hayan llegado solas a España, las Entidades Públicas comunicarán la adopción de dicha medida al Ministerio del Interior, a efectos de inscripción en el Registro Estatal correspondiente.

5. Las Entidades Públicas garantizarán los derechos reconocidos en esta ley a las personas menores de edad desde el momento que accede por primera vez a un recurso de protección y proporcionarán una atención inmediata integral y adecuada a sus necesidades, evitando la prolongación de las medidas de carácter provisional y de la estancia en los recursos de primera acogida.

6. Cualquier medida de protección no permanente que se adopte respecto de menores de tres años se revisará cada tres meses, y respecto de mayores de esa edad se revisará cada seis meses. En los acogimientos permanentes la revisión tendrá lugar el primer año cada seis meses y, a partir del segundo año, cada doce meses.

7. Además, de las distintas funciones atribuidas por ley, la Entidad Pública remitirá al Ministerio Fiscal informe justificativo de la situación de un determinado menor cuando este se haya encontrado en acogimiento residencial o acogimiento familiar temporal durante un periodo superior a dos años, debiendo justificar la Entidad Pública las causas por las que no se ha adoptado una medida protectora de carácter más estable en ese intervalo,

8. Los poderes públicos garantizarán los derechos y obligaciones de los menores con discapacidad en lo que respecta a su custodia, tutela, guarda, adopción o instituciones similares, velando al máximo por el interés superior del menor. Asimismo, garantizarán que los menores con discapacidad tengan los mismos derechos respecto a

la vida en familia. **Para hacer efectivos estos derechos y a fin de prevenir su ocultación, abandono, negligencia o segregación velarán porque se proporcione con anticipación información, servicios y apoyo generales a los menores con discapacidad y a sus familias.»**

Tres. Se modifica el apartado 1, que queda redactado como sigue, y se suprimen los apartados 4 y 5 del artículo 13:

«1. Toda persona o autoridad, especialmente aquellas que por su profesión, oficio o actividad detecten una situación de riesgo o posible desamparo de una persona menor de edad, lo comunicarán a la autoridad o sus agentes más próximos, sin perjuicio de prestarle el auxilio inmediato que precise.»

Cuatro. Se introduce un artículo 14 bis con el siguiente contenido:

«Artículo 14 bis. *Actuaciones en casos de urgencia.*

1. Cuando la urgencia del caso lo requiera, sin perjuicio de la guarda provisional a la que se refiere el artículo anterior y el artículo 172.4 del Código Civil, la actuación de los servicios sociales será inmediata.

2. La atención en casos de urgencia a que se refiere este artículo no está sujeta a requisitos procedimentales ni de forma, y se entiende en todo caso sin perjuicio del deber de prestar a las personas menores de edad el auxilio inmediato que precisen.»

Cinco. Se modifican los apartados 1 y 2 del artículo 17, que quedan redactados como sigue:

«1. Se considerará situación de riesgo aquella en la que, a causa de circunstancias, carencias o conflictos familiares, sociales o educativos, la persona menor de edad se vea perjudicada en su desarrollo personal, familiar, social o educativo, en su bienestar o en sus derechos de forma que, sin alcanzar la entidad, intensidad o persistencia que fundamentarían su declaración de situación de desamparo y la asunción de la tutela por ministerio de la ley, sea precisa la intervención de la administración pública competente, para eliminar, reducir o compensar las dificultades o inadaptación que le afectan y evitar su desamparo y exclusión social, sin tener que ser separado de su entorno familiar.

2. Serán considerados como indicadores de riesgo, entre otros:

a) La falta de atención física o psíquica del niño, niña o adolescente por parte de los progenitores, o por las personas que ejerzan la tutela, guarda, o acogimiento, que comporte un perjuicio leve para la salud física o emocional del niño, niña o adolescente cuando

se estime, por la naturaleza o por la repetición de los episodios, la posibilidad de su persistencia o el agravamiento de sus efectos.

b) La negligencia en el cuidado de las personas menores de edad y la falta de seguimiento médico por parte de los progenitores, o por las personas que ejerzan la tutela, guarda o acogimiento.

c) La existencia de un hermano o hermana declarado en situación de riesgo o desamparo, salvo que las circunstancias familiares hayan cambiado de forma evidente.

d) La utilización, por parte de los progenitores, o de quienes ejerzan funciones de tutela, guarda o acogimiento, del castigo habitual y desproporcionado y de pautas de corrección violentas que, sin constituir un episodio severo o un patrón crónico de violencia, perjudiquen su desarrollo.

e) La evolución negativa de los programas de intervención seguidos con la familia y la obstrucción a su desarrollo o puesta en marcha.

f) Las prácticas discriminatorias, por parte de los responsables parentales, contra los niños, niñas y adolescentes que conlleven un perjuicio para su bienestar y su salud mental y física, en particular:

1.º Las actitudes discriminatorias que por razón de género, edad o discapacidad puedan aumentar las posibilidades de confinamiento en el hogar, la falta de acceso a la educación, las escasas oportunidades de ocio, la falta de acceso al arte y a la vida cultural, así como cualquier otra circunstancia que por razón de género, edad o discapacidad, les impidan disfrutar de sus derechos en igualdad.

2.º La no aceptación de la orientación sexual, identidad de género o las características sexuales de la persona menor de edad.

g) El riesgo de sufrir ablación, mutilación genital femenina o cualquier otra forma de violencia en el caso de niñas y adolescentes basadas en el género, las promesas o acuerdos de matrimonio forzado.

h) La identificación de las madres como víctimas de trata.

i) Las niñas y adolescentes víctimas de violencia de género en los términos establecidos en el artículo 1.1 de la Ley Orgánica 1/2004, de 28 de diciembre, de medidas de protección integral contra la violencia de género.

j) Los ingresos múltiples de personas menores de edad en distintos hospitales con síntomas recurrentes, inexplicables y/o que no se confirman diagnósticamente.

k) El consumo habitual de drogas tóxicas o bebidas alcohólicas por las personas menores de edad.

l) La exposición de la persona menor de edad a cualquier situación de violencia doméstica o de género.

m) Cualquier otra circunstancia que implique violencia sobre las personas menores de edad que, en caso de persistir, pueda evolucionar y derivar en el desamparo del niño, niña o adolescente.»

Seis. Se añade un nuevo artículo 17 bis con el siguiente contenido:

«**Artículo 17 bis.** *Personas menores de catorce años en conflicto con la ley.*

Las personas a las que se refiere el artículo 3 de la Ley Orgánica 5/2000, de 12 de enero, de responsabilidad penal de los menores serán incluidas en un plan de seguimiento que valore su situación socio-familiar diseñado y realizado por los servicios sociales competentes de cada comunidad autónoma.

Si el acto violento pudiera ser constitutivo de un delito contra la libertad o indemnidad sexual o de violencia de género, el plan de seguimiento deberá incluir un módulo formativo en igualdad de género.»

Siete. Se modifica el apartado 1 del artículo 20, que queda redactado como sigue:

«1. Cuando no sea posible la permanencia en el entorno familiar de origen, el acogimiento familiar, de acuerdo con su finalidad y con independencia del procedimiento en que se acuerde, revestirá las modalidades establecidas en el Código Civil y, en razón de la vinculación del menor con la familia acogedora, podrá tener lugar, de acuerdo al interés superior del menor, en la propia familia extensa del menor o en familia ajena.

El acogimiento familiar podrá ser especializado, entendiendo por tal el que se desarrolla en una familia en la que alguna o algunas de las personas que integran la unidad familiar dispone de cualificación, experiencia o formación específica para desempeñar esta función respecto de menores con necesidades o circunstancias especiales, pudiendo percibir por ello una compensación.

El acogimiento especializado podrá ser de dedicación exclusiva cuando así se determine por la Entidad Pública por razón de las necesidades y circunstancias especiales del menor en situación de ser acogido, percibiendo en tal caso la persona o personas designadas como acogedoras una compensación en atención a dicha dedicación.»

Ocho. Se añade un artículo 20 ter con el siguiente contenido:

«**Artículo 20 ter.** *Tramitación de las solicitudes de acogimiento transfronterizo de personas menores de edad en España remitidas por un Estado miembro de la Unión Europea o por un Estado parte del Convenio de La Haya de 1996.*

1. El Ministerio de Justicia, en su calidad de Autoridad Central Española, será la autoridad competente para recibir las solicitudes de acogimiento transfronterizo de personas menores de edad procedentes de un Estado miembro de la Unión Europea o de un Estado parte del Convenio de La Haya de 1996. Dichas solicitudes deberán ser remitidas por la Autoridad Central del Estado requirente al objeto de obtener la preceptiva autorización de las autoridades españolas competentes con carácter previo a que se pueda producir el acogimiento.

2. Las solicitudes de acogimiento deberán realizarse por escrito y acompañarse de los documentos que la Autoridad Central española requiera para valorar la idoneidad de la medida en beneficio de la persona menor de edad y la aptitud del establecimiento o familia para llevar a cabo dicho acogimiento. En todo caso, además de la requerida por la normativa internacional aplicable, deberá aportarse un informe sobre el niño, niña o adolescente, los motivos de su propuesta de acogimiento, la modalidad de acogimiento, la duración del mismo y cómo se prevé hacer seguimiento de la medida.

3. Recibida la solicitud de acogimiento transfronterizo, la Autoridad Central española comprobará que la solicitud reúne el contenido y los requisitos según lo previsto en el apartado anterior y la transmitirá a la Administración autonómica competente para su aprobación.

4. La Administración autonómica competente, una vez evaluada la solicitud, remitirá su decisión a la Autoridad Central española que la hará llegar a la Autoridad Central del Estado requirente. Únicamente en caso de ser favorable, las autoridades competentes de dicho Estado dictarán una resolución que ordene el acogimiento en España, notificarán a todas las partes interesadas y solicitarán su reconocimiento y ejecución en España directamente ante el Juzgado o Tribunal español territorialmente competente.

5. El plazo máximo para la tramitación y respuesta de la solicitud será de tres meses.

6. Las solicitudes de acogimiento y sus documentos adjuntos deberán acompañarse de una traducción legalizada en español.»

Nueve. Se añade un artículo 20 quater con el siguiente contenido:

«**Artículo 20 quater.** *Motivos de denegación de las solicitudes de acogimiento transfronterizo de personas menores de edad en España.*

1. La Autoridad Central española rechazará las solicitudes de acogimiento transfronterizo cuando:

a) El objeto o finalidad de la solicitud de acogimiento no garantice el interés superior de la persona menor de edad para lo cual se tendrá especialmente en cuenta la existencia de vínculos con España.

b) La solicitud no reúna los requisitos exigidos para su tramitación. En este caso, se devolverá a la Autoridad Central requirente indicando los motivos concretos de la devolución con el fin de que pueda subsanarlos.

c) Se solicite el desplazamiento de una persona menor de edad incursa en un procedimiento penal o sancionador o que haya sido condenada o sancionada por la comisión de cualquier ilícito penal o administrativo.

d) No se haya respetado el derecho fundamental de la persona menor de edad a ser oída y escuchada, así como a mantener contactos con sus progenitores o representantes legales, salvo si ello es contrario a su superior interés.»

Diez. Se añade un nuevo artículo 20 quinquies con el siguiente contenido:

«**Artículo 20 quinquies.** *Del procedimiento para la transmisión de las solicitudes de acogimiento transfronterizo de personas menores de edad desde España a otro Estado miembro de la Unión Europea o a un Estado parte del Convenio de La Haya de 1996.*

1. Las solicitudes de acogimiento transfronterizo que soliciten las Autoridades competentes en materia de protección de personas menores de edad se remitirán por escrito a la Autoridad Central española, que las transmitirá a las autoridades competentes del Estado miembro requerido para su tramitación.

2. La tramitación y aprobación de dichas solicitudes se regirá por el Derecho Nacional del Estado miembro requerido.

3. La Autoridad Central española remitirá la decisión del acogimiento requerido a la Autoridad solicitante.

4. Las solicitudes de acogimiento y los documentos adjuntos que se dirijan a una autoridad extranjera deberán acompañarse de una traducción a una lengua oficial del Estado requerido o aceptada por este.»

Once. Se añade un nuevo artículo 21 ter con el siguiente contenido:

«**Artículo 21 ter.** *Medidas para garantizar la convivencia y la seguridad en los centros de protección a la infancia y la adolescencia.*

1. Las medidas adoptadas para garantizar la convivencia y la seguridad en los centros de protección a la infancia y la adolescencia, consistirán en medidas de carácter preventivo y de desescalada, pudiéndose también adoptar excepcionalmente y como último recurso, medidas de contención física del menor.

Se prohíbe la contención mecánica, consistente en la sujeción de una persona menor de edad o a una cama articulada o a un objeto fijo o anclado a las instalaciones o a objetos muebles.

2. Toda medida que se aplique en un centro de protección a la infancia y la adolescencia para garantizar la convivencia y seguridad se regirá por los principios de legalidad, necesidad, individualización, proporcionalidad, idoneidad, graduación, transparencia y buen gobierno.

Asimismo, la ejecución de las medidas de contención se regirá por los principios rectores de excepcionalidad, mínima intensidad posible y tiempo estrictamente necesario, y se llevarán a cabo con el respeto debido a la dignidad, a la privacidad y a los derechos de la persona menor de edad.

3. Las medidas de desescalada y de contención deberán aplicarse por personal especializado con formación en materia de derechos de la infancia y la adolescencia, así como en resolución de conflictos y técnicas de sujeción personal.

4. Las medidas de desescalada consistirán en todas aquellas técnicas verbales de gestión emocional conducentes a la reducción de la tensión u hostilidad del menor que se encuentre en estado de alteración y/o agitación con inminente y grave peligro para su vida e integridad o para la de otras personas.

5. Las medidas de contención física podrán consistir en la interposición entre el menor y la persona u objeto que se encuentra en peligro, la restricción física de espacios o movimientos y, en última

instancia, bajo un estricto protocolo, la inmovilización física del menor por personal especializado del centro.

Como medida excepcional y únicamente aplicable en centros de protección de menores con trastornos de conducta, la medida de contención física podrá consistir en la sujeción de las muñecas del menor con equipos homologados, que se aplicará con las garantías previstas en el artículo 28 de esta ley.

6. Las medidas de contención aplicadas en los centros de protección a la infancia y la adolescencia deberán ser comunicadas con carácter inmediato a la Entidad Pública y al Ministerio Fiscal. Asimismo, se anotarán en el Libro Registro de Incidencias, que será supervisado por parte de la dirección del centro y en el expediente individualizado del menor, que debe mantenerse actualizado.

La aplicación de medidas de contención requerirá, en todos los casos en que se hiciera uso de la fuerza, la exploración física del menor por facultativo médico en el plazo máximo de 48 horas, extendiéndose el correspondiente parte médico.

7. Las medidas de contención no podrán aplicarse a personas menores de catorce años, a las menores gestantes, a las menores hasta seis meses después de la terminación del embarazo, a las madres lactantes, a las personas que tengan hijos e hijas consigo, ni a quienes se encuentren convalecientes por enfermedad grave, salvo que de la actuación de aquellos pudiera derivarse un inminente y grave peligro para su vida e integridad o para la de otras personas. Corresponde al Director del Centro o persona en la que este haya delegado, la adopción de decisiones sobre las medidas de contención física consistentes en la restricción de espacios y movimientos o la inmovilización del menor, que deberán ser motivadas y habrán de notificarse con carácter inmediato a la Entidad Pública y al Ministerio Fiscal.»

Doce. Se modifica el artículo 27, que queda redactado como sigue:

«Artículo 27.   *Medidas de seguridad.*

1. Las medidas de seguridad podrán consistir en la contención del menor, en su aislamiento provisional o en registros personales y materiales. Las medidas de seguridad solo podrán utilizarse fracasadas las medidas preventivas y de desescalada, que tendrán carácter prioritario.

2. Las medidas de seguridad deberán aplicarse por personal especializado y con formación en materia de derechos de la infancia

y la adolescencia, resolución de conflictos y técnicas de sujeción. Este personal solo podrá usar medidas de seguridad con los menores como último recurso, en casos de intentos de fuga, resistencia activa que suponga una alteración grave de la convivencia o una vulneración grave a los derechos de otros menores o riesgo directo de autolesión, de lesiones a otros o daños graves a las instalaciones.

3. Corresponde al Director del Centro o persona en la que este haya delegado, la adopción de decisiones sobre las medidas de seguridad, que deberán ser motivadas y habrán de notificarse con carácter inmediato a la Entidad Pública y al Ministerio Fiscal y podrán ser recurridas por el menor, el Ministerio Fiscal y la Entidad Pública, ante el órgano judicial que esté conociendo del ingreso, el cual resolverá tras recabar informe del centro y previa audiencia del menor y del Ministerio Fiscal.

4. Las medidas de seguridad aplicadas deberán registrarse en el Libro Registro de Incidencias, que será supervisado por parte de la dirección del centro.»

Trece. Se modifica el artículo 28, que queda redactado como sigue:

«Artículo 28. *Medidas de contención.*

1. Las medidas de contención se adoptarán en atención a las circunstancias en presencia y en la forma en que se establece en los apartados siguientes del presente artículo.

2. El personal de los centros únicamente podrá utilizar medidas de contención previo intento de restauración de la convivencia y de la seguridad a través de medidas de desescalada.

3. La contención física solo podrá consistir en la interposición entre el menor y la persona o el objeto que se encuentra en peligro, la restricción física de espacios y movimientos y, en última instancia, bajo un estricto protocolo, la inmovilización física por personal especializado del centro.

En los centros de protección específicos de menores con problemas de conducta, será admisible únicamente y con carácter excepcional la sujeción de las muñecas del menor con equipos homologados, siempre y cuando se realice bajo un estricto protocolo y no sea posible evitar por otros medios la puesta en grave riesgo de la vida o la integridad física del menor o de terceros. Esta medida excepcional solo podrá aplicarse por el tiempo mínimo imprescindible, que no podrá ser superior a una hora. Durante este tiempo, la persona menor de edad estará acompañada presencialmente y de forma continua, o supervisada de manera permanente, por un educador u otro profesional del equipo educativo o técnico del centro.

La aplicación de esta medida se comunicará de manera inmediata a la Entidad Pública, al Ministerio Fiscal y al órgano judicial que esté conociendo del ingreso.

4. La contención mecánica está prohibida en los términos establecidos en el art. 21 ter de esta Ley.»

Catorce. Se modifica el artículo 29, que queda redactado como sigue:

«Artículo 29. *Aislamiento del menor.*

1. El aislamiento provisional de un menor mediante su permanencia en un espacio adecuado del que se impida su salida solo podrá utilizarse en prevención de actos violentos, autolesiones, lesiones a otros menores residentes en el centro, al personal del mismo o a terceros, así como de daños graves a sus instalaciones. Se aplicará puntualmente en el momento en el que sea preciso y en ningún caso como medida disciplinaria.

2. El aislamiento no podrá exceder de tres horas consecutivas sin perjuicio del derecho al descanso del menor. Durante el periodo de tiempo en que el menor permanezca en aislamiento estará acompañado presencialmente y de forma continua o supervisado de manera permanente por un educador u otro profesional del equipo educativo o técnico del centro.»

Quince. Se modifica el artículo 30, que queda redactado como sigue:

«Artículo 30. *Registros personales y materiales.*

1. Los registros personales y materiales se llevarán a cabo con el respeto debido a la dignidad, privacidad y a los derechos fundamentales de la persona, con el fin de evitar situaciones de riesgo producidas por la introducción o salida del centro de objetos, instrumentos o sustancias que por sí mismos o por su uso inadecuado pueden resultar peligrosos o perjudiciales.

Se utilizarán preferentemente medios electrónicos.

2. El registro personal y cacheo del menor se efectuará por el personal indispensable que requerirá, al menos dos profesionales del centro del mismo sexo que el menor. Cuando implique alguna exposición corporal esta será parcial, se realizará en lugar adecuado, sin la presencia de otros menores y preservando en todo lo posible la intimidad del menor.

3. El personal del centro podrá realizar el registro de las pertenencias del menor, pudiendo retirarle aquellos objetos que se encuentren en su posesión que pudieran ser de ilícita procedencia, resultar dañinos para sí, para otros o para las instalaciones del centro o que no estén autorizados para menores de edad. Los registros materiales se deberán comunicar previamente al menor siempre que no pudieran efectuarse en su presencia.»

Disposición final novena. *Modificación de la Ley 1/2000, de 7 de enero, de Enjuiciamiento Civil.* Se modifican los artículos 779 y 780 con la siguiente redacción:

«**Artículo 779.** *Carácter preferente del procedimiento. Competencia.*

Los procedimientos en los que se sustancie la oposición a las resoluciones administrativas en materia de protección de menores tendrán carácter preferente y deberán realizarse en el plazo de tres meses desde la fecha en que se hubieren iniciado. La acumulación de procedimientos no suspenderá el plazo máximo.

Será competente para conocer de los mismos el Juzgado de Primera Instancia del domicilio de la Entidad Pública y, en su defecto o en los supuestos de los artículos 179 y 180 del Código Civil, el Tribunal del domicilio del adoptante.

Artículo 780. *Oposición a las resoluciones administrativas en materia de protección de menores.*

1. No será necesaria reclamación previa en vía administrativa para formular oposición, ante los tribunales civiles, a las resoluciones administrativas en materia de protección de menores. La oposición a las mismas podrá formularse en el plazo de dos meses desde su notificación.

Estarán legitimados para formular oposición a las resoluciones administrativas en materia de protección de menores, siempre que tengan interés legítimo y directo en tal resolución, los menores afectados por la resolución, los progenitores, tutores, acogedores, guardadores, el Ministerio Fiscal y aquellas personas que expresamente la ley les reconozca tal legitimación. Aunque no fueran actores podrán personarse en cualquier momento en el procedimiento, sin que se retrotraigan las actuaciones.

Los menores tendrán derecho a ser parte y a ser oídos y escuchados en el proceso conforme a lo establecido en la Ley Orgánica de Protección Jurídica del Menor. Ejercitarán sus pretensiones en relación a las resoluciones administrativas que les afecten a través de sus representantes legales siempre que no tengan intereses contrapuestos a los suyos, o a través de la persona que se designe o que ellos mismos designen como su defensor para que les represente.

2. El proceso de oposición a una resolución administrativa en materia de protección de menores se iniciará mediante la presentación de un escrito inicial en el que el actor sucintamente expresará la pretensión y la resolución a que se opone.

En el escrito consignará expresamente la fecha de notificación de la resolución administrativa y manifestará si existen procedimientos relativos a ese menor.

3. El Letrado de la Administración de Justicia reclamará a la entidad administrativa un testimonio completo del expediente, que deberá ser aportado en el plazo de diez días.

La entidad administrativa, podrá ser requerida para aportar al Tribunal antes de la vista, las actualizaciones que se hayan producido en el expediente del menor.

4. Recibido el testimonio del expediente administrativo, el Letrado de la Administración de Justicia, en el plazo máximo de cinco días, emplazará al actor por diez días para que presente la demanda, que se tramitará con arreglo a lo previsto en el artículo 753.

El Tribunal dictará sentencia dentro de los diez días siguientes a la terminación del juicio.

5. Se suprime.

6. Si el Ministerio Fiscal, las partes o el Juez competente tuvieren conocimiento de la existencia de más de un procedimiento de oposición a resoluciones administrativas relativas a la protección de un mismo menor, pedirán los primeros y dispondrá el segundo, incluso de oficio, la acumulación ante el Juzgado que estuviera conociendo del procedimiento más antiguo.

Acordada la acumulación, se procederá según dispone el artículo 84, con la especialidad de que no se suspenderá la vista que ya estuviera señalada si fuera posible tramitar el resto de procesos acumulados dentro del plazo determinado por el señalamiento. En caso contrario, el Letrado de la Administración de Justicia acordará la suspensión del que tuviera la vista ya fijada, hasta que los otros se hallen en el mismo estado, procediendo a realizar el nuevo señalamiento para todos con carácter preferente y, en todo caso, dentro de los diez días siguientes.

Contra el auto que deniegue la acumulación podrán interponerse los recursos de reposición y apelación sin efectos suspensivos. Contra el auto que acuerde la acumulación no se dará recurso alguno.»

Disposición final décima. *Modificación de la Ley Orgánica 1/2004, de 28 de diciembre, de Medidas de Protección Integral contra la Violencia de Género.* La Ley Orgánica 1/2004, de 28 de diciembre, de Medidas de Protección Integral contra la Violencia de Género queda modificada en los siguientes términos:

Se añade un apartado nuevo 4 al artículo 1, con la siguiente redacción:

«4. La violencia de género a que se refiere esta Ley también comprende la violencia que con el objetivo de causar perjuicio o daño a las mujeres se ejerza sobre sus familiares o allegados menores de edad por parte de las personas indicadas en el apartado primero.»

Disposición final undécima. *Modificación de la Ley Orgánica 5/2000, de 12 de enero, reguladora de la responsabilidad penal de los menores.* Se modifica la Ley Orgánica 5/2000, de 12 de enero, reguladora de la responsabilidad penal de los menores, que queda redactado en los siguientes términos:

Uno. Se modifica el artículo 4, que queda redactado como sigue:

«**Artículo 4.** *Derechos de las víctimas y de las personas perjudicadas.*

El Ministerio Fiscal y el Juez de Menores velarán en todo momento por la protección de los derechos de las víctimas y de las personas perjudicadas por las infracciones cometidas por las personas menores de edad.

De manera inmediata se les instruirá de las medidas de asistencia a las víctimas que prevé la legislación vigente, debiendo el Letrado de la Administración de Justicia derivar a la víctima de violencia a la Oficina de Atención a la Víctima competente.

Las víctimas y las personas perjudicadas tendrán derecho a personarse y ser parte en el expediente que se incoe al efecto, para lo cual el Letrado de la Administración de Justicia les informará en los términos previstos en los artículos 109 y 110 de la Ley de Enjuiciamiento Criminal, instruyéndoles de su derecho a nombrar dirección letrada o instar su nombramiento de oficio en caso de ser titulares del derecho a la asistencia jurídica gratuita. Asimismo, les informará de que, de no personarse en el expediente y no hacer renuncia ni reserva de acciones civiles, el Ministerio Fiscal las ejercitará si correspondiere.

Quienes se personaren podrán desde entonces tomar conocimiento de lo actuado e instar la práctica de diligencias y cuanto a su derecho convenga. Sin perjuicio de lo anterior, el Letrado de la Administración de Justicia deberá comunicar a las víctimas y a las personas perjudicadas, se hayan o no personado, todas aquellas resoluciones que se adopten tanto por el Ministerio Fiscal como por el Juez de Menores, que puedan afectar a sus intereses.

En especial, cuando el Ministerio Fiscal, en aplicación de lo dispuesto en el artículo 18 de esta Ley, desista de la incoación del expediente deberá inmediatamente ponerlo en conocimiento de las víctimas y las personas perjudicadas haciéndoles saber su derecho a ejercitar las acciones civiles que les asisten ante la jurisdicción civil.

Del mismo modo, el Letrado de la Administración de Justicia notificará por escrito la sentencia que se dicte a las víctimas y las personas perjudicadas por la infracción penal, aunque no se hayan mostrado parte en el expediente.

Cuando la víctima lo sea de un delito de violencia de género, tiene derecho a que le sean notificadas por escrito, mediante testimonio íntegro, las medidas cautelares de protección adoptadas. Asimismo, tales medidas cautelares serán comunicadas a las administraciones públicas competentes para la adopción de medidas de protección, sean estas de seguridad o de asistencia social, jurídica, sanitaria, psicológica o de cualquier otra índole.

La víctima de un delito violento tiene derecho a ser informada permanentemente de la situación procesal del presunto agresor. En particular, en el caso de una medida, cautelar o definitiva, de internamiento, la víctima será informada en todo momento de los permisos y salidas del centro del presunto agresor, salvo en aquellos casos en los que manifieste su deseo de no recibir notificaciones.»

Dos. Se modifica el artículo 59, que queda redactado como sigue:

«**Artículo 59. *Medidas de vigilancia y seguridad.***

1. Las actuaciones de vigilancia y seguridad interior en los centros podrán suponer, en la forma y con la periodicidad que se establezca reglamentariamente, inspecciones de los locales y depen-

dencias, así como registros de personas, ropas y enseres de los menores internados.

2. Se podrán utilizar exclusivamente los medios de contención que se establezcan reglamentariamente para evitar actos de violencia o lesiones de las personas que cumplen las medidas previstas en esta ley, a sí mismos o a otras personas, para impedir actos de fuga y daños en las instalaciones del centro o ante la resistencia activa a las instrucciones del personal del mismo en el ejercicio legítimo de su cargo.

Solo será admisible, con carácter excepcional, la sujeción de las muñecas de la persona que cumple medida de internamiento con equipos homologados, siempre y cuando se realice bajo un estricto protocolo y no sea posible aplicar medidas menos lesivas.

3. Se prohíbe la contención mecánica consistente en la sujeción de una persona a una cama articulada o a un objeto fijo o anclado a las instalaciones o a objetos muebles.

4. La aplicación de medidas de contención requerirá en todos los casos en que se hiciera uso de la fuerza, la exploración física del interno por facultativo médico en el plazo máximo de 48 horas, extendiéndose el correspondiente parte médico.

5. Las medidas de contención aplicadas en los centros deberán ser comunicadas con carácter inmediato al Juzgado de Menores y al Ministerio Fiscal. Asimismo, se anotarán en el Libro Registro de Incidencias, que será supervisado por parte de la dirección del centro y en el expediente individualizado del menor, que debe mantenerse actualizado.»

Disposición final duodécima. *Modificación del Real Decreto Legislativo 5/2000, de 4 de agosto, por el que se aprueba el texto refundido de la Ley sobre Infracciones y Sanciones en el Orden Social.* Se añade un apartado 19 al artículo 8 del texto refundido de la Ley sobre Infracciones y Sanciones en el Orden Social, aprobado por Real Decreto Legislativo 5/2000, de 4 de agosto con la siguiente redacción:

«19. Incumplir las obligaciones establecidas en el artículo 57.3 de la Ley Orgánica de Protección Integral de la Infancia y la Adolescencia frente a la Violencia.»

Disposición final decimotercera. *Modificación de la Ley 41/2002, de 14 de noviembre, básica reguladora de la autonomía del paciente y* *de derechos y obligaciones en materia de información y documentación clínica.* Se añade un nuevo apartado 5 al artículo 15 de la Ley 41/2002, de 14 de noviembre, básica reguladora de la autonomía del paciente y de derechos y obligaciones en materia de información y documentación clínica, en los siguientes términos:

«5. **Cuando la atención sanitaria prestada lo sea a consecuencia de violencia ejercida contra personas menores de edad, la historia clínica especificará esta circunstancia, además de la información a la que hace referencia este apartado.**»

Disposición final decimocuarta. *Modificación de la Ley 44/2003, de 21 de noviembre, de ordenación de las profesiones sanitarias.* La Ley 44/2003, de 21 de noviembre, de ordenación de las profesiones sanitarias, queda modificada en los siguientes términos:

Uno. Se modifica el apartado 1 del artículo 17 que queda redactado de la siguiente manera:

«1. **Los títulos de especialista en Ciencias de la Salud serán expedidos por el Ministerio de Sanidad.**»

Dos. Se añade una nueva disposición transitoria séptima con la siguiente redacción:

«**Disposición transitoria séptima.** *Expedición de títulos de especialista en Ciencias de la Salud.*
Los procedimientos de expedición de títulos iniciados con anterioridad al 1 de enero de 2022 y aún en curso, seguirán siendo tramitados por el Ministerio de Universidades y, por tanto, los títulos serán expedidos por este último.»

Disposición final decimoquinta. *Modificación de la Ley 15/2015, de 2 de julio, de la Jurisdicción Voluntaria.* Se modifica la especialidad 4.ª del apartado 2 del artículo 18 de la Ley 15/2015, de 2 de julio, de la Jurisdicción Voluntaria, que queda redactada como sigue:

«**4.ª Cuando el expediente afecte a los intereses de una persona menor de edad o persona con discapacidad, se practicarán también en el mismo acto o, si no fuere posible, en los diez días siguientes, las diligencias relativas a dichos intereses que se acuerden de oficio o a instancia del Ministerio Fiscal.**

La autoridad judicial o el Letrado de la Administración de Justicia podrán acordar que la audiencia de la persona menor de edad o persona con discapacidad se practique en acto separado, sin inter-

ferencias de otras personas, debiendo asistir el Ministerio Fiscal. En todo caso, se garantizará que puedan ser oídas en condiciones idóneas, en términos que les sean accesibles, comprensibles y adaptados a su edad, madurez y circunstancias, recabando el auxilio de especialistas cuando ello fuera necesario.

Del resultado de la exploración se levantará en todo caso, acta por el Letrado de la Administración de Justicia, expresando los datos objetivos del desarrollo de la audiencia, en la que reflejará las manifestaciones del niño, niña o adolescente imprescindibles por significativas, y por ello estrictamente relevantes, para la decisión del expediente, cuidando de preservar su intimidad. Si ello tuviera lugar después de la comparecencia, se dará traslado del acta correspondiente a las personas interesadas para que puedan efectuar alegaciones en el plazo de cinco días.

Tanto el Ministerio Fiscal en su informe como la autoridad judicial en la resolución que ponga fin al procedimiento deberán valorar motivadamente la exploración practicada.

En lo no previsto en este precepto, se aplicará lo dispuesto en la Ley Orgánica 1/1996, de 15 de enero, de Protección Jurídica del Menor, de modificación parcial del Código Civil y de la Ley de Enjuiciamiento Civil.»

Disposición final decimosexta. *Modificación de la Ley Orgánica 7/2015, de 21 de julio, por la que se modifica la Ley Orgánica 6/1985, de 1 de julio, del Poder Judicial.* Se modifica la disposición transitoria séptima de la Ley Orgánica 7/2015, de 21 de julio, por la que se modifica la Ley Orgánica 6/1985, de 1 de julio, del Poder Judicial, que queda redactada como sigue:

«Disposición transitoria séptima. *Dilación del requisito de especialidad en Medicina Legal y Forense para el acceso al Cuerpo de Médicos Forenses.*

La especialidad en Medicina Legal y Forense, exigida en el artículo 475 de la Ley Orgánica 6/1985, de 1 de julio, del Poder Judicial, para acceder al Cuerpo de Médicos Forenses, no será requisito obligatorio hasta que así lo determine el Ministerio de Justicia, una vez concluyan su formación por el sistema de residencia al menos la primera promoción de estos especialistas y se haya desarrollado la vía extraordinaria de acceso a dicho título según el procedimiento regulado en el real decreto que desarrolle el acceso a esta especialidad por el sistema de residencia.»

Disposición final decimoséptima. *Creación del Consejo Estatal de Participación de la Infancia y de la Adolescencia.* El Gobierno, en el plazo de seis meses desde la aprobación de esta ley, procederá a la creación del Consejo Estatal de Participación de la Infancia y de la Adolescencia, de modo que se garantice el ejercicio efectivo del derecho de participación en la formulación, aplicación y evaluación de planes, programas y políticas nacionales que afectan a los niños, niñas y adolescentes.

Disposición final decimoctava. *Título competencial.* La presente ley orgánica se dicta al amparo de lo previsto en el artículo 149.1, 1.ª, 2.ª y 18.ª de la Constitución española (en adelante CE), que atribuye al Estado la competencia exclusiva en materia de regulación de las condiciones básicas que garanticen la igualdad de todos los españoles en el ejercicio de los derechos y en el cumplimiento de los deberes constitucionales, nacionalidad, inmigración, emigración, extranjería y derecho de asilo, y bases del régimen jurídico de las administraciones públicas, respectivamente, y sin perjuicio de las competencias que puedan ostentar las comunidades autónomas, en virtud de los Estatutos de Autonomía que forman parte del cuerpo constitucional, que deberán respetarse en cualquier caso. De manera particular, los capítulos II, III, VII y IX del Título III de esta Ley Orgánica se entenderán sin perjuicio de la legislación que dicten las comunidades autónomas en virtud de sus competencias en materia de política familiar, asistencia social y deporte y ocio.

No obstante, los artículos 13 y 14 y la disposición final séptima se dictan al amparo de las competencias que corresponden al Estado en materia de administración de justicia y legislación procesal, sin perjuicio de las necesarias especialidades que en este orden se deriven de las particularidades del derecho sustantivo de las comunidades autónomas, de conformidad con lo previsto en los apartados 5.ª y 6.ª del artículo 149.1 CE.

Las disposiciones finales primera y decimoquinta se dictan al amparo de las competencias del Estado sobre legislación procesal, sin perjuicio de las necesarias especialidades que en este orden se deriven de las particularidades del derecho sustantivo de las comunidades autónomas, de conformidad con lo previsto por el artículo 149.1.6.ª CE.

La disposición final tercera se dicta al amparo de la competencia que el artículo 149.1.6.ª CE atribuye al Estado sobre legislación penitenciaria.

La disposición final sexta se dicta al amparo de la competencia que el artículo 149.1.6.ª CE atribuye al Estado sobre legislación penal.

La disposición final undécima se dicta al amparo de las competencias que el artículo 149.1.6.ª CE atribuye al Estado sobre legislación penal, procesal y penitenciaria.

La disposición adicional sexta se dicta al amparo de las competencias estatales que el artículo 149.1.5.ª CE atribuye al Estado sobre administración de justicia.

La disposición adicional novena se dicta al amparo del artículo 149.1.17.ª de la CE.

Los capítulos IV y V del título III se dictan al amparo del artículo 149.1.30.ª CE, que atribuye al Estado la competencia exclusiva sobre normas básicas para el desarrollo del 27 CE.

El capítulo VI del título III y las disposiciones finales decimotercera y decimocuarta se dictan al amparo del artículo 149.1.16.ª CE, que atribuye al Estado la competencia exclusiva sobre bases y coordinación general de la sanidad, respetando, en todo caso, las competencias atribuidas a las comunidades autónomas en este ámbito por sus respectivos Estatutos de Autonomía.

El capítulo X del título III se dicta al amparo del artículo 149.1.29.ª CE, que atribuye al Estado la competencia exclusiva sobre seguridad pública, sin perjuicio de la posibilidad de creación de policías por las comunidades autónomas en la forma que se establezca en los respectivos Estatutos en el marco de lo que disponga una ley orgánica.

El artículo 55, así como las disposiciones finales cuarta, decimosexta y vigésima se dictan al amparo del artículo 149.1.5.ª CE, que atribuye al Estado la competencia exclusiva sobre Administración de Justicia.

El capítulo II del título V y la disposición final duodécima se dictan al amparo del artículo 149.1.7.ª CE, que atribuye al Estado la competencia exclusiva sobre legislación laboral, sin perjuicio de su ejecución por los órganos de las comunidades autónomas.

La disposición final segunda se dicta al amparo del artículo 149.1.8.ª CE, que atribuye al Estado la competencia exclusiva sobre legislación civil, sin perjuicio de la conservación, modificación y desarrollo por las comunidades autónomas de los derechos civiles, forales o especiales, allí donde existan.

La disposición final quinta se dicta al amparo del artículo 149.1.27.ª CE, que atribuye al Estado la competencia exclusiva sobre las normas básicas del régimen de prensa, radio y televisión y, en general, de todos los medios de comunicación social, sin perjuicio de las facultades que en su desarrollo y ejecución correspondan a las comunidades autónomas.

Disposición final decimonovena. *Carácter ordinario de determinadas disposiciones.* La presente ley tiene el carácter de ley orgánica, a excepción de los artículos 5, 6, 7 y 8 del título preliminar; de los artículos 10, 11, 12, 13 y 14 del título I; de los títulos II, III y IV; de los artículos 57 a 60 del título V; así como de las disposiciones adicionales primera, segunda, tercera, cuarta, quinta, sexta y novena y de las disposiciones finales primera, segunda, quinta, séptima, novena, duodécima, decimotercera, decimocuarta, decimoquinta y decimonovena.

Disposición final vigésima. *Especialización de los órganos judiciales, de la fiscalía y de los equipos técnicos que presten asistencia especializada a los Juzgados y Tribunales.* 1. En el plazo de un año a contar desde la entrada en vigor de esta ley, el Gobierno remitirá a las Cortes Generales los siguientes proyectos de ley:

a) Un proyecto de modificación de la Ley Orgánica 6/1985, de 1 de julio, del Poder Judicial, dirigido a establecer, a través de los cauces previstos en la citada norma, la especialización tanto de los órganos judiciales como de sus titulares, para la instrucción y enjuiciamiento de las causas penales por delitos cometidos contra personas menores de edad. Tal especialización se realizará en orden a los principios y medidas establecidos en la presente ley. Con este propósito se planteará la inclusión de Juzgados de Violencia contra la Infancia y la Adolescencia, así como la especialización de los Juzgados de lo Penal y las Audiencias Provinciales. También serán objeto de adaptación, en el mismo sentido, las pruebas selectivas que permitan acceder a la titularidad de los órganos especializados, sin perjuicio de lo dispuesto en el artículo 312.4 de la citada Ley Orgánica 6/1985, de 1 de julio.

Del mismo modo, el mencionado proyecto de ley orgánica dispondrá las modificaciones necesarias para garantizar la especialización dentro del orden jurisdiccional civil en Infancia, Familia y Capacidad.

b) Un proyecto de ley de modificación de la Ley 50/1981, de 30 de diciembre, reguladora del Estatuto Orgánico del Ministerio Fiscal, a los efectos de establecer la especialización de fiscales en el ámbito de la violencia sobre la infancia y la adolescencia, conforme a su régimen estatutario.

2. Las administraciones competentes regularán en idéntico plazo la composición y funcionamiento de los equipos técnicos que presten asistencia especializada a los órganos judiciales especializados en infancia y adolescencia, y la forma de acceso a los mismos de acuerdo con los criterios de especialización y formación recogidos en esta ley.

Disposición final vigésima primera. *Desarrollo normativo y ejecución de la ley.* Se autoriza al Consejo de Ministros y a los titulares de los Ministerios de Derechos Sociales y Agenda 2030, Justicia e Interior, en el ámbito de sus competencias, para dictar cuantas disposiciones reglamentarias sean necesarias para el desarrollo de esta ley, así como para acordar las medidas necesarias para garantizar su efectiva ejecución e implantación.

Disposición final vigésima segunda. *Adaptación normativa.* En el plazo de un año a partir de la entrada en vigor de la ley, se deberán adecuar a la misma las normas reguladoras estatales, autonómicas y locales que sean incompatibles con lo previsto en esta ley.

Disposición final vigésima tercera. *Incorporación de derecho de la Unión Europea.* Mediante esta ley se completa la incorporación al Derecho español de los artículos 3, apartados 2 a 4, 6 y 9, párrafos a), b) y g) de la Directiva 2011/93/UE del Parlamento Europeo y del Consejo, de 13 de diciembre de 2011, relativa a la lucha contra los abusos sexuales y la explotación sexual de los menores y la pornografía infantil y por la que se sustituye la Decisión marco 2004/68/JAI del Consejo.

Disposición final vigésima cuarta. *Procedimiento para la determinación de edad.* El Gobierno, en el plazo de doce meses desde la aprobación de esta ley, procederá al desarrollo normativo del procedimiento para la determinación de la edad de los menores, de modo que se garantice el cumplimiento de las obligaciones internacionales contraídas por España, así como la prevalencia del interés superior del menor, sus derechos y su dignidad.

Disposición final vigésima quinta. *Entrada en vigor.* Esta ley entrará en vigor a los veinte días de su publicación en el «Boletín Oficial del Estado».

No obstante, lo previsto en los artículos 5.3, 14.2, 14.3, 18, 35 y 48.1.b) y c) producirán efectos a los seis meses de la entrada en vigor de la ley.

Lo previsto en la disposición final decimocuarta producirá efectos a partir del 1 de enero de 2022.

Por tanto,
Mando a todos los españoles, particulares y autoridades, que guarden y hagan guardar esta ley orgánica.
Madrid, 4 de junio de 2021.
FELIPE R.
El Presidente del Gobierno,
PEDRO SÁNCHEZ PÉREZ-CASTEJÓN

III. Ley Orgánica 1/2004, de 28 de diciembre, de Medidas de Protección Integral contra la Violencia de Género.

Última reforma de la presente disposición realizada por LO 10/2022, de 6 de septiembre, de garantía integral de la libertad sexual

EXPOSICIÓN DE MOTIVOS

I

La violencia de género no es un problema que afecte al ámbito privado. Al contrario, se manifiesta como el símbolo más brutal de la desigualdad existente en nuestra sociedad. Se trata de una violencia que se dirige sobre las mujeres por el hecho mismo de serlo, por ser consideradas, por sus agresores, carentes de los derechos mínimos de libertad, respeto y capacidad de decisión.

Nuestra Constitución incorpora en su art. 15 el derecho de todos a la vida y a la integridad física y moral, sin que en ningún caso puedan ser sometidos a torturas ni a penas o tratos inhumanos o degradantes. Además, continúa nuestra Carta Magna, estos derechos vinculan a todos los poderes públicos y sólo por ley puede regularse su ejercicio.

La Organización de Naciones Unidas en la IV Conferencia Mundial de 1995 reconoció ya que la violencia contra las mujeres es un obstáculo para lograr los objetivos de igualdad, desarrollo y paz y viola y menoscaba el disfrute de los derechos humanos y las libertades fundamentales. Además la define ampliamente como una manifestación de las relaciones de poder históricamente desiguales entre mujeres y hombres. Existe ya incluso una definición técnica del síndrome de la mujer maltratada que consiste en «las agresiones sufridas por la mujer como consecuencia de los condicionantes socioculturales que actúan sobre el género masculino y femenino, situándola en una posición de subordinación al hombre y manifestadas en los tres ámbitos básicos de relación de la persona: maltrato en el seno de las relaciones de pareja, agresión sexual en la vida social y acoso en el medio laboral».

En la realidad española, las agresiones sobre las mujeres tienen una especial incidencia, existiendo hoy una mayor conciencia que en épocas anteriores sobre ésta, gracias, en buena medida, al esfuerzo realizado por las organizaciones de mujeres en su lucha contra todas las formas de violencia de género. Ya no es un «delito invisible», sino que produce un rechazo colectivo y una evidente alarma social.

II

Los poderes públicos no pueden ser ajenos a la violencia de género, que constituye uno de los ataques más flagrantes a derechos fundamentales como la libertad, la igualdad, la vida, la seguridad y la no discriminación proclamados en nuestra Constitución. Esos mismos poderes públicos tienen, conforme a lo dispuesto en el art. 9.2 de la Constitución, la obligación de adoptar medidas de acción positiva para hacer reales y efectivos dichos derechos, removiendo los obstáculos que impiden o dificultan su plenitud.

En los últimos años se ha producido en el derecho español avances legislativos en materia de lucha contra la violencia de género, tales como la Ley Orgánica 11/2003, de 29 de septiembre, de Medidas Concretas en Materia de Seguridad Ciudadana, Violencia Doméstica e Integración Social de los Extranjeros; la Ley Orgánica 15/2003, de 25 de noviembre, por la que se modifica la Ley Orgánica 10/1995, de 23 de noviembre, del Código Penal, o la Ley 27/2003, de 31 de julio, reguladora de la Orden de Protección de las Víctimas de la Violencia Doméstica; además de las leyes aprobadas por diversas Comunidades Autónomas, dentro de su ámbito competencial. Todas ellas han incidido en distintos ámbitos civiles, penales, sociales o educativos a través de sus respectivas normativas.

La Ley pretende atender a las recomendaciones de los organismos internacionales en el sentido de proporcionar una respuesta global a la violencia que se ejerce sobre las mujeres. Al respecto se puede citar la Convención sobre la eliminación de todas las formas de discriminación sobre la mujer de 1979; la Declaración de Naciones Unidas sobre la eliminación de la violencia sobre la mujer, proclamada en diciembre de 1993 por la Asamblea General; las Resoluciones de la última Cumbre Internacional sobre la Mujer celebrada en Pekín en septiembre de 1995; la Resolución WHA49.25 de la Asamblea Mundial de la Salud declarando la violencia como problema prioritario de salud pública proclamada en 1996 por la OMS; el informe del Parlamento Europeo de julio de 1997; la Resolución de la Comisión de Derechos Humanos de Naciones Unidas de 1997; y la Declaración de 1999 como Año Europeo de Lucha Contra la Violencia de Género, entre otros. Muy recientemente, la Decisión nº 803/2004/CE del Parlamento Europeo, por la que se aprueba un programa de acción comunitario (2004-2008) para prevenir y combatir la violencia ejercida sobre la infancia, los jóvenes y las mujeres y proteger a las víctimas y grupos de riesgo (programa Daphne II), ha fijado la posición y estrategia de los representantes de la ciudadanía de la Unión al respecto.

El ámbito de la Ley abarca tanto los aspectos preventivos, educativos, sociales, asistenciales y de atención posterior a las víctimas, como la normativa civil que incide en el ámbito familiar o de convivencia donde principalmente se producen las agresiones, así como el principio de subsidiariedad en las Administraciones Públicas. Igualmente se aborda con decisión la respuesta punitiva que deben recibir todas las manifestaciones de violencia que esta Ley regula.

La violencia de género se enfoca por la Ley de un modo integral y multidisciplinar, empezando por el proceso de socialización y educación.

La conquista de la igualdad y el respeto a la dignidad humana y la libertad de las personas tienen que ser un objetivo prioritario en todos los niveles de socialización.

La Ley establece medidas de sensibilización e intervención en al ámbito educativo. Se refuerza, con referencia concreta al ámbito de la publicidad, una imagen que respete la igualdad y la dignidad de las mujeres. Se apoya a las víctimas a través del reconocimiento de derechos como el de la información, la asistencia jurídica gratuita y otros de protección social y apoyo económico. Proporciona por tanto una respuesta legal integral que abarca tanto las normas procesales, creando nuevas instancias, como normas sustantivas penales y civiles, incluyendo la debida formación de los operadores sanitarios, policiales y jurídicos responsables de la obtención de pruebas y de la aplicación de la ley.

Se establecen igualmente medidas de sensibilización e intervención en el ámbito sanitario para optimizar la detección precoz y la atención física y psicológica de las víctimas, en coordinación con otras medidas de apoyo.

Las situaciones de violencia sobre la mujer afectan también a los menores que se encuentran dentro de su entorno familiar, víctimas directas o indirectas de esta violencia. La Ley contempla también su protección no sólo para la tutela de los derechos de los menores, sino para garantizar de forma efectiva las medidas de protección adoptadas respecto de la mujer.

III

La Ley se estructura en un título preliminar, cinco títulos, veinte disposiciones adicionales, dos disposiciones transitorias, una disposición derogatoria y siete disposiciones finales.

En el título preliminar se recogen las disposiciones generales de la Ley que se refieren a su objeto y principios rectores.

En el título I se determinan las medidas de sensibilización, prevención y detección e intervención en diferentes ámbitos. En el educativo se especifican las obligaciones del sistema para la transmisión de valores de respeto a la dignidad de las mujeres y a la igualdad entre hombres y mujeres. El objetivo fundamental de la educación es el de proporcionar una formación integral que les permita conformar su propia identidad, así como construir una concepción de la realidad que integre a la vez el conocimiento y valoración ética de la misma.

En la Educación Secundaria se incorpora la educación sobre la igualdad entre hombres y mujeres y contra la violencia de género como contenido curricular, incorporando en todos los Consejos Escolares un nuevo miembro que impulse medidas educativas a favor de la igualdad y contra la violencia sobre la mujer.

En el campo de la publicidad, ésta habrá de respetar la dignidad de las mujeres y su derecho a una imagen no estereotipada, ni discriminatoria, tanto si se exhibe en los medios de comunicación públicos como en los privados. De otro lado, se modifica la acción de cesación o rectificación de la publicidad legitimando a las instituciones y asociaciones que trabajan a favor de la igualdad entre hombres y mujeres para su ejercicio.

En el ámbito sanitario se contemplan actuaciones de detección precoz y apoyo asistencial a las víctimas, así como la aplicación de protocolos sanitarios ante las agresiones derivadas de la violencia objeto de esta Ley, que se remitirán a los Tribunales correspondientes con objeto de agilizar el procedimiento judicial. Asimismo, se crea, en el seno del Consejo Interterritorial del Sistema Nacional de Salud, una Comisión encargada de apoyar técnicamente, coordinar y evaluar las medidas sanitarias establecidas en la Ley.

En el título II, relativo a los derechos de las mujeres víctimas de violencia, en su capítulo I, se garantiza el derecho de acceso a la información y a la asistencia social integrada, a través de servicios de atención permanente, urgente y con especialización de prestaciones y multidisciplinariedad profesional. Con el fin de coadyuvar a la puesta en marcha de estos servicios, se dotará un Fondo al que podrán acceder las Comunidades Autónomas, de acuerdo con los criterios objetivos que se determinen en la respectiva Conferencia Sectorial.

Asimismo, se reconoce el derecho a la asistencia jurídica gratuita, con el fin de garantizar a aquellas víctimas con recursos insuficientes para litigar una asistencia letrada en todos los procesos y procedimientos, relacionados con la violencia de género, en que sean parte, asumiendo una misma dirección letrada su asistencia en todos los procesos. Se extiende la medida a los perjudicados en caso de fallecimiento de la víctima.

Se establecen, asimismo, medidas de protección en el ámbito social, modificando el Real Decreto Legislativo 1/1995, de 24 de marzo, por el que se aprueba el texto refundido de la Ley del Estatuto de los Trabajadores, para justificar las ausencias del puesto de trabajo de las víctimas de la violencia de género, posibilitar su movilidad geográfica, la suspensión con reserva del puesto de trabajo y la extinción del contrato.

En idéntico sentido se prevén medidas de apoyo a las funcionarias públicas que sufran formas de violencia de las que combate esta Ley, modificando los preceptos correspondientes de la Ley 30/1984, de 2 de agosto, de Medidas para la Reforma de la Función Pública.

Se regulan, igualmente, medidas de apoyo económico, modificando el Real Decreto Legislativo 1/1994, de 20 de junio, por el que se aprueba el texto refundido de la Ley General de la Seguridad Social, para que las víctimas de la violencia de género generen derecho a la situación legal de desempleo cuando resuelvan o suspendan voluntariamente su contrato de trabajo.

Para garantizar a las víctimas de violencia de género que carezcan de recursos económicos unas ayudas sociales en aquellos supuestos en que se estime que la víctima debido a su edad, falta de preparación general especializada y circunstancias sociales no va a mejorar de forma sustancial su empleabilidad, se prevé su incorporación al programa de acción específico creado al efecto para su inserción profesional. Estas ayudas, que se modularán en relación a la edad y responsabilidades familiares de la víctima, tienen como objetivo fundamental facilitarle unos recursos mínimos de subsistencia que le permitan independizarse del agresor; dichas ayudas serán compatibles con las previstas en la Ley 35/1995, de 11 de diciembre, de Ayudas y Asistencia a las Víctimas de Delitos Violentos y Contra la Libertad Sexual.

En el título III, concerniente a la Tutela Institucional, se procede a la creación de dos órganos administrativos. En primer lugar, la Delegación Especial del Gobierno contra la Violencia sobre la Mujer, en el Ministerio de Trabajo y Asuntos Sociales, a la que corresponderá, entre otras funciones, proponer la política del Gobierno en relación con la violencia sobre la mujer y coordinar e impulsar todas las actuaciones que se realicen en dicha materia, que necesariamente habrán de comprender todas aquellas actuaciones que hagan efectiva la garantía de los derechos de las mujeres. También se crea el Observatorio Estatal de Violencia sobre la Mujer, como un órgano colegiado en el Ministerio de Trabajo y Asuntos Sociales, y que tendrá como principales funciones servir como centro de análisis de la situación y evolución de la violencia sobre la mujer, así como asesorar y colaborar con el Delegado en la elaboración de propuestas y medidas para erradicar este tipo de violencia.

En su título IV la Ley introduce normas de naturaleza penal, mediante las que se pretende incluir, dentro de los tipos agravados de lesiones, uno específico que incremente la sanción penal cuando la lesión se produzca contra quien sea o haya sido la esposa del autor, o mujer que esté o haya estado ligada a él por una análoga relación de afectividad, aun sin convivencia. También se castigarán como delito las coacciones leves y las amenazas leves de cualquier clase cometidas contra las mujeres mencionadas con anterioridad.

Para la ciudadanía, para los colectivos de mujeres y específicamente para aquellas que sufren este tipo de agresiones, la Ley quiere dar una respuesta firme y contundente y mostrar firmeza plasmándolas en tipos penales específicos.

En el título V se establece la llamada Tutela Judicial para garantizar un tratamiento adecuado y eficaz de la situación jurídica, familiar y social de las víctimas de violencia de género en las relaciones intrafamiliares.

Desde el punto de vista judicial nos encontramos ante un fenómeno complejo en el que es necesario intervenir desde distintas perspectivas jurídicas, que tienen que abarcar desde las normas procesales y sustantivas hasta las disposiciones relativas a la atención a las víctimas, intervención que sólo es posible a través de una legislación específica.

Una Ley para la prevención y erradicación de la violencia sobre la mujer ha de ser una Ley que recoja medidas procesales que permitan procedimientos ágiles y sumarios, como el establecido en la Ley 27/2003, de 31 de julio, pero, además, que compagine, en los ámbitos civil y penal, medidas de protección a las mujeres y a sus hijos e hijas, y medidas cautelares para ser ejecutadas con carácter de urgencia.

La normativa actual, civil, penal, publicitaria, social y administrativa presenta muchas deficiencias, debidas fundamentalmente a que hasta el momento no se ha dado a esta cuestión una respuesta global y multidisciplinar. Desde el punto de vista penal la respuesta nunca puede ser un nuevo agravio para la mujer.

En cuanto a las medidas jurídicas asumidas para garantizar un tratamiento adecuado y eficaz de la situación jurídica, familiar y social de las víctimas de violencia sobre la mujer en las relaciones intrafamiliares, se han adoptado las siguientes: conforme a la tradición jurídica española, se ha optado por una fórmula de especialización dentro del orden penal, de los Jueces de Instrucción, creando los Juzgados de Violencia sobre la Mujer y excluyendo la posibilidad de creación de un orden jurisdiccional nuevo o la asunción de competencias penales por parte de los Jueces Civiles. Estos Juzgados conocerán de la instrucción, y, en su caso, del fallo de las causas penales en materia de violencia sobre la mujer, así como de aquellas causas civiles relacionadas, de forma que unas y otras en la primera instancia sean objeto de tratamiento procesal ante la misma sede. Con ello se asegura la mediación garantista del debido proceso penal en la intervención de los derechos fundamentales del presunto agresor, sin que con ello se reduzcan lo más mínimo las posibilidades legales que esta Ley dispone para la mayor, más inmediata y eficaz protección de la víctima, así como los recursos para evitar reiteraciones en la agresión o la escalada en la violencia.

Respecto de la regulación expresa de las medidas de protección que podrá adoptar el Juez de Violencia sobre la Mujer, se ha optado por su inclusión expresa, ya que no están recogidas como medidas cautelares en la Ley de Enjuiciamiento Criminal, que sólo regula la prohibición de residencia y la de acudir a determinado lugar para los delitos recogidos en el art. 57 del Código Penal (art. 544 bis de la Ley de Enjuiciamiento Criminal, introducido por la Ley Orgánica 14/1999, de 9 de junio, de modificación del Código Penal de 1995, en materia de protección a las víctimas de malos tratos y de la Ley de Enjuiciamiento Criminal). Además se opta por la delimitación temporal de estas medidas (cuando son medidas cautelares) hasta la finalización del proceso. Sin embargo, se añade la posibilidad de que cualquiera de estas medidas de protección pueda ser utilizada como medida de seguridad, desde el principio o durante la ejecución de la sentencia, incrementando con ello la lista del art. 105 del Código Penal (modificado por la Ley Orgánica 15/2003, de 25 de noviembre, por la que se modifica la Ley Orgánica 10/1995, de 23 de noviembre, del Código Penal), y posibilitando al Juez la garantía de protección de las víctimas más allá de la finalización del proceso.

Se contemplan normas que afectan a las funciones del Ministerio Fiscal, mediante la creación del Fiscal contra la Violencia sobre la Mujer, encargado de la supervisión y coordinación del Ministerio Fiscal en este aspecto, así como mediante la creación de una Sección equivalente en cada Fiscalía de los Tribunales Superiores de Justicia y de las Audiencias Provinciales a las que se adscribirán Fiscales con especialización en la materia. Los Fiscales intervendrán en los procedimientos penales por los hechos constitutivos de delitos o faltas cuya competencia esté atribuida a los Juzgados de Violencia de sobre la Mujer, además de intervenir en los procesos civiles de nulidad, separación o divorcio, o que versen sobre guarda y custodia de los hijos menores en los que se aleguen malos tratos al cónyuge o a los hijos.

En sus disposiciones adicionales la Ley lleva a cabo una profunda reforma del ordenamiento jurídico para adaptar las normas vigentes al marco introducido por el presente texto. Con objeto de armonizar las normas anteriores y ofrecer un contexto coordinado entre los textos legales, parte de la reforma integral se ha llevado a cabo mediante la modificación de normas existentes. En este sentido, las disposiciones adicionales desarrollan las medidas previstas en el articulado, pero integrándolas directamente en la legislación educativa, publicitaria, laboral, de Seguridad Social y de Función Pública; asimismo, dichas disposiciones afectan, en especial, al reconocimiento de pensiones y a la dotación del Fondo previsto en esta Ley para favorecer la asistencia social integral a las víctimas de violencia de género.

En materia de régimen transitorio se extiende la aplicación de la presente Ley a los procedimientos en tramitación en el momento de su entrada en vigor, aunque respetando la competencia judicial de los órganos respectivos.

Por último, la presente Ley incluye en sus disposiciones finales las habilitaciones necesarias para el desarrollo normativo de sus preceptos.

TÍTULO PRELIMINAR

1. *Objeto de la Ley.* 1. La presente Ley tiene por objeto actuar contra la violencia que, como manifestación de la discriminación, la situación de desigualdad y las relaciones de poder de los hombres sobre las mujeres, se ejerce sobre éstas por parte de quienes sean o hayan sido sus cónyuges o de quienes estén o hayan estado ligados a ellas por relaciones similares de afectividad, aun sin convivencia.

2. Por esta ley se establecen medidas de protección integral cuya finalidad es prevenir, sancionar y erradicar esta violencia y prestar asistencia a las mujeres, a sus hijos menores y a los menores sujetos a su tutela, o guarda y custodia, víctimas de esta violencia. [1340]

3. La violencia de género a que se refiere la presente Ley comprende todo acto de violencia física y psicológica, incluidas las agresiones a la libertad sexual, las amenazas, las coacciones o la privación arbitraria de libertad.

4. La violencia de género a que se refiere esta Ley también comprende la violencia que con el objetivo de causar perjuicio o daño a las mujeres se ejerza sobre sus familiares o allegados menores de edad por parte de las personas indicadas en el apartado primero. [1341]

2. *Principios rectores.* A través de esta Ley se articula un conjunto integral de medidas encaminadas a alcanzar los siguientes fines:

a) Fortalecer las medidas de sensibilización ciudadana de prevención, dotando a los poderes públicos de instrumentos eficaces en el ámbito educativo, servicios sociales, sanitario, publicitario y mediático.

b) Consagrar derechos de las mujeres víctimas de violencia de género, exigibles ante las Administraciones Públicas, y así asegurar

---

[1340] Dada nueva redacción apartado 2 por disposición final 3 apartado 1 de Ley Orgánica 8/2015 de 22 de julio de 2015, con vigencia desde 12/08/2015

[1341] Añadido apartado 4 por disposición final 10 de Ley Orgánica 8/2021 de 4 de junio de 2021, con vigencia desde 25/06/2021

un acceso rápido, transparente y eficaz a los servicios establecidos al efecto.

c) Reforzar hasta la consecución de los mínimos exigidos por los objetivos de la ley los servicios sociales de información, de atención, de emergencia, de apoyo y de recuperación integral, así como establecer un sistema para la más eficaz coordinación de los servicios ya existentes a nivel municipal y autonómico.

d) Garantizar derechos en el ámbito laboral y funcionarial que concilien los requerimientos de la relación laboral y de empleo público con las circunstancias de aquellas trabajadoras o funcionarias que sufran violencia de género.

e) Garantizar derechos económicos para las mujeres víctimas de violencia de género, con el fin de facilitar su integración social.

f) Establecer un sistema integral de tutela institucional en el que la Administración General del Estado, a través de la Delegación Especial del Gobierno contra la Violencia sobre la Mujer, en colaboración con el Observatorio Estatal de la Violencia sobre la Mujer, impulse la creación de políticas públicas dirigidas a ofrecer tutela a las víctimas de la violencia contemplada en la presente Ley.

g) Fortalecer el marco penal y procesal vigente para asegurar una protección integral, desde las instancias jurisdiccionales, a las víctimas de violencia de género.

h) Coordinar los recursos e instrumentos de todo tipo de los distintos poderes públicos para asegurar la prevención de los hechos de violencia de género y, en su caso, la sanción adecuada a los culpables de los mismos.

i) Promover la colaboración y participación de las entidades, asociaciones y organizaciones que desde la sociedad civil actúan contra la violencia de género.

j) Fomentar la especialización de los colectivos profesionales que intervienen en el proceso de información, atención y protección a las víctimas.

k) Garantizar el principio de transversalidad de las medidas, de manera que en su aplicación se tengan en cuenta las necesidades y demandas específicas de todas las mujeres víctimas de violencia de género.

TÍTULO PRIMERO
MEDIDAS DE SENSIBILIZACIÓN, PREVENCIÓN Y DETECCIÓN

3. *Planes de sensibilización.* [1342] 1. Desde la responsabilidad del Gobierno del Estado y de manera inmediata a la entrada en vigor de esta ley, con la consiguiente dotación presupuestaria, se pondrá en marcha un Plan Estatal de Sensibilización y Prevención de la Violencia de Género con carácter permanente que como mínimo recoja los siguientes elementos:

a) Que introduzca en el escenario social las nuevas escalas de valores basadas en el respeto de los derechos y libertades fundamentales y de la igualdad entre hombres y mujeres, así como en el ejercicio de la tolerancia y de la libertad dentro de los principios democráticos de convivencia, todo ello desde la perspectiva de las relaciones de género.

b) Dirigido tanto a hombres como a mujeres, desde un trabajo comunitario e intercultural, incluyendo el ámbito de las tecnologías de la información y el digital.

c) Que contemple un amplio programa de formación complementaria y de reciclaje de los profesionales que intervienen en estas situaciones.

d) Controlado por una Comisión de amplia participación, que se creará en un plazo máximo de un mes, en la que se ha de asegurar la presencia de las víctimas y su entorno, las instituciones, los profesionales y de personas de reconocido prestigio social relacionado con el tratamiento de estos temas.

La Delegación del Gobierno contra la Violencia de Género, oída la Comisión a la que se refiere el párrafo anterior, elaborará el Informe anual de evaluación del Plan Estatal de Sensibilización y Prevención de la Violencia de Género y lo remitirá a las Cortes Generales.

2. Los poderes públicos, en el marco de sus competencias, impulsarán además campañas de información y sensibilización específicas con el fin de prevenir la violencia de género.

3. Las campañas de información y sensibilización contra esta forma de violencia se realizarán de manera que se garantice el acceso a las mismas de las personas con discapacidad.

[1342] Dada nueva redacción por disposición final 9 apartado 1 de Ley Orgánica 10/2022 de 6 de septiembre de 2022, con vigencia desde 07/10/2022

CAPÍTULO PRIMERO
EN EL ÁMBITO EDUCATIVO

4. *Principios y valores del sistema educativo.* 1. El sistema educativo español incluirá entre sus fines la formación en el respeto de los derechos y libertades fundamentales y de la igualdad entre hombres y mujeres, así como en el ejercicio de la tolerancia y de la libertad dentro de los principios democráticos de convivencia.

Igualmente, el sistema educativo español incluirá, dentro de sus principios de calidad, la eliminación de los obstáculos que dificultan la plena igualdad entre hombres y mujeres y la formación para la prevención de conflictos y para la resolución pacífica de los mismos.

2. La Educación Infantil contribuirá a desarrollar en la infancia el aprendizaje en la resolución pacífica de conflictos.

3. La Educación Primaria contribuirá a desarrollar en el alumnado su capacidad para adquirir habilidades en la resolución pacífica de conflictos y para comprender y respetar la igualdad entre sexos.

4. La Educación Secundaria Obligatoria contribuirá a desarrollar en el alumnado la capacidad para relacionarse con los demás de forma pacífica y para conocer, valorar y respetar la igualdad de oportunidades de hombres y mujeres.

5. El Bachillerato y la Formación Profesional contribuirán a desarrollar en el alumnado la capacidad para consolidar su madurez personal, social y moral, que les permita actuar de forma responsable y autónoma y para analizar y valorar críticamente las desigualdades de sexo y fomentar la igualdad real y efectiva entre hombres y mujeres.

6. La Enseñanza para las personas adultas incluirá entre sus objetivos desarrollar actividades en la resolución pacífica de conflictos y fomentar el respeto a la dignidad de las personas y a la igualdad entre hombres y mujeres.

7. Las Universidades incluirán y fomentarán en todos los ámbitos académicos la formación, docencia e investigación en igualdad de género y no discriminación de forma transversal.

5. *Escolarización inmediata en caso de violencia de género.* Las Administraciones competentes deberán prever la escolarización inmediata de los hijos que se vean afectados por un cambio de residencia derivada de actos de violencia de género.

6. *Fomento de la igualdad.* Con el fin de garantizar la efectiva igualdad entre hombres y mujeres, las Administraciones educativas velarán para que en todos los materiales educativos se eliminen los estereotipos sexistas o discriminatorios y para que fomenten el igual valor de hombres y mujeres.

7. *Formación inicial y permanente del profesorado.* Las Administraciones educativas adoptarán las medidas necesarias para que en los planes de formación inicial y permanente del profesorado se incluya una formación específica en materia de igualdad, con el fin de asegurar que adquieren los conocimientos y las técnicas necesarias que les habiliten para:

a) La educación en el respeto de los derechos y libertades fundamentales y de la igualdad entre hombres y mujeres y en el ejercicio de la tolerancia y de la libertad dentro de los principios democráticos de convivencia.

b) La educación en la prevención de conflictos y en la resolución pacífica de los mismos, en todos los ámbitos de la vida personal, familiar y social.

c) La detección precoz de la violencia en el ámbito familiar, especialmente sobre la mujer y los hijos e hijas.

d) El fomento de actitudes encaminadas al ejercicio de iguales derechos y obligaciones por parte de mujeres y hombres, tanto en el ámbito público como privado, y la corresponsabilidad entre los mismos en el ámbito doméstico.

8. *Participación en los Consejos Escolares.* Se adoptarán las medidas precisas para asegurar que los Consejos Escolares impulsen la adopción de medidas educativas que fomenten la igualdad real y efectiva entre hombres y mujeres. Con el mismo fin, en el Consejo Escolar del Estado se asegurará la representación del Instituto de la Mujer y de las organizaciones que defiendan los intereses de las mujeres, con implantación en todo el territorio nacional.

9. *Actuación de la inspección educativa.* Los servicios de inspección educativa velarán por el cumplimiento y aplicación de los principios y valores recogidos en este capítulo en el sistema educativo destinados a fomentar la igualdad real entre mujeres y hombres.

CAPÍTULO II
EN EL ÁMBITO DE LA PUBLICIDAD Y DE LOS MEDIOS DE COMUNICACIÓN

10. *Publicidad ilícita.* De acuerdo con lo establecido en la Ley 34/1988, de 11 de noviembre, General de Publicidad, se considerará ilícita la publicidad que utilice la imagen de la mujer con carácter vejatorio o discriminatorio.

11. El Ente público al que corresponda velar para que los medios audiovisuales cumplan sus obligaciones adoptará las medidas que procedan para asegurar un tratamiento de la mujer conforme con los principios y valores constitucionales, sin perjuicio de las posibles actuaciones por parte de otras entidades.

12. *Titulares de la acción de cesación y rectificación.* La Delegación Especial del Gobierno contra la Violencia sobre la Mujer, el Instituto de la Mujer u órgano equivalente de cada Comunidad Autónoma, el Ministerio Fiscal y las Asociaciones que tengan como objetivo único la defensa de los intereses de la mujer estarán legitimados para ejercitar ante los Tribunales la acción de cesación de publicidad ilícita por utilizar en forma vejatoria la imagen de la mujer, en los términos de la Ley 34/1988, de 11 de noviembre, General de Publicidad.

13. *Medios de comunicación.* 1. Las Administraciones Públicas velarán por el cumplimiento estricto de la legislación en lo relativo a la protección y salvaguarda de los derechos fundamentales, con especial atención a la erradicación de conductas favorecedoras de situaciones de desigualdad de las mujeres en todos los medios de comunicación social, de acuerdo con la legislación vigente.

2. La Administración pública promoverá acuerdos de autorregulación que, contando con mecanismos de control preventivo y de

resolución extrajudicial de controversias eficaces, contribuyan al cumplimiento de la legislación publicitaria.

14. Los medios de comunicación fomentarán la protección y salvaguarda de la igualdad entre hombre y mujer, evitando toda discriminación entre ellos.

La difusión de informaciones relativas a la violencia sobre la mujer garantizará, con la correspondiente objetividad informativa, la defensa de los derechos humanos, la libertad y dignidad de las mujeres víctimas de violencia y de sus hijos. En particular, se tendrá especial cuidado en el tratamiento gráfico de las informaciones.

CAPÍTULO III
EN EL ÁMBITO SANITARIO

15. *Sensibilización y formación.* 1. Las Administraciones sanitarias, en el seno del Consejo Interterritorial del Sistema Nacional de Salud, promoverán e impulsarán actuaciones de los profesionales sanitarios para la detección precoz de la violencia de género y propondrán las medidas que estimen necesarias a fin de optimizar la contribución del sector sanitario en la lucha contra este tipo de violencia.

2. En particular, se desarrollarán programas de sensibilización y formación continuada del personal sanitario con el fin de mejorar e impulsar el diagnóstico precoz, la asistencia y la rehabilitación de la mujer en las situaciones de violencia de género a que se refiere esta Ley.

3. Las Administraciones educativas competentes asegurarán que en los ámbitos curriculares de las licenciaturas y diplomaturas, y en los programas de especialización de las profesiones sociosanitarias, se incorporen contenidos dirigidos a la capacitación para la prevención, la detección precoz, intervención y apoyo a las víctimas de esta forma de violencia.

4. En los Planes Nacionales de Salud que procedan se contemplará un apartado de prevención e intervención integral en violencia de género.

16. *Consejo Interterritorial del Sistema Nacional de Salud.* En el seno del Consejo Interterritorial del Sistema Nacional de Salud se constituirá, en el plazo de un año desde la entrada en vigor de la presente Ley, una Comisión contra la Violencia de Género que apoye técnicamente y oriente la planificación de las medidas sanitarias contempladas en este capítulo, evalúe y proponga las necesarias para la aplicación del protocolo sanitario y cualesquiera otras medidas que se estimen precisas para que el sector sanitario contribuya a la erradicación de esta forma de violencia.

La Comisión contra la Violencia de Género del Consejo Interterritorial del Sistema Nacional de Salud estará compuesta por representantes de todas las Comunidades Autónomas con competencia en la materia.

La Comisión emitirá un informe anual que será remitido al Observatorio Estatal de la Violencia sobre la Mujer y al Pleno del Consejo Interterritorial.

TÍTULO II
DERECHOS DE LAS MUJERES VÍCTIMAS DE VIOLENCIA DE GÉNERO

CAPÍTULO PRIMERO
DERECHO A LA INFORMACIÓN, A LA ASISTENCIA SOCIAL INTEGRAL Y A LA ASISTENCIA JURÍDICA GRATUITA

17. *Garantía de los derechos de las víctimas.* [1343] 1. Todas las mujeres víctimas de violencia de género tienen garantizados los derechos reconocidos en esta ley, sin que pueda existir discriminación en el acceso a los mismos.

2. La información, la asistencia social integral y la asistencia jurídica a las víctimas de la violencia de género, en los términos regulados en este capítulo, contribuyen a hacer reales y efectivos sus derechos constitucionales a la integridad física y moral, a la libertad y seguridad y a la igualdad y no discriminación por razón de sexo.

3. Los servicios de información y orientación, atención psicosocial inmediata, telefónica y en línea, asesoramiento jurídico 24 horas, los

---

[1343] Dada nueva redacción por disposición final 9 apartado 2 de Ley Orgánica 10/2022 de 6 de septiembre de 2022, con vigencia desde 07/10/2022

servicios de acogida y asistencia social integral, consistentes en orientación jurídica, psicológica y social destinadas a las víctimas de violencias contra las mujeres tendrán carácter de servicios esenciales.

En caso de que concurra cualquier situación que dificulte el acceso o la prestación de tales servicios, las administraciones públicas competentes adoptarán las medidas necesarias para garantizar su normal funcionamiento y su adaptación, si fuera necesario, a las necesidades específicas de las víctimas derivadas de la situación de dicha situación excepcional.

Igualmente, se garantizará el normal funcionamiento y prestación del sistema de seguimiento por medios telemáticos del cumplimiento de las medidas cautelares y penas de prohibición de aproximación en materia de violencia de género.

18. *Derecho a la información.* [1344] 1. Las mujeres víctimas de violencia de género tienen derecho a recibir plena información y asesoramiento adecuado a su situación personal, sin que pueda existir discriminación en el acceso a los mismos, a través de los servicios, organismos u oficinas que puedan disponer las administraciones públicas.

Dicha información comprenderá las medidas contempladas en esta ley relativas a su protección y seguridad, y los derechos y ayudas previstos en la misma, así como la referente al lugar de prestación de los servicios de atención, emergencia, apoyo y recuperación integral.

2. Se garantizará, a través de los medios necesarios, que las mujeres con discapacidad víctimas de violencia de género tengan acceso integral a la información sobre sus derechos y sobre los recursos existentes. Esta información deberá ofrecerse en formato accesible y comprensible a las personas con discapacidad, tales como lengua de signos u otras modalidades u opciones de comunicación, incluidos los sistemas alternativos y aumentativos.

3. Asimismo, se articularán los medios necesarios para que las mujeres víctimas de violencia de género que por sus circunstancias personales y sociales puedan tener una mayor dificultad para el acceso integral a la información, tengan garantizado el ejercicio efectivo de este derecho. La información deberá ser accesible para las mujeres que

---

[1344] Dada nueva redacción por disposición final 9 apartado 3 de Ley Orgánica 10/2022 de 6 de septiembre de 2022, con vigencia desde 07/10/2022

desconozcan el castellano o, en su caso, la otra lengua oficial de su territorio de residencia.

19. *Derecho a la atención integral.* [1345] 1. Las mujeres víctimas de violencia de género tienen derecho a servicios sociales de atención, de emergencia, de apoyo y acogida y de recuperación integral. La organización de estos servicios por parte de las comunidades autónomas y las Corporaciones Locales responderá a los principios de atención permanente, actuación urgente, especialización de prestaciones y multidisciplinariedad profesional.

2. La atención multidisciplinar implicará especialmente:

a) Información a las víctimas.

b) Atención psicológica.

c) Apoyo social.

d) Seguimiento de las reclamaciones de los derechos de la mujer.

e) Apoyo educativo a la unidad familiar.

f) Formación preventiva en los valores de igualdad dirigida a su desarrollo personal y a la adquisición de habilidades en la resolución no violenta de conflictos.

g) Apoyo a la formación e inserción laboral.

3. Los servicios adoptarán fórmulas organizativas que, por la especialización de su personal, por sus características de convergencia e integración de acciones, garanticen la efectividad de los indicados principios, asegurando, en todo caso, la disponibilidad, accesibilidad y calidad de los mismos. En todo caso, se procurará una distribución territorial equitativa de los servicios y se garantizará su accesibilidad a las mujeres de las zonas rurales y otras zonas alejadas.

4. Estos servicios actuarán coordinadamente y en colaboración con los Cuerpos de Seguridad, los Juzgados de Violencia sobre la Mujer, los servicios sanitarios y las instituciones encargadas de prestar asistencia jurídica a las víctimas del ámbito geográfico correspondiente. Estos servicios podrán solicitar al órgano judicial las medidas urgentes que consideren necesarias.

5. También tendrán derecho a la asistencia social integral a través de estos servicios sociales los menores que se encuentren bajo la patria potestad o guarda y custodia de la persona agredida, o convivan en

---

[1345] Dada nueva redacción por disposición final 9 apartado 4 de Ley Orgánica 10/2022 de 6 de septiembre de 2022, con vigencia desde 07/10/2022

contextos familiares en los que se cometen actos de violencia de género. A estos efectos, los servicios sociales deberán contar con personal específicamente formado para atender a los menores, con el fin de prevenir y evitar de forma eficaz las situaciones que puedan comportar daños psíquicos y físicos a los menores que viven en entornos familiares donde existe violencia de género. En particular, deberán contar con profesionales de la psicología infantil para la atención de las hijas e hijos menores víctimas de violencia de género, incluida la violencia vicaria.

6. En los instrumentos y procedimientos de cooperación entre la Administración General del Estado y la Administración de las comunidades autónomas en las materias reguladas en este artículo, se incluirán compromisos de aportación, por parte de la Administración General del Estado, de recursos financieros referidos específicamente a la prestación de los servicios.

7. Los organismos de igualdad orientarán y valorarán los programas y acciones que se lleven a cabo y emitirán recomendaciones para su mejora.

19 bis. *Derecho a la atención sanitaria.* [1346] 1. El Sistema Público de Salud garantizará a las mujeres víctimas de violencia de género, así como a sus hijos e hijas, el derecho a la atención sanitaria, con especial atención psicológica y psiquiátrica, y al seguimiento de la evolución de su estado de salud hasta su total recuperación, en lo concerniente a la sintomatología o las secuelas psíquicas y físicas derivadas de la situación de violencia sufrida. Asimismo, los servicios sanitarios deberán contar con psicólogos infantiles para la atención de los hijos e hijas menores que sean víctimas de violencia vicaria.

2. Estos servicios se prestarán, garantizando la privacidad y la intimidad de las mujeres y el respeto, en todo caso, a las decisiones que ellas tomen en relación a su atención sanitaria.

3. Asimismo, se establecerán medidas específicas para la detección, intervención y asistencia en situaciones de violencia contra mujeres con discapacidad, mujeres con problemas de salud mental, adicciones

---

[1346] Añadido por disposición final 9 apartado 5 de Ley Orgánica 10/2022 de 6 de septiembre de 2022, con vigencia desde 07/10/2022

u otras problemáticas u otros casos de adicciones derivadas o añadidas a la violencia.

20. *Asistencia jurídica.* 1. Las víctimas de violencia de género tienen derecho a recibir asesoramiento jurídico gratuito en el momento inmediatamente previo a la interposición de la denuncia, y a la defensa y representación gratuitas por abogado y procurador en todos los procesos y procedimientos administrativos que tengan causa directa o indirecta en la violencia padecida. En estos supuestos, una misma dirección letrada deberá asumir la defensa de la víctima, siempre que con ello se garantice debidamente su derecho de defensa. Este derecho asistirá también a los causahabientes en caso de fallecimiento de la víctima, siempre que no fueran partícipes en los hechos. En todo caso, se garantizará la defensa jurídica, gratuita y especializada de forma inmediata a todas las víctimas de violencia de género que lo soliciten. [1347]

2. En todo caso, cuando se trate de garantizar la defensa y asistencia jurídica a las víctimas de violencia de género, se procederá de conformidad con lo dispuesto en la Ley 1/1996, de 10 enero, de Asistencia Jurídica Gratuita.

3. Los Colegios de Abogados, cuando exijan para el ejercicio del turno de oficio cursos de especialización, asegurarán una formación específica que coadyuve al ejercicio profesional de una defensa eficaz en materia de violencia de género.

4. Igualmente, los Colegios de Abogados adoptarán las medidas necesarias para la designación urgente de letrado o letrada de oficio en los procedimientos que se sigan por violencia de género y para asegurar su inmediata presencia y asistencia a las víctimas. [1348]

5. Los Colegios de Procuradores adoptarán las medidas necesarias para la designación urgente de procurador o procuradora en los pro-

[1347] Dada nueva redacción apartado 1 por disposición final 6 de Ley 42/2015 de 5 de octubre de 2015, con vigencia desde 07/10/2015

[1348] Dada nueva redacción apartado 4 por art. único apartado 1 de Real Decreto-Ley 9/2018 de 3 de agosto de 2018, con vigencia desde 05/08/2018

cedimientos que se sigan por violencia de género cuando la víctima desee personarse como acusación particular. [1349]

6. El abogado o abogada designado para la víctima tendrá también habilitación legal para la representación procesal de aquella hasta la designación del procurador o procuradora, en tanto la víctima no se haya personado como acusación conforme a lo dispuesto en el apartado siguiente. Hasta entonces cumplirá el abogado o abogada el deber de señalamiento de domicilio a efectos de notificaciones y traslados de documentos. [1350]

7. Las víctimas de violencia de género podrán personarse como acusación particular en cualquier momento del procedimiento si bien ello no permitirá retrotraer ni reiterar las actuaciones ya practicadas antes de su personación, ni podrá suponer una merma del derecho de defensa del acusado. [1351]

CAPÍTULO II
DERECHOS LABORALES Y PRESTACIONES DE LA SEGURIDAD SOCIAL

21. *Derechos laborales y de Seguridad Social.* [1352] 1. La trabajadora víctima de violencia de género tendrá derecho, en los términos previstos en el Estatuto de los Trabajadores, a la reducción o a la reordenación de su tiempo de trabajo, a la movilidad geográfica, al cambio de centro de trabajo, a la adaptación de su puesto de trabajo y a los apoyos que precise por razón de su discapacidad para su reincorporación, a la suspensión de la relación laboral con reserva de puesto de trabajo y a la extinción del contrato de trabajo.

2. En los términos previstos en la Ley General de la Seguridad Social y en la Ley Orgánica 4/2000, de 11 de enero, sobre derechos

---

[1349] Añadido apartado 5 por art. único apartado 1 de Real Decreto-Ley 9/2018 de 3 de agosto de 2018, con vigencia desde 05/08/2018

[1350] Añadido apartado 6 por art. único apartado 1 de Real Decreto-Ley 9/2018 de 3 de agosto de 2018, con vigencia desde 05/08/2018

[1351] Añadido apartado 7 por art. único apartado 1 de Real Decreto-Ley 9/2018 de 3 de agosto de 2018, con vigencia desde 05/08/2018

[1352] Dada nueva redacción por disposición final 9 apartado 6 de Ley Orgánica 10/2022 de 6 de septiembre de 2022, con vigencia desde 07/10/2022

y libertades de los extranjeros en España y su integración social, la suspensión y la extinción del contrato de trabajo previstas en el apartado anterior darán lugar a situación legal de desempleo. El tiempo de suspensión se considerará como periodo de cotización efectiva a efectos de prestaciones de Seguridad Social y de desempleo.

3. Las empresas que formalicen contratos de interinidad, para sustituir a trabajadoras víctimas de violencia de género que hayan suspendido su contrato de trabajo o ejercitado su derecho a la movilidad geográfica o al cambio de centro de trabajo, tendrán derecho a una bonificación del 100 por 100 de las cuotas empresariales a la Seguridad Social por contingencias comunes, durante todo el período de suspensión de la trabajadora sustituida o durante seis meses en los supuestos de movilidad geográfica o cambio de centro de trabajo. Cuando se produzca la reincorporación, ésta se realizará en las mismas condiciones existentes en el momento de la suspensión del contrato de trabajo, garantizándose los ajustes razonables que se puedan precisar por razón de discapacidad. [1353]

4. Las ausencias o faltas de puntualidad al trabajo motivadas por la situación física o psicológica derivada de la violencia de género se considerarán justificadas y serán remuneradas, cuando así lo determinen los servicios sociales de atención o servicios de salud, según proceda, sin perjuicio de que dichas ausencias sean comunicadas por la trabajadora a la empresa a la mayor brevedad.

5. A las trabajadoras por cuenta propia víctimas de violencia de género que cesen en su actividad para hacer efectiva su protección o su derecho a la asistencia social integral, se les considerará en situación de cese temporal de la actividad en los términos previstos en el texto refundido de la Ley General de la Seguridad Social, aprobado por el Real Decreto Legislativo 8/2015, de 30 de octubre, y se les suspenderá la obligación de cotización durante un período de seis meses, que les serán considerados como de cotización efectiva a efectos de las prestaciones de Seguridad Social. Asimismo, su situación será considerada como asimilada al alta.

[1353] Mantenida la aplicación de la bonificación establecida en este apartado conforme a la disp. trans. 6ª.2.e) RDL 20/2012 de 13 julio, de medidas para garantizar la estabilidad presupuestaria y de fomento de la competitividad

A los efectos de lo previsto en el párrafo anterior, se tomará una base de cotización equivalente al promedio de las bases cotizadas durante los seis meses previos a la suspensión de la obligación de cotizar.

22. *Programa específico de empleo.* [1354] 1. En el marco de los planes anuales de empleo a los que se refiere el artículo 11 del texto refundido de la Ley de Empleo, aprobado por Real Decreto Legislativo 3/2015, de 23 de octubre, se desarrollará un programa de acción específico para las víctimas de violencia de género inscritas como demandantes de empleo.

Este programa incluirá medidas para favorecer el inicio de una nueva actividad por cuenta propia.

23. *Acreditación de situaciones de violencia de género.* [1355] Las situaciones de violencia de género que dan lugar al reconocimiento de los derechos regulados en esta ley se acreditarán mediante una sentencia condenatoria por cualquiera de las manifestaciones de la violencia contra las mujeres previstas en esta ley, una orden de protección o cualquier otra resolución judicial que acuerde una medida cautelar a favor de la víctima, o bien por el informe del Ministerio Fiscal que indique la existencia de indicios de que la demandante es víctima de violencia de género. También podrán acreditarse las situaciones de violencia contra las mujeres mediante informe de los servicios sociales, de los servicios especializados, o de los servicios de acogida de la Administración Pública competente destinados a las víctimas de violencia de género, o por cualquier otro título, siempre que ello esté previsto en las disposiciones normativas de carácter sectorial que regulen el acceso a cada uno de los derechos y recursos.

En el caso de víctimas menores de edad, la acreditación podrá realizarse, además, por documentos sanitarios oficiales de comunicación a la Fiscalía o al órgano judicial.

El Gobierno y las comunidades autónomas, en el marco de la Conferencia Sectorial de Igualdad, diseñarán, de común acuerdo, los

---

[1354] Dada nueva redacción por disposición final 9 apartado 7 de Ley Orgánica 10/2022 de 6 de septiembre de 2022, con vigencia desde 07/10/2022

[1355] Dada nueva redacción por disposición final 9 apartado 8 de Ley Orgánica 10/2022 de 6 de septiembre de 2022, con vigencia desde 07/10/2022

procedimientos básicos que permitan poner en marcha los sistemas de acreditación de las situaciones de violencia de género.

CAPÍTULO III
DERECHOS DE LAS FUNCIONARIAS PÚBLICAS

24. *Ámbito de los derechos.* La funcionaria víctima de violencia de género tendrá derecho a la reducción o a la reordenación de su tiempo de trabajo, a la movilidad geográfica de centro de trabajo y a la excedencia en los términos que se determinen en su legislación específica.

25. *Justificación de las faltas de asistencia.* Las ausencias totales o parciales al trabajo motivadas por la situación física o psicológica derivada de la violencia de género sufrida por una mujer funcionaria se considerarán justificadas en los términos que se determine en su legislación específica.

26. *Acreditación de las situaciones de violencia de género ejercida sobre las funcionarias.* La acreditación de las circunstancias que dan lugar al reconocimiento de los derechos de movilidad geográfica de centro de trabajo, excedencia, y reducción o reordenación del tiempo de trabajo, se realizará en los términos establecidos en el art. 23.

CAPÍTULO IV
DERECHOS ECONÓMICOS

27. *Ayudas sociales.* 1. Cuando las víctimas de violencia de género careciesen de rentas superiores, en cómputo mensual, al 75 por 100 del salario mínimo interprofesional, excluida la parte proporcional de dos pagas extraordinarias, recibirán una ayuda de pago único, siempre que se presuma que debido a su edad, falta de preparación general o especializada y circunstancias sociales, la víctima tendrá especiales dificultades para obtener un empleo y por dicha circunstancia no participará en los programas de empleo establecidos para su inserción profesional.

2. El importe de esta ayuda será equivalente al de seis meses de subsidio por desempleo. Cuando la víctima de la violencia ejercida contra la mujer tuviera reconocida oficialmente una discapacidad en grado igual o superior al 33 por 100, el importe será equivalente a doce meses de subsidio por desempleo. [1356]

3. Estas ayudas, financiadas con cargo a los Presupuestos Generales del Estado, serán concedidas por las Administraciones competentes en materia de servicios sociales. En la tramitación del procedimiento de concesión, deberá incorporarse informe del Servicio Público de Empleo referido a la previsibilidad de que por las circunstancias a las que se refiere el apartado 1 de este artículo, la aplicación del programa de empleo no incida de forma sustancial en la mejora de la empleabilidad de la víctima.

La concurrencia de las circunstancias de violencia se acreditará de conformidad con lo establecido en el art. 23 de esta Ley.

4. En el caso de que la víctima tenga responsabilidades familiares, su importe podrá alcanzar el de un período equivalente al de 18 meses de subsidio, o de 24 meses si la víctima o alguno de los familiares que conviven con ella tiene reconocida oficialmente una minusvalía en grado igual o superior al 33 por 100, en los términos que establezcan las disposiciones de desarrollo de la presente Ley.

5. Estas ayudas serán compatibles con cualquiera de las previstas en la Ley 35/1995, de 11 de diciembre, de Ayudas y Asistencia a las Víctimas de Delitos Violentos y contra la Libertad Sexual, así como con cualquier otra ayuda económica de carácter autonómico o local concedida por la situación de violencia de género. [1357]

28. *Acceso a la vivienda y residencias públicas para mayores.* Las mujeres víctimas de violencia de género serán consideradas colectivos prioritarios en el acceso a viviendas protegidas y residencias públicas para mayores, en los términos que determine la legislación aplicable.

[1356] Dada nueva redacción apartado 2 por art. único apartado 3 de Real Decreto-Ley 9/2018 de 3 de agosto de 2018, con vigencia desde 05/08/2018

[1357] Dada nueva redacción apartado 5 por art. único apartado 3 de Real Decreto-Ley 9/2018 de 3 de agosto de 2018, con vigencia desde 05/08/2018

CAPÍTULO V
Derecho a la reparación [1358]

28 bis. *Alcance y garantía del derecho.* [1359] Las víctimas de violencia de género tienen derecho a la reparación, lo que comprende la compensación económica por los daños y perjuicios derivados de la violencia, las medidas necesarias para su completa recuperación física, psíquica y social, las acciones de reparación simbólica y las garantías de no repetición.

28 ter. *Medidas para garantizar el derecho a la reparación.* [1360] 1. Las víctimas de violencia de género tienen derecho a la reparación, lo que comprende la indemnización a la que se refiere el apartado siguiente, las medidas necesarias para su completa recuperación física, psíquica y social, las acciones de reparación simbólica y las garantías de no repetición.

2. Las administraciones públicas asegurarán que las víctimas tengan acceso efectivo a la indemnización que corresponda por los daños y perjuicios, que deberá garantizar la satisfacción económicamente evaluable de, al menos, los siguientes conceptos:

a) El daño físico y psicológico, incluido el daño moral y el daño a la dignidad.

b) La pérdida de oportunidades, incluidas las oportunidades de educación, empleo y prestaciones sociales.

c) Los daños materiales y la pérdida de ingresos, incluido el lucro cesante.

d) El daño social, entendido como el daño al proyecto de vida.

e) El tratamiento terapéutico, social y de salud sexual y reproductiva.

3. La indemnización será satisfecha por la o las personas civil o penalmente responsables, de acuerdo con la normativa vigente.

[1358] Añadido por disposición final 9 apartado 9 de Ley Orgánica 10/2022 de 6 de septiembre de 2022, con vigencia desde 07/10/2022

[1359] Añadido por disposición final 9 apartado 9 de Ley Orgánica 10/2022 de 6 de septiembre de 2022, con vigencia desde 07/10/2022

[1360] Añadido por disposición final 9 apartado 9 de Ley Orgánica 10/2022 de 6 de septiembre de 2022, con vigencia desde 07/10/2022

4. Las administraciones públicas garantizarán la completa recuperación física, psíquica y social de las víctimas a través de la red de recursos de atención integral previstos en el Título II. Asimismo, con el objetivo de garantizar la recuperación simbólica, promoverán el restablecimiento de su dignidad y reputación, la superación de cualquier situación de estigmatización y el derecho de supresión aplicado a buscadores en Internet y medios de difusión públicos.

Asimismo, las administraciones públicas podrán establecer ayudas complementarias destinadas a las víctimas que, por la especificidad o gravedad de las secuelas derivadas de la violencia, no encuentren una respuesta adecuada o suficiente en la red de recursos de atención y recuperación. En particular, dichas víctimas podrán recibir ayudas adicionales para financiar los tratamientos sanitarios adecuados, incluyendo los tratamientos de reconstrucción genital femenina, si fueran necesarios.

5. Con el objetivo de cumplir las garantías de no repetición, las administraciones públicas, en el marco de sus respectivas competencias, impulsarán las medidas necesarias para que las víctimas cuenten con protección efectiva ante represalias o amenazas.

6. Las administraciones públicas promoverán, a través de homenajes y de acciones de difusión pública, el compromiso colectivo frente a la violencia contra las mujeres y el respeto por las víctimas.

TÍTULO III
TUTELA INSTITUCIONAL

29. *La Delegación del Gobierno contra la Violencia de Género.* [1361] 1. La Delegación del Gobierno contra la Violencia de Género, adscrita al Ministerio de Igualdad o al departamento con competencias en la materia, formulará las políticas públicas en relación con la violencia de género a desarrollar por el Gobierno y elaborará la Macroencuesta de Violencia contra las Mujeres. Asimismo, coordinará e impulsará cuantas acciones se realicen en dicha materia, trabajando en colaboración y coordinación con las administraciones con competencia en la materia.

[1361] Dada nueva redacción por disposición final 9 apartado 10 de Ley Orgánica 10/2022 de 6 de septiembre de 2022, con vigencia desde 07/10/2022

2. La persona titular de la Delegación del Gobierno contra la Violencia de Género estará legitimada ante los órganos jurisdiccionales para intervenir en defensa de los derechos y de los intereses tutelados en esta ley en colaboración y coordinación con las administraciones con competencias en la materia.

3. Reglamentariamente se determinará el rango y las funciones concretas de la persona titular de la Delegación del Gobierno contra la Violencia de Género.

30. *Observatorio Estatal de Violencia sobre la Mujer.* 1. Se constituirá el Observatorio Estatal de Violencia sobre la Mujer, como órgano colegiado adscrito al Ministerio de Trabajo y Asuntos Sociales, al que corresponderá el asesoramiento, evaluación, colaboración institucional, elaboración de informes y estudios, y propuestas de actuación en materia de violencia de género. Estos informes, estudios y propuestas considerarán de forma especial la situación de las mujeres con mayor riesgo de sufrir violencia de género o con mayores dificultades para acceder a los servicios. En cualquier caso, los datos contenidos en dichos informes, estudios y propuestas se consignarán desagregados por sexo.

2. El Observatorio Estatal de Violencia sobre la Mujer remitirá al Gobierno y a las Comunidades Autónomas, con periodicidad anual, un informe sobre la evolución de la violencia ejercida sobre la mujer en los términos a que se refiere el art. 1 de la presente Ley, con determinación de los tipos penales que se hayan aplicado, y de la efectividad de las medidas acordadas para la protección de las víctimas. El informe destacará asimismo las necesidades de reforma legal con objeto de garantizar que la aplicación de las medidas de protección adoptadas puedan asegurar el máximo nivel de tutela para las mujeres.

3. Reglamentariamente se determinarán sus funciones, su régimen de funcionamiento y su composición, en la que se garantizará, en todo caso, la participación de las Comunidades Autónomas, las entidades locales, los agentes sociales, las asociaciones de consumidores y usuarios, y las organizaciones de mujeres con implantación en todo el

territorio del Estado así como de las organizaciones empresariales y sindicales más representativas [1362].

31. *Fuerzas y Cuerpos de Seguridad.* 1. El Gobierno establecerá, en las Fuerzas y Cuerpos de Seguridad del Estado, unidades especializadas en la prevención de la violencia de género y en el control de la ejecución de las medidas judiciales adoptadas.

2. El Gobierno, con el fin de hacer más efectiva la protección de las víctimas, promoverá las actuaciones necesarias para que las Policías Locales, en el marco de su colaboración con las Fuerzas y Cuerpos de Seguridad del Estado, cooperen en asegurar el cumplimiento de las medidas acordadas por los órganos judiciales cuando éstas sean algunas de las previstas en la presente Ley o en el art. 544 bis de la Ley de Enjuiciamiento Criminal o en el art. 57 del Código Penal.

3. La actuación de las Fuerzas y Cuerpos de Seguridad habrá de tener en cuenta el Protocolo de Actuación de las Fuerzas y Cuerpos de Seguridad y de Coordinación con los Órganos Judiciales para la protección de la violencia doméstica y de género.

4. Lo dispuesto en el presente artículo será de aplicación en las Comunidades Autónomas que cuenten con cuerpos de policía que desarrollen las funciones de protección de las personas y bienes y el mantenimiento del orden y la seguridad ciudadana dentro del territorio autónomo, en los términos previstos en sus Estatutos, en la Ley Orgánica 2/1986, de 13 de marzo, de Fuerzas y Cuerpos de Seguridad, y en sus leyes de policía, y todo ello con la finalidad de hacer más efectiva la protección de las víctimas.

32. *Planes de colaboración.* [1363] 1. Los poderes públicos elaborarán planes de colaboración que garanticen la ordenación de sus actuaciones en la prevención, asistencia y persecución de los actos de violencia de género, que deberán implicar a las administraciones sanitarias, la Administración de Justicia, las Fuerzas y Cuerpos de Seguridad y los servicios sociales y organismos de igualdad.

[1362] Las funciones, el régimen de funcionamiento y la composición del Observatorio Estatal de Violencia sobre la Mujer, se han establecido, desde 29 septiembre 2022, por el RD 752/2022 de 13 septiembre

[1363] Dada nueva redacción por disposición final 9 apartado 11 de Ley Orgánica 10/2022 de 6 de septiembre de 2022, con vigencia desde 07/10/2022

2. En desarrollo de dichos planes, se articularán protocolos de actuación que determinen los procedimientos que aseguren una actuación global e integral de las distintas administraciones y servicios implicados, y que garanticen la actividad probatoria en los procesos que se sigan.

3. Las administraciones con competencias sanitarias promoverán la aplicación, permanente actualización y difusión de protocolos que contengan pautas uniformes de actuación sanitaria, tanto en el ámbito público como privado, y en especial, del Protocolo aprobado por el Consejo Interterritorial del Sistema Nacional de Salud.

Tales protocolos impulsarán las actividades de prevención, detección precoz e intervención continuada con la mujer sometida a violencia de género o en riesgo de padecerla.

Los protocolos, además de referirse a los procedimientos a seguir, harán referencia expresa a las relaciones con la Administración de Justicia, en aquellos casos en que exista constatación o sospecha fundada de daños físicos o psíquicos ocasionados por estas agresiones o abusos.

4. En las actuaciones previstas en este artículo se considerará de forma especial la situación de las mujeres que, por sus circunstancias personales y sociales puedan tener mayor riesgo de sufrir la violencia de género o mayores dificultades para acceder a los servicios previstos en esta ley, tales como las pertenecientes a minorías, las inmigrantes, las que se encuentran en situación de exclusión social, las mujeres con discapacidad, las mujeres mayores o aquellas que viven en el ámbito rural.

TÍTULO IV
TUTELA PENAL

33. *Suspensión de penas.* El párrafo segundo del apartado 1, 6ª, del art. 83 del Código Penal, en la redacción dada por la Ley Orgánica 15/2003, queda redactado de la forma siguiente:

«**Si se tratase de delitos relacionados con la violencia de género, el Juez o Tribunal condicionará en todo caso la suspensión al cumplimiento de las obligaciones o deberes previstos en las reglas 1ª, 2ª y 5ª de este apartado.**»

34. *Comisión de delitos durante el período de suspensión de la pena.* El apartado 3 del art. 84 del Código Penal, en la redacción dada por la Ley Orgánica 15/2003, queda redactado de la forma siguiente:

«3. En el supuesto de que la pena suspendida fuera de prisión por la comisión de delitos relacionados con la violencia de género, el incumplimiento por parte del reo de las obligaciones o deberes previstos en las reglas 1ª, 2ª y 5ª del apartado 1 del art. 83 determinará la revocación de la suspensión de la ejecución de la pena.»

35. *Sustitución de penas.* El párrafo tercero del apartado 1 del art. 88 del Código Penal, en la redacción dada por la Ley Orgánica 15/2003, queda redactado de la forma siguiente:

«En el caso de que el reo hubiera sido condenado por un delito relacionado con la violencia de género, la pena de prisión sólo podrá ser sustituida por la de trabajos en beneficio de la comunidad. En estos supuestos, el Juez o Tribunal impondrá adicionalmente, además de la sujeción a programas específicos de reeducación y tratamiento psicológico, la observancia de las obligaciones o deberes previstos en las reglas 1ª y 2ª, del apartado 1 del art. 83 de este Código.»

36. *Protección contra las lesiones.* Se modifica el art. 148 del Código Penal que queda redactado de la siguiente forma:

«Las lesiones previstas en el apartado 1 del artículo anterior podrán ser castigadas con la pena de prisión de dos a cinco años, atendiendo al resultado causado o riesgo producido:

1º Si en la agresión se hubieren utilizado armas, instrumentos, objetos, medios, métodos o formas concretamente peligrosas para la vida o salud, física o psíquica, del lesionado.

2º Si hubiere mediado ensañamiento o alevosía.

3º Si la víctima fuere menor de doce años o incapaz.

4º Si la víctima fuere o hubiere sido esposa, o mujer que estuviere o hubiere estado ligada al autor por una análoga relación de afectividad, aun sin convivencia.

5º Si la víctima fuera una persona especialmente vulnerable que conviva con el autor.»

37. *Protección contra los malos tratos.* El art. 153 del Código Penal, queda redactado como sigue:

«1. El que por cualquier medio o procedimiento causare a otro menoscabo psíquico o una lesión no definidos como delito en este Código, o golpeare o maltratare de obra a otro sin causarle lesión, cuando la ofendida sea o haya sido esposa, o mujer que esté o haya estado ligada a él por una análoga relación de afectividad aun sin convivencia, o persona especialmente vulnerable que conviva con el autor, será castigado con la pena de prisión de seis meses a un año o de trabajos en beneficios de la comunidad de treinta y uno a ochenta días y, en todo caso, privación del derecho a la tenencia y porte de armas de un año y un día a tres años, así como, cuando el Juez o Tribunal lo estime adecuado al interés del menor o incapaz, inhabilitación para el ejercicio de la patria potestad, tutela, curatela, guarda o acogimiento hasta cinco años.

2. Si la víctima del delito previsto en el apartado anterior fuere alguna de las personas a que se refiere el art. 173.2, exceptuadas las personas contempladas en el apartado anterior de este artículo, el autor será castigado con la pena de prisión de tres meses a un año o de trabajos en beneficio de la comunidad de treinta y uno a ochenta días y, en todo caso, privación del derecho a la tenencia y porte de armas de un año y un día a tres años, así como, cuando el Juez o Tribunal lo estime adecuado al interés del menor o incapaz, inhabilitación para el ejercicio de la patria potestad, tutela, curatela, guarda o acogimiento de seis meses a tres años.

3. Las penas previstas en los apartados 1 y 2 se impondrán en su mitad superior cuando el delito se perpetre en presencia de menores, o utilizando armas, o tenga lugar en el domicilio común o en el domicilio de la víctima, o se realice quebrantando una pena de las contempladas en el art. 48 de este Código o una medida cautelar o de seguridad de la misma naturaleza.

4. No obstante lo previsto en los apartados anteriores, el Juez o Tribunal, razonándolo en sentencia, en atención a las circunstancias personales del autor y las concurrentes en la realización del hecho, podrá imponer la pena inferior en grado.»

38. *Protección contra las amenazas.* Se añaden tres apartados, numerados como 4, 5 y 6, al art. 171 del Código Penal, que tendrán la siguiente redacción:

«4. El que de modo leve amenace a quien sea o haya sido su esposa, o mujer que esté o haya estado ligada a él por una análoga relación de afectividad aun sin convivencia, será castigado con la pena de prisión de seis meses a un año o de trabajos en beneficio de la comunidad de treinta y uno a ochenta días y, en todo caso, privación del derecho a la tenencia y porte de armas de un año y un día a tres años, así como, cuando el Juez o Tribunal lo estime adecuado al interés del menor o incapaz, inhabilitación especial para el ejercicio de la patria potestad, tutela, curatela, guarda o acogimiento hasta cinco años.

Igual pena se impondrá al que de modo leve amenace a una persona especialmente vulnerable que conviva con el autor.

5. El que de modo leve amenace con armas u otros instrumentos peligrosos a alguna de las personas a las que se refiere el art. 173.2, exceptuadas las contempladas en el apartado anterior de este artículo, será castigado con la pena de prisión de tres meses a un año o trabajos en beneficio de la comunidad de treinta y uno a ochenta días y, en todo caso, privación del derecho a la tenencia y porte de armas de uno a tres años, así como, cuando el Juez o Tribunal lo estime adecuado al interés del menor o incapaz, inhabilitación especial para el ejercicio de la patria potestad, tutela, curatela, guarda o acogimiento por tiempo de seis meses a tres años.

Se impondrán las penas previstas en los apartados 4 y 5, en su mitad superior cuando el delito se perpetre en presencia de menores, o tenga lugar en el domicilio común o en el domicilio de la víctima, o se realice quebrantando una pena de las contempladas en el art. 48 de este Código o una medida cautelar o de seguridad de la misma naturaleza.

6. No obstante lo previsto en los apartados 4 y 5, el Juez o Tribunal, razonándolo en sentencia, en atención a las circunstancias personales del autor y a las concurrentes en la realización del hecho, podrá imponer la pena inferior en grado.»

39. *Protección contra las coacciones.* El contenido actual del art. 172 del Código Penal queda numerado como apartado 1 y se añade un apartado 2 a dicho artículo con la siguiente redacción:

«2. El que de modo leve coaccione a quien sea o haya sido su esposa, o mujer que esté o haya estado ligada a él por una análoga relación de afectividad, aun sin convivencia, será castigado con la pena de prisión de seis meses a un año o de trabajos en beneficio de la comunidad de treinta y uno a ochenta días y, en todo caso, privación del derecho a la tenencia y porte de armas de un año y un día a tres años, así como, cuando el Juez o Tribunal lo estime adecuado al interés del menor o incapaz, inhabilitación especial para el ejercicio de la patria potestad, tutela, curatela, guarda o acogimiento hasta cinco años.

Igual pena se impondrá al que de modo leve coaccione a una persona especialmente vulnerable que conviva con el autor.

Se impondrá la pena en su mitad superior cuando el delito se perpetre en presencia de menores, o tenga lugar en el domicilio común o en el domicilio de la víctima, o se realice quebrantando una pena de las contempladas en el art. 48 de este Código o una medida cautelar o de seguridad de la misma naturaleza.

No obstante lo previsto en los párrafos anteriores, el Juez o Tribunal, razonándolo en sentencia, en atención a las circunstancias personales del autor y a las concurrentes en la realización del hecho, podrá imponer la pena inferior en grado.»

40. *Quebrantamiento de condena.* Se modifica el art. 468 del Código Penal que queda redactado de la siguiente forma:

«1. Los que quebrantaren su condena, medida de seguridad, prisión, medida cautelar, conducción o custodia serán castigados con la pena de prisión de seis meses a un año si estuvieran privados de libertad, y con la pena de multa de doce a veinticuatro meses en los demás casos.

2. Se impondrá en todo caso la pena de prisión de seis meses a un año a los que quebrantaren una pena de las contempladas en el art. 48 de este Código o una medida cautelar o de seguridad de la misma naturaleza impuestas en procesos criminales en los que el ofendido sea alguna de las personas a las que se refiere el art. 173.2.»

41. *Protección contra las vejaciones leves.* El art. 620 del Código Penal queda redactado como sigue:

«Serán castigados con la pena de multa de diez a veinte días:

1º Los que de modo leve amenacen a otro con armas u otros instrumentos peligrosos, o los saquen en riña, como no sea en justa defensa, salvo que el hecho sea constitutivo de delito.

2º Los que causen a otro una amenaza, coacción, injuria o vejación injusta de carácter leve, salvo que el hecho sea constitutivo de delito.

Los hechos descritos en los dos números anteriores sólo serán perseguibles mediante denuncia de la persona agraviada o de su representante legal.

En los supuestos del número 2º de este artículo, cuando el ofendido fuere alguna de las personas a las que se refiere el art. 173.2, la pena será la de localización permanente de cuatro a ocho días, siempre en domicilio diferente y alejado del de la víctima, o trabajos en beneficio de la comunidad de cinco a diez días. En estos casos no será exigible la denuncia a que se refiere el párrafo anterior de este artículo, excepto para la persecución de las injurias.»

42. *Administración penitenciaria.* 1. La Administración penitenciaria realizará programas específicos para internos condenados por delitos relacionados con la violencia de género.

2. Las Juntas de Tratamiento valorarán, en las progresiones de grado, concesión de permisos y concesión de la libertad condicional, el seguimiento y aprovechamiento de dichos programas específicos por parte de los internos a que se refiere el apartado anterior.

TÍTULO V
TUTELA JUDICIAL

CAPÍTULO PRIMERO
DE LOS JUZGADOS DE VIOLENCIA SOBRE LA MUJER

43. *Organización territorial.* Se adiciona un art. 87 bis en la Ley Orgánica 6/1985, de 1 de julio, del Poder Judicial, con la siguiente redacción:

«1. En cada partido habrá uno o más Juzgados de Violencia sobre la Mujer, con sede en la capital de aquél y jurisdicción en todo su ámbito territorial. Tomarán su designación del municipio de su sede.

2. No obstante lo anterior, podrán establecerse, excepcionalmente, Juzgados de Violencia sobre la Mujer que extiendan su jurisdicción a dos o más partidos dentro de la misma provincia.

3. El Consejo General del Poder Judicial podrá acordar, previo informe de las Salas de Gobierno, que, en aquellas circunscripciones donde sea conveniente en función de la carga de trabajo existente, el conocimiento de los asuntos referidos en el art. 87 ter de la presente Ley Orgánica, corresponda a uno de los Juzgados de Primera Instancia e Instrucción, o de Instrucción en su caso, determinándose en esta situación que uno solo de estos Órganos conozca de todos estos asuntos dentro del partido judicial, ya sea de forma exclusiva o conociendo también de otras materias.

4. En los partidos judiciales en que exista un solo Juzgado de Primera Instancia e Instrucción será éste el que asuma el conocimiento de los asuntos a que se refiere el art. 87 ter de esta Ley.»

44. *Competencia.* Se adiciona un art. 87 ter en la Ley Orgánica 6/1985, de 1 de julio, del Poder Judicial, con la siguiente redacción:

«1. Los Juzgados de Violencia sobre la Mujer conocerán, en el orden penal, de conformidad en todo caso con los procedimientos y recursos previstos en la Ley de Enjuiciamiento Criminal, de los siguientes supuestos:

a) De la instrucción de los procesos para exigir responsabilidad penal por los delitos recogidos en los títulos del Código Penal relativos a homicidio, aborto, lesiones, lesiones al feto, delitos contra la libertad, delitos contra la integridad moral, contra la libertad e indemnidad sexuales o cualquier otro delito cometido con violencia o intimidación, siempre que se hubiesen cometido contra quien sea o haya sido su esposa, o mujer que esté o haya estado ligada al autor por análoga relación de afectividad, aun sin convivencia, así como de los cometidos sobre los descendientes, propios o de la esposa o conviviente, o sobre los menores o incapaces que con él convivan o que se hallen sujetos a la potestad, tutela, curatela, acogimiento o guarda de hecho de la esposa o conviviente, cuando también se haya producido un acto de violencia de género.

b) De la instrucción de los procesos para exigir responsabilidad penal por cualquier delito contra los derechos y deberes familiares, cuando la víctima sea alguna de las personas señaladas como tales en la letra anterior.

c) De la adopción de las correspondientes órdenes de protección a las víctimas, sin perjuicio de las competencias atribuidas al Juez de Guardia.

d) Del conocimiento y fallo de las faltas contenidas en los títulos I y II del libro III del Código Penal, cuando la víctima sea alguna de las personas señaladas como tales en la letra a) de este apartado.

2. Los Juzgados de Violencia sobre la Mujer podrán conocer en el orden civil, en todo caso de conformidad con los procedimientos y recursos previstos en la Ley de Enjuiciamiento Civil, de los siguientes asuntos:

a) Los de filiación, maternidad y paternidad.

b) Los de nulidad del matrimonio, separación y divorcio.

c) Los que versen sobre relaciones paterno filiales.

d) Los que tengan por objeto la adopción o modificación de medidas de trascendencia familiar.

e) Los que versen exclusivamente sobre guarda y custodia de hijos e hijas menores o sobre alimentos reclamados por un progenitor contra el otro en nombre de los hijos e hijas menores.

f) Los que versen sobre la necesidad de asentimiento en la adopción.

g) Los que tengan por objeto la oposición a las resoluciones administrativas en materia de protección de menores.

3. Los Juzgados de Violencia sobre la Mujer tendrán de forma exclusiva y excluyente competencia en el orden civil cuando concurran simultáneamente los siguientes requisitos:

a) Que se trate de un proceso civil que tenga por objeto alguna de las materias indicadas en el número 2 del presente artículo.

b) Que alguna de las partes del proceso civil sea víctima de los actos de violencia de género, en los términos a que hace referencia el apartado 1 a) del presente artículo.

c) Que alguna de las partes del proceso civil sea imputado como autor, inductor o cooperador necesario en la realización de actos de violencia de género.

d) Que se hayan iniciado ante el Juez de Violencia sobre la Mujer actuaciones penales por delito o falta a consecuencia de un acto de violencia sobre la mujer, o se haya adoptado una orden de protección a una víctima de violencia de género.

4. Cuando el Juez apreciara que los actos puestos en su conocimiento, de forma notoria, no constituyen expresión de violencia

de género, podrá inadmitir la pretensión, remitiéndola al órgano judicial competente.

5. En todos estos casos está vedada la mediación.»

45. *Recursos en materia penal.* Se adiciona un nuevo ordinal 4º al art. 82.1 de la Ley Orgánica 6/1985, de 1 de julio, del Poder Judicial, con la siguiente redacción:

«De los recursos que establezca la ley contra las resoluciones en materia penal dictadas por los Juzgados de Violencia sobre la Mujer de la provincia. A fin de facilitar el conocimiento de estos recursos, y atendiendo al número de asuntos existentes, deberán especializarse una o varias de sus secciones de conformidad con lo previsto en el art. 98 de la citada Ley Orgánica. Esta especialización se extenderá a aquellos supuestos en que corresponda a la Audiencia Provincial el enjuiciamiento en primera instancia de asuntos instruidos por los Juzgados de Violencia sobre la Mujer de la provincia.»

46. *Recursos en materia civil.* Se adiciona un nuevo párrafo al art. 82.4 en la Ley Orgánica 6/1985, de 1 de julio, del Poder Judicial, con la siguiente redacción:

«Las Audiencias Provinciales conocerán, asimismo, de los recursos que establezca la ley contra las resoluciones dictadas en materia civil por los Juzgados de Violencia sobre la Mujer de la provincia. A fin de facilitar el conocimiento de estos recursos, y atendiendo al número de asuntos existentes, podrán especializarse una o varias de sus secciones de conformidad con lo previsto en el art. 98 de la citada Ley Orgánica.»

47. *Formación.* [1364] El Gobierno, el Consejo General del Poder Judicial y las comunidades autónomas, en el ámbito de sus respectivas competencias, asegurarán una formación específica relativa a la igualdad y no discriminación por razón de sexo y sobre violencia de género en los cursos de formación de Jueces y Magistrados, Fiscales, Secretarios Judiciales, Fuerzas y Cuerpos de Seguridad y Médicos Forenses. En todo caso, en los cursos de formación anteriores se introducirá el

---

[1364] Dada nueva redacción por disposición final 9 apartado 12 de Ley Orgánica 10/2022 de 6 de septiembre de 2022, con vigencia desde 07/10/2022

enfoque de la discapacidad de las víctimas y se tendrá en cuenta la violencia vicaria.

48. *Jurisdicción de los Juzgados.* Se modifica el apartado 1 del art. 4 de la Ley 38/1988, de 28 de diciembre, de Demarcación y Planta Judicial, que queda redactado de la siguiente forma:

«**1. Los Juzgados de Primera Instancia e Instrucción y los Juzgados de Violencia sobre la Mujer tienen jurisdicción en el ámbito territorial de su respectivo partido.**

No obstante lo anterior, y atendidas las circunstancias geográficas, de ubicación y población, podrán crearse Juzgados de Violencia sobre la Mujer que atiendan a más de un partido judicial.»

49. *Sede de los Juzgados.* Se modifica el art. 9 de la Ley 38/1988, de 28 de diciembre, de Demarcación y Planta Judicial, que queda redactado de la siguiente forma:

«**Los Juzgados de Primera Instancia e Instrucción y los Juzgados de Violencia sobre la Mujer tienen su sede en la capital del partido.**»

50. *Planta de los Juzgados de Violencia sobre la Mujer.* Se adiciona un art. 15 bis en la Ley 38/1988, de 28 de diciembre, de Demarcación y Planta Judicial, con la siguiente redacción:

«**1. La planta inicial de los Juzgados de Violencia sobre la Mujer será la establecida en el anexo XIII de esta Ley.**

2. La concreción de la planta inicial y la que sea objeto de desarrollo posterior, será realizada mediante Real Decreto de conformidad con lo establecido en el art. 20 de la presente Ley y se ajustará a los siguientes criterios:

a) Podrán crearse Juzgados de Violencia sobre la Mujer en aquellos partidos judiciales en los que la carga de trabajo así lo aconseje.

b) En aquellos partidos judiciales en los que, en atención al volumen de asuntos, no se considere necesario el desarrollo de la planta judicial, se podrán transformar algunos de los Juzgados de Instrucción y de Primera Instancia e Instrucción en funcionamiento en Juzgados de Violencia sobre la Mujer.

c) Asimismo cuando se considere, en función de la carga de trabajo, que no es precisa la creación de un órgano judicial específico, se determinará, de existir varios, qué Juzgados de Instrucción o

de Primera Instancia e Instrucción, asumirán el conocimiento de las materias de violencia sobre la mujer en los términos del art. 1 de la Ley Orgánica de Medidas de Protección Integral contra la Violencia de Género con carácter exclusivo junto con el resto de las correspondientes a la jurisdicción penal o civil, según la naturaleza del órgano en cuestión.

3. Serán servidos por Magistrados los Juzgados de Violencia sobre la Mujer que tengan su sede en la capital de la provincia y los demás Juzgados que así se establecen en el anexo XIII de esta Ley.»

51. *Plazas servidas por Magistrados.* El apartado 2 del art. 21 de la Ley 38/1988, de 28 de diciembre, de Demarcación y Planta Judicial tendrá la siguiente redacción:

«2. El Ministro de Justicia podrá establecer que los Juzgados de Primera Instancia y de Instrucción o de Primera Instancia e Instrucción y los Juzgados de Violencia sobre la Mujer, sean servidos por Magistrados, siempre que estén radicados en un partido judicial superior a 150.000 habitantes de derecho o experimenten aumentos de población de hecho que superen dicha cifra, y el volumen de cargas competenciales así lo exija.»

52. *Constitución de los Juzgados.* Se incluye un nuevo art. 46 ter en la Ley 38/1988, de 28 de diciembre, de Demarcación y Planta Judicial, con la siguiente redacción:

«1. El Gobierno, dentro del marco de la Ley de Presupuestos Generales del Estado, oído el Consejo General del Poder Judicial y, en su caso, la Comunidad Autónoma afectada, procederá de forma escalonada y mediante Real Decreto a la constitución, compatibilización y transformación de Juzgados de Instrucción y de Primera Instancia e Instrucción para la plena efectividad de la planta de los Juzgados de Violencia sobre la Mujer.

2. En tanto las Comunidades Autónomas no fijen la sede de los Juzgados de Violencia sobre la Mujer, ésta se entenderá situada en aquellas poblaciones que se establezcan en el anexo XIII de la presente Ley.»

53. *Notificación de las sentencias dictadas por Tribunales.* Se adiciona un nuevo párrafo en el art. 160 de la Ley de Enjuiciamiento Criminal, con el contenido siguiente:

«**Cuando la instrucción de la causa hubiera correspondido a un Juzgado de Violencia sobre la Mujer la sentencia será remitida al mismo por testimonio de forma inmediata, con indicación de si la misma es o no firme.**»

54. *Especialidades en el supuesto de juicios rápidos.* Se adiciona un nuevo art. 797 bis en la Ley de Enjuiciamiento Criminal con el contenido siguiente:

«**1. En el supuesto de que la competencia corresponda al Juzgado de Violencia sobre la Mujer, las diligencias y resoluciones señaladas en los artículos anteriores deberán ser practicadas y adoptadas durante las horas de audiencia.**

2. La Policía Judicial habrá de realizar las citaciones a que se refiere el art. 796, ante el Juzgado de Violencia sobre la Mujer, en el día hábil más próximo, entre aquéllos que se fijen reglamentariamente.

No obstante el detenido, si lo hubiere, habrá de ser puesto a disposición del Juzgado de Instrucción de Guardia, a los solos efectos de regularizar su situación personal, cuando no sea posible la presentación ante el Juzgado de Violencia sobre la Mujer que resulte competente.

3. Para la realización de las citaciones antes referidas, la Policía Judicial fijará el día y la hora de la comparecencia coordinadamente con el Juzgado de Violencia sobre la Mujer. A estos efectos el Consejo General del Poder Judicial, de acuerdo con lo establecido en el art. 110 de la Ley Orgánica del Poder Judicial, dictará los Reglamentos oportunos para asegurar esta coordinación.»

55. *Notificación de las sentencias dictadas por Juzgado de lo Penal.* Se adiciona un apartado 5 en el art. 789 de la Ley de Enjuiciamiento Criminal, con el contenido siguiente:

«**5. Cuando la instrucción de la causa hubiera correspondido a un Juzgado de Violencia sobre la Mujer la sentencia será remitida al mismo por testimonio de forma inmediata. Igualmente se le remitirá la declaración de firmeza y la sentencia de segunda instan-**

cia cuando la misma fuera revocatoria, en todo o en parte, de la sentencia previamente dictada.»

56. *Especialidades en el supuesto de juicios rápidos en materia de faltas.* Se adiciona un nuevo apartado 5 al art. 962 de la Ley de Enjuiciamiento Criminal, con el contenido siguiente:

«5. En el supuesto de que la competencia para conocer corresponda al Juzgado de Violencia sobre la Mujer, la Policía Judicial habrá de realizar las citaciones a que se refiere este artículo ante dicho Juzgado en el día hábil más próximo. Para la realización de las citaciones antes referidas, la Policía Judicial fijará el día y la hora de la comparecencia coordinadamente con el Juzgado de Violencia sobre la Mujer.

A estos efectos el Consejo General del Poder Judicial, de acuerdo con lo establecido en el art. 110 de la Ley Orgánica del Poder Judicial, dictará los Reglamentos oportunos para asegurar esta coordinación.»

CAPÍTULO II
NORMAS PROCESALES CIVILES

57. *Pérdida de la competencia objetiva cuando se produzcan actos de violencia sobre la mujer.* Se adiciona un nuevo art. 49 bis en la Ley 1/2000, de 7 de enero, de Enjuiciamiento Civil, cuya redacción es la siguiente:

«**Artículo 49 bis.** *Pérdida de la competencia cuando se produzcan actos de violencia sobre la mujer*

1. Cuando un Juez, que esté conociendo en primera instancia de un procedimiento civil, tuviese noticia de la comisión de un acto de violencia de los definidos en el art. 1 de la Ley Orgánica de Medidas de Protección Integral contra la Violencia de Género, que haya dado lugar a la iniciación de un proceso penal o a una orden de protección, tras verificar la concurrencia de los requisitos previstos en el apartado 3 del art. 87 ter de la Ley Orgánica del Poder Judicial, deberá inhibirse, remitiendo los autos en el estado en que se hallen al Juez de Violencia sobre la Mujer que resulte competente, salvo que se haya iniciado la fase del juicio oral.

2. Cuando un Juez que esté conociendo de un procedimiento civil, tuviese noticia de la posible comisión de un acto de violencia de género, que no haya dado lugar a la iniciación de un proceso penal, ni a dictar una orden de protección, tras verificar que concurren los requisitos del apartado 3 del art. 87 ter de la Ley Orgánica del Poder Judicial, deberá inmediatamente citar a las partes a una comparecencia con el Ministerio Fiscal que se celebrará en las siguientes 24 horas a fin de que éste tome conocimiento de cuantos datos sean relevantes sobre los hechos acaecidos. Tras ella, el Fiscal, de manera inmediata, habrá de decidir si procede, en las 24 horas siguientes, a denunciar los actos de violencia de género o a solicitar orden de protección ante el Juzgado de Violencia sobre la Mujer que resulte competente. En el supuesto de que se interponga denuncia o se solicite la orden de protección, el Fiscal habrá de entregar copia de la denuncia o solicitud en el Tribunal, el cual continuará conociendo del asunto hasta que sea, en su caso, requerido de inhibición por el Juez de Violencia sobre la Mujer competente.

3. Cuando un Juez de Violencia sobre la Mujer que esté conociendo de una causa penal por violencia de género tenga conocimiento de la existencia de un proceso civil, y verifique la concurrencia de los requisitos del apartado 3 del art. 87 ter de la Ley Orgánica del Poder Judicial, requerirá de inhibición al Tribunal Civil, el cual deberá acordar de inmediato su inhibición y la remisión de los autos al órgano requirente.

A los efectos del párrafo anterior, el requerimiento de inhibición se acompañará de testimonio de la incoación de diligencias previas o de juicio de faltas, del auto de admisión de la querella, o de la orden de protección adoptada.

4. En los casos previstos en los apartados 1 y 2 de este artículo, el Tribunal Civil remitirá los autos al Juzgado de Violencia sobre la Mujer sin que sea de aplicación lo previsto en el art. 48.3 de la Ley de Enjuiciamiento Civil, debiendo las partes desde ese momento comparecer ante dicho órgano.

En estos supuestos no serán de aplicación las restantes normas de esta sección, ni se admitirá declinatoria, debiendo las partes que quieran hacer valer la competencia del Juzgado de Violencia sobre la Mujer presentar testimonio de alguna de las resoluciones dictadas por dicho Juzgado a las que se refiere el párrafo final del número anterior.

5. Los Juzgados de Violencia sobre la Mujer ejercerán sus competencias en materia civil de forma exclusiva y excluyente, y en todo caso de conformidad con los procedimientos y recursos previstos en la Ley de Enjuiciamiento Civil.»

CAPÍTULO III
NORMAS PROCESALES PENALES

58. *Competencias en el orden penal.* Se modifica el art. 14 de la Ley de Enjuiciamiento Criminal, que queda redactado de la siguiente forma:

«Fuera de los casos que expresa y limitadamente atribuyen la Constitución y las leyes a Jueces y Tribunales determinados, serán competentes:

1. Para el conocimiento y fallo de los juicios de faltas, el Juez de Instrucción, salvo que la competencia corresponda al Juez de Violencia sobre la Mujer de conformidad con el número quinto de este artículo. Sin embargo, conocerá de los juicios por faltas tipificadas en los arts. 626, 630, 632 y 633 del Código Penal, el Juez de Paz del lugar en que se hubieran cometido. También conocerán los Jueces de Paz de los juicios por faltas tipificadas en el art. 620.1º y 2º, del Código Penal, excepto cuando el ofendido fuere alguna de las personas a que se refiere el art. 173.2 del mismo Código.

2. Para la instrucción de las causas, el Juez de Instrucción del partido en que el delito se hubiere cometido, o el Juez de Violencia sobre la Mujer, o el Juez Central de Instrucción respecto de los delitos que la Ley determine.

3. Para el conocimiento y fallo de las causas por delitos a los que la Ley señale pena privativa de libertad de duración no superior a cinco años o pena de multa cualquiera que sea su cuantía, o cualesquiera otras de distinta naturaleza, bien sean únicas, conjuntas o alternativas, siempre que la duración de éstas no exceda de diez años, así como por faltas, sean o no incidentales, imputables a los autores de estos delitos o a otras personas, cuando la comisión de la falta o su prueba estuviesen relacionadas con aquéllos, el Juez de lo Penal de la circunscripción donde el delito fue cometido, o el Juez de lo Penal correspondiente a la circunscripción del Juzgado de

Violencia sobre la Mujer en su caso, o el Juez Central de lo Penal en el ámbito que le es propio, sin perjuicio de la competencia del Juez de Instrucción de Guardia del lugar de comisión del delito para dictar sentencia de conformidad, o del Juez de Violencia sobre la Mujer competente en su caso, en los términos establecidos en el art. 801.

No obstante, en los supuestos de competencia del Juez de lo Penal, si el delito fuere de los atribuidos al Tribunal del Jurado, el conocimiento y fallo corresponderá a éste.

4. Para el conocimiento y fallo de las causas en los demás casos la Audiencia Provincial de la circunscripción donde el delito se haya cometido, o la Audiencia Provincial correspondiente a la circunscripción del Juzgado de Violencia sobre la Mujer en su caso, o la Sala de lo Penal de la Audiencia Nacional.

No obstante, en los supuestos de competencia de la Audiencia Provincial, si el delito fuere de los atribuidos al Tribunal de Jurado, el conocimiento y fallo corresponderá a éste.

5. Los Juzgados de Violencia sobre la Mujer serán competentes en las siguientes materias, en todo caso de conformidad con los procedimientos y recursos previstos en esta Ley:

a) De la instrucción de los procesos para exigir responsabilidad penal por los delitos recogidos en los títulos del Código Penal relativos a homicidio, aborto, lesiones, lesiones al feto, delitos contra la libertad, delitos contra la integridad moral, contra la libertad e indemnidad sexuales o cualquier otro delito cometido con violencia o intimidación, siempre que se hubiesen cometido contra quien sea o haya sido su esposa, o mujer que esté o haya estado ligada al autor por análoga relación de afectividad, aun sin convivencia, así como de los cometidos sobre los descendientes, propios o de la esposa o conviviente, o sobre los menores o incapaces que con él convivan o que se hallen sujetos a la potestad, tutela, curatela, acogimiento o guarda de hecho de la esposa o conviviente, cuando también se haya producido un acto de violencia de género.

b) De la instrucción de los procesos para exigir responsabilidad penal por cualquier delito contra los derechos y deberes familiares, cuando la víctima sea alguna de las personas señaladas como tales en la letra anterior.

c) De la adopción de las correspondientes órdenes de protección a las víctimas, sin perjuicio de las competencias atribuidas al Juez de Guardia.

d) Del conocimiento y fallo de las faltas contenidas en los títulos I y II del libro III del Código Penal, cuando la víctima sea alguna de las personas señaladas como tales en la letra a) de este apartado.»

59. *Competencia territorial.* Se adiciona un nuevo art. 15 bis en la Ley de Enjuiciamiento Criminal, cuya redacción es la siguiente:

«En el caso de que se trate de algunos de los delitos o faltas cuya instrucción o conocimiento corresponda al Juez de Violencia sobre la Mujer, la competencia territorial vendrá determinada por el lugar del domicilio de la víctima, sin perjuicio de la adopción de la orden de protección, o de medidas urgentes del art. 13 de la presente Ley que pudiera adoptar el Juez del lugar de comisión de los hechos.»

60. *Competencia por conexión.* Se adiciona un nuevo art. 17 bis en la Ley de Enjuiciamiento Criminal, cuya redacción es la siguiente:

«La competencia de los Juzgados de Violencia sobre la Mujer se extenderá a la instrucción y conocimiento de los delitos y faltas conexas siempre que la conexión tenga su origen en alguno de los supuestos previstos en los números 3º y 4º del art. 17 de la presente Ley.»

CAPÍTULO IV
MEDIDAS JUDICIALES DE PROTECCIÓN Y DE SEGURIDAD DE LAS VÍCTIMAS

61. *Disposiciones generales.* 1. Las medidas de protección y seguridad previstas en el presente capítulo serán compatibles con cualesquiera de las medidas cautelares y de aseguramiento que se pueden adoptar en los procesos civiles y penales.

2. En todos los procedimientos relacionados con la violencia de género, el Juez competente deberá pronunciarse en todo caso, de oficio o a instancia de las víctimas, de los hijos, de las personas que convivan con ellas o se hallen sujetas a su guarda o custodia, del Ministerio

Fiscal o de la Administración de la que dependan los servicios de atención a las víctimas o su acogida, sobre la pertinencia de la adopción de las medidas cautelares y de aseguramiento contempladas en este capítulo, especialmente sobre las recogidas en los arts. 64, 65 y 66, determinando su plazo y su régimen de cumplimiento y, si procediera, las medidas complementarias a ellas que fueran precisas. [1365]

62. *De la orden de protección.* Recibida la solicitud de adopción de una orden de protección, el Juez de Violencia sobre la Mujer y, en su caso, el Juez de Guardia, actuarán de conformidad con lo dispuesto en el art. 544 ter de la Ley de Enjuiciamiento Criminal.

63. *De la protección de datos y las limitaciones a la publicidad.* 1. En las actuaciones y procedimientos relacionados con la violencia de género se protegerá la intimidad de las víctimas; en especial, sus datos personales, los de sus descendientes y los de cualquier otra persona que esté bajo su guarda o custodia.

2. Los Jueces competentes podrán acordar, de oficio o a instancia de parte, que las vistas se desarrollen a puerta cerrada y que las actuaciones sean reservadas.

64. *De las medidas de salida del domicilio, alejamiento o suspensión de las comunicaciones.* 1. El Juez podrá ordenar la salida obligatoria del inculpado por violencia de género del domicilio en el que hubiera estado conviviendo o tenga su residencia la unidad familiar, así como la prohibición de volver al mismo.

2. El Juez, con carácter excepcional, podrá autorizar que la persona protegida concierte, con una agencia o sociedad pública allí donde la hubiere y que incluya entre sus actividades la del arrendamiento de viviendas, la permuta del uso atribuido de la vivienda familiar de la que sean copropietarios, por el uso de otra vivienda, durante el tiempo y en las condiciones que se determinen.

3. El Juez podrá prohibir al inculpado que se aproxime a la persona protegida, lo que le impide acercarse a la misma en cualquier lugar

[1365] Dada nueva redacción apartado 2 por disposición final 3 apartado 2 de Ley Orgánica 8/2015 de 22 de julio de 2015 , con vigencia desde 12/08/2015

donde se encuentre, así como acercarse a su domicilio, a su lugar de trabajo o a cualquier otro que sea frecuentado por ella.

Podrá acordarse la utilización de instrumentos con la tecnología adecuada para verificar de inmediato su incumplimiento.

El Juez fijará una distancia mínima entre el inculpado y la persona protegida que no se podrá rebasar, bajo apercibimiento de incurrir en responsabilidad penal.

4. La medida de alejamiento podrá acordarse con independencia de que la persona afectada, o aquéllas a quienes se pretenda proteger, hubieran abandonado previamente el lugar.

5. El Juez podrá prohibir al inculpado toda clase de comunicación con la persona o personas que se indique, bajo apercibimiento de incurrir en responsabilidad penal.

6. Las medidas a que se refieren los apartados anteriores podrán acordarse acumulada o separadamente.

65. *De las medidas de suspensión de la patria potestad o la custodia de menores.* [1366] El Juez podrá suspender para el inculpado por violencia de género el ejercicio de la patria potestad, guarda y custodia, acogimiento, tutela, curatela o guarda de hecho, respecto de los menores que dependan de él.

Si no acordara la suspensión, el Juez deberá pronunciarse en todo caso sobre la forma en la que se ejercerá la patria potestad y, en su caso, la guarda y custodia, el acogimiento, la tutela, la curatela o la guarda de hecho de lo menores. Asimismo, adoptará las medidas necesarias para garantizar la seguridad, integridad y recuperación de los menores y de la mujer, y realizará un seguimiento periódico de su evolución.

66. *De la medida de suspensión del régimen de visitas, estancia, relación o comunicación con los menores.* [1367] El Juez ordenará la suspensión del régimen de visitas, estancia, relación o comunicación del inculpado por violencia de género respecto de los menores que

---

[1366] Dada nueva redacción por disposición final 3 apartado 3 de Ley Orgánica 8/2015 de 22 de julio de 2015, con vigencia desde 12/08/2015

[1367] Dada nueva redacción por disposición final 9 apartado 13 de Ley Orgánica 10/2022 de 6 de septiembre de 2022, con vigencia desde 07/10/2022

dependan de él. Si, en interés superior del menor, no acordara la suspensión, el Juez deberá pronunciarse en todo caso sobre la forma en que se ejercerá el régimen de estancia, relación o comunicación del inculpado por violencia de género respecto de los menores que dependan del mismo. Asimismo, adoptará las medidas necesarias para garantizar la seguridad, integridad y recuperación de los menores y de la mujer, a través de servicios de atención especializada, y realizará un seguimiento periódico de su evolución, en coordinación con dichos servicios.

67. *De la medida de suspensión del derecho a la tenencia, porte y uso de armas.* El Juez podrá acordar, respecto de los inculpados en delitos relacionados con la violencia a que se refiere esta Ley, la suspensión del derecho a la tenencia, porte y uso de armas, con la obligación de depositarlas en los términos establecidos por la normativa vigente.

68. *Garantías para la adopción de las medidas.* Las medidas restrictivas de derechos contenidas en este capítulo deberán adoptarse mediante auto motivado en el que se aprecie su proporcionalidad y necesidad, y, en todo caso, con intervención del Ministerio Fiscal y respeto de los principios de contradicción, audiencia y defensa.

69. *Mantenimiento de las medidas de protección y seguridad.* Las medidas de este capítulo podrán mantenerse tras la sentencia definitiva y durante la tramitación de los eventuales recursos que correspondiesen. En este caso, deberá hacerse constar en la sentencia el mantenimiento de tales medidas.

CAPÍTULO V
DEL FISCAL CONTRA LA VIOLENCIA SOBRE LA MUJER

70. *Funciones del Fiscal contra la Violencia sobre la Mujer.* Se añade un art. 18 quáter en la Ley 50/1981, de 30 de diciembre, reguladora del Estatuto Orgánico del Ministerio Fiscal, con la siguiente redacción:

«1. El Fiscal General del Estado nombrará, oído el Consejo Fiscal, como delegado, un Fiscal contra la Violencia sobre la Mujer, con categoría de Fiscal de Sala, que ejercerá las siguientes funciones:

a) Practicar las diligencias a que se refiere el art. 5 del Estatuto Orgánico del Ministerio Fiscal, e intervenir directamente en aquellos procesos penales de especial trascendencia apreciada por el Fiscal General del Estado, referentes a los delitos por actos de violencia de género comprendidos en el art. 87 ter.1 de la Ley Orgánica del Poder Judicial.

b) Intervenir, por delegación del Fiscal General del Estado, en los procesos civiles comprendidos en el art. 87 ter.2 de la Ley Orgánica del Poder Judicial.

c) Supervisar y coordinar la actuación de las Secciones contra la Violencia sobre la Mujer, y recabar informes de las mismas, dando conocimiento al Fiscal Jefe de las Fiscalías en que se integren.

d) Coordinar los criterios de actuación de las diversas Fiscalías en materias de violencia de género, para lo cual podrá proponer al Fiscal General del Estado la emisión de las correspondientes instrucciones.

e) Elaborar semestralmente, y presentar al Fiscal General del Estado, para su remisión a la Junta de Fiscales de Sala del Tribunal Supremo, y al Consejo Fiscal, un informe sobre los procedimientos seguidos y actuaciones practicadas por el Ministerio Fiscal en materia de violencia de género.

2. Para su adecuada actuación se le adscribirán los profesionales y expertos que sean necesarios para auxiliarlo de manera permanente u ocasional.»

71. *Secciones contra la violencia sobre la mujer.* Se sustituyen los párrafos segundo y tercero del apartado 1 del art. 18 de la Ley 50/1981, de 30 de diciembre, reguladora del Estatuto Orgánico del Ministerio Fiscal, por el siguiente texto:

«En la Fiscalía de la Audiencia Nacional y en cada Fiscalía de los Tribunales Superiores de Justicia y de las Audiencias Provinciales, existirá una Sección de Menores a la que se encomendarán las funciones y facultades que al Ministerio Fiscal atribuye la Ley Orgánica Reguladora de la Responsabilidad Penal de los Menores y otra Sección Contra la Violencia sobre la Mujer en cada Fiscalía de los Tribunales Superiores de Justicia y de las Audiencias Provinciales. A estas Secciones serán adscritos Fiscales que pertenezcan a sus respectivas plantillas, teniendo preferencia aquellos que por razón de las anteriores funciones desempeñadas, cursos impartidos o superados o por cualquier otra circunstancia análoga, se hayan especializado en la materia. No obstante, cuando las necesidades del servicio así lo aconsejen podrán actuar también en otros ámbitos o materias.

En las Fiscalías de los Tribunales Superiores de Justicia y en las Audiencias Provinciales podrán existir las adscripciones permanentes que se determinen reglamentariamente.

A la Sección Contra la Violencia sobre la Mujer se atribuyen las siguientes funciones:

a) Intervenir en los procedimientos penales por los hechos constitutivos de delitos o faltas cuya competencia esté atribuida a los Juzgados de Violencia sobre la Mujer.

b) Intervenir directamente en los procesos civiles cuya competencia esté atribuida a los Juzgados de Violencia sobre la Mujer.

En la Sección Contra la Violencia sobre la Mujer deberá llevarse un registro de los procedimientos que se sigan relacionados con estos hechos que permitirá la consulta de los Fiscales cuando conozcan de un procedimiento de los que tienen atribuida la competencia, al efecto en cada caso procedente.»

72. *Delegados de la Jefatura de la Fiscalía.* Se da una nueva redacción al apartado 5 del art. 22 de la Ley 50/1981, de 30 de diciembre, reguladora del Estatuto Orgánico del Ministerio Fiscal, que queda redactado de la siguiente forma:

«6. En aquellas Fiscalías en las que el número de asuntos de que conociera así lo aconsejara y siempre que resultara conveniente para la organización del servicio, previo informe del Consejo Fiscal, podrán designarse delegados de la Jefatura con el fin de asumir las funciones de dirección y coordinación que le fueran específicamente encomendadas. La plantilla orgánica determinará el número máximo de delegados de la Jefatura que se puedan designar en cada Fiscalía. En todo caso, en cada Fiscalía habrá un delegado de Jefatura que asumirá las funciones de dirección y coordinación, en los términos previstos en este apartado, en materia de infracciones relacionadas con la violencia de género, delitos contra el medio ambiente, y vigilancia penitenciaria, con carácter exclusivo o compartido con otras materias.

Tales delegados serán nombrados y, en su caso, relevados mediante resolución dictada por el Fiscal General del Estado, a propuesta motivada del Fiscal Jefe respectivo, oída la Junta de Fiscalía. Cuando la resolución del Fiscal General del Estado sea discrepante con la propuesta del Fiscal Jefe respectivo, deberá ser motivada.

Para la cobertura de estas plazas será preciso, con carácter previo a la propuesta del Fiscal Jefe correspondiente, realizar una convocatoria entre los Fiscales de la plantilla. A la propuesta se acompañará relación del resto de los Fiscales que hayan solicitado el puesto con aportación de los méritos alegados.»

DISPOSICIONES ADICIONALES

Disposición Adicional Primera. *Pensiones y ayudas.* 1. Quien fuera condenado, por sentencia firme, por la comisión de un delito doloso de homicidio en cualquiera de sus formas o de lesiones, perderá la condición de beneficiario de la pensión de viudedad que le corresponda dentro del sistema público de pensiones cuando la víctima de dichos delitos fuera la causante de la pensión, salvo que, en su caso, medie reconciliación entre ellos.

En tales casos, la pensión de viudedad que hubiera debido reconocerse incrementará las pensiones de orfandad, si las hubiese, siempre que tal incremento esté establecido en la legislación reguladora del régimen de Seguridad Social de que se trate. [1368]

2. A quien fuera condenado, por sentencia firme, por la comisión de un delito doloso de homicidio en cualquiera de sus formas o de lesiones cuando la ofendida por el delito fuera su cónyuge o excónyuge, o estuviera o hubiera estado ligada a él por una análoga relación de afectividad, aun sin convivencia, no le será abonable, en ningún caso, la pensión por orfandad de la que pudieran ser beneficiarios sus hijos dentro del Sistema Público de Pensiones, salvo que, en su caso, hubiera mediado reconciliación entre aquellos.

[1368] Dada nueva redacción apartado 1 por disposición adicional 30 de Ley 40/2007 de 4 de diciembre de 2007, con vigencia desde 01/01/2008

3. No tendrá la consideración de beneficiario, a título de víctima indirecta, de las ayudas previstas en la Ley 35/1995, de 11 de diciembre, de Ayudas y Asistencia a las Víctimas de Delitos Violentos y contra la Libertad Sexual, quien fuera condenado por delito doloso de homicidio en cualquiera de sus formas, cuando la ofendida fuera su cónyuge o excónyuge o persona con la que estuviera o hubiera estado ligado de forma estable por análoga relación de afectividad, con independencia de su orientación sexual, durante, al menos, los dos años anteriores al momento del fallecimiento, salvo que hubieran tenido descendencia en común, en cuyo caso bastará la mera convivencia.

Disposición Adicional Segunda. *Protocolos de actuación.* [1369] El Gobierno y las comunidades autónomas que hayan asumido competencias en materia de justicia, organizarán en el ámbito que a cada una le es propio los servicios forenses de modo que cuenten con unidades de valoración forense integral encargadas de diseñar protocolos de actuación global e integral en casos de violencia de género. Estos protocolos deberán prestar especial atención a la violencia vicaria.

Disposición Adicional Tercera. *Modificación de la Ley Orgánica reguladora del Derecho a la Educación.* Uno. Las letras b) y g) del art. 2 de la Ley Orgánica 8/1985, de 3 de julio, reguladora del Derecho a la Educación, quedarán redactadas de la forma siguiente:
«b) La formación en el respeto de los derechos y libertades fundamentales, de la igualdad entre hombres y mujeres y en el ejercicio de la tolerancia y de la libertad dentro de los principios democráticos de convivencia.
g) La formación para la paz, la cooperación y la solidaridad entre los pueblos y para la prevención de conflictos y para la resolución pacífica de los mismos y no violencia en todos los ámbitos de la vida personal, familiar y social.»
Dos. Se incorporan tres nuevas letras en el apartado 1 del art. 31 de la Ley Orgánica 8/1985, de 3 de julio, reguladora del Derecho a la Educación, que quedarán redactadas de la forma siguiente:
«k) Las organizaciones de mujeres con implantación en todo el territorio del Estado.

[1369] Dada nueva redacción por disposición final 9 apartado 14 de Ley Orgánica 10/2022 de 6 de septiembre de 2022, con vigencia desde 07/10/2022

l) El Instituto de la Mujer.

m) Personalidades de reconocido prestigio en la lucha para la erradicación de la violencia de género.»

Tres. La letra e) del apartado 1 del art. 32 de la Ley Orgánica 8/1985, de 3 de julio, reguladora del Derecho a la Educación, quedará redactada de la forma siguiente:

«e) Las disposiciones que se refieran al desarrollo de la igualdad de derechos y oportunidades y al fomento de la igualdad real y efectiva entre hombres y mujeres en la enseñanza.»

Cuatro. El apartado 1 del art. 33 de la Ley Orgánica 8/1985, de 3 de julio, reguladora del Derecho a la Educación, quedará redactado de la forma siguiente:

«1. El Consejo Escolar del Estado elaborará y hará público anualmente un informe sobre el sistema educativo, donde deberán recogerse y valorarse los diversos aspectos del mismo, incluyendo la posible situación de violencia ejercida en la comunidad educativa. Asimismo se informará de las medidas que en relación con la prevención de violencia y fomento de la igualdad entre hombres y mujeres establezcan las Administraciones educativas.»

Cinco. Se incluye un nuevo séptimo guión en el apartado 1 del art. 56 de la Ley Orgánica 8/1985, de 3 de julio, reguladora del Derecho a la Educación, con la siguiente redacción:

«- Una persona, elegida por los miembros del Consejo Escolar del Centro, que impulse medidas educativas que fomenten la igualdad real y efectiva entre hombres y mujeres.»

Seis. Se adiciona una nueva letra m) en el art. 57 de la Ley Orgánica 8/1985, de 3 de julio, reguladora del Derecho a la Educación, con la siguiente redacción:

«m) Proponer medidas e iniciativas que favorezcan la convivencia en el centro, la igualdad entre hombres y mujeres y la resolución pacífica de conflictos en todos los ámbitos de la vida personal, familiar y social.»

Disposición Adicional Cuarta. *Modificación de la Ley Orgánica de Ordenación General del Sistema Educativo.* Uno. Se modifica la letra b) del apartado 1 del art. 1 de la Ley Orgánica 1/1990, de 3 de octubre, de Ordenación General del Sistema Educativo, que quedará redactado de la siguiente forma:

«b) La formación en el respeto de los derechos y libertades fundamentales, de la igualdad entre hombres y mujeres y en el ejercicio de la tolerancia y de la libertad dentro de los principios democráticos de convivencia.»

Dos. Se modifica la letra e) y se añade la letra l) en el apartado 3 del art. 2 de la Ley Orgánica 1/1990, de 3 de octubre, de Ordenación General del Sistema Educativo, que quedarán redactadas de la siguiente forma:

«e) El fomento de los hábitos de comportamiento democrático y las habilidades y técnica en la prevención de conflictos y en la resolución pacífica de los mismos.

l) La formación para la prevención de conflictos y para la resolución pacífica de los mismos en todos los ámbitos de la vida personal, familiar y social.»

Tres. Se modifica el apartado 3 del art. 34 de la Ley Orgánica 1/1990, de 3 de octubre, de Ordenación General del Sistema Educativo, que quedará redactada de la siguiente forma:

«3. La metodología didáctica de la formación profesional específica promoverá la integración de contenidos científicos, tecnológicos y organizativos. Asimismo, favorecerá en el alumno la capacidad para aprender por sí mismo y para trabajar en equipo, así como la formación en la prevención de conflictos y para la resolución pacífica de los mismos en todos los ámbitos de la vida personal, familiar y social.»

Disposición Adicional Quinta. *Modificación de la Ley Orgánica de Calidad de la Educación.* Uno. Se adiciona una nueva letra b), con el consiguiente desplazamiento de las actuales, y tres nuevas letras n), ñ) y o) en el art. 1 de la Ley Orgánica 10/2002, de 23 de diciembre, de Calidad de la Educación, con el siguiente contenido:

«b) La eliminación de los obstáculos que dificultan la plena igualdad entre hombres y mujeres.

n) La formación en el respeto de los derechos y libertades fundamentales, de la igualdad entre hombres y mujeres y en el ejercicio de la tolerancia y de la libertad dentro de los principios democráticos de convivencia.

ñ) La formación para la prevención de conflictos y para la resolución pacífica de los mismos y no violencia en todos los ámbitos de la vida personal familiar y social.

o) El desarrollo de las capacidades afectivas.»

Dos. Se adicionan dos nuevas letras e) y f), con el consiguiente desplazamiento de las actuales, en el apartado 2 del art. 12 de la Ley Orgánica 10/2002, de 23 de diciembre, de Calidad de la Educación, con el siguiente contenido:

«e) Ejercitarse en la prevención de los conflictos y en la resolución pacífica de los mismos.

f) Desarrollar sus capacidades afectivas.»

Tres. Se adicionan tres nuevas letras b), c) y d), con el consiguiente desplazamiento de las actuales, en el apartado 2 del art. 15 de la Ley Orgánica 10/2002, de 23 de diciembre, de Calidad de la Educación, con el siguiente contenido:

«b) Adquirir habilidades en la prevención de conflictos y en la resolución pacífica de los mismos que permitan desenvolverse con autonomía en el ámbito familiar y doméstico, así como en los grupos sociales en los que se relacionan.

c) Comprender y respetar la igualdad entre sexos.

d) Desarrollar sus capacidades afectivas.»

Cuatro. Se adicionan tres nuevas letras b), c) y d), con el consiguiente desplazamiento de las actuales, en el apartado 2 del art. 22 de la Ley Orgánica 10/2002, de 23 de diciembre, de Calidad de la Educación, con el siguiente contenido:

«b) Conocer, valorar y respetar la igualdad de oportunidades de hombres y mujeres.

c) Relacionarse con los demás sin violencia, resolviendo pacíficamente los conflictos.

d) Desarrollar sus capacidades afectivas.»

Cinco. Se modifica la letra f) del apartado 1 y se añade un nuevo apartado 5 en el art. 23 de la Ley Orgánica 10/2002, de 23 de diciembre, de Calidad de la Educación, que queda redactado de la forma siguiente:

«1. f) Ética e igualdad entre hombres y mujeres.

5. La asignatura de Ética incluirá contenidos específicos sobre la igualdad entre hombres y mujeres.»

Seis. Se adicionan dos nuevas letras b) y c), con el consiguiente desplazamiento de las actuales, en el apartado 2 del art. 34 de la Ley Orgánica 10/2002, de 23 de diciembre, de Calidad de la Educación, con el siguiente contenido:

«b) **Consolidar una madurez personal, social y moral, que les permita actuar de forma responsable, autónoma y prever y resolver pacíficamente los conflictos personales, familiares y sociales.**

c) **Fomentar la igualdad real y efectiva entre hombres y mujeres y analizar y valorar críticamente las desigualdades entre ellos.**»

Siete. Se adiciona un nuevo apartado 3 en el art. 40 de la Ley Orgánica 10/2002, de 23 de diciembre, de Calidad de la Educación, con el siguiente contenido:

«3. **Con el fin de promover la efectiva igualdad entre hombres y mujeres, las Administraciones educativas velarán para que todos los currículos y los materiales educativos reconozcan el igual valor de hombres y mujeres y se elaboren a partir de presupuestos no discriminatorios para las mujeres. Asimismo, deberán fomentar el respeto en la igualdad de derechos y obligaciones.**»

Ocho. Se adicionan dos nuevas letras e) y f) en el apartado 2 del art. 52 de la Ley Orgánica 10/2002, de 23 de diciembre, de Calidad de la Educación, con el siguiente contenido:

«e) **Desarrollar habilidades en la resolución pacífica de los conflictos en las relaciones personales, familiares y sociales.**

f) **Fomentar el respeto a la dignidad de las personas y a la igualdad entre hombres y mujeres.**»

Nueve. Se modifica la letra d) del art. 56 de la Ley Orgánica 10/2002, de 23 de diciembre, de Calidad de la Educación, que queda redactada de la forma siguiente:

«d) **La tutoría del alumnado para dirigir su aprendizaje, transmitirles valores y ayudarlos, en colaboración con los padres, a superar sus dificultades y resolver pacíficamente sus conflictos.**»

Diez. Se adiciona una nueva letra g), con el consiguiente desplazamiento de la letra g) actual que pasará a ser una nueva letra h), en el apartado 2 del art. 81 de la Ley Orgánica 10/2002, de 23 de diciembre, de Calidad de la Educación, con el contenido siguiente:

«g) **Una persona que impulse medidas educativas que fomenten la igualdad real y efectiva entre hombres y mujeres, residente en la ciudad donde se halle emplazado el centro y elegida por el Consejo Escolar del centro.**»

Once. Se modifica la letra k) en el apartado 1 del art. 82 de la Ley Orgánica 10/2002, de 23 de diciembre, de Calidad de la Educación, que queda redactado de la forma siguiente:

«k) **Proponer medidas e iniciativas que favorezcan la convivencia en el centro, la igualdad entre hombres y mujeres y la resolución** pacífica de conflictos en todos los ámbitos de la vida personal, familiar y social.»

Doce. Se añade una nueva letra g) al apartado 1 del art. 105 de la Ley Orgánica 10/2002, de 23 de diciembre, de Calidad de la Educación, que queda redactada de la forma siguiente:

«g) Velar por el cumplimiento y aplicación de las medidas e iniciativas educativas destinadas a fomentar la igualdad real entre mujeres y hombres.»

Disposición Adicional Sexta.   *Modificación de la Ley General de Publicidad.*   Uno. Se modifica el art. 3, letra a), de la Ley 34/1988, de 11 de noviembre, General de Publicidad, que quedará redactado de la siguiente forma:

«Es ilícita:

a) La publicidad que atente contra la dignidad de la persona o vulnere los valores y derechos reconocidos en la Constitución, especialmente a los que se refieren sus arts. 18 y 20, apartado 4. Se entenderán incluidos en la previsión anterior los anuncios que presenten a las mujeres de forma vejatoria, bien utilizando particular y directamente su cuerpo o partes del mismo como mero objeto desvinculado del producto que se pretende promocionar, bien su imagen asociada a comportamientos estereotipados que vulneren los fundamentos de nuestro ordenamiento coadyuvando a generar la violencia a que se refiere la Ley Orgánica de medidas de protección integral contra la violencia de género.»

Dos. Se adiciona un nuevo apartado 1 bis en el art. 25 de la Ley 34/1988, de 11 de noviembre, General de Publicidad, con el contenido siguiente:

«1 bis. Cuando una publicidad sea considerada ilícita por afectar a la utilización vejatoria o discriminatoria de la imagen de la mujer, podrán solicitar del anunciante su cesación y rectificación:

a) La Delegación Especial del Gobierno contra la Violencia sobre la Mujer.

b) El Instituto de la Mujer o su equivalente en el ámbito autonómico.

c) Las asociaciones legalmente constituidas que tengan como objetivo único la defensa de los intereses de la mujer y no incluyan como asociados a personas jurídicas con ánimo de lucro.

d) Los titulares de un derecho o interés legítimo.»

Tres. Se adiciona una disposición adicional a la Ley 34/1988, de 11 de noviembre, General de Publicidad, con el contenido siguiente:

«**La acción de cesación cuando una publicidad sea considerada ilícita por afectar a la utilización vejatoria o discriminatoria de la imagen de la mujer, se ejercitará en la forma y en los términos previstos en los arts. 26 y 29, excepto en materia de legitimación que la tendrán, además del Ministerio Fiscal, las personas y las Instituciones a que se refiere el art. 25.1 bis de la presente Ley.**»

Disposición Adicional Séptima. *Modificación de la Ley del Estatuto de los Trabajadores.* Uno. Se introduce un nuevo apartado 7 en el art. 37 de la Ley del Estatuto de los Trabajadores, texto refundido aprobado por Real Decreto Legislativo 1/1995, de 24 de marzo, con el siguiente contenido:

«**7. La trabajadora víctima de violencia de género tendrá derecho, para hacer efectiva su protección o su derecho a la asistencia social integral, a la reducción de la jornada de trabajo con disminución proporcional del salario o a la reordenación del tiempo de trabajo, a través de la adaptación del horario, de la aplicación del horario flexible o de otras formas de ordenación del tiempo de trabajo que se utilicen en la empresa.**

Estos derechos se podrán ejercitar en los términos que para estos supuestos concretos se establezcan en los convenios colectivos o en los acuerdos entre la empresa y los representantes de los trabajadores, o conforme al acuerdo entre la empresa y la trabajadora afectada. En su defecto, la concreción de estos derechos corresponderá a la trabajadora, siendo de aplicación las reglas establecidas en el apartado anterior, incluidas las relativas a la resolución de discrepancias.»

Dos. Se introduce un nuevo apartado 3 bis) en el art. 40 de la Ley del Estatuto de los Trabajadores, texto refundido aprobado por Real Decreto Legislativo 1/1995, de 24 de marzo, con el siguiente contenido:

«**3 bis) La trabajadora víctima de violencia de género que se vea obligada a abandonar el puesto de trabajo en la localidad donde venía prestando sus servicios, para hacer efectiva su protección o su derecho a la asistencia social integral, tendrá derecho preferente a ocupar otro puesto de trabajo, del mismo grupo profesional o categoría equivalente, que la empresa tenga vacante en cualquier otro de sus centros de trabajo.**

En tales supuestos, la empresa estará obligada a comunicar a la trabajadora las vacantes existentes en dicho momento o las que se pudieran producir en el futuro.

El traslado o el cambio de centro de trabajo tendrán una duración inicial de seis meses, durante los cuales la empresa tendrá la obligación de reservar el puesto de trabajo que anteriormente ocupaba la trabajadora.

Terminado este período, la trabajadora podrá optar entre el regreso a su puesto de trabajo anterior o la continuidad en el nuevo. En este último caso, decaerá la mencionada obligación de reserva.»

Tres. Se introduce una nueva letra n) en el art. 45, apartado 1, de la Ley del Estatuto de los Trabajadores, texto refundido aprobado por Real Decreto Legislativo 1/1995, de 24 de marzo, con el contenido siguiente:

«n) Por decisión de la trabajadora que se vea obligada a abandonar su puesto de trabajo como consecuencia de ser víctima de violencia de género.»

Cuatro. Se introduce un nuevo apartado 6, en el art. 48 de la Ley del Estatuto de los Trabajadores, texto refundido aprobado por Real Decreto Legislativo 1/1995, de 24 de marzo, con el siguiente contenido:

«6. En el supuesto previsto en la letra n) del apartado 1 del art. 45, el período de suspensión tendrá una duración inicial que no podrá exceder de seis meses, salvo que de las actuaciones de tutela judicial resultase que la efectividad del derecho de protección de la víctima requiriese la continuidad de la suspensión, En este caso, el juez podrá prorrogar la suspensión por períodos de tres meses, con un máximo de dieciocho meses.»

Cinco. Se introduce una nueva letra m) en el art. 49, apartado 1, de la Ley del Estatuto de los Trabajadores, texto refundido aprobado por Real Decreto Legislativo 1/1995, de 24 de marzo, con el contenido siguiente:

«m) Por decisión de la trabajadora que se vea obligada a abandonar definitivamente su puesto de trabajo como consecuencia de ser víctima de violencia de género.»

Seis. Se modifica el párrafo segundo de la letra d) del art. 52 de la Ley del Estatuto de los Trabajadores, texto refundido aprobado por Real Decreto Legislativo 1/1995, de 24 de marzo, con el siguiente contenido:

«No se computarán como faltas de asistencia, a los efectos del párrafo anterior, las ausencias debidas a huelga legal por el tiempo de duración de la misma, el ejercicio de actividades de representación legal de los trabajadores, accidente de trabajo, maternidad, riesgo durante el embarazo, enfermedades causadas por embarazo, parto o lactancia, licencias y vacaciones, enfermedad o accidente no laboral, cuando la baja haya sido acordada por los servicios sanitarios oficiales y tenga una duración de más de veinte días consecutivos, ni las motivadas por la situación física o psicológica derivada de violencia de género, acreditada por los servicios sociales de atención o servicios de salud, según proceda.»

Siete. Se modifica la letra b) del apartado 5 del art. 55, de la Ley del Estatuto de los Trabajadores, texto refundido aprobado por Real Decreto Legislativo 1/1995, de 24 de marzo, con el siguiente contenido:

«b) El de las trabajadoras embarazadas, desde la fecha de inicio del embarazo hasta la del comienzo del período de suspensión a que se refiere la letra a); la de los trabajadores que hayan solicitado uno de los permisos a los que se refieren los apartados 4 y 5 del art. 37 de esta Ley, o estén disfrutando de ellos, o hayan solicitado la excedencia prevista en el apartado 3 del art. 46 de la misma; y la de las trabajadoras víctimas de violencia de género por el ejercicio de los derechos de reducción o reordenación de su tiempo de trabajo, de movilidad geográfica, de cambio de centro de trabajo o de suspensión de la relación laboral, en los términos y condiciones reconocidos en esta Ley.»

Disposición Adicional Octava. *Modificación de la Ley General de la Seguridad Social.* Uno. Se añade un apartado 5 en el art. 124 de la Ley General de la Seguridad Social, texto refundido aprobado por Real Decreto Legislativo 1/1994, de 20 de junio, con el siguiente contenido:

«5. El período de suspensión con reserva del puesto de trabajo, contemplado en el art. 48.6 del Estatuto de los Trabajadores, tendrá la consideración de período de cotización efectiva a efectos de las correspondientes prestaciones de la Seguridad Social por jubilación, incapacidad permanente, muerte o supervivencia, maternidad y desempleo.»

Dos. Se modifica la letra e) del apartado 1.1, así como el apartado 1.2 del art. 208 de la Ley General de la Seguridad Social, texto refundido aprobado por Real Decreto Legislativo 1/1994, de 20 de junio, con el siguiente contenido:

«1.1.e) **Por resolución voluntaria por parte del trabajador, en los supuestos previstos en los arts. 40, 41.3, 49.1.m) y 50 del Estatuto de los Trabajadores.**

1.2 Cuando se suspenda su relación laboral en virtud de expediente de regulación de empleo, o de resolución judicial adoptada en el seno de un procedimiento concursal, o en el supuesto contemplado en la letra n), del apartado 1 del art. 45 del Estatuto de los Trabajadores.»

Tres. Se modifica el apartado 2 del art. 210 de la Ley General de la Seguridad Social, texto refundido aprobado por Real Decreto Legislativo 1/1994, de 20 de junio, con el siguiente contenido:

«2. A efectos de determinación del período de ocupación cotizada a que se refiere el apartado anterior se tendrán en cuenta todas las cotizaciones que no hayan sido computadas para el reconocimiento de un derecho anterior, tanto de nivel contributivo como asistencial. No obstante, no se considerará como derecho anterior el que se reconozca en virtud de la suspensión de la relación laboral prevista en el art. 45.1.n) del Estatuto de los Trabajadores.

No se computarán las cotizaciones correspondientes al tiempo de abono de la prestación que efectúe la entidad gestora o, en su caso, la empresa, excepto cuando la prestación se perciba en virtud de la suspensión de la relación laboral prevista en el art. 45.1.n) del Estatuto de los Trabajadores, tal como establece el art. 124.5 de esta Ley.»

Cuatro. Se modifica el apartado 2 del art. 231 de la Ley General de la Seguridad Social, texto refundido aprobado por Real Decreto Legislativo 1/1994, de 20 de junio, con el siguiente contenido:

«2. A los efectos previstos en este título, se entenderá por compromiso de actividad el que adquiera el solicitante o beneficiario de las prestaciones de buscar activamente empleo, aceptar una colocación adecuada y participar en acciones específicas de motivación, información, orientación, formación, reconversión o inserción profesional para incrementar su ocupabilidad, así como de cumplir las restantes obligaciones previstas en este artículo.

Para la aplicación de lo establecido en el párrafo anterior el Servicio Público de Empleo competente tendrá en cuenta la condición de víctima de violencia de género, a efectos de atemperar, en caso necesario, el cumplimiento de las obligaciones que se deriven del compromiso suscrito.»

Cinco. Se introduce una nueva disposición adicional en la Ley General de la Seguridad Social, texto refundido aprobado por Real Decreto Legislativo 1/1994, de 20 de junio, con el siguiente contenido:

«**Disposición Adicional Cuadragésima Segunda.** *Acreditación de situaciones legales de desempleo*

La situación legal de desempleo prevista en los arts. 208.1.1e) y 208.1.2 de la presente Ley, cuando se refieren, respectivamente, a los arts. 49.1 m) y 45.1 n) de la Ley del Estatuto de los Trabajadores, se acreditará por comunicación escrita del empresario sobre la extinción o suspensión temporal de la relación laboral, junto con la orden de protección a favor de la víctima o, en su defecto, junto con el informe del Ministerio Fiscal que indique la existencia de indicios sobre la condición de víctima de violencia de género.»

Disposición Adicional Novena. *Modificación de la Ley de Medidas para la Reforma de la Función Pública.* Uno. El apartado 3 del art. 1 de la Ley 30/1984, de 2 de agosto, de Medidas para la Reforma de la Función Pública, tendrá la siguiente redacción:

«**3. Se consideran bases del régimen estatutario de los funcionarios públicos, dictadas al amparo del art. 149.1.18ª de la Constitución, y en consecuencia aplicables al personal de todas las Administraciones Públicas, los siguientes preceptos: arts: 3.2.e) y f); 6; 7; 8; 11; 12; 13.2, 3 y 4; 14.4 y 5; 16; 17; 18.1 a 5; 19.1 y 3; 20.1.a), b), párrafo primero, c), e), g) en sus párrafos primero a cuarto, e i), 2 y 3; 21; 22.1, a excepción de los dos últimos párrafos; 23; 24; 25; 26; 29, a excepción del último párrafo de sus apartados 5, 6 y 7; 30.5; 31; 32; 33; disposiciones adicionales tercera, 2 y 3, cuarta, duodécima y decimoquinta; disposiciones transitoria segunda, octava y novena.**»

Dos. Se añade un nuevo apartado 3 al art. 17 de la Ley 30/1984, de 2 de agosto, de Medidas para la Reforma de la Función Pública.

«**3. En el marco de los Acuerdos que las Administraciones Públicas suscriban con la finalidad de facilitar la movilidad entre los funcionarios de las mismas, se tendrán especial consideración los casos de movilidad geográfica de las funcionarias víctimas de violencia de género.**»

Tres. Se añade una letra i) al apartado 1 del art. 20 de la Ley 30/1984, de 2 de agosto, de Medidas para la Reforma de la Función Pública, con el siguiente contenido:

«i) La funcionaria víctima de violencia sobre la mujer que se vea obligada a abandonar el puesto de trabajo en la localidad donde venía prestando sus servicios, para hacer efectiva su protección o su derecho a la asistencia social integral, tendrá derecho preferente a ocupar otro puesto de trabajo propio de su Cuerpo o Escala y de análogas características que se encuentre vacante y sea de necesaria provisión. En tales supuestos la Administración Pública competente en cada caso estará obligada a comunicarle las vacantes de necesaria provisión ubicadas en la misma localidad o en las localidades que la interesada expresamente solicite.»

Cuatro. Se añade un nuevo apartado 8 en el art. 29 de la Ley 30/1984, de 2 de agosto, de Medidas para la Reforma de la Función Pública, con el siguiente contenido:

«8. Excedencia por razón de violencia sobre la mujer funcionaria.

Las funcionarias públicas víctimas de violencia de género, para hacer efectiva su protección o su derecho a la asistencia social integral, tendrán derecho a solicitar la situación de excedencia sin necesidad de haber prestado un tiempo mínimo de servicios previos y sin que resulte de aplicación ningún plazo de permanencia en la misma. Durante los seis primeros meses tendrán derecho a la reserva del puesto de trabajo que desempeñaran, siendo computable dicho período a efectos de ascensos, trienios y derechos pasivos.

Esto no obstante, cuando de las actuaciones de tutela judicial resultase que la efectividad del derecho de protección de la víctima lo exigiere, se podrá prorrogar por períodos de tres meses, con un máximo de dieciocho, el período en el que, de acuerdo con el párrafo anterior, se tendrá derecho a la reserva del puesto de trabajo, con idénticos efectos a los señalados en dicho párrafo.»

Cinco. Se añade un nuevo apartado 5 al art. 30 de la Ley 30/1984, de 2 de agosto, de Medidas para la Reforma de la Función Pública con el siguiente contenido:

«5. En los casos en los que las funcionarias víctimas de violencia de género tuvieran que ausentarse por ello de su puesto de trabajo, estas faltas de asistencia, totales o parciales, tendrán la consideración de justificadas por el tiempo y en las condiciones en que así lo determinen los servicios sociales de atención o salud, según proceda.

Las funcionarias víctimas de violencia sobre la mujer, para hacer efectiva su protección o su derecho a la asistencia social integral, tendrán derecho a la reducción de la jornada con disminución proporcional de la retribución, o a la reordenación del tiempo de trabajo, a través de la adaptación del horario, de la aplicación del horario flexible o de otras formas de ordenación del tiempo de trabajo que sean aplicables, en los términos que para estos supuestos establezca la Administración Pública competente en cada caso.»

Disposición Adicional Décima. *Modificación de la Ley Orgánica del Poder Judicial.* Uno. Se modifica el apartado segundo del art. 26 de la Ley Orgánica 6/1985, de 1 de julio, del Poder Judicial, que queda redactado de la siguiente forma:

Artículo 26.

«Juzgados de Primera Instancia e Instrucción, de lo Mercantil, de Violencia sobre la Mujer, de lo Penal, de lo Contencioso-Administrativo, de lo Social, de Menores y de Vigilancia Penitenciaria.»

Dos. Se modifica la rúbrica del capítulo V del título IV del libro I de la Ley Orgánica 6/1985, de 1 de julio, del Poder Judicial, que queda redactada de la siguiente forma:

«CAPÍTULO V. *DE LOS JUZGADOS DE PRIMERA INSTANCIA E INSTRUCCIÓN, DE LO MERCANTIL, DE LO PENAL, DE VIOLENCIA SOBRE LA MUJER, DE LO CONTENCIOSO-ADMINISTRATIVO, DE LO SOCIAL, DE VIGILANCIA PENITENCIARIA Y DE MENORES*

»

Tres. Se modifica el apartado 1 del art. 87 de la Ley Orgánica 6/1985, de 1 de julio, del Poder Judicial, que queda redactado de la siguiente forma:

Artículo 87.

«1. Los Juzgados de Instrucción conocerán, en el orden penal:

a) De la instrucción de las causas por delito cuyo enjuiciamiento corresponda a las Audiencias Provinciales y a los Juzgados de lo Penal, excepto de aquellas causas que sean competencia de los Juzgados de Violencia sobre la Mujer.

b) Les corresponde asimismo dictar sentencia de conformidad con la acusación en los casos establecidos por la Ley.

c) Del conocimiento y fallo de los juicios de faltas, salvo los que sean competencia de los Jueces de Paz, o de los Juzgados de Violencia sobre la Mujer.

d) De los procedimientos de "habeas corpus".

e) **De los recursos que establezca la ley contra las resoluciones dictadas por los Juzgados de Paz del partido y de las cuestiones de competencia entre éstos.**

f) **De la adopción de la orden de protección a las víctimas de violencia sobre la mujer cuando esté desarrollando funciones de guardia, siempre que no pueda ser adoptada por el Juzgado de Violencia sobre la Mujer.»**

Tres bis. Se adiciona un nuevo párrafo en el apartado 2, del art. 89 bis de la Ley Orgánica del Poder Judicial, con el contenido siguiente:

«A fin de facilitar el conocimiento de los asuntos instruidos por los Juzgados de Violencia sobre la Mujer, y atendiendo al número de asuntos existentes, deberán especializarse uno o varios Juzgados en cada provincia, de conformidad con lo previsto en el art. 98 de la presente Ley.»

Cuatro. Se modifica el apartado 1 del art. 210 de la Ley Orgánica 6/1985, de 1 de julio, del Poder Judicial, que queda redactado de la siguiente forma:

«1. Los Jueces de Primera Instancia y de Instrucción, de lo Mercantil, de lo Penal, de Violencia sobre la Mujer, de lo Contencioso-Administrativo, de Menores y de lo Social se sustituirán entre sí en las poblaciones donde existan varios del mismo orden jurisdiccional, en la forma que acuerde la Sala de Gobierno del Tribunal Superior de Justicia, a propuesta de la Junta de Jueces.»

Cinco. Se adiciona un nuevo párrafo en el apartado 3 en el art. 211 de la Ley Orgánica 6/1985, de 1 de julio, del Poder Judicial, que queda redactado de la siguiente forma:

«Los Jueces de Violencia sobre la Mujer serán sustituidos por los Jueces de Instrucción o de Primera Instancia e Instrucción, según el orden que establezca la Sala de Gobierno del Tribunal Superior de Justicia respectivo.»

Disposición Adicional Undécima. *Evaluación de la aplicación de la Ley.* El Gobierno, en colaboración con las Comunidades Autónomas, a los tres años de la entrada en vigor de esta Ley Orgánica elaborará y remitirá al Congreso de los Diputados un informe en el que se hará una evaluación de los efectos de su aplicación en la lucha contra la violencia de género.

Disposición Adicional Duodécima. *Modificaciones de la Ley de Enjuiciamiento Criminal.* Se añade una disposición adicional cuarta a la Ley de Enjuiciamiento Criminal con el contenido siguiente:

«**1. Las referencias que se hacen al Juez de Instrucción y al Juez de Primera Instancia en los apartados 1 y 7 del art. 544 ter de esta Ley, en la redacción dada por la Ley 27/2003, de 31 de julio, reguladora de la Orden de Protección de las Víctimas de la Violencia Doméstica se entenderán hechas, en su caso, al Juez de Violencia sobre la Mujer.**

2. Las referencias que se hacen al Juez de Guardia en el título III del libro IV, y en los arts. 962 a 971 de esta Ley, se entenderán hechas, en su caso, al Juez de Violencia sobre la Mujer.»

Disposición Adicional Decimotercera. *Dotación del Fondo.* Con el fin de coadyuvar a la puesta en funcionamiento de los servicios establecidos en el art. 19 de esta Ley, y garantizar la equidad interterritorial en su implantación, durante los dos años siguientes a la entrada en vigor de esta Ley se dotará un Fondo al que podrán acceder las Comunidades Autónomas, de acuerdo con los criterios objetivos que se determinen en la respectiva Conferencia Sectorial. Ello, no obstante, la Comunidad Autónoma del País Vasco y la Comunidad Foral de Navarra se regirán, en estos aspectos financieros, por sus regímenes especiales de Concierto Económico y de Convenio.

Las Comunidades Autónomas, en uso de sus competencias, durante el año siguiente a la aprobación de esta Ley, realizarán un diagnóstico conjuntamente con las Administraciones Locales, sobre el impacto de la violencia de género en su Comunidad, así como una valoración de necesidades, recursos y servicios necesarios, para implementar el art. 19 de esta Ley.

La dotación del Fondo se hará de conformidad con lo que dispongan las respectivas Leyes de Presupuestos Generales del Estado.

Disposición Adicional Decimocuarta. *Informe sobre financiación.* Sin perjuicio de la responsabilidad financiera de las Comunidades Autónomas, conforme a lo establecido en la Ley 21/2001, de 27 de diciembre, por la que se regulan las medidas fiscales y administrativas del nuevo sistema de financiación de las Comunidades Autónomas de régimen común y ciudades con Estatuto de Autonomía y de acuerdo con el principio de lealtad institucional en los términos del art. 2.1.e) de la Ley Orgánica 8/1980, de 22 de septiembre, de Financiación de las Comunidades Autónomas, los Ministerios competentes, a propuesta de los órganos interterritoriales correspondientes, elaborarán informes sobre las repercusiones económicas de la aplicación de esta Ley. Dichos informes serán presentados al Ministerio de Economía y Hacienda que los trasladará al Consejo de Política Fiscal y Financiera.

Disposición Adicional Decimoquinta. *Convenios en materia de vivienda.* Mediante convenios con las Administraciones competentes, el Gobierno podrá promover procesos específicos de adjudicación de viviendas protegidas a las víctimas de violencia de género.

Disposición Adicional Decimosexta. *Coordinación de los Servicios Públicos de Empleo.* En el desarrollo de la Ley 56/2003, de 16 de diciembre, de Empleo, se tendrá en cuenta la necesaria coordinación de los Servicios Públicos de Empleo, para facilitar el acceso al mercado de trabajo de las víctimas de violencia de género cuando, debido al ejercicio del derecho de movilidad geográfica, se vean obligadas a trasladar su domicilio y el mismo implique cambio de Comunidad Autónoma.

Disposición Adicional Decimoséptima. *Escolarización.* Las Administraciones educativas adoptarán las medidas necesarias para garantizar la escolarización inmediata de los hijos en el supuesto de cambio de residencia motivados por violencia sobre la mujer.

Disposición Adicional Decimoctava. *Planta de los Juzgados de Violencia sobre la Mujer.* Se añade un anexo XIII a la Ley 38/1988, de 28 de diciembre, de Demarcación y Planta Judicial, cuyo texto se incluye como anexo a la presente Ley Orgánica.

Disposición Adicional Decimonovena. *Fondo de garantía de pensiones de alimentos.* [1370] En el marco de la protección contra la violencia económica en los términos previstos en esta ley, el Estado

---

[1370] Dada nueva redacción por disposición final 9 apartado 16 de Ley Orgánica 10/2022 de 6 de septiembre de 2022, con vigencia desde 07/10/2022

garantizará el pago de alimentos reconocidos e impagados a favor de los hijos e hijas menores de edad en convenio judicialmente aprobado o en resolución judicial, a través de una legislación específica que concretará el sistema de cobertura en dichos supuestos y que, en todo caso, tendrá en cuenta las circunstancias de las víctimas de violencia de género.

Para reforzar las medidas de apoyo a las víctimas de violencia económica, el Gobierno modificará la regulación actual del Fondo de Garantía de Pensiones en el sentido de mejorar su accesibilidad, su eficacia y su dotación económica, a través de la modificación del Real Decreto 1618/ 2007, de 7 de diciembre, sobre organización y funcionamiento del Fondo de Garantía del Pago de Alimentos.

Disposición Adicional Vigésima. *Cambio de apellidos.* El art. 58 de la Ley del Registro Civil, de 8 de junio de 1957, queda redactado de la siguiente forma:

«2. Cuando se den circunstancias excepcionales, y a pesar de faltar los requisitos que señala dicho artículo, podrá accederse al cambio por Real Decreto a propuesta del Ministerio de Justicia, con audiencia del Consejo de Estado. En caso de que el solicitante de la autorización del cambio de sus apellidos sea objeto de violencia de género y en cualquier otro supuesto en que la urgencia de la situación así lo requiriera podrá accederse al cambio por Orden del Ministerio de Justicia, en los términos fijados por el Reglamento.»

Disposición Adicional Vigesimoprimera. *Macroencuesta de violencia contra la mujer.* [1371] La Delegación del Gobierno contra la Violencia de Género realizará y publicará los resultados de la Macro-encuesta de violencia contra la mujer prevista en el artículo 29 de esta ley con una periodicidad mínima trienal.

DISPOSICIONES TRANSITORIAS

Disposición Transitoria Primera. *Aplicación de medidas.* Los procesos civiles o penales relacionados con la violencia de género

---

[1371] Añadida por disposición final 9 apartado 15 de Ley Orgánica 10/2022 de 6 de septiembre de 2022, con vigencia desde 07/10/2022

que se encuentren en tramitación a la entrada en vigor de la presente Ley continuarán siendo competencia de los órganos que vinieran conociendo de los mismos hasta su conclusión por sentencia firme.

Disposición Transitoria Segunda. *Derecho transitorio.* En los procesos sobre hechos contemplados en la presente Ley que se encuentren en tramitación a su entrada en vigor, los Juzgados o Tribunales que los estén conociendo podrán adoptar las medidas previstas en el capítulo IV del título V.

DISPOSICIÓN DEROGATORIA

Disposición Derogatoria Única. Quedan derogadas cuantas normas, de igual o inferior rango, se opongan a lo establecido en la presente Ley.

DISPOSICIONES FINALES

Disposición Final Primera. *Referencias normativas.* Todas las referencias y menciones contenidas en las leyes procesales penales a los Jueces de Instrucción deben también entenderse referidas a los Jueces de Violencia sobre la Mujer en las materias propias de su competencia.

Disposición Final Segunda. *Habilitación competencial.* La presente Ley se dicta al amparo de lo previsto en el art. 149.1, 1ª, 5ª, 6ª, 7ª, 8ª, 17ª, 18ª y 30ª de la Constitución Española.

Disposición Final Tercera. *Naturaleza de la presente Ley.* La presente Ley tiene el carácter de Ley Orgánica, a excepción de los siguientes preceptos: título I, título II, título III, arts. 42, 43, 44, 45, 46, 47, 70, 71, 72, así como las disposiciones adicionales primera, segunda, sexta, séptima, octava, novena, undécima, decimotercera, decimoquinta, decimosexta, decimoséptima, decimoctava, decimonovena y vigésima, la disposición transitoria segunda y las disposiciones finales cuarta, quinta y sexta.

Disposición Final Cuarta. *Habilitación normativa.* 1. Se habilita al Gobierno para que dicte, en el plazo de seis meses a partir de la publicación de esta Ley en el «Boletín Oficial del Estado», las disposiciones que fueran necesarias para su aplicación.

A través del Ministerio de Justicia se adoptarán en el referido plazo las medidas necesarias para la implantación de los Juzgados de Violencia sobre la Mujer, así como para la adecuación de la estructura del Ministerio Fiscal a las previsiones de la presente Ley.

2. En el plazo de seis meses desde la entrada en vigor de la presente Ley Orgánica el Consejo General del Poder Judicial dictará los reglamentos necesarios para la ordenación de los señalamientos, adecuación de los servicios de guardia a la existencia de los nuevos Juzgados de Violencia sobre la Mujer, y coordinación de la Policía Judicial con los referidos Juzgados.

Disposición Final Quinta. *Modificaciones reglamentarias.* El Gobierno, en el plazo de seis meses desde la aprobación de esta Ley, procederá a la modificación del art. 116.4 del Real Decreto 190/1996, de 9 de febrero, por el que se aprueba el Reglamento Penitenciario, estableciendo la obligatoriedad para la Administración Penitenciaria de realizar los programas específicos de tratamiento para internos a que se refiere la presente Ley. En el mismo plazo se procederá a modificar el Real Decreto 738/1997, de 23 de mayo, por el que se aprueba el Reglamento de ayudas a las víctimas de delitos violentos y contra la libertad sexual, y el Real Decreto 996/2003, de 25 de julio, por el que se aprueba el Reglamento de asistencia jurídica gratuita.

En el plazo mencionado en el apartado anterior, el Estado y las Comunidades Autónomas, en el ámbito de sus respectivas competencias, adaptarán su normativa a las previsiones contenidas en la presente Ley.

Disposición Final Sexta. *Modificación de la Ley 1/1996, de 10 de enero, de Asistencia Jurídica Gratuita.* Se modifica el apartado 5 del art. 3 de la Ley 1/1996, de 10 de enero, de Asistencia Gratuita, que quedará redactado como sigue:

«**5. Tampoco será necesario que las víctimas de violencia de género acrediten previamente carecer de recursos cuando soliciten defensa jurídica gratuita especializada, que se les prestará de inmediato, sin perjuicio de que si no se le reconoce con posterioridad el** derecho a la misma, éstas deban abonar al abogado los honorarios devengados por su intervención.»

Disposición Final Séptima. *Entrada en vigor.* La presente Ley Orgánica entrará en vigor a los treinta días de su publicación en el «Boletín Oficial del Estado», salvo lo dispuesto en los títulos IV y V, que lo hará a los seis meses.

ANEXO.
«ANEXO XIII. *Juzgados de Violencia sobre la Mujer*

Provincia	Partido judicial número	Exclusivos	Compatibles	Categoría del titular
Andalucía	-	-	-	-
Almería.	1	-	1	-
	2	-	1	-
	3	-	1	-
	4	-	1	-
	5	-	1	-
	6	-	1	-
	7	-	1	-
	8	-	1	-

Cádiz.	1	-	1	-
	2	-	1	-
	3	-	1	Servido por Magistrado.
	4	-	1	-
	5	-	1	-
	6	-	1	Servido por Magistrado.
	7	-	1	Servido por Magistrado.
	8	-	1	-
	9	-	1	Servido por Magistrado.
	10	-	1	Servido por Magistrado.
	11	-	1	-
	13	-	1	-
	14	-	1	-
	15	-	1	-
Córdoba.	1	-	1	-
	2	-	1	-
	3	-	1	-
	4	-	1	-
	5	-	1	-
	6	-	1	-
	7	-	1	-
	8	-	1	-
	9	-	1	-
	10	-	1	-
	11	-	1	-
	12	-	1	-

Granada.	1	-	1	-
	2	-	1	-
	3	1	-	-
	4	-	1	Servido por Magistrado.
	5	-	1	-
	6	-	1	-
	7	-	1	-
	8	-	1	-
	9	-	1	-
Huelva.	1	-	1	-
	2	-	1	-
	3	-	1	-
	4	-	1	-
	5	-	1	-
	6	-	1	-
Jaén.	1	-	1	-
	2	-	1	-
	3	-	1	-
	4	-	1	-
	5	-	1	-
	6	-	1	-
	7	-	1	-
	8	-	1	-
	9	-	1	-
	10	-	1	-

Málaga.	1	-	1	-
	2	-	1	-
	3	1	-	-
	4	-	1	-
	5	-	1	Servido por Magistrado.
	6	-	1	Servido por Magistrado.
	7	-	1	-
	9	-	1	-
	10	-	1	-
	11	-	1	-
	12	-	1	Servido por Magistrado.
Sevilla.	1	-	1	-
	2	-	1	-
	3	-	1	-
	4	-	1	-
	5	-	1	-
	6	1	-	-
	7	-	1	-
	8	-	1	-
	9	-	1	-
	10	-	1	-
	11	-	1	-
	12	-	1	Servido por Magistrado.
	13	-	1	-
	14	-	1	-
	15	-	1	-
Aragón	-	-	-	-

Huesca.	1	-	1	-
	2	-	1	-
	3	-	1	-
	4	-	1	-
	5	-	1	-
	6	-	1	-
Teruel.	1	-	1	-
	2	-	1	-
	3	-	1	-
Zaragoza.	1	-	1	-
	2	-	1	-
	3	-	1	-
	4	-	1	-
	5	-	1	-
	6	-	1	-
	7	-	1	-
Asturias	-	-	-	-

Asturias.	1	-	1	-
	2	-	1	-
	3	-	1	-
	4	-	1	Servido por Magistrado.
	5	-	1	-
	6	-	1	-
	7	-	1	-
	8	-	1	Servido por Magistrado.
	9	-	1	-
	10	-	1	-
	11	-	1	-
	12	-	1	-
	13	-	1	-
	14	-	1	-
	15	-	1	-
	16	-	1	-
	17	-	1	-
	18	-	1	-
Illes Balears	-	-	-	-
Illes Balears.	1	-	1	Servido por Magistrado.
	2	-	1	-
	3	1	-	-
	4	-	1	-
	5	-	1	Servido por Magistrado.
	6	-	1	-
	7	-	1	-
Canarias	-	-	-	-

Las Palmas.	1	-	1	Servido por Magistrado.
	2	1	-	.
	3	-	1	.
	4	-	1	.
	5	-	1	Servido por Magistrado.
	6	-	1	Servido por Magistrado.
	7	-	1	.
	8	-	1	.
Santa Cruz de Tenerife.	1	-	1	.
	2	-	1	.
	3	1	-	.
	4	-	1	.
	5	-	1	.
	6	-	1	.
	7	-	1	Servido por Magistrado.
	8	-	1	.
	9	-	1	.
	10	-	1	.
	11	-	1	.
	12	-	1	Servido por Magistrado.
Cantabria	.	.	.	.
Cantabria.	1	-	1	Servido por Magistrado.
	2	-	1	.
	3	-	1	.
	4	-	1	.
	5	-	1	.
	6	-	1	.
	7	-	1	.
	8	-	1	.
Castilla y León	.	.	.	

Ávila.	1	-	1	-
	2	-	1	-
	3	-	1	-
	4	-	1	-
Burgos.	1	-	1	-
	2	-	1	-
	3	-	1	-
	4	-	1	-
	5	-	1	-
	6	-	1	-
	7	-	1	-
León.	1	-	1	-
	2	-	1	-
	3	-	1	-
	4	-	1	Servido por Magis-trado.
	5	-	1	-
	6	-	1	-
	7	-	1	
Palencia.	1	-	1	-
	2	-	1	-
	3	-	1	-
Salamanca.	1	-	1	-
	2	-	1	-
	3	-	1	-
	4	-	1	-
	5	-	1	-
Segovia.	1	-	1	-
	2	-	1	-
	3	-	1	-
	4	-	1	-
Soria.	1	-	1	-
	2	-	1	-
	3	-	1	-

Valladolid.	1	-	1	-
	2	-	1	-
	3	-	1	-
Zamora.	1	-	1	-
	2	-	1	-
	3	-	1	-
	4	-	1	-
	5	-	1	-
Castilla-La Mancha	-		-	-
Albacete.	1	-	1	-
	2	-	1	-
	3	-	1	-
	4	-	1	-
	5	-	1	-
	6	-	1	-
	7	-	1	-
Ciudad Real.	1	-	1	-
	2	-	1	-
	3	-	1	-
	4	-	1	-
	5	-	1	-
	6	-	1	-
	7	-	1	-
	8	-	1	-
	9	-	1	-
	10	-	1	-
Cuenca.	1	-	1	-
	2	-	1	-
	3	-	1	-
	4	-	1	-
Guadalajara.	1	-	1	-
	2	-	1	-
	3	-	1	-

Toledo.	1	-	1	-
	2	-	1	-
	3	-	1	-
	4	-	1	Servido por Magis-trado.
	5	-	1	-
	6	-	1	-
	7	-	1	-
Cataluña	-	-		-

Barcelona.	1	-	1	.
	2	-	1	Servido por Magistrado.
	3	-	1	Servido por Magistrado.
	4	-	1	Servido por Magistrado.
	5	-	1	.
	6	-	1	Servido por Magistrado.
	7	-	1	.
	8	-	1	.
	9	-	1	.
	10	-	1	Servido por Magistrado.
	11	2	-	.
	12	-	1	.
	13	-	1	Servido por Magistrado.
	14	-	1	.
	15	-	1	Servido por Magistrado.
	16	-	1	Servido por Magistrado.
	17	-	1	Servido por Magistrado.
	18	-	1	Servido por Magistrado.
	19	-	1	Servido por Magistrado.
	20	-	1	.
	21	-	1	Servido por Magistrado.
	22	-	1	.
	23	-	1	.
	24	-	1	Servido por Magistrado.
	25	-	1	Servido por Magistrado.

Girona.	1	-	1	Servido por Magistrado.
	2	-	1	-
	3	-	1	-
	4	-	1	-
	5	-	1	-
	6	-	1	-
	7	-	1	-
	8	-	1	-
	9	-	1	-
Lleida.	1	-	1	-
	2	-	1	-
	3	-	1	-
	4	-	1	-
	5	-	1	-
	6	-	1	-
	7	-	1	-
Tarragona.	1	-	1	
	2	-	1	Servido por Magistrado.
	3	-	1	-
	4	-	1	-
	5	-	1	-
	6	-	1	-
	7	-	1	-
	8	-	1	-
Comunidad Valenciana	-	-	-	-

Alicante/Alacant.	1	-	1	Servido por Magistrado.
	2	-	1	.
	3	1	-	.
	4	-	1	Servido por Magistrado.
	5	-	1	.
	6	-	1	.
	7	-	1	.
	8	-	1	Servido por Magistrado.
	9	-	1	Servido por Magistrado.
	10	-	1	.
	11	-	1	.
	12	-	1	.
	13	-	1	Servido por Magistrado.
Castellón/Castelló.	1	-	1	.
	2	-	1	.
	3	-	1	.
	4	-	1	.
	5	-	1	.

Valencia.	1	-	1	.
	2	-	1	Servido por Magistrado.
	3	-	1	.
	4	-	1	Servido por Magistrado.
	5	-	1	.
	6	1	-	.
	7	-	1	
	8	-	1	Servido por Magistrado.
	9	-	1	.
	10	-	1	.
	11	-	1	.
	12	-	1	.
	13	-	1	.
	14	-	1	Servido por Magistrado.
	15	-	1	.
	16	-	1	.
	17	-	1	.
	18	-	1	.
Extremadura	.	.	.	.

Badajoz.	1	-	1	-
	2	-	1	-
	3	-	1	-
	4	-	1	Servido por Magistrado.
	5	-	1	-
	6	-	1	-
	7	-	1	-
	8	-	1	-
	9	-	1	-
	10	-	1	-
	11	-	1	-
	12	-	1	-
	13	-	1	-
	14	-	1	-
Cáceres.	1	-	1	-
	2	-	1	-
	3	-	1	-
	4	-	1	Servido por Magistrado.
	5	-	1	-
	6	-	1	-
	7	-	1	-
Galicia	-	-	-	-

A Coruña.	1	-	1	.
	2	-	1	Servido por Magistrado.
	3	-	1	Servido por Magistrado.
	4	-	1	.
	5	-	1	.
	6	-	1	.
	7	-	1	.
	8	-	1	.
	9	-	1	.
	10	-	1	.
	11	-	1	.
	12	-	1	.
	13	-	1	.
	14	-	1	.
Lugo.	1	-	1	.
	2	-	1	.
	3	-	1	.
	4	-	1	.
	5	-	1	.
	6	-	1	.
	7	-	1	.
	8	-	1	.
	9	-	1	.
Ourense.	1	-	1	.
	2	-	1	.
	3	-	1	.
	4	-	1	.
	5	-	1	.
	6	-	1	.
	7	-	1	.
	8	-	1	.
	9	-	1	.

Pontevedra.	1	-	1	-
	2	-	1	-
	3	-	1	Servido por Magis-trado.
	4	-	1	-
	5	-	1	-
	6	-	1	-
	7	-	1	-
	8	-	1	-
	9	-	1	-
	10	-	1	-
	11	-	1	-
	12	-	1	-
	13	-	1	-
Madrid	-	-	-	-

Madrid.	1	-	1	-
	2	-	1	Servido por Magistrado.
	3	-	1	-
	4	-	1	Servido por Magistrado.
	5	-	1	Servido por Magistrado.
	6	-	1	Servido por Magistrado.
	7	-	1	-
	8	-	1	-
	9	-	1	Servido por Magistrado.
	10	-	1	Servido por Magistrado.
	11	2	-	-
	12	-	1	Servido por Magistrado.
	13	-	1	Servido por Magistrado.
	14	-	1	Servido por Magistrado.
	15	-	1	Servido por Magistrado.
	16	-	1	Servido por Magistrado.
	17	-	1	Servido por Magistrado.
	18	-	1	Servido por Magistrado.
	19	-	1	Servido por Magistrado.
	20	-	1	-
	21	-	1	-
Murcia	-	-	-	-

Murcia.	1	-	1	.
	2	-	1	Servido por Magistrado.
	3	-	1	.
	4	-	1	Servido por Magistrado.
	5	-	1	.
	6	1	-	.
	7	-	1	.
	8	-	1	.
	9	-	1	.
	10	-	1	.
	11	-	1	.
Navarra		.	.	.
Navarra.	1	-	1	.
	2	-	1	.
	3	-	1	.
	4	-	1	.
	5	-	1	.
País Vasco		.	.	
Álava.	1	-	1	.
	2	-	1	.
Guipúzcoa.	1	-	1	.
	2	-	1	.
	3	-	1	.
	4	-	1	.
	5	-	1	.
	6	-	1	.
Vizcaya.	1	-	1	.
	2	-	1	Servido por Magistrado.
	3	-	1	.
	4	1	-	.
	5	-	1	.
	6	-	1	Servido por Magistrado.

La Rioja	.	.	.	.
La Rioja.	1	-	1	-
	2	-	1	-
	3	-	1	-
Ciudad de Ceuta	.	.	.	.
Ceuta.	12	-	1	Servido por Magistrado.
Ciudad de Melilla	.	.	.	.
Melilla	8	-	1	Servido por Magistrado.
Total nacional	.	14	421	.

»

IV. Ley Orgánica 2/2010, de 3 de marzo, de salud sexual y reproductiva y de la interrupción voluntaria del embarazo.

Última reforma de la presente disposición realizada por LO 1/2023, de 28 de febrero

PREÁMBULO

I

El desarrollo de la sexualidad y la capacidad de procreación están directamente vinculados a la dignidad de la persona y al libre desarrollo de la personalidad y son objeto de protección a través de distintos derechos fundamentales, señaladamente, de aquellos que garantizan la integridad física y moral y la intimidad personal y familiar. La decisión de tener hijos y cuándo tenerlos constituye uno de los asuntos más íntimos y personales que las personas afrontan a lo largo de sus vidas, que integra un ámbito esencial de la autodeterminación individual. Los poderes públicos están obligados a no interferir en ese tipo de decisiones, pero, también, deben establecer las condiciones para que se adopten de forma libre y responsable, poniendo al alcance de quienes lo precisen servicios de atención sanitaria, asesoramiento o información.

La protección de este ámbito de autonomía personal tiene una singular significación para las mujeres, para quienes el embarazo y la maternidad son hechos que afectan profundamente a sus vidas en todos los sentidos. La especial relación de los derechos de las mujeres con la protección de la salud sexual y reproductiva ha sido puesta de manifiesto por diversos textos internacionales. Así, en el ámbito de Naciones Unidas, la Convención sobre la eliminación de todas las formas de discriminación contra la Mujer, adoptada por la Asamblea General mediante Resolución 34/180, de 18 de diciembre de 1979, establece en su art. 12 que «Los Estados Partes adoptarán todas las medidas apropiadas para eliminar la discriminación contra la mujer en la esfera de la atención médica a fin de asegurar, en condiciones de igualdad entre hombres y mujeres, el acceso a servicios de atención médica, incluidos los que se refieren a la planificación familiar». Por otro lado, la Plataforma de Acción de Beijing acordada en la IV Conferencia de Naciones Unidas sobre la mujer celebrada en 1995, ha reconocido que «los derechos humanos de las mujeres incluyen el derecho a tener el control y a decidir libre y responsablemente sobre su sexualidad, incluida la salud sexual y reproductiva, libre de presiones, discriminación y violencia». En el ámbito de la Unión Europea, el Parlamento Europeo ha aprobado la Resolución 2001/2128(INI) sobre salud sexual y reproductiva y los derechos asociados, en la que se contiene un conjunto de recomendaciones a los Gobiernos de los Estados miembros en materia de anticoncepción, embarazos no deseados y educación afectivo sexual que tiene como base, entre otras consideraciones, la constatación de las enormes desigualdades entre las mujeres europeas en el acceso a los servicios de salud reproductiva, a la anticoncepción y a la interrupción voluntaria del embarazo en función de sus ingresos, su nivel de renta o el país de residencia.

Por su parte, la Convención sobre los Derechos de las Personas con discapacidad de 13 de diciembre de 2006, ratificada por España, establece la obligación de los Estados Partes de respetar «el derecho de las personas con discapacidad a decidir libremente y de manera responsable el número de hijos que quieren tener [...] a tener acceso a información, educación sobre reproducción y planificación familiar apropiada para su edad y a que se provean los medios necesarios que les permitan ejercer esos derechos», así como a que «mantengan su fertilidad, en igualdad de condiciones que los demás».

La presente Ley pretende adecuar nuestro marco normativo al consenso de la comunidad internacional en esta materia, mediante la actualización de las políticas públicas y la incorporación de nuevos servicios de atención de la salud sexual y reproductiva. La Ley parte de la convicción, avalada por el mejor conocimiento científico, de que una educación afectivo sexual y reproductiva adecuada, el acceso universal a prácticas clínicas efectivas de planificación de la reproducción, mediante la incorporación de anticonceptivos de última generación, cuya eficacia haya sido avalada por la evidencia científica, en la cartera de servicios comunes del Sistema Nacional de Salud y la disponibilidad de programas y servicios de salud sexual y reproductiva es el modo más efectivo de prevenir, especialmente en personas jóvenes, las infecciones de transmisión sexual, los embarazos no deseados y los abortos.

La Ley aborda la protección y garantía de los derechos relativos a la salud sexual y reproductiva de manera integral. Introduce en nuestro ordenamiento las definiciones de la Organización Mundial de la Salud sobre salud, salud sexual y salud reproductiva y prevé la adopción de un conjunto de acciones y medidas tanto en el ámbito sanitario como en el educativo. Establece, asimismo, una nueva regulación de la interrupción voluntaria del embarazo fuera del Código Penal que, siguiendo la pauta más extendida en los países de nuestro entorno político y cultural, busca garantizar y proteger adecuadamente los derechos e intereses en presencia, de la mujer y de la vida prenatal.

II

El primer deber del legislador es adaptar el Derecho a los valores de la sociedad cuyas relaciones ha de regular, procurando siempre que la innovación normativa genere certeza y seguridad en las personas a quienes se destina, pues la libertad sólo encuentra refugio en el suelo firme de la claridad y precisión de la Ley. Ese es el espíritu que inspira la nueva regulación de la interrupción voluntaria del embarazo.

Hace un cuarto de siglo, el legislador, respondiendo al problema social de los abortos clandestinos, que ponían en grave riesgo la vida y la salud de las mujeres y atendiendo a la conciencia social mayoritaria que reconocía la relevancia de los derechos de las mujeres en relación con la maternidad, despenalizó ciertos supuestos de aborto. La reforma del Código Penal supuso un avance al posibilitar el acceso de las mujeres a un aborto legal y seguro cuando concurriera alguna de las indicaciones legalmente previstas: grave peligro para la vida o la salud física y psíquica de la embarazada, cuando el embarazo fuera consecuencia de una violación o cuando se presumiera la existencia de graves taras físicas o psíquicas en el feto. A lo largo de estos años, sin embargo, la aplicación de la ley ha generado incertidumbres y prácticas que han afectado a la seguridad jurídica, con consecuencias tanto para la garantía de los derechos de las mujeres como para la eficaz protección del bien jurídico penalmente tutelado y que, en contra del fin de la norma, eventualmente han podido poner en dificultades a los profesionales sanitarios de quienes precisamente depende la vigilancia de la seguridad médica en las intervenciones de interrupción del embarazo.

La necesidad de reforzar la seguridad jurídica en la regulación de la interrupción voluntaria del embarazo ha sido enfatizada por el Tribunal Europeo de Derechos Humanos en su sentencia de 20 de marzo de 2007 en la que se afirma, por un lado, que «en este tipo de situaciones las previsiones legales deben, en primer lugar y ante todo, asegurar la claridad de la posición jurídica de la mujer embarazada» y, por otro lado, que «una vez que el legislador decide permitir el aborto, no debe estructurar su marco legal de modo que se limiten las posibilidades reales de obtenerlo».

En una sociedad libre, pluralista y abierta, corresponde al legislador, dentro del marco de opciones que la Constitución deja abierto, desarrollar los derechos fundamentales de acuerdo con los valores dominantes y las necesidades de cada momento histórico. La experiencia acumulada en la aplicación del marco legal vigente, el avance del reconocimiento social y jurídico de la autonomía de las mujeres tanto en el ámbito público como en su vida privada, así como la tendencia normativa imperante en los países de nuestro entorno, abogan por una regulación de la interrupción voluntaria del embarazo presidida por la claridad en donde queden adecuadamente garantizadas tanto la autonomía de las mujeres, como la eficaz protección de la vida prenatal como bien jurídico. Por su parte, la Asamblea Parlamentaria del Consejo de Europa, en su Resolución 1607/2008, de 16 abril, reafirmó el derecho de todo ser humano, y en particular de las mujeres, al respeto de su integridad física y a la libre disposición de su cuerpo y en ese contexto, a que la decisión última de recurrir o no a un aborto corresponda a la mujer interesada y, en consecuencia, ha invitado a los Estados miembros a despenalizar el aborto dentro de unos plazos de gestación razonables.

En la concreción del modelo legal, se ha considerado de manera especialmente atenta la doctrina constitucional derivada de las sentencias del Tribunal Constitucional en esta materia. Así, en la sentencia 53/1985, el Tribunal, perfectamente dividido en importantes cuestiones de fondo, enunció sin embargo, algunos principios que han sido respaldados por la jurisprudencia posterior y que aquí se toman como punto de partida. Una de esas afirmaciones de principio es la negación del carácter absoluto de los derechos e intereses que entran en conflicto a la hora de regular la interrupción voluntaria del embarazo y, en consecuencia, el deber del legislador de «ponderar los bienes y derechos en función del supuesto planteado, tratando de armonizarlos si ello es posible o, en caso contrario, precisando las condiciones y requisitos en que podría admitirse la prevalencia de uno de ellos» (STC 53/1985). Pues si bien «los no nacidos no pueden considerarse en nuestro ordenamiento como titulares del derecho fundamental a la vida que garantiza el art. 15 de la Constitución» esto no significa que resulten privados de toda protección constitucional (STC 116/1999). La vida prenatal es un bien jurídico merecedor de protección que el legislador debe hacer eficaz, sin ignorar que la forma en que tal garantía se configure e instrumente estará siempre intermediada por la garantía de los derechos fundamentales de la mujer embarazada.

La ponderación que el legislador realiza ha tenido en cuenta la doctrina de la STC 53/1985 y atiende a los cambios cualitativos de la vida en formación que tienen lugar durante el embarazo, estableciendo, de este modo, una concordancia práctica de los derechos y bienes concurrentes a través de un modelo de tutela gradual a lo largo de la gestación.

La presente Ley reconoce el derecho a la maternidad libremente decidida, que implica, entre otras cosas, que las mujeres puedan tomar la decisión inicial sobre su embarazo y que esa decisión, consciente y responsable, sea respetada. El legislador ha considerado razonable, de acuerdo con las indicaciones de las personas expertas y el análisis del derecho comparado, dejar un plazo de 14 semanas en el que se garantiza a las mujeres la posibilidad de tomar una decisión libre e informada sobre la interrupción del embarazo, sin interferencia de terceros, lo que la STC 53/1985 denomina «autodeterminación consciente», dado que la intervención determinante de un tercero en la formación de la voluntad de la mujer gestante, no ofrece una mayor garantía para el feto y, a la vez, limita innecesariamente la personalidad de la mujer, valor amparado en el art. 10.1 de la Constitución.

La experiencia ha demostrado que la protección de la vida prenatal es más eficaz a través de políticas activas de apoyo a las mujeres embarazadas y a la maternidad. Por ello, la tutela del bien jurídico en el momento inicial de la gestación se articula a través de la voluntad de la mujer, y no contra ella. La mujer adoptará su decisión tras haber sido informada de todas las prestaciones, ayudas y derechos a los que puede acceder si desea continuar con el embarazo, de las consecuencias médicas, psicológicas y sociales derivadas de la prosecución del embarazo o de la interrupción del mismo, así como de la posibilidad de recibir asesoramiento antes y después de la intervención. La Ley dispone un plazo de reflexión de al menos tres días y, además de exigir la claridad y objetividad de la información, impone condiciones para que ésta se ofrezca en un ámbito y de un modo exento de presión para la mujer.

En el desarrollo de la gestación, «tiene -como ha afirmado la STC 53/1985- una especial trascendencia el momento a partir del cual el nasciturus es ya susceptible de vida independiente de la madre». El umbral de la viabilidad fetal se sitúa, en consenso general avalado por la comunidad científica y basado en estudios de las unidades de neonatología, en torno a la vigésimo segunda semana de gestación. Es hasta este momento cuando la Ley permite la interrupción del embarazo siempre que concurra alguna de estas dos indicaciones: «que exista grave riesgo para la vida o la salud de la embarazada», o «que exista riesgo de graves anomalías en el feto». Estos supuestos de interrupción voluntaria del embarazo de carácter médico se regulan con las debidas garantías a fin de acreditar con la mayor seguridad posible la concurrencia de la indicación. A diferencia de la regulación vigente, se establece un límite temporal cierto en la aplicación de la llamada indicación terapéutica, de modo que en caso de existir riesgo para la vida o salud de la mujer más allá de la vigésimo segunda semana de gestación, lo adecuado será la práctica de un parto inducido, con lo que el derecho a la vida e integridad física de la mujer y el interés en la protección de la vida en formación se armonizan plenamente.

Más allá de la vigésimo segunda semana, la ley configura dos supuestos excepcionales de interrupción del embarazo. El primero se refiere a aquellos casos en que «se detecten anomalías fetales incompatibles con la vida», en que decae la premisa que hace de la vida prenatal un bien jurídico protegido en tanto que proyección del art. 15 de la Constitución (STC 212/1996). El segundo supuesto se circunscribe a los casos en que «se detecte en el feto una enfermedad extremadamente grave e incurable en el momento del diagnóstico y así lo confirme un comité clínico». Su comprobación se ha deferido al juicio experto de profesionales médicos conformado de acuerdo con la evidencia científica del momento.

La Ley establece además un conjunto de garantías relativas al acceso efectivo a la prestación sanitaria de la interrupción voluntaria del embarazo y a la protección de la intimidad y confidencialidad de las mujeres. Con estas previsiones legales se pretende dar solución a los problemas a que había dado lugar el actual marco regulador tanto de desigualdades territoriales en el acceso a la prestación como de vulneración de la intimidad. Así, se encomienda a la Alta Inspección velar por la efectiva igualdad en el ejercicio de los derechos y el acceso a las prestaciones reconocidas en esta Ley.

Asimismo se recoge la objeción de conciencia de los profesionales sanitarios directamente implicados en la interrupción voluntaria del embarazo, que será articulado en un desarrollo futuro de la Ley.

Se ha dado nueva redacción al art. 145 del Código Penal con el fin de limitar la pena impuesta a la mujer que consiente o se practica un aborto fuera de los casos permitidos por la ley eliminando la previsión de pena privativa de libertad, por un lado y, por otro, para precisar la imposición de las penas en sus mitades superiores en determinados supuestos. Asimismo se introduce un nuevo art. 145 bis, a fin de incorporar la penalidad correspondiente de las conductas de quienes practican una interrupción del embarazo dentro de los casos contemplados por la ley, pero sin cumplir los requisitos exigidos en ella.

Finalmente, se ha modificado la Ley 41/2002, de 14 de noviembre, Básica Reguladora de la Autonomía del Paciente con el fin de que la prestación del consentimiento para la práctica de una interrupción voluntaria del embarazo se sujete al régimen general previsto en esta Ley y eliminar la excepcionalidad establecida en este caso.

III

La Ley se estructura en un Título preliminar, dos Títulos, tres disposiciones adicionales, una disposición derogatoria y seis disposiciones finales.

El Título Preliminar establece el objeto, las definiciones, los principios inspiradores de la ley y proclama los derechos que garantiza.

El Título Primero, bajo la rúbrica «De la salud sexual y reproductiva», se articula en cuatro capítulos. En el capítulo I se fijan los objetivos de las políticas públicas en materia de salud sexual y reproductiva. El capítulo II contiene las medidas en el ámbito sanitario y el capítulo III se refiere a las relativas al ámbito educativo. El capítulo IV tiene como objeto la previsión de la elaboración de la Estrategia Nacional de Salud Sexual y Reproductiva como instrumento de colaboración de las distintas administraciones públicas para el adecuado desarrollo de las políticas públicas en esta materia.

En el Título Segundo se regulan las condiciones de la interrupción voluntaria del embarazo y las garantías en el acceso a la prestación.

La disposición adicional primera mandata que la Alta Inspección verifique el cumplimiento efectivo de los derechos y prestaciones reconocidas en esta Ley.

La disposición adicional segunda impone al Gobierno la evaluación del coste económico de los servicios y prestaciones incluidos en la Ley así como la adopción de medidas previstas en la Ley 16/2003, de 28 de mayo, de Cohesión y Calidad del Sistema Nacional de Salud.

Finalmente, la disposición adicional tercera se refiere al acceso a los métodos anticonceptivos y su inclusión en la cartera de servicios comunes del Sistema Nacional de Salud.

La disposición derogatoria deroga el art. 417 bis del Código Penal introducido en el Código Penal de 1973 por la Ley Orgánica 9/1985, de 5 de julio, y cuya vigencia fue mantenida por el Código Penal de 1995.

La disposición final primera da nueva redacción al art. 145 del Código Penal e introduce un nuevo art. 145 bis, y la disposición final segunda modifica el apartado cuarto del art. 9 de la Ley 41/2002, de 14 de noviembre, básica reguladora de la autonomía del paciente y de derechos y obligaciones en materia de información y documentación clínica. Finalmente, las restantes disposiciones finales se refieren al carácter orgánico de la ley, la habilitación al Gobierno para su desarrollo reglamentario, el ámbito territorial de aplicación de la Ley y la entrada en vigor que se fija en cuatro meses desde su publicación, con el fin de que se adopten las medidas necesarias para su plena aplicación.

TÍTULO PRELIMINAR
DISPOSICIONES GENERALES

1. *Objeto.* [1372] Esta ley orgánica tiene por objeto garantizar los derechos fundamentales en el ámbito de la salud sexual y de la salud reproductiva, regular las condiciones de la interrupción voluntaria del embarazo y de los derechos sexuales y reproductivos, así como establecer las obligaciones de los poderes públicos para que la población alcance y mantenga el mayor nivel posible de salud y educación en relación con la sexualidad y la reproducción. Asimismo, se dirige a prevenir y a dar respuesta a todas las manifestaciones de la violencia contra las mujeres en el ámbito reproductivo.

[1372] Dada nueva redacción por art. único apartado 1 de Ley Orgánica 1/2023 de 28 de febrero de 2023, con vigencia desde 02/03/2023

2. *Definiciones.* [1373] A los efectos de lo dispuesto en esta ley orgánica, se entenderá por:

1. Salud: El estado de completo bienestar físico, mental y social y no solamente la ausencia de afecciones o enfermedades.

2. Salud sexual: El estado general de bienestar físico, mental y social, que requiere un entorno libre de coerción, discriminación y violencia y no la mera ausencia de enfermedad o dolencia, en todos los aspectos relacionados con la sexualidad de las personas. Es también un enfoque integral para analizar y responder a las necesidades de la población, así como para garantizar el derecho a la salud y los derechos sexuales.

3. Salud reproductiva: El estado general de bienestar físico, mental y social, y no la mera ausencia de enfermedad o dolencia, en todos los aspectos relacionados con la reproducción. Es también un enfoque integral para analizar y responder a las necesidades de la población, así como para garantizar el derecho a la salud y los derechos reproductivos.

4. Salud durante la menstruación: El estado integral de bienestar físico, mental y social, y no meramente la ausencia de enfermedad o dolencia, en relación con el ciclo menstrual. Por gestión menstrual se entenderá la manera en que las mujeres deciden abordar su ciclo menstrual, pudiendo servirse para tal gestión de diversos productos menstruales, tales como compresas, tampones, copas menstruales y artículos similares.

5. Intervenciones ginecológicas y obstétricas adecuadas: Aquellas que promueven y protegen la salud física y psíquica de las mujeres en el marco de la atención a la salud sexual y reproductiva, en particular, evitando las intervenciones innecesarias.

6. Menstruación incapacitante secundaria: Situación de incapacidad derivada de una dismenorrea generada por una patología previamente diagnosticada.

7. Violencia contra las mujeres en el ámbito reproductivo: Todo acto basado en la discriminación por motivos de género que atente contra la integridad o la libre elección de las mujeres en el ámbito de la salud sexual y reproductiva, su libre decisión sobre la maternidad, su espaciamiento y oportunidad.

8. Esterilización forzosa: Forma de violencia contra las mujeres en el ámbito reproductivo que consiste en la práctica de una intervención

---

[1373] Dada nueva redacción por art. único apartado 2 de Ley Orgánica 1/2023 de 28 de febrero de 2023, con vigencia desde 02/03/2023

quirúrgica que tenga por objeto o por resultado poner fin a la capacidad de una mujer de reproducirse de modo natural sin su consentimiento previo e informado o sin su entendimiento del procedimiento.

9. Anticoncepción forzosa: Forma de violencia contra las mujeres en el ámbito reproductivo que consiste en la intervención médica por cualquier vía, también medicamentosa, que tenga análogas consecuencias a la esterilización forzosa.

10. Aborto forzoso: Forma de violencia contra las mujeres en el ámbito reproductivo que consiste en la práctica de un aborto a una mujer sin su consentimiento previo e informado, a excepción de los casos a los que se refiere el artículo 9.2.b) de la Ley 41/2002, de 14 noviembre.

3. *Principios rectores y ámbito de aplicación.* [1374] 1. A efectos de esta ley orgánica, serán principios rectores de la actuación de los poderes públicos los siguientes:

a) Respeto, protección y garantía de los derechos humanos y fundamentales. La actuación institucional y profesional llevada a cabo en el marco de esta ley orgánica se orientará a respetar, proteger y garantizar los derechos humanos previstos en los tratados internacionales de derechos humanos.

Dentro de tales derechos, los poderes públicos reconocen especialmente:

1.º Que todas las personas, en el ejercicio de sus derechos de libertad, intimidad, la salud y autonomía personal, pueden adoptar libremente decisiones que afectan a su vida sexual y reproductiva sin más límites que los derivados del respeto a los derechos de las demás personas y al orden público garantizado por la Constitución y las leyes.

2.º Los derechos reproductivos y el derecho a la maternidad libremente decidida.

3.º El deber del Estado de garantizar que la interrupción voluntaria del embarazo se realiza respetando el bienestar físico y psicológico de las mujeres.

b) Diligencia debida. Es responsabilidad de los poderes públicos a todo nivel actuar con la diligencia debida en la protección de la salud y de los derechos sexuales y reproductivos, garantizando su

---

[1374] Dada nueva redacción por art. único apartado 3 de Ley Orgánica 1/2023 de 28 de febrero de 2023, con vigencia desde 02/03/2023

reconocimiento y ejercicio efectivo. La obligación de actuar con diligencia debida se extenderá´ a todas las esferas de la responsabilidad institucional, e incluye el deber de hacer efectiva la responsabilidad de las autoridades y agentes públicos en caso de incumplimiento.

c) Enfoque de género. Las administraciones públicas incluirán un enfoque de género fundamentado en la comprensión de los estereotipos y las relaciones de género, sus raíces y sus consecuencias en la aplicación y la evaluación del impacto de las disposiciones de esta ley orgánica, y promoverán y aplicarán de manera efectiva políticas de igualdad entre mujeres y hombres y para el empoderamiento de las mujeres y las niñas.

d) Prohibición de discriminación. Las instituciones públicas garantizarán que las medidas previstas en esta ley orgánica se apliquen sin discriminación alguna por motivos de sexo, género, origen racial o étnico, nacionalidad, religión o creencias, salud, edad, clase social, orientación sexual, identidad de género, discapacidad, estado civil, situación administrativa de extranjería, o cualquier otra condición o circunstancia personal o social.

e) Atención a la discriminación interseccional y múltiple. En aplicación de esta ley orgánica, la respuesta institucional tendrá´ en especial consideración a factores superpuestos de discriminación, tales como el origen racial o étnico, la nacionalidad, la discapacidad, la orientación sexual, la identidad de género, la salud, la clase social, la situación administrativa de extranjería u otras circunstancias que implican posiciones desventajosas de determinados sectores para el ejercicio efectivo de sus derechos.

f) Accesibilidad. Se garantizara´ que todas las acciones y medidas que recoge esta ley orgánica sean concebidas desde la accesibilidad universal, para que sean comprensibles y practicables por todas las personas, de modo que los derechos que recoge se hagan efectivos para las personas con discapacidad, con limitaciones idiomáticas o diferencias culturales, para personas mayores, especialmente mujeres, jóvenes y para niñas y niños.

g) Empoderamiento. Las instituciones públicas implementarán esta ley orgánica con especial atención al fortalecimiento de la capacidad de agencia y la autonomía de las personas en cada fase del ciclo vital, con énfasis en las mujeres y en la población joven. Este enfoque, además, deberá contribuir a disminuir y eliminar las desigualdades estructurales que constriñen la vivencia del deseo y de la sexualidad plena, así como de otros elementos esenciales de la salud, los derechos sexuales y reproductivos.

h) Participación. En el diseño, aplicación y evaluación de los servicios y las políticas públicas previstas en esta ley orgánica, se garantizará´ la participación de las entidades, asociaciones y organizaciones del movimiento feminista y la sociedad civil, con especial atención a la participación de las mujeres desde una óptica interseccional.

i) Cooperación. Todas las políticas que se adopten en ejecución de esta ley orgánica se aplicarán por medio de una cooperación efectiva entre todas las administraciones públicas, instituciones y organizaciones implicadas en garantizar la salud y los derechos sexuales y reproductivos. En el seno de la Conferencia Sectorial de Igualdad, así como en el Consejo Interterritorial del Sistema Nacional de Salud, podrán adoptarse planes y programas conjuntos de actuación entre todas las administraciones públicas competentes con esta finalidad.

j) Implicación de los hombres. Fomentar la implicación y la responsabilidad de los hombres en la prevención de embarazos no deseados y de infecciones de transmisión sexual. Las administraciones públicas promoverán, en el marco de sus competencias, la corresponsabilidad en el ámbito de la salud sexual.

2. Los derechos previstos en esta ley orgánica serán de aplicación a todas las personas que se encuentren en España, con independencia de su nacionalidad, de si disfrutan o no de residencia legal o de si son mayores o menores de edad, sin perjuicio de las precisiones establecidas en el artículo 13 bis, y siempre de acuerdo con los términos previstos en la legislación vigente en la materia sanitaria. Todas las referencias de esta ley orgánica a las mujeres relacionadas con los derechos reproductivos serán aplicables a personas trans con capacidad de gestar, lo que incluye lo previsto en relación con la salud durante la menstruación.

3. Las obligaciones establecidas en esta ley orgánica serán de aplicación a toda persona, física o jurídica, que se encuentre o actúe en territorio español, cualquiera que fuese su nacionalidad, domicilio o residencia.

4. *Garantía de igualdad en el acceso y equidad territorial.* [1375] El Estado, en el ejercicio de sus competencias de Alta Inspección, velará por el cumplimiento homogéneo de esta ley orgánica en el conjunto del territorio, y, en particular, por el acceso en condiciones de igualdad y con un enfoque de equidad territorial a las prestaciones y servicios establecidos en esta ley orgánica.

TÍTULO PRIMERO
RESPONSABILIDAD INSTITUCIONAL EN EL ÁMBITO DE LA SALUD, LOS DERECHOS SEXUALES Y REPRODUCTIVOS [1376]

CAPÍTULO PRIMERO
POLÍTICAS PÚBLICAS PARA LA PROMOCIÓN DE LA SALUD SEXUAL Y REPRODUCTIVA [1377]

5. *Objetivos y garantías generales de actuación de los poderes públicos.* [1378] 1. Los poderes públicos, en el desarrollo de sus políticas sanitarias, educativas y de formación profesional, y sociales garantizarán:

a) El acceso público, universal y gratuito a los servicios y programas de salud sexual y salud reproductiva.

b) La generación y difusión efectiva de información de calidad sobre salud, derechos sexuales y reproductivos.

c) El tratamiento de la educación afectivo-sexual y la detección y abordaje de conductas de abuso y violencia, en los términos establecidos en la Ley Orgánica 2/2006, de 3 de mayo, de Educación, en la Ley Orgánica 3/2022, de 31 de marzo, de ordenación e integración de la

---

[1375] Dada nueva redacción por art. único apartado 4 de Ley Orgánica 1/2023 de 28 de febrero de 2023, con vigencia desde 02/03/2023

[1376] Dada nueva redacción por art. único apartado 5 de Ley Orgánica 1/2023 de 28 de febrero de 2023, con vigencia desde 02/03/2023

[1377] Dada nueva redacción por art. único apartado 6 de Ley Orgánica 1/2023 de 28 de febrero de 2023, con vigencia desde 02/03/2023

[1378] Dada nueva redacción por art. único apartado 6 de Ley Orgánica 1/2023 de 28 de febrero de 2023, con vigencia desde 02/03/2023

Formación Profesional, en las pertinentes leyes autonómicas y en los currículos de las diferentes etapas educativas y formativas que ambas normas contemplan.

d) El acceso a métodos anticonceptivos seguros y eficaces y a productos de gestión menstrual asequibles.

e) La eliminación de toda forma de discriminación y de las barreras que impidan el ejercicio pleno de los derechos sexuales y reproductivos.

f) La educación sanitaria integral, con perspectiva de género, de derechos humanos e interseccional, sobre salud sexual y salud reproductiva.

g) La información sanitaria sobre anticoncepción y sexo seguro, con especial atención a la prevención de las enfermedades e infecciones de transmisión sexual y de los embarazos no deseados.

h) La prevención, sanción y erradicación de cualquier forma de violencia contra las mujeres en relación con la salud, los derechos sexuales y reproductivos. Todas estas medidas se realizarán también en las lenguas oficiales de las comunidades autónomas.

i) El acceso a la justicia y los mecanismos de reparación de las personas cuyos derechos sexuales y reproductivos hayan sido vulnerados.

j) La generación y difusión efectiva de información de calidad sobre educación en materia menstrual y productos de gestión menstrual.

k) La atención específica a las personas con algún tipo de discapacidad, a quienes se garantizará su derecho a la salud sexual y reproductiva, garantizando y estableciendo para ellas entornos accesibles y los apoyos necesarios en función de su discapacidad.

2. Asimismo, en el desarrollo de sus políticas promoverán:

a) Acciones de desestigmatización y valoración sociosanitaria del personal involucrado en la prestación con garantías de los servicios de interrupción voluntaria del embarazo.

b) La atención con pertinencia cultural a las personas de otros orígenes nacionales, étnicos o raciales, cualquiera que fuere su situación administrativa de extranjería, y atendiendo especialmente a las posibles barreras del idioma, siempre de acuerdo con los términos previstos en la legislación vigente en materia sanitaria.

c) La atención pertinente a personas en situación de vulnerabilidad socioeconómica.

d) La atención especializada dirigida a personas en diferentes etapas del ciclo vital, con énfasis especial en la infancia y juventud, así como en la fase de la vida adulta de las mujeres en que tienen lugar el climaterio y la menopausia.

e) Las relaciones de igualdad, el respeto a las opciones sexuales individuales y la corresponsabilidad en las conductas sexuales.

f) La investigación, generación y difusión de conocimiento científico y especializado respecto de la salud, los derechos sexuales y reproductivos con perspectiva de género, interseccional y de derechos humanos.

g) Las relaciones de igualdad y respeto mutuo entre hombres y mujeres en el ámbito de la salud sexual y la adopción de programas educativos especialmente diseñados para la convivencia y el respeto de las opciones sexuales individuales.

h) La corresponsabilidad en las conductas sexuales, cualquiera que sea la orientación sexual.

5 bis. *La salud sexual como estándar de salud.* [1379] Los poderes públicos reconocerán la salud durante la menstruación como parte inherente del derecho a la salud sexual y reproductiva. De la misma forma, combatirán los estereotipos sobre la menstruación que impactan negativamente en el acceso o el ejercicio de los derechos humanos de las mujeres, las adolescentes y las niñas.

El Consejo Interterritorial del Sistema Nacional de Salud, en colaboración con las sociedades científicas, aprobará los estándares mínimos de atención sanitaria a la salud durante la menstruación en las mujeres dentro del marco de atención a la salud sexual y reproductiva, con la perspectiva de derechos sexuales y reproductivos y garantizando la equidad en todos los niveles, promoviendo la investigación y la eliminación de la discriminación basada en estereotipos sobre la menstruación.

5 ter. *Medidas en el ámbito laboral y de la Seguridad Social sobre la salud durante la menstruación.* [1380] A fin de conciliar el derecho a la salud con el empleo, se reconoce a las mujeres con menstruaciones

---

[1379] Añadido por art. único apartado 6 de Ley Orgánica 1/2023 de 28 de febrero de 2023, con vigencia desde 02/03/2023

[1380] Añadido por art. único apartado 6 de Ley Orgánica 1/2023 de 28 de febrero de 2023, con vigencia desde 02/03/2023

incapacitantes secundarias el derecho a una situación especial de incapacidad temporal en los términos establecidos por el texto refundido de la Ley General de la Seguridad Social, aprobado por el Real Decreto Legislativo 8/2015, de 30 de octubre.

5 quater.   *Medidas de distribución de productos de gestión menstrual.* [1381] 1. Los centros educativos garantizarán el acceso gratuito a productos de gestión menstrual en las situaciones en que resulte necesario y a través de los cauces que establezcan para ello.

2. Se garantizará, asimismo, el acceso gratuito de dichos productos a mujeres en riesgo de exclusión, en los centros que ofrecen servicios sociales, así como en los centros y otros lugares donde permanezcan personas privadas de libertad.

3. La entrega de productos de gestión menstrual respetará las elecciones de las personas usuarias. Los productos se encontrarán disponibles sin necesidad de mediación alguna, garantizando la protección de la identidad y la confidencialidad.

4. Los organismos públicos previstos en este artículo optarán de forma preferente y progresiva por los productos de gestión menstrual sostenibles, orgánicos, ecológicos, de rápida descomposición, reutilizables y libres de químicos, con el fin de causar el menor impacto posible al medio ambiente y en la salud de las mujeres y otras personas destinatarias.

5. Las anteriores medidas se adoptarán de forma progresiva en las dependencias de organismos públicos previstos en este artículo.

6. Se prohíbe la venta de los productos menstruales que sean entregados por las administraciones públicas en las entidades mencionadas y se promoverá su uso racional.

5 quinquies.   *Medidas en el ámbito de la comercialización de los productos de gestión menstrual.* [1382] Todos los productos de gestión menstrual que se comercialicen en el territorio del Estado deberán ser libres de agentes nocivos para la salud. Los fabricantes estarán obliga

---

[1381] Añadido por art. único apartado 6 de Ley Orgánica 1/2023 de 28 de febrero de 2023, con vigencia desde 02/03/2023

[1382] Añadido por art. único apartado 6 de Ley Orgánica 1/2023 de 28 de febrero de 2023, con vigencia desde 02/03/2023

dos a hacer pública la información sobre su composición y posibles efectos en la salud humana, así como sobre su impacto ambiental.

5 sexies. *Servicios de asistencia integral especializada y accesible.* [1383] 1. Las administraciones públicas, en el ámbito de sus respectivas competencias, promoverán el derecho a la asistencia integral especializada y accesible, con objeto de la realización de las garantías y el cumplimiento de los objetivos enunciados en los artículos anteriores.

2. A tal fin, y en coherencia con lo establecido en el Real Decreto 1030/2006, de 15 de septiembre, por el que se establece la cartera de servicios comunes del Sistema Nacional de Salud y el procedimiento para su actualización, dispondrán servicios especializados, incluidos en la cartera de servicios del Sistema Nacional de Salud, dotados de equipos interdisciplinares que tendrán como objetivos principales la promoción de la salud sexual y la salud reproductiva en todas las fases del ciclo vital, que se constituyen como lugar de referencia para la coordinación con otros órganos institucionales de nivel local y autonómico.

3. Además de los servicios especializados dirigidos al conjunto de la población, las administraciones públicas establecerán servicios adaptados y adecuados a las necesidades y demandas de la población joven, que promuevan su participación para el desarrollo y abordaje integral de la sexualidad. También se atenderá de forma especial a la salud afectivo-sexual de las mujeres mayores teniendo en cuenta sus especificidades.

4. Estos servicios especializados estarán adaptados a las necesidades de las mujeres con discapacidad.

5. Estos servicios especializados estarán adaptados a las lenguas oficiales de las comunidades autónomas.

6. *Apoyo a las entidades sin ánimo de lucro y sociedad civil.* [1384] Las administraciones públicas promoverán y fortalecerán la participa-

---

[1383] Añadido por art. único apartado 6 de Ley Orgánica 1/2023 de 28 de febrero de 2023, con vigencia desde 02/03/2023

[1384] Dada nueva redacción por art. único apartado 6 de Ley Orgánica 1/2023 de 28 de febrero de 2023, con vigencia desde 02/03/2023

ción de las entidades sin ánimo de lucro, asociaciones, organizaciones sociales y organizaciones sindicales y empresariales más representativas, atendiendo a las diferentes realidades territoriales del Estado que, desde el movimiento feminista y la sociedad civil, actúan en el ámbito de la salud y los derechos sexuales y reproductivos, con especial atención a aquellas cuyas actuaciones tienen lugar en los ámbitos específicos regulados por esta ley orgánica. Quedarán excluidas de este artículo aquellas organizaciones contrarias al derecho recogido en la presente ley orgánica de interrupción voluntaria del embarazo.

CAPÍTULO II
MEDIDAS EN EL ÁMBITO DE LA SALUD SEXUAL Y
REPRODUCTIVA [1385]

7. *Atención a la salud sexual .* [1386] Los servicios públicos garantizarán:

a) El derecho a la libertad, la autonomía personal y el reconocimiento de las distintas opciones y orientaciones sexuales.

b) El enfoque antidiscriminatorio e interseccional en todas sus prácticas, a fin de valorar y abordar de forma integral las circunstancias relativas a la edad, sexo, identidad de género, origen nacional, lengua, étnico o racial, situación administrativa de extranjería, discapacidad y situación económica de las personas.

c) La calidad de los servicios de atención a la salud integral y, en especial, de la promoción e implementación de estándares de atención basados en el mejor y más actualizado conocimiento científico disponible respecto de la salud sexual en todas las fases del ciclo vital y sobre los derechos sexuales.

d) La información y el acceso a anticonceptivos de última generación, regulares y de urgencia, definitivos y reversibles, cuya eficacia sea avalada por la evidencia científica.

e) El fortalecimiento de la prevención y el tratamiento de las infecciones y enfermedades de transmisión sexual, con especial atención al

---

[1385] Dada nueva redacción por art. único apartado 7 de Ley Orgánica 1/2023 de 28 de febrero de 2023, con vigencia desde 02/03/2023

[1386] Dada nueva redacción por art. único apartado 7 de Ley Orgánica 1/2023 de 28 de febrero de 2023, con vigencia desde 02/03/2023

virus de la inmunodeficiencia humana (en adelante, VIH) y virus del papiloma humano (en adelante, VPH), y énfasis en la población joven.

f) La implementación y fortalecimiento de servicios públicos de proximidad y en todos los niveles de la atención sanitaria, especializados en salud sexual y conformados por equipos multidisciplinares.

7 bis. *Atención a la salud reproductiva.* [1387] Los servicios públicos de salud garantizarán:

a) La calidad de los servicios de atención a la salud integral y en especial de la promoción e implementación de estándares de atención basados en el mejor y más actualizado conocimiento científico disponible respecto de la salud reproductiva.

b) El enfoque antidiscriminatorio e interseccional en todas sus prácticas, a fin de valorar y abordar de forma integral las diferentes circunstancias relativas a la edad, sexo, identidad de género, origen nacional, étnico o racial, situación administrativa de extranjería, discapacidad y situación económica de la población y, especialmente, de las mujeres.

c) La provisión de servicios de la más alta calidad posible durante el embarazo, la interrupción del embarazo, el parto y el puerperio.

d) La garantía de información accesible sobre los derechos reproductivos, las prestaciones públicas, la cobertura sanitaria durante el embarazo, parto y puerperio, así como sobre los derechos laborales y otro tipo de prestaciones y servicios públicos vinculados a la maternidad y el cuidado de hijos e hijas.

e) La regulación de una situación especial de incapacidad temporal para la mujer que interrumpa, voluntariamente o no, su embarazo, en los términos establecidos en el texto refundido de la Ley General de la Seguridad Social, aprobado por el Real Decreto Legislativo 8/2015, de 30 de octubre.

f) La regulación de una situación especial de incapacidad temporal para la mujer embarazada desde el día primero de la semana trigésima novena de gestación.

g) La provisión de asistencia, apoyo emocional y acompañamiento de la salud mental a las mujeres que lo requieran durante el postparto o en el caso de muerte perinatal.

[1387] Añadido por art. único apartado 7 de Ley Orgánica 1/2023 de 28 de febrero de 2023, con vigencia desde 02/03/2023

h) La atención perinatal y neonatal con una perspectiva integral de desarrollo saludable.

i) La atención integral durante todo el procedimiento de interrupción del embarazo, ofreciendo recursos de acompañamiento y atención especializada, en particular de acompañamiento psicológico específico.

j) El incremento de la calidad de los servicios relacionados con la prevención, detección y tratamiento de cánceres relacionados con la sexualidad y la reproducción, y especialmente de los denominados cánceres ginecológicos y de mama.

k) La provisión especializada de atención psicológica o sexológica con perspectiva de género.

7 ter.   *Garantía de acceso a la anticoncepción.*   [1388] Las administraciones públicas, en el ámbito de sus competencias, garantizarán:

a) El acceso público y universal a prácticas clínicas efectivas de planificación de la reproducción, mediante el uso de métodos anticonceptivos, regulares y de urgencia, definitivos y reversibles, con especial atención a aquellos que presenten beneficio clínico incremental frente a las alternativas disponibles, que demuestren seguridad, y anticonceptivos masculinos, siempre que su eficacia y seguridad sea avalada por la evidencia científica rigurosa y de calidad.

b) La distribución gratuita de métodos anticonceptivos de barrera en los servicios a que se refiere el artículo 5 sexies, en los centros que ofrecen servicios sociales, en los centros residenciales dependientes de la red de servicios sociales y en los lugares donde permanezcan personas privadas de libertad.

c) Además, podrán distribuirse métodos de barrera durante las campañas de educación sexual que en ejercicio de su autonomía se realicen en los centros de educación secundaria.

7 quater.   *Corresponsabilidad.*   [1389] Los poderes públicos, especialmente desde el ámbito de la educación y la salud, fomentarán la

---

[1388] Añadido por art. único apartado 7 de Ley Orgánica 1/2023 de 28 de febrero de 2023, con vigencia desde 02/03/2023

[1389] Añadido por art. único apartado 7 de Ley Orgánica 1/2023 de 28 de febrero de 2023, con vigencia desde 02/03/2023

corresponsabilidad en la anticoncepción. A tal fin, se desarrollarán políticas públicas destinadas a:

a) La eliminación de los estereotipos y roles sociales que refuerzan la discriminación de las mujeres en el ámbito de la anticoncepción.

b) La investigación, financiación y comercialización de anticonceptivos masculinos que sean seguros y eficaces, y que contribuyan a distribuir de forma equitativa entre hombres y mujeres las responsabilidades de la anticoncepción.

c) La consideración de la anticoncepción como un asunto de salud pública y no como una responsabilidad exclusiva de las mujeres.

7 quinquies. *Anticoncepción de urgencia.* [1390] A efectos de lo dispuesto en el artículo 111.2.c).12.ª del texto refundido de la Ley de garantías y uso racional de los medicamentos y productos sanitarios, aprobado por el Real Decreto Legislativo 1/2015, de 24 de julio, se considerarán adecuadas las existencias de los métodos anticonceptivos de urgencia que garanticen la normal prestación del servicio en función de la demanda de cada oficina de farmacia.

8. *Formación de profesionales de la salud.* [1391] 1. La formación de profesionales de la salud se abordará con perspectiva igualitaria entre mujeres y hombres, integral de derechos humanos e interseccional e incluirá:

a) La incorporación de los derechos sexuales y reproductivos en los programas curriculares de las carreras con competencias en dichos ámbitos.

b) La incorporación de la salud sexual y reproductiva en los programas curriculares de las carreras relacionadas con la medicina y las ciencias de la salud, incluyendo la investigación y formación, con los conocimientos más avanzados, en la práctica clínica de la interrupción voluntaria del embarazo.

c) La salud sexual y reproductiva en los programas de formación continuada a lo largo del desempeño de la carrera profesional en las áreas de la salud.

[1390] Añadido por art. único apartado 7 de Ley Orgánica 1/2023 de 28 de febrero de 2023, con vigencia desde 02/03/2023

[1391] Dada nueva redacción por art. único apartado 7 de Ley Orgánica 1/2023 de 28 de febrero de 2023, con vigencia desde 02/03/2023

d) La realidad y las necesidades de los grupos o sectores sociales más vulnerables, como el de las personas con discapacidad.

CAPÍTULO III
MEDIDAS EN EL ÁMBITO DE LA EDUCACIÓN Y LA SENSIBILIZACIÓN RELATIVAS A LOS DERECHOS SEXUALES Y REPRODUCTIVOS [1392]

9. *Formación sobre salud sexual y reproductiva en el sistema educativo.* [1393] 1. Las administraciones educativas, en el ámbito de sus competencias contemplarán la formación en salud sexual y reproductiva, como parte del desarrollo integral de la personalidad, de la formación en valores, con base en la dignidad de la persona, y con un enfoque interseccional, que contribuya a:

a) La promoción de una visión de la sexualidad en términos de igualdad y corresponsabilidad, y diversidad, desde la óptica del placer, el deseo, la libertad y el respeto, con especial atención a la prevención de la violencia de género y la violencia sexual.

b) El reconocimiento de la diversidad sexual.

c) El desarrollo armónico de la sexualidad en cada etapa del ciclo vital, con especial atención a la adolescencia y juventud.

d) La prevención de enfermedades e infecciones de transmisión sexual, especialmente del VIH y del VPH, visibilizando la realidad de las personas VIH+/SIDA, desde el surgimiento del VIH hasta la actualidad, haciendo hincapié en sus necesidades y propuestas para superar la discriminación y olvido en el que viven.

e) La prevención de embarazos no deseados.

2. La educación afectivo-sexual, en todas sus dimensiones, forma parte del currículo durante toda la educación obligatoria, y será impartida por personal que habrá recibido la formación adecuada para ello, en consonancia con la Ley Orgánica 3/2020, de 29 de diciembre, por la que se modifica la Ley Orgánica 2/2006, de 3 mayo, de Educación.

[1392] Dada nueva redacción por art. único apartado 8 de Ley Orgánica 1/2023 de 28 de febrero de 2023, con vigencia desde 02/03/2023

[1393] Dada nueva redacción por art. único apartado 8 de Ley Orgánica 1/2023 de 28 de febrero de 2023, con vigencia desde 02/03/2023

10. *Apoyo a la comunidad educativa.* [1394] Las administraciones públicas, en el ámbito de sus respectivas competencias, apoyarán a la comunidad educativa en la realización de actividades formativas complementarias relacionadas con la educación sexual, la prevención de infecciones de transmisión sexual y embarazos no deseados, facilitando información adecuada al profesorado, madres, padres y tutores de personas menores o personas con discapacidad.

10 bis. *Educación para la prevención de las violencias sexuales.* [1395] Las administraciones educativas, en el ámbito de sus competencias incluirán, en los términos establecidos en la Ley Orgánica 3/2020, de 29 de diciembre, y en las disposiciones que la desarrollan y establecen los currículos de las diferentes etapas educativas, la educación afectivo-sexual, la igualdad entre mujeres y hombres y la educación en derechos humanos, como medidas dirigidas a la garantía de la libertad sexual y a la prevención de las violencias sexuales, incluida la que puede producirse en el ámbito digital. Estas medidas serán incluidas, asimismo, con el alcance que corresponda, en las ofertas formativas de Formación Profesional previstas en la Ley Orgánica 3/2022, de 31 de marzo.

10 ter. *Medidas en el ámbito de la educación menstrual.* [1396] Las administraciones educativas, en el ámbito de sus competencias, garantizarán, en el marco de la educación afectivo-sexual, que el sistema educativo establece en los currículos de las diferentes etapas educativas, el abordaje integral de la salud durante la menstruación con perspectiva de género, interseccional y de derechos humanos en el ámbito de la educación, tanto formal como no formal, con especial atención a la eliminación de los mitos, prejuicios y estereotipos de género que generan el estigma menstrual.

[1394] Dada nueva redacción por art. único apartado 8 de Ley Orgánica 1/2023 de 28 de febrero de 2023, con vigencia desde 02/03/2023

[1395] Añadido por art. único apartado 8 de Ley Orgánica 1/2023 de 28 de febrero de 2023, con vigencia desde 02/03/2023

[1396] Añadido por art. único apartado 8 de Ley Orgánica 1/2023 de 28 de febrero de 2023, con vigencia desde 02/03/2023

10 quater. *Medidas en el ámbito de la educación no formal.* [1397] Las administraciones públicas, en el ámbito de sus competencias, impulsarán, en el ámbito de la educación no formal, programas públicos de educación sexual y reproductiva dirigidos a personas adultas y adecuados a sus condiciones, necesidades e intereses diversos, con especial énfasis en las franjas etarias en las que se producen los procesos de climaterio y menopausia.

10 quinquies. *Campañas institucionales de prevención e información.* [1398] 1. Con el fin de promover los derechos sexuales y reproductivos, las administraciones públicas, en el marco de sus respectivas competencias, impulsarán campañas de concienciación dirigidas a toda la población, que promuevan los derechos previstos en esta ley orgánica, lo que incluye la corresponsabilidad en el ámbito de la anticoncepción, la eliminación de los estereotipos de género en el ámbito de las relaciones sexuales, la promoción de los derechos reproductivos con especial énfasis en la interrupción voluntaria del embarazo, el embarazo, parto y puerperio y la promoción de la salud durante la menstruación en las diferentes etapas de la vida y de la salud durante la menopausia y después de esta.

Asimismo, se realizarán campañas de prevención de conductas como la transmisión negligente o intencionada de infecciones de transmisión sexual o la retirada del preservativo sin consentimiento. También se impulsarán campañas que desmitifiquen todas las formas de violencia en el ámbito reproductivo contenidas en la presente ley, como la gestación por sustitución.

Las administraciones públicas, en el ámbito de sus competencias, promoverán la difusión en medios de comunicación social, publicidad, internet, redes sociales y empresas de la tecnología de la información y comunicación de contenidos que promuevan la concienciación, conocimiento y diagnóstico precoz de las enfermedades de la salud sexual y reproductiva.

2. Las administraciones públicas impulsarán campañas periódicas de información y prevención de las infecciones de transmisión sexual.

[1397] Añadido por art. único apartado 8 de Ley Orgánica 1/2023 de 28 de febrero de 2023, con vigencia desde 02/03/2023

[1398] Añadido por art. único apartado 8 de Ley Orgánica 1/2023 de 28 de febrero de 2023, con vigencia desde 02/03/2023

3. Las campañas se realizarán de manera que sean accesibles, tomando en consideración circunstancias, tales como la edad, la discapacidad, o el idioma. Para ello, tendrán especial divulgación en los medios de comunicación de titularidad pública y en los centros educativos y de formación, sociales, sanitarios, culturales y deportivos.

10 sexies. *Formación en los ámbitos de las ciencias jurídicas, las ciencias de la educación y las ciencias sociales.* [1399] Las administraciones educativas, en el ámbito de sus competencias, promoverán la incorporación de contenidos de calidad, adaptados y suficientes sobre salud, derechos sexuales y reproductivos en las titulaciones relacionadas con las ciencias jurídicas, las ciencias de la educación y las ciencias sociales. Asimismo, dichos contenidos se incorporarán a los temarios de oposiciones vinculados al acceso a los cuerpos y escalas de las administraciones públicas relacionadas con los ámbitos de las ciencias de la educación, las ciencias jurídicas y las ciencias sociales.

CAPÍTULO IV
MEDIDAS PARA LA APLICACIÓN EFECTIVA DE LA LEY [1400]

11. *Elaboración de la Estrategia Estatal de Salud Sexual y Reproductiva.* [1401] 1. Para el cumplimiento de los objetivos previstos en esta ley orgánica, el Consejo Interterritorial del Sistema Nacional de Salud aprobará la Estrategia Estatal de Salud Sexual y Reproductiva, que contará con la colaboración de las sociedades científicas y profesionales y las organizaciones sociales, así como con el informe favorable de la Conferencia Sectorial de Igualdad.

Corresponde al Ministerio de Sanidad su planificación, coordinación, desarrollo y evaluación, garantizándose la participación de los departamentos ministeriales cuyas actuaciones incidan especialmente

---

[1399] Añadido por art. único apartado 8 de Ley Orgánica 1/2023 de 28 de febrero de 2023, con vigencia desde 02/03/2023

[1400] Dada nueva redacción por art. único apartado 9 de Ley Orgánica 1/2023 de 28 de febrero de 2023, con vigencia desde 02/03/2023

[1401] Dada nueva redacción por art. único apartado 9 de Ley Orgánica 1/2023 de 28 de febrero de 2023, con vigencia desde 02/03/2023

en materia de salud sexual y reproductiva, y en particular del Ministerio de Igualdad; de las comunidades autónomas y ciudades con estatuto de autonomía; así como de las organizaciones representativas de los intereses sociales afectados.

2. La Estrategia se elaborará con criterios de calidad y equidad en el Sistema Nacional de Salud, con énfasis en la salud sexual y la salud reproductiva, y estará integrada por medidas en el ámbito de la educación, la formación y la investigación, la interrupción voluntaria del embarazo y las violencias contra las mujeres en estos ámbitos.

3. En el marco de la Estrategia se desarrollará un plan operativo que aborde de manera específica el diagnóstico precoz, el diagnóstico y el tratamiento y abordaje integral, con perspectiva de género, de las patologías relacionadas con la salud sexual y reproductiva de las mujeres.

4. La Estrategia establecerá mecanismos de evaluación internos y externos de la consecución de sus objetivos. La evaluación interna será bienal y realizada por una Comisión destinada expresamente a estas tareas de evaluación, formada por representantes del Comité Técnico y del Comité Institucional de la Estrategia Estatal de Salud Sexual y Reproductiva.

La evaluación externa, que también será bienal, se realizará a cargo de una Comisión diferente a los Comités Técnico e Institucional de la Estrategia o sus representantes designados para la evaluación interna, debiendo garantizar, en cualquier caso, la inclusión de la perspectiva de género en su metodología evaluativa.

Tanto en la Comisión de evaluación externa, como en ambos Comités de la Estrategia, se garantizará la representación de la institución responsable de la propuesta y ejecución de la política del Gobierno en materia de igualdad.

5. En el marco de la Estrategia, se desarrollará un plan operativo sobre la atención sanitaria al parto normal que aborde de manera específica el impulso de los objetivos, recomendaciones y estándares propuestos contenidos en dicha Estrategia.

11 bis. *Investigación, recopilación y producción de datos.* [1402]
1. La investigación en materia de salud, derechos sexuales y reproductivos se garantizará a través de políticas públicas con enfoque de género e interseccional que permitan obtener la mejor, más amplia y actualizada información científica respecto de la salud sexual, la salud reproductiva, la salud durante la menstruación y la salud durante la menopausia y el climaterio en cada etapa correspondiente del ciclo vital.

2. Las administraciones públicas llevarán a cabo y apoyarán la realización de estudios, encuestas y trabajos de investigación sobre las temáticas reguladas por esta ley orgánica, así como aquellos otros que, integrando la perspectiva de género e interseccional, las tengan en cuenta, a fin de obtener y producir el mejor y más actualizado conocimiento que sea posible en el ámbito de la salud, los derechos sexuales y reproductivos. Se promoverá la recogida de datos y la elaboración de estudios sobre las infecciones de transmisión sexual, con la finalidad de analizar su prevalencia y guiar las medidas para su prevención y tratamiento. Asimismo, se promoverán los estudios sobre la crisis de reproducción y sus impactos sociales.

3. Se promoverá y garantizará la investigación que permita obtener la mejor, más amplia y actualizada información acerca de la menstruación y la salud durante la menstruación en las diferentes fases del ciclo vital de las mujeres, con un enfoque relativo a la prevención, diagnóstico y tratamiento de patologías que afectan al ciclo menstrual y los efectos que sobre este producen los distintos fármacos.

4. En la elaboración de las políticas públicas y en la realización de estudios, encuestas y trabajos de investigación se dará cumplimiento a la normativa vigente en materia de protección de datos de carácter personal.

5. Los objetivos de la investigación serán buscar soluciones a problemas específicos, explicar fenómenos y realidades, elaborar recomendaciones y propuestas de acción, desarrollar teorías, ampliar conocimientos, establecer principios y reformular planteamientos en relación con la promoción, protección y respeto de los derechos consagrados en esta ley orgánica.

[1402] Añadido por art. único apartado 9 de Ley Orgánica 1/2023 de 28 de febrero de 2023, con vigencia desde 02/03/2023

TÍTULO II
DE LA INTERRUPCIÓN VOLUNTARIA DEL EMBARAZO

CAPÍTULO PRIMERO
CONDICIONES DE LA INTERRUPCIÓN VOLUNTARIA DEL EMBARAZO

12. *Garantía de acceso a la interrupción voluntaria del embarazo.* Se garantiza el acceso a la interrupción voluntaria del embarazo en las condiciones que se determinan en esta Ley. Estas condiciones se interpretarán en el modo más favorable para la protección y eficacia de los derechos fundamentales de la mujer que solicita la intervención, en particular, su derecho al libre desarrollo de la personalidad, a la vida, a la integridad física y moral, a la intimidad, a la libertad ideológica y a la no discriminación.

13. *Requisitos comunes.* [1403] Son requisitos necesarios de la interrupción voluntaria del embarazo:

a) Que se practique por un médico especialista, preferiblemente en obstetricia y ginecología o bajo su dirección.

b) Que se lleve a cabo en centro sanitario público o en un centro privado acreditado.

c) Que se realice con el consentimiento expreso informado y por escrito de la mujer embarazada o, en su caso, del representante legal, de conformidad con lo establecido en la Ley 41/2002, de 14 de noviembre, básica reguladora de la autonomía del paciente y de derechos y obligaciones en materia de información y documentación clínica.

Podrá prescindirse del consentimiento expreso en el supuesto previsto en el artículo 9.2.b) de la referida ley. En el supuesto de mujeres con medidas de apoyo para el ejercicio de su capacidad jurídica se atenderá a lo dispuesto en el artículo 9.7 de la misma ley.

[1403] Dada nueva redacción por art. único apartado 10 de Ley Orgánica 1/2023 de 28 de febrero de 2023, con vigencia desde 02/03/2023

13 bis. *Edad.* [1404] 1. Las mujeres podrán interrumpir voluntariamente su embarazo a partir de los 16 años, sin necesidad del consentimiento de sus representantes legales.

2. En el caso de las menores de 16 años, será de aplicación el régimen previsto en el artículo 9.3.c) de la Ley 41/2002, de 14 de noviembre.

En el supuesto de las menores de 16 años embarazadas en situación de desamparo que, en aplicación del artículo 9.3.c) de la Ley 41/2002, de 14 de noviembre, requieran consentimiento por representación, éste podrá darse por parte de la Entidad Pública que haya asumido la tutela en virtud del artículo 172.1 del Código Civil.

En el supuesto de las menores de 16 años embarazadas en situación de desamparo cuya tutela no haya sido aún asumida por la Entidad Pública a la que, en el respectivo territorio, esté encomendada la protección de los menores, que, en aplicación del artículo el artículo 9.3.c) de la Ley 41/2002, de 14 de noviembre, requieran consentimiento por representación, será de aplicación lo previsto en el artículo 172.4 del Código Civil, pudiendo la Entidad Pública que asuma la guarda provisional dar el consentimiento por representación para la interrupción voluntaria del embarazo, a fin de salvaguardar el derecho de la menor a la misma.

En caso de discrepancia entre la menor y los llamados a prestar el consentimiento por representación, los conflictos se resolverán conforme a lo dispuesto en la legislación civil por la autoridad judicial, debiendo nombrar a la menor un defensor judicial en el seno del procedimiento y con intervención del Ministerio Fiscal. El procedimiento tendrá carácter urgente en atención a lo dispuesto en el artículo 19.6 de esta ley orgánica.

14. *Interrupción del embarazo dentro de las primeras catorce semanas de gestación.* [1405] Podrá interrumpirse el embarazo dentro de las primeras catorce semanas de gestación a petición de la mujer embarazada.

[1404] Añadido por art. único apartado 11 de Ley Orgánica 1/2023 de 28 de febrero de 2023, con vigencia desde 02/03/2023

[1405] Dada nueva redacción por art. único apartado 12 de Ley Orgánica 1/2023 de 28 de febrero de 2023, con vigencia desde 02/03/2023

15. *Interrupción por causas médicas.* Excepcionalmente, podrá interrumpirse el embarazo por causas médicas cuando concurra alguna de las circunstancias siguientes:

a) Que no se superen las veintidós semanas de gestación y siempre que exista grave riesgo para la vida o la salud de la embarazada y así conste en un dictamen emitido con anterioridad a la intervención por un médico o médica especialista distinto del que la practique o dirija. En caso de urgencia por riesgo vital para la gestante podrá prescindirse del dictamen.

b) Que no se superen las veintidós semanas de gestación y siempre que exista riesgo de graves anomalías en el feto y así conste en un dictamen emitido con anterioridad a la intervención por dos médicos especialistas distintos del que la practique o dirija.

c) Cuando se detecten anomalías fetales incompatibles con la vida y así conste en un dictamen emitido con anterioridad por un médico o médica especialista, distinto del que practique la intervención, o cuando se detecte en el feto una enfermedad extremadamente grave e incurable en el momento del diagnóstico y así lo confirme un comité clínico.

16. *Comité clínico.* [1406] 1. El Comité clínico al que se refiere el artículo anterior estará formado por un equipo pluridisciplinar integrado por dos integrantes del personal médico especialistas en ginecología y obstetricia o expertos en diagnóstico prenatal y un pediatra. La mujer podrá elegir uno de estos especialistas. Ninguno de los miembros del Comité podrá formar parte del Registro de objetores de la interrupción voluntaria del embarazo ni haber formado parte en los últimos tres años.

2. Confirmado el diagnóstico por el Comité, la mujer decidirá sobre la intervención.

3. En cada Comunidad Autónoma habrá, al menos, un Comité clínico en un centro de la red sanitaria pública. Los miembros, titulares y suplentes, designados por las autoridades sanitarias competentes, lo serán por un plazo no inferior a un año. La designación deberá hacerse pública en los diarios oficiales de las respectivas comunidades autónomas.

[1406] Dada nueva redacción por art. único apartado 13 de Ley Orgánica 1/2023 de 28 de febrero de 2023, con vigencia desde 02/03/2023

4. Las especificidades del funcionamiento del Comité clínico se determinarán reglamentariamente [1407] .

17. *Información vinculada a la interrupción voluntaria del embarazo.* [1408] 1. Todas las mujeres que manifiesten su intención de someterse a una interrupción voluntaria del embarazo recibirán información del personal sanitario sobre los distintos métodos de interrupción del embarazo, quirúrgico y farmacológico, las condiciones para la interrupción previstas en esta ley orgánica, los centros públicos y acreditados a los que se podrán dirigir y los trámites para acceder a la prestación, así como las condiciones para su cobertura por el servicio público de salud correspondiente.

En el caso de procederse a la interrupción voluntaria del embarazo después de las catorce semanas de gestación por causas médicas, deberá facilitarse toda la información sobre los distintos procedimientos posibles para permitir que la mujer escoja la opción más adecuada para su caso.

2. En los casos en que las mujeres así lo requieran, y nunca como requisito para acceder a la prestación del servicio, podrán recibir información sobre una o varias de las siguientes cuestiones:

a) Datos sobre los centros disponibles para recibir información adecuada sobre anticoncepción y sexo seguro.

b) Datos sobre los centros que ofrecen asesoramiento antes y después de la interrupción del embarazo.

c) Las ayudas públicas disponibles para las mujeres embarazadas y la cobertura sanitaria durante el embarazo y el parto.

d) Los derechos laborales vinculados al embarazo y a la maternidad; las prestaciones y ayudas públicas para el cuidado y atención de los hijos; los beneficios fiscales y demás información relevante sobre incentivos y ayudas al nacimiento.

La elaboración, contenidos y formato de esta información será determinada reglamentariamente por el Gobierno, prestando especial

---

[1407] Véase el Cap. I del RD 825/2010 de 25 junio

[1408] Dada nueva redacción por art. único apartado 14 de Ley Orgánica 1/2023 de 28 de febrero de 2023, con vigencia desde 02/03/2023

atención a las necesidades surgidas de las situaciones de extranjería [1409] .

3. En el supuesto de interrupción del embarazo previsto en el artículo 15.b), la mujer que así lo requiera expresamente, si bien nunca como requisito para acceder a la prestación del servicio, podrá recibir información sobre los derechos, prestaciones y ayudas públicas existentes relativas al apoyo a la autonomía de las personas con alguna discapacidad, así como la red de organizaciones sociales de asistencia social a estas personas.

4. En todos los supuestos, y con carácter previo a la prestación del consentimiento, se habrá de informar a la mujer embarazada en los términos de los artículos 4 y 10 de la Ley 41/2002, de 14 de noviembre, básica reguladora de la autonomía del paciente y de derechos y obligaciones en materia de información y documentación clínica y específicamente sobre la naturaleza de cada intervención, sus riesgos y sus consecuencias.

5. La información prevista en este artículo será clara, objetiva y comprensible. En el caso de las personas con discapacidad, se proporcionará en formatos y medios accesibles, adecuados a sus necesidades y las mujeres extranjeras que no hablen castellano serán asistidas por intérprete. En aquellas comunidades autónomas en las que haya lenguas oficiales, esta atención será dispensada en cualquiera de ellas, si así lo solicitare la mujer.

Se hará saber a la mujer embarazada que dicha información podrá ser ofrecida, además, verbalmente, siempre que así se solicite. Cuando la información sea ofrecida de forma verbal, se circunscribirá siempre a los contenidos desarrollados reglamentariamente por el Gobierno.

CAPÍTULO II
GARANTÍAS EN EL ACCESO A LA PRESTACIÓN

18. *Garantía del acceso a la prestación.* [1410] Las usuarias del Sistema Nacional de Salud tendrán acceso a la interrupción voluntaria del

---

[1409] Véanse los arts. 4 a 7 del RD 825/2010 de 25 junio

[1410] Dada nueva redacción por art. único apartado 15 de Ley Orgánica 1/2023 de 28 de febrero de 2023, con vigencia desde 02/03/2023

embarazo en condiciones de igualdad efectiva. Las administraciones sanitarias que no puedan ofrecer dicho procedimiento en su ámbito geográfico remitirán a las usuarias al centro o servicio autorizado para este procedimiento, en las mejores condiciones de proximidad de su domicilio, garantizando la accesibilidad y calidad de la intervención y la seguridad de las usuarias.

18 bis. *Medidas para garantizar la información sobre la prestación.* [1411] Los poderes públicos ofrecerán información pública sobre el proceso, normativa y condiciones para interrumpir voluntariamente un embarazo, garantizando:

a) La accesibilidad a un itinerario sencillo y comprensible que tenga en cuenta las diferentes edades, condiciones socioeconómicas, de idioma y de discapacidad de las usuarias.

b) El posicionamiento en internet de la información sobre centros públicos que prestan el servicio de interrupción voluntaria del embarazo, con particular atención a la función del Registro General de centros, servicios y establecimientos sanitarios (REGCESS).

c) La creación de una línea telefónica especializada en información sobre salud y derechos sexuales y reproductivos, que preste información sobre el derecho a la interrupción del embarazo y el itinerario de la prestación en los servicios públicos.

19. *Medidas para garantizar la prestación sanitaria pública.* [1412] 1. Con el fin de asegurar la igualdad y calidad asistencial de la prestación de interrupción voluntaria del embarazo, las administraciones sanitarias competentes garantizarán los contenidos básicos de esta prestación que el Gobierno determine, oído el Consejo Interterritorial de Salud. Se garantizará a todas las mujeres igual acceso a la prestación con independencia del lugar donde residan.

2. La prestación sanitaria de la interrupción voluntaria del embarazo se realizará en centros de la red sanitaria pública o vinculados a la misma, según lo establecido en el artículo 18. Los centros sanitarios

---

[1411] Añadido por art. único apartado 16 de Ley Orgánica 1/2023 de 28 de febrero de 2023, con vigencia desde 02/03/2023

[1412] Dada nueva redacción por art. único apartado 17 de Ley Orgánica 1/2023 de 28 de febrero de 2023, con vigencia desde 02/03/2023

en los que se lleve a cabo esta prestación proporcionarán el método quirúrgico y farmacológico, de acuerdo a los requisitos sanitarios de cada uno de los métodos.

3. Los poderes públicos garantizarán, de acuerdo con un reparto geográfico adecuado, accesible y en número suficiente, lo previsto en el artículo 18, en consonancia con lo previsto en el artículo 19 bis.

4. La usuaria del Sistema Nacional de Salud podrá recurrir en vía jurisdiccional, mediante el procedimiento para la protección de los derechos fundamentales de la persona regulado en la Ley 29/1998, de 13 de julio, reguladora de la Jurisdicción Contencioso-administrativa, en el caso de que el Comité clínico no confirmase el diagnóstico a que alude la letra c) del artículo 15 y la usuaria considerase que concurren los motivos expresados en el referido apartado.

5. Si, excepcionalmente, la administración pública sanitaria no pudiera facilitar en tiempo la prestación, las autoridades sanitarias reconocerán a la mujer embarazada el derecho a acudir a cualquier centro acreditado en el territorio nacional, con el compromiso escrito de asumir directamente el abono de la prestación. En este supuesto, las autoridades competentes de las comunidades autónomas o del Estado asumirán también los gastos devengados por la mujer, hasta el límite que éstas determinen.

6. Por su especial sujeción a plazos, la interrupción voluntaria del embarazo será considerada siempre un procedimiento sanitario de urgencia.

19 bis. *Objeción de conciencia.* [1413] 1. Las personas profesionales sanitarias directamente implicadas en la práctica de la interrupción voluntaria del embarazo podrán ejercer la objeción de conciencia, sin que el ejercicio de este derecho individual pueda menoscabar el derecho humano a la vida, la salud y la libertad de las mujeres que decidan interrumpir su embarazo.

El rechazo o la negativa a realizar la intervención de interrupción del embarazo por razones de conciencia es una decisión siempre individual del personal sanitario directamente implicado en la realización de la interrupción voluntaria del embarazo, que debe manifestarse con antelación y por escrito.

[1413] Añadido por art. único apartado 18 de Ley Orgánica 1/2023 de 28 de febrero de 2023, con vigencia desde 02/03/2023

La persona objetora podrá revocar la declaración de objeción en todo momento por los mismos medios por los que la otorgó.

2. El acceso o la calidad asistencial de la prestación no se verán afectados por el ejercicio individual del derecho a la objeción de conciencia. A estos efectos, los servicios públicos se organizarán siempre de forma que se garantice el personal sanitario necesario para el acceso efectivo y oportuno a la interrupción voluntaria del embarazo. Asimismo, todo el personal sanitario dispensará siempre tratamiento y atención médica adecuados a las mujeres que lo precisen antes y después de haberse sometido a una interrupción del embarazo.

19 ter. *Registros de personas objetoras de conciencia.* [1414] 1. A efectos organizativos y para una adecuada gestión de la prestación se creará en cada comunidad autónoma y en el Instituto Nacional de Gestión Sanitaria (INGESA) un registro de personas profesionales sanitarias que decidan objetar por motivos de conciencia respecto de la intervención directa en la práctica de la interrupción voluntaria del embarazo.

2. Quienes se declaren personas objetoras de conciencia lo serán a los efectos de la práctica directa de la prestación de interrupción voluntaria del embarazo tanto en el ámbito de la sanidad pública como de la privada.

3. En el seno del Consejo Interterritorial del Sistema Nacional de Salud, se acordará un protocolo específico que incluya las condiciones mínimas para garantizar el cumplimiento de los objetivos perseguidos con la creación de este Registro, junto a la salvaguarda de la protección de datos de carácter personal, conforme a lo previsto en la disposición adicional cuarta.

4. Se adoptarán las medidas organizativas necesarias para garantizar la no discriminación tanto de las personas profesionales sanitarias no objetoras, evitando que se vean relegadas en exclusiva a la práctica de la interrupción voluntaria del embarazo, como de las personas objetoras para evitar que sufran cualquier discriminación derivada de la objeción.

[1414] Añadido por art. único apartado 19 de Ley Orgánica 1/2023 de 28 de febrero de 2023, con vigencia desde 02/03/2023

20. *Protección del derecho a la intimidad, a la confidencialidad y a la protección de datos.* [1415] 1. Los centros públicos y privados que presten cualquier tipo de asistencia sanitaria en relación con la salud sexual y reproductiva, y, en particular, la interrupción voluntaria del embarazo, garantizarán el derecho a la intimidad y a la confidencialidad de las pacientes en el tratamiento de sus datos de carácter personal.

2. De manera general, el tratamiento de datos de carácter personal y sanitario, así como el ejercicio de los derechos de la paciente, se ajustarán a lo dispuesto en el Reglamento (UE) 2016/679 del Parlamento Europeo y del Consejo, de 27 de abril de 2016; a la Ley Orgánica 3/2018, de 5 de diciembre, de Protección de Datos Personales y garantía de los derechos digitales, y a la Ley 41/2002, de 14 de noviembre.

3. Los centros prestadores del servicio deberán contar con sistemas de custodia activa y diligente de las historias clínicas de las pacientes e implantar en el tratamiento de los datos las medidas técnicas y organizativas apropiadas para garantizar un nivel de seguridad adecuado al riesgo conforme a la normativa vigente de protección de datos de carácter personal.

21. *Tratamiento de datos.* 1. En el momento de la solicitud de información sobre la interrupción voluntaria del embarazo, los centros, sin proceder al tratamiento de dato alguno, habrán de informar a la solicitante que los datos identificativos de las pacientes a las que efectivamente se les realice la prestación serán objeto de codificación y separados de los datos de carácter clínico asistencial relacionados con la interrupción voluntaria del embarazo.

2. Los centros que presten la interrupción voluntaria del embarazo establecerán mecanismos apropiados de automatización y codificación de los datos de identificación de las pacientes atendidas, en los términos previstos en esta Ley.

A los efectos previstos en el párrafo anterior, se considerarán datos identificativos de la paciente su nombre, apellidos, domicilio, número de teléfono, dirección de correo electrónico, documento nacional de identidad o documento identificativo equivalente, así como cualquier dato que revele su identidad física o genética.

[1415] Dada nueva redacción por art. único apartado 20 de Ley Orgánica 1/2023 de 28 de febrero de 2023, con vigencia desde 02/03/2023

3. En el momento de la primera recogida de datos de la paciente, se le asignará un código que será utilizado para identificarla en todo el proceso.

4. Los centros sustituirán los datos identificativos de la paciente por el código asignado en cualquier información contenida en la historia clínica que guarde relación con la práctica de la interrupción voluntaria del embarazo, de forma que no pueda producirse con carácter general, el acceso a dicha información.

5. Las informaciones relacionadas con la interrupción voluntaria del embarazo deberán ser conservadas en la historia clínica de tal forma que su mera visualización no sea posible salvo por el personal que participe en la práctica de la prestación, sin perjuicio de los accesos a los que se refiere el artículo siguiente.

22. *Acceso y cesión de datos de carácter personal.* 1. Únicamente será posible el acceso a los datos de la historia clínica asociados a los que identifican a la paciente, sin su consentimiento, en los casos previstos en las disposiciones legales reguladoras de los derechos y obligaciones en materia de documentación clínica.

Cuando el acceso fuera solicitado por otro profesional sanitario a fin de prestar la adecuada asistencia sanitaria de la paciente, aquél se limitará a los datos estricta y exclusivamente necesarios para la adecuada asistencia, quedando constancia de la realización del acceso.

En los demás supuestos amparados por la ley, el acceso se realizará mediante autorización expresa del órgano competente en la que se motivarán de forma detallada las causas que la justifican, quedando en todo caso limitado a los datos estricta y exclusivamente necesarios.

2. El informe de alta, las certificaciones médicas y cualquier otra documentación relacionada con la práctica de la interrupción voluntaria del embarazo que sea necesaria a cualquier efecto, será entregada exclusivamente a la paciente o persona autorizada por ella. Esta documentación respetará el derecho de la paciente a la intimidad y confidencialidad en el tratamiento de los datos de carácter personal recogido en este Capítulo.

3. No será posible el tratamiento de la información por el centro sanitario para actividades de publicidad o prospección comercial. No podrá recabarse el consentimiento de la paciente para el tratamiento de los datos para estas actividades.

23. *Supresión de datos.* [1416] 1. Los centros que hayan procedido a una interrupción voluntaria de embarazo deberán suprimir de oficio la totalidad de los datos de la paciente que consten en sus registros administrativos una vez transcurridos cinco años desde la fecha de alta de la intervención. No obstante, la documentación clínica podrá conservarse cuando existan razones epidemiológicas, de investigación o de organización y funcionamiento del Sistema Nacional de Salud, en cuyo caso se procederá a la supresión de todos los datos identificativos de la paciente y del código que se le hubiera asignado como consecuencia de lo dispuesto en los artículos anteriores.

2. Lo dispuesto en el apartado anterior se entenderá sin perjuicio del ejercicio por la paciente de su derecho de supresión, en los términos previstos en el Reglamento General de Protección de Datos y la Ley Orgánica 3/2018, de 5 de diciembre.

TÍTULO III
PROTECCIÓN Y GARANTÍA DE LOS DERECHOS SEXUALES Y REPRODUCTIVOS [1417]

CAPÍTULO PRIMERO
ALCANCE DE LA RESPONSABILIDAD INSTITUCIONAL [1418]

24. *Responsabilidad institucional.* [1419] 1. Las administraciones públicas se abstendrán de realizar cualquier acto que vulnere los derechos sexuales y reproductivos establecidos en esta ley orgánica y se asegurarán de que autoridades, personal funcionario, agentes e instituciones estatales y autonómicas, así como los demás actores que

[1416] Dada nueva redacción por art. único apartado 21 de Ley Orgánica 1/2023 de 28 de febrero de 2023, con vigencia desde 02/03/2023

[1417] Añadido por art. único apartado 22 de Ley Orgánica 1/2023 de 28 de febrero de 2023, con vigencia desde 02/03/2023

[1418] Añadido por art. único apartado 22 de Ley Orgánica 1/2023 de 28 de febrero de 2023, con vigencia desde 02/03/2023

[1419] Añadido por art. único apartado 22 de Ley Orgánica 1/2023 de 28 de febrero de 2023, con vigencia desde 02/03/2023

actúen en nombre de las anteriores se comporten de acuerdo con esta obligación.

2. Las administraciones públicas competentes garantizarán el libre ejercicio del derecho a la interrupción del embarazo en los términos de esta ley orgánica y, especialmente, velarán por evitar que la solicitante sea destinataria de prácticas que pretendan alterar, ya sea para afianzar, revocar o para demorar, la formación de su voluntad sobre la interrupción o no de su embarazo, la comunicación de su decisión y la puesta en práctica de la misma, con la excepción de la información clínica imprescindible y pertinente. Las intervenciones diagnósticas y terapéuticas asociadas con la decisión y la práctica de la interrupción del embarazo deberán basarse, en todo caso, en la evidencia científica.

3. Las administraciones públicas, en el ámbito de sus competencias, tomarán las medidas integrales y eficaces para prevenir, proteger, investigar, sancionar, erradicar y reparar las vulneraciones de los derechos sexuales y reproductivos de las mujeres.

25. *Sensibilización e información.* [1420] 1. Las administraciones públicas, en el ámbito de sus competencias, promoverán la adopción de campañas y acciones informativas, accesibles a todas las mujeres tomando en cuenta su situación, que incluyan información sobre sus derechos, y los recursos disponibles en caso de ver vulnerados sus derechos sexuales y reproductivos.

2. Las campañas se realizarán de manera que sean accesibles al conjunto de la población, tomando en consideración circunstancias tales como la edad, la discapacidad, el idioma, la ruralidad o la eventual residencia en el extranjero de nacionales españolas.

3. Sin perjuicio de lo previsto en otras normas, las administraciones públicas competentes, en todos los centros sanitarios, incluidos los servicios previstos en el artículo 5 sexies, pondrán en marcha medidas de información y asistencia a quienes vean vulnerados sus derechos sexuales y reproductivos, lo que comprenderá la orientación para el resarcimiento integral de los daños y perjuicios. Las mujeres atendidas deberán ser informadas de la existencia de estos servicios de asistencia.

[1420] Añadido por art. único apartado 22 de Ley Orgánica 1/2023 de 28 de febrero de 2023, con vigencia desde 02/03/2023

26. *Apoyo a entidades sociales especializadas.* [1421] Las administraciones públicas apoyarán el trabajo de las instituciones sin ánimo de lucro con programas de promoción y difusión de buenas prácticas en el ámbito de la salud ginecológica y obstétrica, así como aquellas que proporcionan acompañamiento y asistencia integral ante vulneraciones de derechos en el ámbito de la salud sexual y reproductiva. Quedarán excluidas de este artículo aquellas organizaciones contrarias al derecho recogido en la presente ley de interrupción voluntaria del embarazo.

CAPÍTULO II
PROTECCIÓN Y GARANTÍA DE LOS DERECHOS SEXUALES
Y REPRODUCTIVOS EN EL ÁMBITO GINECOLÓGICO Y
OBSTÉTRICO [1422]

27. *Principios.* [1423] Las administraciones públicas competentes promoverán la prestación de servicios de ginecología y obstetricia que respete y garantice los derechos sexuales y reproductivos, tanto en el ámbito de la sanidad pública como en la privada. A tal fin, los servicios públicos destinarán esfuerzos especiales a:

a) Requerir de forma preceptiva el consentimiento libre, previo e informado de las mujeres en todos los tratamientos invasivos durante la atención del parto, respetando la autonomía de la mujer y su capacidad para tomar decisiones informadas sobre su salud reproductiva, en los términos establecidos en el artículo 8 de la Ley 41/2002, de 14 de noviembre, básica reguladora de la autonomía del paciente y de derechos y obligaciones en materia de información y documentación clínica.

b) Disminuir el intervencionismo, evitando prácticas innecesarias e inadecuadas que no estén avaladas por la evidencia científica y reforzar las prácticas relativas al parto respetado y al consentimiento informa-

---

[1421] Añadido por art. único apartado 22 de Ley Orgánica 1/2023 de 28 de febrero de 2023, con vigencia desde 02/03/2023

[1422] Añadido por art. único apartado 22 de Ley Orgánica 1/2023 de 28 de febrero de 2023, con vigencia desde 02/03/2023

[1423] Añadido por art. único apartado 22 de Ley Orgánica 1/2023 de 28 de febrero de 2023, con vigencia desde 02/03/2023

do de la paciente incluyendo a tal fin todas las medidas necesarias para incrementar el número de personal especializado.

c) Proporcionar un trato respetuoso, y una información clara y suficiente, lo que incluye el respeto a la decisión sobre la forma de alimentación elegida por las madres para sus recién nacidos.

d) Garantizar la no separación innecesaria de los recién nacidos de sus madres, y otras personas con vínculo directo con estas.

28. *Investigación y recogida de datos.* [1424] 1. Las administraciones sanitarias, en el ámbito de sus competencias, promoverán la realización de estudios sobre prácticas en el ámbito ginecológico y obstétrico contrarias a los principios establecidos en el artículo anterior y en las recomendaciones nacionales e internacionales sobre el parto respetado, que permitan evaluar y orientar las políticas públicas para su prevención y erradicación.

2. A los efectos de lo establecido en el apartado anterior, y para analizar la evolución de las citadas políticas públicas y promover buenas prácticas, las administraciones públicas competentes realizarán una recogida de datos periódica, a partir de la información proporcionada por los centros sanitarios.

29. *Prevención y formación.* [1425] Las administraciones sanitarias, en el seno del Consejo Interterritorial del Sistema Nacional de Salud, seguirán promoviendo la adecuada formación del personal de los servicios de ginecología y obstetricia, incluido el de enfermería y matronería, para el respeto y la garantía de los derechos de las mujeres, adecuando su práctica profesional a lo dispuesto en el artículo 30.

30. *Políticas públicas y protocolos.* [1426] 1. En la Estrategia de Salud Sexual y Reproductiva se contemplará un apartado de prevención, detección e intervención integral para la garantía de los derechos sexuales y reproductivos en el ámbito ginecológico y obstétrico.

[1424] Añadido por art. único apartado 22 de Ley Orgánica 1/2023 de 28 de febrero de 2023, con vigencia desde 02/03/2023

[1425] Añadido por art. único apartado 22 de Ley Orgánica 1/2023 de 28 de febrero de 2023, con vigencia desde 02/03/2023

[1426] Añadido por art. único apartado 22 de Ley Orgánica 1/2023 de 28 de febrero de 2023, con vigencia desde 02/03/2023

2. El Consejo Interterritorial del Sistema Nacional de Salud, con implicación del Observatorio de Salud de las Mujeres, aprobará un protocolo común de actuaciones para la garantía de los derechos sexuales y reproductivos en el ámbito ginecológico y obstétrico, que contemplará las medidas necesarias para que el sector sanitario contribuya a garantizar los derechos sexuales y reproductivos en este ámbito.

3. Tomando como marco el protocolo común, las comunidades autónomas promoverán que los centros sanitarios adopten protocolos específicos para la prevención de praxis profesionales contrarias a lo establecido en este Capítulo, asesoren a las mujeres sobre sus derechos y habiliten cauces para las reclamaciones que puedan formular quienes hayan sido afectadas por estas conductas.

CAPÍTULO III
MEDIDAS DE PREVENCIÓN Y RESPUESTA FRENTE A FORMAS DE VIOLENCIA CONTRA LAS MUJERES EN EL ÁMBITO DE LA SALUD SEXUAL Y REPRODUCTIVA [1427]

31. *Actuación frente al aborto forzoso y la esterilización y anticoncepción forzosas.* [1428] 1. Los poderes públicos velarán por evitar las actuaciones que permitan los casos de aborto forzoso, anticoncepción y esterilización forzosas, con especial atención a las mujeres con discapacidad.

2. Las administraciones públicas, en el ámbito de sus competencias, promoverán programas de salud sexual y reproductiva dirigidos a mujeres con discapacidad, que incluyan medidas de prevención y detección de las formas de violencia reproductiva referidas en este artículo, para lo cual se procurará la formación específica necesaria para la especialización profesional.

[1427] Añadido por art. único apartado 22 de Ley Orgánica 1/2023 de 28 de febrero de 2023, con vigencia desde 02/03/2023

[1428] Añadido por art. único apartado 22 de Ley Orgánica 1/2023 de 28 de febrero de 2023, con vigencia desde 02/03/2023

32. *Prevención de la gestación por subrogación o sustitución.* [1429]
1. La gestación por subrogación o sustitución es un contrato nulo de pleno derecho, según la Ley 14/2006, de 26 de mayo, sobre técnicas de reproducción humana asistida, por el que se acuerda la gestación, con o sin precio, a cargo de una mujer que renuncia a la filiación materna a favor del contratante o de un tercero.
2. Se promoverá la información, a través de campañas institucionales, de la ilegalidad de estas conductas, así como la nulidad de pleno derecho del contrato por el que se convenga la gestación, con o sin precio, a cargo de una mujer que renuncia a la filiación materna a favor del contratante o de un tercero.

33. *Prohibición de la promoción comercial de la gestación por sustitución.* [1430] En coherencia con lo establecido en el párrafo cuarto del artículo 3.a) de la Ley 34/1988, de 11 de noviembre, General de Publicidad, las administraciones públicas legitimadas conforme al artículo 6 de dicha Ley instarán la acción judicial dirigida a la declaración de ilicitud de la publicidad que promueva las prácticas comerciales para la gestación por sustitución y a su cese.

DISPOSICIONES ADICIONALES

Disposición Adicional Primera . *De las funciones de la Alta Inspección.* [1431] 1. El Estado ejercerá la Alta Inspección como función de garantía y verificación del cumplimiento efectivo de los derechos y prestaciones reconocidas en esta ley orgánica en todo el Sistema Nacional de Salud.
2. Para la formulación de propuestas de mejora en equidad y accesibilidad de las prestaciones y con el fin de verificar la aplicación efectiva de los derechos y prestaciones reconocidas en esta ley orgánica en

---

[1429] Añadido por art. único apartado 22 de Ley Orgánica 1/2023 de 28 de febrero de 2023, con vigencia desde 02/03/2023

[1430] Añadido por art. único apartado 22 de Ley Orgánica 1/2023 de 28 de febrero de 2023, con vigencia desde 02/03/2023

[1431] Dada nueva redacción por art. único apartado 23 de Ley Orgánica 1/2023 de 28 de febrero de 2023, con vigencia desde 02/03/2023

todo el Sistema Nacional de Salud, el Gobierno elaborará un informe anual de situación, sobre la base de los datos presentados por las comunidades autónomas al Consejo Interterritorial del Sistema Nacional de Salud.

3. En la memoria anual sobre el funcionamiento del sistema, regulada en el artículo 78 de la Ley 16/2003, de 28 de mayo, de cohesión y calidad del Sistema Nacional de Salud, y que la Alta Inspección del Sistema Nacional de Salud deberá presentar al Consejo Interterritorial del Sistema Nacional de Salud para su debate, se incluirá un análisis específico sobre la implementación de esta ley orgánica.

4. Para el desarrollo de las funciones de la Alta Inspección, el Gobierno adoptará las disposiciones reglamentarias procedentes en el marco de esta ley orgánica.

Disposición Adicional Segunda . *Evaluación de costes y adopción de medidas.* El Gobierno evaluará el coste económico de los servicios y prestaciones públicas incluidas en la Ley adoptando, en su caso, las medidas necesarias de conformidad a lo dispuesto en la Ley 16/2003, de 28 de mayo, de Cohesión y Calidad del Sistema Nacional de Salud.

Disposición Adicional Tercera . *Dispensación gratuita de métodos anticonceptivos.* [1432] 1. Se garantizará la financiación con cargo a fondos públicos de los anticonceptivos hormonales, incluidos los métodos reversibles de larga duración, sin aportación por parte de la persona usuaria, tal y como se establece en la normativa específica, cuando se dispensen en los centros sanitarios del Sistema Nacional de Salud.

2. Se garantizará la dispensación gratuita de métodos anticonceptivos de urgencia en los centros sanitarios del Sistema Nacional de Salud, así como en los servicios a los que se refiere el artículo 5 sexies, atendiendo a la organización asistencial de los servicios de salud de las comunidades autónomas y entidades gestoras del Sistema Nacional de Salud.

3. Las administraciones públicas, en el ámbito de sus competencias, velarán por hacer efectivo, en el plazo de un año, la dispensación gratuita de métodos anticonceptivos de barrera en los lugares a que se refiere el artículo 7 ter.b).

[1432] Dada nueva redacción por art. único apartado 24 de Ley Orgánica 1/2023 de 28 de febrero de 2023, con vigencia desde 02/03/2023

4. En el mismo plazo, las administraciones públicas, en el ámbito de sus competencias y con la coordinación del Ministerio de Sanidad y del Ministerio de Igualdad, concretarán las medidas relativas a la corresponsabilidad establecidas por el artículo 7 quater de esta ley orgánica.

Disposición Adicional Cuarta . *Protección de datos de carácter personal en los Registros de personas objetoras de conciencia.* [1433] 1. Los datos personales que contengan los Registros de personas objetoras de conciencia regulados en el artículo 19 ter se llevarán a cabo conforme a lo dispuesto en el Reglamento (UE) 2016/679, del Parlamento Europeo y del Consejo, de 27 de abril de 2016, relativo a la protección de las personas físicas en lo que respecta al tratamiento de datos personales y a la libre circulación de estos datos y por el que se deroga la Directiva 95/46/CE (Reglamento General de Protección de Datos), y en la Ley Orgánica 3/2018, de 5 de diciembre, de Protección de Datos Personales y garantía de los derechos digitales.

2. El fundamento jurídico de legitimación para el tratamiento de los datos que recoja el Registro de personas objetoras, de acuerdo con su objetivo y finalidad, se encuentra en las letras g) e i) del apartado 2 de los artículos 9 y concordantes del Reglamento General de Protección de Datos, así como en las letras c) y e) del apartado 1 de su artículo 6.

3. Los datos de las personas objetoras recogidos en cada uno de los Registros serán aquellos que resulten estrictamente necesarios para identificar al personal sanitario que desarrolle su actividad en centros sanitarios acreditados para la realización de la interrupción voluntaria del embarazo cuyas funciones conlleven su participación directa en las citadas intervenciones. Los datos objeto de tratamiento deberán ser adecuados, pertinentes y limitados a lo necesario en relación con los fines para los que son recogidos, no debiendo incluirse, en ningún caso, el motivo de la objeción.

4. La finalidad perseguida con el tratamiento de los datos recabados en virtud del artículo 19 ter es la garantía de la prestación de la interrupción voluntaria del embarazo, adecuando los recursos humanos a la correcta programación de las intervenciones de interrupción

---

[1433] Añadida por art. único apartado 25 de Ley Orgánica 1/2023 de 28 de febrero de 2023, con vigencia desde 02/03/2023

voluntaria del embarazo. Los datos no podrán ser utilizados en ningún caso con fines distintos a los establecidos en este precepto.

5. Son responsables del tratamiento las Consejerías competentes en materia de sanidad de las comunidades autónomas y el Instituto Nacional de Gestión Sanitaria (INGESA), de acuerdo con sus respectivos ámbitos competenciales.

6. Las personas titulares de las Direcciones o Gerencias de los centros sanitarios acreditados para la realización de la interrupción voluntaria del embarazo tienen la consideración de destinatarias de los datos que sean estrictamente necesarios para la correcta planificación del servicio. Asimismo, tendrán esta condición respecto de los datos personales que sean estrictamente necesarios para conocer el número de personas objetoras en cada centro sanitario, acreditado quienes sean responsables de planificar los recursos humanos en cada Comunidad Autónoma y en el Instituto Nacional de Gestión Sanitaria (INGESA), con el fin de garantizar la prestación de la interrupción voluntaria del embarazo.

7. Las personas responsables y encargadas del tratamiento, así como todas las personas que intervengan en cualquier fase del mismo, estarán sujetas al deber de confidencialidad regulado por el artículo 5.1.f) del Reglamento general de protección de datos, sin perjuicio de los deberes de secreto profesional que, en su caso, resulten de aplicación.

8. La recolección de datos se hará conforme a la legislación vigente, con especial atención a:

a) La confidencialidad y la autenticidad de la identificación de la persona titular de los datos mediante certificado electrónico o instrumento similar de identificación segura.

b) El cumplimiento del deber de información previa a los interesados en los términos previstos en el artículo 13 del Reglamento general de protección de datos.

9. De acuerdo con la finalidad del tratamiento, se conservarán los datos recogidos durante el tiempo necesario para el cumplimiento del fin para el cual fueron recogidos y, en su caso, podrán conservarse, debidamente bloqueados, por el tiempo necesario para atender a las responsabilidades derivadas de su tratamiento ante los órganos administrativos o jurisdiccionales competentes. Una vez trascurrido dicho periodo de conservación, los datos serán suprimidos definitivamente.

10. Las administraciones públicas que sean responsables del tratamiento deberán implementar la protección de datos desde el diseño,

de acuerdo con lo previsto en el artículo 25 del Reglamento general de protección de datos, realizando, desde el momento de la concepción del tratamiento, el correspondiente análisis de riesgos y evaluación de impactos para determinar las medidas técnicas y organizativas adecuadas. Estas medidas garantizarán los derechos y libertades de la persona interesada, así como la confidencialidad, integridad, disponibilidad, autenticidad y trazabilidad de los accesos a los datos, teniendo en cuenta, en todo momento, lo previsto en el Real Decreto 311/2022, de 3 de mayo, por el que se regula el Esquema Nacional de Seguridad.

11. La persona titular de los datos podrá ejercer todos los derechos regulados en los artículos 13 a 22 del Reglamento General de Protección de Datos, excepto el de oposición, al basarse el tratamiento en el cumplimiento de una obligación legal, conforme al artículo 6.1.c) del Reglamento General de Protección de Datos.

DISPOSICIÓN DEROGATORIA

Disposición Derogatoria Única . *Derogación del art. 417 bis del Código Penal.* Queda derogado el art. 417 bis del Texto Refundido del Código Penal publicado por el Decreto 3096/1973, de 14 de septiembre, redactado conforme a la Ley Orgánica 9/1985, de 5 de julio.

DISPOSICIONES FINALES

Disposición Final Primera . *Modificación de la Ley Orgánica 10/1995, de 23 de noviembre, del Código Penal.* Uno.- El art. 145 del Código Penal queda redactado de la forma siguiente:

«Artículo 145

1. El que produzca el aborto de una mujer, con su consentimiento, fuera de los casos permitidos por la ley será castigado con la pena de prisión de uno a tres años e inhabilitación especial para ejercer cualquier profesión sanitaria, o para prestar servicios de toda índole en clínicas, establecimientos o consultorios ginecológicos, públicos o privados, por tiempo de uno a seis años. El juez podrá imponer la pena en su mitad superior cuando los actos descritos

en este apartado se realicen fuera de un centro o establecimiento público o privado acreditado.

2. La mujer que produjere su aborto o consintiere que otra persona se lo cause, fuera de los casos permitidos por la ley, será castigada con la pena de multa de seis a veinticuatro meses.

3. En todo caso, el juez o tribunal impondrá las penas respectivamente previstas en este artículo en su mitad superior cuando la conducta se llevare a cabo a partir de la vigésimo segunda semana de gestación.»

Dos.- Se añade un nuevo art. 145 bis del Código Penal, que tendrá la siguiente redacción:

«Artículo 145 bis

1. Será castigado con la pena de multa de seis a doce meses e inhabilitación especial para prestar servicios de toda índole en clínicas, establecimientos o consultorios ginecológicos, públicos o privados, por tiempo de seis meses a dos años, el que dentro de los casos contemplados en la ley, practique un aborto:

a) sin haber comprobado que la mujer haya recibido la información previa relativa a los derechos, prestaciones y ayudas públicas de apoyo a la maternidad;

b) sin haber transcurrido el período de espera contemplado en la legislación;

c) sin contar con los dictámenes previos preceptivos;

d) fuera de un centro o establecimiento público o privado acreditado. En este caso, el juez podrá imponer la pena en su mitad superior.

2. En todo caso, el juez o tribunal impondrá las penas previstas en este artículo en su mitad superior cuando el aborto se haya practicado a partir de la vigésimo segunda semana de gestación.

3. La embarazada no será penada a tenor de este precepto.»

Tres.- Se suprime el inciso «417 bis» de la letra a) del apartado primero de la disposición derogatoria única.

Disposición Final Segunda . *Modificación de la Ley 41/2002, de 14 de noviembre, Básica Reguladora de la Autonomía del Paciente y de Derechos y Obligaciones en materia de información y documentación clínica.* El apartado 4 del art. 9 de la Ley 41/2002, de 14 de noviembre, Básica Reguladora de la Autonomía del Paciente y de Derechos y Obligaciones en materia de información y documentación clínica, tendrá la siguiente redacción:

«4. **La práctica de ensayos clínicos y de técnicas de reproducción humana asistida se rige por lo establecido con carácter general sobre la mayoría de edad y por las disposiciones especiales de aplicación.**»

Disposición Final Tercera . *Carácter orgánico.* [1434] Esta ley orgánica se dicta al amparo del artículo 81 de la Constitución.

Los preceptos contenidos en el título preliminar, el título I, el capítulo II del título II, el título III, las disposiciones adicionales y las disposiciones finales segunda, cuarta, quinta y sexta no tienen carácter orgánico.

Disposición Final Cuarta . *Habilitación para el desarrollo reglamentario.* El Gobierno adoptará las disposiciones reglamentarias necesarias para la aplicación y desarrollo de la presente Ley.

En tanto no entre en vigor el desarrollo reglamentario referido, mantienen su vigencia las disposiciones reglamentarias vigentes sobre la materia que no se opongan a lo dispuesto en la presente Ley.

Disposición Final Quinta . *Ámbito territorial de aplicación de la Ley.* Sin perjuicio de las correspondientes competencias autonómicas, el marco de aplicación de la presente Ley lo será en todo el territorio del Estado.

Corresponderá a las autoridades sanitarias competentes garantizar la prestación contenida en la red sanitaria pública, o vinculada a la misma, en la Comunidad Autónoma de residencia de la mujer embarazada, siempre que así lo solicite la embarazada.

Disposición Final Sexta . *Entrada en vigor.* La Ley entrará en vigor en el plazo de cuatro meses a partir del día siguiente al de su publicación en el «Boletín Oficial del Estado».

[1434] Dada nueva redacción por art. único apartado 26 de Ley Orgánica 1/2023 de 28 de febrero de 2023, con vigencia desde 02/03/2023

ÍNDICE ANALÍTICO